구약
신학 그 역사, 방법론, 메시지

KB192667

OLD TESTAMENT THEOLOGY;
Its History, Method, and Message

구약신학

그 역사, 방법론, 메시지

랩프 스미스 Ralph L. Smith
박문재 옮김

크리스찬
다이제스트찬

국립중앙도서관 출판시도서목록(CIP)

구약 신학 : 그 역사, 방법론, 메시지 / 랠프 스미스 [지음] ;
박문재 옮김. -- 고양 : 크리스챤다이제스트, 2005
p. ; cm

원서명: Old Testament theology : its history, method,
and message
원저자명: Smith, Ralph L.
참고문헌수록
ISBN 89-447-0434-1 93230 : ₩18000

233.1-KDC4
221-DDC21   CIP2005001539

† 차례

보론: 할례와 세례/394

약어표

AJSL	*American Journal of Semitic Languages*
BA	*Biblical Archaeologist*
BAR	*Biblical Archaeologist Reader*
BASOR	*Bulletin of American Schools of Oriental Research*
BBC	Broadman Bible Commentary
BDB	Brown, Driver, and Briggs, *Hebrew and English Lexicon of the Old Testament*
BJRL	*Bulletin of the John Rylands University Library of Manchester*
BTB	*Biblical Theology Bulletin*
BWANT	Beitrage zur Wissenschaft vom Alten und Neuen Testament
BZAW	Beihefte zur *ZAW*
CBQ	*Catholic Biblical Quarterly*
EJ	*Encyclopedia Judaica*
ET	*Expository Times*
HBT	*Horizons in Biblical Theology*
HTR	*Harvard Theological Review*
HUCA	*Hebrew Union College Annual*

IB	*Interpreter's Bible*
ICC	*International Critical Commentary*
IDB	*Interpreter's Dictionary of the Bible*
JAOS	*Journal of American Oriental Society*
JBL	*Journal of Biblical Literature*
JBR	*Journal of Bible and Religion*
JR	*Journal of Religion*
JSOT	*Journal for the Study of the Old Testament*
JTS	*Journal of Theological Studies*
NICOT	*New International Commentary on the Old Testament*
OTMS	*Old Testament and Modern Study*
RSPhTH	*Revue des sciences philosophiques et theologiques*
SBL	Society of Biblical Literature
SBT	*Studies in Biblical Theology*
SJT	*Scottish Journal of Theology*
SVT	*Supplements to Vetus Testamentum*
SWJT	*Southwestern Journal of Theology*
TB	*Tyndale Bulletin*
TDOT	*Theological Dictionary of the Old Testament*
THAT	*Theologisches Handwörterbuch zum Alten Testament*
ThLZ	*Theologische Literaturzeitung*
TOTC	Tyndale Old Testament Commentary
TWAT	*Theologisches Wörterbuch zum Alten Testament*
TTZ	*Trierer theologische Zeitschrift*
VT	*Vetus Testamentum*
WMANT	Wissenschaftliche Monographien zum Alten und Neuen Testament
WBC	Word Bible Commentary
ZAW	*Zeitschrift für die altestamentliche Wissenschaft*
ZTK	*Zeitschrift für Theologie und Kirche*

서문

　구약 신학은 매력적인 생애를 살아 왔다. 구약 신학은 탄생할 때부터 지금 까지 언제나 위기에 처해 있었다. 일부 학자들은 구약 신학의 죽음과 재탄생 에 관하여 말해 왔다. 하지만 구약 신학은 여전히 살아 있다. 제임스 바(James Barr), 콜린스(J. J. Collins)를 비롯한 일부 학자들은 구약 신학의 장래에 대하 여 회의적이다(Gerhard Hasel, *Old Testament Theology: Basic Issues in the Current Debate* [Grand Rapids: Eerdmans, 1991], 37, 94-95를 보라). 학자들 사이에서는 구약 신학의 정의, 방법론, 가치, 내용에 대하여 일치된 견해가 없 다; 이것들에 관한 논쟁은 여전히 진행 중이다. 본서는 논쟁 중에 있는 대부 분의 쟁점들에 대하여 말하기는 하겠지만, 이러한 논쟁에 참여하기 위한 의 도로 집필된 것은 아니다. 본서는 구약 신학 연구를 위한 기본적인 입문서이 다. 본서는 구약 신학에 대한 "편람"으로 시작했다가, 시간이 지나면서 현재 의 제목 속에 표현된 목적을 위한 책으로 전환되었다: 『구약 신학: 그 역사, 방법론, 메시지』(*Old Testament Theology: Its History, Method, and Message*). 본서는 신학생들, 목회자들, 또한 구약 신학에 관심을 가진 평신도들을 대상 으로 한 책이다. "권위 있는 책들"로부터 인용한 글들이 본서에 많이 나오는 것은 독자들에게 이 분야에서 기본적인 참고문헌에 익숙해지게 하고 권위 있 는 책들로 하여금 그들의 사상을 자신의 말들로 표현하게 하고자 하는 필자 의 의도에 의한 것이다. 성경 본문에 대한 인용은 대체로 New Revised Standard Version에서 가져왔다.

　나는 본서를 준비하면서 수많은 사람들(교사들, 학생들, 부모들, 가족, 친구들)과 기관들(학교들, 대학교들, 신학교들)에 빚을 졌다. 나는 특히 본서를 출간함에 있어서 말로 다할 수 없는 귀한 도움을 주신 브로드맨 앤드 홀맨 출판사(Broadman & Holman Publishers)의 버틀러 박사(Trent C. Butler)와 본서의 원고를 준비하는 데에 놀라운 인내와 헌신, 그리고 뛰어난 솜씨로 나를 도와준 데니스 헤스(Denise Hess) 부인에게 감사하고자 한다. 그들이 없었다면, 본서를 집필하고 출간하는 일은 불가능했을 것이다. 또한 나는 나에 대한 지지와 격려를 보내준 신학교 동료 교수들과 직원들에게 감사한다. 무엇보다도 나는 사람으로서 할 수 있는 최고의 반려 역할을 해준 내 아내 도로시에게 감사하고자 한다. 그녀는 구약성서를 읽고서 받은 많은 은혜로 내게 도움을 주었다.

1992년 8월
Southwestern Baptist Theological Seminary에서
Ralph L. Smith

서론

구약 신학은 무엇인가?

우리는 구약 신학을 어떻게 수행해야 하는가?

구약과 신약의 관계, 그리고 구약과 기독교 신앙의 관계는 무엇인가?

왜 구약은 기독교 성서의 일부인가?

그리스도인들은 성서의 첫 번째 부분을 기독교사 대부분의 기간 동안에 그래왔듯이 계속해서 "구약성서"라고 불러야 하는가, 아니면 점점 더 많은 수의 학자들이 그러는 것처럼 "히브리 성서"라고 불러야 하는가?

이 분야에서 주요한 저술가들은 누구인가? 그들은 구약 신학을 어떻게 수행하였는가? 이 분과 학문의 현재의 상황은 어떠하고, 그 장래는 어떠한가?

구약성서는 오늘날 우리들을 위한 메시지를 가지고 있는 것인가?

이러한 것들은 내가 『구약 신학: 그 역사, 방법론, 메시지』라는 제목을 지닌 본서에서 대답하고자 하는 질문들 중의 일부이다.

본서의 목적은 논증하거나 논쟁하고자 하는 것이 아니라 탐구하는 것이다. 본서는 구약 신학을 수행하거나 구약성서를 해석하는 근본적으로 새로운 방법론을 제시하지 않는다. 본서의 목적은 대학교와 신학교의 학생들에게 학자들이 구약 신학에 관하여 말하였고 행하였던 것에 대하여 부분적으로 소개함으로써 구약성서에 나오는 신학적인 자료들을 조직하고 해석하며 자신의 것으로 만드는 방식들을 제시하는 교과서를 제공해주는 것이다.

제1장에서는 구약 시대로부터 현재에 이르기까지 구약 신학에 관한 이야기를 추적해 나간다. 제2장은 구약 신학의 성격과 방법론을 어느 정도 자세하게 다룬다. 나는 계약 등과 같은 어떤 중심 주제를 축으로 삼아서 구약성서에 나

오는 모든 자료를 구성하는 방식을 택하지 않았다. 또한 나는 "약속" 또는 "구원사" 같은 폭넓은 주제를 선택해서, 그것을 중심으로 구약성서 전체에 걸쳐서 연대기적으로 추적하는 방식도 택하지 않았다. 그러한 방식들 대신에, 나는 수정된 조직신학적-주제중심적 접근 방식을 택하였다. 그러므로 제3장에서 제11장에 이르기까지 나는 우리가 다음과 같은 주요한 신학적 주제들을 사용해서 어떻게 구약 신학을 수행할 수 있는지에 관한 하나의 모델을 제공하고자 한다: 하나님을 아는 지식; 선택과 계약; 야웨 같은 신이 누구인가?; 사람은 무엇인가?; 죄와 구속; 예배; 선한 삶; 죽음과 그 너머; 그 날에.

이러한 접근 방식이 안고 있는 위험성들은 잘 입증이 되어 있다. 아마도 가장 큰 위험은 각각의 주제를 구성하고 해석함에 있어서 어떤 주제들을 포함시키고 생략하며, 각각의 주제를 논의하는 데에 사용하는 자료들을 조직함에 있어서 내 자신의 "잣대"를 들이댈 위험성이다. 그러한 경우에 나오는 결과는 구약성서 자체가 정확하게 말하고 있는 것이 아니라 내 자신의 자의적인 논의 속에서 도출된 것이 되고 말 것이다. 하지만 이러한 위험성은 구약 신학을 수행하는 작업 속에 항상 내재되어 있다.

현대적인 형태의 이 분과 학문은 1700년대 후반에 성서에 대한 신학적인 연구를 교의 신학의 족쇄로부터 해방시키고 교의 신학을 밑받침하기 위하여 성서를 잘못 사용하는 것을 막기 위한 시도로서 시작되었다(제1장에 나오는 "구약 신학의 태동과 성장"이라는 항목을 보라). 모든 구약 신학은 저자의 관점, 배경, 역량에 의해서 채색되어 있다. 우리는 주관성의 위험성을 경계하고, 구약성서가 스스로 말할 수 있도록 애를 써야 한다.

이 분야에서 주관성이 개입되는 원천 중의 하나는 저자의 종교적인 성향일 것이다. 역사적으로 볼 때, 구약 신학들은 그리스도인들이 주로 그리스도인들을 위하여 저술하여 왔다. "구약성서"라는 용어는 기독교적인 용어이다. 유대인들은 그러한 용어를 사용하지 않는다; 그들은 "히브리 성서," "성서," "성경," 또는 "타나크"(Tanach)라는 용어들을 사용한다. 타나크는 히브리 성서의 세 부분을 가리키는 단어들의 첫 글자를 결합하여 만든 축약어이다: 토라, 느비임, 케투빔(율법서, 예언서, 성문서).

신학이라는 용어는 대체로 그리스도인들에 의해서 사용되어 왔다. 초대 교회는 서구 세계로 침투해 들어갈 때에 헬라어인 '데올로기아'를 사용하였다. 헬라인들은 그들의 신들에 관한 이야기들과 가르침을 지칭하는 데에 '데올로기아'라는 단어를 사용하였다. "교회는 예수 그리스도 안에서 최종적으로 계시된 이스라엘의 하나님을 가리키는 데에 이 단어를 적용하였다. 그리스도인들에게 신학은 하나님에 관한 가르침을 의미한다. 그러므로 구약 신학은 이스라엘의 성서에 나타난 하나님에 관한 가르침이다"(Christoph Barth, *God With Us*, 2).

유대교 저술가들은 지금까지 구약성서 또는 유대교에 관한 포괄적인 신학을 만들어 낸 적이 없었다. 구약성서 자체는 미쉬나 및 탈무드와 마찬가지로 비조직적인 형태를 지니고 있다. 랍비 문헌은 그 접근 방식에 있어서 체계적이지 않기로 악명이 높다. 유명한 유대인 신약학자인 새뮤얼 샌드멜(Samuel Sandmel)은 유대인들은 탁월한 철학자들, 종교학자들, 뛰어난 주석자들을 배출하였지만, 귀중한 신학자들은 별로 배출해 내지 못하였다고 말한다. "우리는 신학적인 주제들에 관한 훌륭한 저작을 써낸 인물들을 배출해 내었지만, 일류급의 조직신학자는 한 명도 배출해 내지 못했다"("Reflection on the Problem of Theology for Jews," 111).

고셴-고트슈타인(M. H. Goshen-Gottstein)은 1974년 8월에 에든버러에서 열린 국제 구약학회 제8차 총회에서 발표한 논문을 통해서 유대교에는 "구약 신학들"이 결여되어 있다고 말하였다. 고셴-고트슈타인은 유대인들이 구약 신학을 만들어 내지 못했던 것은 유대교에는 20세기에 이르기까지 유럽의 학문적인 성서학에 해당하는 것이 없었던 것의 직접적인 결과라는 자신의 신념을 제시하였다. "학문적인 관점에서 볼 때, 성서학은 대학의 신학부 또는 이것에 해당하는 기관들의 틀 안에서 추구되어 왔다. 19세기의 유대인은 그 누구도 유럽적인 의미에서의 성서학자가 될 생각을 할 수 없었다. 성서학자라는 것은 거의 필연적으로 신약과 구약 사이를 왔다갔다 하는 것을 수반할 수밖에 없었기 때문이다"("Christianity, Judaism and Modern Bible Study," 77).

신학자들이라고 불릴 수 있는 유대인 학자들(Heschel, Gordis, Sandmel, Jon D. Levenson)은 거의 전적으로 미국의 신학교라는 배경 속에서 활동하여 왔다. 여기에 미국 외에서 활동했던 유대인 철학자들(Buber, Neher 같은)의 이름을 덧붙인다면, 유대인 신학자들의 이름은 거의 포괄이 되는 셈이다. 고셴-고트슈타인은 이스라엘의 종합 대학교에서 성서 신학에 관한 대학원 과정을 개설해야 한다고 주장했던 최초의 성서학 교수일 것이다.

고셴-고트슈타인은 만약 우리가 "신학은 필연적으로" 오로지 기독교적인 학문이라고 생각한다면 우리는 유대교의 성서 신학이 발전할 때까지만 유대인들이 20세기의 성서학계에 들어오는 것이 방해를 받았다는 사실을 깨닫는 것이 좋을 것이라고 결론을 내린다.

지금은 유대인 학자들이 성서 신학 분야에 대거 진입해 들어오고 있다. 제이콥 뉴스너(Jacob Neusner)와 레벤슨(Jon D. Levenson)은 이 분야에서 활동하는 오늘날의 유대인 학자들 중에서 두 개의 "밝은 빛들"이다(Brooks and Collins, 1-29, 109-146을 보라). 하버드 신학대학의 레벤슨(Jon D. Levenson)은 "Why Jews Are Not Interested in Biblical Theology"라는 논문을 썼다 (Neusner, *Judaic Perspectives of Biblical Studies*, 281-307을 보라). 거기에서 그는 성서 신학은 개신교의 전유물이 되어 버렸기 때문에 토라에 관한 개신교적인 전제들로부터 자유롭지 않다고 말하였다.

구약 신학이 본질적으로 기독교적인 학문분과인 것은 우리가 "구약성서"라는 용어를 사용하거나 그리스도인들이 성서에 나오는 자료들을 조직화하고 신학화하는 데에 더 능숙하기 때문이 아니라, 예수께서 스스로를, 또는 초대교회가 예수를 구약성서에 나타난 소망들과 약속들의 성취로 보았기 때문이다. 예수께서 구약성서를 자기 자신을 가리키는 것으로서 신학적으로 사용하였기 때문에, 예수를 따르는 그리스도인들은 구약성서를 신학적으로 사용하여 왔다. 이와는 반대로, 역사적으로 신학에 거의 관심을 가져오지 않았던 유대인들은 히브리 성서의 신학들을 저술하지 않았다.

대부분의 구약 신학들은 어떤 의미에서 기독론적이었다. 에드몽 자콥(Edmond Jacob)은 개별적인 몇몇 구절들이 아니라 구약성서 전체에 토대를 둔 구약 신학은 "기독론일 수 밖에 없는데, 이는 옛 계약 아래에서 기나긴 파란만장한 역사와 사건들, 인물들, 제도들을 통해서 계시된 것들은 그리스도 안에서 결합되고 완성에 이르기 때문이다"(*Theology of the Old Testament*, 12)라고 말하였다. 『구약성서 신학』 제2권의 말미에서 폰 라트(von Rad)는

"고대 이스라엘의 이 모든 저작들은 예수 그리스도, 그리고 분명히 사도들과 초대 교회에 의해서 세상의 구주인 예수 그리스도를 가리키는 예언들의 모음집으로 보아졌다"(*Old Testament Theology* II, 319)라고 말하였다. 폰 라트는 구약성서가 지닌 신학적인 함의(含意)들을 이해하고자 할 때에 전승사적인 해석 방법론을 사용하였다. 이러한 방법론을 사용해서, 그는 구약성서는 "기대(期待)가 점점 더 방대한 분량으로 계속해서 쌓여져 가는" 책으로 읽혀져야 한다고 결론을 내렸다. 구약은 "구약성서 자체에 의해서 시작된 과정의 논리적인 결말"인 신약에 흡수된다(*Old Testament Theology* II, 321).

발터 아이히로트(Walther Eichrodt)는 "계약"이 구약성서의 중심 주제라고 믿었다. 계약은 "이스라엘의 신앙의 토대 중에서 가장 심오한 지침"을 이룬다. 그는 구약 본문들 속에는 이 단어가 사용되든 사용되지 않든 계약이라는 사상이 존재한다고 전제하였다. "계약"은 교의적인 개념이 아니라, "특정한 시간과 장소에서 시작되어서 종교사 전체에 걸쳐서 아주 독특하게 신적인 실체를 드러내도록 의도된 살아있는 과정에 관한 전형적인 서술"이다(*Theology of the Old Testament* I, 18).

또한 아이히로트는 구약의 역사적인 발전을 연구하는 사람들은 누구나 구약에 나오는 자료들 전체에 걸쳐서 강력하고 목적지향적인 움직임을 발견하지 않을 수 없게 될 것이라고 단언하였다. 종종 구약의 종교는 정태적(靜態的)이 되어서 경직된 체계로 굳어져 버린 것 같이 보일 수 있지만, 그런 일이 일어날 때마다 앞으로 나아가는 추진력이 그 곤경을 돌파하여 계속해서 움직여 나간다. "이 움직임은 구약의 가장 고상한 힘들이 성취되는 그리스도의 출현이 있을 때까지 쉬지 않는다. 이러한 설명을 밑받침해 주는 소극적인 증거는 유대교가 기독교로부터 분리되면서 보여준 손발이 잘려나간 몸통만 남은 모습이다"(*Theology of the Old Testament* I, 26).

아이히로트에 의한 이와 같은 단언들 — 구약의 "가장 고상한" 힘들이 그리스도 안에서 성취되었다는 것과 기독교로부터 분리된 유대교는 손발이 잘려나간 몸통과 같은 모습을 하고 있다는 것 — 은 열띤 반응을 불러일으켜 왔다. 최근의 일부 구약 학자들은 구약 신학은 오직 예수 그리스도를 지향한다거나 예수 그리스도로 끝난다고 생각하는 것은 오늘날의 유대교를 모욕하는 것이기 때문에 그러한 주장은 옳지 않다고 항변한다.

헤이스(John H. Hayes)는 아이히로트와 폰 라트가 보여준 "반유대교적인" 편향을 신랄하게 비판하여 왔다. 헤이스는 "이와 같은 반유대교적인 편향은 신약에 뿌리를 둔 것으로서, 교회사 전체에 걸쳐서 암적인 것이었다"(Hayes and Prussner, *Old Testament Theology: Its History and Development*, 276)고 말한다. 헤이스는 이렇게 말한다: "유대교는 기독교와 마찬가지로 히브리 성서의 합법적인 계승자로 보아져야 한다. 그들은 둘 다 한 어머니의 합법적인 두 딸들이다"(*Old Testament Theology*, 279).

갈등의 요소는 바로 이 점에 있다. 신약성서와 역사적 기독교는 둘 다 구약성서의 성취가 그리스도 안에서 이루어졌다고 주장한다. 대부분의 유대인들과 많은 기독교 구약 학자들은 그리스도인들이 구약성서가 오직 그리스도 안에서 성취되었다고 믿는 것과 마찬가지로 유대인들이 구약성서는 오늘날의 유대교 속에서 성취되었다고 믿을 권리를 가지고 있다고 주장한다. 우리는 이러한 문제를 해결할 수 있는가? 구약성서 속에는 "중심" 또는 "핵심" 또는 "핵"이 존재하는가?

구약 신학은 기독교 특유의 분과 학문인가? 만약 구약성서 전체에 걸쳐서 예수 그리스도 안에서 성취되거나 예수 그리스도를 목표 지점으로 하는 일련의 과정 또는 움직임이 존재한다고 단언하는 아이히로트, 폰 라트, 신약성서, 그리고 구약성서 자체가 옳다면, 구약 신학은 분명히 기독교 특유의 분과 학문이 될 것이다. 이것은 구약 신학이 오직 그러한 과정 또는 움직임에만 초점을 맞추고, 구약성서 자체의 배경 속에서 역사, 율법, 제의, 지혜 같은 구약의 모든 내용들을 고찰하지 않아야 한다는 것을 의미하는가? 이러한 질문에 대한 대답은 구약 신학이 규범적인 학문인가, 아니면 서술적인 학문인가라는 문제와 연관되어 있다. 이러한 문제들과 그 밖의 다른 문제들은 제2장, "구약 신학의 성격과 방법론"에서 다루어지게 될 것이다.

먼저, 우리는 구약 신학에 관한 이야기를 살펴 보아야 한다. 구약 신학은 어떻게 시작되었는가? 구약 신학은 어떻게 해서 별개의 분과 학문이 되었는가? 구약 신학의 현황은 어떠한가?

제 1 장

구약 신학에 관한 이야기

1. 구약 신학: 오랜 뿌리를 지닌 현대적인 분과 학문

구약 신학에 관한 이야기는 길고 매력적이며 파란만장하다. 현대적인 형태의 구약 신학은 불과 200년 남짓한 역사를 지니고 있지만, 그 뿌리는 구약성서 자체로 거슬러 올라간다. 많은 구약 학자들은 구약 신학에 관한 현대적인 연구가 시작된 연대를 가블러(Johann Philipp Gabler)가 1787년에 알트도르프 대학에서 취임 연설을 한 때로 잡는다(Hayes and Prussner, 2; Hasel, *Basic Issues*, 15; Ollenburger, Martens, and Hasel, *The Flowering of Old Testament Theology*, 489, 507, 527; Martin H. Woudstra, "The Old Testament in Biblical Theology and Dogmatics," 47-51을 보라). 가블러의 시대에만 해도, 학자들은 교의 신학과 성서 신학 또는 신약 신학과 구약 신학을 구별하지 않았다. 가블러는 그러한 구별들이 이루어져야 한다고 생각하였다. 그는 구약 신학에 관한 책을 쓰지는 않았지만, 성서 신학과 구약 신학을 저술할 때에 지켜져야 할 기본적인 원칙들과 방법론을 제시하였다. 가블러는 합리주의자였고, 아마도 교회가 석의와 성서의 해석에 대하여 가하고 있었던 올가미라고 스스로 생각하였던 것 아래에서 안타까워하며 괴로워했던 것 같다.

당시에는 오직 합리주의자만이 교의 신학과 성서 신학의 분리를 주장할 수 있었을 것이다. 어쨌든 이로 인해서 생겨난 교의 신학과 성서 신학의 분리는 뒤틀린 효과를 가져 왔다. 최초로 등장한 구약 신학들은 구약 성서에 나타난 가르침들을 좀 더 분명하게 서술하는 것이 아니라, 합리주의라는 렌즈를 통해서 구약성서의 신학적인 내용들을 걸러내어 버렸던 것이다.

구약 신학이라는 제목을 단 최초의 저서는 1796년에 라이프치히에서 출판된 바우어(G. L. Bauer)의 『구약성서 신학』(*Theologie des Alten Testaments*)일 것이다. 바우어도 합리주의자였다; 헤이스(Hayes)와 프루스너(Prussner)는 바우어가 "거듭거듭" 구약에 나오는 내용들을 자신의 합리주의적인 종교관의 기준들에 비추어서 판단하였다고 말한다. 나아가, 바우어는 "히브리 성서 속에 있는 신화적, 전설적, 또는 이적적인 요소들을 지적하고, 그것들을 원시 종족의 미신들로 치부하였다"(Hayes and Prussner, 69). 조셉 블렌킨솝(Joseph Blenkinsopp)은 바우어가 최초의 구약 신학을 저술함과 동시에 구약성서의 내용 중에서 5분의 4가량을 진지하게 주목할 필요가 없는 가치 없는 것들로 치부해 버리는 영예를 얻었다고 말한다(Blenkinsopp, "Old Testament Theology and the Jewish-Christian Connection," 3).

2. 구약 신학을 위한 씨 뿌리기

구약 신학에 관한 문제점들과 논쟁들을 이해하기 위해서는, 우리는 가블러가 아니라 구약성서 자체로부터 시작할 필요가 있다. 그런 후에, 우리는 다양한 집단들이 수 세기에 걸쳐서 구약성서를 신학적으로 어떻게 사용하였는지에 관한 역사를 추적해야 한다.

구약성서에 속한 후기의 저작들은 그 이전에 씌어진 몇몇 구약성서의 저작들을 신학적으로 사용하였다. 스가랴는 "전기 예언서들"의 가르침들을 서너 차례 언급한다(슥 1:4; 7:7, 12). 학개는 하나님이 고니야의 손자인 스룹바벨을 인장 반지처럼 만드실 것이라고 말할 때에(학 2:23) 하나님이 "인장 반지"를 고니야의 손에서 제거할 것이라는 예레미야의 예언(렘 22:24-25)을 알고 있었음에 틀림없다. 예레미야는 새 계약에 관하여 말하였다(렘 31:31-34). 그 밖의 다른 선지자들도 새 출애굽(사 43:14-21; 48:20; 52:12)과 새 다윗(렘 23:5-6; 겔 34:23-24; 37:24-27)에 관하여 말하였다. 메시야의 선구자로서 엘리야가 "오게" 될 것이다(말 4:5-6).

쿰란 공동체는 구약에 나오는 내용들을 신학적으로 해석하였다. 그들은 구

약성서에 속한 몇몇 책들에 대한 주석서들을 썼고, 구약에 나오는 주제들을
토대로 한 찬송들을 불렀다. 그들은 자신들이 마지막 날들을 살아가고 있는
것으로 보았고, 구약이 그들의 체험들 속에서 성취되고 있는 것으로 믿었다.

쿰란 공동체의 해석 방법과 신약에서 사용된 해석 방법 사이에는 유사점들
과 대비점들이 존재한다. 그들은 둘 다 구약을 그들 자신의 상황에 비추어서
재해석하였다. 그들은 둘 다 구약의 예언들이 뭔가 비밀한 것을 담고 있고,
그 의미가 그들의 지도자들(쿰란 공동체에서는 의의 교사, 주후 1세기 그리스
도인들에게는 예수)에게 계시되었다고 믿었다. 이 두 공동체는 성서에 부합
하는 사건들을 만들어낸 것이 아니라, 성서를 그들의 당시의 사건들에 맞추
어서 해석하였다.

구약에 대한 쿰란 공동체의 해석과 신약성서 기자들의 해석 간의 주된 차
이점은 쿰란 공동체에 속한 사람들은 여전히 메시야를 기다리고 있었다는 것
이다. 신약의 공동체는 메시야가 이미 왔다고 말하였다. 또한 신약성서의 기
자들은 이방인들이 아브라함의 약속 속에 포함되었다고 이해하였다(롬 9:24-
26; 벧전 2:10). 구약의 그러한 적용 — 이방인들도 아브라함 계약 속에서 동
등한 특권들을 누리는 것으로 말한 것 — 은 쿰란 공동체에게는 받아들여질
수 없는 것이었다(쿰란 공동체가 구약성서를 어떻게 사용하였는지에 관한 논
의는 Ralph L. Smith, *Micah-Malachi*, *WBC* 32, 179-180; F. F. Bruce,
*Biblical Exegesis in the Qumran Texts*를 보라).

신약은 구약을 신학적으로 사용하였다. 신약성서에 속한 27권의 책들 중에
서 오직 빌레몬서만이 구약성서와의 직접적인 관계를 보여주지 않는다. 헨리
샤이어스(Henry Shires)는 만약 신약으로부터 구약의 모든 영향들을 제거한
다면, 신약은 "소량의 무의미한 단편들로 이루어지게" 될 것이라고 말하였다
(*Finding the Old Testament in the New*, 15). 신약성서 기자들은 구약이 성경
으로서의 성격을 지니고 있다는 데에 결코 의문을 제기하지 않는다; 또한 그
들은 구약으로부터 어떤 신학 체계를 만들어내지도 않는다(C. H. Dodd,
According to the Scriptures, 12).

예수는 구약성서를 다루면서 권세, 독창성, 신선함, 자유를 가지고 말씀하
였다. 예수는 자신을 구약성서 위에 놓았다; 그는 구약성서가 완전하다거나

하나님의 최종적인 말씀이라고 여기지 않았고, 다만 구약성서를 하나님의 첫 번째 말씀들로 받아들였다. 예수는 "내가 율법이나 선지자를 폐하러 온 줄로 생각하지 말라 폐하러 온 것이 아니요 완전하게 하려 함이라"(마 5:17)고 말씀하였다. 산상수훈에 나오는 다섯 가지 예에서 예수는 자신의 권세를 율법 위에 놓지만, 율법을 무효화하거나 폐기하는 것이 아니라 율법을 더 높고 온전한 의미로 완성시킨다(마 5:21-22, 27-28, 33-35, 38-39, 43-45).

바울은 구약성서를 신학적으로 사용하였다. 그는 자신의 이신칭의 교리를 하박국 2:4을 언급함으로써 밑받침한다(롬 4:3; 갈 3:6). 그는 "모든 사람이 죄를 범하였다"는 증거로서 몇몇 시편들을 인용한다(롬 3:10-18). 그 밖의 다른 신약성서의 기자들도 구약을 신학적으로 사용하였지만(벧전 1:10-12; 히 1:1; 10:1), 그 어디에서도 그들은 구약 신학을 제시하지는 않는다. 예를 들면, 마태는 예수가 메시야라는 것을 유대인들에게 확신시키고자 할 때에 구약의 많은 구절들을 언급하였다.

초대 교회는 마르키온의 사상을 반대하고 구약성서의 모든 것을 그들의 성서로 유지하였지만, 그들의 모든 관심을 구약성서에 집중하지는 않았다. 초대 교회는 계속해서 성서를 연구하였지만, 쿰란 공동체와는 달리 성서에 대한 주석서들을 쓰지 않았다. 구약성서가 아니라 예수가 초대 교회의 신앙의 중심이었다.

바울이 이방인들을 위한 사도가 되었을 때, 이방인 개종자들에게 구약에 나오는 모든 유대적인 율법들을 지키게 할 것인가를 놓고 논쟁이 벌어졌다. 예루살렘 공의회는 모세 계약의 율법들을 이방인 그리스도인들에게 적용할 필요가 없다고 결정하였다. "성령과 우리는 이 요긴한 것들 외에는 아무 짐도 너희에게 지우지 아니하는 것이 옳은 줄 알았노니 우상의 제물과 피와 목매어 죽인 것과 음행을 멀리할지니라 이에 스스로 삼가면 잘되리라 평안함을 원하노라 하였더라"(행 15:28-29).

초대 교회의 많은 교부들은 구약성서에 대한 신약적인 관점을 유지하지 않았다. 그들은 몇몇 유대인 및 초기의 이단 분파들과 격렬한 논쟁 속으로 휘말리게 되었다. 그들은 그들의 신앙을 옹호하고 그들의 가르침을 위한 원천으로서 구약성서를 사용하였지만, 그렇게 함에 있어서 흔히 알레고리와 모형론을 지나치게 사용하는 것에 의존하였다.

바나바서(주후 130년 경)의 저자는 구약성서를 구약 때의 유대인들이 이해할 수 없었던 비유들의 책이자 신비들의 창고로 여겼다. 바나바는 도피 염소(레 16:10)를 그리스도에 대한 모형으로 보았다. 도피 염소를 덮을 때에 사용하였던 주홍색 천은 그리스도께서 재판을 받을 때에 입었던 주홍색 옷을 나타내는 것으로 해석되었다. 바나바는 민수기 19:2-3에 나오는 붉은 암송아지를 그리스도의 모형으로 보았다. 또한 바나바는 아브라함의 군대를 이루고 있던 318명의 용사들이 예수의 십자가 처형을 가리키는 것으로 보았는데, 이것은 헬라어로 300이라는 숫자가 십자가 모양으로 되어 있는 '타우'라는 글자로 표시되기 때문이었다. 다음으로, 18을 구성하는 10과 8이라는 숫자는 각각 '이오타'와 '에타'라는 글자로 나타내졌는데, 이것은 예수라는 이름의 처음 두 글자와 같았다.

구약성서를 해석하는 데에 사용된 이러한 극단적인 방법들은 기독교회의 초기 수 세기 동안에 걸친 특징이었다. 안디옥 학파(여기에서도 잠시동안만) 같은 몇몇 지역들에서만 구약성서를 그 자체의 역사적인 배경에 비추어서 해석하고자 하는 진지한 시도가 있었다. 현대적인 의미에 있어서의 구약 신학은 그러한 종교적인 풍토 속에서는 존재할 수 없었다.

중세 시대의 구약성서 연구는 이전 시대에 비해서 더 나아진 것이 없었다. 사실, 구약성서는 완전히 무시되거나 거의 잊혀졌다. 헬라어와 히브리어 본문은 더 이상 성서 연구의 토대가 되지 못했다. 학자들조차도 오직 고(古)라틴 역본(불가타역)만을 읽었다. 중세 시대는 성서의 권위가 아니라 교회의 권위가 강조되었다. 중세 시대의 스콜라 학자들은 단지 교회의 교부들이 말했던 것을 체계화했을 뿐, 성서에는 거의 관심을 갖지 않았다. 교회는 말씀 안에 있는 새로운 진리에 대한 탐구를 권장하는 조치를 전혀 취하지 않았다. 중세의 세계는 정태적인 세계였다. 당시에는 교회의 가르침으로부터 조금만 이탈하여도 그 혁신자의 머리 위에는 교회의 단죄, 중세 그리스도인들이 가장 두려워하였던 단죄가 떨어졌다.

중세 시대에 스콜라 학자들은 성경의 모든 구절이 네 가지 의미를 지니고 있다고 가르쳤다: 문자적 또는 역사적 의미; 알레고리적 또는 신학적 의미 —

우리가 무엇을 믿어야 하는가; 도덕적 또는 교훈적 의미 — 우리가 무엇을 행하여야 하는가; 신비적 의미 — 우리가 어디로 가고 있는가. 이러한 네 가지 의미의 한 예는 만나라는 단어에 부여된 여러 가지 의미들에서 발견된다. 문자적으로 볼 때, 만나는 하나님이 광야에서 이적을 통해서 이스라엘 백성에게 제공한 음식이었다. 알레고리적으로 볼 때, 만나는 성찬이라는 복된 성례전을 가리키는 것이었다. 교훈적으로 볼 때, 만나는 우리 안에 내주하시는 하나님의 성령이 매일 영혼에게 공급하시는 영적인 음식이었다. 신비적으로 볼 때, 만나는 하늘에 있는 복된 영혼들의 음식 — "지극히 복된 환상"과 그리스도의 완전한 연합 — 이었다. 이것은 주후 800년 경에서 1500년에 이르기까지 로마 교회의 상황이었다. 이런 유의 해석학은 구약 신학을 낳을 수 없었다.

중세 시대의 길고 어두운 밤은 르네상스의 출현으로 끝이 났다. 르네상스는 1300년 직후에 이탈리아에서 고대 헬라와 라틴 세계의 예술, 학문, 고전 문학에 관한 연구가 부활하면서 시작되었다. 르네상스는 그 이후의 세기들 동안에(주후 1400년에서 1600년까지) 다른 나라들로 퍼졌고, 중세 세계로부터 근대 세계로의 이행을 낳았다.

르네상스의 한 가지 독특한 특징은 인간 개개인의 가치와 개성의 재발견이었다. 중세 시대에 개인은 인간으로 이루어진 거대한 무리라는 기계 장치 속에 있는 톱니바퀴의 한 톱니에 불과하였다. 레벤트로프(Reventlow)는 일부 사람들에게 르네상스는 인간 정신의 역사에서 절정기였다고 보도한다. 고대 문물의 재발견을 통해서 이루어진 르네상스는 곳곳에서 새로운 개인주의의 세력들을 발견하였다 — 정치, 예술, 교육에서. 미학에 대한 열정, 사상의 독립, 도덕적인 진지함, 고삐 풀린 열정, 피의 복수에 대한 욕구, 금욕주의 — 이 모든 것이 한꺼번에 분출되어 독특한 공존을 이루고 있었다. 또한 우리는 이러한 태도들 속에서 전통적인 종교로부터의 뿌리깊은 소외의 단초를 발견하게 된다(H. G. Reventlow, *The Authority of the Bible*, 10).

이 모든 것 속에서 구약성서는 어디에 있었는가? 구약성서는 "고전들"의 하나로서 재발견되었다. 몇몇 유대교 학자들은 히브리 성서에 대한 지식을 여전히 유지하고 있었다. 개종한 유대인이었던 니콜라우스 데 리라(Nicolaus de Lyra; 1340년 경)는 성서를 해석하는 새로운 방법론을 주창하였다. 리라는 문자적 또는 역사적 의미야말로 성서의 유일하게 참된 의미라고 말하였다. 리라는 마르틴 루터가 성서 해석과 관련된 사변적 관점과 단절하는 데에 영향을 주었던 것으로 보인다. 하지만 루터는 성서의 각 구절이 지닌 문자적 의미를 추구하는 방법론과는 판이하게 다른 원칙에서 출발하였다.

존 위클리프(John Wycliffe)는 루터의 성경관에 리라보다 더 많은 영향을 미쳤던 것으로 보인다. 위클리프(Wycliffe, 1328-1384)는 옥스퍼드 대학을 졸업하고, 아우구스티누스 수도회의 수사가 된 인물로서, 참된 교회는 하나님이 구원을 위하여 택하신 자들로 이루어지고, 로마 가톨릭 교회에 속한 사람들이 반드시 참된 교회의 지체인 것은 아니라는 아우구스티누스의 가르침을 추종하였다. 이러한 가르침에 의하면, 눈에 보이는 유형 교회의 지체가 되고 그 성례전들에 참여하는 것은 구원과는 아무런 상관이 없었다. 이것은 가톨릭 체제 전체를 불필요한 것으로 만드는 것이었다. 위클리프가 교황을 적그리스도라고 말하고 성직자들의 죄를 신랄하게 규탄한 것은 혁명을 위한 길을 닦아 놓았다. 또한 그가 성경을 궁극적인 권위로 내세운 것도 혁명을 위한 발판이 되었다.

루터는 위클리프와 마찬가지로 성경의 문자적 의미보다는 교황과 교회의 권위 위에 있는 성서의 권위를 강조하였다. 루터는 구약성서를 해석함에 있어서 계속해서 알레고리를 사용하였고, 신구약의 권위를 구별하지 않았다. 루터에게 구약성서는 그리스도에 대한 온전한 계시를 담고 있는 책이었다. 자신이 번역한 성경의 1523년 판본의 서문에서 루터는 이렇게 말하였다:

여기에서(구약에서) 당신은 그리스도께서 누워 계셨던 구유와 강보를 발견하게 될 것이다 — 강보는 초라하고 별 가치가 없는 것이지만, 거기에 누워 계시는 보화인 그리스도는 참으로 귀하다(G. F. Oehler, *Theology of the Old Testament*, 24에서 재인용).

또한 동일한 저작 속에서 루터는 이렇게 썼다:

모세는 모든 지혜와 명철의 근원이고, 거기로부터 모든 선지자들이 알고 말하였던 것이 솟아 나왔다. 신약성서도 거기로부터 흘러 나왔고, 거기에 토대를 두고 있다 — 당신이 분명하고 확실하게 해석하고자 한다면, 그리스도를 받아들여라; 왜냐하면, 그리스도는 모든 것이 가리키고 있는 유일한 인물이기 때문이다. 그러므로 대제사장 아론 속에서 우리는 오직 그리스도만을 본다(Oehler, 2에서 재인용).

이것은 알레고리 또는 모형론처럼 들리고, 또한 실제로 그러하다. 그러나 성경으로 하여금 스스로 말하게 하라는 주장을 통해서, 루터는 자기에 앞선 사람들을 넘어서서 일보 전진하였다.

존 칼빈은 모든 성서가 오직 한 가지의 문자적 의미를 지니고 있다는 원칙을 적용함으로써 루터보다 진일보하였다. 칼빈은 모든 성서 본문을 그 자체의 배경에 비추어서 해석해야 한다고 역설함으로써 역사적 석의를 위한 토대를 놓았다. 사실, 칼빈은 예언서들을 역사적으로 주해하였기 때문에, 그의 대적자들은 흔히 그를 가리켜서 "유대화된 칼빈"이라고 불렀다. 하지만 구약성서를 교리적으로 다룰 때, 칼빈은 루터만큼이나 엄격한 입장을 고수하였다.

칼빈은 신약과 구약의 차이점은 그들이 담고 있는 교리들에 있는 것이 아니라 교리들의 형태에 있다고 보았다. 칼빈은 구약성서를 지나치게 기독교화하였기 때문에 복음의 새로운 점을 거의 놓칠 정도였다. 칼빈에게 있어서 이 두 계시 간의 차이는 오직 명료함의 정도의 차이였다. 종교개혁을 통해서도 신약과 구약의 참된 관계가 발견되지 않았기 때문에, 종교개혁자들은 구약 신학을 쓰려고 시도하지 않았다.

종교개혁 직후에 개신교 스콜라주의의 시대가 도래하였다. 로마 가톨릭 학자들과의 격렬한 논쟁들을 통해서 개신교도들은 로마 교회만큼이나 엄격한 권위주의를 발전시켰다 — 개신교도들이 성서 안에서 궁극적인 권위를 발견했다는 것을 제외하면. 그들은 그들의 성경관에 도전하는 사람이나 운동에 대하여 강력하게 반대하였기 때문에, 심지어 원문의 모든 단어와 모든 글자 — 히브리어의 모음점들을 포함한 — 가 영감되었다고까지 주장하였다.

1538년에 유대인 학자인 엘리아스 레비타(Elias Levita)는 이러한 견해에 도전해서, 모음점들은 원래의 히브리어 본문의 일부가 아니었다고 주장하였다.

바젤 대학의 요하난 북스토르프(Johann Buxtorf)와 그의 아들은 정통적인 견해를 옹호하는 끈질기고 오랜 주장을 펼쳤지만, 결국에는 논쟁에서 지고 말았다. 우리는 지금 사해 두루마리 같은 발견물들을 통해서 원래의 히브리어 본문에는 모음점들이 없었다는 것을 잘 알고 있다. 모음점들은 주후 500년과 800년 사이에 마소라 학자들에 의해서 만들어졌다.

가톨릭 교도들에게 있어서 "성경으로부터의 논증"은 주후 1500년 직후, 곧 트렌트 공의회가 열릴 무렵에 시작되었다. 이러한 움직임은 개신교도들과의 논쟁에 대한 답변으로서 또는 예수회와 도미니쿠스회 간의 논쟁들 속에서 시작되었다. 조셉 블렌킨숍(J. Blenkinsopp)은 성경이 이 시기에 절들로 구분된 한 가지 이유는 분명히 "논쟁의 목적을 위하여 이미 만들어져 있는 탄약을 제공할 목적을 위한 것"이었다고 주장한다(A *Sketchbook of Biblical Theology*, 6).

루터와 칼빈 외에도, 재세례파(the Anabaptists)와 소치니주의자들(the Socinians)을 포함한 그 밖의 다른 집단들이 전통적인 성경관에 도전하였다. 재세례파는 일반적으로 구약성서가 그리스도인들에게 권위가 있다는 것을 거부하였고, 구약성서는 오직 유대인들에게 주어진 책이었다고 주장하였다. 또한 그들은 구약성서는 개인의 불멸에 대한 그 어떤 신앙도 포함하고 있지 않다고 믿었다(Emil G. Kraeling, *The Old Testament Since the Reformation*, 22). 소치니주의자들은 구약성서의 신적인 성격을 인정하긴 했지만, 지금에 이르러서는 구약성서는 단지 역사적인 흥미거리에 불과하고 기독교 교리에 있어서 필수적인 것이 아니라고 주장하였다(Kraeling, 40).

재세례파와 소치니주의자들은 전통의 껍질을 깨고 구약성서에 대한 좀 더 객관적인 접근 방식을 시도했던 많은 사람들 중의 최초의 사람들이었다 — 궁극적으로 진정한 구약 신학으로 귀결된 접근 방식. 1600년 직후에 조지 칼릭스투스(George Calixtus)는 구약성서가 삼위일체 교리를 담고 있다는 것을 부정하였다. 그 밖의 다른 사람들도 그들의 신학의 일차적인 원천으로서의 성경으로 되돌아가고자 시도하였다. 이러한 인물들 중에서 가장 두드러진 사람은 경건주의자들의 지도자였던 코케이우스(Cocceius, 1603–1669), "옛 튀빙겐학파"의 창시자였던 슈토르(G. C. Storr)였다(Dentan, *Preface to Old*

Testament Theology, 16-17).

　이러한 인물들 및 운동들과 더불어서, 대학교들은 정통적인 교리를 밑받침
하기 위하여 성경의 여러 부분들로부터 가져온 증거 본문들(*dicta probantia*)
의 모음집들을 간행하는 중심지들이 되었다. 덴탄은 이러한 관점에서 씌어진
책들은 대부분 성경을 다룸에 있어서 경직되고 인위적이었지만 그 책들은
"장차 성서 신학으로 발전할 씨앗을 담고 있었고, 이러한 책들 가운데에서 마
지막에 나온 칼 헤이만(Carl Haymann, 1768)의 저작은 실제로『성서신학』
(*Biblische Theologie*)이라는 제목으로 되어 있었다"고 말한다(*Preface to Old
Testament Theology*, 418).

3. 구약 신학의 태동과 성장

　성서 신학의 씨앗이 정통적인 교리를 밑받침하기 위하여 증거 본문들을 사
용하였던 사람들의 저작들 속에서 나타났다고 한다면, 이러한 씨앗은 정통
교리를 비판하기 위하여 증거 본문들을 사용하였던 사람들에 의해서 촉진되
었다. 성경을 증거 본문으로 사용하는 방식은 결코 진정한 의미의 구약 신학
을 낳을 수 없었다. 구약 신학은 기본적으로 역사적이고 서술적인 학문이다.
역사적이고 문법적인 해석 원칙들이 재발견된 후에야 비로소 진정한 의미의
구약 신학이 씌어질 수 있었다. 바로 그러한 일은 이성의 시대(the Age of
Reason)가 도래할 때까지는 이루어지지 않았다.

　이성의 시대는 르네상스와 종교개혁의 산물이었다. 십자군들은 학문과 철
학 분야에서 헬라의 고전들을 재발견하였었다. 근대 학문의 선구자들은 옛
헬라의 고전들을 기반으로 우주에 관한 전통적인 이론들에 도전하기 시작하
였다. 코페르니쿠스(Copernicus, 1473-1543)는 지구가 아니라 태양이 우주의
중심이라고 주장하였다; 아이작 뉴턴(Isaac Newton, 1642-1727)은 세계를 자
연 법칙들에 의해서 운행되는 기계로 보았다. 체버리의 허버트(Herbert of
Cherbury)와 토머스 홉스(Thomas Hobbes, 1588-1679) 같은 영국의 이신론
자들은 하나님의 존재를 부정하지는 않았지만, 역사와 자연 속에서 계시, 이
적들, 초자연적인 것들을 배제하였다.

영국의 이신론(deism)은 오래가지 못했지만, 독일의 합리주의는 계속해서 살아 남았다. 미카엘리스(J. D. Michaelis, 1717-1791)와 제믈러(J. D. Semler, 1725-1792)는 합리주의의 원칙들을 성경에 적용한 주요한 인물들이었다. 이성의 시대는 성경에 대한 역사적이고 문법적인 해석 원칙을 발견하였고, 연구를 위한 적절한 기법들과 도구들을 발전시켰으며, 성경학자들과 신학자들을 교회와 국가의 권위로부터 해방시켰다.

요한 필립 가블러(Johann Philipp Gabler)는 성서 신학이 별개의 학문 분과가 되어야 한다고 주장하였던 최초의 합리주의자였다. 그는 기독교 세계에서 일어나는 혼돈의 많은 부분이 대체로 성경을 부적절하게 사용하는 것과 교인들이 교의 신학과 성경 속의 역사적 종교를 구별하지 못한 것에 기인한다고 믿었다. 1787년 3월 30일 알트도르프 대학에서 "De iuso discrimine theologiae biblicae et dogmaticae regundisque recte utriusque finibus"("성서 신학과 교의 신학의 올바른 구별과 각 분과의 목표들의 적절한 결정")라는 제목의 자신의 취임 연설에서 가블러는 이 두 분과 학문의 분리를 요구하였다. 이렇게 해서 그는 자주 성서 신학의 아버지로 불린다.

가블러에게 있어서 교의 신학은 성격상 교육적이고 규범적인 것으로서, 어떤 특정한 신학자가 자신의 성품, 시대, 나이, 지위, 분파, 학파에 따라서 어떤 문제에 관하여 어떻게 결정하는지를 가르친다. 성서 신학은 성격상 역사적이고 서술적인 것으로서, 성서 기자들이 신앙과 관련된 문제들에 관하여 어떻게 생각하였는지를 전달한다.

가블러는 성서 신학을 수행하는 원칙들을 제시하였다. 그는 성서 신학자는 먼저 역사적이고 문법적인 해석 원칙들에 따라서 성경의 각각의 구절을 따로 따로 연구하여야 한다고 말하였다. 다음으로, 성서 신학자는 성경의 각각의 구절들을 서로 비교해서 차이점들과 유사점들을 가려내야 한다. 세 번째로, 성서 신학자는 자료들을 왜곡하거나 차이들을 말살함이 없이 일반적인 사상들을 체계화하거나 정식화하여야 한다.

가블러는 몇몇 학자들에게 성서 신학을 쓰고자 하는 영감을 불어넣어 주었다. 바우어(G. L. Bauer, 1755-1806)는 구약 신학에 관한 저서를 출간한 최초의 인물이었다(*Theologie des Alten Testaments*, Leipzig, 1796). 그 책이 3부로 배열되어 있다는 것 — 신론, 인간론, 기독론 — 은 바우어가 계속해서 교의 신학의 주제들에 의존하고 있다는 것을 보여준다. 하지만 성경에 나오는 내용들에 대한 그의 해석은 소박한 합리주의에 토대를 둔 것이었다. "현현들, 이적들, 예언들을 통한 하나님의 초자연적인 계시와 관련된 모든 관념은 거부되었는데, 그러한 것들이 건전한 이성에 반하고 다른 민족들 속에서도 쉽게 그 병행을 찾아볼 수 있다는 것이 그 이유였다"(Dentan, *Preface to Old Testament Theology*, 27).

성서 신학 분야는 가블러의 연설 이후 50년 동안 합리주의자들의 독무대처럼 되어 있었다. 합리주의자들은 교의 신학의 압제로부터 성서 신학을 구해냈지만, 곧바로 성서 신학을 합리주의의 전횡 아래에 두고 말았다.

구약 신학에 대한 철학의 영향은 극단적인 합리주의로부터 등을 돌린 데 베테(W. M. L. de Wette)의 저작 속에서 볼 수 있다. 1813년에 『성서 교의학』(*Biblische Dogmatick*)을 출간하면서, 그는 합리주의와 정통 신앙을 둘 다 뛰어넘는 신앙과 종교적 감성의 더 높은 합일을 추구하였다. 데 베테는 자신의 스승이자 동료 교수였던 예나 대학의 야콥 프리스(Jacob Fries)의 영향을 많이 받았다. 프리스는 슐라이어마허와 마찬가지로 모라비안 형제단에서 신앙 교육을 받았고, 따라서 강력한 종교적인 감성을 지니고 있었다. 하지만 프리스의 사상은 칸트적인 것이었다. 칸트의 영향은 데 베테의 저작 속에서도 볼 수 있다. 데 베테에게 계시는 "언어 또는 상징으로 표현된 참된 종교적 관념"을 의미하였다(*Biblische Dogmatick*, 25). 데 베테에 의하면, 그러한 참된 관념들은 하나님의 성령이 이성에 역사함이 없이는 출현할 수 없는 것들이었다. 그러므로 사상가는 언제나 더 높은 권능에 의존하여야 한다.

19세기 전반에 유럽에서 활동하였던 세 명의 뛰어난 철학자들은 구약 신학에 엄청난 영향을 미쳤다. 그들은 근대 신학의 아버지라 불린 프리드리히 슐라이어마허(Friedrich Schleiermacher, 1768-1834), 게오르크 빌헬름 헤겔(George Wilhelm Hegel, 1770-1831), 쇠렌 키에르케고르(Soren Kierkegaard, 1813-1855)였다. 슐라이어마허는 베를린에서 영향력 있는 목회자였는데, 의존감(the feeling of dependence)을 기독교 신앙의 토대로 삼았다. 슐라이어마허는 구약성서를 낮게 평가하였다. "그에게 있어서 기독교가 유대교라는 토양으로부터 발전된 것은 단지 역사적 우연이었다"(Dentan, *Preface to Old Testament Theology*, 35).

헤겔은 베를린 대학에서 슐라이어마허와 데베테의 동료 교수였다. 헤겔 철학의 가장 중요한 특징은 변증법이었다. 헤겔에게 있어서 세계의 모든 것은 자신의 반대물을 가지고 있기 때문에, 모든 명제는 반명제(또는 반제)를 수반한다. 각각의 명제와 반명제는 서로 결합되어서 종합을 이루게 되고, 이 종합은 좀 더 높은 단계의 사상 또는 명제를 위한 새로운 명제가 된다. 헤겔에 의하면, 이런 식으로 낮은 단계에서 높은 단계로의 발전이라는 개념은 만유의 비밀을 이해하는 열쇠였다. 이러한 철학의 효과는 구약 신학을 포함한 삶의 거의 모든 영역에 대한 우리의 이해에 혁명을 가져 왔다.

헤겔의 발전 이론은 거의 즉각적으로 그의 제자이자 동료 교수였던 빌헬름 바트케(Wilhelm Vatke)에 의해서 구약성서에 적용되었는데, 그는 1835년에 『성서 신학』(*Biblische Theologie*)을 간행하였다. 철학적인 문체와 용어들, 구약성서에 대한 극단적으로 새롭고 비판적인 견해 때문에, 그의 저작은 일반적으로 받아들여지지 않았다. 이 저작의 영향력은 거의 4반세기 동안 잠자고 있었지만, 헤겔의 철학을 구약성서 연구에 적용한 이 저작은 벨하우젠이 오경과 관련하여 현대적인 문서 가설을 정립하는 결과를 가져 왔고, 결국에는 구약 신학의 죽음을 초래하였다.

"감상적인 덴마크인"이었던 쇠렌 키에르케고르는 합리주의를 강조했던 헤겔의 변증법을 거부하고, 체험에 대한 실존론적인 강조를 주장하였다. 키에르케고르에게 있어서 중심적인 문제는 이런 것이었다: "기독교 세계에서 그리스도인이 된다는 것은 무엇을 의미하는가?" 그는 기독교 속에서 인간이 자신의 힘으로 발견할 수 없는 진리를 보았다. 래투레트(Kenneth Scott Latourette)는 키에르케고르에 대하여 이렇게 말하였다:

그는 인간의 이성을 통해서 진리에 도달하고자 하는 시도였던 헤겔 사상을 격렬하게 거부하였다. 그에게 있어서 기독교를 이성적으로 파악할 수 있다고 말하는 것은 사기였다. 왜냐하면, 그러한 이성적 접근은 무한한 하나님의 자기 계시를 인간의 기준에 종속시키는 것이기 때문이다. 기독교는 인간의 정신에 의해서 검증될 수 없다고 그는 주장하였다; 기독교는 인간의 지성적 능력에 대하여 장애물이자 거침돌이다. 그는 기독교의 역설적 성격을 강조하였다. 기독교 신앙의 중심적인 특징은 시간 속에 계신 하나님이지만, 이것은 전적인 모순이다. 왜냐하면, 하나님은 정의상 영원하시기 때문이다. 하나님 앞에서 언제나 인간은 죄인이고, 인간의 최선은 그의 최악과 마찬가지로 하나님의 심판 아래에 있기 때문에, 하나님의 죄사함을 필요로 한다. 죄 없으신 하나님과 죄악된 인간 사이에는 거대한 심연이 입을 벌리고 있다. 그렇지만 이러한 역설은 하나님 안에서 및 하나님에 의해서 해결된다. 사람의 이성에게 불가능한 일이 하나님에 의해서 행해져 왔다. 영원이 시간 속으로 들어온다: 하나님의 아들이 성육신하여, 하나님과 인간이라는 두 화해될 수 없는 요소들을 하나로 묶는다. 그는 이 일을 아무도 알지 못하게, 그리고 연약함 가운데에서 행한다. 십자가는 인간의 이성과 인간의 도덕 의식에 대하여 걸림돌이다. 신앙의 비약을 통해서만 우리는 우리의 지성을 죽이고, 하나님께서 우리를 위하여 행하신 일을 받아들인다. 키에르케고르는 "기독교 세계"와 그리스도의 요구들 간의 대비를 통해서 영감을 받았다. 그에게 있어서 기독교 세계는 엄청난 허구였다: 기독교 세계는 기독교와는 상관 없는 것이었다(*Nineteenth Century in Europe*, 143-144).

보수주의자들이 성서 신학의 분야에 뛰어든 것은 가블러의 연설이 있은 지 50년 정도가 지난 뒤였다. 구약 신학 분야에서 최초의 보수주의자는 헹스텐베르크(E. W. Hengstenberg)였다. 헹스텐베르크는 개혁주의 전통 속에서 양육되었고, 본 대학에서 수학하면서 강력한 합리주의적인 영향에 노출되었다. 대학의 극단적인 합리주의에 반발하여, 헹스텐베르크는 1823년에 사상의 큰 변화를 겪고, 바젤에 있는 선교사 학교에 들어갔다. 1824년에 그는 선교사 학교에서 베를린 대학으로 자리를 옮겼다. 그는 이미 깊은 경건을 갖추고 있었고, "정통 신앙을 향한 열심으로 가득 차서 온갖 형태의 오류를 묵중한 손으로 때려 부술 채비를 갖추고 있었다"(A. H. Newman, *A Manual of Church History II*, 556).

프리드리히 빌헬름 3세(Frederick William III, 1770-1840)의 궁정에서 경건주의가 득세하고 있었던 때였기 때문에, 헹스텐베르크의 승진은 빠르고 쉬웠다. 1825년에 그는 베를린 대학 신학부의 교수가 되었고, 그의 동료 교수들이었던 바트케, 슐라이어마허, 블리크(Bleek), 헤겔, 네안더(Neander)에 반대하였다. 1827년에 그는 Evangelical Church Review를 간행하기 시작하였다. 그는 왕과 그 밖의 다른 보수주의적인 운동들을 견고하게 지지하는 인물이었다. 그는 민주주의와 헌법에 의한 통치를 적대시하였기 때문에, 노예 제도를 옹호한 남부의 주들을 지지하고, 링컨 대통령을 신랄하게 비판하였다(Newman, *A Manual of Church History II*, 558).

헹스텐베르크는 구약 신학을 쓰지 않았지만, 구약성서에 나오는 메시야적인 예언들에 대한 주석서인 4권으로 된 『구약의 기독론』(*Christology of the Old Testament*)을 출간하였다. 이 저작의 출간으로 성경에 대한 엄격하게 정통적인 견해가 다시 격렬하게 깨어났다. 헹스텐베르크는 계시에 있어서의 그 어떤 진정한 발전이라는 개념도 거부하였고, 신약과 구약을 거의 구별하지 않았으며, 구약의 예언들에 대하여 "그 예언들의 원래의 배경에 대한 그 어떤 고찰도 거의 무시한 채" 영적인 해석을 제시하였다(Dentan, *Preface to Old Testament Theology*, 41).

헹스텐베르크의 제자이자 쾨니히스베르크 대학의 젊은 교수였던 하베르니크(H. A. C. Havernick)는 몇몇 신선하고 영감 있는 통찰들을 지닌 매우 보수적인 저작인 『구약 신학 강의』(*Vorlesungen über die Theologie des Alten Testaments*, 1848)를 썼다. 그는 구약성서에 나오는 자료들에 대한 연구에 있어서 객관적이고 역사적인 방법론들을 사용할 것을 요구하였지만, 그러한 방법론들 자체가 적절한 결과들을 산출해내지 못할 것임을 인정하였다. 성경을 연구하는 사람은 신앙과 체험을 통해서 이루어지는 "신학적인 적성"을 갖추어야 한다. 하베르니크는 하나님은 추상적인 개념들을 통해서가 아니라 유기적이고 발전적인 전체를 구성하는 일련의 행위들을 통해서 스스로를 계시하신다고 말하였다.

이 마지막 내용과 관련해서 하베르니크는 이 시기의 또 다른 저명한 보수주의 학자였던 에어랑겐 대학의 호프만(J. C. K. von Hofmann, 1810-1877)

과 매우 흡사하였다. 폰 호프만은 1800년 대의 구원사(Heilsgeschichte) 학파
의 창시자들 중의 한 사람이었다. 폰 호프만에 의하면, 성경은 역사 속에서
활동하시는 삼위일체 하나님이 인류를 구속하고자 하는 목적을 위하여 행하
시는 구원의 역사에 대한 직선적인 기록이다. 자신의 저서인 『약속과 성취』
(*Promise and Fulfillment*)에서 폰 호프만은 구약과 신약은 예언과 성취의 관
계에 있다고 주장하였지만, 그리스도는 이스라엘 역사 전체의 성취라는 점을
강조하였다. 성경의 신앙에 대한 구원사적인 접근 방식은 그 후에도 계속해
서 엄청난 영향을 미쳐왔고, 라이트(G. E. Wright)와 폰 라트(Gerhard von
Rad) 같은 오늘날의 학자들의 저작 속에서 그 영향력을 찾아볼 수 있다.

튀빙겐 대학의 구스타프 프리드리히 욀러(Gustav Friedrich Oehler, 1812-
1872)는 1875년 이래로 구약성서에 대한 연구를 주도하였다. 합리주의자였던
슈토이델(Steudel)의 제자인 그는 헤겔의 영향을 강력하게 받았다. 그는 히브
리 종교가 유기적인 성장을 나타내 보여준다는 것을 보지 못한 것에 대하여
그의 스승을 비판하였다. 그는 1845년에 『구약 신학 서설』(*Prolegomena to
Old Testament Theology*)을 출간하였지만, 구약 신학에 관한 그의 방대한 저
서는 1873년에 그의 아들 테오도르 욀러에 의해서 사후에 출간되었다. 그는
구약성서가 담고 있는 내용을 3부로 나누어서 서술하였다: 모세의 사상, 선지
자들의 사상, 지혜. 욀러의 『구약 신학』(*Old Testament Theology*)은 구약 신학
에 관한 저서들 중에서 영어로 번역된 최초의 책이었다(1874-1875).

4. 구약 신학의 죽음과 종교사 학파의 승리

1878년은 구약 신학의 암흑기가 시작된 해였다. 이 해에 율리우스 벨하우
젠(Julius Wellhausen)은 이스라엘의 문학과 종교의 역사에 대한 발생학적이
고 발전론적인 접근 방법의 최고의 산물인 『이스라엘 역사 서설』
(*Prolegomena zur Geschichte Israels*)을 출간하였다. 자기보다 앞서 활동하였
던 그라프(Graf)와 코이넨(Keunen)의 저작을 토대로 해서 연구를 수행했던
벨하우젠은 구약의 선지자들이 율법이 주어지기 전에 활동하였다고 주장하
였다. 그가 이러한 결론에 도달하게 된 것은, 부분적으로 구약성서에 대한 연

구를 통해서 여호수아서, 사사기, 사무엘서, 열왕기가 오경의 율법들에 대한 지식을 거의 보여주지 않는다는 것을 발견했기 때문이었고, 또한 부분적으로는 모든 것은 단순한 것에서 복잡한 것으로 자유에서 권위주의로 움직여간다는 그의 전제 때문이었다.

벨하우젠은 구약의 종교가 자연 종교로부터 성장하였다고 믿었다. 이스라엘의 희생 제사들과 제의들 배후에는 이웃의 이교 국가들의 농경 축제들이 자리잡고 있다. 그는 이스라엘 종교의 옛 농경 단계를 이스라엘 문헌의 가장 초기의 자료들 속에서 여전히 찾아볼 수 있다고 생각하였다(*Prolegomena to the History of Israel*, 83-120). 신명기는 이러한 농경 사회의 절기들을 역사화해서, 그것들을 구속사와 결합시킨 것이라고 벨하우젠은 주장하였다.

그는 구약성서 속에서 하나의 신학을 발견한 것이 아니라, 발전 도식을 따른 서로 다른 많은 신학들을 발견하였다. 오경에 존재하는 신학은 이스라엘의 후대의 신앙을 이전 시대에 투영한 것이다. 벨하우젠의 저서 이후에 몇몇 구약 신학들이 계속해서 출간되긴 했지만, 그러한 것들은 대체로 이전 시대의 것들을 답습한 것들이었다.

벨하우젠 이전에는 영어권 국가들에서는 성서 신학에 관한 연구가 거의 이루어지지 않았었다. 영어로 된 구약 신학에 관한 최초의 광범위한 저작은 1904년에 출간된 데이빗슨(A. B. Davidson)의 『구약 신학』(*The Theology of the Old Testament*)이었다. 이 저작은 그가 죽은 후에 그의 한 제자에 의해서 편집되었기 때문에 몇 가지 바람직스럽지 못한 특징들을 지니고 있긴 하지만, 여전히 유익한 저작으로 남아 있다. 만약 데이빗슨이 직접 자신의 저서를 편집했더라면, 그 책은 지금과는 다른 모습을 띠었을 것이다. 그는 서두의 장에서 다음과 같이 말함으로써 많은 것을 암시해준다:

우리는 구약 신학이라고 말하지만, 우리가 시도할 수 있는 것은 구약성서의 종교 또는 종교적 관념들을 서술하는 것이 전부이다. 히브리 민족의 사고 속에 있었고 그들의 성서 속에 나타난 이러한 관념들은 그 자체로는 어떠한 신학도 형성하지 못한다. 그러한 관념들 속에는 그 어떤 종류의 체계도 존재하지 않는다 … 우리는 구약성서 속에서 신학을 발견하지 못한

다; 우리는 종교를 발견한다 … 이러한 종교적인 관념들과 확신들에 조직
적인 또는 체계적인 형태를 부여함으로써 신학을 만들어내는 것은 바로
우리 자신들이다. 그런 까닭에, 우리가 다룰 주제는 구약성서 속에 묘사된
대로의 이스라엘 종교사이다(*The Theology of the Old Testament*, 11).

데이빗슨은 여전히 자신의 강의들을 조직 신학의 형태로 제시하였고, 자신
의 책도 동일한 방식으로 배열하였다.

구약 신학에 관한 그 밖의 다른 두 중요한 저작들이 이러한 "잠자는" 시기
에 출간되었다. 휠러 로빈슨(H. Wheeler Robinson)의 『구약의 종교 개념들』
(*The Religious Ideas of the Old Testament*)과 크누드슨(A. C. Knudson)의 『구
약의 종교적 가르침들』(*The Religious Teachings of the Old Testament*)은 각
각 1913년과 1918년에 간행되었다. 이 두 저작 중 어느 쪽도 포괄적이지 않
고, 또한 "구약 신학"이라는 제목을 달고 있지도 않다. 이 각각의 저서들은 조
직 신학의 주제 배열에 따라서 구약성서의 내용들을 제시하고 있다.

이스라엘의 종교에 관한 몇 권의 책이 이 시기 동안에 출간되었다: R. L.
Ottley, *The Religion of Israel*(Cambridge: The University Press, 1905, 3rd
ed. 1926); Karl Marti, *The Religion of the Old Testament*, trans. G. A.
Bienmann(New York: G. P. Putnam's Sons, 1907); W. O. E. Oesterley and
Theodore E. Robinson, *Hebrew Religion: Its Origin and Development*
(London: SPCK, 1930); Harry Emerson Fosdick, *A Guide to Understanding
the Bible* (New York: Harper and Brothers, 1938). 이 모든 저작들은 이 운동
이 그 논리적인 결말에 도달할 때까지는 벨하우젠의 발전론적인 접근 방법을
따랐다. 발터 아이히로트는 포스딕의 저서는 이 시기의 종언(終焉)을 보여주
는 것이라고 말하였다:

솔직히 말해서, 이 저자는 하나의 전적으로 학문적인 접근 방법과 연구
방식에 대한 부고 기사를 쓴 셈이다 … 오늘날 훈련받은 학자라면 그 누구
도 역사에 있어서의 진화 법칙의 중요성을 부정하지 않고, 성서 문헌의 겉
보기에 많은 수수께끼 같은 현상들을 제거함에 있어서 그 법칙이 지닌 가

치에 대하여는 더더욱 부정하지 않겠지만, 우리는 오늘날 제도들 또는 관념들의 단선적인 진화를 전제하는 것이 얼마나 위험한 것인지를 너무도 잘 알고 있다(Eichrodt, "Review: A Guide to Understanding the Bible," 205).

제임스 스마트(James Smart)는 구약 신학이 "20세기가 시작되면서 병사하였고 조용히 묻혔다"고 말하였다("The Death and Rebirth of Old Testament Theology," 1). 구약 신학의 죽음의 원인들은 다양하다. 그 주된 원인들 중의 하나였던 벨하우젠의 저작은 구약성서에 있어서의 신학들의 다양성을 강조하였고, 그 통일성을 해체하였다. 또 다른 원인은 자신의 신학적인 수많은 전제들을 본문 속에 집어넣어서 읽었던 이전의 학자들에 대한 반발이었다. 이 새로운 시기에 학자들은 성경에 대한 접근 방식에 있어서 전적으로 객관적인 태도를 취하고자 하였다. 구약 신학의 죽음에 있어서 세 번째 요인은 20세기 초에 신학 자체에 대한 관심이 전반적으로 결여되어 있었다는 것이다. 구약 학자들은 신학 대신에 고고학, 셈어들, 비교 종교학에 대한 연구로 관심을 돌렸다.

데이빗슨이 1904년에 자신의 『구약 신학』(Old Testament Theology)을 출간한 후 거의 25년 동안 이 분야에 관한 저서는 거의 나오지 않았다. 그러나 1930년대 초에 새로운 물결이 등장하기 시작하였고, 이 물결은 1950년대에 이르러서는 큰 물줄기를 형성하게 되었다.

5. 구약 신학의 부활

무엇이 구약 신학에 있어서의 이러한 갑작스러운 변화를 초래하였는가? 무엇이 구약 신학을 다시 소생시켰는가? 신학과 성서학이 갑작스럽게 부활하게 된 주요한 원인은 제1차 세계대전으로부터 떨어진 "낙진" 때문이었다. 1917년 이전에 서구 세계의 지배적인 태도는 필연적인 진보에 대한 확신이었다. 사람들은 스스로의 힘으로 그 어떤 위기로부터도 벗어나서, 그 위기를 더 높은 수준의 삶으로 변화시킬 수 있다고 믿었다.

그 후에 두 차례의 세계대전, 그리고 그 전쟁들로 인한 파괴, 초토화, 잔혹성, 적대감, 소외가 불과 한 세대 동안에 일어났다. 필연적인 진보 및 인류의 내재적인 선함과 능력에 대한 확신은 산산조각나고 말았다. 사람들은 힘의 원천과 지침이 될 말씀을 그들 자신 밖에서 찾기 시작하였다. 이 때에 일부 사람들은 그러한 힘과 지침을 하나님의 말씀 속에서 재발견하였다.

칼 바르트는 1918년 이후의 신학의 변화를 다음과 같이 서술하였다:

"좋았던 옛 시절"이었던 19세기의 실제적인 종언은 다른 모든 것과 마찬가지로 신학에 있어서도 1914년이라는 운명적인 해와 함께 왔다. 우연이든 아니든, 바로 그 해에 하나의 중요한 사건이 일어났다. 유명한 조직신학 교수이자 당시에 가장 현대적인 학파의 지도자였던 에른스트 트뢸치(E. Troeltsch)는 신학 교수직을 포기하고 철학 교수직을 택하였다. 1914년 8월 초의 어느 날은 나의 개인적인 기억 속에서 암흑의 날로 뚜렷하게 남아 있다. 93명의 독일 지성인들이 빌헬름 2세와 그의 참모들의 전쟁 정책을 지지하는 선언서를 발표함으로써 대중의 여론을 압박하였다. 이 지성인들 가운데에서 나는 내가 그토록 존경해 왔던 나의 거의 모든 신학 스승들을 발견하고서는 경악을 금치 못하였다. 때의 징조들과 관련해서 이것이 보여주었던 것에 대하여 절망하였던 나는 갑자기 내가 더 이상 그들의 윤리와 교의들 또는 성경과 역사에 대한 그들의 이해를 따를 수 없다는 것을 깨달았다. 적어도 내게 있어서는 19세기 신학은 더 이상 미래가 없었다. 대다수의 사람들은 아닐지라도 많은 사람들에게, 일단 당시에 우리에게 덮쳤던 홍수의 물이 어느 정도 물러간 후에, 이러한 신학은 다시 예전의 모습을 되찾을 수는 없었다(The Humanity of God, 14-15).

제임스 스마트(Smart)는 1919년에 출간된 로마서에 대한 칼 바르트의 주석서가 "폭탄의 투하와 같았고, 신약 학계에서 혼합되어 있었던 여러 다양한 요소들을 분리해 내는 효과를 지닌 화학 성분의 투여와 같았다"고 말하였다(Smart, *The Interpretation of Scripture*, 276). 스마트는 칼 바르트의 로마서 주석은 사람들에게 하나님의 말씀의 사역자가 되기로 맹세했던 자신의 임직 서약을 이행하고자 애썼던 두 명의 스위스 목회자인 바르트(K. Barth)와 투르나이젠(Thurneysen)의 좌절감에서 비롯되었다고 말한다. 이 두 사람은 역사비평학에 대해서는 훈련을 받았지만, 사람들에 대한 하나님의 유일무이한 계시로서의 하나님의 말씀을 어떻게 이해해야 하는지에 대해서는 훈련받지 못했었다. 그렇지만 바로 그것이야말로 하나님의 사역자들이었던 그들이 진정으로 훈련받았어야 했던 것이었다.

바르트와 투르나이젠은 루터, 칼빈, 키에르케고르 등등에게 도움을 받기 위하여 손을 내밀었다. 이 두 사람은 한 세기에 걸친 신약학계의 결론들에 도전하였다. 독자들은 즉각적으로 이 주석서 속에서 수많은 결함들을 발견하였지만(이 주석서는 너무 대충 씌어졌기 때문에, 바르트는 그 주석서가 출간되자마자 개정을 시작하지 않을 수 없었다), 신약학자들은 그 신학적인 접근 방법의 정당성을 인정하지 않을 수 없었다(Smart, *The Interpretation of Scripture*, 278).

칼 바르트는 새로운 교의 신학을 위한 길을 개척하였고, 이것은 거의 즉각적으로 성서 신학에 영향을 미쳤다. 이 두 분과 학문의 운명은 흔히 보조를 같이 하여 왔다. 성서 신학은 교의 신학의 그늘 속에서 살기도 했고 죽기도 하였다. 루돌프 키텔(Rudolph Kittel)이 1921년에 라이프치히 대학에서 한 무리의 구약학자들을 대상으로 "구약학의 미래"라는 강연을 하였을 때, 구약 신학에 대한 새로운 관심이 시작되었다. 키텔은 문학적이고 역사적인 연구 방법의 부적절성을 강조하였고, "구약성서 속에 담겨져 있는 특유의 종교적 가치들에 대한 해명"을 요구하였다. 키텔은 학자들은 구약성서의 종교의 핵심을 체계적으로 서술하여야 하고, 그 토대가 되는 신적인 권능의 비밀 속으로 깊이 파고 들어가야 한다고 말하였다("Die Zukunft der altestamentlichen Wissenschaft," 84-99).

구약 신학이 과연 역사적 학문 분과인지를 놓고 1926년부터 1929년까지 아이스펠트(O. Eissfeldt)와 아이히로트(W. Eichrodt)가 뜨겁게 논쟁을 벌였다. 아이스펠트는 이스라엘 종교의 역사와 구약 신학은 별개의 학문 분과들이기 때문에 서로 다른 방법론과 목표를 설정하여야 한다고 주장하였다. 아이히로트는 구약 신학자들이 종교사학자들이 사용하는 것과 동일한 역사비평적인 방법론들을 통해서 구약 종교의 "핵심"에 접근할 수 있다고 역설하였다 (Ollenburger, et. al., *The Flowering of Old Testament Theology*, 3-39에 실린 Eichrodt와 Eissfeldt의 글들을 보라).

제1차 세계대전 이후에 구약성서에 대한 관심이 새롭게 출현한 한 가지 이유는 독일의 많은 신학자들과 정치가들이 반(反)유대주의 운동의 일환으로 구약성서를 공격하기 시작하였기 때문이었다. 1920년 대 후반과 특히 30년대에 독일에서 교회의 씨름은 구약성서에 대한 관심에 초점이 맞춰져 있었고, 구약성서의 성격과 유효성에 대한 급진적인 사상을 촉발시키기 시작하였다.

그러한 급진적인 사상은 Adolph von Harnack, *Marcion, Das Evangelium vom Fremden* (Gott, Leipzig, 1924); Friedrich Delitzsch, "The Great Deception" (*Die grosse Täuschung)* I and II; Houston S. Chamberlain, *Foundations of the 19th Century* (Munich, 1898); Hitler, *Mein Kampf* (1925-1927); Alfred Rosenberg, *Myth of the 20th Century* (1930) 같은 저작들 속에 표현되었다. 하르낙은 구약성서를 기독교 정경으로부터 제거해서 외경의 첫머리에 두어야 한다고 말하였다(Bright, *The Authority of the Old Testament*, 65). 유명한 보수주의자인 루터파 구약학자 프란츠 델리취의 아들인 프리드리히 델리취(Friedrich Delitzsch)는 강한 반유대인 감정을 가지고 있었다. 그는 구약성서가 그리스도인들에게 매우 위험한 책이라고 여겼고, 또한 예수가 이방인이었다고 가르쳤다.

휴스턴 스튜어트 챔벌린(Houston Stewart Chamberlain)은 1855년에 영국의 고위 군인 가문에서 태어났다. 그는 건강이 좋지 못했기 때문에 군복무를 할 수 없었고, 따라서 독일인들과 싸울 수도 없었다. 젊은 시절에 챔벌린은 독일 예술에 심취하게 되었고, 그 결과로 자신의 삶을 독일과 오스트리아에서 보냈다. 제1차 세계대전 중에 그는 독일 시민이 되었고, 20년대 초에 아돌프 히틀러의 친구가 되었다. 챔벌린은 히틀러의 운동 속에서 독일의 구원이 도래하고 있다고 보았지만, 히틀러가 수상이 되기 6년 전인 1927년에 죽었다 (Tanner, *The Nazi Christ*, 2; Andrew J. Krzesinski, *National Cultures, Nazism, and the Church* (Bruce Humphries, 1945); D. L. Baker, *Two*

Testaments One Bible (Downers Grove: InterVarsity Press, 1976), 79-85; H. G. Reventlow, *Problems of Old Testament Theology*, 28-43).

챔벌린의 『토대들』(*Foundations*)은 두 권으로 된 저작으로서, 거기에서 그는 유럽의 역사가 인도-유럽인들과 셈족 간의 투쟁에 관한 기록이라고 주장하였다. 로마에 대한 카르타고의 공격과 마호메트가 유럽을 침공한 것이 바로 이러한 투쟁의 두 가지 예였다. 챔벌린은 그리스도가 세계사에서 극히 중요한 인물이라고 보았지만, 그리스도는 유대인이 아니었다고 생각하였다. 챔벌린의 저작은 출간된 때(1889-1901년)로부터 1918년까지 독일에서 널리 읽혀졌다. 독일 황제는 독일에 있는 도서관들을 위한 보관용 책을 구입하기 위하여 개인적으로 일만 마르크를 기부하였다. 전쟁 후에 이 저작의 인기는 시들해졌다; 그러나 1938년에 이르러서 나치는 비싸지 않은 보급판으로 이 저작을 출간하였고, 히틀러 치하에서 이 저작은 8쇄를 거듭하였다. 한 보급판은 20만부 이상이 팔려 나간 것으로 알려져 있다.

나치 체제(1933-19045년)는 인종 차별주의(독일 인종의 순수성과 우월성), 민족주의(독일 국가의 최고성), 땅에 대한 강조(독일의 조국 땅의 신성함)를 특징으로 하였다. 그러므로 독일적이지 않거나 아리안족에 속하지 않은 모든 것들은 따로 분리되어서, 독일 국가의 통제를 받아야 했다. 유대인들과 그들이 지닌 히브리 성서(구약성서)는 멸종의 타겟이 되었다. 심지어 일부 기독교 학자들조차도 유대인들과 구약성서의 제거에 힘을 보탰다. 올브라이트(W. F. Albright)는, 저명한 히브리 학자인 루돌프 키텔의 막내 아들이자 『신약신학 어휘사전』(*Theological Word Book of the New Testament*)의 편집자였던 게르하르트 키텔(Gerhard Kittel)이 "유대인들을 멸종시키는 것이 신학적으로 바람직하다는 무시무시한 견해를 괴팅겐 대학의 엠마누엘 히르쉬(Emmanuel Hirsch)와 공유한 가운데 가장 악명높은 나치의 반(反)유대주의 운동의 대변인이 되었다"고 썼다(Albright, *History, Archaeology, and Christian Humanism*, 229).

데브리스(S. J. De Vries)에 의하면, 독일에서 나치 체제가 가능했던 것은 대체로 1933년 이전의 근대적인 성서학자들이 다음과 같은 태도를 취하였기 때문이었다:

그들은 구약의 신앙, 그리고 신약의 신앙을 당시에 출현하고 있던 인본주의의 초보적인 표현으로 보고자 했고 그 이상으로 생각하지 않았다. 이제 구약성서는 별 볼일 없는 것으로 보였다; 유대인들은 전통주의적인 그리스도인들과 더불어서 경멸을 받았다 … 근대 정신은 구약성서를 자신의 입맛에 맞게 재형성하였다; 구약성서가 지닌 유서깊은 주권적인 말씀은 더 이상 근대 정신의 귀에 들릴 수 없었다. 만약 이런 상황이 아니었더라면, 아마도 유럽 교회, 특히 독일 교회는 나치(민족 사회주의)의 괴물 같은 주장들에 맞설 수 있는 충분한 예언자적인 열심을 보유하고 있었을 것이다. 그러나 당시의 상황은 그렇지 못했다; 구약성서는 죽었기 때문에, 유대인들도 죽어야 했다(*The Achievements of Biblical Religion*, 12-13).

유대인들에 대한 나치의 공격은 구약성서와 기독교에 대한 공격도 포함하였다. 이러한 공격은 수많은 지각 있는 성서학자들과 기독교 지도자들의 반발을 초래하였고, 그들은 구약성서가 기독교 정경의 일부라고 옹호하면서, 다시 고대 이스라엘과 오늘날의 사람들을 위한 구약성서의 메시지에 초점을 맞추기 시작하였다.

아이러니컬하게도, 구약 신학이 부활한 후에 최초의 완결된 저작들은 히틀러가 독일의 수상이 되었던 바로 그 해인 1933년에 출간되었다. 그 저작들은 젤린(Ernst Sellin)의 두 권으로 된 『종교사에 근거한 구약 신학』(*Alttestamentliche Theologie auf religionsgeschtlicher Grundlage)*과 아이히로트(Walther Eichrodt)의 세 권으로 된 저서 중 첫째 권인 『구약성서 신학』(*Theologie des Alten Testaments)*이었다.

젤린(Sellin, 1867-1945)은 베를린 대학의 교수였고, 구약성서에 대한 일련의 주석 총서인 *KAT*의 편집자였다. 구약 신학에 대한 젤린의 견해는 구약 신학은 주전 500년에서 100년 사이의 시기 동안에 수집되고 정경화된 저작들을 토대로 한 유대 공동체의 종교적 가르침들과 신앙을 조직신학적인 형태로 제시하여야 한다는 것이었다. 젤린은 이렇게 말하였다: (1) 구약 정경은 예수와 사도들에 의해서 받아들여진 한에 있어서 구약 신학자에게 의미가 있다; (2) 구약 신학은 오직 복음서들 안에서 성취된 본문들에만 관심을 갖는다; (3) 기독교는 구약성서에 토대를 두고 있지만, 거기에 새로운 것을 추가하였다; (4) 기독교적인 구약 신학은 가나안의 영향과 이스라엘 종교의 민족 제의적인 측면 전체를 배제하는 선별적인 것이 되어야 한다.

가장 중요한 구약 신학들 중의 하나는 발터 아이히로트의 세 권으로 된 저작인 『구약성서 신학』(*Theologie des Alten Testaments*, 1933-1939; 영역본은 1961-67)이다. 발터 아이히로트는 1890년 8월에 독일의 게른스바크에서 태어났다. 그는 베텔-빌레펠트 신학교, 그리프스발트와 하이델베르크 대학에서 연구하였다. 1917년에 오토 프록슈(Otto Procksch)는 그를 에어랑겐 대학의 전임강사(privatdozent)로 임명하였다. 1922년에 그는 바젤 대학의 성서학 석좌 교수직을 알브레히트 알트로부터 물려 받았다. 1934년에 그는 바젤 대학의 정교수가 되었고, 1953년에는 바젤 대학의 총장으로 선출되었다.

노먼 갓월드(Norman Gottwald)는 아이히로트의 구약 신학을 "20세기에 이 분야의 가장 중요한 저작"이라고 불렀다(Norman Gottwald, "W. Eichrodt, Theology of the Old Testament," *Contemporary Old Testament Theologians*, edited by Robert B. Laurin, 25). 덴탄(Robert C. Dentan)은 아이히로트의 구약 신학을 "방대한 분량과 깊은 통찰이라는 견지에서 구약 신학 분야에서 출현한 가장 위대한 유례 없는 저작"이라고 말하였다(*Preface to Old Testament Theology*, 66). 아이히로트의 『구약성서 신학』을 영어로 번역한 존 베이커(John Baker)는 "이 저작은 이 분야에서 가장 위대한 유례 없는 저작 — 불타는 믿음과 과학적인 정확성이 결합되어서 독자들에게 하나님의 새로운 실체에 대한 생생한 경험을 하게 해 주는 저작 — 이다"라고 썼다 (Eichrodt, *Theology of the Old Testament* I, 21).

아이히로트는 자신의 저서 초판 서문에서 이렇게 썼다(1933):

일반적인 영적인 상황과 특히 신학의 상황은 구약 신학에 관심을 가진 모든 자에게 점점 더 무지막지한 압력을 가해오고 있다. 이스라엘 종교와 유대 종교에 관한 역사적인 서술들은 지금까지만으로도 아주 충분하다: 그러나 이와는 대조적으로, 항상 변화하는 역사적인 상황들에도 불구하고 불변하는 기본적인 경향성과 성격을 나타내 보여주는 자족적인 실체로서 구약성서 속에 나타나 있는 종교를 서술하고자 하는 시도들은 아직 가장 초보적인 수준에 머물러 있다(*Theology of the Old Testament* I, 11).

앞의 인용문 속에는 아이히로트의 관심이 분명하게 드러나 있다. 그는 그의 영적이고 문화적인 풍토에 관심을 가졌다. 그는 이스라엘 종교의 역사로부터 역사적인 변화들에도 불구하고 기본적인 경향성과 불변성을 지니는 구약성서 속의 "자족적인 실체"로 초점을 바꾸는 데에 관심이 있었다. 아이히로트는 그 "자족적인 실체"가 야웨와 이스라엘의 계약이라고 주장하였다.

아이히로트에게 있어서 계약은 구약성서의 메시지의 구조적인 통일성과 불변의 기본적인 경향성을 조명해 주는 핵심적인 개념이었다. 계약이라는 개념은 히브리어 '베리트'의 용법보다 더 폭넓은 것이었다. 계약은 종교사 전체에 걸쳐서 유일무이한 신적인 실체를 계시하기 위하여 특정한 장소와 시간에서 시작된 삶의 과정에 대한 서술을 나타내는 편의적인 상징이었다(*Theology of the Old Testament* I, 13-14).

아이히로트는 구약 신학은 구약의 무한성과 유일무이성을 이해하기 위하여 구약 신앙의 영역에 관한 온전한 그림을 제시하는 데에 있다고 말하였다. 구약 신앙의 유일무이성은 고대 근동의 종교들과의 대비들 및 신약을 향한 강력하고도 목적지향적인 운동 속에서 아주 분명하게 드러난다. 구약과 신약을 한데 결합시키고 있는 것은 "이 세상으로 하나님의 왕권이 돌입한 것과 그 왕권이 이 세상 속에 수립된 것"이다(*Theology of the Old Testament* I, 26). 이 동일한 하나님은 구약과 신약에서 동일한 목적을 추구하신다.

아이히로트는 구약의 변증법을 따르고 있는 그의 저서의 전체적인 개요를 그의 스승인 오토 프록슈로부터 빌려 왔다. 제1권은 "이스라엘 백성의 하나님"을 다루고, 제2권은 "세상의 하나님"을 다루며, 제3권은 "하나님과 인간"(즉, 개인)을 다룬다. 영역본에서는 제2권과 제3권이 제2권으로 합본되어 있다.

헤르만 슐츠(Hermann Schultz)의 저서의 영역본 제2판(1895)의 두 번째 권은 프록슈와 아이히로트의 것과 비슷한 개요를 사용하였다. 슐츠의 저서의 개요는 "하나님과 백성," "하나님과 세상," "하나님과 인간," "이스라엘의 소망"으로 되어 있다.

취리히 대학의 교수였던 루드비히 쾰러(Ludwig Köhler, 1880-1956)는 원래 언어학자였다. 그와 바움가르트너(W. Baumgartner)는 방대한 히브리어 사전 (Brill, 1953)을 편찬하였다. 그의 『구약 신학』(Old Testament Theology)은 짤 막하고 전거(典據)가 제시되어 있지 않다. 이 저작은 조직 신학의 주제들에 따 라서 구성되어 있다: 신론, 인간론, 구원론. 쾰러는 인간론을 다루는 단원의 끝부분에서 제의를 취급하였다. 그는 제의는 구원론의 영역에 속하지도 않고 (그것은 하나님의 구원 계획의 일부가 아니다) 인간론의 영역에 속하지도 않 는다고 말하였다. 쾰러는 제의가 스스로를 구원하고자 하는 인간의 노력을 다루고 있다고 보아서 인간론을 다루는 단원의 끝부분에서 제의를 논의하였 다(Old Testament Theology, 9). 쾰러의 저작이 출간된 이후에 제의에 관한 전 혀 새로운 견해가 출현하였고, 지금은 제의는 구약의 전승의 많은 부분을 보 존해 온 제도로 보아진다.

쾰러의 저작의 중요성은 언어학자이자 역사가였던 그가 자신의 연구를 멈 추고 비록 짧지만 유용한 구약 신학에 관한 편람을 저술하였다는 사실에 있 다. 그의 저작의 강점들 중의 하나는 70개 가량의 히브리어 단어들에 대한 논 의이다. 쾰러는 전체적으로 조직 신학에서 사용하는 개요를 활용하였지만, "구약성서의 중요한 관념들, 사상들, 개념들을 연결시켜서 결합하고자 하는 책은 구약 신학이라고 불릴 수 있다"고 말하였다. 쾰러는 구약 신학에 있어서 중심적인 주제 또는 한 가지 근본적인 진술은 하나님은 통치하시는 주님이시 라는 것이라고 믿었다. "그 밖의 다른 모든 것은 이 진술에 의존되어 있다. 그 밖의 다른 모든 것은 이 진술에 의거해서 이해될 수 있고, 오직 이 진술에 의 거할 때에만 이해될 수 있다. 그 밖의 다른 모든 것은 이 진술에 종속되어 있 다"(Old Testament Theology, 30).

20세기 전반에 독일에서 가장 영향력 있는 구약학자들 중의 한 사람은 아 르투르 바이저(Artur Weiser)였다. 그는 구약 신학을 저술하지는 않았지만, 이 주제를 자주 다루었다(Artur Weiser, *Glaube und Geschichte im Alten Testament* (Göttingen, 1961); Weiser, "Vom Verstehen des Alten Testaments," *ZAW* 61 (1945), 17-30). 바이저는 석의를 역사적이고 비평적인

작업임과 동시에 신학적인 작업으로 보았다. 바이저에 의하면, 우리는 문법적이고 구문론적이며 역사적인 의미를 결정하는 것을 통해서 구약 본문을 적절하게 이해할 수 없다. 특정한 본문의 진정한 생명은 그 종교(또는 신앙)와 그 독특한 성격에 있다.

바이저는 본문 자체 속에 나오는 사람들과 사건들을 바라보는 신학적인 방식과 더불어서 현실에 대한 역동적인 견해가 구약성서를 관통하고 있다고 주장하였다. 바이저는 구약성서의 신학을 체계화하는 것은 구약성서 자체 속에 나타나 있는 역동적인 이해와 모순되는 것이라고 믿었다 — 물론, 그는 구약성서 속에 흩어져 있는 여러 사실들을 조직적으로 배치하는 것이 일종의 교육적인 가치를 지니고 있다는 것은 인정했지만. 바이저는 바르트의 견해를 따라서 석의는 신학적인 작업을 포함하여야 한다고 주장하였다. 바이저는 구약 신학에 관한 저서를 쓰지 않았지만, 구약성서에 관한 가장 중요한 주석 총서들 중의 하나인 *Das Alte Testament Deutsch*(ATD)를 시작하고 편집하였다. 이 총서의 독특한 특징들 중의 하나는 각 단락의 신학적인 메시지를 강조하고 있는 것이다. 폰 라트(Gerhard von Rad), 마르틴 노트(Martin Noth), 발터 아이히로트(Walther Eichrodt), 노먼 포티어스(Norman Porteous), 칼 엘리거(Karl Elliger), 바이저(Weiser) 같은 학자들이 이 총서에 기고하였다. 이 주석 총서 중에서 많은 책들이 Old Testament Library Series의 일부로 영어로 번역되어 왔다.

의심할 여지 없이, 구약 신학 분야에서 지도적인 인물들 중의 한 사람은 게르하르트 폰 라트(Gerhard von Rad, 1901-1971)였다. 에어랑겐과 튀빙겐에서의 폭넓은 연구를 마친 후에, 폰 라트는 1925년에 바바리아의 한 루터파 교회의 목회자가 되었다. 매일매일 커져가는 반유대주의 감정과 씨름하다가 지쳐서, 그는 라이프치히 대학에서 다시 구약학 공부를 재개하였다. 오토 프록슈와 알브레히트 알트가 그의 연구와 박사 학위 논문인『신명기에 나타난 하나님의 백성』(*Das Gottesvolk in Deuteronomium, BWANT*, 47 [Stuttgart: W. Kohlhammer Verlag, 1929])을 지도하였다.

1930년에 폰 라트는 알트와 합류하여 라이프치히 대학의 교수가 되었다. 1934년에 그는 나치(민족사회주의)가 성행하였던 예나 대학으로 옮겼다. 여기서 폰 라트는 인기 없는 교수였지만, 당시의 반유대주의에 굴복하지 않았던 많은 수의 학생들을 불법적인 교회의 토론장에 참여시켰다(James L. Crenshaw, *Gerhard von Rad*, 21과 비교해 보라).

1944년 여름부터 1945년 6월에 이르기까지, 폰 라트는 독일군으로 강제로 징집되었고, 1945년에 전쟁 포로가 되었다. 전쟁 후에 그는 베텔, 본, 에어랑겐에서 잠시 가르치다가 괴팅겐으로 옮겼다. 1949년에 그는 하이델베르크로 옮겨서 1967년에 은퇴할 때까지 가르쳤으며, 1971년에 죽었다.

폰 라트는 그의 모든 선임자들과는 완전히 다른 구약 신학에 대한 접근 방식을 사용하였다. 그는 구약 신학과 구약성서 비평학이 매우 밀접한 관계를 가지고 있다고 보았다. 폰 라트의 『구약 신학』(*Old Testament Theology*)을 이해하고자 하는 사람은 누구나 구약성서 문헌의 기원과 전승 과정에 관한 그의 견해를 잘 알고 있어야 한다. 그의 가장 초기의 저작들 중의 하나는 1938년에 출간된 『육경의 양식비평적 문제점』(*The Form-Critical Problem of the Hexateuch*)이었는데, 거기서 그는 나중에 출간될 구약 신학(*Old Testament Theology*)의 토대를 놓았다.

폰 라트는 육경(창세기에서 여호수아서까지)이 지금 신명기 26:5b-9; 6:20-24; 여호수아 24:2-13; 사무엘상 12:7-8에서 발견되는 고대의 제의적 신조 위에 구축되어 있다고 주장하였다. 야휘스트는 이스라엘에 있던 여러 지파 성소들과 한때 결합되어 있었던 여러 가지 서로 다른 전승들을 가져다가 오경의 틀을 구성한 순서를 따라서 배열하였다. 폰 라트는 원래의 "사건"(족장들에 대한 약속, 출애굽, 정복과 관련된)과 이 사건의 기사를 보존한 문서의 저술 사이에 오랜 기간의 시간 간격이 있다고 전제하였다. 그 기간 동안에 "이야기"는 흔히 제의적 배경 속에서 지파의 제단에서 구전으로 전승되었다. 폰 라트에 의하면, 야휘스트는 신학자였다.

폰 라트의 계승자들이 그의 접근 방법과 관련하여 문제점들로 지적하였던 것들 중의 하나는 "거룩한 역사"(이스라엘 자신의 역사 서술)에 대한 그의 견해와 현대적인 구약학자들에 의해서 재구성된 이스라엘 역사에 관한 과학적인 역사 서술 간에 엄청난 차이점이 존재한다는 것이다. 폰 라트는 구약 신학이 역사에 토대를 두고 있다고 말했지만, 구약성서 속에 나오는 인물들과 사건들 중 일부의 진정성에 대하여 매우 회의적이었던 것으로 보인다. 또 어떤 학자들은 폰 라트의 저작이 조직적인 배열이 결여되어 있다고 비판하여 왔다. 일부 학자들은 폰 라트의 주된 저작들은 실제로 구약 신학이 아니라 이스라엘의 전승들의 역사라고 말하여 왔다(Dentan, *Preface to Old Testament Theology*, 79).

조셉 그로브스(Joseph W. Groves)는 폰 라트(그리고 그 밖의 다른 사람들)의 해석 방법론에 관하여 박사 학위 논문을 썼다: "Actualization and Interpretation in the Old Testament"(Atlanta: *SBL Dissertation Series* 86, 1987). 거기에서 그는 "신학적-역사적 해석(폰 라트의 해석과 같은)을 위한 성경 내적인 토대라는 목표는 아직 이루어지지 않았다"고 분명하게 말한다(Groves, 162-163; 또한 Hasel, *Basic Issues*, 75-77을 보라). 네덜란드 학자인 프리젠(Th. C. Vriezen)은 1949년에 『구약 신학』(*Hoofdinjnen der theologie von het Oude Testament*)을 출간하였다. 이 저작은 네덜란드어로 된 제3판(1966년)에서 거의 전면적으로 개정되었고, 1970년에 영역본 제2판으로 출간되었다. 프리젠의 이 저작의 처음 150쪽은 서론에 해당한다. 프리젠은 서론에서 기독교회 속에서 구약성서의 위치, 구약성서는 어떻게 해석되어야 하는가, 구약 신학의 과제와 방법론을 다룬다. 이 저작의 본론 부분은 4개의 긴 장으로 구분되어 있다: (1) 하나님을 아는 지식; (2) 하나님과 인간의 교류; (3) 하나님의 공동체; (4) 미래. 프리젠은 친교, 또는 하나님과 인간의 관계를 구약성서의 중심이라고 보았다.

스트라스부르의 교수였던 에드몽 자콥(Edmon Jacob)은 1955년에 방대하지만 통속적인 구약 신학을 저술하였다. 자콥의 『구약성서 신학』(*Theologie de l'Ancien Testament*)은 1958년에 영어로 번역되었다. 이 저작은 20년 동안 이 분야에서 대학 및 신학교에서 인기있는 교과서로 사용되었다. 이 저작은 명료하고 간결하지만, 구약 신학의 거의 모든 측면을 적절하게 다루고 있다. 또한 이 저작 속에는 뛰어난 서론이 수록되어 있다. 이 저작의 본론 부분은 수정된 조직신학적인 접근 방식을 따른다.

데이빗슨(A. B. Davidson, 1904) 이래로 본격적인 구약 신학을 쓴 영국학자가 한 명도 없다는 것은 놀라운 일이다. 휠러 로빈슨(H. Wheeler Robinson)

과 노먼 포티어스(Norman Porteous)는 구약 신학에 관한 몇몇 책들과 논문들을 써 왔다. 로울리(H. H. Rowley)는 1956년에 『이스라엘의 신앙』(*The Faith of Israel*)이라는 얇은 책을 썼고, 1948년에는 『성경의 선택 교리』(*The Biblical Doctrine of Election*)에 관한 또 한 권의 얇은 책을 쓴 바 있다. 클레멘츠(Ronald E. Clements)는 1978년에 『구약 신학–새로운 접근』(*Old Testament Theology, A Fresh Approach*)을 출간하였지만, 이 저작은 실제로 1976년에 스펄전 대학에서 행한 일련의 강의를 토대로 한 것으로서, 체계적인 저작이 아니라 논문 모음집의 성격을 지닌다.

영국의 침례교 학자인 휠러 로빈슨(H. Wheeler Robinson, 1872–1945)은 확고한 비평학과 따뜻한 복음적 신앙을 결합시킬 수 있었다. 그는 구약성서는 교리 체계로 구성되어 있지 않고, 하나님이 자기 자신과 자신의 뜻을 자신의 행위들을 통해서 계시한, 역사의 장 속에서 실현된 하나님의 드라마라고 말하였다. 로빈슨은 "역사적 계시"라고 말하는 것은 모순인데, 이는 "역사는 그것이 발전으로 불릴 수 있든 없든 간에 모종의 역동적인 운동을 함축하고 있는 반면에, 계시는 정태적이고 영속적인 진리를 함축하고 있기" 때문이라고 말하였다(*Record and Revelation*, 305). 무시간적인 계시와 변화하는 역사 간의 관계의 모순의 해결은 계시와 역사가 서로 혼합된 일체를 형성하고 있는 "삶의 현재태"(actuality of living) 속에서 발견된다(Max Polley, "H. Wheeler Robinson and the Problem of Organizing an Old Testament Theology," in *The Use of the Old Testament in the New*, ed. James M. Efird, 157과 비교해 보라).

우리는 구약 신학에 관한 로빈슨의 저작들에 대한 개관으로부터 그가 하나님의 방식을 따라서 하나님에 관한 사상들을 생각하고자 하였다는 것을 볼 수 있다. 그에게 있어서 구약 신학의 열쇠는 계시라는 개념, 그의 많은 책들의 제목에 나오는 계시 개념이었다. 로빈슨은 구약성서가 스스로 말하게 하고자 하였다. 그는 외부의 체계를 구약성서의 메시지에 부과하는 것이 지니는 위험성을 알고 있었지만, 또한 구약성서의 내용들을 현대의 해석자에게 제시하기 위해서는 구성 원칙이 필요하다는 것도 알고 있었다. 그는 구약성서의 내용들이 삶과 밀접한 연관을 지니고 있기 때문에, 구약성서를 이해하고자 하는 사람은 누구나 적어도 "우거하는 외인"(resident alien)이 되어야 한다고 믿었다(*Inspiration and Revelation in the Old Testament*, 281-282). 그는 구약 신학을 3부로 나누었다: 하나님과 자연, 하나님과 인간, 하나님과 역사. 그리고 그는 그 특징적인 교리들을 명제 형식으로 제시하였다. 그는 이렇게 썼다:

> 우리가 "구약 신학"을 구성하기 위해서는 이것을 일련의 명제들로 진술하는 것이 불가피하다 — 물론, 이 명제들을 역사적인 순서로 배열하겠지만 … "신학"이 요구하는 대로, 명제들을 연대기적으로가 아니라 주제별로 배열한다면, 명제들은 이스라엘의 과거의 역동적이고 활기찬 종교로부터 멀어져서 좀 더 추상적인 것이 되고 만다(*Inspiration and Revelation*, 281).

휠러 로빈슨의 제자들 중의 한 사람인 에릭 러스트(Eric Rust)는 1952년에 크로지어 신학교의 성서학 교수로 미국에 왔고, 1953년에는 켄터키 주의 루이스빌에 있는 남부 침례교 신학교의 기독교 변증학 교수가 되었다. 러스트는 구약 신학 분야에 몇 차례 기고하였다. 1953년에 그는 『자연과 인간에 관한 성경적 사상』(*Nature and Man in Biblical Thought*)을 출간하였다. *The Review and Expositor*의 1953년 10월호에서 러스트는 "성서 신학의 성격과 문제점들"(63-64)을 다루었다. 1964년에 그는 휠러 로빈슨과 맨슨(T. W. Manson)에게 헌정된 『구원사』(*Salvation History*, Atlanta: John Knox Press)라는 본격적인 저작을 출간하였다. 1969년에 러스트는 *Broadman Bible Commentary*(vol. 1, 71-86)에 "The Theology of the Old Testament"라는 논문을 기고하였다.

구약 신학 분야에서 활동하였지만, 이 분야에서 본격적인 책을 출간하지는 않은 또 한 명의 영국의 구약학자는 노먼 포티어스(Norman Porteous)이다. 그는 세인트 앤드류스 대학과 에든버러 대학에서 교목이자 교수였고, 1964년부터 1968년에 은퇴할 때까지 뉴칼리지의 학장으로 있었다. 포티어스는 여러 신학 학술지들에 구약 신학에 관한 몇 편의 논문을 기고하였다. 그 논문들 중 일부는 『신비를 살아가다』(*Living the Mystery*)라는 책 속에 재수록되었다. 그의 중요한 논문들로는 다음과 같은 것들이 있다: "Towards a Theology of the Old Testament," *SJT* 2 (1948); "Semantics and Old Testament Theology," *Oudtestamentische Studien* 8 (1950); "Old Testament Theology," *OTMS*, ed. H. H. Rowley (1951); "The Old Testament and Some Theological Thought Forms," *SJT* 7 (1954); "The State of Old Testament Studies Today: Old Testament Theology," *The London Quarterly and Holborn Review* (1959); "The Present State of Old Testament Theology," *ET* 75 (1963); "The Theology of the Old Testament," in *Peake's Commentary on the Bible* (1962); "*Magnalia Dei,*" in von Rad's *Festschrift*, ed. H. W. Wolff, *Probleme biblischer Theologie* (1971), 417–427; Ronald E. Clements와 함께 기고한 글인 "Old Testament Theology," in *The Westminster Dictionary of Christian Theology*, eds. A. Richardson and J. Bowden (Philadelphia: Westminster, 1983), 398–403, 406–413.

포티어스는 구약 신학을 고고학, 비교 종교학, 역사적 · 문학적 분석이라는 현대적인 기법들을 사용해서 이스라엘의 종교를 연구하는 학문으로 보았다. 구약 신학의 방법론은 그것이 다루는 소재가 허용하는 한에 있어서 체계적일 수 있다. 이것 외에도, 구약 신학은 규범적 기능을 가지고 있고, 따라서 신학으로 여겨질 수 있는 권리를 지닌다(Porteous, "The Theology of the Old Testament" in *Peake's Commentary on the Bible*, 151을 보라). 예비적인 문제를 다룬 후에, 포티어스는 *Peake's Commentary*에서 자신의 접근 방법을 다음과 같이 개략적으로 소개하였다: (1) 하나님을 아는 지식; (2) 하나님의 구원 행위들; (3) 계약; (4) 계약의 하나님 야웨; (5) 이스라엘과 열방들; (6) 제왕 신학; (7) 선지자들; (8) 유대교의 제도들; (9) 지혜와 소망.

최근에 구약 신학을 다루어 온 그 밖의 다른 영국학자들의 저작들(G. A. F. Knight, F. F. Bruce, W. J. Harrelson, Ronald E. Clements)은 제7절에서 논의될 것이다.

6. 성서신학 운동

로버트 덴탄(Robert C. Dentan)은 1949년에 시작된 시기를 구약 신학의 "황금기"라고 말하였다. 덴탄은 이 황금기가 Otto Baab의 *The Theology of the Old Testament*(1949), Otto Procksch의 *Theologie des Alten Testaments* (1949), Th. C. Vriezen의 *An Outline of Old Testament Theology* (1949; 영역본은 1958년에 네덜란드어로부터 편집되고 번역되었다)에 의해서 시작된 것으로 보았다.

로마 가톨릭 학자들로는 Paul Heinisch의 *Theology of the Old Testament*가 1950년에 (영어로) 출간되고, 프랑스의 가톨릭 학자인 Paul van Imschoot가 1954년과 1956년에 두 권으로 된 구약 신학에 관한 방대한 저작을 출간함으로써 이 분야에 기여하였다.

새로운 연구서 총서인 *Studies in Biblical Theology*가 1950년에 출간되기 시작되었다. 1963년에 이르러서, 37권의 책이 출간되었는데, 이중에서 12권이 구약에 관한 것이었다.

덴탄이 구약 신학의 "황금기"라고 불렀던 것을 브레바드 차일즈(Brevard Childs, *Biblical Theology in Crisis*)는 "성서신학 운동"이라는 표제 아래에서 논의하였다. 차일즈는 성서신학 운동이 제2차 세계대전이 끝날 무렵에 시작된 것으로 보았다. 영국에서 이 운동을 이끈 학자들과 저서들은 H. H. Rowley의 *The Relevance of the Bible* (1942)과 *Rediscovery of the Old Testament* (1946), Alan Richardson의 *A Preface to Bible Study* (1943), Norman Snaith의 *The Distinctive Ideas of the Old Testament* (1944)였다. 미국에서는 G. Ernest Wright의 *The Challenge of Israel's Faith*(1944), Paul Minear의 *Eyes of Faith* (1946), B. W. Anderson의 *Rediscovering the Bible* (1951)가 이 새로운 운동의 전위부대였다.

이 운동을 밑받침하기 위하여 새로운 학술지들이 간행되기 시작하였다: *Theology Today*(1944), *Interpretation*(1947), *The Scottish Journal of Theology* (1948); 구약 신학에 관한 많은 논문들이 다른 신학 학술지들을 통해서도 발표되었다: James Smart, "The Death and Rebirth of Old Testament Theology," *JR* 23 (1943), 1–11, 125–136; Clarence T. Craig, "Biblical Theology and the Rise of Historicism," *JBL* 62 (1943), 281–294; Muriel S.

Curtis, "The Relevance of Old Testament Today," *JBR* 9 (1943), 81–87; W. A. Irwin, "The Reviving Theology of the Old Testament," *JR* 25 (1945), 235–247; W. A. Irwin, "The Nature and Function of Old Testament Theology," *JBR* 14 (1946), 16–21; W. F. Albright, "Return to Biblical Theology," *The Christian Century* 75 (1958), 1328–1331.

차일즈는 성서신학 운동이 대략 다섯 가지 주된 주제를 중심으로 합의에 이르렀다고 믿었다: (1) 신학적 차원의 재발견(이러한 관심은 성경의 핵심을 꿰뚫어서 이전 세대에 의해서 상실되어 왔던 성경의 메시지와 신비를 재발견하는 것이었다); (2) 성경 전체의 통일성; (3) 계시가 역사적이라는 사상; (4) 성경적(히브리적) 사상의 독특성; (5) 타종교들과 대비되는 성경적 신앙의 유일무이성.

차일즈는 James Barr, Langdon Gilkey, Bertil Albrektson 같은 일군의 학자들이 계시, 역사, 이스라엘 신앙의 유일무이성에 관하여 의문을 제기하기 시작하면서, 성서신학 운동의 합의가 금이 가기 시작하였다고 말하였다. 게르하르트 폰 라트는 자신의 구약 신학을 서술하면서 완전히 새로운 방법론을 사용하였고, 이것은 이전의 합의에 대하여 심각한 의문을 제기하는 것이었다. 바르트와 브루너(Brunner)의 사상의 장악력은 그들이 죽기 전에도 이미 약화되었다. 새로운 관심들과 사회적·정치적 쟁점들이 신학으로부터 스포트라이트를 빼앗아갔다. 차일즈는 성서신학 운동이 끝난 시점을 J. A. T. Robinson의 *Honest to God*가 출간된 1963년 봄으로 설정하였다. 로빈슨은 틸리히, 본회퍼, 불트만 같은 철학자들과 신학자들, 일부 현대적인 과학자들과 세속주의자들에 의해서 제시된 하나님과 제도적 종교들에 대한 회의적인 견해들을 대중화시켰다.

차일즈는 성서신학 운동은 사멸하였지만 성서신학의 필요성은 여전히 존재한다고 주장하였다. 그는 적절한 맥락의 정립을 필두로 해서 새로운 형태의 성서신학을 제안하였다. 그는 성경이라는 정경 전체를 맥락으로 삼았고, 차일즈에게 있어서 구약과 신약은 함께 결합되어 있기 때문에, 구약 신학과 신약 신학이라는 두 개의 별개의 분과 학문이 들어설 여지가 없었다(*Biblical Theology in Crisis*, 6).

장로교 목회자이자 교사이고 저술가이며 교회 교과과정의 개발자였던 제임스 스마트(James Smart)가 차일즈에게 응수하였다. 스마트에 의하면, 차일즈는 성경 해석의 발전에 관한 그릇된 그림을 만들어 내었다(Smart, *The Past, Present, and Future of Biblical Theology*, 7). 스마트는 차일즈가 "운동"이라는 용어를 사용하는 것에 대하여 운동이라는 용어는 성서신학의 연구를 가리키는 적절한 용어가 아니라는 이유로 반대하였다. 운동들은 출현하였다가 소멸한다. "하나님의 죽음" 운동, "세속 도시" 운동, "해방 신학" 운동 등은 쟁점 중심으로서, 신학의 일시적인 "유행들"일 뿐이다. 스마트는 성서신학은 하나의 운동이 아니라 문학적 · 역사적 · 양식적 비평의 발전이라고 말하였다(*Past, Present and Future*, 11).

스마트는 성서신학은 그 관심에 있어서 국제적이라고 주장하였다. 그는 차일즈가 위기라고 말한 것은 옳지만 그것을 성서신학과 결부시킨 것은 잘못되었다고 말하였다. 스마트는 성서학 전체 속에서 위기를 보았다(*Past, Present, and Future*, 22). 스마트는 문제는 해석학에 있다고 믿었다. 이러한 문제에 대한 해법은 성경의 이중적 성격, 즉 역사적 성격과 신학적 성격을 인정하고 이 둘을 분리하는 것이 불가능하다는 것을 인정하는 것이다(*Past, Present and Future*, 145).

7. 구약 신학의 현황

A. 1985년까지의 구약 신학에 대한 지속적인 관심과 문헌의 흐름

성서신학은 위기 가운데 있을 수 있지만, 그것은 이 분과 학문의 중요한 측면들을 다루는 구약 신학들, 논문들, 연구서들의 홍수로부터 유래한 것이 아니었다. 몇몇 새로운 구약 신학들이 1970년 이래로 출간되어 왔다. 가톨릭 학자인 다이슬러(A. Deissler)는 1972년에 『구약의 기본 메시지』(*Die Grundbotshaft des Alten Testaments*)를 저술하였다. 다이슬러는 구약 신앙의 중심을 세상과 개인들에 대한 하나님의 관계라고 보았다.

발터 침멀리(Walther Zimmerli)는 1972년에 『구약 신학 개요』(*Old Testament Theology in Outline*)를 출간하였다. 침멀리는 "역사서"로서의 구

약성서라는 폰 라트의 개념과는 반대로 구약성서를 "연설책"으로 보았다. 침 멀리는 제1계명을 그의 출발점이자 논의의 중심으로 삼았다. 그는 이렇게 말 하였다: "이스라엘을 종살이에서 구원하셨고 자신의 유일무이성에 대하여 열 심이신 한 분 하나님 야웨에 대한 순종은 구약 신앙의 근본적인 성격을 규정 하고 있다"(*Old Testament Theology in Outline*, 116).

*ZAW*의 편집자였던 게오르크 포러(Georg Fohrer)는 1972년에 『구약의 신 학적 기본구조들』(*Theologische Grundstructuren des Alten Testaments*)이라 는 저서를 출간하였다. 이 저작의 제1장은 구약성서를 해석함에 있어서의 문 제점을 다루고 있다. 제2장은 계시와 구약성서를 다룬다. 실존주의자인 포러 는 청자(聽者)의 삶과 죽음의 결단 속에서 계시를 보았다. 제3장에서는 구약 에 나타난 삶에 대한 다양한 태도들에 관하여 말한다. 제4장은 구약의 중심이 라는 문제를 다루는데, 여기에서 포러는 하나님의 주권과 하나님의 공동체를 중심으로 보았다. 제5장에서는 구약 신앙의 변화시키는 능력과 잠재력을 다 룬다. 제6장은 역사와 자연 속에서의 하나님의 은폐성과 그의 행위들 같은 구 약성서에서 나타나 있는 몇몇 기본적인 요소들을 서술한다. 제7장은 적용 부 분으로서, 인간의 위기, 국가와 정치, 가난과 사회적 척도, 인간과 기술, 예언 과 묵시문학 속에서의 예언 같은 문제들을 다룬다(*Interpretation* 28 [1974] 460-462에 실린 G. E. Wright의 서평; G. F. Hasel, *Old Testament Theology: Basic Issues*, 63-66을 보라).

1974년에 가톨릭의 지도적인 구약학자인 존 맥켄지(John L. McKenzie)는 『구약 신학』(*A Theology of the Old Testament*)을 출간하였다. 이 저작의 서문 에서 맥켄지는 구약 신학 또는 이스라엘 역사는 저자에게 자신의 연구 전체 를 집약할 수 있는 기회를 제공해 주었다고 말하였다. 하지만 감추어진 장애 물이 존재한다: 구약 신학은 공인된 구조 또는 패턴이 없다. 맥켄지는 이 분 야에 관한 그 밖의 다른 책들을 대부분 읽었지만, 그 주된 소득은 무엇을 하 지 말아야 하는지를 배운 것이었다고 말하였다. 그는 "성서 신학은 지금 시대 에 뒤떨어져 있다"라는 제임스 바의 말을 인용한 후에, 자기가 바(James Barr) 야말로 "시대에 뒤떨어져 있다"는 것을 보여주기로 결심하였다고 말한다 (McKenzie, *A Theology of the Old Testament*, 10). 맥켄지는 폰 라트의 접근 방식을 "발전의 신학"이라고 규정하고 비판하였다(McKenzie, 20). 맥켄지는 신학을 "하나님의 담론"(God-talk)으로 정의하고, 우리가 구약성서에 나오는 모든 하나님의 담론을 수집한다면 그 자체로는 온전히 일관되어 보이지는 않지만 그 밖의 다른 어떤 인격적 실체와도 동일시할 수 없는 꽤 분명한 인격적 실체가 출현한다고 말하였다. 맥켄지의 저서는 석의, 이스라엘 종교의 역사, 또는 성경의 신학이 아니라, 구약성서의 신학이다. 이 저작의 관심은 "종교적 체험"에 있지 않다; 이 저작은 구약성서의 문서들을 지향하고 있다. "단일한 발언으로부터는 드러나지 않는 그 무엇이 총체성으로부터 출현한다" (McKenzie, 21). 구약성서의 신학은 그러한 실체를 학문적인 논의의 언어를 사용하여 세심하게 드러내어야 한다.

서론 외에 맥켄지의 저서는 7개의 장으로 되어 있다: (1) 제의; (2) 계시; (3) 역사; (4) 자연; (5) 지혜; (6) 정치 및 사회 제도들; (7) 이스라엘의 미래와 에필로그.

1978년에 트리니티 복음주의 신학교의 교수인 카이저(Walter C. Kaiser, Jr)는 『구약 신학을 향하여』(*Toward An Old Testament Theology*)를 출간하였다. 카이저는 구약 신학은 "조직 신학을 위한 자료들을 제공해 주는 전통적인 역할이 아니라 석의 신학의 하녀로서" 기능을 할 때에 가장 적절한 지위를 갖게 된다고 주장하였다(p. viii). 카이저의 주된 출발점은, 구약성서 기자들은 "그들과 청중들과 독자들이 메시지가 원래 의도하였던 깊이를 파악하는 경우에는 연상할 수밖에 없는 축적된 신학의 배경 속에서 자신의 메시지를 던졌다"(p. viii)는 그의 전제이다. 카이저는 구약성서 기자들이 신학적인 자료들에 대한 지식을 지닌 채 글을 썼다고 주장하는 것으로 보인다. 또한 그는 우리가 그러한 기자들이 지니고 있던 원래의 "의도"를 발견할 수 있다고 생각하는 것 같다. "의도"는 언제나 발견하기도 어렵고 입증하기도 어렵다.

1933년부터 1978년까지 구약 신학의 역사를 개관한 후에, 카이저는 학자들이 성경의 권위를 "재진술하고 재적용할" 수 없었기 때문에 이 분과 학문이 혼돈의 상태 — 위기는 아니라 할지라도 — 속에 놓여 있는 것이라고 단언하였다. 카이저에게 있어서 성경의 권위는 규범적인 유형의 신학과 밀접하게 연관되어 있었다(*Toward an Old Testament Theology*, 6). 카이저는 구약 신학의 규범을 구약성서의 중심에서 찾았다 — 그는 이 중심을 약속이라고 규정하였다. 아이히로트와 마찬가지로, 카이저는 "중심, 통일적인 개념에 대한 추구가 하나님의 말씀을 받는 자들의 관심의 핵심이었다"고 믿었다(*Toward an Old Testament Theology*, 6-7).

구약 신학에 대한 카이저의 개념은 구약 신학은 "성경 안에서 서술되고 성경 안에 담겨져 있으며 시대를 거치면서 의식적으로 결합된 성경 전체와의 정합성(conformity)을 추구하는 신학"이어야 하기 때문에 "앞서의 이전의 맥락은 각각의 시대에 있어서 뒤따르는 신학을 위한 토대가 된다"는 것이었다(*Towards an Old Testament Theology*, 9). 카이저의 전제들을 감안하면, 그의 방법론이 구약성서 전체에 걸쳐서 "약속"을 추적하는 것이었다는 것은 놀라운 일이 아니다. 하지만 약속과 축복에 집중하느라고, 카이저는 창조, 제의, 지혜 같은 주제들을 거의 완전히 무시하였다.

또 한 사람의 보수주의적인 저술가였던 풀러 신학교 학장인 윌리엄 다이어니스(William Dyrness)는 자신의 『구약 신학의 주제들』(*Themes in Old Testament Theology*)이라는 저서가 마닐라에 있는 아시아 신학교에서의 자신의 교수 경험으로부터 나온 것이었다고 말한다. 그는 아시아의 신학생들을 위한 그러한 책이 필요하다는 것을 느꼈지만, 그들에게 추천해 줄 만한 구약성서에 관한 최근의 적절한 신학적 개론서를 발견할 수 없었다. 그는 자신의 책이 "그 공백을 메우기 위한 시도라기보다는 그러한 공백을 인정하는 것"이라고 말한다.

메노파 형제단 성서 신학교의 학장이자 구약학 교수인 엘머 마텐스(Elmer A. Martens)는 『하나님의 계획: 구약 신학의 초점』(*God's Design: A Focus on Old Testament Theology*)이라는 저서를 썼다. 박식한 보수주의적인 구약학자인 마텐스는 『20세기 구약 신학의 주요 인물들』(*The Flowering of Old Testament Theology*, 1992)의 공동 편집자였다. 구약성서를 포괄하는 주제는 출애굽기 5:22—6:8에서 발견되는 하나님의 계획이라고 주장하였다. "계획"은 "중심"을 의미할 수 있다. 이 계획은 네 가지 요소를 포함한다: 구원, 공동체, 하나님을 아는 지식, 풍요로운 삶. 마텐스는 이 네 가지 주제에 대한 종합적인 접근 방식과 구약 역사의 세 시대에 대한 통시적인 접근 방식을 시도하였다. 세 시기는 왕정 이전 시대, 왕정 시대, 포로기 이후 시대이다. 또한 그는 구약 신학에 대한 서술적 접근 방식과 규범적 접근 방식을 둘 다 시도하였다.

로널드 클레멘츠(Ronald E. Clements)는 좀 더 독창적인 오늘날의 영국의 구약학자들 중의 한 사람이다. 구약 신학에 대한 그의 관심은 "The Problem of Old Testament Theology"에 반영되어 있다(*The London Quarterly and Holborn Review* 190 [1965] 11-17; *God's Chosen People*; *One Hundred Years of Old Testament Interpretation*, chapter 7; *Old Testament Theology: A Fresh Approach*; and "Old Testament Theology" with N. Porteous in *The Westminster Dictionary of Christian Theology* [1983] 398-403, 406-413을 보라). 클레멘츠는 그 밖의 다른 다양한 구약 신학들을 배경으로 삼아서 글을 쓰면서, 새로운 접근 방식 — 사실은 옛 접근 방식 — 이 필요하다고 주장한다. 클레멘츠의 새로운 접근 방식은 그리스도인들 — 그리고 어느 정도는 유대인들도 — 이 실제로 구약성서가 그들에게 신학적으로 말씀하는 것을 들었던 방식에 좀 더 주의를 기울이는 것이다(*Old Testament Theology*, 4). 클레멘츠는 정경이라는 개념이 구약 신학에서 중요하다고 믿는다. 그와 같은 개념은 구약 신학의 한계, 권위, 형태를 결정짓는다.

클레멘츠(Clements)의 『구약 신학』(*Old Testament Theology*)은 8개의 장으로 구성된 200쪽 분량의 얄팍한 책이다. 제1장은 구약 신학의 문제점들을 다룬다: 구약 신학이란 무엇이고, 구약 신학을 어떻게 해야 하는가. 제2장은 구약성서에 있어서의 신앙의 차원들을 논의한다: 문학적·역사적·제의적·지적 차원. 제3장과 제4장은 이 연구의 핵심을 이룬다: 이스라엘의 하나님관과 하나님의 백성으로서의 자신에 대한 개념. 제5장과 제6장은 클레멘츠의 정경관을 보여 준다. 제5장은 율법(토라)으로서의 구약성서를 다루고, 제6장은 예언 또는 약속을 다룬다. 그는 시편 또는 지혜에 관한 별도의 항목을 두고 있지 않다. 마지막 2개의 장(제7장과 제8장)은 오늘날의 종교와 신학에 대한 구약성서와 구약 신학의 관계를 다룬다.

프랑스인이자 미국인인 새뮤얼 테린(Samuel Terrien)은 파리 대학(1933)과 뉴욕의 유니온 신학교(1941)를 졸업한 후에, 우스터 대학(1936-40)과 유니온 신학교(1941-1976)에서 가르쳤다. 테린은 고전, 고고학, 셈어학, 종교사를 이

수하였다. 셈어학과 비교 종교학에 대한 그의 관심은 그가 구약의 지혜 문학과 욥기를 집중적으로 연구하는 데에 도움을 주었다. 욥기에 대한 그의 관심은 부재(不在) 속에서의 하나님의 현존에 대한 그의 연구를 이끌었고, 이 연구는 그의 저서인 『잡히지 않는 현존: 새로운 성서 신학을 향하여』(*The Elusive Presence: Toward a New Biblical Theology*)에서 결실을 맺었다.

테린은 하나님의 현존의 실체는 성경적 신앙의 중심에 있지만, 이러한 현존은 언제나 파악하기 어렵다고 믿었다(*The Elusive Presence*, xxvii). 오직 소수의 선조들, 선지자들, 시인들만이 실제로 하나님의 직접성을 인식하였을 뿐이다. 그 밖의 다른 무수한 백성들은 제의적인 매개 수단을 통해서 하나님의 가까우심을 체험하였다(*The Elusive Presence*, 1-2). 하지만 제의는 항상 하나님을 백성들에게 가까이 오게 한 것은 아니었다. 제의는 흔히 정체와 부패를 낳았다.

테린은 자신의 저서를 이스라엘의 신앙 속에서의 하나님의 현존 개념과 이웃 나라들의 현존 개념 간의 유사성들과 차이점들을 다룰 수 있는 진정한 성서 신학을 향한 "서설"이라고 불렀다(*The Elusive Presence*, 27). 하나님의 현존이라는 개념은 수많은 세기를 뛰어넘어 족장들과 예수를 하나로 이어주는 연결고리이자 유대인들과 그리스도인들 간의 대화를 위한 토대를 제공해 줄 수 있다. 이 개념은 온갖 종류의 구약 문헌들(지혜서와 시편)을 구약 신학 속으로 통합해 낼 수 있다.

성서 신학을 구성하는 방법론으로서의 아이히로트의 계약 개념과 폰 라트의 구원사 개념을 거부한 후에, 테린은 "현존에 관한 히브리 신학이 성경 전체에 관한 진정한 신학을 향한 합법적인 접근 방식을 제공해 주는가?"라고 물었다. 그는 "당연히 그렇다고 할 수 있다"라고 주장한다(*The Elusive Presence*, 473). 그의 저서는 성경적 신앙에 특유한 특징들에 관한 서술을 향한 서설이라고 해야 한다. 그의 저서는 하나님의 현존이 지닌 "파악하기 어려운 성격"을 지나치게 강조하다보니, 하나님의 현존이 지니는 현실성을 약화시키고 있다. 이 방법론은 서로 다른 유형의 문헌들에 대한 논의에 지나치게 많은 지면을 할애하고 있어서, "체계적"이지도 않고 "신학적"이지도 않다. 이 저서는 교회를 향해서는 별로 얘기하지 않고 세속 사회를 향하여 지나치게 많이 얘기하고 있으며, 구속자로서의 하나님보다는 창조주로서의 하나님을 강조한다. 테린의 저서에 나온 색인을 얼핏 보기만 해도, 그 책이 죄 또는 죄책에 관하여 거의 말하고 있지 않다는 것이 드러난다(*The Elusive Presence*, 510).

구약학 분야에서 가장 많은 저서들을 낸 학자들 중의 한 사람은 클라우스 베스터만(Claus Westermann)이다. 베스터만은 1978년에 하이델베르크의 구약학 교수직을 은퇴하였다. 그는 창세기와 이사야 40-66장에 대한 주석서들, 시편과 예언서들에 관한 수많은 논문들, 구약 신학에 관한 2권의 책을 썼다: 『구약의 신관』(*What Does the Old Testament Say About God?*)과 『구약 신학 입문』(*Elements of Old Testament Theology*). 후자의 책은 *Theologie des Alten Testaments in Grundzügen* (Göttingen, 1978)을 번역한 것이다. 이 두 책은 매우 비슷하고, 기본적으로 개요가 동일하다. 1979년에 간행된 책은 1977년에 버지니아주의 리치몬드에 있는 유니온 신학교에서 행한 일련의 강의들을 토대로 한 것이다.

베스터만은 구약 신학의 과제는 구약성서 전체가 하나님에 관하여 말하고 있는 것을 요약하고 결집하는 것이라고 주장하였다(*Elements of Old Testament Theology*, 9).

구약성서는 신약성서와는 달리 신학적인 중심을 가지고 있지 않다. 우리는 구약 신학을 구약성서가 하고 있는 방식대로, 즉 개념들이 아니라 사건들에 토대를 둔 서사(narrative) 또는 이야기(story)의 형식으로 제시하여야 한다.

베스터만은 히브리 정경의 삼중적 구분(율법서, 예언서, 성문서)을 구약성서의 여러 부분들의 신학에 대한 지침으로 사용하였다. 토라는 하나님의 역사 또는 구원 행위들을 담고 있다; 예언서들은 하나님의 말씀을 제시한다; 성문서(지혜서와 시편)는 인간의 반응을 서술한다. 이 세 가지 요소는 모두 구약 신학에 필수적이다. 제1장은 주로 정의와 방법론을 다룬다. 제2장과 제3장은 구원하시는 하나님과 축복하시는 하나님에 관하여 말한다. 제4장(예언서)은 심판과 긍휼 속에서 말씀하시는 하나님을 서술한다. 제5장은 하나님의 구원 행위들과 말씀에 대한 인간의 반응이다. 사람들은 일상 생활과 예배 속에서 계명들과 율법들에 대하여 찬양과 탄식, 행위들을 통해서 반응한다.

의심할 여지 없이, 전승 또는 전승들이라는 개념은 오늘날의 구약학 분야,

특히 구약 신학 분야에서 중심적인 위치를 차지하고 있다. 1977년에 논문 모음집인『구약의 전승과 신학』(*Tradition and Theology in the Old Testament*)이 Fortress Press에 의해서 출간되었다. 편집자는 밴더빌트 대학의 나이트 (Douglas A. Knight)였다. 서론에서 나이트는 전승들이 우리 모두에게 끼치는 긍정적 효과와 부정적 효과를 말하였다. 전승이라는 용어는 관습들, 습관들, 신념들, 도덕적 기준들, 문화적 태도들, 기준들에 대하여 사용될 수 있고, 또한 구전 문학과 기록된 문학에 대하여 사용될 수 있다. 나이트는 전승을 과거로부터 현재로 전해 내려와서 새로운 에토스(ethos, 풍조)를 형성하는 데에 기여할 수 있는 모든 유산으로 정의하였다(*Tradition and Theology*, 2).

　전승(tradition)이라는 말은 과거로부터 전수된 자료들의 내용물을 가리키는 것과 마찬가지로 전승 과정을 가리킬 수도 있다. 앞에서 언급한 논문 모음집에서 월터 해럴슨(Walter Harrelson)은 어떤 사람(또는 어떤 집단)이 자기가 받은 그대로 다음 세대에 물려 주는 것이라는 의미의 협의적 전승 개념을 언급하였다(*Tradition and Theology*, 15). 전승들은 전승 과정 속에서 변화되거나 성장할 수 있지만, 전승 과정은 전승되어 온 것을 훼손 없이 보존하여야 한다. 전승들의 본질적인 요소들이 거기에 존재하여야 하고 식별될 수 있어야 한다. 자기 이해에 있어서 결정적으로 작용하지 않았다는 의미에서 별로 비중이 없는 전승들도 있고, 진정한 비중을 지니고 있는 전승들도 있다. 집단은 전승들 속에서 자신의 삶과 신앙의 유지를 위하여 결정적으로 중요한 그 무엇을 인식하였다(전승 추적의 흥미로운 사례에 대해서는 Trent C. Butler, *Joshua*, xxii-xxiii을 보라; "전승이 있었고 전승들이 있었다"[Knight, *Tradition and Theology*, 17]). 해럴슨은 이스라엘의 기원을 설명해 주는 네 부분으로 이루어진 구전된 핵심 전승을 말하였다. (1) 야웨는 이스라엘의 하나님이었다(이것은 신비 속에서 시작된다); (2) 야웨는 이스라엘의 움직임들 속에서 그들과 동반하였다; (3) 야웨는 특히 이스라엘 가운데에서 압제받고 학대받는 자들에게 관심을 가졌다; (4) 야웨는 이스라엘을 열려져 있는 것을 특징으로 하는 미래를 향하여 이끌어 나갔다. 해럴슨은 이러한 핵심 전승들이 공동체의 시작 때부터 존재하였고, 근본적인 계시로서의 성격을 지니고 있었다고 주장한다(Knight, *Tradition and Theology*, 22-28).

『전승과 신학』(*Tradition and Theology*)에 나오는 마지막 논문은 하르트무트 게제(Hartmut Gese)의 "Tradition and Biblical Theology"이다. 튀빙겐 대학의 구약학 교수인 게제는 이스라엘의 전승들의 역사에 대한 폰 라트의 접근 방식을 따라 왔다. 그리스도인들이 과거에 그랬던 것과는 달리 구약과 신약은 분리되어서는 안 된다는 것이 게제의 확신이다. 그는 오직 하나의 정경만이 존재한다고 말한다. 구약 정경을 형성한 것과 동일한 과정이 신약 시대와 사도 시대에 걸쳐서 계속되었다(Knight, *Theology and Tradition*, 322). 게제는 구약성서와 신약성서 사이에는 통일성이 존재한다고 주장하였다. 예수의 죽음과 부활은 성경적 전승의 여정의 목표 지점이자 종착 지점이다. 그러므로 예수의 죽음과 부활을 통해서 그 이전에는 닫혀 있지 않았던 정경이 닫혀지게 된다.

게제는 전승사적 접근 방식을 사용한 성서 신학에 관한 그의 연구를 계속하였다. 『성서 신학 논문집』(*Essays on Biblical Theology*; 1981년에 편집되고 번역됨)이라는 모음집에서 게제는 성서 신학을 수행하는 자신의 방법론을 설명하고, 성경의 6가지 주제를 역사적으로 및 신학적으로 다룬다. 그 여섯 가지 주제는 다음과 같다: 죽음, 율법, 속죄, 성찬, 메시야, 요한복음 서문. 게제는 이 모든 주제들이 구약에서 시작되어서 신약 속으로 계속되고 있다는 것을 보았다. 예를 들면, 성찬의 기원은 구약의 감사 시편에서 발견된다(Hartmut Gese, *Zur Biblische Theologie: Altestamentliche Vorträge* [Chr. Kaiser Verlag München], 1977; 1981년에 편집되고 번역됨).

존 골딩게이(John Goldingay)는 자신의 저서인 『구약 해석의 접근 방법』(*Approaches to Old Testament Interpretation*)에서 구약 신학에 대한 새로운 전승사적 접근 방식과 정경 비평을 평가하였다. 그는 성경의 정경이 오랜 과정의 산물이라는 것을 인정하였다(*Approaches to Old Testament Interpretation*, 122). 전승사에 관하여 골딩게이는 이렇게 말하였다: "전승사적 접근 방법은 너무 독단적인 주장을 하고 있기는 하지만 시사하는 바가 크다. 신약은 구약 전체가 명백하게 지향하고 있는 필연적인 목표 지점이라기보다는 구약을 선별적으로 현실화한 것이다"(*Approaches to Old Testament Interpretation*, 131).(크리스챤다이제스트 역간)

대부분의 구약 신학자들은 "구원사"를 구약 신학에 있어서의 주된 강조점으로 여겨 왔지만, 오늘날에 있어서는 지혜를 구약의 주된 주제로 삼고자 하는 관심이 점점 더 증가하고 있다(Walther Zimmerli, "The Place and Limit of Wisdom in the Framework of Old Testament Theology," 165-181). 1962년에 폰 라트는 이스라엘은 우리의 자연 개념 또는 헬라의 우주 개념에 대하여 알지 못했다고 말하였다. "이스라엘에 있어서 세계는 안정적이고 조화로운 질서를 갖춘 유기체가 아니었다"(*Old Testament Theology I*, 426).

슈미트(H. H. Schmid)는 구약에서의 기본적인 사상 범주에 대하여 완전히 다른 접근 방식을 택하였다. 슈미트는 고대 근동 전체에서와 마찬가지로 이스라엘에서도 세계 질서는 기본적인 사상 범주였다고 주장한다. 그는 히브리어 '체데크'는 애굽어의 '마아트' 및 수메르어의 '메'와 동일한 것이었다고 단언하였다. 세계 질서는 율법, 지혜, 자연, 전쟁, 제의, 역사를 포함한다. 슈미트에 의하면, '에메트,' '샬롬,' '헤세드' 같은 히브리어 용어들은 동일한 의미론적 장(場)에 속한다. 이러한 용어들은 지혜적 사고 속에 깊이 뿌리를 두고 있다; 그러므로 "지혜는 뒷전에 물러나 있는 배수(backwater)가 아니라 성서에서 중심적인 요소이다"("Creation, Righteousness, and Salvation," *Creation in the Old Testament*, 102-117; H. Graf Reventlow, "Basic Problems in Old Testament Theology," 10; Roland E. Murphy, "Wisdom-Theses and Hypotheses," in *Israelite Wisdom*, edited by John Gammie and others, 37).

1983년에 드 브리스(Simon J. De Vries)는 『성경적 종교의 업적들』(*The Achievements of Biblical Religion*)을 출간하였다. 이 책은 엄격한 역사적이고 석의적인 관점에서 성경을 접근하면서, 이스라엘을 그 주변 나라들로부터 구별시키는 특정한 주제들을 강조한다. 드 브리스는 이러한 독특한 요소들이 구약성서의 생명력과 오늘날에 있어서의 유효성을 설명해 준다고 주장하였다(*The Achievements of Biblical Religion*, vii). 이스라엘을 주변 나라들로부터 구별시킨 특정한 주제들은 다음과 같은 것이었다: (1) 하나님의 초월성; (2) 인간의 인격 속에 반영된 신적인 형상; (3) 계약 공동체 안에서 고결함을 성취하는 삶; (4) 하나님과의 책임 있는 대화로서의 역사; (5) 유한한 실존 속에서의 의미와 목적. 드 브리스는 이 다섯 가지 주제를 그의 책의 5개의 장의 제목으로 삼았다.

드 브리스는 성경 전체 속에는 통일성이 존재한다고 결론을 내렸다; "창세기로부터 요한계시록에 이르기까지 시대 시대마다 계속해서 일하시면서 자신의 사역들을 점점 더 완성시켜 가시는 한 분 동일한 하나님에 대한 증언이 존재한다"(*The Achievements of Biblical Religion*, 28). 드 브리스는 유대교와 기독교가 반대와 핍박에 직면해서도 세계 전체에 걸쳐서 생존하고 성장하고 확장되었던 이유는 "그들이 굳건하게 붙잡고 있었던 그 무엇, 그들의 삶을 주변의 이교 국가들의 삶과 다르게 만들었던 그 무엇, 그것을 위해서라면 죽을 가치가 있었고 죽음을 초월할 수 있었던 그 무엇을 가지고" 있었기 때문이라고 믿는다(*The Achievements of Biblical Religion*, 29).

1983년에 마틴 우드스트라(Martin H. Woudstra)는 "성서 신학과 교의학에서의 구약성서"라는 논문에서 구약성서에 대한 현재적인 관심과 교의학에서의 구약성서의 위치에 대하여 말하였다. 교의학 속에서의 구약성서의 위치를 논의하기 전에, 그는 가블러의 저작으로부터 현재에 이르기까지 성서 신학의 역사를 추적하였다. 우드스트라는 가블러의 저작이 단순히 교의학과 성서 신학의 분리를 요구한 것이 아니라 그것보다 훨씬 더 많은 영향을 미쳤다고 믿었다. 가블러는 독일에서 성서학의 발전에 있어서 핵심적인 인물이었다. 우드스트라는 가블러가 주로 네 사람에 의해서 영향을 받았다고 생각하였다: 아이히호른(Eichhorn), 제믈러(Semler), 레싱(Lessing), 헤르더(Herder). 성경과 신학에 관한 기독교적인 견해와 관련해서 볼 때, 이 네 사람의 영향은 긍정적이라기 보다는 부정적인 것이었다.

우드스트라는 가블러가 성경에 나오는 이야기의 성격을 이해하는 데에 적절한 용어로서 "신화"라는 개념을 받아들인 최초의 인물이었다고 지적하였다. 가블러는 교회의 신조들의 권위를 훼손하였고, 성경에 대한 학문적인 연구를 "비의적(esoteric)인 추구"로 만들어 버렸다("The Old Testament in Biblical Theology," 49).

우드스트라는 교의 신학자들의 모델들로 카이퍼(Abraham Kuyper), 하지(Charles Hodge), 워필드(B. B. Warfield)를 들었고, 그들이 구약성서를 사용한 방식을 옹호하면서, 미스코테(K. H. Miskotte), 반 룰러(A. A. van Ruler), 바르트(K. Barth), 베르코프(H. Berkhof) 같은 오늘날의 학자들의 연구에 대하여 반대하였다. 우드스트라는 후자의 학자들이 구약성서를 지나치게 "유대화"시켰다고 생각하였고, 그러한 유대화는 구약과 신약의 통일성과 연속성을 위태롭게 하였다고 보았다("The Old Testament in Biblical Theology," 53). 우드스트라는 바르트적인 접근 방식은 유대교와 기독교회의 구분선을 모호하게 한다고 믿었다. 그는 미스코테(Miskotte)와 윌리엄 템플(William Temple)이 유대교와 기독교의 분리를 가리키기 위하여 분열이라는 용어를 사용한 것에 대하여 반대하였는데, 이는 이 용어가 공통의 신앙을 가진 자들 사이에서의 분리를 나타낸다는 이유 때문이었다. 우드스트라는 "이것은 성경적 견해의 온전한 깊이를 제대로 다루고 있지 못한 것"이라고 말하였다("The Old Testament in Biblical Theology," 57, n. 39). 우드스트라에게 있어서 최종적으로 중요한 것은 구약성서에 대한 신약성서의 사용이다:

> 필자는 예수의 메시야적인 정체성, 그러니까 태어날 때부터 승천할 때까지 예수의 지상 사역의 성격과 사명은 구약성서의 의미에 대한 신약의 통찰들을 어떻게 받아들이고 어떤 석의적 관점에서 보느냐에 달려 있다고 믿는다("The Old Testament in Biblical Theology," 58).

우드스트라에 의하면, 이상적으로 요구되는 것은 미스코테(Miskotte), 반 룰러(van Ruler), 베르코프(Berkhof), 에른스트 블록(Ernst Block)의 더 나은 판본이다.

> 이것은 엄청난 작업이고, 일관되게 성경적인 관점으로부터 이 작업을 행할 수 있는 사람들은 매우 드물며, 종종 지나친 부담이 된다. 그러한 작업이 준비되는 동안에 구약학계에서는 성경에 나오는 내용을 "축약해서" 설명함으로써, 조직 신학자들이 철저한 재방향 설정의 필요 없이 그것을 사용할 수 있게 하여야 한다("The Old Testament in Biblical Theology," 60-61).

구약 신학의 역사에 관한 최근의 저서인 Hayes와 Prussner의 *Old Testament Theology: Its History and Development*는 우드스트라가 말한 바 있는 이러한 "유대교적인" 입장을 취하고 있다. 이것은 1952년에 시카고 대학에 제출된 프루스너의 박사 학위 논문을 헤이스가 증보하고 개정하고 새롭게 한 것이다.

이 책은 5개의 장으로 이루어져 있다: (1) 구약 신학의 가장 초기의 발전들; (2) 18세기에 있어서의 구약 신학; (3) 19세기에 있어서의 구약 신학; (4) 구약 신학의 재탄생; (5) 구약 신학의 최근의 발전들.

이 책의 각 단원의 첫머리에는 최근의 문헌까지 포함된 아주 훌륭한 서지 목록이 수록되어 있다. 이 책에는 21개의 방대한 서지 목록이 나오고, 구약 신학에 관한 50여 권에 달하는 주요한 저작들에 대한 서평과 평가가 실려 있다.

하지만 헤이스와 프루스너의 책 배후에는 "감춰진" 의도가 존재하는 것으로 보인다. 이 책은 "모든 이유를 알고 있는 시드니 아이젠버그께"라는 헌사로 시작된다. 구약 신학에 관한 대부분의 저작들이 신약성서와 기독교 신앙속에서 구약성서가 완성 또는 "성취"되는 것에 대한 언급으로 끝나는 것과는 달리, 헤이스와 프루스너는 그들의 책을 유대교야말로 히브리 성서의 합법적인 계승이자 해석이라는 유대교에 대한 갑작스러운 변증으로 끝을 낸다. 우리는 "이 책 전체에 걸쳐서" 저자들이 포로기 이후 시대의 유대교와 초기 유대교가 성서 신학자들에 의해서 경시되어 왔다는 것을 지적하는 말을 듣게 된다(*Old Testament Theology*, 276). 헤이스는 유대교의 항변에 관하여 말하고, 유대교에 대한 부정적인 경향이 아이히로트와 폰 라트에 의해서 계속된 것은 불행이라고 말한다.

실제로 헤이스와 프루스너의 저작은 기독교 구약학자들이 유대인들에 대하여 갖고 있는 반감이 잘못되었다고 생각하고 이것을 교정하고자 하는 오늘날의 일부 구약학자들 가운데서의 경향을 반영하고 있다. 제임스 바는 1968년에 사우스 햄튼 대학에서 『유대교: 성경과의 연속성』(*Judaism: Its Continuity with the Bible*)에 관하여, 몬테피오레(Montefiore) 기념 7번째 강연을 하였다. 여기서 바는 그리스도인들, 특히 교육을 받고 교양이 있는 그리스도인들이 습관적으로 유대교를 영성과 참된 도덕성이 결여된 종교로 무시하고 있다고 클로드 몬테피오레가 느꼈고, 자신도 여기에 동의한다고 말하였다. 그들은 이러한 경향이 내적인 확신 없이 그저 습관적으로 이루어진 일련의 관습들에 기인하는 것이라고 보았다. 그러한 견해들은 예수 자신의 가르침 속에서 모범적으로 제시되어 있고 복음서들과 바울 서신에서 나오는 유대교에 대한 묘사에 의해서 밑받침되고 격려된 유대교에 대한 기본적이고 원래적인 비판과 합치하는 것으로 여겨졌다(Barr, *Judaism: Its Continuity with the Bible*, 5).

유대교에 대한 이러한 부정적인 이미지를 반박하기 위하여, 몬테피오레는 예수 당시의 랍비 문헌들이 영성과 도덕적 고상함과 근본적인 가치를 나타내 보여준다는 것을 제시하였다. 몬테피오레는 예수의 인격, 직임, 이적 행위들에 관한 가치 판단을 하지 않은 채 유대교와 기독교의 긍정적인 가르침들을 강조하였다(Barr, *Judaism: Its Continuity*, 6).

하지만 제2차 세계대전과 구약성서에 대한 나치의 공격 이후에, 유대인들을 멸절시키고자 한 그들의 시도는 학문적인 신학 분야에서 친유대적인 분위기를 조성하는 결과를 가져왔다. 구약성서는 매우 높게 평가되었고, 많은 학자들과 신학자들은 "구원은 유대인에게서 난다"(요 4:21)는 예수의 말씀을 반영하였다. 영성 또는 도덕성이라는 관점이 아니라, 연속성과 차이라는 관점이 강조되었다.

그리스도인들은 유대인들의 유산을 높이 평가하지만, 구약에서 발견되는 하나님의 구속 행위들에 대한 그들의 강조는 자연스럽게 그리스도로 귀결되었다는 것이 신약의 입장이다. 많은 유대인들은 예수에 관한 그리스도인들의 주장을 거부하고 있기 때문에, 제임스 바(James Barr)는 유대교를 경멸하는 분위기가 기독교의 구조 속에 굳건하게 자리잡게 되었다고 생각하였다 (*Judaism: Its Continuity*, 9).

헤이스와 프루스너는 유대교가 성서 신학자들에 의해서 잘못 취급되어 왔기 때문에 자신들이 그러한 상황을 교정하여야 할 책무를 지고 있다고 강하게 느낀 것으로 보인다.

보론: 유대교와 기독교의 관계 및 구약 신학

마틴 우드스트라(Martin Woudstra)는 미스코테(K. H. Miskotte), 반 룰러
(A. A. van Ruler), 칼 바르트(Karl Barth)가 구약성서를 너무 지나치게 "유대
화"하였다고 말함으로써 아주 예민한 문제를 건드렸다(Woudstra, *The Old
Testament in Biblical Theology and Dogmatics*, 53). 최근까지만 해도 그 어
떤 유대인도 구약 신학을 저술하는 일에 참여하지 않았었고, 유대인들은 일
반적으로 이 분과 학문에 참여하지 않았다. 그러나 나치 체제(1933-1945)가
이 모든 것을 변화시켰다. 유대인 대학살 사건에서 600만명의 유대인들이 학
살당하게 되자, 많은 기독교 지도자들은 아돌프 히틀러의 등장과 만행에 그
들이 기여했을 수도 있다고 느껴서 부끄러움과 죄책감을 갖게 되었다.

유대교와 기독교의 관계는 1945년 이래로 방대한 저술들과 격렬한 논쟁의
주제가 되어 왔다. 모벌리(R. W. L. Moberly)는 "유대교와 기독교의 대화의
성장은 서구 세계에서 최근의 신학적 논쟁의 두드러진 특징들 중의 하나였
다"라고 말한다(*The Old Testament of the Old Testament*, 147). 많은 그리스
도인들은 히틀러에 반대하여 유대인들을 보호하는 데에 생명을 걸었다. 본
회퍼, 칼 바르트, 미스코테, 폰 라트 등을 비롯한 기독교 지도자들은 반나치
저항 운동에 적극적이고 공개적으로 뛰어들었다.

칼 바르트는 이스라엘의 역할과 예수의 역할 간의 밀접한 관계를 보았다.
그는 예수의 사명이 이스라엘의 사명이었다고 말하였다:

> 이 예수 그리스도 안에서 이 한 백성, 이스라엘 백성, 유대 백성의 사명
> 이 제시되고 계시된다. 그리스도, 하나님으로부터 온 하나님의 종, 모든
> 민족을 위한 하나님의 종의 미래는 이 한 이스라엘 백성과 마찬가지로 오
> 직 당시에만이 아니라 역사 전체에 걸쳐서, 실제로는 영원토록 서로로부
> 터 분리될 수 없는 두 개의 실체이다. 이스라엘은 예수 그리스도 없이는
> 아무것도 아니다; 그러나 또한 우리는 예수 그리스도는 이스라엘을 떠나
> 서는 예수 그리스도가 아니라고 말하여야 한다(*Dogmatics In Outline*, 74).

바르트에게 있어서 구약으로부터 신약으로의 구속의 발전과정은 거의 존재하지 않았다. 그는 구약과 신약을 "동일한 원을 중심으로 하는 두 개의 동심원"으로 여기는 경향을 보여 주었다(K. H. Miskotte, *When the Gods are Silent*, x). 교회와 회당은 함께 하나님의 회중을 이룬다. 그들은 서로 분리되어 있지만 하나이다. 한 사람이 교회와 회당에 동시에 속할 수는 없다(Miskotte, 77-78, 81). 구약에서 이스라엘은 그 택하심과 소명에 있어서 유일무이하고 독특한 것으로 묘사된다. 그 어리석음과 왜곡됨과 연약함 속에서 이스라엘은 "하나님의 항상 새로운 사랑과 선하심, 또한 하나님의 심판들"의 대상이다 — "이 민족은 역사 속에서 우리 모두를 위한 하나님의 거저 주시는 은혜를 구현하고 있다"(Barth, *Dogmatics in Outline*, 74). 바르트는 구약성서가 이스라엘 백성에 대하여 제시하고 있는 그림은 "자신의 택하심, 따라서 그에게 주어진 사명을 거부하는 인간, 자신의 사명을 행할 수 없고 무가치한 자로 입증되는 인간, 그 결과로서 그는 하나님의 은혜의 대상이기 때문에 그가 은혜로부터 물러날 때마다 그에게 가해지는 심판에 의해서 계속적으로 두들겨 맞고 깨어지는 인간의 적나라한 모습"이라고 주장하였다(*Dogmatics In Outline*, 78).

이스라엘의 사명은 예수 그리스도 안에서 성취되고 계시되고 이루어진 사명으로 이해되어야 한다; 그러나 바르트에 의하면, 이스라엘은 여전히 인간의 무가치함을 드러내고 이와 동시에 하나님의 거져 주시는 은혜의 시범 사례가 될 사명을 지니고 있다. 미스코테는 칼 바르트의 신학을 "도매금으로" 사서, 성경 시대 이후로 유대교와 기독교에 관한 최초의 신학적인 저작을 썼다(Miskotte, *When the Gods Are Silent*, ix-x, 76-77).

로마 가톨릭 교회는 유대인들에 대한 나치 정권의 테러에 관여하거나 관여하지 않은 것으로 인하여 심한 비판을 받았다. 교황 요한 23세는 1964-65년에 드물게 열리는 에큐메니컬 공의회들 중의 하나의 소집을 요구하였다(제2차 바티칸 공의회). 교황은 이 공의회에 대하여 유대인들과 관련된 성명서를 채택하기를 원하였고, 베아(Bea) 추기경에게 그것을 감독하도록 요청하였다. "그 시작과 결과 사이에는 아마도 공의회 중에서 가장 극적인 이야기가 존재할 것이다"(Robert A. Graham, S. J., "Non-Christians," in *The Documents of*

Vatican II, ed. Walter M. Abbot, S. J. [New York: Guild Press, 1966], 656).

비기독교인들에 관한 제2차 바티칸 공의회의 문서는 그리스도의 교회는 자신의 신앙과 택하심의 시초가 이미 족장들, 모세, 선지자들 속에서 발견된다는 것을 인정한다고 말한다. 교회는 하나님이 옛 계약을 맺으셨던 그 백성으로부터 구약성서라는 계시를 받았다는 것을 잊어서는 안 된다. 유대 백성으로부터 사도들과 대부분의 초기 제자들이 나왔다; 그러나 예루살렘은 자신의 구원의 때를 인정하지 않았고(눅 19:44), 많은 수의 유대인들은 복음을 받아들이지 않았다. 그럼에도 불구하고, 유대인들은 여전히 하나님께 아주 사랑스러운 자로 남아 있다(롬 11:28-29). "교회는 모든 사람이 한 목소리로 주님을 말하고 마음을 합하여 주님을 섬기게 될, 하나님만이 아시는 그 날을 기다린다"(*Documents of Vatican II*, 664-665). 제2차 바티칸 공의회 문서들은 하나님을 죽였다는 유대인들의 죄목에 대하여 사면하고, 어느 때 어느 장소에서 이루어지든 유대인들에 대한 반유대주의의 적대감, 핍박들, 표출을 규탄한다.

제2차 바티칸 공의회의 성명서들은 그리스도인들과 유대인들 간의 활발한 대화를 촉발시켰다. 처음에는 유대인들은 예수를 거부하고 복음을 믿지 않은 것에 대하여 비난을 받았다. 하지만 최근에는 많은 기독교 지도자들이 복음을 믿지 않고 예수를 그리스도로 받아들이기를 거부한 것에 대하여 유대인들은 여전히 하나님의 계약 백성이고 그들에게는 히브리 성서에 비추어서 그들이 누구인가를 스스로 규정하고 해석할 권리가 있다는 것을 근거로 이를 사면하고 있는 것으로 보인다. 기독교가 유대교를 지양하였다는 예전의 신학적 견해는 많은 기독교 신학자들에 의해서 폐지되어 왔다. 1989년에 노트르담 대학에서 발표된 한 논문 모음집의 서론에서 편집자들은 성경의 종교가 기독교에서 그 참된 성취를 발견한다는 전통적인 교체설이 고대와 중세와 현대의 유대교에 대한 폄하로 이어졌다는 것은 부정할 수 없고, 우리 세기에 있어서 반유대주의와 유대인 대학살의 분출에 대하여 무죄하다고 볼 수 없다고 말하였다. "구약성서에 대한 교체설은 더 이상 유지될 수 없다는 것이 이 논문 모음집에 수록된 대화의 전제이다"(Roger Brooks and John J. Collins, eds., *Hebrew Bible or Old Testament*, 1).

제임스 샌더스(James Sanders)의 주장을 따라서 "구약성서"를 "히브리 성서," "첫 번째 계약"으로 이름을 바꿔 부르려고 함으로써 많은 기독교 저술가들이 유대인들에 대한 또 다른 양보들을 행하고 있다("First Testament and Second," 47-49). 샌더스는 사상 세계에서는 대체로 "히브리 성서"라는 표현이 자리를 잡아가고 있는 것으로 보인다고 말하였다. 우리는 오늘날 기독교 신학교의 안내 책자들 속에서와 책들 및 논문들의 제목들에서 히브리 성서라는 명칭을 발견하게 된다. 성서학회(Society for Biblical Literature)에서 최근에 발간한 한 주요한 저작은 『히브리 성서와 현대의 해석자들』(*The Hebrew Bible and Its Modern Interpreters*)이라는 제목으로 되어 있다(D. A. Knight and G. M. Tucker(크리스챤다이제스트 역간); 또한 Norman K. Gottwald, *The Hebrew Bible: A Socio-Literary Introduction*을 보라).

일부 그리스도인들은 "구약성서"라는 용어에 대하여 불편해 하게 되었다. 왜냐하면, 그들은 유대인들이 그러한 용어에 불편해 할 것이라고 생각하기 때문이다(Sanders, *The Hebrew Bible or Old Testament*, 41). 하지만 제이컵 뉴스너(Jacob Neusner)는 많은 신학생들과 학자들에게 유대교의 진정한 정경은 "구약성서" 또는 히브리 성서가 아니라, 주로 미쉬나와 탈무드들로 이루어진 공식적인 유대교의 랍비 문헌들이라고 설득하여 왔다(*Formative Judaism*, 2 vols).

"구약성서"라는 용어는 "부적절하고," "반유대적이며," "경멸적인"것으로 이야기되어 왔다(Moberly, *The Old Testament of the Old Testament*, 159). 브레이브루크(M. Braybrooke)는 "구약" 성서와 "신약" 성서라는 용어들은 특히 유대인들의 귀에는 "교회가 유대 백성을 대체하였고, 하나님이 예수를 죽인 그들을 버렸다는 의미를 함축하고" 있기 때문에 그러한 용어들을 사용하지 않는 것이 최선이라고 말하였다(*Time To Meet*, 171, n. 16; 또한 C. M. Williamson and R. J. Allen, *Interpreting Difficult Texts: Anti-Judaism and Christian Preaching*, 115를 보라). 뉴캐슬 대학의 소여(J. F. A. Sawyer)는 "구약성서"라는 용어를 기독교인들이 사용하는 것은 반유대적인 것이라고 끊임없이 지적해 왔는데, 그러한 것은 "유대인들을 거부한다는 교만하고 압제적이며 손해를 입히는 상징이고, 신학적으로도 옹호될 수 없다"고 말하였다 ("Combating Prejudices About the Bible and Judaism," 269-78; 또한

Moberly, *The Old Testament of the Old Testament*, 160을 보라).

"구약성서"라는 용어가 폐기되어야 한다는 주장에 대하여 모든 학자들이 동의하는 것은 아니다. 롤랜드 머피(Roland Murphy)는 "구약성서"라는 용어가 전통적이고(고후 3:14), 옛 것이라는 사실이 반드시 "시대에 뒤떨어진" 또는 "낡은" 것을 의미하지는 않는다는 이유로 구약성서라는 용어를 계속해서 사용하여 왔다. 구약성서의 가치는 그것이 그리스도인들에게 "하나님을 아는 지식"의 원천이라는 데에 있다("Canon and Interpretation" in *Hebrew Bible or Old Testament*, 11, n. 1).

그리스도인들이 "구약성서"라는 용어를 버리지 않아야 할 한 가지 이유는 "옛" 계약과 "새" 계약의 성경적 의미를 적절하게 표현해 줄 수 있는 다른 용어가 없다는 것이다. 모벌리(R. W. L. Moberly)는 그리스도인들은 "구약" 성서와 "신약" 성서라는 용어들을 폐기하기 전에 두 가지 질문을 던져야 한다고 주장하였다. 첫째, 이 용어들은 아주 본질적인 통찰들을 표현하고 있기 때문에, 그 용어들을 버리게 되면 기독교 신앙의 온전성이 위협을 받게 되는 것은 아닌가? 둘째, 이 용어들이 기독교 신앙에 본질적인 것이라면, 과연 이 용어들은 유대교 또는 유대인들에 대한 부정적인 평가를 함축하고 있는 것인가?

모벌리는 "구약" 성서와 "신약" 성서라는 용어들이 필수적이라고 결론을 내린다. "예수를 중심으로 한 신앙은 몇 가지 점에서 족장들의 종교를 지향하고 있는 모세의 야웨 신앙의 추종자들에게 있어서의 구약의 종교를 몇 가지 점에서 지양하고 있기 때문에, 이러한 용어들은 그리스도인들에게 필수적이다"(*The Old Testament of the Old Testament*, 161). 이러한 용어들 속에는 모세의 야웨 신앙과 기독교보다 앞서 왔던 것과의 연속성에 관한 인식이 존재하지만, 또한 새로운 것의 추종자들에게 규범적인 지위를 부여하고 옛 것 또는 이전의 것의 의미를 상대화시키는 새로운 시작이라는 인식도 존재한다. "새 시대"의 추종자들이 예전처럼 옛 시대에 머무는 것은 더 이상 불가능하다. "구약성서"라는 용어를 폐기하는 것이 지니는 분명한 매력이 무엇이든지 간에, "그리스도인들이 그러한 용어를 폐기하고서 여전히 유대인들의 입장과는 다른 기독교적인 입장의 논리를 설명하는 것은 불가능하다"(R. W. L. Moberly, 161).

모벌리의 두 번째 질문은 다음과 같은 것이다: "구약"과 "신약"이라는 용어들은 반드시 유대인들의 신앙에 대한 부정적인 평가를 함축하고 있는 것인가? 모벌리는 "그렇지 않다"고 대답한다. 모벌리는 모세의 야웨 신앙이 족장들의 종교를 다룬 방식과 교회가 모세의 야웨 신앙을 다룬 방식 간의 유비(analogy)를 통해서 자신의 대답을 밑받침한다. 족장들의 종교는 오직 한 분 하나님을 예배하였지만, 다른 신들에 대한 예배를 반대하는 것이 그 속에 함축되어 있지 않았다. 모세의 야웨 신앙에서는 제1계명을 통해서 모든 이스라엘에게 오로지 한 분 야웨만을 예배할 것을 요구하였다. 창세기는 가나안 거민들의 "이교적인" 종교적 관습들에 대한 족장들의 반감 또는 반대를 묘사하지 않는다. 하지만 모세의 야웨 신앙은 제2계명에서 우상 숭배를 금지하였다. 족장들은 하나님께서 그들에게 나타나신 곳에서 예배를 드렸다. 모세의 야웨 신앙에서는 결국 오직 한 장소만이 유일하게 합법적인 예배와 희생 제사의 장소라고 규정하였다. 모세의 야웨 신앙에서는 제사장들의 특권들과 책임들에 대하여 세밀하고 엄격하게 규례들을 제시하였다. 족장들의 종교에는 그러한 규례들이 거의 없었다.

우리는 족장들의 종교와 모세의 종교 간의 그 밖의 다른 차이점들을 열거할 수 있지만, 모세의 야웨 신앙은 족장들의 종교를 지양하였지만 족장들의 종교를 폄하하지 않았다. 모세의 야웨 신앙은 자신의 신앙의 토대였던 족장들의 종교의 독특성을 존중하고 보존하였으며, 그것을 하나님의 위대한 행위들을 읊는 "신조"(신 26:5-9) 속에 포함시켰다.

동일한 방식으로 그리스도인들은 족장들의 종교와 모세의 야웨 신앙을 자신들의 종교적인 토대와 "신조"의 일부로서 존중하여야 하지만, 기독교 자체는 새로운 것이다. 옛 것 속에 있는 몇몇 내용들은 지양된다. 교회와 유대교의 구약성서의 사용 배후에는 근본적인 차이들이 존재한다. 구약성서는 기독교 성경의 일부이지만, 그리스도인들은 구약성서를 예수 그리스도에 비추어서 해석한다. 예수 그리스도의 가르침들은 옛 가죽 부대들을 터뜨렸다(마 9:17). 그의 피는 새 계약의 피였다(마 26:28).

모세의 야웨 신앙이 족장들의 종교를 다룬 방식과 기독교가 모세의 야웨 신앙을 다룬 방식 간에는 차이점이 있다. 모세의 야웨 신앙은 족장들과 그들의 자손들을 흡수하였다(레갑 자손들은 예외일 수 있다, 왕하 10:15; 렘 35:2-11). 족장들의 종교는 별개의 제도로서 살아남지 못했다. 모세의 야웨 신앙은 유대교 속에서 살아 남았지만, 몇 가지 기본적인 변화들을 겪었다. 실제로 유대교와 기독교는 둘 다 구약성서에 토대를 두고 있다. 사도 바울은 이렇게 말하였다: "또한 가지 얼마가 꺾이었는데 돌감람나무인 네가 그들 중에 접붙임이 되어 참감람나무 뿌리의 진액을 함께 받는 자가 되었은즉 그 가지들을 향하여 자랑하지 말라 … 그들은 믿지 아니하므로 꺾이고 너는 믿으므로 섰느니라"(롬 11:17-20).

모세의 야웨 신앙은 예수께서 오셨을 때에 중단되지 않았다. 그것은 옛 신앙 형태들을 해석하는 데에 미쉬나와 탈무드를 사용하였던 랍비 유대교로 흡수되고 변화되었다. 유대교와 기독교의 적절한 관계를 놓고 활발한 토론이 계속해서 벌어지고 있다. 조셉 블렌킨솝(J. Blenkinsopp)은 "기독교 운동의 출현과 공고화를 포함한 제2성전 시대 동안의 발전들에 대한 편파적이고 그릇된 이해를 지속하는 한 구약 신학은 성공할 수 없을 것이다"("Old Testament Theology and the Jewish-Christian Connection," 11)라고 말하였다. 또한 성공적인 구약 신학은 신약 신학에 대한 적절한 이해없이는 씌어질 수 없을 것이라고 말하는 것도 옳을 것이다.

사우스웨스턴 침례교 신학대학원의 학장인 브루스 콜리(Bruce Corley)는 SWJT에 실린 자신의 한 논문을 나치의 공포 정치가 최고조에 달했던 때에 슈미트(K. L. Schmidt)가 고백 교회에서 행하였던 설교를 언급하는 것으로 시작하였다. 슈미트는 로마서 9:11을 그러한 위기의 때에 신앙의 열쇠로 호소하였다. 이스라엘을 향한 바울의 소망은 반짝하는 계시가 아니라 하나님의 현존의 나타남으로, 어둠에 대한 예감 속에서의 빛으로 선포되었다. 콜리는 "그(슈미트)의 핵심은 하나님 문제, 미래의 문제, 유대인 문제는 동일한 문제라는 것"이라고 말하였다(Corley, "The Jews, the Future, and God," 42). 콜리는 슈미트의 설교를 로마서 9:11에 대한 세심하게 균형잡힌 요약이라고 생각하였다. "실제로 바울이 불신앙의 문제를 숙고할 때, 그의 눈은 최종적으로 이스라엘의 구원을 위한 미래의 소망으로 향한다. 그러나 이러한 추론 과정 전체는 철저하게 역사 내에서의 관점으로부터 출발한다: 완악해진 이스라엘의 현재의 상황은 사실 하나님의 신실하심을 뚜렷하게 드러내는 역할을 한다"
(Corley, 42). 하나님은 구원 사역을 시작하실 때부터 지금까지 신실하셨다.
하나님은 불의하지 않으시고(롬 9:14), 하나님은 자기 백성을 버리지 않으셨
다(11:1). 하나의 민족으로서의 이스라엘은 복음을 믿지 않았지만, 그들이 복
음을 거부한 것은 부분적인 것이고(롬 11:1-10) 일시적인 것이다(11-27절).
바울은 모든 이스라엘이 복음을 믿고 구원을 받게 될 때가 오게 될 것이라고
믿었다(롬 11:23).

콜리는 독자들이 이 본문 속에서 특정은총주의, 세대주의, 보편주의를 읽
어내려고 해서는 안 된다고 경고하였다. "팔레스타인 땅에 신정 정치가 회복
된다거나 살아 있거나 죽은 모든 유대인들이 자동적으로 구원을 받는다는
것"에 관한 내용은 이 본문 속에 없다("The Jews, the Future, and God," 55).

이 보론이 이렇게 긴 것은 유대교와 기독교의 관계와 관련된 쟁점들이 중
요하다는 것을 보여준다. 이제까지 이러한 논쟁들과 대화들은 많은 문제들을
해결하기보다는 더 많은 문제점들을 불러일으켜 왔다. 대답들과 해법들을 찾
기 위한 시도는 계속되어야 한다.

B. 1985년 이후의 구약 신학에 대한 관심과 문헌의 흐름

1985년에 트리니티 복음주의 신학교의 맥코미스키(Thomas E.
McComiskey)는 『약속의 계약들: 구약 계약들의 신학』(*The Covenants of
Promise: A Theology of the Old Testament Covenants*)이라는 저서를 썼다.
이 책은 계약을 창조 때로부터 종말에 이르기까지의 역사 속에서 하나님의
행위들의 중심으로 본다. 저자는 현대적인 석의 원칙들을 사용하고 있지만,
이 책은 기본적으로 비평적이지 않다. 그의 저서는 신약성서를 많이 사용하
고 있고, 계약 신학에 의해서 큰 영향을 받고 있다. 하지만 그의 저서는 구약
신학에 대한 지속적인 관심을 반영하고 있다.

브레바드 차일즈(Brevard S. Childs)의 가장 최근의 저작인 『구약 정경 신
학』(*Old Testament Theology in a Canonical Context*: 크리스챤다이제스트
역간)은 맥코미스키의 『약속의 계약들』(*The Covenants of Promise*)과는 판이

하게 다르다. 차일즈의 저서는 250쪽 분량의 얇은 책이다. 그러므로 이 저작
은 구약 신학의 형태와 내용이 어떠해야 하는지에 관한 차일즈의 이해에 대
한 요약 또는 개요이다. 그는 구약성서에 나오는 여러 다양한 주제들을 20장
에 걸쳐서 매우 간략하게 서술한다. 그는 자신이 1960년대 말부터 사용하여
왔던 성경에 대한 정경적인 접근 방식에 대한 강조를 이 책에서도 끊임없이
하고 있다(그의 처음 두 권의 저작인 *Myth and Reality in the Old Testament*
[1960]와 *Memory and Tradition in Israel* [1962]에서는 정경에 대해 언급하지
않는다).

우리는 차일즈의 가장 최근의 저작 속에서 아이히로트, 폰 라트, 침멀리의
영향을 감지할 수 있지만, 차일즈는 이들 모두를 뛰어넘고 있다. 차일즈는 계
시로서의 구약성서에 강력한 강조점을 둔다. 차일즈의 구약 신학에서 십계명
은 상당히 중요한 위치를 차지해 왔다. 그는 선택과 계약, 이스라엘의 제도들
과 직임들, 구약의 윤리, 심판, 약속을 다루었다. 그는 메시야, 땅, 영원한 생
명에 관한 단원으로 자신의 저작을 끝마친다. 그는 수정된 조직신학적인 접근
방식을 따랐고, 그의 저서에는 각 장마다 뛰어난 서지 목록들이 수록되어 있다.

아주 최근에 차일즈는 본격적인 성서 신학의 틀을 제시한 바 있다(*Biblical
Theology of the Old and New Testaments*). 그는 먼저 구약성서, 다음으로 신
약성서의 "각각의 증언"을 보여 준 후에, '아케다'로서의 창세기 22:1-19과
마태복음 21:33-46을 본문으로 삼아서 성서 신학이라는 맥락 속에서의 석의
의 예를 제시한다.

끝으로, 그는 기독교 성경에 대한 신학적인 성찰을 수행하면서, 중요한 주
제들에 대한 구약의 증언, 초기 유대교의 이해, 신약의 이해를 추적한다. 그런
후에, 그는 성서 신학에서 교의학으로의 이행을 성찰하고 추적한다.

1988년에 회겐하벤(Jesper Hogenhaven)은 『구약 신학의 문제점과 전망』
(*Problems and Prospects of Old Testament Theology*, JSOT Press, 1988)에 관
한 작은 연구서를 출간하였다. 이 저작은 1983년에 옥스퍼드의 퀸스 칼리지
에서의 세미나로부터 생성된 것으로서, 원래 덴마크어로 출간되었다. 회겐하
벤은 구약성서의 주요한 문학적 범주들(지혜서, 시가서, 서사서, 율법서, 예언
서)을 구약 신학의 구조로 삼을 것을 제안하였다.

칼 바르트의 둘째 아들인 크리스토프 바르트(Christoph Barth, 1917–1986)는 대부분의 생애를 인도네시아에서 신학 교육을 하면서 보냈지만, 독일의 마인츠 대학에서 구약학 교수로 12년 동안 봉직하였다. 우리는 그의 저서인 『우리와 함께 하시는 하나님』(*God With Us*, Eerdmans, 1991)의 서문을 통해서 그가 "학생들의 귀를 날카롭게 하여서, 하나님께서 과거에 말씀하시고 행하셨던 일을 들음으로써 그들이 하나님의 성령이 지금 말씀하시고 행하시는 것에 마음을 열 수 있는"(viii) 교과서를 쓰고자 했다는 것을 알게 된다.

사실, 이 저작은 풀러 신학교의 브로밀리(Geoffrey W. Bromiley)의 편집 활동의 산물이다. 크리스토프 바르트 부인의 동의를 얻어서, 브로밀리는 바르트 박사의 노트와 강의들을 수집하고 편집해서 책으로 출간하였던 것이다. 구약 학계가 이 자료를 이용하게 된 것은 브로밀리와 어드만스 2세의 덕분이다.

이 저작에서 사용된 방법론은 구약의 메시지를 구약성서 자체에 충실한 방식으로 — 즉, 추상적인 교리들이 아니라 하나님의 권능있는 행위들에 관한 서술로서 — 설명하는 것이다. 9개의 장의 표제는 다음과 같다: (1) 하나님은 하늘과 땅을 창조하셨다; (2) 하나님은 이스라엘의 조상들을 선택하셨다; (3) 하나님은 이스라엘을 애굽으로부터 건져내셨다; (4) 하나님은 자기 백성을 광야에서 인도하셨다; (5) 하나님은 시내산에서 스스로를 계시하셨다; (6) 하나님은 이스라엘에게 가나안 땅을 허락하셨다; (8) 하나님은 예루살렘을 선택하셨다; (9) 하나님은 그의 선지자들을 보내셨다. 이 저작은 영감있고 유익한 책이다.

구약 신학에 관한 또 하나의 주요한 저작은 이전에 출간된 22편의 논문들을 모아 놓은 편저이다. 올렌버거(Ben C. Ollenburger), 마텐스(Elmer A. Martens), 하젤(Gerhard F. Hasel)은 국제적으로 유명한 구약학자들이 쓴 논문들을 선별하여 소개하고 번역하였다. 그 책의 제목은 *The Flowering of Old Testament Theology*(1992)이다(『20세기 구약 신학의 주요 인물들』: 크리스챤 다이제스트).

"구약 신학"으로 불리지는 않지만 구약 신학의 많은 주제들을 다루고 있는 한 권의 책을 여기서 소개하는 것이 좋을 것 같다. 그 책은 클레멘츠(R. E. Clements)가 편집한 『고대 이스라엘의 세계』(*The World of Ancient Israel*)이다. 이 책은 이스라엘의 역사적 · 문화적 배경, 왕권, 율법, 예언, 지혜, 묵시사상, 거룩, 계약, 여자, 삶과 죽음을 다룬다.

『구약 신학 연구』(*Studies in Old Testament Theology*, 1992)는 허바드(David A. Hubbard)를 위한 기념 논문집으로서, 그의 조카인 Robert L. Hubbard, Jr., Robert K. Johnston, Robert P. Meye가 편집하였다. 이 논문집은 구약학과 관련된 14편의 논문들을 싣고 있다.

우리는 구약 신학에 관한 이야기가 "길고 매력적이며 파란만장하다"라고 말한 것으로 이 장을 시작하였다. 구약 신학은 역사가 오래되었다. 구약 신학은 진지한 독자들의 마음을 사로잡고 호의를 불러일으킨다는 점에서 매력적이다. 구약 신학은 삶과 죽음의 문제들을 얘기한다. 구약 신학은 종종 고통스럽다; 우리는 사소한 문제들 속에 깊이 몰두하여야 하고, 종종 수많은 우여곡절들 속에서 길을 잃게 되는 수도 있다. 그러나 우리는 멈출 수 없다. 우리는 구약 신학의 성격과 방법론이라는 문제로 나아가지 않으면 안 된다.

제 2 장

구약 신학의 성격과 방법론

8. 구약 신학의 성격

A. 일반적으로 받아들여진 정의가 없다

구약 신학은 무엇인가? 지난 50년 동안에 씌어진 구약 신학에 관한 기본적인 저서들을 검토해 보면, 우리는 이 분과 학문의 성격, 과제, 방법론에 관하여 거의 의견의 일치가 이루어지고 있지 않음을 보게 된다. 존 맥켄지(John McKenzie)는 "성서 신학은 신학 분야에서 일반적으로 받아들여진 원칙들, 방법론들, 구조가 결여되어 있는 유일한 분과 학문 또는 하위 분과로서, 성서 신학의 목적과 범위에 대한 일반적인 정의조차도 존재하지 않는다"고 말하였다(A *Theology of the Old Testament*, 15). 게르하르트 폰 라트(Gerhard von Rad)는 "지금까지 구약 신학의 고유의 과제가 무엇인지에 대해서 의견의 일치가 존재하지 않는다"라고 썼다(*Old Testament Theology* I, v).

학자들은 이 분과를 "구약성서의 신학"이라고 불러야 하는지, 아니면 "구약 신학"이라고 불러야 하는지에 대해서조차 견해의 일치가 없다. 이 두 용어는 상호대체적으로 사용되어 왔지만, 기본적인 차이가 존재한다. 구약성서의 신학은 구약성서에 담겨 있는 신학 또는 구약성서에 한정된 신학에 일차적인 강조점을 둔다. 이 학문은 서술적이고 역사적인데, 따라서 그 결과물을 "신학"이라고 부르는 것에 대하여 일부 학자들은 의문을 제기한다. 이 분과 학문을 구약 신학이라고 부르는 경우에는 "신학"이 일차적인 것이 되고, 구약 신학은 일차적으로 구약성서와 관련된 현대적인 신학의 분과가 된다.

B. 구약성서는 "신학"을 담고 있는가?

일부 학자들은 구약성서 또는 성경 전체에 국한된 어떤 연구를 신학이라고 부르는 것을 꺼려 한다. 제임스 바(James Barr)는 신학은 하나님에 관한 연구를 의미하지만, 하나님에 관한 연구는 구약성서 또는 성경으로 제한되어서는 안 된다고 말하였다. 제임스 바에게 있어서 신학은 성경과 더불어서 역사, 철학, 심리학, 자연 세계에 관한 연구를 포함하는 것이 되어야 했다.

또 어떤 학자들은 성서 신학은 성서에 나오는 자료들에 국한해서 그 자료들을 서술적인 방식으로 조직하는 것이기 때문에 진정한 의미에서 신학이라고 할 수 없다고 주장한다. 대부분의 조직 신학자들은 신학은 현대적인 비평의 산물로서, "그리스도와 교회 안에서의 하나님에 관한 우리의 개념들을 정교하게 표현하는 것"이라고 본다(Barr, "The Theological Case Against Biblical Theology," in *Canon, Theology and Old Testament Interpretation*," 9).

오늘날 대다수의 구약 신학자들은 구약 신학이 "우리가 전해받은 성서에 대한 신학적인 성찰로부터 유래한다"고 본다(Childs, *Old Testament Theology in a Canonical Context*, 6). 구약 신학은 단순히 서술적인 학문이 아니라 규범적인 학문이다.

신학이라는 단어 자체가 여러 가지 서로 다른 방식으로 사용되어 왔기 때문에 혼돈의 원천일 수 있다. 이 단어는 구약성서나 신약성서에 나오지 않는다. 플라톤과 아리스토텔레스는 이 단어를 "신적인 것들에 관한 학문"이라는 의미로 사용하였는데, 이것은 신적인 것들이 오직 지성을 통해서 이해될 수 있다는 것을 암시하는 말이다. 테린(Terrien)은 플라톤과 아리스토텔레스에 의한 이러한 정의에 반대하였다. 그는 구약성서에서 신학과 가장 가까운 표현은 "하나님을 아는 지식"이라고 말하였다. 이 표현은 지적인 탐구와 논의를 유발하지만 그러한 것들을 초월하는 실체를 지향한다. "이 표현은 야웨의 현존을 가리킨다"(*The Elusive Presence*, 41).

"하나님을 아는 지식"이라는 히브리적인 의미에서의 신학은 신적인 것들에 관한 객관적인 학문을 가리키는 것은 아니지만, 정신의 비판적 능력들을 사용한다. 신학은 신앙에 대한 내적인 헌신과 한 백성의 운명에의 참여, 이 둘로부터 나온다.

C. 신학은 규범적이어야 하는가?

신학이라는 용어는 이스라엘의 종교에 관한 서술적이고 현상적인 연구를 지칭하는 데에 사용될 수 있는가? 아니면, 신학은 규범적이어야 하고, 신약성서 및 교의 신학과 연관되어야 하는가? 제임스 메이스(James L. Mays)는 "구약성서에 관한 포괄적인 서술은 신약성서와의 연관 또는 교의학의 주제들과의 협조 없이도 신학이 되는가? 또는, 신학의 주제들은 구약성서 자체로부터 해명될 수 있는가?"라고 물었다(James L. Mays, "Historical and Canonical: Recent Discussion About the Old Testament and the Christian Faith," *Magnolia Dei*, ed. F. M. Cross, Lemke, and Miller, 510-530). 아이히로트와 폰 라트는 둘 다 구약성서의 신학에 관한 그들의 논의를 일차적으로 구약성서에 나오는 자료들에 국한시켰다.

몇몇 학자들은 여전히 신학이라는 용어를 서술적이고 역사적인 학문에 붙이기를 거부한다. 그들은 신학은 체험, 헌신, 신앙을 함축한다고 주장한다. 노먼 포티어스(Norman Porteous)는 신학을 규범적인 학문에 한정시키고자 한다. 그는 이렇게 말하였다: "물론, 어느 특정한 종교의 추종자들이 지닌 신념들에 대한 체계적인 서술을 신학이라는 이름을 사용해서 부르는 것은 얼마든지 가능하고 합법적이며 전혀 해로운 것이 아니다. 적절한 지식을 지닌 학자라면 누구나 그러한 신학을 쓸 수 있고, 그 결과물은 어떤 목적들을 위해서 가치있고 유익할 것이다."(*Living the Mystery*, 22-23).

포티어스는 신학은 "하나님을 아는 지식과 관련되어 있는" 학문 분과라고 주장하였다. 그는 성경적인 관점에서 볼 때에 하나님을 아는 지식은 단순한 인지(cognition)를 의미하는 것이 아니라 지성과 아울러서 감정과 의지를 포함한다고 단언하였다. 그러므로 성서 신학자가 스스로 하나님을 아는 지식을 갖고 있지 않다면, "엄밀하게 말해서, 그의 연구의 대상은 시야로부터 사라진 것이다"(*Living the Mystery*, 23).

또한 포티어스는 이렇게 반문한다:

구약 시대에 히브리인들이 하나님 및 하나님과 그들의 관계에 관하여 무엇을 믿었고, 그들이 믿었던 것을 구체적으로 표현한 방식들은 무엇이 없는가를 가급적 정확하게 결정해서 자신이 고안해 낸 체계를 가지고 설명하는 것이 구약 신학자의 과제인가? 그러한 과제를 수행하는 것이 중요하다는 것은 의심의 여지가 없다. 그러한 과제는 구약성서를 올바르게 자신의 것으로 소화하기 위한 필수적인 과정이다. 그렇지만 그러한 과제를 통해서 우리가 얻게 되는 것은 엄밀하게 말해서 신학이 아니라 구약성서의 종교 현상학이다(*Living the Mystery*, 36-37).

따라서 포티어스는 구약 신학이라는 이름을 지닌 연구는 어떤 의미에서 그 연구를 행하는 자에게 규범적인 것이 되어야 한다고 생각하였다. 이러한 주장은 구약 신학을 쓸 수 있는 사람들을 그리스도인들과 유대인들로 한정하는 것으로 보이는 것 같다. 휠러 로빈슨(H. Wheeler Robinson)은 "우리는 이 종교가 그 밖의 다른 모든 종교들과 마찬가지로 오직 내부로부터만, 또는 우리를 그 우거하는 외인들('게림')로 만들어 주는 공감(sympathy)을 통해서만 이해될 수 있다는 것을 잊지 말아야 한다"라고 말하였다(*Inspiration and Revelation in the Old Testament*, 281-282). 이러한 견해에 의하면, 구약 신학은 규범적이고 관계적이며 현재적인 것이어야 한다.

최근에 존 골딩게이(John Goldingay)는 이 견해를 강력하게 지지하였다. 골딩게이는 이렇게 말하였다: 구약 신학을 쓰는 과제는

단순히 재구성하는 과제가 아니라 건설적인 과제이다. 우리는 단순히 구약성서의 신앙 자체를 이해하기 위하여 구약 시대의 신앙 공동체에 의해서 명시적으로 표현되거나 암묵적으로 전제된 신앙을 서술하는 것이 아니라, 우리 시대의 신앙 공동체의 지체들인 우리에게 공감되는 방식으로 그 신앙의 신학적인 함의들을 서술하는 것이다(*Theological Diversity and the Authority of the Old Testament*, 111).

성서학자들이 모두 이러한 관점에 찬성하는 것은 아니다. 브루스(F. F. Bruce) 같은 보수적인 학자가 "조직적인 구약 신학은 반드시 기독교적일 필요는 없다; 그것은 유대교적일 수 있고, 신약성서의 성취가 아니라 랍비 전승

이 그 기준이 될 수도 있다"라고 말하는 것을 들으면, 일부 독자들은 깜짝 놀라게 될 것이다("The Theology and Interpretation of the Old Testament," *Tradition and Interpretation*, 386).

구약성서의 신학적인 메시지를 현재화하고 규범화하는 것이 구약 신학의 과제인가? 만약 그렇다면, 이것은 가블러를 비롯해서 그를 따랐던 많은 학자들이 인식하였던 구약 신학의 목적으로부터 상당한 변화를 보여주는 것이다. 데이빗슨(A. B. Davidson)은 "성서 신학은 하나님의 나라를 사람들 가운데로 가져오기 위하여 행해진 하나님의 큰 역사에 관한 지식을 성경 속에 묘사된 대로 우리에게 제시하는 것이다"라고 말하였다(*Old Testament Theology*, 1). 라이트(G. E. Wright)는 성서 신학은 구체적인 역사 속에서 이루어진 하나님의 구속 행위들에 대한 신앙고백적인 재현이라고 말하였다(*God Who Acts*, 13). 존 브라이트(John Bright)는 이렇게 썼다:

성서 신학의 과제는 본질적으로 서술적이다. 성서 신학으로서 그것은 성경의 신앙의 유효성을 옹호하거나 그 오늘날의 의미를 제시하는 과제를 갖지 않는다 ― 물론, 교회의 교사이자 사역자로서의 개별적인 성서 신학자는 바로 그러한 일들에 끊임없이 지대한 관심을 가지는 것이 당연하고 또한 가져야 하지만(*The Authority of the Old Testament*, 115).

우리는 구약성서의 메시지에 대한 우리의 관심이 단순한 지나가는 호기심 이상의 것이라는 것을 인정하여야 한다. 우리는 구약성서가 구약 시대에 있어서 하나님, 하나님과 구약의 백성의 관계, 세계에 관한 하나님의 계시라고 믿기 때문에, 구약의 백성이 그러한 것들에 관하여 무엇을 믿었는지를 알기를 원한다. 우리는 신학이 계시와 하나님을 아는 지식을 다루고, 구약의 계시가 그런 한에서 유효하다는 데에 동의한다. 프리젠(Vriezen)이 신학을 "계시로부터 유래한 신앙의 사상"이라고 정의한 하이트예마(Haitjema)의 견해에 동의한 것은 옳다(*An Outline of Old Testament Theology*, 145, n. 6).

롤랑 드보(Roland de Vaux)는 이렇게 말하였다:

성경이 거룩한 글인 것은 그것이 거룩한 역사를 담고 있기 때문만이 아니라, 주로 사람들에 대한 하나님의 계시를 표현하고 보존하고 전달하기 위하여 하나님의 영감 아래에서 씌어졌기 때문이다. 그러므로 폰 라트의 견해와는 달리, 신학의 대상은 하나님과 이스라엘의 관계에 대하여 이스라엘이 인식했던 방식들에 대한 정의, 하나님이 역사 속에 개입하셨다는 이스라엘의 인식에 국한될 수 없다. 구약성서를 하나님의 말씀으로 받아들이는 신학자는 거기에서 하나님 자신이 역사를 통해서 무엇을 가르치시고자 했는가, 그리고 또한 우리에게 무엇을 가르치시고자 하시는가를 찾는다(*The Bible and the Ancient Near East*, 58).

구약 신학은 정의하기가 어렵다. 구약 신학은 구약성서를 토대로 해서 하나님과 이스라엘 백성이 무엇을 행하였고 말하였는가를 서술한다는 의미에서 서술적이다. 구약 신학은 구약성서의 모든 자료들을 포괄하여야 한다. 개신교에 있어서 이러한 자료들은 주로 마소라 본문에 한정되어 있다. 가톨릭에 있어서 구약성서의 자료들은 외경을 포함할 것이다. 구약 신학은 신학적이다. 구약 신학은 단순히 이스라엘의 역사를 진술하거나 하나님께서 이스라엘과 관련하여 무엇을 행하였는지를 진술하는 데에만 관심을 갖는 것이 아니다. 구약성서는 영감된 성서이고, 모든 시대를 향한 하나님으로부터의 메시지를 담고 있다. 구약 신학은 우리와 관련되어 있는 구약성서 속의 신학적인 자료들에 대한 "성찰," "해석," "구성물"이다.

9. 구약 신학의 방법론

A. 자연적인 또는 명백한 단일한 방법론은 없다

우리는 구약 신학을 어떻게 수행해야 하는가? 대부분의 학문 분과들은 자신의 대상을 서술하는 "자연적인" 또는 "내재적인" 방식을 가지고 있다. 교의 신학은 통상적으로 모종의 논리적인 체계적 서술을 따른다. 구약 개론은 정경과 본문 같은 일반적인 주제들을 다룬 후에, 구약성서의 각 책을 다루는 자연스러운 개요를 가지고 있다. 하지만 구약 신학은 자신의 대상을 서술하는 자연스러운 방법론을 가지고 있지 않은 것으로 보인다.

가장 초기의 성서 신학 또는 구약 신학은 교의 신학의 주제들을 따라서 서술하는 체계적 방법론을 사용하였다: 신론, 인간론, 구원론. 이러한 조직신학적인 방법론은 루드비히 쾰러(Ludwig Köhler)가 자신의『구약 신학』을 출간했을 때인 1935년에도 여전히 사용되고 있었지만, 그 이후로는 서로 다른 많은 방법론들이 사용되어 왔다.

1975년에 게르하르트 하젤(Gerhard Hasel)은 다섯 가지 서로 분명하게 구별될 수 있는 주요한 방법론들이 사용되고 있지만, 그것들은 상호배타적인 것은 아니라고 말하였다(*Old Testament Theology: Basic Issues*, 35). 하젤에 의하면, 구약 신학을 수행하는 다섯 가지 주요한 방법론들은 다음과 같은 것들이다: (1) 서술적 방법론, (2) 신앙고백적 방법론, (3) 종단면적(cross-section) 방법론, (4) 통시적 방법론, (5) 새로운 성서신학적 방법론. 하젤이 제시한 다섯 가지 주요한 방법론들은 서로 중복되는 것으로서, 날카롭게 구별되지는 않는다. 1982년의 개정판에서 하젤은 구약 신학을 서술할 때에 사용되는 주요한 방법론들의 수를 아홉 가지로 늘렸다. 1991년에 하젤은『구약 신학: 현재의 기본 쟁점들』(*Old Testament Theology: Basic Issues in the Current Debate*)의 제4판을 출간하였는데, 구약 신학의 방법론들에 관한 단원을 제3판보다 14쪽 더 늘렸다. 그는 "최근의 비평적인 구약 신학적 방법론들"(p. 94)이라는 하나의 새로운 방법론을 추가해서, 그 가짓수를 10개로 늘렸다.

하젤이 제시한 10가지 방법론들과 각각의 방법론을 대표하는 학자들은 다음과 같다:

(1) 교의학적-교육적 방법론은 신론, 인간론, 구원론이라는 조직신학적인 주제들을 가지고 구약 신학을 구성하는 전통적인 방법론이다. 루드비히 쾰러(Ludwig Köhler)의『구약 신학』(*Old Testament Theology*)은 이러한 방법론을 사용한 좋은 예이다.

(2) 발생론적-발전적 방법론은 성경이 서술하는 대로 하나님의 계시의 전개를 서술한다. 보스(Geerhardus Vos)와 레만(Chester K. Lehman)의 저작들은 이 방법론을 사용한다.

(3) 종단면적 방법론은 주제별 접근 방법과 통시적 접근 방법을 결합하고자 하는 시도이다. 발터 아이히로트(Walther Eichrodt)는 이러한 접근 방법의 대표적인 예이었다. 그는 계약이라는 개념을 중심으로 삼아서, 구약성서 전체에 걸쳐서 이 개념이 어떻게 나타나는지를 다루면서, 계약의 하나님, 계약의 백성, 계약의 제도들 등에 관하여 서술하였다.

(4) 주제별 방법론은 구약성서로부터 가져온 주제들만을 사용해서 구약 신학의 논의를 구성한다. 맥켄지(John L. McKenzie)의 『구약 신학』(*A Theology of the Old Testament*)은 이 방법론의 대표적인 예이다.

(5) 통시적 방법론은 1930년대에 폰 라트와 그의 동료들에 의해서 발전된 전승사적 해석 방법론에 의거한다. 이 방법론은 이스라엘의 신앙고백들 속에 제시된 "하나님의 구원 행위들"인 케리그마를 재진술하는 것이다. 이 방법론은 신앙고백 전승들의 연속적인 자료층들을 꿰뚫어서, 각 시기의 이스라엘의 신앙의 성장을 추적한다. 폰 라트는 본격적인 통시적 구약 신학을 쓴 유일한 저술가였다.

(6) 전승 형성적 방법론은 하르트무트 게제(Hartmut Gese)의 저작 속에 나타나 있다. 게제는 신약성서에서 끝이 난 구약성서의 전승 형성을 통해서 실현된 유일한 성서 신학이 존재한다고 주장하였다("Tradition and Biblical Theology," in Knight, *Tradition and Theology*, 322).

(7) 주제별-변증법적 방법론은 세 명의 탁월한 구약학자들에 의해서 대표된다: 새뮤얼 테린(Samuel Terrien), 클라우스 베스터만(Claus Westermann), 폴 핸슨(Paul Hanson). 이 세 명의 학자들은 "윤리/미학"(테린), "구원/축복"(베스터만), "목적론적/우주론적"(핸슨)이라는 지배적인 변증법을 제시하였다. 이 방법론은 독자들로 하여금 좀 더 큰 문제에 대한 이해를 넓히기 위하여 정반대의 강조들이 어떤 관련이 있을 수 있는지를 볼 수 있게 해 준다는 점에서 유익하다.

(8) 최근의 "비평적" 구약 신학 방법론들. 이것은 하젤이 가장 최근에 제시한 범주이다. 이 방법론은 구약 신학에 관한 저서를 쓰지는 않았지만 이 분과 학문의 미래에 관하여 심각한 우려를 가지고 있는 제임스 바(James Barr)와 콜린스(John J. Collins) 같은 학자들의 연구에 의해서 대표된다.

(9) 새로운 성서신학적 방법론. 이 방법론은 구약과 신약의 관계라는 문제를 다룬다. 브레바드 차일즈(Brevard Childs)는 구약 신학과 신약 신학을 따로따로 수행한 후에 이 둘을 결합하여야 한다고 믿는다. 그는 구약 신학과 성서 신학을 각각 따로 수행하여 왔다. 차일즈는 우리가 지금 가지고 있는 정경 속의 성경 본문의 최종적인 형태만이 권위 있는 성경이라고 주장한다(차일즈의 접근방식에 대한 좋은 요약으로는 Hasel [1991], 103-111을 보라).

(10) 다중적인 정경적 구약 신학은 구약 신학에 관한 하젤의 개념에 대한 요약이다. 첫째, 하젤은 구약 신학이 구약성서의 최종적인 정경적 형태와 결부되어야 한다고 생각한다. 이것은 종교사 및 전승사적 접근 방법을 배제한다. 둘째, 구약 신학은 하나의 중심 또는 하나의 핵심적인 개념을 다루는 것이 아니라 주제별이 되어야 한다. 셋째, 구조는 복합적이 되어야 하는데, 이렇게 함으로써 종단면적인 방법론과 발생론적, 주제별 방법론들의 함정들을 피할 수 있다. 넷째, 구약 신학의 최종적인 목표는 구약성서의 개별적인 책들과 여러 부류의 글들이 지닌 다양한 신학들을 꿰뚫어서 그 모든 신학들과 주제들을 한데 결합시키는 역동적인 통일성을 만들어 내는 것이다.

끝으로, 하젤은 기독교 신학자는 구약 신학이 더 큰 전체의 일부라는 것을 이해하여야 한다고 말한다. 구약 신학은 고대 이스라엘의 신학과 동일한 것이 아니고, 구약과 신약으로 이루어진 성경이라는 더 큰 전체를 함축하고 있다.

> 정경적 구약 신학을 위한 이러한 제안들은 구약성서 본문의 최종적인 형태가 지닌 풍부한 신학적 다양성을 진지하게 받아들여서, 다중적인 증언들을 단일한 구조, 단선적인 관점, 또는 심지어 제한된 성격을 지닌 복합적인 접근 방식에 강제로 꿰어맞추는 것을 피하고자 하는 것이다. 이것은 본문들을 왜곡함이 없이 옛 것과 새 것, 유사성과 변화에 대한 온전한 감수성을 허용해 준다(*Old Testament Theology: Basic Issues*, 4th ed., 114).

그토록 많은 구약 신학자들은 왜 구약 신학을 서술하는 데에 이토록 다양한 방법론들을 사용해 왔던 것인가? 그것은 구약성서 자체 속에 내재적인 또는 "자연스러운" 방법론이 제시되어 있지 않기 때문이고, 각각의 구약 신학자들이 이 과제를 서로 다른 관점 및 서로 다른 목표들을 지니고 접근하기 때문이다.

B. 구약성서에 나타난 방법론적인 단서들

구약성서는 어떻게 구약 신학을 해야 하는가에 관한 단서들을 지니고 있는 것인가? 클라우스 베스터만(Westermann)은 그렇다고 대답하면서, 이렇게 말하였다:

> 우리가 구약성서 전체가 하나님에 관하여 무엇을 말하고 있는가를 서술하고자 한다면, 우리는 구약성서가 스스로를 제시하고 있는 방식을 살펴보는 것으로 시작하지 않으면 안 된다. "구약성서는 하나의 이야기를 말한다"(G. von Rad). 이러한 진술을 통해서 우리는 구약 신학의 형태에 관한 우리의 최초의 결정에 도달한 셈이다: 구약성서가 하나의 이야기(여기에서는 좀 더 폭넓은 사건이라는 의미로 이해된)의 형태로 말하고 있다면, 구약 신학의 구조는 개념들이 아니라 사건들을 토대로 하여야 한다 (*Elements of Old Testament Theology*, 9).

하나의 이야기를 하는 것이 정말 구약성서가 자신의 메시지를 제시하는 유일한 방식인가? 구약 신학은 단순히 이스라엘의 이야기를 재진술하고 있는 것인가? 이 두 가지는 모두 사실이 아니지만, 구약성서의 많은 부분을 차지하는 이야기 형식은 우리에게 구약 신학의 성격과 형태에 관한 단서를 제공해 준다. 히브리인들은 하나님이 행하신 일을 통해서 하나님이 누구신지를 알았다.

월터 카이저(Walter Kaiser)는 자기가 구약 신학을 수행하는 "성경적인" 방식을 발견하였다고 주장하였다 — 물론, 그 방식은 자료 비평의 모든 "확실한 결과들"을 배제하여야 하지만. 자료 비평은 구약성서의 많은 부분을 관통하고 있는 통일적인 중심 주제(약속)가 "단어, 사건, 시간"을 통해서 진보해 나가는 것을 보여주는 본문상의 연결고리들을 지워버렸다. 나아가, 카이저는 정경적 증언으로서의 정경에 귀를 기울이면, 우리는 각각의 선행적인 사건 또는 의미가 자료 비평이 지워 버렸거나 "경건한 또는 잘못된 편집자들"에게 돌려 왔던 연결고리들을 통해서 하나의 핵심적인 인물, 세대, 나라, 위기로부 터 또 다른 것으로 전해졌다는 것을 발견하게 된다고 단언하였다. 그는 "성서 신학은 허구적인 자료 비평, 전승사, 여러 유형의 양식 비평이라는 압제적인 방법론들이 체포될 때까지는 항상 위태로운 존재로 남게 될 것이다"라고 말 하는 것으로 결론을 삼았다(*Toward an Old Testament Theology*, 7).

대부분의 구약 신학자들은 카이저의 주장에 동조하지 않아 왔다. 그들은 구약 신학을 수행함에 있어서 자료 비평, 양식 비평, 전승사 비평, 또는 정경 비평의 사용을 포기할 마음이 없는 것이다. 하지만 카이저의 주장은 아직 틀 리다는 것이 입증되지 않았다.

구약성서 속에는 구약 신학을 어떻게 해야 하는가에 관한 그 밖의 다른 단 서들은 없는 것인가? 몇몇 단서들은 구약성서에 담겨 있는 "신조들" 또는 "신 앙고백들" 속에서 발견될 수 있다. 이러한 신조들 중 일부는 역사적인 것이 고, 일부는 비역사적인 것이다. 또한 정경의 형태(토라, 예언서, 성문서)도 구 약 신학의 방법론과 관련된 단서를 제공해 줄 수 있다.

게르하르트 폰 라트는 구약성서에 나오는 역사적 신조들에 관심을 기울인 최초의 구약학자였다. 자신의 저서인 『육경의 문제점 외』(*The Problem of the Hexateuch and Other Essays*, 1966)와 『구약성서 신학』 제1권(*Old Testament Theology*, I, 1962)에서 폰 라트는 육경의 핵심은 신명기 26:5-9에 나오는 이 스라엘의 초기 신앙고백이라고 주장하였다:

내 조상은 방랑하는 아람 사람으로서 애굽에 내려가 거기에서 소수로 거류하였더니 거기에서 크고 강하고 번성한 민족이 되었는데 애굽 사람 이 우리를 학대하며 우리를 괴롭히며 우리에게 중노동을 시키므로 우리 가 우리 조상의 하나님 여호와께 부르짖었더니 여호와께서 우리 음성을 들으시고 우리의 고통과 신고와 압제를 보시고 여호와께서 강한 손과 편 팔과 큰 위엄과 이적과 기사로 우리를 애굽에서 인도하여 내시고 이곳으로 인도하사 이 땅 곧 젖과 꿀이 흐르는 땅을 주셨나이다.

이 역사적인 신앙고백은 십일조를 드리는 제사를 배경으로 하고 있고(신 26:1-4), 세 가지 기본적인 요소들을 담고 있다: (1) 족장들에 대한 언급 (26:5b), (2) 출애굽(26:8), (3) 가나안 땅의 선물(26:9).

폰 라트는 하나님의 위대한 구속 행위들을 낭송하는 이 역사적 신조가 나중에 확대되어서 창조 및 하나님과 다윗의 계약을 포함하게 되었다고 주장하였다. 이 역사적 신조의 서로 다른 형태들이 구약성서의 많은 대목들에서 발견된다(신 6:20-24; 수 24:2-13; 삼상 12:7-8; 느 9:6-37; 시 77:12-20; 78; 105; 136). 하나님의 위대한 구속 행위들을 낭송하는 이러한 신조들은 이스라엘이 자신의 신앙을 고백했던 주요한 방식들 중의 하나였다. 헬라어의 영향으로 절대적이고 추상적인 개념들을 나타내는 명사들을 사용해서 신앙을 표현하였던 신약성서 및 초기 기독교 운동과는 달리, 구약성서는 주로 구원하다, 건지다, 심판하다, 축복하다 등과 같은 행위 동사들을 통해서 자신의 신앙을 표현하였다(Westermann, *Elements of Old Testament Theology*, 10.).

어니스트 라이트(G. Ernest Wright)는 이렇게 말하였다: "하나의 사건은 동사 변화를 수반한 주어를 통해서 표현된다 … 보편자들은 배제되지 않는다; 그러한 것들은 역사적 운동 속에 있지 않다; 그것들은 주로 계사(繫辭)인 '이다(is)'를 통해서 명사들과 형용사들로 정의되고 서로 결부된다"(*The Old Testament and Theology*, 44-45). 구약성서의 언어는 명사 중심적이 아니라 동사 중심적이다; 구약성서에는 계시, 선택, 종말론을 가리키는 명사가 없다.

구약성서의 많은 대목들에서 큰 강조점은 하나님의 위대한 구원 행위들에 관한 전승의 전수에 두어져 있다. 제의적인 절기들에 자녀들은 제의들의 의미를 묻도록 가르쳐졌고, 부모들은 하나님의 위대한 행위들을 말해주는 것으로 대답해야 했다(출 13:14-16; 신 6:20-24; 수 4:6-7, 21-24). 시편들은 흔히 이러한 위대한 구속 행위들을 예배 속에서 낭송하는 것에 대하여 언급한다:

후손이 그를 섬길 것이요
대대에 주를 전할 것이며

와서 그의 공의를 태어날 백성에게 전함이여
주께서 이를 행하셨다 할 것이로다.
(시 22:30-31)

너희는 시온을 돌면서 그 곳을 둘러보고
그 망대들을 세어 보라
그의 성벽을 자세히 보고
그의 궁전을 살펴서
후대에 전하라
이 하나님은 영원히 우리 하나님이시니
그가 우리를 죽을 때까지 인도하시리로다.
(시 48:12-14)

우리가 이를 그들의 자손에게 숨기지 아니하고
여호와의 영예와 그의 능력과 그가 행하신 기이한 사적을
후대에 전하리로다
여호와께서 증거를 야곱에게 세우시며
법도를 이스라엘에게 정하시고
우리 조상들에게 명령하사
그들의 자손에게 알리라 하셨으니
이는 그들로 후대 곧 태어날 자손에게 이를 알게 하고
그들은 일어나 그들의 자손에게 일러서
그들로 그들의 소망을 하나님께 두며
하나님께서 행하신 일을 잊지 아니하고
오직 그의 계명을 지켜서
그들의 조상들
곧 완고하고 패역하여 그들의 마음이 정직하지 못하며
그 심령이 하나님께 충성하지 아니하는
세대와 같이 되지 아니하게 하려 하심이로다.

(시 78:4-8)

여호와께 감사하고 그의 이름을 불러 아뢰며
그가 하는 일을 만민 중에 알게 할지어다
그에게 노래하며 그를 찬양하며
그의 모든 기이한 일들을 말할지어다
그의 거룩한 이름을 자랑하라
여호와를 구하는 자들은 마음이 즐거울지로다
여호와와 그의 능력을 구할지어다
그의 얼굴을 항상 구할지어다
그가 행하신 기적과 그의 이적과
그의 입의 판단을 기억할지어다.
(시 105:1-5)

하나님의 구원 행위들을 낭송하는 이러한 형태는 사도들의 설교의 토대가 되었다. 그들은 이 목록에 하나님의 최후의 절정에 해당하는 구원 행위, 즉 예수의 죽음과 부활을 덧붙였다(행 7:2-53; 13:16-41).

또 하나의 주목할 만하지만 전혀 다른 신앙고백 또는 신조가 출애굽기 34:6-7에서 발견된다:

여호와라 여호와라 자비롭고 은혜롭고 노하기를 더디하고 인자와 진실이 많은 '하나님이라 인자를 천대까지 베풀며 악과 과실과 죄를 용서하리라 그러나 벌을 면제하지는 아니하고 아버지의 악행을 자손 삼사 대까지 보응하리라.

우리가 비역사적이라고 부르는 이 본문은 구약성서의 많은 대목들에서 인용되거나 반영되고 있다(민 14:18; 대하 30:9; 느 9:17, 31; 시 86:15; 103:8; 111:4; 112:4; 렘 30:11b; 32:18; 욜 2:13; 욘 4:2). 어니스트 라이트(G. Ernest Wright)는 이렇게 말하였다: "성경이 하나님의 속성들을 서술함을 통해서 하나님의 성격에 대하여 추상적인 묘사를 하고 있는 것에 가장 근접한 것은 출애굽기 34:6-7에 나와 있는 옛 예전적인 신앙고백이다 … 이 신앙고백은 성경에서 사건들에 대한 구연(recital)로 되어 있지 않은 극히 드문 신앙고백들 중의 하나이다"(God Who Acts, 85).

오경의 최종 본문 속에서 이 신앙고백은 야웨께서 자신의 이름을 드러내시는 하나님의 현현 기사의 일부이다. 의심할 여지 없이, 하나님의 은혜로우심에 대한 언급(출 34:6)은 "나는 은혜 베풀 자에게 은혜를 베풀고"(출 33:19)라는 앞서의 약속과 관련되어 있다. 하나님이 조상들의 죄악을 그 자손들에게 갚으시겠다고 말씀하신 것에 대한 언급(출 34:7)은 분명히 "내가 보응할 날에는 그들의 죄를 보응하리라"(출 32:34b)는 심판의 위협과 연결되어 있다.

이 본문(출 34장)은 그 "명제적" 성격으로 인해서 그 문맥 및 구약성서에 나오는 대부분의 신학적인 정형문구들과 다르다. 이 본문은 케리그마적이지 않고 서술적이다; 이 본문은 하나님의 행위들에 관한 것이 아니라, 하나님의 성품에 관한 것이다. 이 본문은 "사랑하시는 자 하나님과 벌하시는 자 하나님"이라는 긴장관계를 보여준다. 따라서 우리는 하나님의 본질과 성품에 관한 수정된 "명제적" 진술들을 사용하여 구약 신학을 행할 수 있는 어느 정도의 성경적 토대를 가지고 있는 셈이다.

이 비역사적인 신조는 "하나님께서 부모들의 죄악을 그 자손들에게 삼사대에 걸쳐서 갚으신다"라는 말씀, 이 본문에 대한 후대의 모든 인용들 속에서 생략되어 있는 말씀으로 끝이 난다. 이 본문의 이 마지막 부분은 자녀들도 부모들의 실패로 인하여 똑같이 고통을 당한다는 피할 수 없는 사실을 지적하는 것으로서, 이것은 죄가 응보를 받는다는 것을 보여주는 증거이다. 이 신앙고백의 이 마지막 부분이 그 밖의 다른 무엇을 의미하든지 간에, 그것의 의도는 이 신앙고백을 구연하는 자들이 하나님의 사랑은 잘못에 대하여 무관심하다는 것을 의미한다고 생각하지 못하도록 막아 주려는 것이다.

구약성서에 나오는 그 밖의 다른 비역사적인 "신조들" 또는 신조의 단편들은 쉐마(신 6:4), 제1계명, 몇몇 송영들(암 4:13; 5:8-9; 9:5-6; 대상 29:10; 슥 12:1b)을 포함한다. 유대교에서는 쉐마를 읽는 것을 가장 중요한 경건의 전통으로 보았다. 신실한 자들은 아침에 일어나자마자, 그리고 밤에 잠자기 전에 쉐마를 암송함으로써, 그들 자신과 세계에 대한 하나님의 주권을 인정하였다.

　우리는 쉐마가 얼마나 이른 시기에 개별 유대인들의 일상의 경건의 일부가되었는지를 알지 못한다. 미쉬나 타미드(4:3-5:1)는 4개의 구약성서 본문들이그러한 읽기에 포함되어 있었다는 것을 보여준다: 십계명, 쉐마, 신명기11:13-21, 민수기 15:37-41. 애굽에서 발견된 나쉬 파피루스(Nash Papyrus)는 주전 150년 경에 씌어진 것으로서, 십계명과 쉐마를 담고 있다. 이 파피루스는 아마도 한 유대인 회당 또는 가정의 메주자(mezuzah)의 내용물들 중의일부였을 것이다. 메주자는 쉐마로 불렸던 성경의 몇몇 본문들을 담아 둔 금속 용기로서, 문이나 대문에 부착되었다. 기독교 시대가 시작된 직후에, 유대인들은 "이단자들"이 십계명은 토라 중에서 여전히 권위 있는 유일한 부분이라고 주장하였다는 이유로 그들의 신조로부터 십계명의 읽기를 빼버렸다.

　쉐마는 야웨가 한 분이시라는 것, 즉 야웨는 그 본성에 있어서 나뉘어 있지않다고 말한다. 오직 야웨만이 사람들과 세계에 대하여 주권을 지니고 계신다. 신명기의 맥락 속에서 보면, 이스라엘은 이방의 제의들과 우상 숭배들의유혹을 따라서 야웨에 대한 일편단심을 버린 배교한 백성이었다. 쉐마는 제1계명에 대한 적극적인 재진술이라고 할 수 있지만, 그 문구는 "그 주위에 제의적인 후광, 제의 속에서의 오랜 사용을 통해서 형성되어 왔다는 느낌"을 지니고 있다(McBride, "The Yoke of the Kingdom" 296-297). 쉐마에 대한 성찰들은 열왕기하 23:25과 스가랴서 14:9에서 발견된다. 쉐마의 반영들은 신명기 4:29; 10:12; 11:13; 13:3; 26:16; 30:2, 6, 10; 여호수아 22:5; 23:14; 열왕기상 2:4; 8:48; 열왕기하 23:3; 역대하 15:12; 예레미야 32:41에서 볼 수 있다.

　아모스서에 나오는 송영들은 그 내용과 구조에 있어서 매우 비슷하고, 구약 신학의 방법론에 대한 단서로서의 역할을 할 수 있다:

> 보라 산들을 지으며
> 바람을 창조하며
> 자기 뜻을 사람에게 보이며
> 아침을 어둡게 하며

땅의 높은 데를 밟는 이는
그의 이름이 만군의 하나님 여호와시니라.
(암 4:13)

묘성과 삼성을 만드시며
사망의 그늘을 아침으로 바꾸시고
낮을 어두운 밤으로 바꾸시며
바닷물을 불러 지면에 쏟으시는 이를 찾으라
그의 이름은 여호와시니라
그가 강한 자에게 갑자기 패망이 이르게 하신즉
그 패망이 산성에 미치느니라.
(암 5:8-9)

주 만군의 여호와는
땅을 만져 녹게 하사
거기 거주하는 자가 애통하게 하시며
그 온 땅이 강의 넘침 같이 솟아 오르며
애굽 강 같이 낮아지게 하시는 이요
그의 궁전을 하늘에 세우시며
그 궁창의 기초를 땅에 두시며
바닷물을 불러 지면에 쏟으시는 이니
그 이름은 여호와시니라.
(암 9:5-6)

이 모든 송영들은 서술적인 분사들을 사용하고 있고, "그의 이름이 만군의 하나님 여호와시니라"는 찬송 비슷한 후렴구를 가지고 있다. 이 송영들은 야웨의 엄위하심과 권능을 묘사한다. 야웨는 창조주이자 피조 세계를 붙드시는 분이다. 야웨는 비를 주시고 바람과 빛과 어둠을 주관하시며, 높은 곳들에서 걸으시고, 사람들에게 자신의 뜻을 전하시며, 사람의 행위들을 심판하신다.

그 밖의 다른 두 개의 송영들 또는 신조 단편들은 역대상 29:10b-12과 스가랴서 12:1b에서 발견된다.

우리 조상 이스라엘의 하나님 여호와여 주는 영원부터 영원까지 송축을 받으시옵소서 여호와여 위대하심과 권능과 영광과 승리와 위엄이 다 주께 속하였사오니 천지에 있는 것이 다 주의 것이로소이다 여호와여 주권도 주께 속하였사오니 주는 높으사 만물의 머리이심이니이다 부와 귀가 주께로 말미암고 또 주는 만물의 주재가 되사 손에 권세와 능력이 있사오니 모든 사람을 크게 하심과 강하게 하심이 주의 손에 있나이다(대상 29:10-12).

이 본문은 성전이 지어지기 전에 자신의 생애 말기에 드려진 다윗의 기도 중에 나오는 송영이다. 11절에서 야웨에게 "영광"과 "권능"을 돌리기 위하여 5개의 서로 다른 히브리어 단어들이 사용된다. 야웨의 주권과 탁월성은 모든 이에 의해서 인정된다. "여호와 곧 하늘을 펴시며 땅의 터를 세우시며 사람 안에 심령을 지으신 이"(슥 12:1b)라는 표현은 찬송 또는 "신조"의 단편인 것으로 보인다. 이와 비슷한 개념들은 이사야 42:5; 44:24; 45:12; 51:13에서 찾아볼 수 있다.

따라서 우리는 흔히 후미진 대목들에서 이스라엘의 신학적인 진술들에 대한 증거들을 보게 된다. 이러한 것들은 많은 신학적인 단서들을 제공해 주지만, 과연 이것들은 구약 신학의 서술을 위한 틀을 형성할 정도로 포괄적인 것인가? 많은 학자들은 구약성서에 나오는 이러한 단서들 위에서 구약 신학을 구축하고자 시도해 왔다. 발터 아이히로트(Walther Eichrodt)는 계약을 중심 주제로 삼아서 구약 신학을 서술하였다. 폰 라트(Von Rad)는 하나님의 크신 행위들에 대한 반복적인 진술들 또는 구연(口演)들 속에서 단서를 찾았다(신 26:5-9; 수 24; 삼상 12:7-8). 침멀리(Zimmerli)가 찾은 단서는 제1계명이었다. 마텐스(Martens)가 잡은 단서는 출애굽기 5:22-6:8에 나오는 "하나님의 계획"이었다. 테린(Terrien)이 찾은 단서는 "하나님의 현존"이었고, 베스터만(Westermann)의 단서는 정경의 형태였다(토라, 예언서, 성문서; 구원하시고,

축복하시고, 창조하신 하나님; 하나님의 심판과 사랑; 백성의 반응). 슈미트
(H. H. Schmid)의 단서는 "창조 신앙"이었고, 제임스 크렌쇼(James
Crenshaw)의 단서는 "지혜" 또는 "신정론(神正論)"이었다.

존 골딩게이(John Goldingay)는 구약 신학의 올바른 구조를 찾고자 한 시도
는 "아무런 성과도 없었다(또는 너무 많은 성과가 있었다!)"고 말하였다
(*Approaches to Old Testament Interpretation*, 27). 골딩게이는 지나치게 많
은 결실이 나쁜 것이라고 생각하지 않았다. 실제로 많은 출발점들은 우리로
하여금 구약성서의 신학을 이해하는 데에 도움을 준다. "구약 신학의 구성이
라는 문제에 대한 단일한 해법은 전체를 조명해 주지 못할 것이다; 접근 방법
들의 다양성은 통찰들의 다양성으로 귀결될 것이다"(*Approaches to Old
Testament Interpretations*, 29).

구약 신학을 저술하고자 시도하는 사람은 누구든지 분명히 최근에 이루어
진 온갖 다양한 모델들을 잘 알고 있어야 한다(G. Hasel, *Old Testament
Theology: Basic Issues*, 4th ed., 29-114를 보라). 하젤이 제시한 10가지 모델
들(앞서 인용한 목록을 보라) 중에서 한 가지를 사용하기보다는 다음과 같은
여섯 가지 주요한 모델들 중에서 한 가지 이상을 고려하는 것이 최선의 방법
일 것이다: 조직신학적인 모델; 중심 주제 모델; 구연, 통시적 또는 구원사적
모델; 핵심어 모델; 전승사적 모델; 정경적 모델. 아마도 구약성서에 나오는
신학적인 모든 자료들을 다루기 위해서는 이러한 모델들 중에서 몇 가지를
결합해서 사용할 필요가 있을 것이다.

1. 구약 신학은 정통 신학의 조직신학적인 모델을 사용하는 것으로 시작되
었다. 바우어(G. L. Bauer)의 『구약 신학』(*Theologie des Alten Testaments*,
1796)은 신론, 인간론, 기독론이라는 삼중적 구조로 되어 있었다. 데이빗슨
(A. B. Davidson)과 오토 바압(Otto Baab)은 조직신학적인 모델을 따랐다. 에
드몽 자콥(Edmon Jacon)의 『구약 신학』(*Theology of the Old Testament*, 1955)
은 수정된 조직신학적 방법론을 사용하였다. 덴탄은 조직신학적인 모델을 옹
호하였다:

사실, 우리가 사용하는 그 어떤 배열의 방법론도 결국 외부로부터 도입

해 온 것이 될 것이다 … 따라서 우리는 (1) 단순하면서도 (2) 구약성서의 자료들을 우리에게 유의미한 형태로 제시해 줄 모종의 방법론을 찾을 수밖에 없다. 이러한 목적을 위해서는 조직신학에서 사용되고 있는 것보다 더 나은 개요를 생각하는 것은 어려워 보인다. 왜냐하면, 조직신학의 개요는 인간의 삶과 관련된 기본적인 문제들에 답하기 위한 시도를 통해서 생겨난 것이기 때문이다: 하나님의 본성은 무엇인가…?(신론); 인간의 본질은 무엇인가…?(인간론); 인간의 연약함이 하나님의 완전하심과 화해되는 역동적인 과정의 성격은 무엇인가?(구원론)(*Preface to Old Testament Theology*, 119-120).

덴탄은 이러한 단순하면서도 명료한 개요는 결코 그것이 부과되는 자료의 내용을 왜곡시키지 않고 구약의 종교를 오늘날의 사상과 결부시키는 명백한 장점을 지니고 있다는 말을 덧붙인다. 구약 신학이 답변하고자 하는 질문들은 강의실에서 교수에 의해서가 아니라 모든 사람들의 실존적인 상황 속에서 제기된다.

우리는 덴탄의 주장을 수정해서, 구약성서의 자료들에 그 어떤 체계를 부과하는 것은 그 맥락을 변경함으로 말미암아 원래의 본문들의 의미를 왜곡시킬 위험성을 안고 있다는 것을 인정하지 않으면 안 된다. 구약성서의 개념들을 해설하고 정교하게 하며 정의함으로써, 구약 신학자들은 단순히 구약의 신앙을 서술하는 것이 아니라, 구약성서가 무엇을 말하고 있고 구약 신학자가 그것을 어떻게 표현하느냐에 관한 해석을 통해서 하나님과 세계에 대한 새로운 개념들을 창출해 내는 것일 수 있다. 외부인들은 율법, 이스라엘, 땅, 예배 같은 구약의 독특한 주제들을 "과소평가할" 위험성을 안고 있다. 하지만 수정된 조직신학적 모델은 구약 신학을 수행함에 있어서 사용할 수 있는 최선의 것일 수 있다.

2. 아이히로트(Eichrodt)가 사용한 계약 등과 같은 중심 주제 방법론은 구약성서의 중심적인 주제를 부각시키고자 한다; 그러나 이러한 방법론은 구약성서의 모든 자료들을 다 포괄할 만큼 종합적이지 못하다. 지혜 문학에서는 계약이라는 개념을 전혀 사용하지 않는다.

3. 구연 모델 또는 통시적/구원사적 모델은 그 단서가 구약성서의 "신조들"로부터 직접적으로 오고, 이스라엘의 신학의 역사를 시대시대마다 추적한다는 장점을 지닌다. 이 방법론이 지닌 약점들은 이 방법론이 주로 이스라엘의 구원사를 재진술하는 것으로 이루어지고, 그 체계 속에 지혜 문학이 들어설 여지가 없다는 것이다.

4. 신학 사전들에 의해서 지지되고 있는 "핵심어" 모델은 각각의 핵심어가 서로 연결되지 않는다는 것과 그 원래의 맥락에 결부되지 않는다는 문제점으로 인해서 어려움을 겪는다. 히브리어 또는 헬라어 단어의 어원과 용법을 연구함으로써 하나의 신학적인 개념에 관한 많은 것을 얻을 수는 있지만, "핵심어" 방법론은 구약 신학을 서술하는 데에는 부적절하다.

제임스 바(James Barr)는 신학 사전에 관한 기대는 키텔(Kittel)의『신약신학 어휘 사전』(*Theological Word Book of the New Testament*)의 전성기 때에 최고조에 달했지만, 지금은 그러한 기대가 완전히 사라졌다고 지적하였다. 왜 그러한가? 그 이유는 이 방법론은 성경의 어휘들의 패턴들과 성서 신학의 구조 간의 직접적인 또는 필수적인 관계를 제공해 주지 않기 때문이다(키텔의『신약신학 어휘 사전』에 대한 비판으로는 James Barr, *The Semantics of Biblical Language*, 206–262를 보라).

5. 전승사적 모델은 폰 라트의 "구원사" 방법론으로부터 성장해 온 것이지만, 본문들의 구전 단계와 전승들이 살아 숨쉬었던 삶의 자리(*Sitz im Leben*)에 훨씬 더 많은 강조점을 둔다. 하르트무트 게제(Harmut Gese)는 이렇게 말했다:

> 좁은 의미의 전승사는 본문 또는 그 내용물들의 문자 이전의 구전 전승 단계를 서술한다; 넓은 의미의 전승사는 전승으로부터 도출되는 한 본문의 양식과 내용에 있어서의 전제들을 서술한다. 이렇게 해서 확인된 본문의 형성 과정은 결정적인 중요성을 지닌다 ⋯ 이것이 그토록 중요한 이유는 성경 본문들이 삶의 과정들로부터 생겨났고 삶의 경험들 속에 존재하기 때문이다("Tradition and Biblical Theology" in Knight, *Tradition and Theology*, 308).

전승사적 접근 방법의 기본적인 취지는 이스라엘이 자신의 전승을 각 세대의 필요들과 상황에 맞추어서 재해석하고 재적용하였다는 것이다. 계약이 주기적으로 갱신되는 것으로 여겨졌다는 것은 의심의 여지가 없다(신 31:10-13). 몇몇 증거들은 이스라엘 백성의 각 세대는 스스로가 애굽, 홍해, 시내산에 있는 것으로 생각하였다는 것을 보여준다(출 13:8; 신 5:3; 26:5-9).

구약성서는 언제 그리고 어떻게 구약성서가 자신의 전승들을 재해석하였는지를 설명해 주고 있지 않기 때문에, 전승사적 방법론은 여전히 매우 주관적이다. 이 방법론을 사용하는 학자들의 전제들은 흔히 그들의 결론을 결정해 버린다. 그들의 결론들은 성경 본문보다는 이론적인 재구성들에 더 의존해 있다. 구약 신학은 전승 속에서가 아니라 문헌들 속에서 그 권위있는 토대를 발견하여여 한다.

6. 정경적 방법론은 최근에 정경에 대한 관심이 새롭게 생겨나면서 구약 신학 또는 성서 신학을 행하는 지침으로 출현하였다. 정경이라는 개념은 성경의 자료들이 권위가 있다는 것을 밑받침해 주기 때문에, 방법론에 관한 객관적인 지침이 될 수 있다. 차일즈(B. S. Childs)는 새로운 성서 신학은 구약성서 및 신약성서의 자료들을 둘 다 사용해서 씌어져야 한다고 주장하였다. 구약성서의 자료들을 사용하는 것에 대한 단서는 신약성서가 어떻게 그리고 언제 그것들을 사용하고 있느냐 하는 것이 될 것이다(Biblical Theology in Crisis, 97-122). 다른 한편으로, 존 브라이트(John Bright)는 구약성서 또는 성경의 권위는 정경이라고 불리는 기계적으로 결정된 책들의 목록에 있는 것이 아니라, 그 신학의 구조 속에 있는 것이라고 말하였다. "정경을 확립함에 있어서 교회는 새로운 권위를 만들어 낸 것이 아니라 기존의 권위를 인정하고 비준한 것이었다"(The Authority of the Old Testament, 38, 156-160).

클라우스 베스터만(Claus Westermann)은 구약 정경의 삼중적 구조(율법서, 예언서, 성문서)를 자신의 구약 신학의 서술을 위한 열쇠로 삼았다. 베스터만은 "세 부분으로 이루어진 구약성서의 구조는 구약성서에 나오는 이야기가 그 안에서 발생하는 하나님의 말씀과 이 이야기의 전개 속에 있는 사람들의 반응에 의해서 결정되고 있다는 것을 보여준다"고 말하였다(Elements of Old Testament Theology, 10). 또한 하르트무트 게제(Hartmut Gese)는 성서 신학의 형태를 정경의 형태와 결부시킨다. 그러나 그는 구약 정경이 기독교 이전 시대에 완결되었다고 믿지 않기 때문에, 두 개의 정경(구약 정경과 신약 정경)이 아니라 하나의 정경이 성경 전체를 이루고 있다고 본다(*Essays on Biblical Theology*, 10). 제제에게 있어서는 구약 신학 또는 신약 신학은 존재하지 않고 오직 성서 신학만이 존재한다.

   이러한 주장은 구약의 신앙과 신약의 신앙 간의 차이점들을 무시하는 것이다. 하나님에 대한 이해 또는 하나님의 백성의 정체성에 대한 이해는 구약과 신약에서 기본적으로 동일하다. 하지만 구약성서는 기독교 이전의 책이기 때문에, 어떤 의미에서 "신약성서가 존재하지 않는 것처럼" 연구되어야 한다 (Goldingay, *Approaches to Old Testament Interpretation*, 19). 또한 구약성서가 기독교의 책인 것은 그리스도인들이 예수로부터 구약성서를 받았기 때문이다. 구약성서는 초대 교회가 가지고 있었던 유일한 성경이었다. 히브리 구약성서의 모든 것은 정경에 속하고 권위를 지닌다. 초기 기독교 시대에 문제가 되었던 것은 "구약성서가 기독교적인가?"라는 것이 아니라, "신약성서는 성경적인가?"라는 것이었던 것 같다(Goldingay, *Approaches to Old Testament Interpretation*, 34).

   구약 신학은 신약 신학과는 별개의 분과 학문이어야 하는가? 구약 신학의 목적 또는 과제가 역사적이고 서술적인 것이라면, 그 대답은 그렇다가 될 것이다. 구약 신학의 과제가 규범적인 것으로 인식된다면, 그 대답은 아마도 그렇지 않다가 될 것이다. 구약성서는 기독교 성경을 구성하는 일부이고 그것을 뛰어넘는 그 무엇을 내다보고 있기는 하지만, 구약성서가 마치 하나님에 대한 완전한 지식을 담고 있는 것처럼 읽혀져서는 안 된다. 로울리(H. H. Rowley)는 이렇게 말했다:

   진정한 의미에서 그것들(구약성서와 신약성서)은 서로에게 속하고 단일한 전체를 이룬다; 구약성서는 기독교의 책으로 읽혀질 수 없다. 구약성서는 기독교 성경의 필수적인 부분이지만, 거기에서 기독교 성경 전체의 의미를 발견할 수 있는 그러한 일부는 아니다. 한 의사가 우리의 혈액의 샘플을 채취해서 검사한 후에, 우리의 혈관 속에 남아 있는 혈액에 관한 건전한 결론들을 내릴 수는 있다; 그러나 성경은 그런 식으로 취급되어서는 안 된다. 성경이 지닌 통일성은 완전히 다른 질서에 속한다. 한 개인의 삶 속에는 통일성이 존재한다; 그렇지만 한 아이를 아무리 세심하게 연구한다고 해도, 그의 삶의 미래의 여정을 아는 것은 불가능하다. 성경의 통일성은 바로 이러한 후자의 종류에 속한다. 그것은 정태적인 통일성이 아니라 성장의 통일성이고, 성장의 각 단계는 그 독특성 속에서와 아울러 전체와의 관련 속에서 고찰되어야 한다(*The Faith of Israel*, 14).

존 브라이트(John Bright)는 로울리의 견해에 동의한다. "구약성서의 전체적인 관점은 그리스도 이전의 관점이다. 구약성서의 모든 진술들은 그리스도 이전에 말해졌고, 그리스도 이전에 살았던 사람들에 의해서 및 사람들에게 말해졌으며, 그 성격이 아직 분명하게 드러나지 않았던 목표 지점을 향하여 움직여 가고 있는 역사 속에 잡혀 있었다"(*The Authority of the Old Testament*, 206).

그렇다면, 우리는 구약 신학을 어떻게 서술해야 하는가? 우리는 우리의 전제들을 인정하여야 한다. 우리는 구약 신학이라는 용어를 사용하는 것이 좋을 것이다. 구약이라는 용어를 통해서 우리는 성경의 이 부분이 예수 그리스도 안에서의 하나님의 최종적이고 온전한 계시 속에서 완성에 이른 하나님의 계시에 대한 영감된 기록의 일부라는 것을 고백한다. 신학이라는 용어의 사용을 통해서 우리는 구약의 내용은 인간적인 것임과 동시에 신적인 것임을 이해한다.

둘째, 우리는 구약 신학을 수행함에 있어서의 난점들에 경각심을 가져야 한다. 사실, 일부 학자들은 구약 신학이 불가능한 과제라고 규정하여 왔다. 브루스(F. F. Bruce)는, 구약 신학의 과제가 과연 유효한가에 대하여 의문을 제기하였던 "Is There an Old Testament Theology?"라는 제목을 지닌 *Hibbert Journal*에 실린 베른베르크 몰러(P. Wernberg-Moller)의 논문을 환기시켰다(Bruce, *New Testament Development*, 11).

구약 신학을 수행하는 과제는 온갖 종류의 난점들로 가득 차 있다: 본문상의, 역사적인, 문학적인, 해석학적인, 신학적인 난점들. 그러나 이 과제는 꼭 필요하고, 또한 그 만한 보상이 따른다. 구약 신학은 가능한 한 그 내용과 형태에 있어서 성경적이어야 한다. 구약 신학은 일차적으로 구약성서에 나오는 자료들에 국한되어야 한다. 구약 신학은 구약성서의 전범위를 포함하여야 하지만, 이스라엘 신앙의 지속적이고 보편적이며 규범적인 특징들에 집중하여야 한다(Bright, *Authority of the Old Testament*, 115). 구약 신학은 구약성서를 연구하는 데에 사용될 수 있는 오늘날의 모든 해석학적인 도구들을 사용하여야 한다: 본문 비평, 문학 비평, 양식 비평, 전승사 비평, 정경 비평. 고고학의 발견물들은 흔히 이스라엘과 주변 국가들의 삶과 종교를 재구성하는 데에 도움이 될 수 있다.

구약성서의 신학적인 내용들을 질서있게 서술하기 위해서는 모종의 "격자망" 또는 구조가 보충되지 않으면 안된다. 구약성서에 나오는 내용들을 이성에 의해서 체계화하는 것이 지니는 위험성에 대한 경고는 적절한 것이지만, 그렇다고 해서 우리가 하나님에 관하여 체계적으로 사고하는 것을 피해서는 안 된다. 아이히로트와 바르트는 위대한 조직적 사상가들이었다. 하나의 중심적인 주제는 구약성서에 나타나는 신학적인 다양성과 다면성을 모두 포괄하는 데에 불충분하다.

포괄적인 구약 신학을 수행하기 위해서는 구약성서를 이루고 있는 여러 책들과 자료들이 무엇을 공통적으로 지니고 있는지와 아울러서 그것들이 집합적으로 무엇을 의미하는지도 고찰하지 않으면 안 된다. 존 골딩게이는 이렇게 말하였다: "구약 신학을 연구함에 있어서 우리는 단순히 구약성서의 개별 기자들에 의해서 실제로 표현된 신앙들 … 또는 이러한 신앙들 근저에 있는 전제들, 또는 '애초부터 종결된 형태로 주어진 실체이면서 단지 역사 속에서 스스로를 전개해 나가는 것'으로서의 구약의 신앙만이 아니라, 총체적인 관점에 관심을 갖는다"(*Theological Diversity and the Authority of the Old Testament*, 183).

골딩게이에게 있어서 구약 신학을 수행하는 것은 건설적인 과제였다. 구약성서는 유대인들이 수집해서 정경으로 배열해 놓은 벽돌들을 제공해 준다. 골딩게이에 의하면, 수행되어야 하는 것은 반드시 건물에 대한 그들의 비전이 아니다. 건물은 재료들 자체에 적합할 것임에 틀림없다 ─ 물론, 재료들은 서로 다른 채석장들로부터 가져와진 것일 수 있고 서로 다른 형태를 띠고 있을 수 있지만. 벽돌들은 동일한 크기와 모양으로 다듬어져서는 안 되고, 각각의 벽돌들은 그 독특성을 최대한 발휘하도록 사용되어야 한다. 각각의 벽돌은 그 자체로는 쓸모없는 것처럼 보일 수도 있다. 그러나 전체로서 함께 모여질 때에 그 벽돌들은 어느 한 기자의 견해와 부합하는 것이 아니라 각각의 기자가 알고 있었던 것을 제대로 다루는 하나의 신학을 나타낼 수 있다.

그러한 과제는 엄청난 것이고 거의 불가능한 것일 수 있지만, 우리가 구약 성서 속에 비체계적인 방식으로 그 다양한 측면들을 통해서 표현된 온전한 실체를 이해하고자 한다면, 이 과제는 반드시 시도되어야 한다(Goldingay, *Theological Diversity and the Authority of the Old Testament*, 184를 보라).

본서는 구약 신학 전체를 포괄적으로 다루고자 하는 것이 아니다. 이하의 내용은 구약 신학을 어떻게 행하여야 하는지에 관한 하나의 모델이고, 거기에 포함되어야 할 몇몇 주요한 주제들에 관한 논의이다. 본서는 수정된 조직 신학적 모델이 여전히 구약 신학을 수행하는 데에 사용될 수 있는 최선의 방법론이라는 것을 보여주고자 한다. 본서는 학생들에게 그들이 그들 자신의 구약 신학을 구축하는 데에 사용할 수 있는 방법론, 성찰, 내용의 토대를 제공해 줄 것이다.

본격적인 서술을 시작하기 전에, 학생들은 이 시점에서 잠깐 멈춰서서 이 장에서 제시한 여섯 가지 방법론적인 대안들을 다시 한 번 떠올려 볼 필요가 있다. 그것들 각각으로부터 또는 오직 소수의 것들로부터 어떤 것이 취해져야 하는가? 무엇이 거부되어야 하는가? 각각의 방법론은 온전한 신학에 어떠한 형태를 부여할 것인가? 성경 자체로부터의 단서들은 구약 신학에 형태를 부여할 정도로 충분한 내용을 제공해 주는가?

제 3 장

하나님을 아는 지식

10. 구약 신학은 계시로 시작된다

우리는 구약 신학에 관한 연구를 어디에서 시작해야 하는가? 우리는 성경이 시작하고 있는 곳 — 창조주로서의 하나님에서 시작해야 하는가, 아니면 "구원사"의 시작으로서 하나님께서 아브라함을 부르신 것(신 26:5-15)에서 시작해야 하는가? 우리는 하나님 또는 인간에 관한 구약성서의 신학적인 자료들에 대한 체계적인 성찰로 시작할 수도 있다. 조직신학자들은 흔히 "계시"로 시작한다. 이스라엘의 계시 "관"이라고 말하는 것은 올바른 말이 아닐 수도 있다. 왜냐하면, 이스라엘 백성은 계시라는 주제를 체계적으로 다루고 있지 않은 것은 물론이고, 계시를 가리키는 단어조차도 가지고 있지 않았기 때문이다.

우리가 계시를 신학을 위한 필수적인 출발점으로 선택한 것은 오늘날의 강조점을 따르고 있는 것이다. 제임스 바(James Barr)가 말했듯이, 계시에 대한 긍정은 기독교 신앙을 위해서 절대적으로 필수적이다; 만약 그렇게 하지 않는다면, 기독교 신앙은 "우리가 스스로 생각해 낸 일련의 개념들이 되고 말 것이다"(*Old and New in Interpretation*, 83). 칼 바르트(Karl Barth), 에밀 브루너(Emil Brunner), 폴 틸리히(Paul Tillich), 베일리(D. M. Baillie), 휠러 로빈슨(Wheeler Robinson), 루돌프 불트만(Rudolph Bultmann), 볼프하르트 판넨베르크(Wolfhart Pannenberg)는 모두 계시를 강조하였다(하지만 그 밖의 다른 점들에 있어서는 그들의 신학적인 입장은 판이하게 달랐다는 것을 주목하라; 계시에 대한 강조는 신학적인 통일성 또는 일치로 이어지지 않는다).

우리의 계시의 원천이 계시에 대하여 강조하고 있는 것으로 보이지 않는다면, 왜 우리 현대인들은 계시에 그토록 강조점을 두는 것인가? 제임스 바는 오늘날의 신학에 있어서 계시라는 개념은 고대 세계에 존재하지 않았거나 중요치 않았던 두 가지 특정한 문제를 배경으로 작용하고 있다고 말하였다. 첫 번째 문제는 하나님이 존재한다는 것 또는 하나님을 아는 참된 지식이 존재한다는 것에 대한 부정이다. 두 번째는 하나님이 자기 자신에 대하여 주신 지식을 이러한 계시와는 별개로 작용하는 인간적인 학문들의 방법론들 및 내용들로부터 경계를 지어서 구분하는 문제이다. "성경 속에는 몇몇 아주 제한적인 경우들을 제외하고는 하나님이 알려져 있지 않았던 시기는 존재하지 않았다. 계시와 관련된 문제점들은 성경 속에 존재하지 않거나 중심적이지 않은 것으로 보인다. 이스라엘에서는 하나님이 알려져 있었다"(Barr, *Old and New in Interpretation*, 89).

오늘날의 모든 신학자들이 계시로 시작하는 것은 아니다. 제임스 크렌쇼(James Crenshaw)는 구약 신학에 관한 연구를 계시로 시작하고자 하지 않는다. 그는 인간으로부터 시작해야 한다고 믿는다. 크렌쇼는 구약성서의 이해에 있어서 인간론 또는 사회학을 적어도 신학과 동등한 위치로 끌어 올린다(*Studies in Ancient Israelite Wisdom*, 291). 그는 의미의 문제가 하나님 문제보다 더 기본적이라고 주장한다. 성경의 출발점은 하나님이 아니라 자아였다. 하나님 문제는 자기 이해에 비하면 부차적인 것이라고 크렌쇼는 말한다.

"이것은 구약 신학이 체계적인 원리를 활용하는 저작들 속에서 흔히 그러하듯이 하나님이 아니라 인간으로 시작되어야 한다는 것을 보여준다"(*Studies in Ancient Israelite Wisdom*, 291). 우리는 지혜 문학에 대한 크렌쇼의 집중적인 연구가 그를 이러한 결론으로 이끈 것이 아닌가 생각한다.

구약성서에 관한 연구에서 하나님이 아니라 인간으로부터 출발하는 그 밖의 다른 두 명의 오늘날의 학자들은 노먼 갓월드(Norman Gottwald), 『야웨의 지파들』(*The Tribes of Yahweh*)과 피터 버거(Peter L. Berger), 『천사들의 소문』(*A Rumor of Angels*)이다. 갓월드는 사회학적인 접근 방법으로 시작해서, 구약성서의 종교적인 이데올로기를 문화적·물질주의적 돌연변이라는 관점

에서 설명하였다. 갓월드의 연구 속에는 계시라는 주제가 들어설 여지가 없
다. 계시라는 용어는 그의 책의 색인에도 나오지 않는다. 브레바드 차일즈는
"갓월드의 입장은 엄청난 신학적인 환원주의를 가져온다"라고 말하였다(*Old
Testament Theology*, 25). 사회학적 방법론에 대한 갓월드의 헌신은 그를 계
시로부터 멀어지게 만들었다.

피터 버거(Peter Berger)는 『천사들의 소문』(*A Rumor of Angels*)에서 신학
을 행함에 있어서 세속적인 "신학"과는 달리 인간을 미화하지 않으면서도 인
간으로부터 출발하는 방식을 추구하였다. 버거는 인간의 일부 행동 속에서
"초월의 징후들"을 보았다. 사람들의 태도들은 만유의 기저에 있는 질서를 전
제한다. 초자연적인 차원들의 저주 또는 비극은 거칠게 표출되는 행동 때문
일 수 있다. 무신론자들조차도 종종 생명과 세계에 대하여 감사하는 느낌을
가질 수 있다 — 물론, 그들은 그러한 축복들에 대하여 감사할 대상이 없다고
말할지도 모르지만. 요지는 사람들은 초월자에 대한 신앙을 전제하고 있다는
것이다(버거의 관점에 대한 비판으로는 John Goldingay, *Theological
Diversity*, 211을 보라).

어니스트 라이트(G. Ernest Wright)는 구약 신학에 관한 연구를 인간이 아
니라 하나님으로부터 시작해야 한다는 확고한 입장을 견지하였다. 라이트는
이렇게 말하였다:

> 유대인들과 그리스도인들은 둘 다 신앙을 통해서 성경이 하나님으로부
> 터의 계시라는 것을 믿고, 만약 성경이 없었다면 세상은 하나님을 몰랐을
> 것이라고 보기 때문에, 나는 이 논의를 "구약성서가 과연 나에게 무엇을
> 의미하는가? 구약성서는 지금 새로운 실존을 위하여 어떤 기본적인 가능
> 성을 제시해 주는가?"라는 실존론적인 질문으로 시작할 자격을 갖고 있
> 지 않다. 나는 할 수 있는 한 나 자신 및 나의 실존을 뛰어넘어서 나 자신
> 의 외부에 있는 새로운 실체에 대한 이해를 위하여 애쓰도록 부르심을 받
> 는다. 명령하시는 이는 내가 아니라, 원래의 배경과 시간에 있어서 나 및
> 나의 공동체로부터 분리된 그분이다(*Reflections*, 380).

　게르하르트 폰 라트는 사람은 초월자와 우연히 마주치는 것이 아니라고 말하였다. 하나님 또는 인간에 대한 이해는 자기 자신을 출발점으로 삼아서 하나님과의 접촉에 관하여 묻는 것이 아니다. 그것은 하나님으로부터 시작해서, 하나님을 출발점으로 삼을 때에야 비로소 인간이 이해될 수 있다고 단언한다. 인간을 이해하고자 하는 그 밖의 다른 모든 길은 오직 왜곡과 축소로 귀결될 뿐이다.

　인간은 하나님의 마음 속에서 자신의 기원을 발견한다. 창조 때에 하나님은 인간을 위한 모델을 위의 신적인 세계로부터 가져왔는데, 이것은 하나님이 다른 창조 사역들을 행하실 때에 하지 않았던 일이다. "따라서 인간은 오직 위로부터만 이해될 수 있는 피조물, 하나님과의 관계가 단절되었을 때에 오직 하나님의 말씀에 귀를 기울이는 것을 통해서만 자신의 인간성을 회복하고 유지할 수 있는 그러한 피조물이다"(God At Work in Israel, 91-92).

　볼프(Hans W. Wolff)는 구약의 인간이 어떻게 자기 자신에 대한 지식을 처음으로 갖게 되었는지를 물었다. 인간에 관한 믿을 만한 교리를 제시하는 일은 구약 신학을 향한 하나의 정언 명령이다; 하지만 인간의 자기 이해는 땅에 속한 사람들로부터 시작되는 것이 아니라 창조주 하나님으로부터 시작된다. 볼프는 이렇게 말하였다: "인간이 자기 자신과 대면해서 자신을 모든 측면으로부터 바라보는 것이 불가능한 것과 마찬가지로 … 인간은 근본적으로 자기를 살펴보고 설명해 줄 타인과의 만남을 필요로 한다. 그러나 인간이라는 존재가 다음과 같은 질문을 던질 수 있는 또 다른 존재는 어디에 있는가: 나는 누구인가?" 볼프의 대답은 그 타자(他者, the Other)는 이미 구약성서 속에 기록된 말씀과 행위 속에서의 인간과의 유대를 통해서 스스로를 보여주셨다는 것이다(Anthropology of the Old Testament, 1-2).

　우리는 구약 신학에 관한 연구를 인간이 아니라 하나님으로부터 시작하여야 한다. 그러나 나는 그것을 어떻게 수행하여야 하는가? 차일즈는 자신의 저서인『구약 신학』(Old Testament Theology, p. 28)의 첫 머리에서 이러한 질문을 제기하였다. 그에게 있어서는 정경적인 맥락이 전기(轉機)가 되었다. 구약성서를 정경이라고 말하는 것은 구약성서가 성경이고 권위를 지니고 있다는 것을 의미한다. 구약성서는 하나님이 아브라함에게 자기 자신을 계시하였다고 증언하고 있고, 우리는 하나님이 우리의 삶 속에 들어오셨다고 고백한다.

"나는 뭔가 이상한 종교적인 현상에 관하여 들으려고 구약성서에 다가가는 것이 아니라, 신앙 속에서 하나님의 자기 계시에 비추어서 우리 자신을 이해하고자 하는 지식을 추구한다. 교회의 성경이라는 맥락 속에서 나는 스스로를 알려 오셨고 지금도 스스로를 알리고 계시며 장래에도 스스로를 알리실 우리 하나님을 향하고자 한다"(Childs, *Old Testament Theology*, 28). 또한 차일즈는 계시라는 용어는 단지 "하나님의 실체에 관한 신학적인 성찰의 작업 전체를 가리키는 축약된 문구"라고 말하였다(*Old Testament Theology*, 25-26).

우리는 구약 신학을 수행함에 있어서 그 절대적인 출발점을 부정할 수도 있다. 존 골딩게이는 이렇게 말하였다: "많은 출발점들, 구조들, 주제들은 구약성서의 전경(全景)을 조명해 줄 수 있다; 접근 방식들이 다양하면 다양할수록 통찰들도 다양하게 나올 수 있을 것이다"(*Theological Diversity and Authority*, 115). 하지만 우리는 우리가 하나님을 발견하는 것이 아니라 하나님이 우리를 발견하는 것이기 때문에 계시로 시작하고자 한다. 사실, 하나님은 우리에 관한 모든 것을 아신다(시 139:1-18).

11. 구약성서에서 하나님의 존재는 전제된다

고대 이스라엘은 하나님의 존재를 증명하고자 시도하지 않았다; 그들은 단순히 하나님이 계시다는 것과 하나님이 인간들에게 스스로를 계시하신다는 것을 전제하였다. 하나님은 구약성서에서 전제된다. 데이빗슨(A. B. Davidson)은 구약의 그 어떤 선지자 또는 기자도 하나님의 존재를 증명하고자 한 적이 없었다고 단언하였다. "만약 그런 일을 하고자 했더라면, 그것은 어처구니 없는 일로 보여졌을 것이다"(*Old Testament Theology*, 30).

에드몽 자콥(Edmond Jacob)은 하나님의 주권에 대한 긍정이 구약성서에 그 힘과 동일성을 부여하고 있다고 말하였다. 하나님은 만물의 기초이고, 존재하는 모든 것은 오직 하나님의 뜻에 의해서 존재한다. 게다가, 하나님의 존재에 대해서는 결코 의문이 제기되지 않는다. 신적인 실체라는 의미에서 하나님을 아는 지식은 도처에서 발견될 수 있다. 온 세계가 하나님을 안다. 자연은 하나님의 권능을 선포하도록 창조되었다(시 148:9-13). 심지어 죄조차도 반면적으로 하나님의 존재를 선포한다. "하나님이라는 사실은 너무도 통상적인 것이기 때문에, 우리는 구약성서 속에서 하나님의 기원 또는 진화에 관한 그 어떤 사변의 흔적도 찾아볼 수 없다. 주변 나라들의 종교들은 혼돈이 질서로 재편되는 과정을 서술하면서 그 첫 번째 단계로 신들의 계보를 제시하지만, 구약성서의 하나님은 처음부터 거기에 존재한다"(Jacob, *Theology of the Old Testament*, 37-38).

어니스트 라이트(G. Ernest Wright)는 이렇게 지적하였다: "이스라엘이 인류에게 준 위대한 선물인 명제는 바로 이것이다: 하나님은 존재하신다. 이스라엘의 기자에게 있어서 하나님의 존재는 너무도 자명한 것이었기 때문에 언제나 전제되었고 결코 의문이 제기되지 않는다"(*The Challenge of Israel's Faith*, 55). 하나님에 관한 성경의 가르침은 제1원인 또는 자연의 의인화를 주장한 철학자의 업적이 아니다. 성경의 가르침은 "우리의 시야로부터 가려져 있는 하나님이 인간에게 스스로를 계시하셨다"는 신앙에 의거해 있다(Rowley, *The Faith of Israel*, 23).

현대적인 의미에 있어서의 불가지론은 히브리 사상에서 들어설 여지가 없었다. 클레멘츠(R. E. Clements)는 구약성서의 모든 글들 속에는 "하나님이라는 개념이 필수불가결한 전제로 되어 있다"고 믿는다. 창조, 자연 질서, 사회 질서, 시간, 공간이라는 개념들은 모두 하나님에 대한 신앙과 관련하여 정립된다. "세속적인" 사회라는 개념은 생겨나지도 않았다. 고대 이스라엘의 우주관은 근본적으로 종교적인 성격을 지니고 있었기 때문에, 기본적인 사회 제도들 — 왕정, 율법, 문화, 교육 — 은 모두 종교적인 전제들 위에 세워져 있었다(R. E. Clements, "Israel In Its Historical and Cultural Setting," in *The World of Ancient Israel*, 9).

12. 하나님을 안다는 것은 지적인 지식 이상의 것을 의미한다

구약성서는 하나님이 알려질 수 있다는 것을 전제할 뿐만 아니라, 하나님이 스스로를 사람에게 알리셨다는 것을 분명하게 말한다.

> 그의 행위를 모세에게
> 그의 행사를 이스라엘 자손에게 알리셨도다.
> (시 103:7)

> 내가 아브라함과 이삭과 야곱에게 전능의 하나님으로 나타났으나
> 나의 이름을 여호와로는 그들에게 알리지 아니하였고.
> (출 6:3)

> 이르시되 내 말을 들으라
> 너희 중에 선지자가 있으면
> 나 여호와가 환상으로 나를 그에게 알리기도 하고
> 꿈으로 그와 말하기도 하거니와
> 내 종 모세와는 그렇지 아니하니
> 그는 내 온 집에 충성함이라
> 그와는 내가 대면하여 명백히 말하고
> 은밀한 말로 하지 아니하며
> 그는 또 여호와의 형상을 보거늘
> 너희가 어찌하여 내 종 모세 비방하기를 두려워하지 아니하느냐.
> (민 12:6-8)

> 옛날에 내가 이스라엘을 택하고
> 야곱 집의 후예를 향하여 내 손을 들어 맹세하고
> 애굽 땅에서 그들에게 나타나.
> (겔 20:5)

A. 계시를 나타내는 어휘들

위에서 인용한 본문들은 '야다'("알다")와 '라아'("보다")라는 동사들의 수

동형 또는 재귀형, 그리고 '다바르'("말하다") 동사의 강조형을 사용한다. 이 모든 동사들은 인지(認知)와 관련된 단어들이다. 히브리어에는 "계시"를 가리키는 명사가 없고, 단지 '갈라'("계시하다")라는 동사만이 있을 뿐이다. 이 어근은 구약성서에 약 180번 나온다. 이 어근은 두 가지 기본적인 개념을 담고 있다: "드러내다," "나타내다"; "이주하다," "멀리 가다(유배가다)." 이 어근의 기조에 있는 사고가 "백성들이 유배를 가서 땅이 드러났다"는 것이 아니라면, 이 동일한 어근이 어떻게 "나타내다," "드러내다"와 "유배가다"를 동시에 의미할 수 있는지를 이해하는 것은 쉽지 않다(Hans-Jürgen Zobel, *galah* in *TDOT*, 478).

'갈라'라는 단어는 구약에서 주로 일상적인 의미로 "멀리 가다," "열려져 있다"(렘 32:11, 14)라는 의미로 사용된다. 몇몇 경우들에 있어서 이 단어는 야웨 자신의 나타남을 가리키기도 한다. 이 단어는 창세기 35:7에서 에서를 피해서 도망하고 있었던 야곱에게 벧엘에서 하나님이 나타난 것을 가리키는 데에 사용된다. "그가 거기서 제단을 쌓고 그 곳을 엘벧엘이라 불렀으니 이는 그의 형의 낯을 피할 때에 하나님이 거기서 그에게 나타나셨음이더라[니팔 완료형]."

'갈라'의 니팔 분사형은 신명기 29:29(히브리어 본문으로는 28절)에서 토라를 가리켜서 "계시된 일들"이라고 말하는 데에 사용된다: "감추어진 일은 우리 하나님 여호와께 속하였거니와 나타난 일은 영원히 우리와 우리 자손에게 속하였나니 이는 우리에게 이 율법의 모든 말씀을 행하게 하심이니라." 이 절은 어떤 일들은 계시되었기 때문에 그들이 할 책임이 있고, 어떤 일들은 계시되지 않고 비밀에 부쳐져 있었다는 것을 보여준다. 그들은 비밀에 부쳐진 것을 알 수 없었다. 따라서 그들은 계시되지 않은 일들에 대해서는 책임이 없었다. 신명기 29장의 21-27절은 이스라엘이 다른 신들을 섬김으로써 계약을 깨뜨려서 포로로 잡혀가게 될 때를 언급한다. 그들은 율법의 계시된 말씀들에 순종하지 않을 때에 이러한 일이 일어나게 될 것이라는 경고를 받았다.

피터 크레이기(Peter Craigie)는 사람들이 계시를 통해서 하나님을 아는 온전한 지식을 받았다고 생각하는 것은 주제넘은 짓이라고 말하였다. "모든 일들, 비밀스러운 일들을 아는 것은 결코 불가능할 것이다. 왜냐하면, 인간의 마음은 유한성의 한계들에 의해서 묶여져 있기 때문이다. 비밀한 것들을 파악하거나 이해함이 없이도 하나님의 은혜를 통해서 하나님을 심오하고 생생한 방식으로 아는 것은 가능하다"(*The Book of Deuteronomy*, 361).

'갈라' 라는 단어는 사무엘이 주를 알지 못했을 때를 가리키는 데에 사용된다. "사무엘이 아직 여호와를 알지 못하고 여호와의 말씀도 아직 그에게 나타나지[니팔 미완료형] 아니한 때라"(삼상 3:7).

'갈라' 는 다윗이 만군의 하나님께서 "그의 귀를 열으셔서" 그에게 집 — 즉, 왕조 — 을 이루게 하실 것임을 계시하였다고 말하는 사무엘하 7:27에서 사용된다. 이사야는 하나님이 자기가 지적하였던 죄가 용서받지 못할 것임을 이사야의 귀에 "드러내셨다" 또는 "계시하셨다"고 말하였다(사 22:14). '갈라' 라는 용어는 야웨의 말씀(삼상 2:27), 그의 영광(사 40:5), 그의 팔(사 53:1), 그의 구원(사 56:1), 비밀한 일들(신 29:29; 암 3:7), 신비(단 2:19, 22, 28, 29, 30, 47)를 나타내는 것에 대하여 말할 때에도 사용된다. 구약의 백성들은 하나님께서 자신이 선택한 방식들과 장소들과 시간들에서 자기 자신을 많이 계시하셨다고 믿었다.

B. 계시의 의미

구약에서는 흔히 야웨를 "아는 것"('야다') 또는 "알지 못하는 것"에 관하여 말한다(사 1:3; 렘 2:8; 4:22; 31:34; 호 2:20; 4:1, 6; 5:3-4; 6:6; 13:4). 구약에서 말하는 지식(안다는 것)은 그 용어에 대한 우리의 이해와는 판이하게 다르다. 우리에게 있어서 지식은 이성을 통해서 사물들을 파악하는 것, 분석하는 것, 원인과 결과의 관계를 아는 것을 의미한다. 구약에서 지식은 "친교 또는 교통," "어떤 사람 또는 어떤 것에 대하여 친밀하게 아는 것"을 의미한다.

하나님을 대신하여 이스라엘에게 말하면서, 아모스는 이렇게 말하였다:

> 내가 땅의 모든 족속 가운데
> 너희만을 알았나니
> 그러므로 내가 너희 모든 죄악을
> 너희에게 보응하리라 하셨나니.

(암 3:2)

프리젠은 구약에서는 "하나님을 아는 것"을 삶의 첫 번째 요구로 삼고 있지
만, 이 용어가 무엇을 의미하는지를 결코 설명하지 않는다고 말하였다. 하나
님의 계시의 목적은 구약성서 속에 구체적으로 명시되어 있지 않다. 계시는
하나님의 어떤 필요를 근거로 하지 않는다. 이전의 몇몇 랍비들이 말했던 것
과는 달리, 하나님은 사람들로 하여금 안식일을 지키도록 하기 위하여 세상
을 창조하였거나 스스로를 계시한 것이 아니다. 하나님을 아는 지식은 단순
한 지적인 지식 이상의 것으로서, 인간의 삶 전체와 관련되어 있다.

> 그것은 본질적으로 하나님과의 친교(또는 교통)이고, 또한 믿음이기도
> 하다; 그것은 사람의 사랑을 요구하는 마음의 지식이다(신 6장); 그 결정
> 적인 요구는 인간이 하나님의 뜻에 따라서 행하여야 하고 주의 길들로 겸
> 손하게 행하여야 한다는 것이다(말 6:8). 그것은 하나님을 하나님으로 인
> 정하고, 주님이신 하나님에게 전적으로 승복하는 것이다(*Outline of Old
> Testament Theology*, 154).

게르하르트 폰 라트는 "하나님을 아는 지식"은 "하나님의 뜻에 대한 헌신,"
"확신," "순종"을 의미한다고 주장하였다. 하나님을 올바로 알 때에만, 사람
은 그가 인식하는 대상들과 올바른 관계 속에 놓이게 된다. "믿음은 지식을
방해하는 것이 아니다 — 오늘날 사람들이 통상적으로 생각하는 것과는 달
리; 이와는 반대로, 믿음은 지식을 해방시킨다"(*Wisdom in Israel*, 67-68).
이렇게 "야웨를 아는 것"은 야웨에게 순종하는 것, 야웨에게 헌신하는 것이
다. "하나님을 모르는 것"은 "하나님에 대하여 반역하는 것," "하나님에 대한
헌신을 부정하는 것"을 의미하였다. 호세아서에서 "하나님을 아는 지식"이라
는 용어의 의미는 확장되어서 개별 이스라엘 백성의 도덕성을 포함하게 되었
다. 하나님을 아는 지식은 전통적인 히브리적인 도덕을 수행하는 것, 도덕적
으로 흠이 없는 것이라고 규정될 수 있다(호 4:1-2).
따라서, "하나님을 아는 지식"이라는 히브리어 표현은 적어도 세 가지 의미

를 지닌다: (1) 지적 의미, (2) 감정적 의미, (3) 의지적 의미. '야다'("알다")라는 동사는 기본적으로 우리가 지적인 또는 인지적 활동이라고 부르는 것을 가리킨다; 그러나 히브리 심리학에서는 지성 또는 이성을 관장하는 특별한 신체 기관을 알지 못했다.

히브리어에는 "두뇌"를 가리키는 단어가 없다. 히브리어에서 "마음"을 가리키는 데에 가장 흔하게 사용된 단어는 '레브'("심장")이다(삼상 9:20; 사 46:8). 심장은 의지와 감정, 그리고 지성이 자리잡고 있는 것으로 여겨졌다. 고대 히브리어에서는 사람들이 지성으로 사고하고, 감정으로 느끼며, 의지로 결단한다고 생각하지 않았다. 이 모든 활동들은 전인(全人)에 의해서 수행되었다("심장"에 관한 좀 더 자세한 논의는 제6장을 보라).

"하나님을 안다는 것"은 하나님이 누구신가에 관한 지적인 이해를 갖는 것, 하나님과 인격적으로 및 감정적으로 관련을 갖는 것, 하나님의 계약과 계명들에 순종하는 것을 의미하였다. 하나님을 아는 참된 지식은 언제나 윤리적인 행동을 수반하는 것이었다. 예레미야는 악한 왕 여호야김에게 그의 의로웠던 선왕 요시야에 대하여 이렇게 말하였다:

네 아버지가 먹거나 마시지 아니하였으며
정의와 공의를 행하지 아니하였느냐
그 때에 그가 형통하였었느니라
그는 가난한 자와 궁핍한 자를 변호하고
형통하였나니
이것이 나를 앎이 아니냐
여호와의 말씀이니라.
(렘 22:15-16)

구약에서 "하나님을 알지 못하는 것"은 반드시 하나님에 관한 무지(無知)를 의미하는 것은 아니다; 종종 그것은 하나님에게 순종하고자 하지 않는 것을 의미한다.

C. 계시의 과장

칼 바르트를 비롯한 몇몇 오늘날의 신학자들은 특별 계시를 통해서가 아니면 사람들이 하나님을 아는 지식을 가질 수 없다고 함으로써 신학에 있어서 계시의 역할을 과장하였다. 칼 브라텐(Carl Braaten)은 계시를 신학의 지배적인 개념으로 삼는 바르트의 견해에 도전하였다.

브라텐은 이렇게 말하였다: "인간의 무지가 중심적인 것이라면, 계시라는 사실은 그러한 곤경을 구해줄 것이다; 그러나 인간의 죄책이 문제의 중심이라면, 그 때에는 계시가 아니라 화해가 신학적인 중심이 되어야 한다." (*History and Hermeneutics*, 14). 바르트는 그리스도는 유일무이하고 오직 홀로 존재한다는 그의 확신을 바탕으로 예수 그리스도의 계시 외의 그 밖의 다른 모든 계시 수단을 부정하였다. 브라텐은 그리스도의 유일무이성을 믿었지만, 이렇게 말하였다:

> 하지만 계시와 화해를 구별함으로써, 계시의 이원성과 그리스도의 유일무이성을 둘 다 유지하는 것이 가능하다. 예수는 유일한 구주이지만, 유일한 계시자는 아니다. 계시라는 개념은 이전에 감춰었던 것이 드러나는 것임을 보여준다. 그리스도 사건은 항상 존재했지만 이제까지 신비 속에 감추어지고 가려져 있었던 그 무엇이 나타난 것이 아니다. 이것은 전적으로 플라톤적인 계시관이다. 그리스도 안에서 새로운 것, 즉 화해의 역사가 일어난다. 화해는 마치 그것이 존재하였지만 감춰졌을 뿐인 것처럼 단순히 계시되는 것이 아니라, 역사 속에서 실현되는 유일무이한 사건, 해 아래에서 절대적으로 새로운 그 무엇이다 … 화해의 사역은 신자들에게만이 아니라 우주에 대하여 객관적으로 새로운 상황을 가져 온다. 세계는 그리스도 안에서 하나님과 화해되었다(*History and Hermeneutics*, 15).

"주를 아는 것"은 주와 "화해되었다"는 것을 의미한다. 하나님은 우리를 위한 그의 아들의 죽음과 부활을 통해서 우리를 위하여 그 일을 행하신다(롬 5:10-11; 고후 5:15-21).

13. 하나님의 은폐성

구약성서는 어떤 의미에서 온 세계가 신적인 것 또는 "거룩한 것"을 알고 있다고 말하지만, 흔히 하나님의 은폐성에 관하여 말한다. 욥은 하나님을 믿었지만, 하나님을 발견할 수 없었다:

> 그가 내 앞으로 지나시나 내가 보지 못하며
> 그가 내 앞에서 움직이시나 내가 깨닫지 못하느니라
> 하나님이 빼앗으시면 누가 막을 수 있으며
> 무엇을 하시나이까 하고 누가 물을 수 있으랴.
> (욥 9:11-12)

포로기의 한 선지자는 이렇게 말하였다:

> 구원자 이스라엘의 하나님이여
> 진실로 주는 스스로 숨어 계시는 하나님이시니이다.
> (사 45:15)

자신의 저서인 『잡히지 않는 현존』(*The Elusive Presence*)의 표지에서 새뮤얼 테린(Samuel Terrien)은 "하나님이 감춰져 있다는 것을 긍정하지 않는 종교는 참된 것이 아니다"(Blaise Pascal, *Pensees*, no. 584.)라는 파스칼의 말을 인용하였다. 파스칼은 하나님의 은폐성에 관한 그의 말 다음에 이렇게 말하였다: "(이러한 은폐성에 대한) 이유를 제시하지 않는 종교는 진리를 조명해 주는 것이 아니다"(Terrien, *The Elusive Presence*, 474). 테린은 파스칼이 "진실로 주는 스스로 숨어 계시는 하나님이시니이다"(*Vere tu es Deus Absconditus*, 사 45:15)라는 선지자의 말을 확신있게 자신의 것으로 삼을 수 있었던 이유는 예수께서 세상의 종말 때까지 고뇌 중에 있을 것이기 때문이라고 주장하였다.

사실, 하나님은 구약에서 결코 전적으로 알려져 있거나 가시적이 된 것이 아니다. 만약 하나님이 온전히 알려진 것이라면, 하나님은 인간의 이해력에 의해서 제한될 것이기 때문에, 결코 하나님이 아닐 것이다. 오직 소수의 선조들, 선지자들, 시인들만이 실제로 하나님의 직접성을 인식하였고, 그런 후에 하나님의 계시를 우리에게 전달해 주었다.

앤더슨(B. W. Anderson)는 이렇게 말하였다: "계시의 전제는 하나님이 인간의 시야로부터 감춰져 있다는 것이다. 그러므로 계시는 하나님께서 자기 자신과 자신의 목적들을 드러내는 것이다"("The Old Testament View of God," 419). 구약에서는 흔히 하나님의 "은폐성"에 관하여 말한다. 우리는 하나님께서 그의 얼굴을 감추신다는 말을 26번 듣는다(신 31:17, 18; 32:20; 욥 13:24; 34:29; 시 10:11; 13:1; 22:24; 27:9; 30:7; 44:24; 51:19; 69:17; 88:14; 102:2; 104:29; 143:7; 사 8:17; 54:8; 59:2; 64:5; 렘 33:5; 겔 39:23, 24, 29; 미 3:4). 하나님은 그의 눈(사 1:15)과 그의 귀(애 3:56)를 감추신다. 하나님은 스스로를 감추신다(시 10:1; 55:1; 89:46; 사 45:15). ("숨기다"를 가리키는 히브리어 단어들에 관한 논의는 서지 목록에 나오는 Samuel E. Ballentine의 저서들을 보라.)

구약이 야웨께서 자기 자신을 숨긴다고 말씀할 때, 그 말이 의미하는 것은 무엇인가? 프리젠은 여전히 감춰져 있는 것은 하나님의 존재라고 말하였다. "하나님을 아는 지식은 하나님의 본질에 관한 이론을 의미하는 것이 아니다. 그것은 존재론적인 것이 아니라 실존론적인 것이다. 하나님을 아는 지식과 하나님과의 친교는 가능하지만, 하나님의 존재의 비밀은 결코 접근될 수 없다"(*An Outline of Old Testament Theology*, 155).

이러한 말은 사실일 수 있지만, 구약에서 하나님께서 자기 자신을 감추신다고 말할 때, 그것은 일차적으로 하나님께서 그의 예배자들을 위하여 활동하지 않으신다는 것, 즉 하나님께서 그들의 기도에 응답하지 않는 것처럼 보인다는 사실을 가리킨다. 하나님께서 그의 얼굴을 감추신다는 표현은 주로 탄식 시편들(시편과 예레미야 애가에서)에 나온다. 시편 44편은 하나님께서 감추어져 있는 것을 탄식하는 공동체 탄식시의 예이다. 이스라엘은 패배를 당했지만, 하나님은 다른 때와는 달리 그들을 구원하지 않으셨다. 그러므로 이 시편 기자는 이렇게 반문한다:

어찌하여 주의 얼굴을 가리시고
우리의 고난과 압제를 잊으시나이까?
(시 44:24)

왜 하나님은 어떤 경우들에 있어서는 다른 경우들에 있어서와는 다르게 행하시는 것처럼 보이는가? 그것은 신비였다. 시편 44편에서 화자들은 자기들이 범죄하지 않았음에도 불구하고 하나님께서 그들의 조상들을 도우셨던 것과는 달리 그들을 돕지 않았다고 주장한다(시 44:9-22). 전도서에서는 사람들은 하나님이 무엇을 행하시든 그 행위의 이유를 알 수 없다고 말한다(전 8:17).

많은 시편들은 "하나님을 기다림"(25:3; 37:9; 40:17; 62:1; 사 8:17)과 하나님께서 멀리 계심(10:1; 22:1, 11, 19)에 관하여 말한다. 그들은 하나님께서 잊어버리신 것이라고 주장한다(13:1). 시편 기자들은 하나님은 그의 목적에 있어서 일관되고 그의 말씀에 참되다는 것을 믿었다. 하지만 역사적인 실존의 복합성들과 모호성들 속에서 하나님의 목적은 단지 희미하게만 드러날 뿐이다.

탄식 시편들은 우리를 성경의 증언이 지닌 가장 깊은 차원으로 인도한다: 스스로를 역사 속에서 계시하시는 하나님은 흔히 여전히 숨겨져 있다는 신앙의 인정. 하나님은 인간의 사고에 붙잡히시는 분이 아니고, 인간의 도식들에 사로잡힌 포로가 아니다. 또한 인간 역사의 드라마 속에서 하나님의 목적은 쉽게 분별되지 않는다. 하나님은 블레셋 사람들이 언약궤를 탈취하여 가져가게 하였는데, 이것은 이스라엘과 블레셋 사람들 양쪽 진영 모두에게 대경실색할 충격을 주었다(삼상 4:18-19; 6:9).

프리젠은 하나님의 목적은 구원사 속에서조차도 언제나 드러나는 것은 아니라고 인정하였다. 그는 우리가 이 역사를 하나의 선(線)에 비유한다면 그 선 중에서 오직 몇몇 점들만이 눈에 보인다고 말하였다. 아무도 그 선을 복제할 수 없다. 왜냐하면, 그 선은 하나님의 비밀이고, 하나님 자신은 본질적으로 감추어진 이적의 하나님으로 남아 있기 때문이다(*Outline of Old Testament Theology*, 152).

선지자들은 결코 하나님께서 정확히 무엇을 하시려고 하는지를 알고 있는 체하지 않았다. 하나님은 자기가 원하시는 것을 자유롭게 행하신다. 그의 목적들, 계획들, 일들은 흔히 감추어져 있다. 선지자들은 하나님이 정확히 무엇을 행하고자 하시는지 또는 행하지 않고자 하시는지를 말하기를 꺼려하였다.

> 이는 내 생각이 너희의 생각과 다르며
> 내 길은 너희의 길과 다름이니라 여호와의 말씀이니라
> 이는 하늘이 땅보다 높음 같이
> 내 길은 너희의 길보다 높으며
> 내 생각은 너희의 생각보다 높으니라.
> (사 55:8-9)

> 너희는 악을 미워하고 선을 사랑하며
> 성문에서 정의를 세울지어다
> 만군의 하나님 여호와께서
> 혹시 요셉의 남은 자를 불쌍히 여기시리라.
> (암 5:15)

> 여호와의 규례를 지키는
> 세상의 모든 겸손한 자들아 너희는 여호와를 찾으며
> 공의와 겸손을 구하라
> 너희가 혹시 여호와의 분노의 날에
> 숨김을 얻으리라.
> (습 2:3)

니느웨 왕은 이렇게 말하였다: "사람이든지 짐승이든지 다 굵은 베 옷을 입을 것이요 힘써 하나님께 부르짖을 것이며 각기 악한 길과 손으로 행한 강포에서 떠날 것이라 하나님이 뜻을 돌이키시고 그 진노를 그치사 우리가 멸망하지 않게 하시리라 그렇지 않을 줄을 누가 알겠느냐"(욘 3:8-9).

구약에서 하나님의 후회는 하나님의 자유라는 개념에 토대를 두고 있다.

이스라엘을 둘러싼 열방들의 이교의 신들은 이러한 자유가 없었다. 그 신들은 일단 영을 발한 후에는 어떤 식으로든 그것을 변경할 힘을 갖고 있지 않았다. 이 점은 이스라엘의 하나님과 다른 것이었다. 하나님은 언제나 자신의 목적들의 주(主)로 남아 있었다. 하나님은 상황이 바뀜에 따라서 자신의 영을 바꿀 수 있는 선택권을 항상 열어 두셨다(Kelley, "The Repentance of God," 13).

하나님께서 이렇게 자신이 말씀하신 행동 방침을 바꾼 것은 요나를 좌절시켰지만, 그것은 하나님의 은혜를 드러내는 것이었다. 히브리인들은 인간의 태도와 행동이 바뀌면 하나님께서 자신이 목적한 것을 "후회"하실 수 있다고 믿었지만, 또한 하나님은 후회하지 않을 자유도 가지고 계셨다. 켈리는 "하나님의 후회는 우리를 절망과 무례로부터 건져준다"("The Repentance of God," 13). 하나님의 후회는 하나님의 은폐성과 부합한다. 따라서 구약에서 하나님의 존재는 감춰져 있을 뿐만 아니라, 하나님의 목적들과 길들도 오직 부분적으로만 알려져 있다.

> 이런 것들은 그의 행사의 단편일 뿐이요
> 우리가 그에게서 들은 것도 속삭이는 소리일 뿐이니
> 그의 큰 능력의 우렛소리를
> 누가 능히 헤아리랴?
> (욥 26:14)

14. 계시의 수단

하나님은 구약성서에서 스스로를 어떻게 계시하시는가? 그 방식들은 많고 다양하다. 존 골딩게이(Goldingay)는 야웨께서 스스로를 이스라엘에게 계시하신 여러 다양한 수단들을 지적하였다:

이스라엘은 민족으로서의 자신의 과거의 이야기 속에서 하나님의 현존과 활동을 체험하였고 하나님의 음성을 들었으며, 장래에도 그러한 것을 체험할 것을 기대하였다. 이렇게 이스라엘은 역사 속에서 살고 있다는 것을 잘 알고 있었다. 그러나 또한 이스라엘은 자신의 현재 속에서, 자연에서, 개인적인 체험 속에서, 예배에서, 하나님의 현현 사건에서, 예언의 말씀을 듣고 말하는 것 속에서, 자신의 도덕적인 인식 속에서, 율법에서, 자신의 제도들과 규례들 속에서 그러한 것을 체험하였다(*Approaches to Old Testament Interpretation*, 69).

A. 하나님의 현현과 현시

구약 신학의 하나의 모델 속에서 우리는 오직 하나님이 스스로를 알리시는 방식들 중의 일부만을 접할 수 있다. 구약에서 하나님이 스스로를 계시하시는 방식들 중의 하나는 하나님의 현현들(theophanies)과 현시들(epiphanies)을 통해서이다. 아담과 하와는 야웨 하나님께서 날이 서늘할 때에 동산에서 거니시는 소리를 들었다(창 3:8). 야웨 하나님은 족장들인 아브라함, 이삭, 야곱에게 나타나셨다(창 15:1-21; 17:1-21; 18:33; 26:2-5, 24; 28:12-16; 32:24-32).

몇몇 학자들은 구약에서 하나님께서 나타나신 모든 사건들을 하나님의 현현들로 지칭한다. 또 일부 학자들은 하나님의 현현과 현시를 구별한다. 테린은 하나님께서 족장들에게 나타나신 사건들을 "현시 사건들"이라고 지칭하였다. 왜냐하면, 이 사건들은 통상적으로 그 밖의 다른 주목할 만한 하나님의 현현 사건들에 수반되는 지진, 불, 구름, 바람, 우레, 연기 같은 자연 현상들을 수반하고 있지 않기 때문이다. 구약에서 가장 뚜렷한 하나님의 현현들은 불타는 가시덤불(출 3장), 시내산의 흔들림(출 19-24장), 이사야(사 6장)와 에스겔(겔 1장)의 부르심, 회리 바람(욥 38장)이다(*The Elusive Presence*, 63-66).

클라우스 베스터만은 그가 현시 사건들이라고 불렀던 몇몇 본문들을 추출해 내었다(신 33; 삿 5:4-5; 시 18:7-15; 29; 50:1-3; 68:7-8, 33; 77:16-19; 97:2-5; 114; 사 30:27-33; 59:15b-20; 63:1-6; 미 1:3-4; 나 1:3b-6; 합 3:3-15; 슥 9:14). 베스터만에 의하면, 현시 사건들은 하나님께서 자기 백성을 돕거나 구조하거나 구원하기 위하여 나타나신 사건들만을 가리킨다. 반면에,

현현 사건은 하나님께서 메시지를 전하기 위한 목적으로 나타나신 사건이다
— 선지자를 부르시거나 계약을 맺거나 약속을 주시는 것(*Elements of Old
Testament Theology*, 25–26, 57–61).

　하나님의 현현 사건들 및 현시 사건들과 밀접한 관련이 있는 것은 하나님
께서 주의 천사, 그의 얼굴, 그의 이름, 그의 영광을 통해서 환상들과 꿈들 속
에서 사람들에게 나타나신 것에 관한 기사들이다. 쿤츠(Kuntz)는 하나님의
나타남은 일관된 형태를 가지고 있지 않다고 말하였다. 하나님의 현현에 관
한 서술은 하나님이 스스로를 나타내실 도구로 정하신 것들 중의 일부에 관
하여 언급할 수 있다. 성서 신학자들은 통상적으로 네 가지를 든다: '카봇' (영
광), '말아크' (사자 또는 천사), '파님' (얼굴), '쉠' (이름). 전문적인 용어를 사
용해서 '데올로구메나' (theologoumena)로 알려져 있는 이러한 수단들은 하
나님의 결코 온전히 계시되지 않은 진정한 본성에 대한 "표상물들"이다
(Kuntz, *The Self–Revelation of God*, 37).

B. 역사

　수 세기에 걸쳐서 기독교 신학자들은 "하나님의 말씀"이라는 견지에서 계
시를 말하였다. 대부분의 조직 신학자들은 계시를 명제적인 것으로 말하여
왔지만, 1952년에 어니스트 라이트(G. Ernest Wright)는 성경적 계시관을 교
의 신학자들로부터 수복하고자 시도하였다. 『행동하시는 하나님』(*God Who
Acts*)에서 그는 이렇게 말하였다: "이 연구서의 목적은 신앙에 대한 성경적
서술이 지닌 특별하고도 특징적인 성격을 제시하고 그것에 대하여 신학이라
는 단어를 사용하는 것이 옳다는 것을 옹호하기 위한 것이다"(*God Who Acts*,
11). 라이트는 대부분의 사람들에게 계시는 가능한 한 추상적이고 보편적으
로 진술된 명제적인 것이었고, 미리 의도된 통일적인 체계에 맞춰서 배열되
었다고 주장하였다. 분명히 성경은 그런 유의 것을 전혀 담고 있지 않다. 기
독교 신학은 성경을 주로 "하나님의 말씀"으로 생각하는 경향을 보여 왔지만,
사실 좀 더 정확한 표제는 "하나님의 역사들(acts)"이 될 것이다. "말씀은 분명
히 성서 속에 존재하지만, 행위와 분리되어 있는 경우는 극히 드물다; 오히
려, 말씀은 행위에 수반된다"(*God Who Acts*, 12). 라이트는 성서 신학을 "특

정한 역사 속에서 — 역사는 주된 계시의 수단이기 때문에 — 하나님의 구속 행위들에 대한 신앙고백적인 구연(recital)"으로 정의하였다(*God Who Acts*, 13).

라이트는 조직 신학의 명제적인 형태에 대하여 지나치게 반응한 면이 없지 않았지만, 그의 시도는 구약성서로 하여금 스스로 말할 수 있도록 하기 위한 진지한 시도였다. 라이트는 이 점에 있어서 하나님의 크신 역사들을 구현하였던 구약성서의 "신조들"에 대한 폰 라트의 태도(신 26:5-12)에 의해서 영향을 받았다.

계시가 역사적이라는 관념은 19세기 중반의 호프만(J. C. K. von Hofmann)의 "에어랑겐 학파"에까지 소급될 수 있는 구원사 학파의 관념들과 밀접하게 결부되어 있다. 또한 "계시는 역사적이다"라는 것은 미국에서 일어난 성서 신학 운동의 5가지 핵심적인 관념들 중의 하나였다고 차일즈는 말한다(*Biblical Theology in Crisis*, 39-44).

그러므로 우리는 구약에서 계시는 일차적으로 역사적인 것이었다고 결론 내릴 수 있다. 계시는 다음과 같은 의미에서 역사적이다:

(1) 하나님은 사건들과 구약 역사의 배경 속에서 스스로를 계시하셨다.

(2) 계시 사건들, 체험들, 만남들은 오랜 기간에 걸쳐서 일어났다.

(3) 구약에서 하나님을 아는 지식은 매개된 지식임에 틀림없다. 왜냐하면, 하나님은 구약에서 삼키는 불로 묘사되기 때문이다. 아무도 하나님을 보고 살아날 수 없다(출 33:20).

하나님은 인간보다 더 높은 차원에서 존재한다. 욥은 하나님과 인간 사이의 이러한 간격을 인정하고서, 그 간격을 메워줄 중재자를 요청하였다(욥 9:33). 하나님과 사람들 간의 간격을 이어줄 한 가지 방법은 역사적 수단들을 통해서 계시를 전달하는 것이다. 키에르케고르는 성경의 계시가 역사적이라는 관념을 하나의 역설로 보았다. 왜냐하면, 계시는 영원한 것, 불변하는 것, 신적인 것에 관한 것이 나타나는 것인데, 역사는 인간적이고 매개적이며 시간에 묶여 있는 것이기 때문이다. 키에르케고르는 성경의 계시를 다음과 같은 관점에서 말하였다: "누가 이러한 슬픔의 모순을 파악하겠는가? 스스로를 계시하지 않는 것은 사랑의 죽음이다; 스스로를 계시하는 것은 사랑하는 자의 죽음이다"(Frank M. Cross, "Creation and History").

크로스(Frank M. Cross)는 계시의 성격을 예시해 주는 키에르케고르의 비유를 다음과 같이 해설하였다:

비천하고 소박한 시골 처녀를 사랑한 위대한 왕이 있었다. 이 위대한 왕이 자신의 사랑하는 자의 시골 집으로 찾아가서 그 처녀에게 자신의 사랑을 전하는 일은 처음에는 간단한 것처럼 보였다. 그러나 이 위대한 왕은 지혜로웠기 때문에, 그녀에 대한 자신의 사랑을 밝히는 것을 통해서는 그 처녀의 사랑을 얻을 수 없다는 것을 알았다. 왜냐하면, 그녀는 압도당할 것이기 때문이다. 왕의 영광은 그녀를 압도할 것이고, 그녀는 이 위대한 왕과 혼인하는 것 이외에는 다른 것을 할 수 없을 것이다. 그래서 왕은 그녀를 왕비로 삼아서 자신과 동등한 지위로 높이겠다고 생각하였다. 그러나 또 다시 왕은 그녀를 그렇게 높이면 그녀는 더 이상 그가 사랑했던 비천한 처녀가 아니게 될 것임을 알았다. 그래서 그는 있는 그대로의 그녀를 구애하여 얻기 위해서는 왕으로서의 자신의 권세와 영광을 포기해야 한다는 것을 알았고, 따라서 목자가 되기로 결심하였다. 그는 그녀의 수준으로 내려갈 때에만 그녀를 얻을 수 있었다. 이것이 하나님께서 역사(history)와 성육신을 통해서 스스로를 계시할 때에 행하신 것이다(Cross, "Creation and History").

최근에 역사로서의 계시 개념은 점점 더 공격을 받아 왔다. 제임스 바(James Barr)는 이 개념이 분명하지도 않고 유익하지도 않게 될 그런 때가 올 것이라고 예측하였다. 이 개념은 문제점들을 지니고 있다; 이 개념은 지나치게 일방적이고 너무 모호하였다.

이 개념은 자연, 지혜, 말씀을 통한 계시를 허용하지 않는다는 의미에서 일방적이었다. 이 개념은 역사라는 용어가 서로 다른 많은 방식들로 사용될 수 있고 또한 사용되어 왔다는 의미에서 모호한 것이었다.

이 개념은 신학적으로 활용될 수 있는 의미있는 개념이자 성서 신학의 필수적인 요소로서의 기능을 계속할 수 있다. 역사를 통한 계시라는 개념은 단순히 일시적인 신학적 유행 또는 탈선이 아니라, "성경의 종교의 핵심"에 속한다(Lemke, *Interpretation* 36 [1982]). 골딩게이는 "구원사에 대하여 작별을 고할 때는 아니지만, 이제까지의 비평은 이 개념이 몇몇 대목들에서 명료화될 필요가 있고 전체적인 시야 속에서 볼 필요가 있다는 것을 분명하게 보여주었다"고 말하였다(*Approaches to Old Testament Interpretation*, 67).

헬라 철학자들은 존재, 본질, 영원에 관하여 깊이 사고하였다. 그들은 실체를 정태적인 "존재"라는 관점에서 규정하였다. 유대교와 기독교의 성경은 역사의 산물이었고, 본질적으로 역사 속에서의 하나님과 인간에 관심을 갖는다. 성경은 이른바 세속 역사가 아니라 하나님의 계시로서의 역사에 관심을 갖는다.

C. 말씀들

구약에서 계시가 일차적으로 역사적인 것이라면, 하나님의 말씀들은 역사 속에서의 하나님의 행위들과 어떤 관계에 있는 것인가? 구약에서 말씀들은 하나님께서 자기 백성과 의사 소통을 하는 수단으로서의 두드러진 위치를 지닌다. 에드몽 자콥(Edmon Jacob)은 하나님께서 자신의 말씀을 통해서 스스로를 계시하신다는 사실은 구약의 모든 책에 의해서 확증되는 진리라고 말하였다(*Old Testament Theology*, 127). 이것과 관련해서 가장 흔하게 사용되는 어구는 "여호와의 말씀이 — 에게 임하니라"(창 15:1; 삼하 7:4; 왕상 6:11; 17:2; 예언서들)이다. "말씀"을 가리키는 가장 중요한 히브리어 단어는 '다바르'이다. 자콥에 의하면, 이 단어의 동사 형태는 "뒤에 서서 밀다"를 의미한다. 그러므로 말씀은 배후에 있는 것을 앞으로 투사하는 것 — 즉, 마음속에 있는 것을 행동으로 바꾸는 것(Jacob, 128)이다('다바르'["말씀"]의 이러한 정의에 대한 수정에 대해서는 James Barr, *The Semantics of Biblical Language*, 129-140을 보라).

구약에서 말씀은 사람에게 "일어나는" 또는 사람을 덮치는 역동적이고 권능 있는 세력이다. 말씀은 파괴하는 불이고(렘 5:14), 영원히 지속된다(사 40:8). 십계명은 "열 가지 말씀들"(ten words)로 불린다(출 20:1; 24:3, 4, 8; 34:1, 27, 28). 이 "말씀들"은 하나님의 계시를 이룬다; 이 말씀들 속에서 야웨는 자기가 야웨라는 것을 단언한다. 이 말씀들은 하나님 자신의 권위를 지니고 있기 때문에, 참 선지자들은 누구나 이 말씀들의 권위에 의문을 제기한다는 것은 꿈도 꾸지 못했다.

또한 참 선지자들은 하나님의 말씀을 전했지만, 예언적인 말씀과 열 가지 말씀들 간의 차이는 열 가지 말씀들은 "모든 세대 동안에 지속적인 가치를 지니지만, 선지자의 말씀은 그 성취 이후에는 그 어떠한 의미도 지니지 못한다"는 것이었다(Jacob, 130).

클라우스 베스터만은 구약성서에서 세 가지 종류의 말씀을 구별하였다: (1) 선포 ― 구원 또는 심판의 선포; (2) 교훈 또는 지시 ― 율법 또는 계명; (3) 예배 속에서의 제의적 말씀 ― 축복 또는 저주. 선포는 통상적으로 선지자의 말씀으로 생각되지만, 제사장들과 레위인들도 축복이나 저주를 선포함에 있어서 하나님의 말씀을 선포할 수 있었다. 학개는 백성들에게 제사장들에게로 나아가서 거룩함과 부정함에 관하여 물으라고 요구하였다(학 2:11-14).

세 가지 종류의 말씀은 서로 얽혀 있다. 말씀의 한 가지 기능이 지나치게 강조되고 다른 기능들이 무시되는 경우에 오해들이 일어날 수 있다. 예를 들면, 그리스도인들은 흔히 예언의 약속 기능을 강조하면서, 율법 또는 가르침을 배제하여 왔다. 이 경우에 구약성서는 그리스도의 오심을 예언하고 있다는 점에서 주된 가치를 지니는 책이 된다. 반면에, 유대인들은 율법(또는 가르침)을 구약성서의 가장 중요한 측면이라고 보아 왔다.

베스터만은 구약성서에서 하나님의 말씀이 지닌 이러한 기능들 중 그 어느 하나가 다른 것들을 배제한 채로 절대화되어서는 안 된다고 말하였다. 구약성서에 나오는 하나님의 말씀에 대한 모든 일방적인 견해는, 말씀의 세 가지 기능(선포, 가르침, 제의적 말씀)은 오직 서로 결합될 때에만 구약성서에서 하나님의 말씀이 무엇인지를 표현할 수 있다는 사실에 의해서 반박될 수 있다(*Elements of Old Testament Theology*, 24).

구약성서에서의 하나님의 말씀에 관하여 말할 때, 우리는 구약성서가 흔히 하나님께서 인류에게 "말씀하신다"고 단언하지만, 하나님께서 어떻게 말씀하시는지를 설명해 주지 않는다는 것을 기억할 필요가 있다. 우리가 하나님께서 아브라함, 모세, 선지자들 중의 한 사람에게 말씀하셨다는 것을 읽을 때,

우리는 하나님께서 귀로 들을 수 있는 음성으로 말씀하였다고 생각해서는 안 된다. 말씀하다라는 단어는 단지 다양한 방식으로 "의사소통을 하다," "드러 내다," "나타내다"를 의미할 수 있다. "음성"을 가리키는 히브리어 단어인 '콜'은 "우레"를 의미할 수도 있다(창 3:8; 삼상 12:17; 시 29:3, 4, 5, 7, 8, 9).

하나님은 구약에서 귀로 들을 수 있도록 말씀하셨는가? 구약성서와 신약성 서는 둘 다 몇몇 사람들이 하늘로부터의 음성을 들었다고 말한다. 이스라엘 백성이 시내산에 이르렀을 때, 시내산은 그 위에 야웨께서 불로 강림하셨기 때문에 구름과 연기로 감싸여 있었다. 모세는 야웨에게 말하였고, 하나님은 우레 속에서 그에게 대답하셨다(출 19:18-19). 그런 후에, 하나님은 모든 백 성에게 열 가지 말씀들을 주셨다. 이스라엘 백성은 하나님의 음성을 들을 때 에 너무도 두려웠기 때문에, 장래에는 모세가 그들과 하나님 사이의 중재자 가 되어줄 것을 요청함으로써, 하나님의 음성을 다시 듣고자 하지 않았다(출 20:18-19).

나중에 신명기사가는 이 사건에 관하여 이렇게 말하였다: "여호와께서 불 길 중에서 너희에게 말씀하시되 음성['콜']뿐이므로 너희가 그 말소리['콜']만 듣고 형상은 보지 못하였느니라"(신 4:12). 민수기 7:89에도 귀로 들을 수 있 는 음성에 대한 언급이 나오는 것으로 보인다: "모세가 회막에 들어가서 여호 와께 말하려 할 때에 증거궤 위 속죄소 위의 두 그룹 사이에서 자기에게 말씀 하시는 목소리를 들었으니 여호와께서 그에게 말씀하심이었더라." 이러한 표 현은 모세가 하나님의 계시를 이 땅에서의 하나님의 거소(居所)로부터 받았다 는 것을 의미할 수 있다.

휠러 로빈슨(Wheeler Robinson)은 율법과 예언서들에서 계시는 통상적으 로 하나님에 의해서 백성들에게 "말씀된" 것으로 묘사된다고 말하였다.

심리적인 제한들을 감안할 때, 계시의 권위를 표현하기 위해서는 그 과 정의 외화(外化, externalization)가 필수적인 것이었다. 그러나 꼭 필요했 던 확신을 이끌어 내기 위해서는, 이 사건의 역사적 형태, 이 사건이 일어 났던 실질적인 방식은 실제의 음성보다는 훨씬 더 친밀한 것이었음에 틀 림없다. 외적인 음성이 종종 선지자에 의해서 "들려졌을"지라도(이것은 얼마든지 가능하다), 이것은 우리로 하여금 관련된 체험에 대한 심리학적인 분석을 하지 못하게 가로막지는 않는다(*Inspiration and Revelation*, 274).

D. 말씀들과 역사의 관계

계시는 사건들 속에서 발견되어야 하는가, 아니면 말씀들 속에서 발견되어야 하는가? 우리는 말씀과 사건이 서로 상호작용하고 있다고 보아야 하지, 어느 한 쪽을 다른 한 쪽에 종속시켜서는 안 된다. 신학적인 개념을 역사적 사실과 대응시키는 것이 필요하다. "말씀들(해석)이 없는 사실들은 맹목적이고, 사실들이 없는 말씀들은 공허하다"(Goldingay, *Approaches to Old Testament Interpretation*, 77). 해석(말씀들)이 개입된다면, 우리는 구약성서에 나오는 "역사"에 대하여 "사실들"이라고 말할 수 있는가? 구약성서에 나오는 사실들은 해석된 것이라는 것을 우리는 인정하여야 한다. 구약성서에 나오는 사실들은 기자들이 하나님, 백성, 세계 사이에서 일어난 일을 서술해 놓은 것들이다. 19세기 역사가들은 학문적인 방법론들에 의해서 실증되고 검증될 수 있는 것만이 "역사"라고 여겼다. 그들은 하나님의 행위들이 역사의 일부라는 것을 배제하였다(B. Stade, *Geschichte des Volkes Israel I*, [1887]을 보라; E. W. Nicholson, *God and His People*, 7-8과 비교해 보라).

구약에서 역사를 움직이는 것은 하나님과 백성 사이에서 일어난다. 여기에서 다음과 같은 질문이 제기된다: 구약에서 역사는 일어난 것인가, 아니면 하나님의 행위들에 관한 구약의 이야기는 단순히 어떤 사건들로부터의 인간의 추론들에 불과한 것인가? 우리는 역사가 아니라 해석을 가지고 있는 것인가?

블레이크(R. J. Blaike)는 "하나님이 살아있는 인격적인 주체라는 것을 더 이상 믿지 않는 자들은 그러한 하나님의 목적지향적이고 의도적인 행위들 이외의 것을 가리킬 때에 하나님의 행위들, 행동하시는 하나님이라는 용어들을 사용하지 말 것"을 요구하였다(*Secular Christianity and God Who Acts*; Lemke, "Revelation Through History," 41에서 재인용).

렘케(Lemke)는 만약 우리가 이스라엘의 지도자들의 마음속에서 하나님이 역사하신 것 또는 하나님이 자연적인 또는 이적적인 수단을 통해서 이스라엘을 애굽으로부터 건져내신 것을 긍정할 수 없거나 하고자 하지 않는다면 "역사를 통한 하나님의 행위들 또는 계시에 관하여 말하는 모든 것은 무의미하고 잘못된 것이기 때문에, 차라리 그렇게 하는 것을 피하는 것이 정직한 것이다"라고 주장하였다("Revelation Through History," 41).

학자들은 이스라엘의 역사에 관한 구약성서의 이야기와 오늘날의 비평학자들에 의한 그 역사의 재구성 간의 차이를 놓고 계속해서 논쟁을 벌이고 있다. 게르하르트 폰 라트는 구약성서가 일어났다고 말하고 있는 것과 오늘날의 학문적인 역사가들이 일어났다고 말하고 있는 것 사이에는 엄청난 차이가 존재한다고 주장하였다. 여기서 다시 한 번 우리는 구약성서의 기자들과 오늘날의 역사가들은 매우 다른 전제들을 지니고 있다는 것을 기억할 필요가 있다. 그러한 차이에도 불구하고, 오늘날의 한 유명한 구약학자는 "오늘날 우리는 비평적으로 재구성된 이스라엘의 역사의 실제적인 사건들과 그 사건들이 이스라엘의 거룩한 전승들 속에서 기억된 방식 사이에는 상당한 정도의 일치점이 존재한다는 것을 의심할 만한 타당한 근거를 가지고 있지 않다"라고 말할 수 있었다(Lemke, 45-46).

E. 역사와 신앙

궁극적으로, 구약의 구원사가 실제로 일어난 것이냐 아니냐 하는 것은 신앙의 문제이다. 신앙은 역사적 토대가 없이는 불가능하지만, 역사가는 이스라엘의 역사 속에서의 하나님의 초기 행위들의 역사성을 입증할 수도 없고 비역사적이라는 것을 밝혀낼 수도 없다. 따라서 하나님 및 성경의 메시지에 대한 개인적인 체험들을 토대로, 우리는 "나는 구원사가 일어났다는 확신을 지닐 수 있다"라고 말할 수 있을 것이다(Goldingay, *Approaches to Old Testament Interpretation*, 74). 하지만 믿음-확신들이 있다고 해서 역사적인 연구가 불필요한 것은 아니다. 구약성서의 기자들이 순수한 "역사"를 쓰고자 했지만 실패한 것이라면, "그들의 저작을 진지하게 받아들이기는 어렵다. 그러나 그들이 하나의 메시지를 지닌 이야기를 말하고 있는 것이라면, 우리는 그들의 이야기를 해석하여야 한다"(Goldingay, *Approaches to Old Testament Interpretation*, 74).

　우리는 성경적인 역사가 하나님이 행하신 일을 통해서 우리에게 하나님이 누구신지를 보여주고 어떻게 하나님에게 반응해야 하는지를 우리에게 보여주고자 하는 하나님의 목적에 충실하다고 믿는다. 켐(George L. Kelm)은 최근에 이스라엘의 출애굽과 가나안 정복에 관한 성경 기사에 대한 자신의 이해를 글로 써서 출간하였다. 켐은 "보통으로 읽어서는 알 수 없는 훨씬 더 복잡한 역사적 사건의 가능성을 완전히 포기해 버린 것처럼 보이는 성경 본문에 대한 단순 소박한 이해"를 거부하였다. 또한 그는 "비평자의 주관적인 편견"을 통해서 역사적 신빙성을 결정하기 위하여 성경 본문을 엄격한 내적인 분석에 종속시키는 역사비평적 방법론도 거부하였다(*Escape to Conflict*, xxiii).

　켐은 "성경의 기록은 중요한 문제점을 드러낸다"는 것을 인정하였다. "역사적 증거들 중 일부는 분명히 서로 모순되는 것으로 보이고, 성경 이외의 자료들은 그만두고라도 성경에 나오는 세부적인 내용들을 조화시키는 일도 그리 간단하지 않다"(*Escape to Conflict*, xx). 그는 성경의 본문들을 전수함에 있어서 필사자들의 역할에 주목해서, 현재의 성경 본문들의 많은 문제점들과 복잡성들을 설명하였다. 켐은 많은 유대인 학자들과 마찬가지로 필사자들이 세대마다 성경 본문들을 필사할 때에 그들에게 "의미가 통하도록" 또는 본문들이 그들의 세대에 이해될 수 있도록 만들기 위하여 내용들을 첨가하거나 해설하였다는 데에 동의하였다. 그들은 성경 본문들의 해석을 돕고 그 뜻을 분명하게 하기 위하여 수정하고 개정하고 다시 썼을 것이다. 이른바 "시대착오적인 표현들"(이전 시대에 관하여 말하는 본문 속에 후대의 언어를 사용한 것)은 필사자들이 본문들을 개정했음을 보여주는 표지가 될 수 있다(*Escape to Conflict*, xxv).

　이러한 필사자들에 의한 수정들은 수많은 일관되지 못한 점들, 중복들, 모순들, 특히 문체와 어휘의 차이들을 설명해 줄 수 있을 것이다. 필사자들에 의해 이루어진 본문의 현재화는 끊임없는 의미의 변화의 가능성을 보장해 주었는데, 이러한 과정은 궁극적으로 정경화에 의해서 중단되었다. 이 시점에서 본문들에 대한 신성시는 필사자들의 해석 과정을 배제하였다. 그 의미는 그 때와 장소의 문학적인 개념들 속에 고정되었고, 20세기의 사람들로부터 아주 멀리 동떨어지게 되었다(Kelm, xxv-xxvi).

켐이 필사자들의 역할에 관하여 말한 것은 옳을 수 있지만, 구약성서의 모든 본문상의 또는 역사적 문제점들이 필사자들의 작업에서 기인한 것이라고 말할 수는 없다. 버틀러(Trent C. Butler)는 가나안 정복에 관한 구약의 서술과 관련해서 역사적인 문제와 신앙을 논의하였다. 버틀러는 이 문제는 우리의 신학적·신앙적 전제들에서 출발한다고 말하였다. 신자는 그들이 지닌 진리의 유효성을 확인하기 위하여 성경의 이야기들로 나아가는 것이 아니다. 성경의 이야기들은 이미 신자들이 역사적인 문제를 제기하는 법을 배우기 오래 전에 신앙의 삶에 있어서 참되다는 것이 입증되어 왔다. 역사적인 문제는 "우리의 신앙을 밑받침하거나 또는 우리의 교리가 옳다는 것을 입증하기 위한 수단"이 된다(*Joshua*, xxxix).

우리는 모두 지식과 이해를 추구하기 때문에 역사적인 질문을 추구한다. 우리는 성경의 전승이 역사에 토대를 두고 있다고 믿는다. "성경의 전승은 진공 속에서 만들어진 것이 아니다"(Butler, xli). 이스라엘의 가나안 정복을 역사적으로 설명하기 위하여 많은 이론들이 제기되어 왔다. 이제까지 어느 한 이론에 대한 학문적인 합의가 이루어진 것은 없었다. 우리의 신학적인 전제들은 우리로 하여금 객관적인 역사가의 규칙들을 뛰어넘어서 역사적 상황에 관한 신앙의 진술로 나아가도록 하는 경향을 지닌다. "이것이 사실이라면, 우리는 우리가 행하고 있는 진술들의 성격을 의식적으로 알고 있지 않으면 안 된다"(Butler, xli-xlii).

15. 하나님의 이름 — '에흐예 아셰르 에흐예'(나는 스스로 있는 자이니라)

A. 이름은 본질을 나타낸다

구약에서 하나님을 아는 지식은 역사, 말씀, 창조, 하나님의 현현을 통해서만 오는 것이 아니라, 야웨라는 이름의 계시를 통해서도 온다. "원시 민족들 사이에서, 고대 근동 전체에 걸쳐서 이름은 한 사물의 본질을 나타내는데, 한 사물의 이름을 부른다는 것은 그것을 아는 것이고, 따라서 그것을 지배하는 힘을 갖는 것이다"라는 데에 일반적으로 견해가 일치되어 있다(de Vaux, *Ancient Israel*, 43).

이스라엘 백성은 원시 민족들의 이러한 일반적인 법칙에 대한 예외가 아니었다. 그들은 한 사람의 총체가 그 사람의 개인적인 이름 속에 응축되어 있다고 생각하였다(Jacob, 43). 이름은 그 사람의 본성과 연결되어 있었다. "생명"을 의미하는 하와라는 이름은 그녀를 남자와 결부시켰다(창 2:18-23). 에서는 야곱의 행위들이 그의 이름을 반영하는 것이었다고 말한다(창 27:36). 나발은 그의 이름과 같이 "어리석은 자"였다(삼상 25:25).

폰 라트와 에드몽 자콥은 고대 세계에서 한 신의 이름은 권능을 지니고 있었기 때문에, 위험스럽거나 은택을 가져다 줄 수 있었다고 주장하였다. 따라서 신의 이름을 아는 것은 중요한 일이었다.

B. 이름을 부름

구약에서 야웨의 이름을 부르는 것은 야웨에게 다가가기 위한 필수적인 것이었다. 시편들에 나오는 많은 기도문들 중의 첫 번째 단어는 "야웨"라는 부름말이다(3:1; 6:1; 7:1; 8:1; 12:1). 하지만 일부 기도문들에서는 야웨 대신에 '엘로힘'("하나님")이 사용된다. 다윗의 송영은 야웨라는 단어로 시작된다(대상 29:10-11). 신약 시대에서도 이름을 부르는 것은 여전히 중요하였다. 예수는 그의 제자들에게 그들의 기도를 "우리 아버지 … 그 이름을 거룩하게 하옵시고"로 시작하도록 가르치셨다(마 6:9).

하나님은 자발적으로 스스로를 계시하실 때에 "나는 야웨니라"고 자신의 이름을 말씀하시는 것으로 시작하셨다(창 35:11; 출 6:2; 20:1; 34:5-6). 그러나 이름이 계시되었다고 해서, 야웨에게 쉽게 접근하거나 야웨를 잘 알 수 있게 된 것은 아니었다. 이스라엘은 야웨의 이름을 거룩한 것으로 여겼고, 그 이름을 망령되게 일컬어서는 안 된다고 역설하였다(레 22:2,32; 시 103:1; 105:3; 111:9; 145:21; 겔 20:39; 36:20-23; 39:7; 43:7; 암 2:7). 야웨의 이름은 야웨의 모든 거룩한 현존을 나타내는 야웨의 대리자였다.

이름을 부르는 것은 제의의 중요한 일부였다. 야웨께서 그의 이름을 계시하지 않았다면, 예배자들은 그 이름을 부를 수 없었을 것이고, 예배는 존재하지 않았을 것이다. 차일즈는 이름과 제의 사이에 연결 관계가 존재한다는 것을 인정하였다. 그러나 하나님께서 그의 이름을 모세에게 주었을 때(출 3:14), 문제는 모세의 위임(commission)을 제의가 아니라 하나님의 권위라는 관점에서 그 이름과 연결시킨 것이었다(*The Book of Exodus*, 67).

C. 이스라엘의 하나님의 이름의 의미와 그 중요성

야웨라는 이름은 히브리어 동사 '하야' ("이다" 또는 "되다")의 미완료형으로부터 온 것으로 보인다. 올브라이트(Albright)는 이 이름이 이 동사의 히필형(사역형)으로부터 왔다고 보고, "존재하게 하는 자," 그러니까 "창조주"를 의미한다고 주장하였다. 올브라이트의 제자들 중 많은 사람들은 이와 비슷한 주장들을 하였다. 프리드먼(David Noel Freedman)은 야웨라는 신성사문자는 "그가 창조하신다"로 번역되어야 한다고 주장하였다("The Name of the God of Moses," 155). 프랭크 크로스(Frank Cross)는 야웨가 원래는 제의에서 엘(El)을 지칭하는 이름이었다고 생각하였다. "창조하시는 엘"이라는 제의적 어구는 나중에 "창조주 야웨"가 되었다("Yahweh and the God of the Fathers," 225–259).

필립 하이야트(Philip Hyatt)는 야웨를 원래 창조주 신이라고 보기보다는, 모세의 조상들 중의 한 사람의 수호신으로 이해하여야 한다고 주장하였다. 야웨라는 이름은 "그가 (조상으로 하여금) 존재하게 한다" 또는 "그는 (조상을) 지탱한다"를 의미했을 것이다("Was Yahweh Originally a Creator Deity?," 376).

쿰란 문헌의 전문가인 윌리엄 브라운리(William Brownlee)는 규범 교본(*Manual of Discipline*)에 나오는 사무엘상 2:3의 용법과 그 밖의 다른 증거들을 토대로, 야웨라는 이름의 의미는 "일들을 일어나게 하는 자"일 것이라고 주장하였다("The Ineffable Name of God," 39–45). 브라운리는 이러한 이름은 모세가 야웨께서 히브리인들을 종살이로부터 구원하실 것이라고 선포한 것과 잘 부합한다고 말하였다. 그들의 상황은 절망적인 것으로 보였다. 그들에게 필요하였던 것은 그들의 하나님 야웨가 일들을 일어나게 해서 모세를 통해서 그들에게 하셨던 약속을 성취하실 수 있다는 확신이었다("The

Ineffable Name of God," 45).

야웨가 "창조주"를 의미한다는 견해는 야웨라는 이름이 "이다"라는 동사의 히필형(사역형)으로부터 왔다는 전제를 토대로 하고 있기 때문에 심각하게 의문이 제기될 수 있다. 이 동사의 히필형은 구약성서에 결코 나오지 않는다 (Jacob, *Theology of the Old Testament*, 50). 자콥과 폰 라트는 둘 다 야웨의 일차적인 의미는 "현존," "내가 너희와 함께 하리라"(출 3:12; cf. 창 28:20; 수 3:7; 삿 6:12)라고 믿었다(Jacob, *Theology of the Old Testament*, 53; von Rad, *Old Testament Theology I*, 180).

테린은 "동요하는 모세에게 야웨는 내가 너와 함께 할 것이라고 단언함으로써 먼저 확신을 주었다"라고 말하였다(*The Elusive Presence*, 118). 야웨("나는 존재한다" 또는 "나는 존재할 것이다")라는 자신의 이름을 계시함으로써 하나님은 자신의 현존을 모세에게 약속한다. 하나님은 그와 함께 할 것이다. 지상명령에서 예수는 세상 끝날까지 그의 제자들과 언제나 함께 할 것이라고 약속하였다(마 28:20).

하나님은 모세에게 자신의 이름을 주었을 때에 스스로를 계시한 것인가? 아니면, 하나님은 "나는 스스로 있는 자이니라"(출 3:14)고 말씀하실 때에 모세에게 대답하기를 거부함으로써 회피한 것인가? 하나님은 야곱(창 32:30)과 마노아(삿 13:17-18)에게 자신의 이름을 알려주시기를 거부하였다. 뒤바를 (A. M. Dubarle)은 하나님은 출애굽기 3:14에서 모세에게 그의 이름을 계시하기를 거부하고 있는데, 이것은 이름을 주게 되면 그것은 하나님으로서의 자유를 제한하는 것이 되고 말 것이기 때문이었다고 결론을 내린다. 뒤바를 은 하나님께서 "너는 내 이름에는 관심을 갖지 말라"고 말씀한 것으로 이해한 다("La signification du nom de Jahweh," 3-21). 또한 루드비히 쾰러(Ludwig Köhler)도 출애굽기 3:14을 모세의 질문에 대하여 하나님께서 대답을 회피하신 것으로 해석하였다. 하나님은 감추어진 신(*deus absconditus*)이다(*Old Testament Theology*, 242, n. 38).

이 본문 속에는 모종의 양면성이 존재하는 것으로 보이지만, 일차적인 목적은 하나님의 존재의 본질이 아니라 하나님이 무엇을 장차 하실 것인지를 계시하는 것이다. 따라서 야웨는 그의 이름을 모세와 이스라엘에게 계시하여, 그들로 하여금 그를 "부를" 수 있게 하였고, 오직 이스라엘에 대한 헌신과 신뢰 속에 "자신을 주셨지만," 여전히 그의 자유를 유지하였다.

침멀리(Walter Zimmerli)는 야웨의 자유는 그가 결코 단순히 객체가 되지 않는다는 것을 의미한다고 말하였다. 하나님은 그의 이름을 거리낌 없이 계시하셨지만, "종교적인 남용"으로부터 그러한 자유를 보호하기 위하여 십계명 중의 제3계명을 주셨다(*Old Testament Theology in Outline*, 21).

D. 이름의 기원

야웨라는 이름은 모세보다 더 오래된 것인가? 야웨는 창세기 2장에서 이미 하나님의 이름으로 나온다. 하지만 출애굽기 6:3은 "내가 아브라함과 이삭과 야곱에게 전능의 하나님으로 나타났으나 나의 이름을 여호와로는 그들에게 알리지 아니하였고"라고 말한다. 성경 및 성경 외적인 증거들을 살펴보면, 야웨라는 하나님의 이름은 모세 이전에 이스라엘 외부에 존재했을 가능성이 높다; 그러나 이러한 사실을 보여주는 결정적인 증거는 아직 발견되지 않았다. 모세의 어머니의 이름인 요게벳 속에 들어 있는 "요"라는 요소는 모세 이전에 야(Yah)가 성경에서 사용되었음을 보여준다. 성경 외부의 증거들에 관해서 밀러(P. D. Miller)는 "야웨라는 이름 자체는 지금 유다의 금석문들 속에서 널리 확인되고(30개 이상의 예들), 그 밖의 다른 신들에 대한 언급들은 존재하지 않는다"라고 말하였다("Israelite Religion," 206, 217).

차일즈는 우리는 고대 근동에 하나님의 이 이름과 동일한 어원에서 나온 것들이 존재하였음을 인정하여야 하고, 이 이름이 이스라엘에 들어오기 전에 오랜 전사(前史)를 지니고 있다는 것도 고려하여야 한다고 말하였지만, 이스라엘이 이 이름에 완전히 새로운 의미를 부여하였을 가능성을 열어 두었다(*The Book of Exodus*, 64). 월터 해럴슨(Walter Harrelson)은 "야웨라는 이름 아래에서의 하나님에 대한 신앙의 출현은 모세 시대보다 선행하였다"고 믿었다("Life, Faith, and the Emergence of Tradition," 21).

슈미트(W. H. Schmidt)는 한 걸음 더 나아가서 "야웨라는 이름은 이스라엘에 국한된 것이 아니고, 나아가 구약성서보다 더 오래된 것으로서, 원래 이스라엘 백성의 것이 아니었을 가능성이 대단히 높다"라고 말하였다(*The Faith of the Old Testament,* 58). 최근에 모벌리(R. W. L. Moberly)는 야웨라는 이름은 모세에게 최초로 계시된 것으로서, 창세기에서 이 이름을 앞서 사용한 것들은 시대착오적인 것이었다고 열렬하게 주장하였다(R. W. L. Moberly, *The Old Testament of the Old Testament,* 5-6). 우리는 야웨라는 이름의 기원에 관한 문제는 여전히 대답이 되지 않고 있다고만 결론을 내릴 수 있을 것이다.

E. 하나님의 이름과 하나님의 현존

신명기는 흔히 하나님의 이름을 특정한 장소에 "거하게" 한다는 표현을 사용한다(신 12:5, 11). 분명히 이스라엘은 예배 속에서의 하나님의 현존을 기정사실화할 수 없었다. 오직 하나님만이 자신의 현존을 결정할 수 있었다. 야웨의 이름은 그의 현존, 권능, 권세를 나타낸다. 아마도 이것이 야웨라는 이름이 구약에 그토록 자주(약 6700번) 나오는 이유일 것이다 — 엘로힘은 단지 2500번 나온다. 엘로힘이 아니라 야웨가 이스라엘 백성이 예배하였던 하나님의 이름이었다. 구약 역사의 많은 부분에 걸쳐서 야웨라는 이름은 모든 이스라엘 백성에 의해서 자유롭게 사용되었던 것으로 보인다. 그러나 포로기 이후 시대에 이 이름은 일반적으로 사용되지 않았는데, 이것은 그 이름을 잘못 발음함으로써 하나님의 심판을 자초할 것으로 두려워하였기 때문인 것으로 보인다. 예수 시대에 이 이름은 성전에서 오직 몇몇 경우들에만 사용되었지만, 회당 예배에서는 더 이상 사용되지 않았다. 이 이름을 발음하는 것을 이렇게 꺼려한 것은 이 이름이 마소라 본문에 나오는 방식 속에 반영되어 있다. 이 이름은 통상적으로 4개의 자음으로 이루어진 신성사문자에 '아도나이'라는 단어의 모음점이 붙은 형태로 나와서 "여호와"로 발음될 수 있었는데, 이스라엘 백성들은 결코 이 단어를 발음하지 않았다. 포로기 이전 시대에 이스라엘은 이 이름을 야웨라고 발음했을 것이다.

"Jehovah"라는 영어 단어는 독일식 발음을 반영한 것이다. 왜냐하면, 독일어 j는 영어의 y에 해당하고, w는 독일어에서 v로 발음되기 때문이다. 여호와라는 발음은 유대인에 의해서 결코 사용되지 않았다. 그들은 이 단어를 "아도나이"로 읽고 발음하였다. 하지만 이 단어가 히브리 성서에서 신성사문자 앞에 나올 때(310번), 엘로힘이라는 단어의 모음점들이 4개의 자음들과 함께 사용되고 있는데, 이 경우에 이 단어는 "엘로힘"으로 발음된다.

F. 요약

야웨는 이스라엘이 자신의 하나님을 부르는 특별한 이름이었다. 모세와 이스라엘에게 자신의 이름을 계시함으로써, 하나님은 "정의될 수 있는 자, 구별된 자, 개별자"로 묘사되기로 선택하셨다. "이런 식으로 이스라엘의 신앙은 신에 대한 추상적인 개념과 '이름 없는 존재 근거'라는 이 두 가지에 대항한다. 하나님을 지적으로 파악하는 자들과 신비적으로 오해하는 자들은 둘 다 거부된다"(Eichrodt, *Theology of the Old Testament I*, 206).

이것은 궁극적인 신비, 무한한 깊이, 모든 존재의 근거, 권능, 원천인 분으로서의 하나님에 관한 폴 틸리히(Paul Tillich)의 추상적인 서술과 판이하게 다르다(G. Ernest Wright, *The Rule of God*, 16). 이러한 정의는 구약성서의 정의된 분, 살아계신 하나님, 장차 오실 구주와 어느 점에서도 비슷하지 않다. 야웨라는 이름은 추상명사가 아니라 고유명사이다. "이다"라는 동사의 한 형태에 토대를 둔 이 이름은 어떤 점에서 존재라는 개념과 연결되어 있다: 과거, 현재, 미래.

이 이름은 모세와 관련해서 과거와 연결되어 있다. 야웨는 족장들인 아브라함, 이삭, 야곱의 하나님과 동일한 분이다(출 3:16). 또한 야웨는 미래의 하나님이다: "이는 나의 영원한 이름이요 대대로 기억할 나의 칭호니라"(출 3:15b). 이 이름은 구약에서 심지어 종말론적인 차원도 지니고 있다. 야웨라는 이름과 종말론의 기원 간에는 연결 관계가 있는 것같다: "스스로를 나는 스스로 있는 자니라고 정의한 하나님은 그 존재와 그 현존이 완전하게 실현될 때까지는 쉬지 않으신다"(Jacob, 54).

포로기의 선지자는 야웨를 가리켜 "처음이자 나중, 창조주, 역사의 주, 유일한 구주"라고 말할 수 있었다(사 41:4; 43:10; 44:6; 48:12-13; 49:6, 26; cf. 계 22:13). 역사 속에서의 야웨의 권능 있는 행위들로 말미암아 파라오, 애굽인들, 열방들, 이스라엘은 야웨가 하나님인 것을 알게 될 것이다("나는 여호와니라," 출 7:5; 8:10, 22; 9:14; 10:2; 겔 20:26, 38; 24:24, 27; 34:27; 35:9,

15; 36:11, 23, 38; 38:23; 39:6, 28). 이 정의될 수 있고 구별되는 한 분 하나님 (야웨)은 한 사람(아브라함)과 한 백성(이스라엘)을 선택하셔서, 그들과 특별한 계약을 맺으셨다. 그들을 통해서 하나님은 모든 민족에게 복을 주실 것이다.

제 4 장

나는 네 하나님이 되고,
너는 내 백성이 되리라(선택과 계약)

16. 너는 내 백성이 되리라(선택)

A. 선택 연구의 최근 동향

1950년에 로울리(H. H. Rowley)는 오늘날의 성서학에서 선택 교리가 거의 주목을 받아오지 못했다는 사실을 개탄하였다(*The Biblical Doctrine of Election*, 15). 실제로 로울리의 저서 이전에는 구약에 나타난 선택을 연구한 논문과 책들은 별로 발표되지 않다가, 당시에 구약 신학이 부활하면서, 이 주제는 많은 주목을 받게 되었다.

1928년에 갈링(K. Galling)은 『이스라엘의 선택 전승』("Die Erwählungstraditionen Israels")이라는 연구서를 썼는데, 거기에서 그는 구약에는 하나님의 이스라엘 선택에 관한 두 가지 전승, 곧 아브라함 시대의 선택 및 모세 시대의 선택에 관한 전승들이 나온다고 주장하였다. 갈링은 후자가 더 오래된 전승이라고 주장하였다. 로울리는 구약에 두 가지 선택 전승이 존재한다는 것을 인정하였지만, 이른 시기에 아브라함이 선택받았다는 것은 실질적으로 신빙성이 있는 것이라고 옹호하였다. 로울리는 이스라엘은 아브라함 안에서 선택되었지만, 그 선택은 모세를 통해서 계시되었다고 말하였다(*The Biblical Doctrine of Election*, 30-31).

1929년에 스미스(J. M. P. Smith)는 이스라엘의 선택 신앙은 이스라엘이 열방들 중에서 보여주었던 야웨에 대한 신앙과 민족 및 인종의 자연적인 자부심에 의거한 것이었다고 주장하였다("The Chosen People," 73-82). 로울리는 스미스의 견해를 거부하고, "이스라엘의 선택이 이것보다 더 깊은 토대를 지니지 않았다면, 그것은 그 자체로 유효성을 거의 지니지 못하였을 것이고, 역사적 관심도 받지 못하였을 것이다"라고 말하였다(*The Biblical Doctrine of Election*, 16).

발터 아이히로트(Walther Eichrodt)는 선택에 관한 논의에 별도의 항목을 설정하지 않았다. 그는 계약 개념에 깊이 빠져 있었기 때문에 선택 개념은 거의 도외시하였지만, 이 두 개념이 서로 밀접하게 연결되어 있다고 생각하였다. 아이히로트는 이렇게 말하였다: "구약성서에서 하나님의 사랑은 절대적으로 자유롭고 그 선택들에 있어서 무조건적이라는 사실은 피할 수 없다; 그것은 수많은 사람들 중에서 한 사람을 향하고, 그의 모든 결핍들에도 불구하고 시기할 정도의 배타성을 가지고 그를 장악한다"(*Theology of the Old Testament I*, 286). 아이히로트는 선택이라는 단어가 사용되지 않은 대목들에서조차도 이스라엘 백성과 선지자들은 이스라엘이 열방들 중에서 특별한 지위를 차지하고 있는 것으로 이해하였다는 것을 강조하였다(*Theology of the Old Testament I*, 269).

어니스트 라이트(G. Ernest Wright)는 선택을 이스라엘과 구약의 신앙을 이해하기 위한 주된 단서들 중의 하나로 보았다(*The Old Testament Against Its Environment*, 47). 그로부터 2년 후에(1952년) 라이트는 계약이 구약을 하나로 묶는 주된 요소라는 아이히로트의 견해에 반대하고, 선택이야말로 계약보다 더 중요한 요소였다고 주장하였다. "이 둘은 함께 가긴 하지만, 후자[계약]는 전자[선택]의 의미를 표현하기 위한 개념적인 용어이기 때문에, 어느 쪽을 일차적으로 강조하느냐에 따라서 상당한 차이가 난다"(*God Who Acts*, 36, n. 1). 라이트는 출애굽 사건의 일차적이고 기본적인 신학적 추론은 선택받은 백성에 관한 가르침이었다고 말하였다. 하지만 그의 생애 말기에 라이트는 선택과 계약에 관한 자신의 입장을 수정해서, 계약이 중심적인 것이었다는 아이히로트의 견해에 동의한 것으로 보인다(*The Old Testament and Theology*, 62).

1938년에 휠러 로빈슨(Wheeler Robinson)은 이렇게 말하였다: 구약은 "하나님께서 아브라함을 한 개인으로 선택하셔서, 그의 가족이 민족이 될 때까지 그 운명을 서술한다. 그런 후에, 이 민족은 애굽으로부터 구원을 받아서 약속의 땅에 정착한 것을 서술한다. 훨씬 나중에 의로운 남은 자에 관한 교리가 출현한다(사 7:3; 8:16-18)." 로빈슨은 소수자가 하나님의 백성으로서의 사명을 받았다고 주장하는 것은 당연한 일이기 때문에, 계시 종교라면 그 어느 것이나 선택에 관한 교리가 반드시 있을 수밖에 없다고 말하였다. 선택 교리가 포함하고 있는 특정은총설은 지고한 사명을 표현하는 것이지, 종교적인 지역주의의 표지는 아니다(Record and Revelation, 327). 1946년에 로빈슨은 선택 교리는 이스라엘과 유대인의 종교의 전체적인 발전을 열어 놓았기 때문에, 유일신 사상에 대한 일차적인 강조 다음으로 그 종교를 하나로 묶는 가장 포괄적인 통일 원칙으로 여겨질 수 있다고 썼다. 그는 선택 교리가 계약에 종속되어야 한다는 아이히로트의 견해에 반대하였다(Inspiration and Revelation, 153).

1953년에 존 브라이트(John Bright)는 구약에서 선택 교리의 중요성을 강조하면서, 이렇게 말하였다: "우리는 이스라엘의 역사 속에서 이스라엘이 스스로 야웨의 선택받은 백성이라고 믿지 않았던 시기를 발견할 수 없다. 성경의 이야기는 이러한 선택의 역사를 아브라함에게까지 소급하고 있지만, 이스라엘이 하나님의 민족으로서 진정으로 출발하게 된 것은 출애굽 사건을 통해서였다"(The Kingdom of God, 27). 브라이트는 선택 교리가 영적인 지도자들에 의해서 제시된 비의적(秘儀的)인 개념이 아니었다고 믿었다. 이스라엘 백성은 선택 교리에 푹 빠져 있었다. 1967년에 브라이트는 구약에 나오는 일련의 신앙들 가운데서 선택이라는 단어가 두드러진다고 썼다.

구약성서를 들여다 볼 때마다 우리는 야웨께서 그의 주권적인 은혜를 통해서 이스라엘을 자기에게로 부르셨고, 종살이로부터 건지셨으며, 이스라엘에게 약속의 땅을 주셨기 때문에, 이스라엘은 땅의 열방들 중에서 야웨의 선택받은 백성으로서 특별한 지위를 차지한다는 확고한 신앙을 만나게 된다. 이스라엘의 선택에 관한 신앙은 초기의 저작이든 후기의 저작이든 구약성서 전체에 걸쳐서 스며들어 있는 신앙이다. 구약성서에는 야웨께서 이스라엘을 땅의 모든 민족들로부터 부르셔서 그의 택하신 백성을 삼았다고 암묵적으로 전제하거나 자신있게 단언하고 있지 않은 대목이 존재하지 않는다(*The Authority of the Old Testament*, 132).

1953년에 프리젠(Th. C. Vriezen)은 구약에 나타난 선택에 관한 연구서를 출간하였는데, 거기에서 그는 선택의 의미를 히브리어 '바하르'("선택하다")에 국한시켰다. 그러므로 그는 좁은 의미의 선택은 계약에 비하여 부차적인 것으로서 주전 7세기로부터 유래하였다는 결론에 도달하였다("Die Erwählung Israels," 35). 그는 구약성서의 대부분이 야웨와 이스라엘의 관계에 관한 것임을 인정하였다 — 물론, 룻기, 요나서, 제2이사야 같은 다른 목소리들이 하나님의 은혜가 다른 민족들에게도 확장되어야 한다는 것을 이스라엘에게 상기시키고 있긴 하지만(*Outline of Old Testament Theology*, 314). 프리젠은 이렇게 말하였다: "구약성서에서 선택은 언제나 하나님의 행위, 하나님의 은혜의 행위이고, 언제나 인간을 위한 사명을 담고 있다; 그리고 하나님의 선택은 오직 이러한 사명이라는 관점에서만 이해될 수 있다"("Die Erwählung Israels," 109).

프리젠은 하나님께서 이스라엘을 자신의 소유로 선택하신 것을 구약에 있어서 긴장의 원천이자 역설로 보았다. 한편으로, 하나님은 이스라엘을 선택하셔서, 다른 민족들과 관계를 맺지 말도록 경고하셨다. 다른 한편으로, 하나님은 이스라엘을 선택하셔서, 하나님과 다른 민족들을 섬기게 하셨다. 이 교리의 한 쪽 측면만을 집중한다면, 우리는 이 교리를 오해하게 될 것이고, 이 교리는 올바른 것이 되지 못하고 말 것이다.

예를 들면, 만약 우리가 선택 교리를 바로 그 선택 때문에 하나님이 세상의 열방들을 거부하였고, 바로 그 선택 때문에 이스라엘은 하나님에게 다른 민족들보다 더 중요하다는 것을 의미하는 것으로 이해한다면, 이스라엘의 선택 교리가 지닌 진리는 받아들일 수 없게 된다. 왜냐하면, 이스라엘은 단지 다른 민족들을 하나님께로 인도하는 사명을 통해서 하나님을 섬기도록 선택받았기 때문이다. 이스라엘 속에서 하나님은 세계를 보셨다. 이스라엘은 세상에 대한 하나님의 공격 지점이었다. 하나님의 백성 이스라엘이 이러한 지식으로부터 자신의 특별한 선택의 확실성을 도출해 내고, 스스로가 다른 민족들보다 우월하다고 여겼기 때문에, 선지자들은 이스라엘의 이러한 태도를 반박하고, 백성들에게 이스라엘에게만이 아니라 세상에 대하여 큰 긍휼하심을 지니고 계신 살아계신 하나님을 상기시켜야 했다. 왜냐하면, 하나님은 자신의 긍휼 안에서 이스라엘을 땅의 열방들 중에서 하나님 나라에 봉사하도록 하기 위하여 부르셨기 때문이다 (*Outline of Old Testament Theology*, 88).

프리젠에 의하면, 선택은 하나님의 엄위하심과 거룩하심의 표현이고, 인간을 초월한 결정들을 하실 수 있는 권리를 함축하고 있다(*Outline of Old Testament Theology*, 316). 프리젠은 "선택"을 의미하는 Erwählung(election)과 선택된 것에 대한 자부심의 감정인 "택함받음," "뽑힘"을 나타내는 Erwählheit(electness)를 구별하였다. 선택은 올바른 것이지만, 택함받았다는 감정은 옳지 않은 것이다("Die Erwählung Israels," 115).

선택에 관하여 길게 서술한 항목에서 에드몽 자콥(Edmond Jacob)은 선택은 구약의 중심적인 실체들 중의 하나라고 말하였다.

> 그것은 계약보다 덜 자주 언급되고 있기는 하지만, 야웨께서 그의 백성들 속으로 들어가게 된 최초의 행위이자 그러한 유대(bond)의 항상성(恒常性)을 전제하는 영속적인 실체이다. 역사 속에서의 하나님의 모든 개입은 선택이다(*Theology of the Old Testament*, 201).

자콥은 구약에서 선택은 오직 섬김을 위한 것이었다는 로울리의 견해에 동의한다. 그는 아브라함과 모세의 선택이 야휘스트와 신명기사가에 나타나는 선택 신학보다 더 오래된 것이라고 믿었다. 자콥은 이렇게 말하였다: "그들 [족장들]을 하란으로부터 가나안으로 오게 만든 운동 속에는 선택과 상응하는 그 무엇이 존재하였고, 족장들의 종교 속에서 오직 다섯 세기 후에야 통용되게 되었던 신앙의 형태들을 과거 속으로 단순히 투사했다고 보기는 불가능한 것 같다"(*Theology of the Old Testament*, 205).

폰 라트(Von Rad)는 자신의 『구약 신학』에서 선택을 별도의 항목으로 다루지는 않았지만, 구약에 나타난 선택에 대하여 자주 언급하였다. 자신의 저작의 아주 처음 부분에서 그는 이스라엘의 선택에 대한 후대의 신앙은 이스라엘의 "선조들의 야웨 신앙 이전의 제의" 속에 이미 함축되어 있었다고 단언하였다(*Old Testament Theology I*, 7). 선택이라는 개념은 비교적 후기에 신명기에 의해서 최초로 폭넓은 신학적인 토대 위에서 사용되고 있지만, "야웨께서 이스라엘을 자신의 소유된 백성으로 택하였다는 신앙은 물론 매우 오래된 것이다"(*Old Testament Theology* I, 178).

구약의 선택관과 관련해서 폰 라트의 관심을 끌었던 것들 중의 하나는 선택과 율법 또는 십계명의 관계였다. 그는 선택 또는 구원 행위가 율법과 십계명에 앞선다는 구약의 견해를 분명히 하였다. 율법을 지키는 것은 이스라엘의 구원의 조건이 아니었지만, 택함받은 백성으로서의 이스라엘에 대한 하나님의 은혜의 추가적인 표현이었다. "이제 이스라엘의 선택을 효력있게 한 것은 이스라엘에 대한 십계명의 선포였다는 것은 의심의 여지가 있을 수 없다 … 십계명을 받은 자들은 야웨의 구속받은 자들이다"(*Old Testament Theology* I, 192).

계명들과 계약 사이에는 언제나 밀접한 연결 관계가 존재한다.

> 그러나 이러한 계명들은 계약의 첫머리에 조건적으로 덧붙여져 있지 않았다. 따라서 순종이 이루어질 때에만 계약이 효력을 발휘할 것이라고 생각하는 것은 잘못된 것이다. 오히려 상황은 정반대였다. 계약이 이루어졌고, 이에 따라서 이스라엘은 계명들의 계시를 받는다. 그것(십계명)은 이스라엘의 선택에 대한 보증이었다(*Old Testament Theology* I, 194).

폰 라트는 구원의 축복들이 조건적이고 이스라엘의 순종에 의존되어 있다고 말하는 몇몇 본문들을 인정하였다(신 6:18; 7:12; 8:1; 11:8-9; 16:20; 19:8-9; 28:9). 그러나 이러한 본문들에서조차도 "신명기의 큰 은혜의 수여는 결코 무효화되지 않고, 율법적인 구원의 길이 선포된다. 구원을 조건적인 것으로 만들고 이스라엘의 공로에 의존하도록 만들고 있는 것처럼 보이는 경우들조차도 야웨의 선택과 그의 사랑에 관한 선포가 그 앞에 붙어 있다"(*Old Testament Theology* I, 230).

폰 라트는 이스라엘의 선택이라는 개념이 역대기사가의 시대 이전에 해소(解消)되었다고 믿었다. 역대기사가는 '바하르'("선택하다")라는 동사를 11번 사용했지만, 이러한 하나님의 선택의 대상들은 왕, 제의 장소, 레위 지파이다. "역대기사가는 이스라엘의 선택에 관하여 전혀 말하지 않는다 — 그는 심지어 계약 신학에 대해서 알고 있지조차 못했다"(*Old Testament Theology* I, 353).

선지자들은 이전의 몇몇 선택 전승들을 규범적인 것으로 만들었다. 하지만 선택 전승들은 모든 선지자들에게 항상 동일한 것은 아니었다. 호세아와 예레미야는 출애굽 전승들에 서 있었고, 이사야는 다윗 전승들에 서 있었다 (von Rad, *Old Testament Theology* II, 117). 폰 라트에 의하면, 포로기 이전의 선지자들은 이스라엘이 하나님과의 계약을 깨뜨렸기 때문에 장차 하나님의 심판을 받게 될 것이고, 이로써 이스라엘의 현재적인 실존이 끝나게 될 것이라고 믿었다. 이스라엘의 죄악은 이러한 선택 전승들이 이스라엘에게 수여하였던 안전(security)을 무효화시켰다.

포로기 때에 선지자들은 세 가지의 옛 선택 전승들을 잘 알고 있었다: 출애굽(사 41:27; 46:13; 49:13; 51:3, 11, 16; 52:1, 7-8); 아브라함과 야곱(사 41:8; 43:22,28; 51:1-2;); 다윗(사 55:3)과 시온(사 46:13; 49:14-21; 52:1-2). 이 선지자는 미래로 눈을 돌렸고, 새로운 출애굽, 새로운 다윗, 새로운 시온을 보았다.

끝으로, 다니엘서는 이전의 선택 전승들을 미래에 관한 자신의 예언들의 토대로 삼지 않는다. 출애굽과 시온은 다니엘의 사상 세계 바깥에 놓여 있는 것으로 보인다. "화자의 종교적 지평은 실제의 역사적 사건들과 거의 아무런 연결고리를 갖고 있지 않다; 그는 왕들을 세우기도 하시고 폐하기도 하시며 사람들을 구원하여 자유롭게 하시는 하나님의 권능의 위대함을 찬양한다. 하나님의 조명하시는 지혜도 찬양되고, 그의 나라가 멸망받을 수 없다는 것도 찬양된다"(*Old Testament Theology* II, 309).

구약에 나오는 두 가지 주요한 선택 전승들은 주로 북왕국과 남왕국에서 각각 보존되었던 출애굽 전승과 다윗 전승이다. 때때로 이러한 전승들은 서로 결합되었다. 선지자들은 이러한 전승들이 더 이상 효력이 없다고 재해석하였지만, 하나님은 새 출애굽, 새 다윗, 새 예루살렘에서 자기 백성을 위하여 다시 행하실 것이다.

한스 빌트베르거(Hans Wildberger)는 "성서 신학을 향한 노정에서"("Auf dem Wege zu einer biblischen Theologie")라는 논문에서 구약의 중심적인 개념은 하나님의 백성으로서의 이스라엘의 선택이라고 주장하였다. 그는 자신의 논문인 "바하르, 선택하다"("*bchr, erwählen*")에서 구약에 나타난 선택에 관한 자신의 서술을 확장하였다.

발터 침멀리(Walther Zimmerli)는 야웨는 세상의 시초로부터 이스라엘의 하나님인 것이 아니었다고 지적하였다. 이스라엘은 출애굽기에 이르러서야 하나의 백성으로서 출현한다(*Old Testament Theology In Outline*, 14). 선택 신학이 나중에 형성되었다고 할지라도(하나님께서 이스라엘을 선택하셨다는 의미에서의 '바하르'의 용법은 신명기 이전에는 나오지 않는다), 창세기 12장에서 아브라함을 부르신 사건에 관한 기사는 하나님의 백성으로서의 이스라엘의 뿌리를 담고 있다(*Old Testament Theology*, 27, 44).

침멀리는 선택에 관한 용어들이 '바하르'("선택하다") 이외의 다른 히브리어 단어들을 포함한다는 것을 인정하였다. "선택"을 가리키는 히브리어 명사는 구약성서에서 발견되지 않지만, '카라'("부르다"), '야다'("알다"), '바달'("분리하다"), '하자크'("붙잡다")도 선택의 맥락 속에서 사용된다(*Old Testament Theology*, 44). 침멀리는 왜 하나님께서 이스라엘을 선택하셨는가라는 문제를 다루면서, 하나님이 그 열조들을 사랑하셨기 때문이라는 구약의 대답을 지적한다(신 7:8). 그런 후에, 그는 이러한 하나님의 선택이 택함받은 자들에게 무엇을 의미했는지를 물었다. 그것은 존귀, 거룩함, 중보, 섬김을 의미하였다(*Old Testament Theology*, 45). 침멀리는 신명기사가의 시대 이전에 선택은 왕에게 적용되었다고 지적하였다(삼상 8:18). 또한 선택은 제사장들, 특히 레위 지파(민 16:5; 17:2-10), 성전에 적용되었다.

끝으로, 침멀리는 포로기 이전의 선지자들이 왜 이스라엘의 선택에 관하여 거의 말하고 있지 않은지에 관한 문제를 제기하였다. 오직 아모스(3:2)와 예레미야(1:5)만이 그러한 용어를 사용한다. 침멀리는 이러한 침묵의 원인이 갈링(Galling)의 주장과는 달리 포로기 이전의 선지자들이 선택 전승들을 몰랐기 때문이 아니라고 믿었다. 오히려, 그들의 침묵은 "이 선지자들이 택함받은 백성이라는 이스라엘의 자기만족적인 온갖 주장들에 대하여 얼마나 비판적이었는지를 보여주는 것이다"(Old Testament Theology in Outline, 47).

로널드 클레멘츠(Ronald Clements)는 우리가 왜 이스라엘은 유일무이한 방식으로 하나님의 백성인가라고 묻는다면, 구약성서는 선택에 관한 신학으로 대답한다고 말하였다. 신명기 7:6-8은 그러한 신학을 지닌 고전적인 본문이다. 이 신학의 형태는 신명기적이지만, "그러한 신학의 주요한 개념들은 분명히 훨씬 더 오래된 것들이다"(Old Testament Theology, 88). 클레멘츠에게 있어서 신명기는 구약의 선택 신학과 관련하여 규범적인 것이다. 그는 다른 민족들에 대한 이스라엘의 관계를 선교(mission)라는 관점이 아니라 위기와 위협(crisis and threat)이라는 관점에서 본다. 신명기에서 이스라엘은 열방들에 대한 섬김의 역할을 갖고 있지 않다(Old Testament Theology, 95). 하지만 야휘스트는 아브라함(그리고 함축적으로, 이스라엘)이 모든 민족에게 복이 될 것이라고 말하였다. 이사야서에 나오는 종의 노래들에서는 이스라엘은 모든 민족들에 대하여 빛과 종이 될 것이라고 말한다.

새뮤얼 테린(Samuel Terrien)은 이렇게 말하였다:

이스라엘과 그 밖의 다른 모든 민족들의 분리는 비록 선택이라는 단어가 사용되고 있지는 않지만 선택 개념을 보여주는 것이다. 유일무이한 사랑의 대상이 된다는 것은 "선택된 것"을 의미한다. 선택은 "편애"에 대한 정서적인 인식에 입각해 있다. 하지만 이스라엘은 역사적인 진공상태 속에서 사랑받고 있는 것이 아니다. 야웨는 골동품 애호가가 아니다. 이스라엘은 세계의 역사 속에서 야웨의 사랑을 받고 제사장 나라가 된다(The Elusive Presence, 124).

우리는 테린의 저서 속에서 몇몇 성서학자들이 보여주었던 선택에 대한 강력한 강조로부터의 후퇴를 감지한다.

구약 신학들에서 선택 교리의 역할이 감소되고 있는 추세는 클라우스 베스터만(Claus Westermann)의 저작 속에서도 추가적으로 입증된다. 그는 오랜 기간 동안 선택 개념이 구약 신학에서 중요한 역할을 했다고 말한다. 선택은 이스라엘과 관련된 하나님의 행위들의 총체를 지칭하는 것이었다. 베스터만은 선택 개념을 '바하르'("선택하다")의 전문적인 용법에 국한시키고, 이러한 전문적인 용법은 족장들 또는 출애굽과 관련해서는 결코 사용되지 않았고, 언제나 후대의 해석적인 기능을 지니고 있었다고 주장하였다. "이스라엘을 하나님의 백성으로 만든 것은 하나님의 선택이 아니라, 시초에 있어서의 하나님의 구원 행위였다. 이러한 하나님의 행위는 하나님이 이스라엘을 선택하셨다는 것 등과 같은 후대의 성찰에 의해서 설명되었다"(*Elements of Old Testament Theology*, 41). 베스터만은 우리가 선택에 관하여 어떤 주장들을 하게 된다면 우리는 선택 개념을 오해하게 될 것이라고 단언하였다. 우리는 선택 개념을 일반화하지 않아야 하고, 또한 "선택 전승, 선택의 조건, 택함받은 민족에 관하여" 추상적인 의미로 말하지 않아야 한다(*Elements of Old Testament Theology*, 42).

바이런 쉐퍼(Byron Shafer)는 신명기 7:7-8에 의하면 하나님이 이스라엘을 자기 백성으로 선택하신 것은 단지 하나님이 이스라엘을 사랑하셨고 그들의 열조들에게 약속하셨기 때문이라고 주장하였다(신 4:37; 10:15; 왕하 19:34; 사 37:35). 구약에서 선택은 반드시 검증 가능한 이유에 입각한 합리적인 선택이 아니다. 종종 제시되는 유일한 설명은 "하나님께서 너를 사랑하시기 때문이다"라는 말뿐이다("The Root *bhr*," 20).

쉐퍼는 이스라엘의 선택이 후대에 이루어진 것이라는 견해에 대하여 반대하고, 이스라엘의 선택이 초기에 이루어졌다는 것을 밑받침해 주는 네 가지 증거 단편들을 제시한다. (1) 고대 근동의 문헌들 속에서 신이 왕을 선택했다는 관념은 이스라엘이 '바하르'("선택하다")를 사용하게 된 것을 설명해 줄 수 있을 만큼 충분한 근거가 되지 못한다. (2) 고대 근동에서 어근 '바하르'를 넣어서 이름을 지은 것에 대한 증거들은 주전 1900년으로 거슬러 올라간다(이브하르 같은 이름들이 삼하 5:15; 대상 3:6; 14:5에 나온다.). (3) 이스라엘의 선택이라는 구약의 개념은 신이 왕을 선택했다는 신화적인 영역으로부터 이스라엘의 역사적인 선택으로 이동해 간 것이 아니었다. 왜냐하면, 신명기에 나오는 가장 초기의 본문들(10:14-15, 17-18, 21-22; 11:3-7, 10-12)과 시편 47편에서 야웨는 우주적 또는 만유의 하나님으로 묘사되기 때문이다. (4) 족장들의 선택이 후대의 투사라는 견해는 논란이 되는데, 이는 신명기에 나오는 모든 핵심적인 본문들(4:32-40; 7:7-8; 14:1-2)이 이스라엘의 선택을 족장들에 대한 약속과 결합시키고 있기 때문이다. 시편 47편 같은 오래된 시편들에 대한 연구는 족장들의 선택이 먼저 이루어졌다는 것을 밑받침해 준다.

쉐퍼는 엘(El)이 조상들의 하나님이었다는 크로스(Frank M. Cross)의 사고에 의해서 영향을 받았다. 크로스는 히브리 성서에서 오래된 족장들의 계약 패턴을 가장 충실하게 보여주는 예로서 창세기 28:10-22을 인용한다(Cross, *Canaanite Myth and Hebrew Epic*, 244-245; Shafer, 36.).

쉐퍼의 주장은 오래된 어근 '바하르'는 고대 근동의 부족 사회들에서 조상들의 신들과 결부되어 있었을 가능성이 있다는 것이다. 게다가, 그는 신명기와 시편에 나오는 선민(選民) 개념들은 "족장들의 종교적 개념들의 잔존물들, 확장들, 발전들, 개정들"로 해석될 수 있다고 단언하였다("The Root *bhr*" 30,33). 쉐퍼와 프랭크 크로스는 선택 개념이 족장과 그의 하나님이 상호적인 계약을 맺었던 시절로 거슬러 올라간다고 믿었다. 그러한 계약들은 조건적인 것이었지만, 족장들의 하나님은 그 땅을 족장들과 그 자손들에게 줄 것을 약속했던 우주적이고 농경적인 신으로 보아지기도 했다. 그러므로 선택과 계약이라는 두 개념은 족장 시대로부터 유래한 것이다: 조건적이고 약속에 의한 것(또는 무조건적인 것).

쉐퍼는 크로스의 견해를 따라서, 솔로몬 시대에 조건적인 선택으로부터 다윗 왕조와의 "영원하고 무조건적인 계약"의 패턴으로 근본적인 변화가 일어난 것으로 보았다. 솔로몬이 죽고 왕국이 분열된 후에, 조건적 선택에 관한 옛 개념은 북왕국에서 다시 출현하였다. 무조건적인 선택 개념은 남왕국에서 계속되었다(Shafer, 38-39). 주전 586년에 예루살렘이 멸망한 후에, 두 가지 선택 개념 간의 긴장관계는 포로기와 제2성전 시대에 걸쳐서 지속되었다

(Shafer, 42). 쉐퍼는 시편 47편, 78편, 89편을 사용해서, 이스라엘에서의 족장 전승과 다윗 전승을 추적하였다.

선택은 크리스토프 바르트(Christoph Barth)의 마지막 저서인『우리와 함께 하시는 하나님』(God With Us, 1991)에서 중요한 주제로 다루어졌다. 족장들의 선택은 이스라엘의 신조에서 기본적인 조항이다. 족장들에 관한 이야기는 오직 창세기에만 나온다. 구약의 다른 책들에는 족장들에 관한 내용이 거의 없다. 하지만 족장들의 선택은 이스라엘의 신조들의 다수에서 하나의 조항을 이루고 있다. 몇몇 신조들에서 족장들의 선택은 맨처음에 나온다(신 26:5-9; 수 24:2-13; 삼상 12:8). 느헤미야 9:6-31에서는 창조 다음에 바로 조상들의 선택에 관한 조항이 나온다. 족장들의 선택에 관한 조항은 이 신조의 몇 차례에 걸친 반복들 속에서도 여전히 남아 있다(신 32:6-14; 시 135; 136; 렘 32:17-23). 크리스토프 바르트는 이 신조의 본질적인 부분들은 출애굽과 땅의 수여였다고 말한다. "창조 또는 조상들의 선택은 동일한 우선 순위를 지니고 있지 않다"(God With Us, 34).

조상들의 선택이라는 주제는 출애굽 및 땅의 수여를 보완하는 것이다. 이스라엘은 애굽으로부터 나올 때까지는 민족을 이루지 못했다(겔 20:5-6; 호 11:1; 12:9; 13:4; 암 3:1). 크리스토프 바르트는 이스라엘이 족장들의 자손이라는 것을 인정한 것은 오직 출애굽 이후였다고 말한다. "이것은 오늘날의 독자들에게도 올바른 순서이다"(God With Us, 39).

어니스트 니콜슨(Ernest Nicholson)은 구약에 나타난 선택과 계약이라는 문제를 다시 다루었다. 그는 벨하우젠 이래로 계약(적어도 계약에 관한 일부 내용)에 대한 연구는 "샅샅이 이루어졌기 때문에, 계약은 구약을 연구하는 자들에게 이미 시대에 뒤떨어진 개념이 되어 버렸다"고 지적하였다. 그는 학자들 가운데서의 논쟁을 통해서 "계약 개념이 고대 이스라엘의 신앙에 있어서 독특한 내용의 발전에 얼마나 결정적인 것이었는지"를 더 분명하게 볼 수 있게 해 주었다고 말한다. 계약은 중심적인 주제이고, "또 다시 구약학도들이 정면으로 맞붙어 볼 만한 과제다"(God and His People, v).

니콜슨은 기제브레히트(F. Giesebrecht)가 야웨에 대한 이스라엘의 초기 관계가 자연스러운 관계 — 아들과 아버지의 관계 같은 — 였다는 벨하우젠의 견해에 최초로 도전하였다고 지적한다. 벨하우젠의 견해에 의하면, 이스라엘과 야웨의 관계는 이방 민족들과 그들의 신들의 관계와 유사한 것이었다. 기제브레히트는 이스라엘의 관계는 역사에 토대를 둔 것으로서, "자연 종교"의 일부로서 출현하지 않았다고 주장하였다(*Die Geschichtlichkeit des Sinaibundes*, 25). 처음부터 이스라엘과 야웨의 독특한 관계를 설정해 주었던 것은 하나님의 선택에 대한 신앙이었다. 그것은 호전적인 배타주의와 "야웨 같은 신이 없다는 신앙"을 가져다 주었다(Nicholson, *God and His People*, 23).

B. 선택을 나타내는 어휘들

'바하르' ("선택하다")라는 단어는 하나님께서 족장들(느 9:7), 이스라엘(신 4:37; 7:7-8; 10:15; 14:2; 시 105:43; 사 44:1-2; 겔 20:5), 다윗(삼하 6:21; 왕상 8:16; 시 78:70; 89:3), 예배 장소(신 12:18,26; 14:25; 15:20; 16:7, 16; 17:8, 10; 18:6; 31:11; 수 9:27; 시 132:13), 제사장들(민 16:5, 7; 17:5 [히 17:20]; 신 18:5; 삼상 2:27-28)을 선택하신 것과 관련하여 사용된다.

구약에서는 선택 개념을 표현하기 위하여 그 밖의 다른 히브리어 단어들이 사용된다. '카라' ("부르다")라는 단어는 이사야 51:2에서 아브라함과 관련하여 사용되고(창 12:1-3과 비교해 보라), 사무엘(삼상 3:4-21) 및 많은 선지자들과 관련해서도 사용된다. '야다' ("알다")라는 단어는 창세기 18:19과 아모스 3:2에서 "택하다" 또는 "선택하다"를 나타내는 의미로 사용되고 있다.

허버트 허프먼(Herbert Huffmon)은 '야다' ("알다")에 해당하는 메소포타미아 단어들이 고대 근동의 문헌들에서 주군과 봉신 간의 상호적인 법적 인정과 관련해서 사용되었다는 것을 보여주었다("The Treaty Background of Hebrew *Yada*," 31-37). 한 본문에서는 아수르바니팔에게 "당신은 신(들)이 알고 있는 왕입니다"라고 말한다. 허프먼은 아브라함(창 18:19), 모세(출 33:12, 17), 고레스(사 45:3-4), 다윗(삼하 7:20; 대상 17:18), 예레미야(1:5), 이스라엘(암 3:2; 호 13:4-5)에 대한 구약의 언급들 속에서 이 표현에 대한 병행들을 발견하였다.

하나님께서 이스라엘을 열방들로부터 구별하셨다는 의미에서 '바달' ("구분하다” 또는 “구별하다”)이라는 단어는 레위기 20:24; 민수기 8:14; 16:9; 신명기 10:8에서 선택을 나타내는 데에 사용된다. '마차' (“발견하다”)라는 단어는 신명기 32:10; 시편 89:21; 호세아 9:10에서 “선택”이라는 의미로 사용되고, '라카흐' (“취하다”)라는 단어는 출애굽기 6:7; 신명기 4:34에서 선택의 의미로 사용된다. 창세기 29:31과 말라기 1:2-3에 나오는 “사랑하다”와 “미워하다”라는 단어들은 “선택”과 관련된 용어들이다(Ralph L. Smith, *Micah-Malachi*, WBC 32, 305).

C. 선택에 대한 반론들

우리는 이러한 용어들의 용례를 통해서 하나님이 족장들과 이스라엘을 선택했다는 개념이 구약성서 전체에 퍼져 있다는 것을 알게 된다. 그러나 이 개념은 “부르심 받은” 자들에 의해서 언제나 적절하게 이해된 것은 아니었다. 포로기 이전의 선지자들은 이 개념을 거의 언급하지 않았다; 그리고 그들이 이 개념을 언급했을 때에도, 그들은 통상적으로 “택함 받은” 자들이 그들의 부르심을 거부한 것에 대하여 심판을 선포하였다. 이스라엘은 흔히 그들의 부르심으로부터 하나님의 사랑 — 그들의 부르심의 토대 — 에 대한 참된 이해와는 반대되는 결론들을 도출해 내었다. 자콥은 이렇게 말한다: “그들은 경직된 배타주의에 빠져서, 이미 굳어져 버린 개념이 되어 버렸던 그들의 선택을 이방 민족들을 미워해야 할 의무이자 스스로의 자랑거리로 해석하였다” (*Theology of the Old Testament*, 111, 204).

아모스는 이스라엘이 선택을 책임 없는 특권이라는 관점에서 오해하였다고 보았다. 아모스의 동시대인들 중 대다수는 선택을 특권 및 편애와 혼동하였다. “그들은 하나님께서 그들을 선택하셨기 때문에 다른 민족들보다도 그들을 더 사랑하고 있음에 틀림없다고 생각하는 것처럼 보였다; 그랬기 때문에, 그들은 하나님의 엄격한 심판이 아니라 하나님의 축복을 기대하였다” (Ralph L. Smith, *Amos*, 100). 신명기 9장은 치명적인 죄인 교만을 격렬하게 단죄하였다. 선택에 관한 구약의 교리는 교만의 여지를 전혀 허용하지 않는다. 우리가 “선택하다”라는 용어를 사용하기 시작하면, 배타성, 자의성, 편애, 특별한 특권과 같은 개념들이 즉각적으로 생겨난다.

노먼 스네이스(Norman Snaith)는 하나님의 사랑 속에는 배타성이 존재한다고 말하였다. 선택 개념은 아주 초기부터 "복음의 걸림돌"의 일부였다. 우리는 "택함받음" 또는 "선택"이라는 단어를 좋아하지 않을 수 있다. 선택과택함받았다는 것은 우리에게 혐오스러운 것일 수 있지만, "그러한 용어들은구약과 신약 모두에 확고하게 배어 있다"(*The Distinctive Ideas of the Old Testament*, 139).

켈수스(Celsus)는 구약의 선택 교리에 강력하게 반발하였다. 희화화된 문장속에서 그는 이렇게 말하였다:

> 유대인들과 그리스도인들은 내게는 숨어 있던 동굴에서 나온 박쥐 또는 개미의 무리들, 늪에 앉아 있는 개구리들, 거름더미의 구석에서 모임을갖고 서로에게 다음과 같이 말하는 벌레들처럼 보인다: "하나님은 우리에게 모든 것을 계시하시고 선포하신다. 하나님은 세상의 나머지에 대해서는 신경을 쓰지 않으신다; 우리는 하나님이 상대해 주시는 유일한 존재들이다 … 모든 것이 우리에게 종속되어 있다: 땅, 물, 공기, 별들. 우리 중일부가 범죄한 일이 발생했기 때문에, 하나님은 악한 자를 불로 멸하시고우리에게 영원한 생명에 참여할 분깃을 주기 위하여 직접 오시거나 자기아들을 보내실 것이다"(Cullmann, *Christ and Time*, 28에서 재인용).

1945년에 Evangelical Lutheran Church of the Holy Trinity의 목회자이자뉴욕에 있는 유니온 신학교의 설교학 교수였던 폴 쉐러(Paul Scherer)는 충격적인 언어를 사용해서 유대인들을 꾸짖었다. 유대인들의 선택관에 대한 그의인식은 유대인들은 역사 속에서의 하나님의 목적이 그들에게 유익을 주는 것이라고 생각하였지만, 실제로 하나님의 목적은 자신의 영광을 드러내시고 이땅에 하나님의 나라를 이루시는 것이었다는 것이었다. 쉐러는 "구약성서 전체에 걸쳐서, 그리고 신약성서에 이르기까지 이스라엘은 택함받은 민족으로얘기된다"고 지적하였다(*Event in Eternity*, 193). 성경은 지금까지 일어난 모든 일들은 단지 그들을 위하여 일어난 것이 아니었다고 역설한다. "이것은 상당한 정도의 책임을 하나님으로부터 덜어내서, 원래 그 책임이 속해 있는 곳으로 던진다!"(Scherer, 194).

오늘날의 한 유대인인 리처드 루벤슈타인(Richard L. Rubenstein)은 선택 교리에 반대하였다. 아우슈비츠 이후에 유대인들은

> 결코 다시는 인간사를 섭리적으로 주관하시는 하나님을 온전하게 믿을 수 없다; 성경적 신앙의 확신에도 불구하고, 아우슈비츠에서 일어난 일은 너무도 기괴한 것이어서, 신정론의 통상적인 기법들을 통해서는 그러한 하나님의 존재와 화해될 수 없었다. 아우슈비츠 이후로 전통적인 의미에 서의 섭리를 믿는 것은 불가능할 뿐만 아니라 부도덕한 것이기도 하다. 왜 냐하면, 그것은 하나님을 히틀러와 공모해서 단지 선택받은 죄 때문에 택 함 받은 백성을 의도적으로 학살하고자 한 분으로 만들어 버리기 때문이 다(Richard L. Rubenstein, *After Auschwitz*; Alan T. Davies, *Anti-Semitism and the Christian Mind*, 36에서 재인용).

루벤슈타인은 오늘날의 많은 이스라엘 사람들은 계약 신학을 완전히 거부 한다고 썼다. 그는 성경의 종교가 모든 유대인의 유산의 일부이긴 하지만, "많은 이스라엘 사람들은 오늘날의 헬라인들이 호메로스(Homer)의 신들을 믿지 않는 것과 마찬가지로 성경의 하나님을 거의 믿지 않는다"고 말하였다. "유대인들이 하나님의 개입을 기다리는 것을 중단하고 역사를 자신의 수중으 로 가져왔을 때, 이스라엘은 하나의 실체가 되었다"(Foreword to Davies, *Anti-Semitism and the Christian Mind*, 12). 자신의 저서인 『내 형제 바울』 (*My Brother Paul*)에서 루벤슈타인은 "객관적인 역사에 비추어 볼 때, 그 어 떤 종교적 입장도 특권을 지닐 수 없다"고 말하였다(*My Brother Paul*, 21).

하버드 신학교의 카우프만(Gordon D. Kaufman)은 하나님은 예수 그리스 도 안에서 스스로를 어떤 사람들에게는 계시하고 어떤 사람들에게는 계시하 지 않았다는 점에서 불의하고 불공평하다는 비난에 대하여 말하였다. 그는 원칙적으로 진리, 특히 궁극적인 실체에 관한 진리는 모든 사람에게 주어져 야 한다고 말한다. 이와 같은 식으로 편애를 행하는 하나님은 사랑의 하나님 으로 여겨질 수 없다; 심지어 인간 아버지조차도 아무런 이유 없이 자녀들을

차별하는 것이 잘못된 것이라는 것을 안다.

카우프만은 자신의 『조직 신학』(*Systematic Theology*)에서 이러한 흔한 비판들은 언뜻 보기에는 옳아 보이지만, 좀 더 세밀하게 검토해 보면, 대단히 잘못되었다는 것이 드러난다고 말하였다. 왜냐하면, 아무도 실제로 모든 사람이 진리와 실체에 대하여 동등하게 접근할 수 있다고 믿지 않기 때문이다. 우리가 알 수 있고 또한 알고자 하는 진리는 다른 무엇보다도 역사적 · 심리적 요인들에 의해서 규정된다. 모든 사람들이 플라톤 또는 아인슈타인이 가르친 진리를 알 수 있는 동일한 기회를 부여받고 있지 않다. 왜냐하면, 역사적 또는 상황적 여건들이 서로 다르기 때문이다.

> 알려져 있거나 알 수 있는 진리는 언제나 인식 주체의 역사적 상황에 대하여 상대적이다. 그러므로 하나님이 저 먼 고대로부터 시작해서 궁극적으로는 보편적인 교회 속에서 꽃핀 한 공동체의 역사적 발전을 통해서 자기 자신을 특별하게 계시하였다는 기독교의 주장은 전혀 걸림돌이 되지 않는다(*Systematic Theology*, 14).

어니스트 라이트(G. Ernest Wright)는 선택 교리에 대한 반론들에 대하여 우리가 어떠한 대답을 해야 할지는 분명하다고 말하였다. 이스라엘은 이러한 선택을 위하여 무시무시한 대가를 치렀다. 이스라엘이 자기 자신에 관하여 말하는 이야기는 칙칙하고 구슬픈 이야기이다. 이스라엘이 택함받은 백성이라고 주장했을 때, 그들은 애굽으로부터의 구원에 대한 유일하게 가능한 설명을 제시한 것이다. 그것은 후대의 관념이 아니라, 그들의 기원에 관한 이스라엘 자신의 설명 중의 일부이다. "후대의 기자들은 이것을 당연시했고, 그것을 하나님의 은혜의 최고의 표현으로 여겼다"(*The Old Testament Against Its Environment*, 50).

D. 선택의 목적

구약은 하나님께서 이스라엘을 그의 특별한 백성으로 선택하셨다고 주장한다. 구약은 우리에게 왜 하나님께서 이스라엘을 선택하셨는지를 말해 주는

가? 그렇기도 하고 그렇지 않기도 하다. 구약의 몇몇 부분들은 이 질문에 대한 대답을 신비의 영역 속에 남겨 두는 것으로 보이고, 오늘날의 학자들은 선택의 신비를 숙고해 왔다. 시인인 하우스먼(A. E. Housman)은 한때 이렇게 썼다: "하나님이 / 유대인들을 / 선택하신 일이 / 얼마나 기묘한지"(Scherer, 194에서 재인용).

노먼 스네이스(Norman Snaith)는 우리가 이러한 질문에 답할 수 없을지는 몰라도, 그 가르침은 너무도 분명하다고 말하였다. 왜 이 한 백성은 택함을 받고 다른 백성은 택함을 받지 못했는가? "우리에게는 해답이 없다. 칼빈은 이 질문의 두 부분에 대한 해답을 찾고자 시도했고, 그의 대답은 예정론이었다. 루터는 칼빈이 하나님의 엄위하심 속으로 기어 들어가고자 했기 때문에 칼빈이 잘못되었다고 말하였다. 이 질문의 첫 번째 부분(왜 이 한 백성은 택함을 받았는가?)은 대답될 수 있다. 하나님은 이 백성을 사랑하셨기 때문에 선택하셨다"(Snaith, *The Distinctive Ideas of the Old Testament*, 139). 스네이스는 이 질문의 두 번째 부분에 대하여 만족할 만한 대답을 제시하지 못했다: 왜 하나님은 다른 백성을 선택하지 않았는가?

구약의 몇몇 부분들은 이스라엘이 열방들에 대한 복이 되도록 하기 위하여 선택받았다고 대답한다. 이러한 대답이 지닌 논리적인 전제는 이스라엘의 선택은 어떤 식으로든 인류의 곤경에 대한 대답이 되어야 한다는 것이다. 그러므로 이사야 선지자는 하나님께서 이스라엘을 "열방들의 빛"(사 42:5-7)이 되도록 부르셨다고 선포했을 때에 전혀 새롭지 않은 교리를 정교하고 깊게 표현하고 있는 것이다. 아마도 우리는 열방들에 대한 빛이 되어야 할 것은 이스라엘, 이전의 이스라엘 중에서 살아 남아 있는 남은 자들이라고 지적해야 할 것이다. 이스라엘의 선택은 켈수스가 상상했던 것과 같지 않았다. 선택이 수여한 자유와 특권은 하나님의 독자적인 목적들에 의해서 제한되었다.

로울리(H. H. Rowley)는 구약이 이스라엘에 대하여 그들이 선하거나 위대하기 때문에 선택된 것이 아니라고 경고하고 있는 것을 지적하였다(신 7:7-8; 9:4-6). 선택 교리는 비현실적인 드라마를 만들어낸다. "하나님이 합당한 자들을 선택한 것이라면, 하나님의 은혜는 의문시된다; 하나님이 무가치한 자들을 선택한 것이라면, 하나님의 공의가 의문시된다"(*The Biblical Doctrine of Election*, 39). 로울리는 선택을 목적론적으로 바라보면 이 딜레마가 제거 된다고 생각하였다. 하나님께서 이스라엘을 선택하신 목적은 계시와 섬김이 었다(*The Biblical Doctrine of Election*, 39, 54~68).

그러므로 이스라엘의 선택은 공로(merit)가 아니라 하나님의 기이한 은혜 (mysterious grace)에 토대를 둔 것이었다; 그리고 그러한 실상은 출애굽 속에 서 확증되었다. 바벨론 포로생활 속에서 적어도 한 선지자는 하나님이 이스 라엘을 열방들의 빛이자 "하나님의 보편적인 구속 목적"의 도구가 되도록 선 택하셨다는 것을 이해하였다(Wright, *God Who Acts*, 20).

윌리엄 라솔(William LaSor)은 성경의 선택 교리는 많이 오해되어 왔다고 말하였다. 선택에 관한 통상적인 견해는 하나님이 어떤 백성을 선택해서, 그 들에게 천국으로 가는 무료 입장권을 주고, 나머지 사람들에게는 지옥을 배 정하였다는 것이다. 선택을 통해서 드러난 하나님의 인격, 성품, 목적을 이해 하고자 하는 시도는 행해지지 않는다(*The Truth About Armageddon*, 36). "택함받은 자들은 하나님께서 특별한 계시를 주셨거나 주시고 있는 사람 또 는 사람들의 공동체로서, 그들을 통해서 하나님은 다른 민족들 또는 백성들 에게 자기 자신을 계시하실 것이다 … 성경적 의미에서의 선택은 언제나 선 교의 목적을 지닌다 … 선택은 결코 그 자체가 목적이 아니다; 그것은 언제나 목적을 위한 수단이다"(LaSor, 41~42). '바하르'와 '에클레고마이'라는 단어 들은 적극적인 것들로서, 선택받지 않은 것에 대한 거부라는 의미를 지니고 있지 않다. 이 단어들은 배척의 의미를 담고 있지 않은 선별 또는 선호라는 관념을 강조한다(LaSor, 37).

구약에서 선택의 토대는 하나님의 주권이다. 예레미야는 하나님을 진흙을 가지고 자신이 선택하는 그 어떤 그릇으로 만들 수 있는 절대적인 권세를 지 닌 토기장이로 묘사하였다. 그러나 바로 그 동일한 본문 속에서 하나님은 어 떤 민족이 회개할 경우에 "자신의 마음을 바꿀" 권리를 가지고 계신다(렘 18:1-6). 라솔은 "하나님의 주권 교리에 관한 그 어떤 진술도 그의 주권을 파 괴할 수 없다"고 말하였다(*The Truth About Armageddon*, 43). 하나님은 변 덕스러운 분이 아니다. 하나님의 뜻과 전체적인 목적은 그의 지혜와 그의 사 랑을 포함한다.

하나님의 주권에 관한 진리와 나란히, 인간은 "하나님보다 약간 못하게"(시 8:5) 지음받았다는 성경의 가르침이 두어져야 한다. 각각의 사람은 의지를 가지고 있고, 인격적인 결단들에 대하여 전적인 책임을 져야 한다. 사람들은 "택함받을" 수 있지만, 그들은 여전히 구원받기 위하여 "주의 이름을 불러야" 한다(욜 2:32; 마 3:5). 사람들은 단순한 꼭두각시가 아니지만, 하나님은 은혜로우시고 오래 참으신다(출 34:6-7).

왜 하나님은 하란이 아니라 아브라함을 선택하셨는가(창 11:27)? 구약은 이 질문에 답해주지 않는다. 크리스토프 바르트는 하나님은 자신의 결정들에 대하여 이유들을 밝힐 필요가 없다고 말하였다. 하나님은 자유롭게 선택하신다. 물론, 하나님은 자신이 행하시는 일에 대하여 이유들을 가지고 계신다; 그의 선택들은 자의적인 것이 아니다. 하나님은 자유로운 긍휼하심 속에서 선택하시지만, 그의 선택들의 근거들 또는 이유들은 선택받은 사람들 또는 대상들 속에 있는 것이 아니라 그의 목적 속에 있다(*God With Us*, 41). 하나님이 족장들 또는 이스라엘을 선택하신 것은 그들이 선하거나 신실하기 때문이 아니었다.

그렇다면, 선택받지 못한 자들은 도대체 무엇인가? 선택받은 자들이 특권을 지니고 있다면, 택함받지 못한 자들은 특권이 없는 것인가? 그들도 특권이 있을 수 있지만, 택함받은 자들과 동일한 방식으로는 아니다. 크리스토프 바르트는 이렇게 말하였다: "그들에게는 나름대로의 역할들이 있고, 특별히 나쁜 처지 속에 놓여 있는 것도 아니다. 그들은 택함받은 자들만큼이나 선하고, 때로는 더 선하다. 하나님은 그들을 반드시 거부하거나 저주한 것이 아니다. 그들은 하나님의 계획 속에서 한 자리를 차지하고 있다"(*God With Us*, 44).

선택은 성경의 내용들 중에서 결정적으로 중요한 일부이다. 하나님은 세상을 사랑하셨기 때문에, 아브라함과 그의 후손들 중 일부를 선택하셔서, 그의 구원의 은혜를 알리는 제사장 나라와 열방의 빛으로 삼으셨다.

17. 나는 네 하나님이 되리라(계약)

A. 계약 연구의 최근 동향

'베리트' ("계약")라는 히브리어 단어는 구약에서 중요하지만, "선택"을 가리키는 용어와 더불어서 파란만장한 신학적인 이력을 지니고 있다. 이 단어는 어떤 때에는 신학 사상의 모든 학파들 속에 자신의 이름을 새긴 적도 있고, 또 어떤 때는 통상적인 신학적 논의들로부터 거의 완전히 떨어져 나간 경우도 있었다 ─ 우리의 성경을 이루는 두 부분이 이 단어를 제목으로 삼고 있음에도 불구하고.

계약이라는 용어는 구약에서 균일하게 사용되지 않는다. 구약의 몇몇 부분들(신명기)은 이 용어를 많이 사용하지만, 포로기 이전의 선지자들과 지혜 문학은 이 단어를 드물게 사용한다. 하지만 이 개념의 중요성은 '베리트'라는 용어가 어디에서 또는 얼마나 자주 사용되고 있는지에 좌우되지 않는다.

1) 계약에 대한 관심의 부활(Eichrodt와 Albright) ─ 이전에 욀러(Oehler, *Theology of the Old Testament*, 175–178)와 벨하우젠(Wellhausen, *Prolegomena*, 417–419) 같은 구약학자들은 계약을 다루기는 했지만, 구약의 내용들에 관한 서술에서 계약을 중심적인 것으로 삼지는 않았다. 사실, 벨하우젠은 초기 이스라엘에서 계약은 마치 부자관계처럼 이스라엘과 야웨 사이의 "자연스러운 유대"였다고 가르쳤다. 그러한 유대관계는 계약의 조건들을 준수하느냐의 여부에 달려 있지 않았다. 계약 관계는 흔히 전쟁의 때에 하나님께서 이스라엘을 "돕는다"는 것을 의미하였다. 벨하우젠(Wellhausen, *Prolegomena*, 434)에 의하면, 이스라엘이라는 이름은 "엘이 싸우신다"를 의미한다고 한다.

초기의 계약 개념은 신학적인 의미에서의 구원이 아니라 모든 경우들에 있어서 하나님으로부터의 "도우심"을 의미하였다. 죄사함은 부차적인 중요성을 지닌 문제였다(*Prolegomena*, 469). 벨하우젠이 이렇게 말할 수 있었던 것은 그가 죄 문제를 다루는 제사장적 규례가 모세로부터 기원하였다고 믿지 않았기 때문이었다. 제사장적인 토라는 에스라 시대까지는 생겨나지 않았다(*Prolegomena*, 438).

하지만 하나님의 의(義)와 사회 정의에 대한 요구를 강조하였던 주전 8세기 선지자들은 자연적인 유대로서의 계약으로부터 일종의 조약 또는 협약으로서의 계약이라는 개념으로의 변화를 주도하였다. 계명들은 이스라엘에 대한 야웨의 지속적인 관계에 필요한 요구들 또는 조건들로 이해되었다 (Nicholson, "Israelite Religion in the Pre-exilic Period," 3). 야웨와 이스라엘 간의 자연적인 유대는 단절되었다.

많은 학자들은 벨하우젠의 계약 개념을 받아들였고, 이 문제가 일단락되었다고 생각하였다. 한동안 계약에 대해서는 학자들 사이에서 별 논쟁이 없었다. 1900년에 기제브레히트(F. Giesebrecht)는 영향력 있는 연구서인 그의『시내산 계약의 역사성』(*Die Geschichtlichkeit des Sinaibundes*)이라는 저서를 출간하였는데, 거기에서 그는 벨하우젠이 주장한 초기의 "자연적인 유대"로서의 계약이라는 개념에 도전하였다. 기제브레히트는 야웨에 대한 이스라엘의 관계는 역사적인 토대를 지니고 있는 것으로서, 그 관계는 이른바 "자연" 종교들의 경우에서처럼 등장한 것이 아니었다고 주장하였다(Giesebrecht, 25; Nicholson, *God and His People*, 23).

1933년이 되기까지는 어느 누구도 계약을 중심 주제로 삼은 구약 신학을 저술하지 않았다. 발터 아이히로트(Walther Eichrodt)는 계약을 중심 주제로 삼아서 구약 신학을 쓴 최초의 구약학자였다. 아이히로트는 이렇게 말하였다:

> 계약 개념은 구약의 종교적 사고 속에서 이러한 중심적인 지위가 부여되어 있었기 때문에, 이 개념으로부터 시작해서 작업해 나감으로써 구약의 메시지의 구조적인 통일성은 더 쉽게 가시화될 수 있다. 왜냐하면, 계약 개념은 이스라엘의 가장 근본적인 확신, 즉 하나님과의 유일무이한 관계에 대한 이스라엘의 인식을 소중히 간직하고 있기 때문이다. 결정적으로 중요한 것은 히브리어 단어인 '베리트'가 나오느냐 나오지 않느냐 — 극히 소박한 비평이 종종 생각하는 것과는 달리 — 가 아니라 구약에 나오는 모든 중요한 신앙의 진술들은 명시적이든 암묵적이든 역사 속에서의 하나님의 은혜의 행위가 이스라엘을 하나님의 백성으로서의 유일무이한 위엄을 지니게 했고 이 하나님 안에서 이스라엘의 성격과 목적이 분명하게 제시되었다는 전제에 의존하고 있다는 사실이다. 그러므로 "계약"이라는 용어는 말하자면 이스라엘의 신앙의 토대들 중에서 가장 깊은 층을

형성하고 있었고 이것이 없었다면 사실 이스라엘이 결코 이스라엘이 될 수 없었던 훨씬 더 광범위한 확실한 사실을 가리키는 암호일 뿐이다. 역사 속에서의 하나님의 행위를 집약한 것으로서의 "계약"은 그것의 도움을 받아서 "한 묶음의 교리"를 발전시킬 수 있는 교의적 개념이 아니라, 특정한 때와 장소에서 시작되었고 종교의 역사 전체 속에서 유일무이한 하나님의 실체를 드러내도록 의도된 살아있는 과정에 관한 전형적인 서술이다. 주의력이 있는 독자들은 이 저작의 모든 장들 속에서 이러한 살아있는 과정에 대한 언급들을 감지하지 않을 수 없게 될 것이다(*Theology of the Old Testament* I, 17-18).

올브라이트(W. F. Albright)는 계약 개념이 이스라엘의 종교적인 삶 전체를 지배하고 있고, 이 개념은 '베리트'라는 용어가 등장하지 않는 경우에도 흔히 존재한다는 데에 동의하였다. 『석기 시대에서 기독교까지』(*From the Stone Age to Christianity*)의 제2판 서문에서 올브라이트는 이 책의 초판에서 그가 하나님과 이스라엘 간의 계약이 모세 이전에 기원하였다는 것을 짧막하게 강조하긴 했지만, 계약 개념이

아이히로트의 겉보기에 극단적인 입장이 완전히 옳다는 것을 입증해 줄 정도로 이스라엘의 종교적인 삶 전체를 지배하고 있다는 것을 인정하지 못했다. 우리는 "계약"의 중요성을 인식함이 없이는 이스라엘의 종교, 정치 조직, 선지자 제도를 이해할 수 없다. 계약이라는 단어 자체는 주전 15-12세기에 수리아와 애굽에서 사용되었던 셈어에서 빌려온 것으로 보이고, 분명히 이스라엘의 가장 초기의 시기로 거슬러 올라간다(*From Stone Age to Christianity*, 16).

2) 구약의 계약과 고대 근동의 조약들 간의 병행들 ― 비케르망(E. Bikerman)은 히타이트 왕들과 그들의 봉신들 간의 조약과 야웨와 이스라엘의 계약관계 사이에 유비(類比)가 존재할 수 있다는 것을 알아차린 최초의 학자였던 것으로 보인다("*Couper une alliance*," 133-156; 또한 E. W.

Nicholson, *God and His People*, 57을 보라).

조지 멘덴홀(George Mendenhall)은 비케르망의 주장을 이어받아서, 히타이트의 조약 양식은 구약의 계약 개념의 원천이었다고 주장하였다(*Law and Covenant in Israel*, 24-27). 멘덴홀은 이스라엘의 지파들은 혈연 관계에 의해서 묶여져 있었던 것이 아니라, 종교를 토대로 한 계약에 의해서 결합되어 있었는데, 이것은 히타이트의 왕이 그의 봉신들을 자신에 대한 충성과 복종으로 묶어 둘 때에 사용하였던 봉신 조약의 본을 따른 것이었다고 주장하였다(*Law and Covenant in Israel*, 25-26).

멘덴홀은 이런 유형의 국제 조약(또는 계약)은 이스라엘 백성의 초창기에는 히타이트 제국(주전 1450-1200년)에만 있었다고 믿었다. 이것은 구약에 나오는 계약 양식이 모세 시대로부터 기원하였다는 것을 방증해 주는 것이다. (히타이트인들은 봉신 조약 양식을 사용하긴 했지만 그 양식을 최초로 만들어낸 민족은 아니었을 것이다. 이 조약 양식은 주전 2000년기에 여러 나라와 민족들의 공통의 자산이었고, 훨씬 후대의 민족들에 의해서 알려져 있었고 사용되었던 것으로 보인다. J. J. Roberts, "Ancient Near Eastern Environment," in *The Hebrew Bible and Its Modern Interpreters*, ed. Knight and Tucker, 93-94를 보라.)

봉신 조약의 일차적인 목적은 주군으로부터의 군사적인 지원을 비롯한 주군과 봉신 간의 확고한 관계를 설정하는 것이었다. 하지만 주군의 이익이 일차적인 것이었다. 이 계약 양식은 일방적이었다. 그 규정들은 오직 봉신에게만 구속력이 있었다 — 물론, 이 계약의 서문에서는 흔히 주군이 봉신을 위하여 은택들을 베풀 것을 말하고 있긴 하지만.

히타이트인들 또는 바빌로니아인들은 조약 또는 계약을 가리키는 단일한 단어를 가지고 있지 않았지만, 이 두 민족은 이것을 가리키는 데에 "맹세와 유대"(oaths and bonds)를 의미하는 하나의 어구를 사용하였다. 봉신에게 부과된 구체적인 의무들은 주군의 "말씀들"이라고 불리었다(Mendenhall, *Law and Covenant in Israel*, 31).

제국들, 특히 앗수르가 출현하였을 때, 그들이 봉신들을 묶어 둔 조약 또는 계약의 구조는 판이하게 달랐다. 이스라엘에서조차도 계약의 이전 형태는 더 이상 통일 왕국 시대 이후에는 널리 알려져 있지 않았다. 그러므로 이스라엘에서 계약 개념은 오래된 것임에 틀림없다(Mendenhall, *Law and Covenant in Israel*, 30-31).

멘덴홀은 히타이트의 계약들에 나오는 6가지 요소가 구약에 나오는 시내산 계약 양식에서 병행들을 지니고 있다고 말한 코로섹(V. Korosec)의 주장에 동의하였다. 이 6가지 요소는 다음과 같은 것들이다: (1) 큰 왕이 누구인지를 밝히는 전문(출 20장과 비교해 보라: "나는 네 하나님 여호와니라"); (2) 역사적 서문; (3) 조항들("열 가지 말씀들"과 비교해 보라); (4) 계약의 사본을 주군과 봉신의 신전에 안치하는 것; (5) 증인들로서의 신들의 목록; (6) 저주들과 축복들(신 28장과 비교해 보라). 봉신의 복종의 동기는 큰 왕의 권능이 아니라 신들에 의해서 시행되는 저주들과 축복들이다.

애굽으로부터 나온 씨족들은 중다한 잡족을 비롯해서 다양한 출신 배경을 지니고 있었다. 시내산에서 그들은 계약에 의해서 새로운 공동체로 형성되었다. 그 계약의 본문이 십계명이었다(출 34:28; 신 4:13; 9:9). 이스라엘은 모세가 아니라 야웨와 결합되었다. 모세는 이 계약의 중재자였다. 멘덴홀은 계약이야말로 이스라엘의 지파들이 가나안의 왕들로부터 그 땅을 취하였을 때에 그들을 통일시켰던 요인이었다고 믿었다.

1963년(개정판은 1978년)에 맥카시(Dennis J. McCarthy)는 "조약과 계약: 고대 근동 문서들과 구약에 나오는 양식에 관한 연구"("Treaty and Covenant: A Study in Form in the Ancient Oriental Documents and in the Old Testament")를 발표하였다. 맥카시는 많은 히타이트족과 앗수르의 조약들을 번역해서, 그것들을 구약에 나오는 몇몇 본문들과 비교하였다. 맥카시는 1963년에 이스라엘의 계약 양식은 히타이트 조약 양식과 흡사하다고 결론을 내렸지만, 이스라엘에서 발견된 이러한 양식이 주전 2000년기로 소급되는지에 대해서는 확신할 수 없다고 말하였다. "우리는 주전 1200-850년 경에 조약의 형식을 통해서 무슨 일이 행해졌었는지를 알지 못한다"(McCarthy, 174).

1972년에 데니스 맥카시는 구약의 계약에 대한 학문적인 견해들을 철저하게 연구하였다. 그는 이스라엘이 야웨와의 특별한 관계를 묘사하기 위하여 조약 양식을 사용하였다는 증거들은 반박할 수 없는 것이라는 멘덴홀의 견해에 동의하였다(*Old Testament Covenant*, 14). 하지만 그는 문학 양식을 토대로 해서 이러한 조약 양식들을 사용한 구약의 본문들이 초기의 것이라고 주장하는 데에는 멘덴홀보다 훨씬 더 신중하였다. 또한 맥카시는 이스라엘이 사막으로부터 팔레스타인을 침공한 이스라엘의 씨족들이 아니라 반란을 일으켰던 가나안의 농민들에 의해서 형성되었다는 멘덴홀의 견해를 거부하였다. 그는 멘덴홀에 의한 이러한 재구성은 "흥미롭긴 하지만 거의 성공하지 못했다"고 말하였다. 히브리인들이 팔레스타인으로 들어오기 전에 유목민들 같은 생활을 하였다는 것을 보여주는 너무도 많은 증거들이 존재한다(*Old Testament Covenant*, 22).

일찍이 1930년에 마르틴 노트(Martin Noth)는 멘덴홀의 견해와 비슷하게 이스라엘의 지파 계약 동맹에 관한 견해를 제시하였다. 노트는 구약의 율법들이 주어진 백성은 열두 지파로 구성된 종교적 연합 — 이것을 그는 신성 동맹이라고 불렀다 — 을 이루고 있었다고 주장하였다. 이러한 신성 동맹은 가나안인들과 대립하는 하나님의 백성 이스라엘을 구성하고 있었다.

노트는 열두 지파 동맹은 야웨와의 관계, 그러니까 그 자신의 존재를 야웨와 이스라엘 간에 맺어진 계약이라는 독특한 체험으로 소급하였다고 말하였다. 또한 야웨와 백성이 관계를 맺게 된 이 신성 동맹에 관한 이미지는 계약이라고 불리는, 사람들 간의 사법적인 합의의 한 유형으로부터 온 것이라고 주장되었다("Das System der zwölf Stämme Israels"; 또한 Noth, *The History of Israel*, 85-109를 보라). 마르틴 노트가 이스라엘의 신성 동맹의 토대를 계약이라고 본 것은 막스 베버(Max Weber)의 저서인 『고대 유대교』(*Ancient Judaism*)에 의해서 크게 영향을 받은 것이었다(베버의 저작에 대한 서평으로는 Nicholson, *God and His People*, 38-43을 보라).

노트의 주장은 너무도 설득력있고 명쾌하게 제시되었기 때문에, 그의 주장은 학자들의 일치된 견해가 되었을 정도였다. 하지만 최근에 와서 노트의 주장은 "그러한 신성 동맹이 존재하였다는 것을 부정할 뿐만 아니라 몇몇 경우들에 있어서는 계약 개념 자체가 훨씬 후대에 이르기까지는 이스라엘에서 결정적인 역할을 하지 않았다고 주장하는 학자들로부터 맹공격의 대상"이 되어 왔다(Bright, *Covenant and Promise*, 33).

3) 계약과 히타이트 조약 간의 병행들에 대한 비판들 — 1962년에 올린스키 (H. M. Orlinsky, "The Tribal System of Israel," *Oriens Antiquus 1*, 11-20)는 "신성 동맹"은 왕정 시대 이전의 이스라엘을 나타내는 적절한 명칭이 될 수 없다고 지적하였다. 지파들은 대단히 독립적이었다; 중앙 정부 또는 중앙의 제의 중심지가 존재하였다는 것을 보여주는 그 어떤 증거도 없다. 노트의 이론을 비판한 초기의 학자들로는 롤랑 드보(Roland de Vaux, *The Early History of Israel* 695-715), 메이스(A. D. H. Mayes, *Israel in the Period of the Judges*), 데 후위스(C. H. J. de Geus, *The Tribes of Israel*, chap. 2) 등이 있었다.

앤더슨(G. W. Anderson)은 신성 동맹 가설 전체를 분석해서, 그 가설 중 많은 부분을 거부하였다. 그는 구약에서 "신성 동맹"이라는 명칭을 밑받침해 줄 만한 증거를 전혀 찾지 못했고, 구약의 열두 지파와 관련하여 열둘이라는 숫자를 밑받침해 줄 증거도 거의 찾지 못했다. 왕정 이전 시대에 중앙 성소가 중요했다는 것을 보여주는 증거도 거의 없다("Israel: Amphictyony," in *Translating and Understanding the Old Testament*, ed. Frank and Reed, 138,141). 앤더슨은 노트의 견해를 부정하고, 가나안 정착 시기에 있어서 이스라엘의 지파들의 통일성을 위한 토대는 그들이 가나안 땅으로 들어온 후에 일어났던 사건이 아니라 가나안으로 들어오기 전에 일어났던 사건, 즉 시내산 계약에 의거한 것이었다고 주장하였다. 앤더슨은 이렇게 말하였다:

> 그러므로 이러한 통일성의 수립을 가나안 땅을 침공한 후에 일어난 신성 동맹의 출현 속에서가 아니라 이스라엘의 오래된 많은 전승이 우리에게 말해주고 있듯이, 가나안 정착 이전의 시기, 좀 더 구체적으로는 야웨와 이스라엘의 지파들 간의 시내산 계약의 수립 속에서 찾는 것이 자연스러운 것으로 보인다("Israel: Amphictyony," 149).

나아가, 앤더슨은 "그러한 통일성의 수립을 시내산 계약의 제정 이외의 것속에서 찾는 것은 전승의 증언을 무시하고 아무런 증거도 없는 추측에 매달리는 것이다"라고 말하였다("Israel: Amphictyony," 150).

존 브라이트(John Bright)는 일부 학자들이 봉신 조약과 시내산 계약의 이른 연대를 옹호하는 몇 가지 반론들을 인정한 후에 계속해서 그러한 견해를 지지하였다. 그는 이렇게 말하였다:

> 하나님과 이스라엘 백성 간의 계약을 토대로 한 유대(bond)라는 개념은 분명히 가장 이른 시기의 선지자들보다 앞섰던 것으로 보이고, 아마도 훨씬 더 오래 되었던 것으로 보인다 ⋯ 우리는 어느 정도 확실하게 이스라엘이 사실 야웨와의 계약을 통해서 형성된 신성 동맹으로서 존재하게 되었다는 것과 이 계약이 대체로 주전 2000년기의 문헌들로부터 우리에게 알려져 있는 국제적인 봉신 조약의 양식을 따랐다는 것을 믿을 수 있다 (*Covenant and Promise*, 43).

브라이트는 이스라엘이 신성 계약 동맹으로서 역사상에 출현하였다는 견해는 성경의 증거들과 가장 잘 부합한다고 결론을 내렸다. "오직 그럴 때에만, 실제로 가장 초기의 이스라엘은 이해될 수 있다"(*Covenant and Promise*, 36).

로버트 데이빗슨(Robert Davidson)은 이렇게 물었다: "조약 양식을 따른 계약이 종교적인 관점에서이든 사회적인 관점에서이든 이스라엘의 형성에서 중요하거나 결정적인 역할을 하였다는 주장이 유지될 수 있는 것인가? ⋯ 아니면, 우리는 실제로 계약은 거의 영속적인 가치를 낳지 못했다는 니콜슨의 견해에 동의해야 하는가?"("Covenant Ideology in Ancient Israel," in *The World of Ancient Israel*, ed. R. E. Clements, 332).

종주권 조약과의 병행들은 "별로 중요한 의미들을 지니지 못한다"는 자신의 결론과 관련해서 니콜슨이 들고 있는 이유들은 다음과 같은 것들이다: 첫째, 조약들이 법률 문서인 것과는 달리, 신명기는 그러한 의미에서의 법적인 문서가 아니다. 둘째, 신명기는 서술 방식에 있어서 조약과 같지 않다; 오히려, 신명기는 모세의 고별사다. 셋째, 신명기의 율법들은 단순히 주권-봉신 관계에 속한 것만이 아니라 수많은 문제들을 다룬다. 넷째, 신명기는 조약들에서 발견되는 것과는 달리 두 개의 서문을 가지고 있다. 다섯째, "왕으로서의 야웨"에 대한 언급이 없다는 것이 두드러진다(*God and His People*, 71).

니콜슨은 또 하나의 중요한 질문을 제기하였다: 특히, 앗수르의 주군들이 이스라엘 땅과 백성을 복속시키고 약탈하였다는 점을 고려할 때, 하나님과의 관계에 대한 그러한 유비가 그 어떤 바람직한 성격의 호소력을 지녔을 것인가? 종주권 조약들이 봉신에 대한 주군의 사랑과 주군에 대한 봉신의 사랑을 언급하였다는 사실에도 불구하고, 주군과 봉신의 관계는 거의 사랑의 관계가 아니었다.

> 봉신들은 그들을 정복하고 복속시키며 지배한 자들을 "사랑하지" 않았다는 것은 너무도 당연한 일이다 … 주군(예를 들면, 아수르바니팔 또는 느부갓네살)이 그의 봉신들을 "사랑하는" 것과 동일한 방식으로, 야웨께서 그들을 "사랑하시고," 그들은 봉신들이 그들의 주군을 사랑하는 것과 동일한 방식으로 야웨를 "사랑해야" 한다고 이스라엘 백성에게 말하는 것은 분명히 야웨의 사랑에 대한 기괴한 묘사가 되었을 것이다(*God and His People*, 78-79).

니콜슨은 시내산 계약을 종주권 조약들과의 병행들을 사용해서 해석하는 것에 반대하는 몇 가지 강력한 논거들을 제시하여 왔다. 이스라엘과 야웨의 계약에 관한 묘사가 정치적인 유비를 토대로 하였다는 것은 여전히 사실일 수 있다. 이러한 계약 관계를 혼인이라는 모델을 통해서 묘사하는 것은 호세아 때에 이르러서야 시작된다.

펄리트(Perlitt)와 쿠취(Kutsch)의 두 권의 매우 중요한 저작들은 학자들의 방향을 "조약 양식"의 계약으로부터 "신학적인 개념"으로서의 계약으로 돌려놓은 것으로 보인다. 펄리트는 야웨와 이스라엘 간의 계약이라는 개념이 "만개한 것"은 포로기 이후 시대였다고 주장한다. 우리는 다음 절에서 다룰 "'베리트'의 의미"에서 이 두 저작을 좀 더 자세하게 살펴볼 것이다.

1984년에 덤브렐(W. J. Dumbrell)은 계약 개념을 중심으로 포괄적인 성서 신학을 구성하였다(*Covenant and Creation*). 그 저작의 5개의 주된 장들은 구체적인 계약의 약속들(노아, 아브라함, 시내산, 다윗, "새" 계약)에 초점을 맞춘다. 짧막한 서론에서는 포로기 이후 시대의 발전들을 다룬다. 덤브렐은 "계약"이 심지어 창조 기사 속에서조차 내포되어 있다고 보았다.

이스라엘이 계약의 조항들을 제대로 수행하지 못하고 계약의 약속들을 온전히 실현하는 데에 실패함으로써 새 계약에 대한 종말론적인 소망이 생겨났다. 모든 종말론은 아직 완전히 성취되지 못한 이 새 계약에 대한 전체적인 기대 아래에 포섭된다. 덤브렐의 저작은 성경 속에서 서로 다른 경륜 아래에서의 "하나의 계약"이라는 개념을 발견하고 있는 17세기의 코케이우스(Cocceius)의 "계약" 신학과 관련된 신학적인 구성물이다(*Expository Times* 96 [1985], 345에 실린 R. E. Clements의 서평을 보라).

1985년에 트리니티 복음주의 신학교의 맥코미스키(T. E. McComiskey)는 구속사의 계약적 구조에 대한 이와 비슷한 주장을 담은 저작을 출간하였다. 맥코미스키는 구약에서 두 가지 유형의 계약을 보았다: 약속의 계약과 경륜의 계약. 구약에는 두 개의 약속의 계약들이 있다: 아브라함 계약과 다윗 계약. 약속의 계약은 약속의 요소를 분명하게 말하고 보증한다. 그것은 무조건적인 것이다. 그 의미는 비록 그 언어가 재해석될 수 있다고 할지라도 결코 모호하지 않다(*The Covenants of Promise*, 140-144, 223-231).

구약에 나오는 세 개의 경륜의 계약은 할례 계약, 모세 계약, 새 계약이다. 경영의 계약은 순종의 규정들을 제시하고, 할례 계약을 제외하고는 약속의 요소들을 그것들이 지배하는 경륜들이라는 관점에서 설명한다(McComiskey, 140). 맥코미스키는 영원한 무조건적인 약속과 오직 잠정적인 토대 위에서만 적용되는 경륜의 계약들을 구별하였다.

B. '베리트'의 의미

1944년 이래로 구약학자들 사이에서는 '베리트'("계약")라는 단어의 의미를 놓고 활발한 논쟁이 전개되어 왔다. 바로 그 해에 요아킴 베그리히(Joachim Begrich)는 오늘날에 유명해진 그의 논문을 발표하였는데, 거기에서 그는 '베리트'가 동등하지 않은 두 당사자 간의 관계를 지칭하는 것으로서, 거기에서 강자는 약자에게 호의적인 행위와 보호에 대한 확약을 주었다고 주장하였다. 오직 강자만이 그 계약에 의해서 구속을 받았다. 약자는 완전히 수동적인 입장에 머물렀다. 베그리히는 하나님과 이스라엘의 계약이 원래 약속과 확증의 계약(a covenant of promise and assurance)이었다고 믿었다. 이스라엘이 가나안에 정착해서 가나안적인 법 개념들을 채택한 후에야, 시혜적이었던 '베리트'는 양 당사자 간의 의무들을 규정한 계약적인 '베리트'로 변화되었다(Joachim Begrich, "berit, Ein Beitrage zur Erfassung einer altestamentlichen Denkform," 1-11).

구약에서 '베리트'("계약")라는 단어는 개인들 사이에서(창 21:22-24; 26:23-33; 47:29; 삼상 18:3; 23:18), 국가들과 그 대표자들 사이에서(왕상 5:1-12; 15:19; 20:34), 왕들과 그들의 신민들 사이에서(삼하 5:3; 왕하 11:17), 남편과 아내 사이에서(겔 16:8; 말 2:14; 잠 2:17) 맺어진 합의라는 세속적인 의미로 사용된다. 또한 이 단어는 사람들과 짐승들 사이에서(욥 5:23; 41:1-4), 사람들과 돌들 사이에서(욥 5:23), 한 사람과 그의 눈(眼)들 사이에서(욥 31:1), 한 사람과 죽음 사이에서(사 28:15-18) 맺어진 계약이라는 비유적인 의미로도 사용된다.

"계약"('베리트')은 구약에서 대략 275번 나오고, 룻기, 에스더서, 전도서, 아가서, 예레미야애가, 요엘서, 오바댜서, 요나서, 미가서, 나훔서, 하박국서, 학개서를 제외한 구약의 모든 책에서 발견된다. 이 단어는 오경에서 80번 가량, 전기 예언서에서 70번, 후기 예언서에서 75번, 성문서에서 60번 사용된다.

알프레드 옙젠(Alfred Jepsen)은 '베리트'가 강자가 약자에게 행한 확언이라는 개념을 지니고 있다는 데에 동의하였다. 옙젠은 하나님과 이스라엘의 계약은 결코 법적이거나 계약적인 관점에서 이해되지 않았다고 역설하였다. 다른 신들을 섬기는 것을 포기해야 한다는 의무를 제외하면, 그 어떠한 의무도 이스라엘에게 부과되지 않았다. 이것은 법이 아니라 "도덕적인 의무"였다 (A. Jepsen, Berith: Ein Beitrag zur Theologie der Exilszeit, 161-179).

에른스트 쿠취(Ernst Kutsch)는 구약에서 '베리트'라는 단어가 사용된 여러 다양한 맥락들을 철저하게 연구하였다. 그는 '베리트'라는 단어의 일차적인 의미는 "의무"였다고 결론을 내렸다. 이 단어는 결코 관계, 동맹 또는 계약을 의미하지 않고, 언제나 의무를 의미한다. 종종 사람은 보답에 대한 기대 없이 의무를 짊어졌다. 상대방이 의무를 지지 않는데도 다른 상대방이 의무를 지는 일이 종종 있었다(*Verheissung und Gesetz*; cf. THAT I [1971], 339-352).

로타르 펄리트(Lothar Perlitt)는 '베리트'에 관한 연구에 있어서 멘덴홀의 양식비평적인 접근 방식과 비교종교학적인 접근 방식 전체를 공격하였다. 펄리트는 아이히로트의 견해에 반대하여, 계약에 관한 신학은 '베리트'라는 용어의 실제적인 용법과 뗄래야 뗄 수 없을 정도로 결합되어야 한다고 역설하였다. 펄리트는 구약에 나오는 '베리트'에 대한 모든 언급들이 후대의 것 — 신명기 자료들보다 더 이르지 않은 — 이라는 벨하우젠의 옛 견해로 되돌아갔다. 시내산 기사들 속에 나오는 '베리트'에 대한 모든 언급은 문헌비평적인 절차에 의해서 제거된다. 펄리트에게 있어서 창세기 15장의 최종 본문 속에서 야웨와 아브라함의 '베리트'에 관한 기사는 주전 7세기 초의 것으로 볼 수 있는 초기 신명기 문서였다(*Bundestheologie im Alten Testament*; 펄리트의 견해에 대한 비판으로는 Zimmerli, "The History of Israelite Religion," in *Tradition and Interpretation*, ed. G. W. Anderson, 379-380; Nicholson, *God and His People*, 109-117을 보라).

로버츠(J. J. Roberts)는 쿠취와 펄리트의 논의들을 히브리어의 한 단어에 대한 단순한 구문론적인 연구를 중심으로 한 계약에 대한 좁은 논의로 되돌아간 것이라고 보았다. 로버츠는 고대 근동의 비교학적인 자료들을 회피하고 "순수한 구약성서 연구라는 한정된 모태 속에서 잘못된 안정"을 얻고자 한 시도는 "그릇된 조치"라고 생각하였다. 로버츠는 "이 분야에서 진정한 진보는 성경 본문들에 대한 치밀한 분석과 아울러 성경 외부의 일차적인 자료들에 대한 지속적인 검토로부터 올 수 있다"고 말하였다("Ancient Near Eastern Environment" in *The Hebrew Bible and Its Modern Interpreters*, ed. Knight and Tucker, 93-94).

학자들은 '베리트'라는 용어의 의미를 놓고 여전히 논란을 벌이고 있다. 최근의 학자들 가운데에서 논의되고 있는 '베리트'의 어원에 관한 네 가지 이론은 다음과 같은 것들이다: (1) 아카드어 '비리투'("걸쇠 등으로 고정시키다," "묶다," "족쇄를 채우다")로부터 왔다는 설; (2) 아카드어 '비리트'("사이에")

로부터 왔다는 설; (3) 히브리어 어근인 '바라흐'("먹다")로부터 왔다는 설;
(4) 또 다른 히브리어 어근인 '바라흐'("보다, 수색하다, 선별하다")로부터 왔
다는 설(cf. 사 28:15-18; 삼상 17:8). ('베리트'의 어원에 관한 철저한 논의에
대해서는 Zimmerli, *Old Testament Theology in Outline*, 49; M. Weinfeld,
"*berit*" *TDOT* 2,253-255; Barr, "Some Semantic Notes on the Covenant,"
23-38; Nicholson, *God and His People*, 94-109를 보라.)

제임스 바(James Barr)는 이러한 이론들 중에서 그 어느 것도 완전히 만족
스러운 것은 없는데, 이것은 학자들이 어원에 너무 지나치게 집착하고 있기
때문이라고 주장하였다. 제임스 바는 그의 연구를 어원이 아니라 이 단어의
특이한 용법들에 초점을 맞추었다. 그는 '베리트'의 문법적 사용과 관련해서
네 가지 이례적인 특징들을 발견해 냈다: (1) 불투명성, (2) 관용표현성, (3) 비
복수화, (4) 의미장(意味場)의 특이한 형태.

제임스 바가 말한 불투명성이란 영어의 "glove"와 대비되는 독일어
Handschuh 같이 단어 자체에 어떤 투명한 의미가 결여되어 있는 것을 말한
다. 바는 '베리트'의 의미는 전적으로 불투명한데, 이것은 그 역사적 유래가
알려져 있지 않았다는 것을 보여주는 표지라고 말하였다("Some Semantic
Notes on the Covenant," 26).

바가 말한 관용표현성은 구약에 80번 사용되는 "계약을 자르다"라는 어구
는 관용적인 표현이라는 것이다. 고전적인 정의에 의하면, 관용표현이란 그
표현을 이루고 있는 구성 요소들의 독립적인 의미들과는 다른 의미를 지니는
표현을 말한다("Some Semantic Notes on the Covenant," 27). "계약을 자르
다"는 원래 계약을 인치는 제의적인 의식에서 사용될 송아지를 베는 것을 가
리켰다(창 15:5-18; 렘 34:18). 계약이 아니라 송아지가 잘라진 것이었다. 바
는 "계약을 자르다"라는 표현을 지금까지 모든 성경적 히브리어 중에서 가장
중요하고 두드러진 관용표현이라고 말하였다.

구약에 나오는 계약의 또 한 가지 특이성은 이 단어가 결코 복수형으로 나
오지 않는다는 것이다. 우리는 흔히 "계약들"이라고 말하지만, 구약성서에서
는 오직 "계약"이라고만 말한다. 바는 이러한 현상에 대하여 적절한 설명을
제시하고 있지 않지만, 실제로 드러나는 많은 현상들에도 불구하고 오직 하

나의 "계약"이 존재한다는 개념으로 이러한 현상을 설명할 수 있다거나, 이스라엘 백성은 계약의 실체를 복수형으로 생각할 수 없었다는 주장들을 거부하였다.

바에 의하면, 구약에 나오는 "계약"이라는 단어의 용법이 지닌 마지막 특이성은 이 단어의 의미장이 매우 제한적인 하나의 관점으로부터 또 다른 관점에 이르기까지 매우 폭넓어 보인다는 것이다. 예를 들면, 히브리어 '베리트'를 번역하기 위해서 합의, 조약, 계약, 약속, 의무 등과 같은 서로 다른 여러 다양한 단어들이 사용되어 왔다. 실제로 이 모든 개념들은 이 하나의 히브리어 단어 속에 포함되어 있는 것으로 보인다. 바는 이 단어와 실제로 동의어들인 단어들은 매우 드물고 주변적인 것이라고 말하였다: 느헤미야 10:1(영역본에서는 9:38); 11:23에 나오는 '아마나,' 이사야 28:15-18에 나오는 '호제'와 '하주트'가 '베리트'의 유일하게 참된 동의어들이다.

이러한 드물고 주변적인 단어들과 더불어서, 그 밖의 많은 히브리어 단어들이 '베리트'와 동의어적인 것으로 생각되어 왔다. 그러한 단어들로는 '다바르'("말씀"), '에체'("모략"), '토라'("율법"), '에두트'("율례"), '알라'와 '쉐부아'("맹세")가 있다. 바에 의하면, 이러한 단어들 중에서 그 어느 것도 '베리트'의 진정한 동의어들이 아니다. 이러한 단어들 중 몇몇은 흔히 '베리트'를 수반하고 '베리트'와 연관되지만, 엄밀하게 말해서 '베리트'의 동의어들은 아니다. 바는 의미론적인 분석이라는 관점에서 우리가 '베리트'는 원시적인 히브리어 명사로서, '아브'("아버지")라는 단어와 마찬가지로 그 어떤 다른 것으로부터 "유래되지" 않았고, "이 단어는 결코 구약성서에서 발견되는 의미들 이외의 의미를 지니고 있지 않았다"고 보는 것이 좋을 것이라고 결론을 내렸다("Some Semantic Notes on the Covenant," 35).

1986년에 니콜슨(E. W. Nicholson)은 계약에 관한 두 가지 중요한 저작들을 출간하였다(*God and His People*; "Israelite Religion in the Pre-exilic Period" in A *Word in Season*). 그는 계약에 관한 연구사를 추적하고, 계약은 여전히 구약의 중심 주제로 여겨질 수 있다고 주장하였다. 계약은 선택을 가리킨다. 계약은 구약의 종교를 유일무이하고 독특한 것으로 만드는데, 이것은 다른 종교들이 계약이라는 개념을 사용하지 않았기 때문이 아니라, 이스라엘의 계약 개념이 자연 또는 필연성에 토대를 두고 있지 않았기 때문이다. 하나님은 명시적인 이유 없이 자유롭게 이스라엘을 선택하였고, 이스라엘은 하나님의 제안에 대하여 자유롭게 응답하였다(*God and His People*, vii-viii).

1991년 크리스토프 바르트(Christoph Barth)는 "계약을 맺는 것"은 법적인 배경을 지니고 있다고 주장하였다. 하나님께서 아브라함을 선택하였을 때, 하나님은 언제라도 자신의 호의를 거둘 수 있는 개별적인 호의를 베푼 것이 아니었다. 계약을 통해서 아브라함은 하나님의 공의에 토대를 두고 있다는 점에서 오직 법적인 관점에서만 이해될 수 있는 "영속적으로 규율되는" 관계 속으로 들어갔다. '체데카'("공의"), '헤세드'("계약적 사랑")라는 용어들은 계약 언어의 일부이다.

크리스토프 바르트는 이렇게 말하였다: "구약성서가 하나님을 자신이 세운 법적인 합의에 따르는 것으로 묘사할 때, 그것은 비유적으로 말하고 있는 것이다. 결국, 계약은 하나님께서 아브라함에게 축복을 약속하셨을 때에 아브라함에 대한 하나님의 말씀일 뿐이다. 계약을 통해서 하나님은 아브라함에게 자신의 마음을 드러내셨고, 그에게 자신의 말씀을 지킬 확고한 의도를 밝히셨다"(*God With Us*, 52). 법적인 합의는 각 당사자에게 권리들과 의무들을 설정하지만, 이 계약에서 인간 편에서의 "권리들"은 하나님의 약속에 토대를 두고 있다. 이스라엘과 야곱은 이러한 "권리들"을 가질 만한 자격도 없었고, 그 권리들을 스스로 획득한 것도 아니었다(창 32:10).

하나님은 아무에게도 아무런 빚을 지지 않으셨다. 하나님은 자신의 행위 또는 약속에 갇히시는 분이 아니었다. 그는 자기가 기뻐하는 것을 따라서 행할 자유를 가지고 계셨다. 하나님은 자신의 결정을 통해서 믿음을 자유롭게 지키셨다(*God With Us*, 52).

구약 신학에서 가장 새롭고 중요한 경향들 중의 하나는 슈미트(Hans H. Schmid)라는 이름과 결부되어 있다. 이 경향은 흔히 "창조 신학"으로 지칭된다. 창조 신학은 단순히 고대 근동의 종교들과의 공통적인 주제인 것이 아니라, 이스라엘의 신앙과 믿음의 폭넓은 지평으로서의 창조에 대한 재평가이다. "하나님이 부여한 세상의 질서"라는 주제를 이스라엘이 그의 주변 나라들과 공유한 종교적인 "기존 내용물들"을 파악하기 위한 틀로 삼아서, 그 안에

서 이스라엘 종교가 지닌 독특한 특징들을 찾아 내고자 하는 경향이 있어 왔
다. 이 견해에 의하면, 구약 신학은 선택과 계약이라는 "특수한" 주제들이 아
니라 "창조와 신앙이라는 보편적 주제"로 시작해야 한다(Schmid,
Gerechtigkeit als Weltordnung; Nicholson, *God and His People*, vii, 194–
207; "Israelite Religion in the Pre-exilic Period," 19–29.).

로버트 데이빗슨(Robert Davidson)은 구약학에 있어서 계약 연구의 현재의
동향을 다음과 같이 규정하였다:

성경 외적인 자료들의 사용, 구약성서에 대한 전승사적 방법론과 새로
운 문학적 접근 방식들 간의 관계를 비롯한 현재의 논쟁 속에서 핵심적인
문제는 이러한 서로 다른 계약 전승들의 출처와 그 상호관계성에 관한 것
이다. 최근의 많은 연구를 규정하여 왔던 신명기 위주의 주장 또는 포로기
편집설이 이 문제들에 대한 최종적인 해답이 될 수 있을지는 의문이다
("Covenant Ideology in Ancient Israel," 343–344).

구약에 나오는 계약과 관련된 내용들은 아주 방대하고 다양하며, 학문적인
문헌들도 너무도 방대해서, 이러한 쟁점들을 해결하기까지는 상당한 시간이
걸릴 것이다. 우리는 이제 계약에 관한 구약의 내용들로 눈을 돌릴 차례이다.

C. 구약에서의 계약

1) **노아와의 계약** — 구약에서 '베리트'("계약")라는 단어는 창세기 6:18
에서 처음으로 등장한다. 하나님은 노아에게 땅 위에 곧 홍수가 있게 될 것이
라고 말씀하였다. 이 홍수는 모든 육체를 멸망시킬 것이다. 그런 후에, 하나님
은 "너와는 내가 내 언약을 세우리니 너는 … 그 방주로 들어가고"라고 말씀
하였다. 이 본문은 노아가 방주에 들어가기 전에 하나님과 맺은 계약을 지칭
하는 것인가, 아니면 하나님께서 대홍수가 끝난 후에 노아와 맺게 될 계약에
관하여 약속하신 것을 지칭하는 것인가? 델리취(Delitzsch)와 궁켈(Gunkel)은
이 두 계약을 구별해서, 홍수 이전의 계약을 홍수 기간 동안 노아가 안전할
것에 대한 하나님의 보증으로 해석하였다. 존 머리(John Murray)는 구약에서

계약에 대한 이 첫 번째 언급은 홍수 이전의 일이었다고 주장하였다; 그는 이 계약을 하나님의 주권에 토대를 둔 은혜의 계약으로 본다("Covenant," 264). 드라이버(S. R. Driver, *The Book of Genesis*, 88)는 이 계약을 9:8-17에 언급된 계약에 대한 약속으로 보았다.

하나님과 노아의 계약은 그의 후손들 및 그와 함께 한 모든 생물을 포함한다(9:10). 이 계약은 하나님께서 홍수의 물을 통해서 모든 육체를 결코 멸절시키지 않을 것이라고 약속하는 무조건적이고 영원한 계약이다. 이 계약의 표지는 참된 은혜의 보증으로서 하늘과 땅 사이에 모든 인간 위에 높이 걸려 있는 무지개였다. 폰 라트는 이렇게 말한다:

> 우리가 "무지개"라고 번역하는 히브리어 단어는 통상적으로 구약성서에서 "전쟁의 활"을 의미한다. 따라서 이 고대의 개념의 아름다움은 분명하게 드러난다: 하나님은 자신의 활을 옆으로 제쳐둔 세상을 보여 주신다. 인간은 자연 질서들의 안정성 속에서, 즉 무엇보다도 오직 비인격적인 요소들의 영역 속에서 이 새로운 은혜의 관계의 축복을 알게 된다(*Genesis*, 130).

하나님과 노아의 계약은 다시는 결코 이 땅을 홍수로 멸하지 않을 것과 네 계절이 계속될 것(창 8:21-22)에 관하여 하나님이 인간 및 이 땅의 모든 피조물들과 맺은 계약이었다(창 9:9-10). 인류는 동물의 육체를 먹을 수 있었지만, 피를 먹어서는 안 되었다. 사람을 죽이는 자는 죽어야 했는데, 이것은 인간이 하나님의 형상을 따라 지음받았기 때문이다(창 9:6). 인간은 번성하여 이 땅을 채워야 했다. 자연과 역사에 대한 하나님 권능은 이 계약 속에 전제되어 있다. 또한 하나님의 은혜와 심판이 단언되어 있다.

2) **아담과의 계약**(?) — 창세기는 아담과의 계약에 관하여 아무런 말도 하지 않는다. 일부 학자들은 창세기의 처음 몇몇 장들과 신약의 몇몇 본문들로부터 하나님이 아담과 계약을 맺었다고 추론하여 왔다. 율리우스 벨하우젠(Wellhausen)은 하나님과 아담, 노아, 아브라함, 모세 간의 "네 개의 계약의 책"(*liber quattuor foederum*)에 관하여 말하였다(*Prolegomena*, 338-342,

357). 벨하우젠은 아담과의 계약(창 1:28-2:4)이 네 개의 계약 중에서 가장 단순한 것이었다고 말하였다. 아담과의 계약은 계약이라고 불리고 있지 않지만, 노아와의 계약의 토대를 이루고 있는 것으로서, 노아 계약은 아담 계약에 대한 수정이다(Zimmerli, *Old Testament Theology*, 55).

1657년에 프랜시스 로버츠(Francis Roberts) 같은 이전의 몇몇 성서신학자 및 조직신학자들은 아담과의 계약에 관하여 말하였다(Francis Roberts, *The Mysterie and Marrow of the Bible: viz., God's Covenants with Man, in the first Adam, before the Fall; and in the last Adam, Jesus Christ, after the Fall; from the Beginning to the End of the World; Unfolded and Illustrated in positive Aphorisms and their Explanations*, 2 vols; C. A. Briggs, *The Study of Holy Scripture*, 465.). 로버츠는 코케이우스와 네덜란드의 계약 신학의 등장을 미리 예감케 하였다. 코너(W. T. Conner)는 계약 신학에 관하여 다음과 말하였다:

> 하나님은 아담과 계약을 맺었는데, 그 계약 조건은 이런 것이었다: 아담이 하나님을 순종할 경우에 그의 후손들은 영원한 생명을 얻게 될 것이고, 그가 불순종한 경우에는 그의 죄가 후손들에게 물어져서, 그들이 유죄가 되고 단죄를 받게 될 것이다. 그러한 계약이 아담과 더불어 맺어졌다는 것을 보여주는 증거는 성경에 조금도 나오지 않는다. 어떤 사람은 이 계약이 에덴 동산이 아니라 네덜란드에서 유래하였다고 아주 잘 말하였다. 이런 식으로 한 사람의 죄를 계약에 근거해서 그 죄와는 아무런 상관도 없는 다른 사람에게 전가시키는 것은 불의의 절정이 될 것이다(*The Gospel of Redemption*, 29-30).

그럴지라도, 구약 신학의 체계 전체는 타락 이전의 행위 계약과 타락 이후의 은혜 계약이라는 사상을 토대로 구축되어 왔다. 프린스턴과 웨스트민스터 신학교 전통을 배경으로 한 보스(Gerhard Vos), 영(Edward J. Young), 존 머리(John Murray), 페인(J. Barton Payne)는 모두 계약 신학자들을 따라서, 이렇게 타락 이전의 계약과 타락 이후의 계약이라는 두 개의 계약이 존재하였

다고 주장한다. 은혜 계약(타락 이후의)은 일방적인 계약 — 즉, 완전히 하나
님의 행위 — 이었다(Vos, *Biblical Theology*; E. J. Young, *The Study of Old
Testament Theology Today*, 61-78; J. Barton Payne, *The Theology of the
Older Testament*).

또한 구약 신학은 하나님과 아담 간의 계약에 관하여 아무것도 말하지 않
는다. 구약에 나오는 첫 번째 계약은 하나님과 노아의 계약이다. 그것은 인류
전체에게 자연 질서의 안정성에 대하여 확약하고 있는 약속의 계약이다. 신
약 시대에 유대인들과 그리스도인들은 오직 유대인들에게만이 아니라 인류
전체에게 적용되는 노아의 율법들을 발전시켰었다. 창세기 9:17과 성결 법전
의 여러 부분들(레 17-26장)에 토대를 둔 이러한 노아의 율법들은 피를 먹지
말라거나 목 매어 죽인 짐승을 먹지 말 것, 살인, 간음, 우상 숭배, 신성모독을
허용하지 않는 것 등과 같은 보편 율법들을 포함하고 있다(행 15:28-29과 비
교해 보라).

3) **아브라함과의 계약** — 구약에 나오는 두 번째 계약은 하나님과 아브라함
간의 계약이다. 이 계약에 관한 세 가지 서로 다른 기사들이 창세기 12장; 15
장; 17장에 나온다. 창세기 12장은 "계약"이라는 용어를 담고 있지 않지만, 아
브라함을 우르에서 불러내신 것에 관한 기사를 싣고 있다. 하나님은 아브라
함의 이름이 크게 될 것이고, 그가 큰 민족을 이루며(12:2), 가나안 땅은 그의
후손들의 소유가 되고(12:7), 하나님의 축복이 아브라함을 축복하는 자들의
것이 되며, 아브라함을 저주하는 자들에게는 저주가 임하고, 아브라함 자신
이 땅의 모든 족속들에게 복이 될 것(12:3)이라고 약속한다. 이 장에서는 하나
님께서 그에게 가라고 말씀하신 곳으로 가야 하는 암묵적인 의무 외에는 아
브라함에게 그 어떤 의무도 지워지지 않는다.

"계약"이라는 단어는 창세기 15:18에 나온다. 땅과 무수한 후손에 대한 약
속들이 반복된다. 아브라함은 하나님의 약속에 대하여 믿음으로 응답하지만
(15:6), 이 장에 나오는 계약에 어떤 특정한 조건들이 부가되지는 않는다. 희
생 제물인 짐승들을 둘로 가르는 것을 비롯한 계약 의식은 창세기 15:9-10에
묘사된다. 그러한 의식은 구약성서에서 다른 곳에서는 오직 한 군데에서만
언급되지만(렘 34:17-20), 이와 비슷한 의식들은 마리(Mari), 알랄라크

(Alalakh), 아슬란 타쉬(Aslan Tash)에서도 발견되었다(Cross, *Canaanite Myth and Hebrew Epic*, 265-266).

몇몇 학자들은 이러한 "자기 저주" 의식을 계약의 양 당사자에게 지워진 몇 몇 의무를 보여주는 증거들로 본다. 그러나 존 브라이트(John Bright)는 이 의 식이 아브라함에게 고된 종살이의 여러 세대 후에 그의 후손들이 이 땅을 소 유하게 될 것임을 확약하는 것이라고 주장하였다. 존 브라이트는 이것은 하 나님이 "자신의 약속들을 이행하기 위하여 엄숙한 자기 저주로써" 스스로를 구속하는 것을 의미한다고 믿었다. "이렇게 족장 계약은 장래에 대한 하나님 의 무조건적인 약속에 의거한 것으로서, 계약의 상대방에게는 오직 믿음만을 요구한다"(*Covenant and Promise*, 26). 물론, 펄리트(Perlitt)와 쿠취(Kutsch) 같은 학자들은 브라이트의 견해에 동의하지 않는다. 그들은 거의 모든 계약 들에 의무가 존재한다고 본다.

하나님과 아브라함 간의 계약에 관한 세 번째 기사는 창세기 17장에 나온 다. 이 장의 언어는 앞의 것들과 다르다. "자르다"('카라트') 대신에 "세우다" ('하킴')라는 단어가 사용된다. "세우다"(establish)는 이 과정에서 하나님의 역할을 강조하고, 이러한 계약을 세우는 것이 영속성을 지닌다는 것을 함축 한다. 실제로 "영원한"이라는 단어가 7, 8, 13절에 나온다. 여기에서 주어지는 약속은 많은 후손(2, 5절), 땅(8절)에 관한 것이다. 이 대목에서 유일하게 언급 되고 있는 의무들은 아브라함이 "내('엘 샷다이') 앞에서 행하여 흠이 없을 것"(1절)과 자손들 가운데서 모든 남자들에게 할례를 행함으로써 "내 계약"을 지키는 것(10절)이다.

로널드 클레멘츠(Ronald Clements)는 "이 할례 의식은 시내산에서의 율법 계약과 같은 조건을 이 계약에 부과하는 것이 아니었기 때문에, 모든 남자 아 이에게 할례를 행하라는 요구를 행하는 것은 하등의 어려움도 예상되지 않았 다"고 말한다. "우리는 제사장계의 저자들이 할례를 제한적인 조건이 아니라 표징이라고 보았다는 것을 확실하게 강조하여야 한다"(*Old Testament Theology*, 73). 발터 침멀리(Walther Zimmerli)는 여기에서 우리는 다시 한 번 창세기 15장에서와 마찬가지로 순수한 약속을 다루고 있다고 말하였다. 할례 를 받지 않는 사람은 계약을 깨뜨리는 것이고, 따라서 백성 중에서 끊어지겠

지만(17:14), 그 처벌은 오직 불순종한 개인에게만 영향을 미친다. "전체로서
의 계약은 여전히 손상을 입지 않는다"(*Old Testament Theology in Outline*,
56).

아브라함 계약은 구속력 있는 약속 또는 "하나님 편에서의 약속의 맹세"이
다(R. Davidson, "Covenant Ideology in Ancient Israel," 338). 아브라함 계약
에 관한 기사들이 다윗, 솔로몬, 심지어 포로기 이후 시대에서 나온 후대의
관념들을 거꾸로 투사한 것이라고 믿는 학자들과 창세기 15:7-21에 나오는
약속에 관한 기사를 "제의적으로" 반복한 것 속에서 이 계약의 전승의 뿌리를
찾을 수 있다고 보는 학자들 사이에서 줄기찬 논쟁이 지금까지 벌어져 왔다
(R. E. Clements, "Abraham and David: Genesis 15 and Its Meaning for
Israelite Tradition").

나는 초기설에 동의한다. 로버트 데이빗슨은 이와 관련해서 이렇게 말하였
다: "포로기 시대가 구약에서 신학적으로 중요한 것으로 여겨지는 것들 중 많
은 것들을 위한 편리한 집수(集水) 구역이 될 위험성이 실제로 존재하는데, 이
러한 집수 구역으로 흘러 들어가는 여러 다양한 개울들을 그것들의 원천으로
소급시키고자 하는 관심은 거의 없는 형편이다"("Covenant Ideology in
Ancient Israel," 342).

4) **시내산에서 이스라엘과의 계약** — 하나님이 시내산에서 이스라엘과 맺
은 계약은 구약에서 하나님이 아브라함과 맺은 계약의 연장 또는 성취로 묘
사된다.

> 여러 해 후에 애굽 왕은 죽었고 이스라엘 자손은 고된 노동으로 말미암
> 아 탄식하며 부르짖으니 그 고된 노동으로 말미암아 부르짖는 소리가 하
> 나님께 상달된지라 하나님이 그들의 고통 소리를 들으시고 하나님이 아
> 브라함과 이삭과 야곱에게 세운 그의 언약을 기억하사(출 2:23-24).

> 하나님이 모세에게 말씀하여 이르시되 나는 여호와이니라 내가 아브라
> 함과 이삭과 야곱에게 전능의 하나님으로 나타났으나 나의 이름을 여호
> 와로는 그들에게 알리지 아니하였고 가나안 땅 곧 그들이 거류하는 땅을

그들에게 주기로 그들과 언약하였더니 이제 애굽 사람이 종으로 삼은 이
스라엘 자손의 신음 소리를 내가 듣고 나의 언약을 기억하노라 그러므로
이스라엘 자손에게 말하기를 나는 여호와라 내가 애굽 사람의 무거운 짐
밑에서 너희를 **빼내**며 그들의 노역에서 너희를 건지며 편 팔과 여러 큰
심판들로써 너희를 속량하여 너희를 내 백성으로 삼고 나는 너희의 하나
님이 되리니 나는 애굽 사람의 무거운 짐 밑에서 너희를 **빼낸** 너희의 하
나님 여호와인 줄 너희가 알지라 내가 아브라함과 이삭과 야곱에게 주기
로 맹세한 땅으로 너희를 인도하고 그 땅을 너희에게 주어 기업을 삼게
하리라 나는 여호와라 하셨다 하라(출 6:2-8).

시내산 계약에 관한 일차적인 기사는 구약성서에서 가장 중요한 본문들 중
의 하나인 출애굽기 19-24장에 나온다. 테린(Terrien)은 "인류의 문헌들 중에
서 하나님과 인간의 만남에 관한 이러한 경외감을 불러일으키는 묘사와 비견
할 수 있는 그런 묘사는 거의 없다"라고 말하였다(*The Elusive Presence*, 119).
이 본문은 여러 종류의 자료들(하나님의 현현, 서사, 율법들, 제의적 자료들)
로 이루어져 있고, 현재의 본문을 구성하고 있는 정확한 편집층들에 관해서
는 학자들 사이에서 상당한 정도의 견해차가 존재한다.

차일즈(Childs)는 출애굽기 19장에서 드러나는 문헌적인 긴장들은 전통적
인 자료 구분(J와 E)으로는 해결할 수 없는 정도의 것이라고 믿었다. 그는 J와
E 같은 두 개의 자료층이 19장에 존재한다고 할지라도 그것들은 동일한 구전
전승의 많은 부분들을 공유하고 있기 때문에 구분해 내는 것이 가능하지도
않을 뿐더러 별 의미도 없다고 보았다(*The Book of Exodus*, 350). 차일즈는
이 본문 속에서 활동한 세력들의 깊이와 다양성을 우리가 알아야 하지만, 이
와 동시에 이 본문의 최종 형태를 해석하는 데에 우리의 노력을 집중해야 한
다고 말하였다.

이 본문(출 19-24장)의 최종 형태에 의하면, 이스라엘은 애굽을 떠난지 3개
월째 되는 때에 시내산에 도착하였다(19:1-2). 하나님은 이스라엘과 계약을
맺을 것을 제안하였고, 온 백성이 이에 동의하였다. 모세는 하나님과 이스라
엘 간의 중재자 역할을 하였다(19:3-9). 이스라엘 백성은 하나님의 현현을 위

해서 준비하였다(19:10-15). 세 번째 날 아침에 하나님은 불과 연기와 구름과 우레와 지진을 동반하고 시내산에 강림하셨다(19:16-25). 그런 후에, 야웨는 계약의 십계명을 선포하셨다(20:1-17). 백성들은 두려워서 뒤로 물러나 떨면서, 모세에게 그들의 중재자가 되어 줄 것을 요구하였다(20:18-21). 계약의 율법들이 주어졌고(20:22—23:33), 하나님과 이스라엘의 계약은 희생 제물의 피와 공동 식사를 통해서 인쳐졌다(24:1-18).

이스라엘은 시내산을 떠나기 전에 금송아지를 만들어서 숭배함으로써 야웨와의 계약을 깨뜨렸다(출 32:3-8). 하나님의 심판과 모세의 중보기도 후에 계약은 다시 갱신되었다(출 34:10, 27-28).

시내산 계약에 관한 또 다른 기사는 계약의 책인 신명기에 나온다. '베리트'라는 용어는 신명기에 적어도 27번 나온다. 신명기는 광야 유랑 생활 속에서 살아 남았던 이스라엘 백성의 제2세대가 가나안 땅으로 들어가기 직전에 시내산 계약을 갱신하는 것에 관한 것이다. 아마도 이스라엘 백성의 이후의 세대들은 이 책에 나오는 자료들을 요시야의 개혁의 때와 그 이후에 이르기까지 계약 갱신의 문서로 사용하였을 것이다(29:14-15).

시내산 계약은 아브라함 계약과는 대조적으로 계약이 지속적으로 효력을 발휘하기 위해서는 율법과 규례들을 지켜야 한다는 인간 편에서의 의무를 강조하는 것으로 보인다. 이렇게 해서, 이스라엘에는 두 가지 계약 전승이 출현하게 되었다: (1) 노아, 아브라함, 다윗과 관련된 약속의 계약 전승, (2) 시내산 사건과 관련된 인간의 의무의 계약. 시내산 계약은 여호수아와 사사 시대 동안에 열두 지파 동맹의 토대가 되었던 것으로 보인다(수 24장).

5) **다윗과의 계약** — 왕정의 출현은 계약 개념에 변화를 가져왔다. 왕은 하나님의 승인과 지원을 필요로 했다. 하나님은 다윗의 후손들 중의 하나가 언제나 보좌를 차지하게 될 것을 내용으로 하는 다윗 계약을 맺었다(삼하 7:12-16). 계약이라는 단어는 이 본문 속에 나오지 않지만, "다윗의 마지막 말"(삼하 23:5)에는 나온다. 다윗과 하나님의 계약은 이중적인 것이었다: (1) 다윗의 나라가 영원히 서게 될 것이고(시 18:50; 89:3-4, 35-37; 사 55:3), (2) 예루살렘 또는 시온은 영원히 하나님의 거처가 될 것이다(왕상 8:12-13; 시 78:68-69; 132:13-14).

솔로몬이 죽자, 왕국은 북왕국과 남왕국으로 분열되었다. 열 지파로 이루어진 북왕국은 이스라엘 백성이 지켜야 할 의무를 특징으로 하는 시내산 계약을 유지하였다. 남왕국은 예루살렘을 계속해서 수도로 삼고, 다윗의 자손이 보좌를 이음으로써, 다윗에게 주어졌던 약속의 계약을 고수하였다. 예루살렘을 정복하고 수도로 삼음으로써 다윗은 여부스 족속의 종교 전통들과 인물들 중 일부를 유지시켰을 가능성이 있다. 이러한 개념들은 왕권과 영원한 계약에 관한 남왕국 유다의 개념에 영향을 미쳤을 것이다(Bright, *Covenant and Promise*, 49-77; Cross, *Canaanite Myth and Hebrew Epic*, 229-287; Miller and Hayes, *A History of Ancient Israel and Judah*, 173).

물론, 계약 개념에 대한 분명한 관념은 포로기 이후 시대에 이르러서야 이스라엘에 출현하였다고 주장하는 학자들은 다윗 계약과 관련하여 문제점들을 지니게 된다. 헤이스(Hayes)와 밀러(Miller)는 "계약은 족장 전승들 속에서 후대의 모티프이고(Kutsch; Perlitt), 사무엘하 7장은 이러한 자료들에 대한 신명기사가의 개작의 최종적인 산물이다"라고 말하였다(A *History of Ancient Israel and Judah*, 142, 333).

6) **선지자들과의 계약** — 주전 8세기의 선지자들은 "계약"이라는 용어를 거의 사용하지 않았는데, 이것은 아마도 이스라엘 백성이 계약이 자동적으로 그들에게 보장될 것이라는 그릇된 인상을 지니고 있었기 때문일 것이다. 아모스는 그 어디에서도 하나님과 이스라엘의 관계를 지칭하기 위하여 이 용어를 사용하지 않았다; 하지만 그가 공격하였던 범죄들은 계약 율법을 위반한 것들이라는 것은 분명하다. 호세아는 "계약"이라는 단어를 드물게 사용하였지만(그는 이 단어를 사용한 유일한 주전 8세기 선지자이다), 이스라엘을 야웨와의 계약을 깨뜨린 것에 대하여 비난하였다. 한 대목에서(4:1-3) 그는 야웨가 자기 백성을 상대로 계약 소송을 개시한 것으로 묘사하였다. 호세아는 출애굽, 광야 유랑, 정복에 관한 전승들과 야웨의 계약의 조항들(시내산에서의)에 깊이 빠져 있었다. 그러나 야웨께서 다윗과 맺은 영원한 계약에 관한 신학은 그에게 아무런 의미도 없었던 것으로 보인다. 호세아는 야웨와 이스라엘의 계약 관계에 대하여 혼인이라는 은유를 최초로 사용한 선지자였다.

남왕국에서 이사야는 다윗 전승들과 하나님께서 다윗에게 행하셨던 확실한 약속에 뿌리를 박고 있었다. 이것은 이스라엘의 국가 정책에 대한 이사야의 일생 동안의 비평의 신학적인 토대였다. 이사야는 시내산 계약 전승들에 대해서도 잘 알고 있었던 것으로 보인다. 예레미야는 북왕국 전승들에 서 있었기 때문에, 시내산 계약을 토대로 활동하였다. 그는 이스라엘이 하나님과의 계약을 깨뜨렸다고 역설하였다(11:3-10; 22:9; 31:32; 34:18).

많은 백성들은 이 점에 있어서 예레미야의 주장에 반대하여, 예루살렘에 대한 하나님의 계약은 영원한 것이고 예루살렘 성전은 침범될 수 없다고 주장하였다. 그러나 예레미야가 옳았다. 느부갓네살은 예루살렘을 향하여 진격해 와서 도성을 파괴하고 성전을 불살랐으며, 많은 사람들을 포로로 바벨론으로 끌고 갔다. 이것은 하나님이 예루살렘, 성전, 백성을 어떤 대가를 치르고서라도 보호하실 것이라고 믿었던 이스라엘 백성에게 영적인 위기를 가져다주었다.

존 브라이트(John Bright)는 이렇게 말하였다:

신앙의 토대들이 흔들렸다. 뚜렷한 정체성을 지닌 공동체로서의 이스라엘의 생존 자체가 위태로워졌다. 인간적으로 말해서, 우리는 이스라엘은 자신의 신앙, 특히 야웨의 주권적인 권능, 공의, 자신의 약속들에 대한 신실하심에 비추어서 이 비극을 어떤 식으로든 설명해 내지 않는 한 더 이상 생존이 불가능했을 것이라고 말할 수 있다. 사람들은 이스라엘 가운데서 종교가 낸 목소리들은 오로지 시온의 불가침성과 다윗 가문의 영원성을 선포하였던 제사장과 직업적인 선지자의 목소리뿐이었다는 것을 생각할 때에 그 결과는 생각하기에도 끔찍한 것이었다. 그들의 목소리는 옳은 것이 아니었다! (*Promise and Covenant*, 189).

예레미야, 에스겔을 비롯한 여러 선지자들은 예루살렘에 일어난 일을 계약을 깨뜨린 것에 대한 하나님의 심판으로 해석하였다. 그것은 비극을 신앙의 관점에서 설명해 준 구원의 말씀이었다. 하나님의 행위는 이스라엘의 죽음 또는 종교의 죽음을 의미하는 것이 아니었다. 그것은 하나님이 불공평하거나 불의하다는 것을 의미하지도 않았다.

그러나 장래는 어떻게 될 것인가? 어떤 소망이 존재하는가? 예레미야는 주전 597년에 바벨론으로 끌려간 포로들 중의 일부 사람들에게 서신을 썼다. 그 서신 속에서 그는 이렇게 말했다:

> 너희를 향한 나의 생각을 내가 아나니 평안이요 재앙이 아니니라 너희에게 미래와 희망을 주는 것이니라 너희가 내게 부르짖으며 내게 와서 기도하면 내가 너희들의 기도를 들을 것이요 너희가 온 마음으로 나를 구하면 나를 찾을 것이요 나를 만나리라 이것은 여호와의 말씀이니라 나는 너희들을 만날 것이며 너희를 포로된 중에서 다시 돌아오게 하되 내가 쫓아 보내었던 나라들과 모든 곳에서 모아 사로잡혀 떠났던 그 곳으로 돌아오게 하리라 이것은 여호와의 말씀이니라(렘 29:11-14).

예레미야는 구약의 대부분의 선지자들과 마찬가지로 소망이 심판 너머에서 손짓하고 있다고 믿었다. 장래에 대한 이러한 소망은 어떤 형태를 띠게 될 것인가?

7) **새 계약** — 이스라엘을 위한 장래의 소망은 옛날과 같이 국가를 회복하는 것 또는 다윗 가문의 "메시야적인" 구원자의 출현에 관한 약속이라는 형태를 취하지 않을 것이다. 그것은 새 계약에 관한 형태를 띠었다. 우리는 "어떻게 새 계약이 있을 수 있는가?"라고 물을 수 있다. 이스라엘은 새 계약을 맺자고 할 힘도 공로도 토대도 지니고 있지 않았다; 그러나 하나님은 최초의 계약을 먼저 시작하셨듯이, 이제 새로운 계약도 먼저 제시하실 것이다.

새 계약은 어떤 장점을 지니게 될 것인가? 새 계약은 이전 계약과는 달리 쉽게 깨뜨려지지 않을 것인가? 하나님은 그러한 상황도 치유하실 수 있다. 하나님은 과거의 죄들을 사하시고, 자기 백성의 마음에(즉, 생각과 의지에) 그의 계약 율법을 기록함으로써, 그들에게 그것에 순종하여 자기 백성으로서 살아갈 수 있는 능력과 욕구를 동시에 주실 것이다. 언제 이런 일이 일어나게 될 것인가? 예레미야가 말할 수 있었던 모든 것은 "그 날은 확실히 올 것이다" (31:31; 개역에서는 "날이 이르리니")라는 것이었다.

새 계약은 몇 가지 점에서 옛 계약과 비슷하다. 새 계약은 하나님의 주도권에 의해서 주어졌고, 순종을 기대하는 가운데 은혜를 토대로 하고 있다. 차이점은 그 백성이 새로워진다는 것이다(Bright, *Covenant and Promise*, 196; Bright, "An Exercise in Hermeneutics: Jeremiah 31:31–34," 188–210).

이것은 시내산 계약이 옳았고 다윗 계약이 틀렸다는 것을 의미하는가? 브라이트가 이 두 계약은 이스라엘의 신앙이 지닌 본질적인 특징들을 표현해 주는 것이었다고 결론을 내린 것은 아마도 옳을 것이다. 시내산 계약은 이스라엘에게 하나님의 은혜와 그들의 의무들을 상기시켜 주었다. 아브라함 계약과 다윗 계약은 이스라엘에게 그들의 미래가 궁극적으로 그들이 어떤 모습인지, 또는 그들이 무엇을 했고 무엇을 하지 않았느냐에 달려 있는 것이 아니라, "그 어떤 것으로도 무효화시킬 수 없는 하나님의 불변의 목적"에 달려 있다는 것을 상기시켜 주었다(*Covenant and Promise*, 196).

이 두 계약 패턴은 신약에서 계속되었다. 거기에서 그것들은 그리스도 안에서 결합되고 성취된 것으로 선포된다. 브라이트는 교회가 이스라엘과 마찬가지로 계약의 이 두 패턴 아래에서 살아가고 있다고 결론을 내렸다. 우리는 그리스도로부터 그 어떤 조건도 부가되지 않은 무조건적인 약속들을 받았다. 또한 우리는 은혜와 계명들을 받았다: "내 계명을 지켜라"(요 14:10).

의무가 없는 약속만을 받게 되면 자기만족 속으로 빠져들게 될 것이다. 약속들이 없이 그리스도의 계명들의 짐만을 지우게 되면 절망하거나 자기의를 추구하는 율법주의로 빠져버리게 될 것이다. 따라서 우리는 이스라엘과 마찬가지로 긴장 관계 속에서 살아가야 한다. "그것은 은혜와 의무 간의 긴장 관계이다: 우리가 신뢰하도록 요구받고 있는 무조건적인 약속들과 교회의 주권적인 주님으로서의 그분에게 순종해야 할 의무"(Bright, *Covenant and Promise*, 198).

"새 계약"이라는 용어와 더불어서, "영원한 계약," "평화의 계약" 같은 그 밖의 다른 표현들도 등장한다. 이러한 표현들의 관계는 어떤 것인가? "새 계약"이라는 용어는 구약에 오직 1번 나오고(렘 31:31), 신약에는 7번 나온다(마 26:28; 막 14:24; 눅 22:20; 고전 11:25; 히 8:8; 9:15; 12:24). 하지만 "영원한 계약"이라는 표현은 구약에 19번 나오고 신약에는 오직 1번 나온다(히 13:20). 예레미야 31:31–34에 나오는 새 계약은 영원한 계약으로 서술되지 않고, 구약에 나오는 영원한 계약은 결코 새 계약으로 불리지 않는다. 하지만 이것은 이 두 개념이 서로 관련이 없다는 것을 의미하지 않는다. 구약에서 영원한 계약에 대한 몇몇 언급들은 과거에 행해진 계약들에 대한 것이다: 1번은 노아와 맺은 계약을 가리키고(창 9:16), 4번은 아브라함과 맺은 계약을 가리키며(창 17:7,13; 시 105:8-10; 대상 16:15-17), 1번은 안식일 준수(출 31:16), 1번은 진설병(레 24:8), 1번은 비느하스의 제사장직(민 25:13), 1번은 이스라엘이 영원한 계약을 깨뜨린 것을 가리킨다(사 24:5). "영원한 계약"에 대한 6번의 언급은 장래에 맺어질 계약에 대한 것들이다. 야웨는 5번의 경우에 그가 이스라엘과 영원한 계약을 맺을 것이라고 말씀한다(사 55:3; 61:8; 렘 32:40; 겔 16:60; 37:26). 1번은 야웨께서 이스라엘이 유다와 더불어 울면서 그들의 하나님인 야웨를 찾고, "잊을 수 없는 영원한 언약"(렘 50:5)을 통해서 야웨와 맺어지기를 간청할 것이라고 예언한다.

2번의 경우에 야웨와 이스라엘 사이에서 장래에 맺어질 계약은 "평화의 계약"으로 불린다(겔 34:25; 37:26). 또한 이 평화의 계약은 영원한 계약이 될 것이다(겔 37:26; cf. 사 54:4-10).

새 계약은 옛 계약과의 연속성도 없이 완전히 새로운 것이 될 것인가? 만약 그렇지 않다면, 새 계약과 관련해서 무엇이 새로울 것인가? 장래의 영원한 계약은 깨뜨려질 수 없는 것이 될 것인가? 옛 계약은 이스라엘 편에서 깨뜨려질 수 있었고(사 24:5; 렘 31:32; 34:18; 겔 17:19; 44:7), 야웨 편에서도 깨뜨려질 수 있었다. 야웨는 자기가 자신의 계약을 깨뜨리지 않을 것이라고 말씀하지만(레 26:44; 삿 2:1; 시 89:34), 계약을 파기하였고(시 89:39) 무효화하였다고(슥 11:10) 고소를 받는다. 이 마지막 두 개의 언급은 잠정적인 행위들로 이해될 수 있을 것이다.

"영원한"('올람')이라는 단어는 철학적인 의미에서 "끝이 없는," "영원한"을 의미하는가? 할러데이(Holladay)는 그렇지 않다고 말한다('olam, Concise Hebrew-Aramaic Lexicon, 267). 나이트(G. A. F. Knight)는 이렇게 말하였다:

'올람'(영원한)은 일차적으로 무덤 너머의 삶과 관련되어 있지 않은 단어이다. 이 단어는 "감춰진"이라는 의미를 지닌 어근으로부터 유래하였다. 따라서 이 단어는 인간의 사고들로부터 감춰진 과거의 안개들에 관하여 말하고, 인간의 사고가 엿볼 수 없는 미래의 안개들을 내다본다. 따라서 이 단어는 오직 무한한 시간이라는 관점에서만 생각할 수 있는 감춰진 실체들의 주(主)이신 하나님에 관하여 말한다(*A Christian Old Testament Theology*, 45).

예니(E. Jenni)는 '올람'이라는 단어는 기본적으로 "아주 아득한 때"를 의미한다고 주장하였다("Das Wort *'Olam* im Alten Testament," 246-247). 아주 아득한 때는 과거를 가리킬 수도 있고 미래를 가리킬 수도 있다. 이 단어 자체에는 그때가 얼마나 아득한 것인지를 구체적으로 말해주는 것이 없다. 그러한 구체적인 내용은 문맥으로부터 도출된다(Barr, *Biblical Words for Time*, 70). 따라서 여호수아 24:2에서 '메올람'은 "아득한 때로부터"를 의미한다. 예레미야 28:8에서는 "너와 너 이전의 선지자들"이 "아득한 때로부터('민하올람')"(개역에서는 "예로부터") 예언한 것에 관하여 말한다. 제임스 바(James Barr)는 이러한 경우들은 "영원 전부터"라고 번역될 수 있다고 말했지만, 그러한 것들은 시간 내의 아득한 과거를 가리키는 것으로 이해되어야 할 것이다. '올람'이라는 단어는 모호한 것으로서, 철학적인 의미에서의 "영원"으로 이해되어서는 안 된다. 성경 이후의 히브리어에서 '올람'은 '하제 올람'("이 세대")과 '하올람 하바'("장차 도래할 세대") 등과 같은 용법으로 사용된다. 구약에서 "영원한"은 "우리가 보거나 이해할 수 있는 한에서 아주 멀거나 그 너머에 있는"를 의미한다. 페인(D. F. Payne)은 '베리트 올람'이라는 표현은 "무한정한 기간을 지닌 계약"으로 번역될 수 있는 것으로서, "이러한 계약들이 비록 특정한 개인(또는 세대)과 맺어졌지만 그의 후손에게도 영향을 미친다는 뜻을 함축할 수 있다"고 말하였다("The Everlasting Covenant," 10-16). 하지만 페인은 곧이어서 우리가 이러한 해석을 모든 경우에 적용할 수는 없다고 말하였다.

우드스트라(Marten H. Woudstra)는 "'영원한'이라고 불리는 계약이 깨뜨려질 수 없다는 것은 사실이 아니다"라고 말하였다("The Everlasting

Covenant in Ezekiel 16:59–63," 32). "아무도 제한된 기간 동안을 위하여 '베리트'를 맺은 것으로 보이지 않고, 만약 계약들이 제한된 기간에 적용되는 것이었다면, 그 계약들 중 어느 것도 성경 본문에 들어오지 못했을 것이다" (Cross, *Canaanite Myth and Hebrew Epic*, 35; 또한 Nicholson, *God and His People*, 103을 보라).

모쉐 바인펠트(Moshe Weinfeld)는 고대 근동에서의 "왕의 은급(恩級)"에 관한 연구를 토대로, 구약에 나오는 아브라함 및 다윗과 맺은 야웨의 계약은 이러한 옛 왕의 은급들을 본뜬 것이었다고 주장하였다. 이러한 땅과 왕조에 대한 왕의 은급들은 황제에 의해서 봉신에게 주어졌다. 그것들은 무조건적인 것이었고 다시 회수될 수 없었다("The Covenant of Grant in the Old Testament and in the Ancient Near East," 189–192).

아브라함, 다윗, 이스라엘과의 계약들이 어떤 의미에서 영원한 것이라고 말해진다면, 우리는 그것들의 성취를 어떻게 이해해야 하는가? 그 계약들은 그리스도와 교회 안에서 성취된 것인가, 아니면 여전히 이스라엘이라는 민족 속에서 성취되어야 하는 것인가? 세대주의자들은 세대 계약은 일차적으로 이스라엘을 위한 것이었다고 주장한다. 일부 학자들은 두 가지의 새 계약을 주장한다: 교회를 위한 것과 이스라엘을 위한 것(*The Ryrie Study Bible*, 히 8:6; 이 견해에 대한 비판으로는 McComiskey, *The Covenants of Promise*, 157–161을 보라).

이러한 주제는 구약 신학에 관한 서술적인 연구의 범위를 넘어서는 것이지만, 계약에 관한 구약의 본문들을 오늘날 어떻게 이해할 것인가를 놓고 많은 이견들이 존재한다. 이러한 본문들과 오늘날에 있어서의 이 본문들의 의미에 대한 신학적인 이해는 대체로 각자의 해석학적인 이해와 방법론에 의해서 결정될 것이다. 대부분의 유대인들과 그리스도인들은 이 본문들을 서로 다르게 이해한다. 그러나 모든 유대인들이 종말론의 문제들에 대하여 서로 견해가 일치하는 것도 아니고, 분명히 모든 그리스도인들도 이 문제들에 대하여 서로 견해를 달리한다.

확고한 전천년주의자인 컬버(Robert D. Culver)는 이러한 구약 본문들의 성취라는 문제를 논의하였다. 그는 아우구스티누스, 칼빈, 루터, 아르미우스주의, 계약 신학자들, 전천년주의자들, 무천년주의자들, 후천년주의자들, 세대주의자들의 관점을 검토하였다. 그런 후에, 그는 이러한 문제들이 종말론의 문제로 다루어져야 하고 "계속해서 그렇게 다루어지도록 허용되어야" 한다는 결론을 내렸다(*Daniel and the Latter Days*, 20). 그는 호교론적이고 파당적인 태도를 취하지 말고, 이 주제를 모든 교파의 동료 그리스도인들과 사역 중인 형제들을 염두에 둔 채로 애정과 겸손함으로 다루어서 열린 마음을 가지고 더 나은 길을 찾아보아야 한다고 주장하였다(*Daniel and the Latter Days*, 22).

신약에서의 이 문제에 대한 간략한 서술로는 Bruce Corley, "The Jews, the Future and God," 42–56을 보라.

제 5 장

야웨 같으신 신이 누구인가?

모세와 아론이 파라오에게 야웨의 이름으로 이스라엘을 광야로 가게 하라고 명하였을 때, 파라오는 비웃음 또는 경멸조로 "여호와가 누구이기에 내가 그의 목소리를 듣고 이스라엘을 보내겠느냐 나는 여호와를 알지 못하니 이스라엘을 보내지 아니하리라"(출 5장)고 말하였다. 파라오는 야웨가 누구인지를 알지 못했기 때문에, 이스라엘을 광야로 가게 하기를 거부하였다. 파라오의 거부는 애굽에 재앙들을 가져왔다. 재앙들이 끝날 즈음에, 파라오와 이스라엘 백성을 포함한 애굽에 있던 모든 사람은 야웨가 누구인지를 알았다(출 7:5,17; 8:10, 22; 9:14-16, 29; 10:2; 11:7; 12:31-32; 14:4, 18, 30). 야웨는 그가 행하신 일을 통해서 그가 누구인지를 계시하셨다. 그는 강한 손과 편 팔로써 한 무리의 노예들을 종살이로부터 건지셨다. 그는 자신이 긍휼과 권능과 목적을 지닌 하나님이라는 것을 나타내 보이셨다.

무지 또는 경멸로 인해서 "야웨가 누구인가?"라고 반문하는 것과 헌신과 믿음으로부터 "야웨 같으신 신이 누구인가?" — 야웨와 비견될 수 있는 신이 존재하지 않는다는 것을 암시하는 말 — 라고 묻는 것은 전혀 다르다(이것과 관련된 철저한 논의로는 C. J. Labuschagne의 *The Incomparability of Yahweh in the Old Testament*를 보라). 구약에서는 흔히 야웨가 비할 바 없는 신이라고 단언한다. 바다의 노래에서는 다음과 같이 묻는다:

여호와여 신 중에 주와 같은 자가 누구니이까
주와 같이 거룩함으로 영광스러우며 찬송할 만한 위엄이 있으며 기이한 일을 행하는 자가 누구니이까?
(출 15:11)

시편 기자들은 이렇게 말하였다:

하나님이여 주의 도는 극히 거룩하시오니
하나님과 같이 위대하신 신이 누구오니이까
주는 기이한 일을 행하신 하나님이시라
민족들 중에 주의 능력을 알리시고
주의 팔로 주의 백성
곧 야곱과 요셉의 자손을 속량하셨나이다.
(시 77:13-15)

무릇 구름 위에서
능히 여호와와 비교할 자 누구며
신들 중에서
여호와와 같은 자 누구리이까?
(시 89:6)

미가는 이렇게 말하였다:

주와 같은 신이 어디 있으리이까
주께서는 죄악과
그 기업에 남은 자의 허물을 사유하시며.
(미 7:18)

이러한 수사학적 의문문들은 야웨 같이 크시고 권능 있으며 거룩하고 엄위
하시고 경외감을 불러일으키며 영감을 주시고 죄사하시는 신은 존재하지 않
는다는 것을 단언한다. 이러한 용어들은 야웨를 묘사하기 위하여 구약에서

사용하고 있는 수많은 단어들 가운데서 오직 소수에 불과하다. 야웨는 진노, 질투, 심판, 보수의 하나님이다(삼하 22:48; 시 94:1; 나 1:2-6). 야웨는 선하시고, 사랑과 자비와 긍휼의 하나님이시다(출 34:6; 호 11:8; 나 1:7). 야웨는 은혜로우시고 영화로우시며 경외감을 불러일으키신다. 야웨는 거룩하고 신실하시며 참되시다. 야웨는 영원부터 영원까지 존재하신다(시 90:1). 야웨는 이 땅에 거하시는 하늘의 하나님이시다(겔 43:7,9; 단 2:18-19; 욘 1:9). 야웨는 후회하시지만(창 6:6), 변함이 없으시다(말 3:6).

하나님은 날이 서늘할 때에 동산에서 거니신다(창 3:8, 10). 하나님은 아브라함에게 사람으로 나타나셔서, 그와 함께 먹으시고, 이삭의 출생과 소돔의 멸망을 알리신다(창 18:1-8, 16-21). 하나님은 모세와 "대면하여" 말씀하시지만(출 33:11; cf. 창 32:30; 신 5:4; 34:10), 하나님을 보고 살아남을 수 있는 자는 없다(출 33:20). 하나님은 사람이 아니시지만(민 23:19), 얼굴과 손과 발과 눈과 코와 귀를 가지고 계신다. 하나님은 불과 같으시고(출 19:18; 신 4:24; 겔 1:27-28), 빛과 같으시며(시 104:2), 사자와 같으시다(암 1:2).

야웨라는 이름은 구약에 6,500번 이상 나오고, '엘로힘'("하나님")이라는 단어는 2,500번 이상 나온다. 구약에서 압도적으로 강조되고 있는 개념은 하나님이라는 개념이다. 야웨는 구약의 중심 인물이다. 하나님이라는 이름은 에스더서와 아가서를 제외한 모든 구약의 책들에 등장한다.

우리는 구약이 하나님에 관하여 말하고 있는 것을 어떻게 제시할 수 있는가? 우리는 이 주제를 연대기적으로 다루어야 하는가, 아니면 서로 다른 문학 장르들을 따라서, 또는 서로 다른 신학적인 관점들에 따라서(선지자들, 제사장들, 지혜) 다루어야 하는가? 우리는 최종적인 정경적 형태로 된 구약성서 전체에 나오는 내용을 체계적으로 배열하여 제시하고자 하여야 하는가? 연대기적으로 배열된 기록들 속에 제시된 이스라엘의 하나님의 특징들 — 이러한 것들은 시대마다 강조점에 차이가 있다 — 을 보여주는 것은 흥미롭고 시사해 주는 바가 많을 것이다.

구약 신학에서 "야웨 같으신 신이 누구인가?"라는 질문은 구약성서의 최종적인 정경적 형태에 대한 연구를 통해서 체계적인 방식으로 답변되어야 한다. 구약성서는 하나님에 관한 서술에 있어서 일관성을 지니고 있다. 로널드 클레멘츠(Ronald Clements)는 이렇게 말하였다: "현재 보존된 정경적인 형태 속에서 구약성서는 분명히 하나님을 아브라함, 모세, 이스라엘의 삶의 그 밖의 다른 인물들에게 자신을 계시하셨고, 만유의 주이자 유일한 창조주이신 한 분 유일무이한 초자연적인 존재로 묘사한다"(*Old Testament Theology*, 53).

구약 신학에 관한 기본서들을 한 번 쭉 훑어보면, 하나님론에 관한 구약성서의 내용들을 제시하는 단일한 방식이 없다는 것을 우리는 알게 된다. 몇 가지 기본적인 주제들이 거의 모든 구약 신학의 책들에 등장한다. 구약성서가 하나님에 관하여 말하고 있는 모든 것을 다룬다는 것은 실제적으로 불가능할 것이다. 그러한 내용에 대한 서술은 선별적일 수밖에 없고, 구약성서에 나타난 하나님에 관한 가장 중요하고 독특한 개념들을 다룰 수밖에 없다. 우리는 9가지 주제를 중심으로 구약성서가 하나님에 관하여 말하고 있는 것을 서술하고자 한다: 구원하시는 하나님, 축복하시는 하나님, 창조하시는 하나님, 거룩하신 하나님, 사랑하시는 하나님, 진노하시는 하나님, 심판하시는 하나님, 죄사하시는 하나님, 유일하신 하나님.

18. 구원하시는 하나님

A. 왜 구원자로서의 하나님으로 시작하는가?

우리가 구약의 하나님관에 관한 이러한 논의를 구원자로서의 하나님이라는 주제로 시작하는 것은 이스라엘이 하나님을 주(主)로 알기 이전에 구원자로 알았기 때문이다. 출애굽(구원)은 시내산에서 야웨와 이스라엘이 계약을 맺은 것(율법)에 선행한다. 또한 이스라엘은 야웨를 창조주로 알기 이전에 구원자로 알았다. "이스라엘의 역사는 긍휼에 토대를 둔 하나님의 구원 역사로 시작되었다"(Westermann, *Elements of Old Testament Theology*, 35). 야웨는 "애굽 땅에 있을 때부터" 이스라엘의 하나님이었다(호 12:9).

> 그러나 애굽 땅에 있을 때부터
> 나는 네 하나님 여호와라

나 밖에 네가 다른 신을 알지 말 것이라

나 외에는 구원자가 없느니라.

(호 13:4)

B. 구약에서 구원의 의미

히브리어에서 "구원하다," "구원자," "구원"이라는 단어들은 모두 "넓다," "넓어지다," "많은 여지를 갖다"라는 기본적인 의미를 지닌 '야샤아'라는 어근과 관련되어 있다(Richardson, "Salvation, Savior," 169; Scherer, *Event in Eternity*, 154-155). 구원은 폭넓은 의미들을 지닌 용어이다. 이 용어는 원수들, 질병, 죄, 멸망, 죽음으로부터의 구원을 가리킬 수 있다. 이 용어는 사람들을 주어로 삼아서 — 그러니까, 인간 구원자들 — 사용되지만, 구약에서는 하나님이 주어로 나오는 경우가 대부분이다. 구원은 과거, 현재, 미래의 건지심들과 관련하여 사용된다. 이 단어는 일차적으로 이스라엘의 구원을 가리키기 위하여 사용되지만, 인류 또는 개인의 구원에 대해서도 사용될 수 있다.

구약성서의 대부분은 하나의 민족 또는 공동체로서의 이스라엘에 관한 것이다; 그러므로 구원하시는 하나님으로서의 야웨의 일차적인 역할은 이스라엘을 그들의 원수들로부터 건져내시는 것이었다. 종종 원수들은 애굽인들, 아말렉 족속, 블레셋인, 바빌로니아인들 같은 다른 민족들이었다. 때로 이스라엘은 야웨와의 계약을 깨뜨리는 것과 같았던 그들 자신의 우상숭배의 죄 또는 바알 숭배로부터 구원받을 필요가 있었다. 앨런 리처드슨(Alan Richardson)은 구약성서는 일차적으로 무엇이 구원이고 구원은 어떤 기법들을 통해서 얻어질 수 있는가를 묻는 것에 관심을 갖는 것이 아니라, 하나님이 무엇을 행하셨고 장차 무엇을 행하실 것인지를 선포하는 데에 관심을 갖는다고 말하였다.

이것은 구약과 신약 둘 다의 주제이다. 하나님은 구원의 하나님이다: 이 것은 유대인들의 신앙과 그리스도인들의 신앙 둘 다의 복음이다. 하나님은 자기 백성을 구원하셨고, 그들을 구원하실 것이다; 성경에서 구원은 역사적인 실체임과 동시에 종말론적인 실체이다. 하나님은 흔히 "구원자"

로 불리고, "구원"은 성경의 여러 부분들에서 하나님을 가리키는 이름이다. 그러므로 하나님의 구원의 목적을 이루셨던 하나님의 아들이 "구원자"를 의미하는 예수로 불려야 했던 것은 너무도 당연한 것이다. 이렇게 구원은 성경 전체의 중심적인 주제이다("Salvation, Savior," 168).

클라우스 베스터만(Claus Westermann)은 구원자로서의 하나님의 사역을 오경, 역사서들, 예언서들, 시편들을 통해서 추적한 후에, 흔히 하나님은 이스라엘의 구원자로서만이 아니라 개개인들 및 나라들의 구원자로서도 묘사된다고 지적하였다. 베스터만은 인간들에 대한 위험들과 위협들, 그리고 구원에 대한 인간들의 필요가 너무도 크고 다양하기 때문에 구원 사역들도 다양하다고 결론을 내렸다. 그렇지만 하나님은 모든 상황 속에서 구원자이시다. "구약과 신약은 … 하나님이 구원자라는 진술에서 서로 일치한다. 하나님이 구원자라는 사실은 신약에서와 마찬가지로 구약에서도 하나님의 신성의 한 측면이다." 하나님이 구약과 신약 둘 다에서 구원자라는 것은 "논란이 될 수 없다. 구원하시는 하나님은 핵심적인 중요성을 지닌다"(*Elements of Old Testament Theology*, 46).

베스터만은 구약에서 하나님의 구원 행위들은 하나의 과정을 포함한다고 믿었다. 구원 과정의 기본적인 구조는 다음과 같다: 곤경, 도와달라는 부르짖음, 들으셨다는 말씀, 하나님의 건지심, 구원받은 자의 응답. 베스터만은 이러한 구조가 출애굽기와 사사기의 배후에 있다고 보았다. 구원은 곤경에 대한 인식과 연관되어 있음에 틀림없다. 곤경이 없다면 구원도 없을 것이다. 구원받기 위해서는 사람은 자신의 절망적인 상황을 인식하고 하나님을 향하여 부르짖어야 한다. 하나님은 곤경에 처한 자의 부르짖음을 들으시고 그들을 구원하신다. 그런 후에, 사람들은 하나님의 변치 않는 사랑과 권능 있는 역사(役事)에 대하여 하나님을 찬송한다.

구약에서는 "구원은 주께 속한 것이니"(시 3:8; 욘 2:9)라고 선포하였다. "구원해 달라는 것은 이 시편 기자의 끊임없는 기도였고, 구원은 그의 끊임없는 소망이었다"(Kirkpatrick, *The Book of Psalms*, 16). 그러나 이스라엘 백성만이 유일하게 구원받은 백성인가? 야웨는 열방들의 곤경에 관심을 가지고 계시는 것인가? 구약성서는 일차적으로 야웨와 이스라엘의 특별한 관계에 관한 이야기이다. 출애굽기의 첫 번째 장으로부터 말라기의 끝부분에 이르기까지 일차적인 초점은 야웨와 이스라엘에 맞춰져 있다. 종종 세계에 관한 좀 더 큰 그림이 출현하고, 다른 열방들도 시야에 들어온다. 그럴 때조차도 열방들에 대한 관심은 야웨와 이스라엘의 관계와 직접적으로 결부되어 있다.

창세기의 처음 열한 장은 모든 민족들에 관한 것이지만, 이 장들은 창세기 12장에서 아브라함으로부터 시작되는 구속의 드라마에 대한 서문 또는 배경이다. 창세기 12:3은 하나님께서 이 땅의 모든 족속들을 특별한 방식으로 축복하시기 위하여 아브라함을 부르셨다는 것을 말해 준다. 열방들이 축복을 받게 될 것이라는 사상은 창세기 18:18; 22:18; 26:4; 28:14; 신명기 29:19; 시편 72:17; 이사야 65:16; 예레미야 4:2에 다시 나온다.

종종 다른 열방들은 하나님께 바치는 제물들('헤렘')이 되어서 멸망을 받거나(민 31:17-18; 신 7:1-5; 20:16-18), 이스라엘의 종들이 된다(사 49:22-23; 60:14; 미 7:16-17). 아모스, 이사야, 예레미야가 선포한 열방들에 대한 예언들, 에스겔과 스가랴의 묵시론적 저주들은 열방들의 패배와 멸망에 관하여 말한다. 하지만 세상의 다른 민족들을 위한 소망의 한줄기 빛이 구약성서 전체에 걸쳐서 주기적으로 빛난다(시 22:27; 사 2:1-4; 렘 12:14-16; 16:19-21; 미 4:1-4; 슥 2:11; 8:20-23; 14:16).

> 내가 또 너를 이방의 빛으로 삼아
> 나의 구원을 베풀어서
> 땅 끝까지 이르게 하리라.
> (사 49:6b)

> 땅의 모든 끝이여
> 내게로 돌이켜 구원을 받으라
> 나는 하나님이라 다른 이가 없느니라.
> (사 45:22)

나의 전에 지음을 받은 신이 없었느니라
나의 후에도 없으리라
나 곧 나는 여호와라
나 외에 구원자가 없느니라.
(사 43:10-11; cf. 43:3; 45:15, 21; 49:26; 60:16; 63:8-9)

많은 사람들은 성경 속에 나오는 구원을 오직 죄로부터의 구원이라는 관점에서만 생각한다. 에드워드 영(Edward J. Young)은 유일하게 참된 구약 신학은 "타락을 제대로 다루는" 신학이라고 주장하였다(*The Study of Old Testament Theology Today*, 42). 또한 영은 이렇게 말하였다:

성경의 내용들을 제대로 다루는 유일한 해석이 존재하는데, 그것은 하나님께서 타락하지 않은 아담과 계약 관계를 맺었다는 것과 또한 하나님은 타락한 아담과 계약을 맺었다는 것, 성경의 이 두 가지 주장을 진지하게 다루는 해석이다. 이 사실은 구약의 모든 계시를 제대로 이해하기 위한 기본이 된다. 실제로 이후의 계시는 이러한 사실 위에 구축되어 있다. 사실 구약성서에서 주어진 추가적인 계시는 인간이 하나님으로부터 떠나서 타락한 피조물이 되었다는 전제, 따라서 인간은 하나님과의 화해를 필요로 한다는 전제 위에 토대를 두고 있다. 죄가 인간과 하나님 사이에 존재하였던 관계 속으로 들어와서 만들어 낸 균열이 치유되어야 하고, 이러한 치유 사역은 오직 하나님께만 속한다(*The Study of Old Testament Theology Today*, 69).

죄로부터의 구원은 성경에서 아주 중요한 가르침이지만, 에드워드 영 (Edward Young)은 성경으로 하여금 그의 신학을 결정하도록 허용하기보다는 먼저 자신의 신학을 결정한 후에 그 잣대로 성경에 대한 연구에 착수하고 있는 것으로 보인다. 구약성서는 타락 이전이든 이후이든 하나님과 아담 간의 계약에 관하여 전혀 언급하지 않는다. "구원하다"와 "구원"이라는 용어는 구약성서에서 죄로부터의 구원보다는 육신적인 재앙들로부터의 구원과 관련하여 훨씬 더 자주 사용된다. 구약과 신약에서 구원은 폭넓게 사용되는 용어이다. 이 용어는 그 재앙이 육신적인 것이든(민족의 패배, 기근, 가난, 두려움, 질병), 도덕적인 것이든 영적인 것이든 재앙으로부터의 건지심과 관련하여 사용된다.

테일러(F. J. Taylor)는 "구원에 대한 신약의 언급들 중에서 거의 3분의 1이 포로됨, 질병, 귀신들림(마 9:21; 눅 8:36), 종말론적인 공포(막 13:20), 육신적인 죽음(마 8:28; 행 7:20) 같은 구체적인 재난들로부터의 건지심을 가리킨다"고 말하였다("Save, Salvation," 219-220).

오토 바압(Otto Baab)은 이렇게 물었다:

> 구원 개념은 어떻게 죄의 성격에 의존하는가? 우리가 보았듯이, 죄는 인간이 자신의 피조성을 인정하기를 거부하고, 자신의 영적인 독특성과 자유를 교만하게 주장하는 것이다. 인간은 자신이 하나님인 체하고, 나아가서 경제적 또는 정치적 권력, 신성한 지적 체계들, 하나님의 의를 대체하는 도덕률들이라는 형태로 자기 자신의 형상들을 창조해서, 자기가 하나님의 피조물이 아니라 하나님이라는 것을 증명하고자 한다. 인간은 그들에게 주어진 자유를 우상숭배적이고 비윤리적으로 사용해서, 남들의 자유를 잠식하여, 그들을 착취하고 노예로 삼는다. 이것이 죄이다. 이것에 비추어 볼 때, 구원은 무엇인가? (*The Theology of the Old Testament*, 119).

바압은 구원이란 자신이 보잘것없다는 것을 알고 하나님께 의존하는 의식에 도달하는 것이라고 말하였다. 구원은 사람이 자신의 피조성과 연약성과 제한성을 인정할 것을 요구한다. 이것은 정신과 육체의 건강을 회복시키기 위한 일종의 심신상관적인(psychosomatic) 치료술이 아니다. 그러한 회복은 심리치료사의 치료 행위가 아니라 하나님의 역사의 결과로서만 올 수 있다. "하나님의 단죄하고 조명하시는 거룩성의 꿰뚫는 빛만이 인간에게 자기 자신이 어떤 모습인지를 계시해 줄 수 있고 인간에게 그의 죄를 보여 줄수 있다" (*The Theology of the Old Testament*, 119-120).

202 구약 신학: 그 역사, 방법론, 메시지

이런 유의 죄로부터의 구원은 오직 개인적인 차원에서만 일어날 수 있다. 구약의 몇몇 본문들은 죄로부터의 구원을 개인들이 체험한 것에 관하여 서술한다. 시편 32편과 51편에 나오는 시편 기자들의 증언들과 성전에서의 이사야의 체험(사 6장)은 구약에 나오는 개인의 죄로부터의 구원의 체험들을 보여주는 고전적인 예들이다. 각각의 경우에 하나님은 구원자이다. 하지만 구약에서는 대체로 제의들에 대한 적절한 준수를 통해서 공동체가 깨끗게 되거나 죄사함 받는 것에 관하여 말한다. 그렇지만 제의들에 대한 적절한 준수는 그 자체가 사람들에게 구원을 가져다주는 능력을 지니고 있지 않았다. 오직 하나님만이 사람들을 구원하실 수 있었다(시 3:8; 욘 2:9).

19. 축복하시는 하나님

클라우스 베스터만은 오늘날의 다른 어떤 학자들보다도 구약에서 "구원하시는"이라는 개념과 "축복하시는"이라는 개념의 차이들을 많이 강조하였다. 아마도 시편들 속에 나타난 탄식과 찬송에 대한 그의 광범위한 연구들이 그를 이러한 관점으로 이끌었던 것으로 보인다. 베스터만은 딜만(Dillman), 슐츠(Schultz), 슈타데(Stade), 아이히로르트(Eichrodt), 폰 라트(von Rad), 쾰러(Köhler), 프리젠(Vriezen), 페데르센(Pedersen), 모빙켈(Mowinckel)의 저작들을 통해서 축복에 대한 연구사를 추적하였다(*Blessing in the Bible*, 15-23). 그는 요한네스 페데르센과 루드비히 쾰러가 구원과 축복의 의미상의 기본적인 차이를 언급한 최초의 학자들이었다고 말한다. 폰 라트는 축복이라는 개념을 구원 개념 아래에 포섭시켰다.

A. 축복의 의미
"축복"의 의미는 구약에서 문학적인 자료와 양식에 따라서 달라진다. 가장 넓은 의미의 축복은 첫 번째 창조 기사(창 1:1-2:3)에 나온다. 거기에서 창조주로서 하나님은 인류 전체와 모든 살아있는 피조물에게 "생육하고 번성하라"는 다산의 축복(창 1:22, 28), 물과 공중과 땅을 채우라는 공간의 축복(창 1:22, 28), 음식의 축복(창 1:29-30)을 수여하신다. 인간은 다스리라는 특별한 축복을 받았다(창 1:28). 또한 하나님은 일곱째 날에 자신의 창조 사역을 쉬셨기 때문에 그날을 축복하여 거룩하게 하셨다. 성경에 첫 번째로 언급된 "축복"은 하나님께서 모든 사람들, 모든 살아있는 것들, 안식일과 관련하여 행하신 일이다(창 1:1-2:3). 이 축복의 범위는 보편적이고, 그 효과는 지속적이다. 창세기 5:2과 9:1에서는 다산과 지속의 축복에 대하여 다시 말한다.

B. 축복을 다루는 구약의 본문들

축복이라는 개념은 흔히 창세기 1-11장에서 그 반대편 짝인 "저주"와 더불어 등장한다. "축복"은 5번 나오고(1:22,28; 2:3; 5:1; 9:1), "저주"는 6번 나온다. 하나님은 여자를 유혹한 것과 관련해서 뱀을 저주하고(3:14), 아우를 죽인 일에 대하여 가인을 저주하며(4:11), 또한 땅을 저주한다(3:17; 5:29). 노아는 막내 아들을 저주하고, 셈과 야벳을 축복한다(9:25). 8:21에서 하나님은 다시는 인간으로 말미암아 땅을 저주하지 않을 것이라고 약속한다. 이러한 저주들은 그릇된 행위들과 연관되어 있다.

하나님이 세상을 끊임없이 돌보시는 것으로서의 축복이라는 개념은 족장들의 이야기들 속에서 변화된다(창 12-36장). 축복은 아브라함에 대한 약속과 결합된다. 창세기 12:1-3에 '바라크'("축복하다")라는 단어는 5번 나온다. 말씀하시는 이는 야웨이고, 축복은 겉보기에 무조건적인 약속의 일부가 된다. 축복(약속)은 아브라함이 큰 이름과 큰 민족을 이룬다는 내용을 포함한다. 볼프(Wolff)는 땅의 수여는 결코 축복의 목적물이 아니라고 지적하였다. 땅은 야웨의 "맹세"의 목적물이다(cf. 창 24:7; 26:3; 50:24; 민 11:12; "The Kerygma of the Yahwist," 141을 보라).

창세기 12장은 두 가지 서로 다른 신학적인 개념들을 결합시킨다: 축복과 약속. 전자는 하나님의 끊임없는 축복을 중심적인 것으로 삼고, 후자는 하나님의 구원 역사를 중심적인 것으로 삼는다. 이 시점부터 축복의 약속은 약속의 역사 속에 포함된다(P. D. Miller, "The Blessing of God," 247).

발람(민 22-24장)은 유명한 전문적인 "축복과 저주를 내리는 자"였던 것으로 보인다. 이스라엘의 위협을 받은 모압 왕 발락은 발람을 고용해서 이스라엘을 저주하기 위하여 유프라테스 강변에 있는 브돌로 발람을 보냈다. 마지 못해서, 발람은 모압으로 가서 이스라엘을 저주하고자 시도하였다. 하지만 발람은 입을 열 때마다 이스라엘을 저주하는 대신에 축복하였다. 적어도 자기 백성의 운명에 관한 한, 야웨는 모든 축복과 저주를 확고하게 주관하고 계신다는 것이 입증되었다. 발람은 이렇게 말하였다:

> 하나님이 저주하지 않으신 자를
> 내가 어찌 저주하며
> 여호와께서 꾸짖지 않으신 자를
> 내가 어찌 꾸짖으랴.
> (민 23:8)

> 내가 축복할 것을 받았으니
> 그가 주신 복을 내가 돌이키지 않으리라.
> (민 23:20)

> 너를 축복하는 자마다 복을 받을 것이요
> 너를 저주하는 자마다 저주를 받을지로다.
> (민 24:9b)

발람 사건은 야웨가 어떻게 고대 세계의 널리 알려진 현상 — 어떤 사람들은 축복하거나 저주할 수 있는 능력을 지니고 있다는 것 — 을 활용하여, 그가 소위 전문적인 모든 "축복과 저주를 내리는 자들"을 주관한다는 것을 이스라엘에게 가르치셨음을 보여준다. 하나님의 뜻을 벗어난 모든 능력이 실린 말씀은 무력하고 무의미하다(Westermann, *Blessing in the Bible*, 50). 여기에서 축복의 능력은 보호하시고 안전케 하시며 지켜주시는 야웨의 능력이다.

신명기는 하나님의 축복을 약속한다. 신명기에서 순종은 축복을 향한 길이었다.

> 너를 사랑하시고 복을 주사 너를 번성하게 하시되 네게 주리라고 네 조

상들에게 맹세하신 땅에서 네 소생에게 은혜를 베푸시며 네 토지 소산과
곡식과 포도주와 기름을 풍성하게 하시고 네 소와 양을 번식하게 하시리
니 네가 복을 받음이 만민보다 훨씬 더하여 너희 중의 남녀와 너희의 짐
승의 암수에 생육하지 못함이 없을 것이며 여호와께서 또 모든 질병을 네
게서 멀리 하사 너희가 아는 애굽의 악질에 걸리지 않게 하시고 너를 미
워하는 모든 자에게 걸리게 하실 것이라 네 하나님 여호와께서 네게 넘겨
주신 모든 민족을 네 눈이 긍휼히 여기지 말고 진멸하며 그들의 신을 섬
기지 말라 그것이 네게 올무가 되리라(신 7:13-16).

이스라엘이 가나안 땅에 들어섰을 때, 축복들은 그리심 산에서 선포되었
고, 저주들은 에발 산에서 선포되었다(신 11:29; 27:12-13). 신명기는 축복들
과 아울러 저주들을 담고 있다. 계약의 축복들과 저주들은 신명기 28장(레위
기 26장과 비교해 보라)에 자세하게 표현되어 있다. 여기에서 구원하시는 하
나님은 축복하시는 하나님(육체와 밭과 가축의 다산을 주시는 자)이 된다.

축복과 저주를 선포하는 것은 역사서들과 예언서들 속에서는 거의 나타나
지 않는다. 거기에서는 구원하시는/심판하시는 하나님이라는 개념이 두드러
진다. 시편들과 지혜 문학은 하나님의 축복에 관하여 더 많이 말을 하는데,
이것은 지혜 문학이 창조를 강조하고, 시편이 예배와 관련되어 있기 때문이
다. 지혜서인 욥기는 처음부터 끝까지 하나님의 축복 수여에 관한 것이다(욥
1:10; 42:12). 시편은 이스라엘의 예배에서 큰 역할을 담당하였다. 제의(예배)
는 제사장들을 통해서 하나님의 축복이 백성들에게 전달될 수 있었던 유일한
수단이었기 때문에, 시편들 속에 축복에 대한 언급이 풍부하게 나온다는 것
은 이상한 일이 아니다.

제의적 축복은 아주 일찍부터 시작되었다. 시내산에서 예배가 제정된 직후
에 제사장적 축복이 주어졌다:

여호와는 네게 복을 주시고 너를 지키시기를 원하며
여호와는 그의 얼굴을 네게 비추사
은혜 베푸시기를 원하며

여호와는 그 얼굴을 네게로 향하여 드사
평강 주시기를 원하노라 할지니라 하라
그들은 이같이 내 이름으로 이스라엘 자손에게 축복할지니
내가 그들에게 복을 주리라.
(민 6:24-27)

　　그레이(G. B. Gray)는 제사장적 축복은 이스라엘이 야웨에게 모든 것을 빚지고 있고, 야웨는 자기 백성을 모든 해악으로부터 막아주시고 평화를 비롯한 그들의 복리에 필요한 모든 것을 공급해 주신다는 사상을 간결하면서도 아름답게 표현하고 있다고 말하였다(*Numbers,* 71).

　　"축복하다"라는 말은 일차적으로 사람이 살아가는 데에 물리적으로 필요한 것들을 가리키고, "지키다"는 야웨의 보호하시는 역사(役事)를 강조한다. 야웨의 빛나는 얼굴을 체험하는 것은 도우심과 은혜를 위한 하나님의 임재를 가깝게 느끼는 것이었다(시 31:16; 67:1; 80:3,7). "은혜로우시다"는 도우심을 베푸시는 것을 의미한다. 얼굴을 감추거나 떨어뜨리는 것이 아니라 얼굴을 드는 것은 하나님께서 사람의 곤경을 은혜 가운데에서 주목하시는 것을 나타낸다. 평화('샬롬')는 유대인들의 흔한 축복 또는 인사말이 되었다. 평화는 불화(不和)의 부재 이상의 것이다. 그것은 "하나님께 마음을 두는"(cf. 사 26:3)자의 적극적인 잘됨과 안전을 표현하는 단어이다. '샬롬'은 갈등의 그침, 몸의 건강, 곧 '라파'를 가리킬 수 있다(시 38:3; 사 53:5; 57:19; 렘 6:14).

　　제사장들은 축복을 선언함으로써 "야웨의 이름을 이스라엘 백성 위에 두었다." 즉, 이스라엘 백성은 야웨의 이름으로 불려지고 규정되며 보호받게 된다. 이 본문은 "내가(이 대명사는 강조되어 있다) 너희에게 복을 주리라"는 강조적인 진술로 끝난다. 랍비들은 백성을 축복하시는 분은 제사장들이 아니라 야웨라는 것을 분명하게 하기 위하여 이 대명사가 사용된 것이라고 말하였다.

　　구약과 신약에서 인사말로 사용되는 축복은 사람들에 대하여 축복을 선포하는 제의적 용법과 밀접하게 연관되어 있고, 아마도 그러한 용법으로부터 나온 것으로 보인다. 고대 이스라엘에서 통상적인 인사말의 형태는 룻기 2:4

에 나온다: "마침 보아스가 베들레헴에서부터 와서 베는 자들에게 이르되 여호와께서 너희와 함께 하시기를 원하노라 하니 그들이 대답하되 여호와께서 당신에게 복 주시기를 원하나이다 하니라." 친구들, 사랑하는 자들, 또는 아는 사람들과 헤어질 때에 행한 축복은 다윗이 요나단과 헤어질 때에 한 말(삼상 20:42)과 이스라엘이 떠날 때에 파라오가 모세에게 자기를 축복해 달라고 요청한 것(출 12:32)에서 볼 수 있다.

이 제사장적인 축복은 제사장의 능력을 통해서 주술적으로 능력과 건강 또는 부를 수여하는 것이 아니었다. 그것은 하나님께서 인간에게 지속적으로 공급해 주실 것에 대한 소망과 확신을 하나님께 올려드리는 기도이다. 앨버트 아우틀러(Albert Outler)가 섭리에 관하여 쓴 글은 역사와 자연, 공동체와 개인들 속에서의 하나님의 현존으로서의 구약의 축복관과 아주 흡사하다. 아우틀러는 섭리는 하나님의 끊임없는 현존이 아니라, 이적들, 천사들의 방문, 개입들과 더 자주 결부되어 왔다고 말하였다(*Who Trusts in God*, 72). 섭리와 축복은 하나님이 역사와 자연을 주관하고 계시고, 하나님이 언제나 가까이 계신다는 것을 의미한다.

20. 창조하시는 하나님

구약에서 구원하시는 하나님과 축복하시는 하나님은 창조하시는 하나님이기도 하다. 많은 학자들은 이스라엘이 하나님을 창조주로 알기 이전에 (출애굽 체험을 통해서) 구원자로 알았다고 단언한다. 침멀리는 구약에서 "애굽으로부터의 이스라엘의 구원"에 대하여 언급할 때, 그것이 이스라엘의 신앙의 일차적인 방향 설정과 출발점을 제공해 주고 있다는 사실을 간과하기는 불가능하다고 말한다(*Old Testament Theology in Outline*, 32). 어니스트 라이트(G. Ernest Wright)는 인류는 계약에 대한 이해를 통해서 창조에 대한 이해에 도달하게 되었다고 말하였다.

창조자-주에 대하여 헌신하고 순종하는 인간의 의지는 세계의 종교들 가운데서 나타나는 습관적인 관계보다 훨씬 더 깊고 인격적인 인간과 주의 관계를 포함하는 것이었다. 성경 속의 인간은 성경의 모든 관계들 중에서 가장 심오한 관계인 계약 관계로부터 이것을 배웠다. 또한 계약 관계 속에서 인간은 자신의 창조의 신비를 대면하였다(*The Old Testament and Theology*, 73).

A. 창조는 일차적인 것이 아니라 "거룩한 역사"에 기여하는 부차적인 것이다

최근까지만 해도 구약학자들 사이에서 지배적인 견해는 다음과 같은 것이었다: "창조는 이스라엘의 신앙의 일차적인 내용물이 아니라, 구속 역사에 기여하는 부차적인 역할을 수행한다 ⋯ 창조는 이스라엘 사상의 중심이 아니라 주변부에 자리를 잡고 있다"(Crenshaw, *Studies in Ancient Israelite Wisdom*, 27). 칼 바르트는 자신의 교의학에서 계약을 창조 앞에 두었다.

크리스토프 바르트(Christoph Barth)는 이스라엘에게 있어서 창조는 객관적인 일반적 진리가 아니라 구원과 관련된 사실이었다고 말한다. 하지만 창조는 이스라엘의 신앙과 관련된 주제들 가운데에서 주도적인 역할을 하지는 않는다(*God With Us*, 9). 하나님의 행위로서의 창조는 이스라엘의 신조에서 부차적인 주제이다. 창조는 구약에 나오는 이스라엘의 "신조들"의 대부분에 있어서 하나의 요소를 이루지 않는다. 창조는 출애굽기 34:6; 신명기 6:20-23; 26:5-9; 여호수아 24:3-13; 사무엘상 12:8의 "신조들" 속에 나오지 않는다. 창조는 느헤미야 9:6-25과 시편 136편에 나오는 "신조들"에 등장한다. 베스터만이 다음과 같이 말한 것은 지나친 감이 있다:

구약에서는 창조주에 대한 신앙을 결코 말하지 않는다 ⋯ 창조는 신앙의 한 조목이 아니었는데, 이것은 창조는 당연한 것이었고 창조 외에는 다른 대안이 없었기 때문이다. 달리 말하면, 하나님에 의해서 이루어진 것 이외의 다른 것이 존재하지 않았다는 점에서 구약은 현실에 대한 이해에 있어서 우리와는 달랐다. 그들은 세상이 하나님에 의해서 창조되었다는 것을 믿어야 한다고 명시적으로 말할 필요가 없었는데, 이것은 그러한 것이 그들의 사고의 전제였기 때문이다(*Creation*, 5; cf. *Elements of Old Testament Theology*, 72, 85).

이 점과 관련해서 교회의 신조의 발전은 이스라엘의 신조의 발전과 병행을 보여준다. 초대 교회의 신조들은 창조에 대하여 언급하지 않았다. 창조는 주후 150년 경으로부터 신조의 한 조항이 되었고, 주후 325년의 니케아 신조에 이르러서야 추가적으로 강조되기 시작하였다(Christoph Barth, *God With Us*, 11; cf. Jacob, *Theology of the Old Testament*, 136).

창조가 계약에 비하여 부차적이라는 견해는 최근에 이르러서 도전을 받아 왔다. 슈미트(H. H. Schmid)는 "고대 근동에서의 질서"에 대한 연구들을 통해서 창조는 역사적인 견해들의 틀을 이루고 있었다고 결론을 내렸다. 슈미트는 구약 사상의 지배적인 배경은 폭넓은 의미에서 세계 질서와 창조 신앙이라는 포괄적인 개념이었다고 주장하였다. 그러므로 창조 신앙은 주변적인 개념이 아니라, 구약의 모든 사상의 핵심이다("Creation, Righteousness, and Salvation," 1–19; 또한 Reventlow, *Problems of Old Testament Theology in the Twentieth Century*, 34–185; Nicholson, "Israelite Religion in the Pre-exilic Period," 20–29를 보라).

또한 루드비히(T. M. Ludwig)도 창조가 구원사에 비하여 부차적이라는 견해에 도전하였다. 루드비히는 이사야 40–66장에 나오는 땅을 세운 것에 관한 전승들을 연구해서, "제2이사야에 있어서 창조 신앙은 단순히 선택 신앙 또는 구속 신앙 아래에 포섭되지 않는다"고 결론을 내렸다("The Traditions of the Establishing of the Earth," 345–357). 크렌쇼는 창조에 관한 논의 속에서 혼돈에 대한 연구를 토대로 위에서 말한 통설에 반대하였다. 크렌쇼는 세 가지를 강조하였다: (1) 우주적·정치적·사회적 영역에서의 혼돈의 위협은 창조 신학이라는 응답을 불러 왔다; (2) 지혜 사상에 있어서 창조는 일차적으로 하나님의 공의에 대한 방어책으로서의 기능을 한다; (3) 이스라엘의 문헌들 속에서 하나님의 완전하심이라는 문제가 지니고 있었던 중심성은 창조 신학을 신학적인 작업의 중심으로 만들었다(*Studies in Ancient Israelite Wisdom*, 27).

크렌쇼(Crenshaw)는 창조가 구약에서 부차적인 역할을 한다는 데에는 동의하였지만, 폰 라트가 가르쳤던 것과는 달리 구원사에 대하여 부차적이지는 않다고 말하였다. 크렌쇼는 창조 신학의 기능은 하나님의 공의에 대한 신앙을 보호하는 것이었다고 주장한다. 그러므로 그는 "창조는 인간의 실존, 즉 하나님의 완전성이라는 기본적인 문제에 속한다"고 단언하였다(*Studies in Ancient Israelite Wisdom*, 34).

B. 여러 종류의 창조 언어

구약이 구원사에 관하여 말하고 있는 모든 것은 주목할 만한 정도로 획일적이고 분명하지만, 구약이 창조주로서의 야웨에 관하여 말하고 있는 내용은 더 다양하고, 여러 가지 서로 다른 창조 언어로 표현되어 있다(Zimmerli, *Old Testament Theology in Outline*, 33). 구약은 고대 근동에서 공통적으로 사용되었던 네 가지 분명하게 구별되는 유형의 창조 언어를 채택하고 있다: (1) 만드는 것('아사') 또는 어떤 종류의 활동을 통한 창조; (2) 잉태와 출생에 의한 창조; (3) 전쟁을 통한 창조; (4) 말씀에 의한 창조(John H. Stek, "What Says the Scriptures," in *Portraits of Creation*, ed. van Till, 207). 이스라엘이 주변 나라들과 공유하였던 이러한 네 가지 종류의 창조 언어와 더불어서, 이스라엘은 창조를 가리키는 한 가지 독특한 단어인 '바라' ─ 이스라엘 외부의 고대 세계에서는 알려져 있지 않았던 단어 ─ 를 사용하였다. 구약성서가 사용하고 있는 첫 번째 종류의 창조 언어는 하나님이 어떤 것 또는 누구를 "만드신 것"('아사')에 관한 것이다(창 1:7, 26; 2:2, 4, 18, 22; 3:1; 6:6). 또한 구약성서는 하나님이 어떤 사람 또는 어떤 것을 "조성하다"('야차르')라는 표현도 사용한다(창 2:7, 8, 19; 사 43:1, 21; 44:2, 21, 24; 45:7, 9, 11, 18; 49:5; 렘 1:5; 암 4:13). 구약성서가 '아사'와 비슷하게 "창조하다"를 가리키는 데에 사용하고 있는 또 다른 용어는 '카나'("얻다," "준비하다," "소유하다")이다. '카나'는 하나님이 관심을 두시거나 돌보시는 행위를 가리킨다. 하나님은 자기가 만드신 것에 대한 소유자이다(창 14:19, 22; 출 15:16; 신 32:6; 시 74:2; 78:54; 104:24; 139:13; 잠 8:22).

하나님이 창조와 관련해서 "만들다"라는 의미로 사용하고 있는 그 밖의 다른 용어들은 다음과 같은 것들이 있다: 하늘들을 장막처럼 늘이는 것('나타'; 사 40:22; 44:24; 슥 12:1); 하늘들을 펼치는 것('타파흐'; 사 48:13); 세계의 토대들을 놓는 것('야사드'; 시 24:2; 78:69; 89:11; 잠 3:19; 사 14:32; 암 9:6); 땅을 굳게 세우는 것('코넨'; 시 24:2; 119:90; 사 45:18); 어떤 사람 또는 어떤 것을 짓는 것('바나' ; 창 2:22; 암 9:6).

이스라엘이 사용하였던 두 번째 종류의 창조 언어는 출생과 관련된 언어였다. 이스라엘 주변의 나라들은 성(性), 출생이라는 관점에서 창조를 말하였다. 폰 라트는 이렇게 말한다: "가나안 제의에서 성적인 교섭과 출산은 신화에서 신적인 사건으로 여겨졌다; 따라서 종교적인 분위기는 신화적인 성적 개념들로 상당히 짙게 배어 있었다. 그러나 이스라엘은 성의 신성화에 참여하지 않았다. 야웨는 절대적으로 양성을 초월해서 계셨다"(*Old Testament Theology I*, 27, 146).

이스라엘은 성의 신성화에 대하여 방어적인 태도를 취하였고, 예배와 종교적인 절기들의 모든 영역으로부터 그러한 개념과 관습을 배제하였지만, 창조를 출생('얄라드')이라는 관점에서 묘사하는 옛 언어의 몇몇 흔적들은 여전히 남아 있다(욥 38:8; 시 90:2). 베스터만은 하늘들과 땅의 '톨레도트' ("세대들")라는 단어가 이러한 개념을 반영하고 있다고 말하였다(창 2:4). '야차야' ("내다")와 '훌' ("낳다")이라는 단어들(잠 8:24)은 그러한 의미를 지니고 있을 가능성이 있다(창 1:20, 24). 이스라엘이 창조와 관련해서 출생 언어를 사용할 수 있었다는 사실은 창조에 관한 매우 긍정적인 교리가 초기 시대에 이스라엘 속에 존재하였다는 것을 보여준다(von Rad, *Old Testament Theology I*, 28).

이스라엘과 그 주변 나라들이 창조 기사들을 위하여 사용하였던 세 번째 종류의 언어는 신들 간의 전쟁에 관한 언어였다. 아마도 그러한 싸움에 관한 가장 유명한 기사는 에누마 엘리쉬(Enuma Elish)일 것인데, 거기에서 마르둑(Marduk)은 옛 용인 티아맛(Tiamat)을 죽여서 두 동강으로 베어 버린다. 마르둑은 티아맛의 상반신으로 하늘들을 만들었고, 하반신으로 땅을 만들었다(Heidel, *The Babylonian Genesis*). 구약성서는 이스라엘이 창조를 야웨와 어느 신의 싸움의 결과로 생각한 적이 있었다는 것을 보여주지 않지만, 이러한 옛 싸움에 관한 언어는 종종 나타난다. 바다, 물들, 깊음, 라합, 리워야단으로 대표되는 혼돈은 야웨가 물리쳤고 계속해서 묶어 두고 있는 원수인 것으로 보인다(욥 3:8; 9:13; 26:12; 38:10-11; 시 46:1-3; 74:12-17; 89:9-13; 93:1-5; 104:5-9; 사 27:1; 렘 5:22).

창조를 신들 간의 싸움이라는 관점에서 말하고 있는 이와 비슷한 이야기들은 라스 샴라(Ras Shamra) 문서들 속에서 발견된다. 프랭크 크로스(Frank Cross)는 라스 샴라에서 나온 이러한 가나안 문서들의 일부를 번역하고 서술하면서, 구약의 몇몇 본문들과의 유사점들과 차이점들을 지적하였다("The Song of the Sea and Canaanite Myth," 1-25; cf. F. F. Bruce, *The New Testament Development of Old Testament Themes*, 40-50).

구약성서는 주변 나라들의 언어와 비슷한 또 한 유형의 창조 언어를 사용한다. 그것은 말씀에 의한 창조에 관한 언어이다. 창세기 1장에서 우리는 매번 "하나님이 말씀하시니 … 그대로 되니라"(3, 6, 9, 11, 14, 20, 24, 26절)라는 표현이 나오는 것을 보게 된다. 폰 라트는 하나님의 말씀에 의한 창조는 "신적인 창조 행위가 전혀 힘이 들지 않았다는 것"을 반영한다고 말하였다(*Old Testament Theology I*, 142). 또한 그것은 피조 세계의 본성이 하나님 자신으로부터 날카롭게 분리되어 있다는 것을 보여주는 것이다. 피조된 세계는 유출된 것(emanation)이 아니다. 하나님이 피조 세계를 존재하도록 부르셨기 때문에, 피조 세계는 하나님 자신의 소유이다. 하나님은 피조 세계의 주이시다. 창세기 1장 이외에서는 구약성서는 말씀에 의한 창조를 거의 언급하지 않는다(시 33:6; 148:5; 사 41:4; 48:13; 암 9:6).

말씀에 의한 창조 개념은 구약성서에만 독특한 것이 아니다. 에누마 엘리쉬에서(Heidel, *The Babylonian Genesis*), 마르둑은 한 사물을 구약에서와 동일한 방식으로 존재하게 하였다가 사라지게 함으로써 자신의 신적인 능력을 입증한다. 또한 멤피스에서 발견된 옛 신전 문서들을 보면(John A. Wilson, "The Theology of Memphis," in *Ancient Near Eastern Texts*, ed. James B. Pritchard), 만유의 신인 프타(Ptah)는 "심장과 혀"의 도움을 받아서 — 즉, 그의 말을 통해서 — 자신의 창조 사역을 수행하였다. "그는 자신의 말로써 아홉 신들(원시의 물, 태양신 레 등등)을 창조하였다"(Von Rad, *Old Testament Theology* I, 143; Westermann, *Creation*, 10; Westermann, *Genesis 1-11*, 26-41).

구약은 창조하다를 가리키는 자신만의 독특한 단어를 가지고 있다 — '바라' 라는 단어는 "그가 창조하였다"를 의미하는 독특한 히브리어 단어이다.

'바라'는 창세기에 11번(1:1, 21, 27(x3); 2:3, 4; 5:1, 2(x2); 6:7), 출애굽기
(34:10), 민수기(16:30), 신명기(4:32), 전도서(12:1), 아모스(4:13), 예레미야
(31:22), 말라기(2:10), 이사야 1–39장(4:5)에 각 1번, 이사야 40–66장에 20번
(40:26, 28; 41:20; 42:5; 43:1, 7, 15; 45:7(x2), 8, 12, 18(x2); 48:7; 54:16(x2);
57:18; 65:17, 18(x2)), 에스겔서에 3번(21:30; 28:13, 15), 시편에 6번(51:10;
89:12, 47; 102:18; 104:30; 148:5) 나온다. 아직까지 이 단어는 구약성서 이외
의 옛 셈어 문헌들에서는 발견되지 않았다(*bara* in *TDOT* II, eds, Botterweck
and Ringgren, 245.). 이 단어는 구약에서 "창조하다"를 의미하는 칼 형태와
니팔 형태로 48번 사용된다. 이 단어는 "스스로를 살찌우다"를 의미하는 히필
형태로 1번 사용되고(삼상 2:29), "목재를 자르다"라는 의미를 지닌 피엘 형태
로 4번 사용된다(수 17:15, 18; 겔 21:24; 23:27). '바라'가 "창조하다"를 의미
하는 것으로 사용될 때, 주어는 언제나 하나님이다. "창조하다"라는 의미로
'바라'를 사용할 때에 인간을 주어로 사용하는 것은 구약성서에서 신성모독
으로 들렸을 것이다. 또한 구약성서는 결코 하나님이 어떤 물질로부터 어떤
것을 창조하였다고 말하지 않는다. 무(無)로부터의 창조는 마카베오2서 7:28
에서 처음으로 명시적으로 등장하지만, 그 의미는 창세기 1장에 이미 함축되
어 있는 것으로 보인다(Zimmerli, *Old Testament Theology in Outline*, 35;
von Rad, *Old Testament Theology, I*, 143).

C. 구약성서에 나오는 창조에 대한 언급들
구약성서는 우주와 인간의 창조에 관한 두 가지 독특하면서도 심오한 기사
들로 시작된다(창 1:1—2:4a; 2:46-25).
베스터만은 이렇게 말하였다:

성경의 첫 장은 세계 문학의 걸작들 중의 하나이다. 성경의 이 첫 번째
장에 대하여 제기되어 온 모든 질문들, 거기에 나와 있는 것이 "옳은" 것
이냐에 관한 모든 의구심들, 거기에서 말하고 있는 것이 완전히 시대에 뒤
떨어진 것이라는 모든 감정적인 설명들은 거기에 나와 있는 것의 유효성
에 전혀 영향을 미치지 않는다. 그 장이 적절한 상황 속에서 큰 소리로 읽

혀지는 것을 들을 때, 우리는 이전에도 결코 말해진 적이 없었고 이후에도 결코 말해지지 않을 그 무엇이 거기에 표현되어 있다는 것을 깨닫게 된다 (*Creation*, 36).

창세기 1장은 하나님께서 온 우주와 그 안에 있는 만물을 힘들이지 않고 창조하셨다('바라')고 단언한다. 창세기의 첫 번째 절은 그 다음에 나오는 절들에서 서술되고 있는 모든 것에 대한 요약적인 진술로 이해되어야 한다. 창세기 1:1은 독립적인 문장이기 때문에, 일부 현대 역본들(NEB, NRSV, NJB)처럼 2절과 3절에 대한 도입부적인 종속절로 취급되어서는 안 된다(von Rad, *Genesis*, 48-49; 창세기 1:1-3을 번역하는 것과 관련된 문제점들에 대한 철저한 논의는 Lane, "The Initiation of Creation," 63-73을 보라). 창세기 1:2에서는 땅이 창조의 칠일의 기간 동안에 최종적인 모습을 갖추기 전의 원시적인 모습에 관하여 말한다. 1절에서 보도된 최초의 창조 행위 이후에 땅은 혼돈의 상태에 있었다. 혼돈은 "깊음"('테홈'), "흑암"('호쉐크'), "공허"('토후와 '보후')라는 표현들에 의해서 나타내진다. 몇몇 새로운 번역본들(NEB, NRSV, NJB)은 창세기 1:2에 나오는 '루아흐'를 "영"이 아니라 "바람"으로 번역한다. 로버트 루이스트(Robert Luyste)는 이러한 새로운 번역을 옹호하였다: "반역하는 바다('테홈')와 야웨의 오랜 싸움에 대한 분석은 야웨의 주권을 나타내는 특징적인 표지는 그의 바람(또는 숨 또는 음성; 하지만 영은 아니다)임을 보여준다. 창세기 1:2을 이것과는 다르게 번역하면, 그것은 이후에 나오는 모든 내용과 맞지 않게 될 것이다"("Wind and Water," 10). "바람" 또는 "영"이라는 두 가지 읽기는 어느 쪽이든 가능하다. 전통적인 읽기는 "성령"이다. "깊음"은 흔히 반역하는 바다를 가리킨다. 그것은 이 절에 나오는 "물들"과 병행을 이룬다.

1:1에 나온 요약적인 진술과 1:2에서의 세계의 원시적인 상태에 관한 묘사 다음에, 창조는 고대 세계에서 볼 때에 전적으로 독특한 방식으로 서술된다. 창조는 6일간 계속된 하나님의 역사와 그 후의 제7일의 안식으로 묘사된다. 첫째 날에는 빛의 창조가 있었다(1:3-5). 빛 이전에는 모든 것이 어둠과 습기였다. 여기서 빛은 어둠과 관련되어 있고, 광명들(해와 달과 별들)과 관련되어

있지 않다.

우리 현대인들은 빛을 천문학과 물리학이라는 관점에서 이해하고자 시도
한다. 구약의 사람들은 가시적인 현상들이라는 관점에서 사고하였다. 빛은
모든 어둠을 물리친 것이 아니었다. 빛은 4절에서 "좋았더라"고 선언되었고,
어둠으로부터 분리되었다. 어둠은 "선한 빛"과 반대되는 "악"의 의미를 함축
할 수 있다. 하나님은 빛을 "낮"이라고 부르고 어둠을 "밤"이라고 부름으로써
그것들에 대한 자신의 주권을 행사하였다. 고대 세계에서 이름을 붙이는 권
능은 다스리는 권능을 나타내는 것이었다.

둘째 날에(1:6-8) 하나님은 하늘들을 가로지른 둥근 천정 또는 금속 돔
(dome)으로 생각되었던 "궁창"을 만들었다. '라카아'라는 동사는 "각인하다"
(겔 6:11), "펼치다"(사 42:5; 44:24; 시 136:6), "두들겨서 납작하게 만들다"(출
39:3; 욥 37:18; 렘 10:9)를 의미할 수 있다. 궁창은 하늘의 물을 땅 위에 있는
물로부터 분리하였다. 여기서는 하나님의 창조 사역과 관련해서 "창조하다"
라는 단어가 아니라 "지으셨다"라는 단어가 사용된다. 궁창이 "좋았다"라는
말은 나오지 않는다.

창조의 셋째 날(1:9-13)에는 땅에 있는 물들이 마른 뭍으로부터 추가적으
로 분리된다. 땅 위에 있는 물이 모아진 곳은 "바다들"이라는 이름이 붙여진
다. 여기에서도 이름을 붙인 것은 물들에 대한 하나님의 주권을 나타내는 것
이다. 하나님은 마른 뭍에 대하여 풀, 채소들, 열매맺는 나무들이라는 형태로
식물을 내라고 명령하셨다. 이 기사는 식물들이 스스로를 복제할 수 있는 능
력을 가지고 있다는 것을 인정하였지만, 식물들은 온전한 의미에서 "살아 있
는 것"으로 말해지지 않는다. 또 다시 하나님은 자신의 사역이 "좋았다"고 보
셨다.

넷째 날(1:14-19)은 궁창에 두 개의 큰 광명과 별들을 창조하신 것에 관하
여 말한다. 이 단락 전체는 대단히 변증적이다. 이 대목에서 놓칠 수 없는 메
시지는 해와 달과 별들은 하나님의 피조물이라는 것이다. 이스라엘의 이웃
나라들이 믿었던 것과는 달리, 그것들은 신들이 아니다. 그것들은 예배되어
서는 안 된다. 그것들은 하나님께서 그들에게 낮과 밤과 계절들을 주관하라
고 주신 것 이외에는 다른 능력을 가지고 있지 않다(Hasel, "The Polemic

Nature of the Genesis Cosmology," 81–102). "해"와 "달"을 가리키는 히브리어 명칭들이 의도적으로 사용되고 있지 않은 것은 이스라엘의 이웃 나라들이 그것들을 신들을 가리키는 이름들로 사용하였기 때문이다. 폰 라트는 "광명들"이라는 단어는 산문체로서 그 지위를 낮추는 의도가 들어있다고 생각하였다(*Genesis*, 53).

이 서술들의 의미를 파악하기 위해서는 우리는 이러한 서술들이 온갖 종류의 점성술과 관련된 그릇된 신앙으로 점철되어 있었던 문화적이고 종교적인 분위기 속에서 형성되었다는 사실을 기억하여야 한다. 시간과 관련된 모든 고대 동방의 사상(구약성서는 아니다!)은 별들의 주기적인 운행에 의해서 결정되었다. 인간의 세계는 각 개인의 운명에 이르기까지 별의 권능들의 작용에 의해서 결정되는 것으로 여겨졌다(*Genesis*, 54).

천체들을 비롯한 자연에 대한 성경의 탈신성화가 지니는 현대적인 의미는 아무리 강조해도 지나치지 않는다. 현대적인 과학, 의학, 우주 탐사, 우주 여행의 모든 토대는 자연이 신적인 것이 아니라는 사실에 의거해 있다. 하나님과 인간은 자연에 대한 통치권을 지니고 있다. 창세기의 이 장과 인간의 달착륙은 서로 결부되어 있다(Westermann, *Creation*, 44–45).

다섯째 날에(1:20–23) 하나님은 바다와 공중의 생물들을 창조하셨다. 식물들은 셋째 날에 창조되었지만, 동물들과는 달리 "생명"('네페쉬')을 가지고 있지 않았다. 동물들은 세 부류로 나뉘어진다: (1) 물 속에서 "헤엄쳐 다니는 것들" — 아마도 물고기 종류들, 작은 수중 생물들, 파충류 같은 "기어다니는 것들"; (2) 하늘들에서 날아다니는 "새들"; (3) 큰 "바다 괴물들."

보론: 큰 바다 괴물들

이러한 큰 바다 괴물들은 고대인들이 악의 상징들이라고 생각하였던 바다에 사는 고래들(KJV), 악어들, 뱀들, 신화적인 동물들이었는가? 그러한 피조물들은 구약의 다른 본문들에도 언급되고 있다. 존 개미(John Gammie)는 오늘날의 학자들은 욥기의 저자가 욥기 40:15–32; 41:1–3에 나오는 피조물들을 신화적인 괴물들로 이해하였는지, 아니면 자연적인 동물들로 이해하였는지를 놓고 서로 갈라져 있다고 말하였다("Behemoth and Leviathan," 217). 키슬링(Nicolas K. Kiessling)은 이렇게 말하였다: "구약성서에 나오는 '타닌,' 리워야단, 라합 같은 아주 무시무시한 용들은 하나님과 인간을 대적하는 악한 대적자들의 모호한 화신들이다. 그것들은 바다의 깊음들 속에 거하고, 흔히 이스라엘 자손들에 대하여 적대적인 이방 왕들에 대한 은유들로 사용된다"("Antecedents," 167).

'타닌'이라는 단어는 구약에 15번 나오고, 서로 다른 생물들을 가리킨다: 하나님이 멸하셨거나 앞으로 멸하실 바다 괴물(시 74:13; 사 27:1; 51:9), 일반적인 바다 괴물들(창 1:21; 욥 7:12; 시 148:7), 이스라엘의 원수로서의 바벨론(렘 51:34) 또는 애굽(겔 29:3; 32:3)에 대한 은유, 뱀들(출 7:9, 10, 12; 시 91:13). 예레미야애가 4:3에서는 무엇을 가리키는지가 모호하다. "리워야단"(욥 3:8; 41:1; 시 74:14; 104:26; 사 27:1)과 "라합"(욥 9:13; 26:12; 시 87:4; 89:10; 사 30:7; 51:9)은 구약에서 '타닌'과 병행으로 사용된다.

창세기 1:21이 하나님께서 "바다 괴물들"('타닌')을 창조하셨다고 말할 때, 그것은 하나님이 우주에 있는 모든 것, 사람들이 악의 상징들이라고 여긴 것을 포함한 모든 것을 창조하셨고 또한 주관하신다는 것을 의미한다. 사람들은 세상에 있는 것을 무엇이나 두려워할 필요가 없다. 하나님은 악의 권능들을 자신의 수중에 가지고 계신다. 하나님은 그들을 만드셨고 그들의 이름을 지으셨다. 이 본문(1:20-23)이 지닌 그 밖의 다른 두 가지 특징은 중요하다: (1) "창조하다"('바라')라는 단어는 이 장에서 오직 이 시점에 와서야 두 번째로 사용된다. 이것은 동물의 생명은 이 시점까지의 나머지 창조보다 한 단계 넘어선 것이라고 생각되었기 때문인 것으로 보인다. (2) "축복"이라는 단어는 이 장에서 처음으로 사용된다(1:22).

베스터만(Westermann)는 여기에서 "축복"은 자신의 종(種)을 번성케 하는 능력을 포함한다고 지적하였다. "바로 그것은 '축복하다'라는 단어의 기본적인 의미이다: 번성하는 능력. 인간이든 짐승이든 살아 있는 존재의 생명은 분명히 번식의 능력을 포함한다. 그것이 없다면, 진정한 생명은 존재하지 못할 것이다"(Creation, 46).

여섯째 날에는(1:24-31) 뭍의 동물들과 인간의 창조에 관한 내용이 나오는데, 이 두 부류의 기원에 관한 서술은 주목할 만한 정도로 다르다. 뭍의 동물들은 땅으로부터 온다: "땅은 내라"(24절). 그러나 인간은 하나님의 창조 사역의 친밀하고도 직접적인 대상이다: "우리의 형상을 따라 사람을 만들자"(26절). "창조하다"('바라')라는 단어는 하나님의 창조의 절정과 목표가 인간의 창조 속에서 이루어졌다는 것을 분명하게 보여주기 위하여 27절에서 3번 사용된다. 인간과 동물은 동일한 날에 창조되었고, 둘 다 독특하게 "살아 있는 존재"('네페쉬 하야')로 불린다. 각각은 자신의 종(種)을 번식시킬 수 있는 생식의 능력을 가지고 있다. 하지만 여전히 인간은 하나님의 형상을 따라 지음받았다는 독특성을 지닌다. 인간은 그 밖의 다른 모든 피조된 존재에 대한 통치권을 받는다(우리는 인간에 대하여 다루는 제6장에서 형상, 통치권, 남자, 여자라는 용어들을 논의할 것이다).

일곱째 날에(2:1-3) 하나님은 자신의 창조 사역을 끝마치셨다. 그는 일곱째 날에 자신의 창조 사역을 쉬셨기 때문에 그날을 축복하고 거룩하게 하셨다. 창조의 일곱째 날은 앞서의 창조의 6일과는 다른 특별한 날이다. 2:1, 2에 나오는 "마쳤다"라는 단어는 하나님이 의도하신 대로 모든 것이 완결되었고 만유가 이루어졌다는 것을 보여준다. 하나님은 일곱째 날을 다른 날들로부터 구별하였다. "안식하다"를 가리키는 단어는 '샤바트'로서 "안식일"이라는 단어의 토대를 이룬다.

베스터만은 여기에는 "이스라엘에서 나중에 제도화된 안식일에 대한 언급" 이상의 것이 있다고 말하였다. "인류를 위해 세워진 질서가 존재하는데, 이 질서에 의하면, 시간은 평범한 날과 특별한 날로 나뉘고, 평범한 날들은 특별한 날 속에서 자신의 목표에 도달한다"(Creation, 65). 하지만 우리는 안식일 제도 전체를 이 본문 속에 집어넣어서 읽어서는 안 된다. 폰 라트는 그렇게 하는 것은 "이 본문에 대한 철저한 잘못된 이해를 가져오게 될 것이다"라고 말하였다. "여기에는 이러한 안식이 인간에게 부과되거나 배정되었다는 언급이 전혀 없다"(Old Testament Theology I, 148). 만유가 하나님께 속한 것은 하나님이 만유를 지으셨고 계속해서 만유를 주관하시기 때문이다.

폰 라트는 이렇게 말하였다: "하나님께서 창조를 마치시고 이렇게 안식하신 것을 하나님이 세상으로부터 손을 떼었다고 보는 것은 완전히 어리석은 짓이다; 사실, 그것은 자신의 창조물을 향한 특별히 신비롭고 은혜로운 돌보심이다"(*Old Testament Theology I*, 148; cf. Westermann, *Creation*, 41). 하나님은 세상을 창조하신 후에 세상을 버려두신 것이 아니다. "안식"은 하나님에게 있어서 노동의 중지 이상의 것이다. 그것은 세상에 대한 하나님의 관심을 표현하는 것이고, 역사가 하나님의 영원한 안식 속에서 그 종말을 얻게 될 것임을 보여주는 암시이다(von Rad, *Genesis*, 60).

두 번째 창조 기사(2:4b-25)는 통상적으로 첫 번째 창조 기사(1:2—2:4a)보다 더 오래된 것으로 여겨진다. 최종 본문의 형태 속에서 두 번째 창조 기사는 창조에 관한 첫 번째 기사의 서술을 보완하고 확장한다. 첫 번째 기사는 우주의 창조로 시작해서, 인간을 우주론적 피라미드의 최정점으로 삼는다. 두 번째 기사는 창조의 중심이자 목적으로서의 인간으로 시작한다. 하나님은 인간을 흙으로부터 지으신다. 생명은 하나님의 숨이 사람들에게 불어넣어진 결과이다. 이러한 하나님의 숨은 그 밖의 다른 피조물에게는 속하지 않는다.

하나님은 첫 번째 창조 행위 후에 인간을 내버려 두신 것이 아니었다. 하나님은 공간과 좋은 환경(에덴 동산), 음식(동산의 나무들), 일("그것을 경작하며 지키게 하시고"), 공동체 또는 사회(남자와 여자), 언어를 공급해 주셨다. 또한 하나님은 그들에게 "동산 각종 나무의 열매는 네가 임의로 먹되 선악을 알게 하는 나무의 열매는 먹지 말라 네가 먹는 날에는 반드시 죽으리라"(2:16-17)는 명령을 주셨다.

원래의 상태 속에서 인간은 하나님의 명령에 완전히 순종하였다. 하나님은 그들에게 한 가지를 제외한 모든 영역에서 완전한 자유를 주셨지만(많은 것들 중에서 오직 한 나무만이 금지되었다), 인간은 바로 이 지점에서 그들의 자유를 행사하고자 하였다. 인간은 하나님이 금하신 행위를 선택하였다. 이 이야기의 결말은 하나님의 명령이 최선의 것이었음을 보여준다. 왜냐하면, 금지된 과실을 먹는 것은 슬픔, 고통, 그리고 결국에는 죽음을 가져왔기 때문이다. 폰 라트는 이렇게 말하였다: "낙원에서의 생명의 의미를 쾌락과 고통으

로부터의 자유가 아니라 하나님에 대한 순종의 문제에 있다고 한 우리의 이
야기는 열방들의 관능적인 신화들에 비하면 얼마나 단순하고 건전한가"
(*Genesis*, 79).

이러한 두 개의 창조 기사는 하나님이 온 세상의 주이고 단지 이스라엘의
하나님만의 주가 아니라는 것을 보여주기 위하여 구약성서의 첫 머리에 나온
다. 또한 두 개의 창조 기사는 창세기 12장에서 시작되는 이스라엘과 관련된
하나님의 구원의 역사(歷史)에 대한 서문의 아주 중요한 일부로 보아져야 한
다. 길고 복잡한 형태를 지닌 창조에 관한 직접적인 신학적인 서술들은 오직
우리의 성경의 첫 머리에 나오는 이 두 기사 속에만 나온다.

구약성서는 창조에 관한 비신학적인 많은 본문들을 도처에 담고 있다. 창
세기 14:18-20은 구약에서 창조에 대한 가장 이른 시기의 언급들 중의 하나
인 것으로 보이는 내용을 보존하고 있다. 이 본문에서 아브라함은 멜기세덱
의 하나님 '엘 엘욘'을 "천지를 만드신 분"이신 그의 하나님 야웨와 동일한
분으로 인정하고 있다. 창조 개념은 오경(창 5:2; 24:3; 신 4:32; 32:6-8, 18),
역사서들(삼상 2:8; 왕상 8:12 LXX; 왕하 19:15; 느 9:6), 예언서들(사 37:14-
20; 렘 5:22-24; 10:12-16; 27:5; 31:35; 32:17; 33:2; 51:15, 19; 호 2:8-9;
8:14; 암 4:13; 5:8; 9:5-8; 슥 12:1; 말 2:10)에서 다시 나온다.

창세기 1-2장을 제외하면, 이사야 40-66장은 구약성서에 나오는 다른 그
어떤 본문보다도 창조주로서의 야웨에 대한 더 많은 언급들을 가지고 있다
(사 40:22-31; 41:20; 42:5; 43:1, 7, 15; 44:2, 24; 45:7-12, 18; 48:13; 49:5;
51:13, 16; 54:5, 16; 65:17-18; 66:22). 이 장들은 창조를 가리키는 다양한 단
어들을 담고 있다: '바라' ("창조하다"; 40:26,28; 42:5); '야차르' ("조성하다";
45:18); '아사' ("짓다"; 44:24; 45:12, 18); '마타흐' ("펼치다"; 40:22; 42:5);
'라카아' ("두들겨 펴다"; 42:5; 44:24); '카라' ("불러내다"; 40:26); '함모치'
("나오게 하였다" 또는 "낳았다"; 40:26).

이사야 40-66장에서 창조주로서의 야웨를 강조한 것은 이 선지자가 바벨
론 포로 생활 중에 있는 그의 백성들에게 그들의 고난이 야웨에 대한 바벨론
의 신들의 우월성을 보여주는 것이 아님을 깨닫도록 하기 위한 것이었다. 포
로 생활 속에서의 그들의 고난은 그들의 죄 때문이었다(40:2). 그들의 하나님

야웨는 온 세상에 대한 주권을 가지고 계신 분이다; 그러므로 야웨는 그들을 구속하실 능력을 가지고 계신다(40:27-31).

창조는 지혜 문학에서 두드러진 주제이다. 잠언 3:19은 "여호와께서는 지혜로 땅에 터를 놓으셨으며 / 명철로 하늘을 견고히 세우셨고"라고 말한다. 잠언 8:22-31은 창조와 그 안에서의 지혜의 역할에 관한 주된 본문이다 (Landes, "Creation Tradition in Proverbs 8:22-31," 279-293; Whybray, "Proverbs 8:22-31 and Its Supposed Prototypes," 390-400; John Stek, "What Says the Scriptures?" in *Portraits of Creation*, ed. van Till, 203-265).

> 여호와께서 그 조화의 시작
> 곧 태초에 일하시기 전에 나를 가지셨으며
> 만세 전부터, 태초부터,
> 땅이 생기기 전부터
> 내가 세움을 받았나니
> 아직 바다가 생기지 아니하였고
> 큰 샘들이 있기 전에
> 내가 이미 났으며
> 산이 세워지기 전에,
> 언덕이 생기기 전에
> 내가 이미 났으니
> 하나님이 아직 땅도, 들도,
> 세상 진토의 근원도 짓지 아니하셨을 때에라
> 그가 하늘을 지으시며
> 궁창을 해면에 두르실 때에
> 내가 거기 있었고
> 그가 위로 구름 하늘을 견고하게 하시며
> 바다의 샘들을 힘 있게 하시며
> 바다의 한계를 정하여
> 물이 명령을 거스르지 못하게 하시며

또 땅의 기초를 정하실 때에
내가 그 곁에 있어서 창조자가 되어
날마다 그의 기뻐하신 바가 되었으며
항상 그 앞에서 즐거워하였으며
사람이 거처할 땅에서 즐거워하며
인자들을 기뻐하였느니라.
(잠 8:22-31)

데렉 키드너(Derek Kidner)는 잠언서에 대한 그의 주석서에서 잠언 8장의
전체적인 의미를 포착하였다. 그는 지혜에 대한 찬양이 점점 커지다가 22-31
절에서 전면적으로 터져 나온다고 말하였다. 그것은 "독자들을 형이상학으
로 사로잡고자 한 것이 아니라, 독자들을 결단하도록 촉구하는 것이다: 진정
한 절정은 32-36절의 '그러므로 이제' 본문이다"(Proverbs, 76).

지혜의 기원은 22-24절에서 세 가지 방식으로 서술된다. 지혜는 "하나님
이 나를 창조하셨다"(22절; 개역에서는 "여호와께서 나를 가지셨으며"), "만
세 전에 내가 세워졌고"(23절; "만세 전부터 내가 세움을 받았나니"), "내가
태어났다"(24절; 개역에서는 "내가 났으며")고 말한다. 이러한 세 가지 표현
의 의미는 논쟁 중에 있다. 사실, "창조하였다"(22절)로 번역된 단어는 '바
라'가 아니라 '카나'("얻다" 또는 "소유하다")이다. 이 절은 의인화의 논
쟁 속에 휘말려 왔다. 지혜는 여기서 신격화되고 있는 것인가? 그리스도의 신
성을 부정하였던 아리우스파는 그리스도가 영원하다는 것을 부인하기 위하
여 칠십인역이 "창조하였다"라고 번역한 것을 근거로 제시하였다(Kidner,
Proverbs, 79). 그러나 여기에서 지혜는 야웨의 한 위격이 아니다. 지혜는 야
웨의 속성들 중의 하나를 의인화한 것이다.

지혜는 창조가 시작되기 전 태초부터 야웨의 한 속성이었다(25-29절). 하
나님은 지혜 없이는 아무것도 하지 않으셨다. 그렇지만 세상을 창조한 것은
지혜가 아니었다. "하늘들을 세우시고 … 원을 그리시며 … 궁창들을 굳게 하
신" 분은 야웨였다. 지혜는 이 모든 것 속에서 "숙련공" 또는 "작은 아이"
로서 야웨 옆에 있었다(30절). 여기서 사용된 히브리어는 '아몬'이다. "숙련

공"이라는 읽기는 예레미야 52:15의 주요한 옛 판본과 아가 7:1에 의해서 지지를 받는다. "작은 아이"라는 읽기는 아퀼라(Aquila) 역본에 의해서 지지를 받는다. 우리가 이 본문과 관련된 언어 문제들을 모두 해결할 수는 없지만, 이 본문이 지닌 주된 의미는 분명하다. 창조주로서의 야웨는 지혜를 일차적이고 필수불가결한 것으로 생각하였다. 지혜는 만유보다 더 오래되었고, 만유에 기본적이다. 지혜 없이는 한 점의 물질이나 일말의 질서도 존재하지 못한다(29절). 지혜는 기쁨의 샘이다. 창조의 기쁨과 실존의 기쁨은 신적인 지혜의 운동으로부터 ― "즉, 하나님의 완전한 솜씨로부터"(Kidner, *Proverbs*, 78) ― 흘러나온다.

욥기에 나오는 장엄한 본문 속에서 야웨는 욥에게 무생물계와 생물계의 창조에 있어서 자신의 역할에 관한 일련의 수사의문문들을 제시한다. 야웨는 38:4에서 이렇게 반문한다:

> 내가 땅의 기초를 놓을 때에
> 네가 어디 있었느냐
> 네가 깨달아 알았거든 말할지니라.

이 본문이 함축하고 있는 의미는 욥이 거기에 없었다는 것이다. 욥은 만유를 창조하거나 주관할 지혜나 능력을 가지고 있지 않았다(39:10-12). 욥은 베헤못과 마찬가지로 하나님의 피조물 중의 일부였다(40:15). 야웨는 세상을 만드셨을 뿐만 아니라 세상을 떠받치고 계시기 때문에 지혜로운 분임과 동시에 주권자이시다(욥 38:2―39:30; 시 104:27-30).

구약의 창조 신앙은 폭넓고 대담하며 중요하다. 오랫동안 창조 신앙은 구약 신학의 주변부에 자리잡고 있었는데, 이것은 구원사(폰 라트) 또는 계약 신학(아이히로트)이 중심 무대를 차지하고 있었기 때문이다. 구약에서는 창조에 대하여 그리 많은 언급을 하지 않고 있고, 창조는 흔히 지혜 및 보편적인 개념들과 결부되어 있기 때문에, 창조는 흔히 무시되어 왔다. 하지만 구약성서는 두 개의 중요한 창조 이야기들로 시작된다. 구약 정경은 창조를 구약 신학에 있어서 기본적이고 근본적인 것으로 만든다. 구약성서가 창조에 관한 것이 아니라는 것은 사실이다. 구약성서는 구원과 건지심에 관한 것이지만, 창조가 없었다면 구원도 없었을 것이다. 하나님은 만물과 모든 사람의 창조 주이다. 하나님이 어떻게 만유를 창조하셨는가 하는 것은 다양한 종류의 창 조 언어로 서술된다. 창조 속에는 질서가 있고, 창조의 원수들이 있다. 창조는 인간의 죄에 의해서 영향을 받아 왔다(호 4:1-3). "의"와 "공의"라는 개념도 창조와 관련이 있을 것이다(이 장에 나오는 "심판하시는 하나님"에 관한 절 과 제7장에 나오는 죄에 관한 논의를 보라).

창조 신학은 하나님, 인간, 세계에 관한 우리의 시야를 넓혀주고 깊게 해 준 다. 창조 신앙은 신약에서는 두드러지지 않는다. 신약에서는 구약보다 창조 에 관하여 별로 말하지 않는다. 구약이 이미 충분히 많은 것을 말했기 때문 에, 아마도 신약에서는 창조에 관하여 많은 말을 할 필요가 없었을 것이다.

21. 거룩하신 하나님

A. 거룩이라는 용어

거룩('코데쉬')은 직접적으로 하나님과 관련된 단어이다. "그것은 하나님 의 본성 자체와 … 관련되어 있다; 그 어떤 단어도 이 단어만큼 그런 것은 없 다"(Snaith, *The Distinctive Ideas of the Old Testament*, 21). "거룩은 구약에 나오는 하나님에 대한 신앙의 가장 전형적인 특질이다"(Vriezen, *Outline of Old Testament Theology*, 297). "하나님의 본성과 관련된 모든 특질들 가운데 서 빈도수와 강조되는 정도에 비추어 볼 때에 독특한 중요성을 지닌 위치를 차지하고 있는 특질이 하나 존재하는데, 그것은 거룩이라는 특질이다" (Eichrodt, *Old Testament Theology I*, 270). 요한네스 하넬(Johannes Hanel)은 거룩을 그의 구약 신학의 중심으로 삼았고(*Die Religion der Heiligkeit*, iii), 에 드몽 자콥(Edmond Jacob)은 거룩이라는 개념이 구약의 신학적인 중심인 것 과 마찬가지로 '카다쉬'는 문법적인 중심이라고 주장하였다(*Theology of the Old Testament*, 87).

하나님은 피조물이 아니기 때문에 거룩하다. 거룩이라는 "속성"은 하나님 을 하나님으로 구별시키는 신적인 존재 속의 신비를 가리킨다. 피조물들과 사물들은 하나님에 의해서 특별한 기능에 봉사하도록 지명되었을 때에만 오직 파생적인 의미로 거룩을 소유한다. 어니스트 라이트(G. Ernest Wright)는 이렇게 말하였다:

> 하나님의 모든 "속성들" 가운데서 거룩은 하나님의 활동이 아니라 하나님이라는 존재를 가장 가깝게 묘사하는 것이다. 그렇지만 그것은 헬라어 진리, 아름다움, 선함 같은 정태적이고 정의될 수 있는 "특질"이 아니다. 왜냐하면, 거룩은 하나님을 그가 창조한 모든 것들로부터 구별시키는 하나님 속의 정의될 수 없는 신비이기 때문이다; 그리고 그 거룩이 세상에 현존한다는 것은 하나님이 세상사를 적극적으로 주관하고 계신다는 것을 보여주는 표지이다(*God Who Acts*, 75).

'코데쉬'라는 단어의 어원은 분명하지 않다(Kornfeld, TWAT 6, 1181–1185). 아이히로트, 자콥, 뮐렌버그는 '카다쉬'라는 어근이 "자르다," "구분짓다," "분리하다"를 의미하는 가설적인 원시적 어근인 '카다드'로부터 유래하였다고 믿었다. 분젠(Bunzen)과 프리젠은 이 어근이 아랍어와 에티오피아어의 어근인 '카다'("밝다" 또는 "순전하다")로부터 왔다고 보았다. 구약에서 이 어근의 용법들은 "구분되다," "통상적인 사용으로부터 분리되다"라는 의미를 지지하는 것으로 보인다. 거룩한 것과 속된 것의 분리는 헬라어인 '테메노스,' 라틴어인 '상크투스,' 히브리어인 '헤렘'의 기본적인 의미이다. '코데쉬'라는 단어의 반대말은 "통상적인" 또는 "속된"을 의미하는 '홀'이다.

'카다쉬'라는 어근은 시원의 날들에 사람이 자기가 둘러싸여 있다고 느꼈던 저 신비에 대한 일차적이고 원초적인 반응들과 관련이 있다. 폰 라트는 거룩의 체험을 다른 인간적인 가치들로부터는 연역될 수 없는 원시적인 종교적 내용물이라고 불렀다. 거룩은 어떤 것이 가장 높은 수준으로 올라가는 것이 아니다; 또한 거룩은 첨가에 의해서 어떤 것과 결합되는 것도 아니다. 거룩은 인간 세계 속에서의 "크고 기이한 것"이라고 지칭하는 것이 한층 더 적합할 것이다. 거룩은 사람이 처음 접할 때에 신뢰가 아니라 두려움을 느끼게 되는 원초적 체험이다. 거룩은 사실 "전적인 타자"이다(von Rad, *Old Testament Theology* I, 205; 또한 Otto, *The Idea of the Holy*를 보라).

구약에서 거룩과 하나님이 동일시되고 있다는 것을 알 수 있는 가장 좋은 방법은 아모스 4:2과 6:8을 비교해 보는 것이다: "주 여호와께서 자신의 거룩하심을 두고 맹세하시되"와 "주 여호와가 당신을 두고 맹세하셨노라." 이와 동일한 개념이 시편 89:35에 표현되어 있다: "내가 나의 거룩함으로 한 번 맹세하였은즉 / 다윗에게 거짓말을 하지 아니할 것이라." 하박국 3:3의 대구(對句)들에서 하나님과 거룩한 자는 동의어로 사용된다: "하나님이 데만에서부터 오시며 거룩한 자가 바란 산에서부터 오시는도다."

구약성서의 두 대목에서 하나님은 3번 "거룩하다"고 불린다. 스랍들은 "거룩하다 거룩하다 거룩하다 만군의 여호와여 / 그의 영광이 온 땅에 충만하도다"(사 6:3)라고 노래하였다. 즉위 시편들 중의 하나에서 시편 기자는 하나님이 거룩하시다고 3번 선포하셨다(시 99:3, 5, 9). 호세아는 하나님의 거룩하심이 그를 사람들로부터 구별하고 있다는 사상을 강조하였다: "이는 내가 하나님이요 사람이 아님이라 네 가운데 있는 거룩한 이니"(호 11:9). "이스라엘의 거룩한 자"라는 용어는 이스라엘의 하나님과 관련하여 이사야서에 30번 나온다.

하나님이 거룩하시다고 말하는 것은 하나님이 하나님이시라고 말하는 것이다. 거룩은 하나님의 능력, 신비, 초월성을 보여준다 — 그러나 멀리 계시다는 것을 나타내는 것은 아니다. 구약은 흔히 하나님에 관하여 말하면서 신인동형론적 표현들을 사용한다. 구약에서는 하나님의 눈, 얼굴, 발, 팔, 손에 관하여 말한다. 그러한 언어는 하나님의 거룩성이 없다면 하나님의 인간화로 귀결될 수도 있다. 하나님의 거룩은 만유 자체를 포함한 만유 안의 그 어떤 것으로부터도 하나님을 구별시킨다. 하나님을 서술하기 위하여 사용되는 "거룩하다"라는 단어는 인간에 의해서 창조된 하나님이라는 생각을 불가능하게 만든다. 하나님은 신격화된 사람이 아니다.

B. 거룩이라는 용어의 역사
거룩은 구약성서와 고대 근동에서 역사를 가지고 있다. 이 용어는 아마도 이스라엘보다 더 오래되었을 것이다. 거룩이라는 용어는 페니키아의 금석문인 예히밀크(Yehimilk, 주전 1200년 경), 우가릿 문서인 Aqhat 1.27, II.16(주전 1200년 경)을 비롯한 몇몇 셈족의 언어들 속에서 발견된다. 카데쉬(Qadesh)는 이스라엘이 가나안에 들어오기 이전에 근동의 몇몇 성읍들과 장소들의 이름이었다. 오론테스 강변에 자리잡고 있었던 카데쉬는 히타이트의 한 속주의 수도로서, 라암세스 2세와 히타이트 왕 사이에서 벌어진 격렬한 전투 장소이기도 했다. 주전 1500년 경에 수리아에서 숭배되었던 여신 카데쉬는 아마도 그 이전의 메소포타미아와 관련되어 있었을 것이다. 장소들과 한 여신의 이름으로 카데쉬가 사용되었다는 것은 "거룩"이 신들과 관련된 매우 오래된 관념이었다는 결론을 보여준다.

초기의 거룩 개념은 몇몇 원시적(유물론적)이고 부정적인 의미들을 포함하고 있었다. 처음에 거룩은 위험스럽고 접근할 수 없으며 두려운 신비스러운 힘이라는 관점에서 이해되었다. 하나님에게 속한 것들은 거룩한 것으로서, 그것들을 만진 사람들은 죽음의 위협을 받았다. 나답과 아비후는 하나님 앞에 거룩하지 못한 불을 드렸기 때문에 죽었다(레 10:1-3). 하나님은 법궤로 인하여 벧세메스의 많은 사람들을 죽였다. 벧세메스 사람들은 "이 거룩하신 하나님 여호와 앞에 누가 능히 서리요?"(삼상 6:19-20)라고 말하였다. 웃사는 법궤를 만지고서 죽었다(삼하 6:6-7).

구약에서 거룩은 언제나 도덕적이거나 윤리적인 의미를 지니고 있었던 것은 아니다. '카데쉬'("창녀")라는 단어는 '카다쉬'("거룩하다")라는 어근으로부터 왔다. 구약에서 '카데쉬'라는 남성형과 '케데샤'라는 여성형은 각각 남창과 여창을 가리키는 데에 사용된다(신 23:18; 왕상 14:24; 15:12; 22:46; 왕하 23:7; 욥 36:14; cf. 창 38: 21-22; 신 23:18; 호 4:14에 나오는 여성형들). 이 단어들과 관련된 용례들은 창세기 38장에 나오는 것들을 제외하면 모두 성창(聖娼)과 관련된 것들이다.

이러한 용례들은 이방 종교들이 이스라엘의 어휘와 일부 백성들의 생활 양식에 어느 정도 영향을 주었다는 것을 보여준다. 성창은 고대 근동에서 공통적인 현상으로서, 다산 제의의 중요한 일부였다. 바알 숭배는 이스라엘이 가나안 땅으로 들어온 후에 가나안에서 야웨 신앙과 경쟁을 벌였다. 성창(hieros *gamos*)은 고대의 수많은 이방 종교들에서 신년 축제의 일부였다. 엥그넬 (Engnell)은 아가서가 유월절의 제8일에 회당에서 읽혀진 것으로 보아서 이스라엘의 절기들 속에도 성창의 증거들이 있다고 주장하였지만, 링그렌 (Ringgren)은 아가서를 유월절 예식의 일부로서 봉독한 것을 보여주는 모든 증거들은 후대의 것(주후 500년)이기 때문에, 구약에서 성창(*bieros gamos*)의 흔적들을 찾는 것은 "설득력이 없을 뿐만 아니라 위험스러운 발상"이라고 지적하였다(*Israelite Religion*, 188).

마빈 포프(Marvin Pope)는 아가서에 대한 자신의 주석서에서 이렇게 말하였다:

> 아가서를 한 단어 한 단어 그리고 한 절 한 절 철저하게 연구하고, 그것들에 가해져 왔던 해석들을 검토해 보면, 애초부터 격렬하게 반대를 받아왔던 제의적 해석이 아가서에 나오는 연애 이미지들을 가장 잘 설명해 줄 수 있다는 확신이 점점 커져간다(*Song of Songs*, 17).

자신의 주석서에 대한 228쪽에 달하는 서론의 끝부분에서 포프는 아가서의 몇몇 특징들은 "고대 근동의 장례와 관련된 축제들은 포도주와 여자와 노래로 축하된 사랑의 축제들이었다는 상당한 증거들"에 비추어서 이해될 수 있다고 결론을 내렸다(*Song of Songs*, 228).

아가서에 대한 제의적 해석은 입증된 것은 아니지만, 예언서들에 나오는 풍부한 증거들은 이스라엘이 적어도 몇몇 경우들에 있어서 야웨의 이름으로 성창을 행하였다는 것을 보여준다(겔 16:15-34; 23:12-21; 호 2:4-5,13; 4:12-14; 암 2:7).

거룩은 구약에서 도덕 또는 윤리와 직접적으로 연관되지는 않은 것으로 보인다. 보좌에 앉으신 야웨에 관한 환상을 본 후의 이사야의 반응(6:5)은 일차적으로 하나님의 엄위하심과 인간의 결핍 간의 대비를 보여준다.

"너희는 거룩하라 너희 하나님 나 여호와가 거룩함이니라"(레 19:2)는 성결 법전에 나오는 권면은 구약에서 거룩과 도덕성 간의 연결 관계를 가장 잘 표현하고 있는 것으로 보인다. 하지만 여기에서조차도 도덕적인 계명과 예전과 관련된 계명은 구분하기 어려울 정도로 서로 섞여 있기 때문에, 이것은 구약성서 전체에 걸쳐서 거룩의 기본적인 의미는 "분리 또는 구별"이라는 것을 말해 준다.

C. 거룩의 영적인 측면

구약에서 거룩은 신성의 핵심을 나타낸다. 하나님의 거룩은 하나님을 그의 피조물로부터 분리하고 구별시키는 하나님에 관한 모든 것을 가리킨다: 하나님의 신비로운 능력과 예배자들을 끌어 들이는 것. 두 번째 의미에서의 거룩은 백성들이 순수하고 깨끗하며 의롭고 긍휼이 있어야 한다는 의미에서 하나님이 거룩하신 것과 같이 백성들도 거룩하라는 하나님의 요구와 부르심을 가리킨다.

구약은 거룩의 영적인 측면에 관한 몇몇 수준높은 진술들을 담고 있다(시 51:11; 사 6:1-5; 57:15-16; 호 11:8-9). 구약에서는 하나님의 거룩한 영을 3번 언급한다(시 51:11; 사 63:10-11). 여전히 유물론적이거나 제의적인 거룩 개념들이 구약에서 중단되지 않는다. 종말에 모든 것이 거룩해질 것이다. 민수기 14:21은 "땅이 여호와의 영광으로 가득 차게 될" 때가 올 것이라고 말한다. 이것은 현재에 있어서 "영광"으로 표현되고 있는 야웨의 거룩이 제의적 영역에 국한되어 있다는 것을 의미한다. 그러나 이것은 일시적인 것이다. 스가랴 14:20은 "그 날에는 말 방울에까지 여호와께 성결이라 기록될 것이라 여호와의 전에 있는 모든 솥이 제단 앞 주발과 다름이 없을 것이니"라고 말한다. 이것은 세속적인 것의 모든 영역이 야웨의 거룩 속으로 삼켜지게 될 것임을 의미한다. 이런 일이 일어날 때, 야웨의 거룩은 그 궁극적인 목표를 달성하게 될 것이다.

거룩은 이해하기 어려운 개념이다. 많은 현대인들은 지금 여기에서의 일들과 일상의 세속적인 일들로 사고의 방향이 설정되어 있다. 그들의 자신만만함은 흔히 그들로부터 신적인 것에 대한 두려움을 빼앗아간다. 세속성과 통속성은 너무도 많은 사람들의 정신의 특징을 이루고 있다. 월터 브루그만(Walter Brueggemann)은 오늘날 우리 세계의 곤경을 이렇게 포착하였다:

삶으로부터 더 큰 열정과 위험을 빼앗아가는 세속성에 직면해서 하나
님의 거룩은 절실하다. 하나님의 목적을 사소한 것으로 돌려 버리고 하나
님의 세계를 오용하는 팽배한 잔혹성에 직면해서 하나님의 거룩은 절실
하다. 기술이 점점 권세를 얻어서 삶을 지속적으로 열어 놓게 만드는 신비
를 잠식하는 상황에 직면해서 하나님의 거룩은 절실하다(John Gammie,
Holiness in Israel, xii에 쓴 서문에서).

이사야의 소명에 관한 간결하면서도 인상적인 묘사는 하나님의 백성과 관
련된 하나님의 거룩의 핵심을 잘 포착하고 있다. 이사야는 높이 들려 있는 보
좌 위에 앉으신 하나님을 보았다. 그는 하나님의 영광이 구름 속에 나타난 것
을 보고, 땅이 진동하는 것을 느꼈다. 그는 스랍 천사들이 "거룩 거룩 거룩 만
군의 여호와여"라고 찬송하는 것을 들었다. 그는 자신과 자기 백성의 죄와 부
정함에 대한 인식에 의해서 압도되었다. 그는 하나님께서 제단의 숯불로 자
신을 깨끗케 하시는 것을 경험하였다. 그런 후에, 그는 헌신과 섬김으로의 하
나님의 부르심을 들었다.

22. 사랑하시는 하나님

구약의 하나님은 사랑의 하나님인가, 아니면 신약의 하나님은 사랑의 하나
님이고 구약의 하나님은 진노의 하나님이라는 마르키온(Marcion)의 말이 옳
은 것인가?(우리는 마르키온에 대해서는 그를 공격하기 위하여 그를 인용하
였던 그의 논적들을 통해서만 알고 있다). 테르툴리아누스는 마르키온이 구
약의 하나님은 "사법적이고 가혹하며 전쟁에 능하고 … 엄하며 … 잔혹한"
반면에 예수 그리스도 안에서 계시된 하나님은 "온유하고 차분하며 선하고
훌륭하다"고 말하였다고 인용하였다(Roberts and Donaldson, *Anti-Nicene
Christian Library*, vol. 7,1, 6; II, 11). 마르키온에게 있어서 "구약의 하나님
은 복음을 통해서 계시된 은혜로운 하나님과는 전적으로 반대되는 열등한 신
인 데미우르고스, 창조주, 복수하시는 율법의 하나님이었다"(Bright, *The
Authority of the Old Testament*, 62).

우리는 오늘날에도 여전히 구약의 하나님이 진노의 하나님이라는 말을 듣는다. 진노는 구약에 나오는 하나님상의 오직 한 측면에 불과하다. 그 다른 측면은 바로 사랑이다.

A. 사랑과 관련된 히브리어들

몇 가지 히브리어 단어들이 사랑의 여러 다양한 측면들을 표현해 준다.

1) '아하브'("사랑") ― "사랑"으로 가장 자주 번역되는 단어는 '아하브' 이다. 이 어근의 어원은 확실치 않다. 자콥은 이 단어가 "헐떡이다," "욕구하다," "갈망하다"를 의미하는 두 글자로 된 어근인 '하브'로부터 왔다고 주장한다. "사랑은 격렬하면서도 자발적인 욕구로 정의될 수 있다"(Jacob, *Theology of the Old Testament*, 108; compare Gerhard Wallis, 'ahabh, TDOT I, 103). 이 단어는 구약성서에서 200번 넘게 사용된다. 이 가운데서 32번은 하나님의 사랑을 가리킨다.

'아하브'는 흔히 남편과 아내의 사랑(창 24:67; 29:18, 20, 32; 삿 16:4, 15; 삼상 1:5; 18:20), 자식에 대한 부모의 사랑(창 22:2; 25:28), 시어머니에 대한 며느리의 사랑(룻 4:15), 친구에 대한 친구의 사랑(삼상 18:1-3)을 흔히 표현한다.

개개인들은 하나님의 사랑의 대상이다: 솔로몬(삼하 12:24; 느 13:26)과 고레스(사 48:14). 신명기 10:18에서는 주께서 나그네들을 사랑하신다고 말한다. 하나님은 예루살렘을 사랑하신다(시 78:68; 87:2). 하나님은 의를 사랑하시고, 의롭게 행하는 자들을 사랑하신다(시 11:7; 37:28; 45:7; 99:4; 잠 3:12; 15:9; 사 61:8; 말 2:11). 하나님은 조상들을 사랑하셔서, 그들의 자손들을 선택하셨다(신 4:37; 10:15).

구약에서는 이스라엘에 대한 하나님의 사랑을 몇 차례 언급한다(신 7:8-9,13; 23:5; 왕상 10:9; 대하 2:11; 9:8). 하나님은 이스라엘을 남편으로서 사랑하였고(겔 16:8; 호 3:1), 아버지로서 사랑하셨다(호 11:1). 하나님은 야곱을 사랑하고, 에서를 미워하였다(말 1:2). 이스라엘은 하나님의 눈에 보시기에 소중하였기 때문에, 하나님은 이스라엘을 사랑하셔서 구속하시고 새롭게 하셨다(사 43:4; 63:9; 습 3:17). 이스라엘에 대한 하나님의 사랑을 표현하는 구약의 언어는 온건하게 말해서 역설적이다. 예레미야 31:3에서는 "내가 너(이스라엘)를 영원한 사랑으로 사랑하였다"고 말하고 있지만, 호세아 9:15에서는 "내가 저희를 더 이상 사랑하지 않을 것이다"라고 말한다.

'아하브'("사랑")는 모든 유형의 문학들 속에서 발견되고, 구약 시대 전체에 걸쳐서 사용되었다. 이 어근은 우가릿어, 아람어, 카르타고어, 사마리아어에도 나오지만, 그러한 방언들에서와는 달리 히브리어에서는 고유명사의 일부로 나오지 않는다. 칠십인역은 이 단어를 '아가파오'로 번역한다. 노먼 스네이스(Norman Snaith)는 '아하바'를 "택하심의 사랑"이라고 말하였다. 그것은 무조건적인 사랑이다. 선택은 하나님의 사랑이 자발적으로 "흘러 넘침"으로부터 생겨난다(*The Distinctive Ideas of the Old Testament*, 95, 135, 140).

2) '헤세드'("헌신," "충성," "인자") — 하나님의 사랑과 관련이 있는 히브리어의 두 번째 단어는 '헤세드'이다. '헤세드'의 어원도 불확실하다 (H.-J. Zobel, *hesed*, TDOT 5, 1986, 45). 게제니우스(Gesenius)는 이 어근을 일차적인 의미가 "열정, 불타는 열심"이라고 주장한다. 에드몽 자콥(Edmond Jacob)은 "어원과 관련해서 이 문제에 대한 절대적으로 만족스러운 해답은 없지만, 적어도 이 단어의 어원은 힘이라는 원시적인 의미와 연관되어 있는 것으로 보인다"고 말하였다(*Theology of the Old Testament*, 103). 이 단어의 어근은 구약에서 동사로 오직 3번 나온다: 1번은 "수치를 가져다 주다"라는 의미로 피엘형으로 나오고(잠 25:10), 2번은 "스스로 충성됨을 보이다"를 의미하는 병행적인 본문들 속에서 히필형으로 나온다(삼하 22:26; 시 18:25). '헤세드'의 부정적인 측면도 구약에서 잠언 14:34와 이사야 40:6b에 나온다.

> 공의는 나라를 영화롭게 하고
> 죄는 백성을 욕되게('헤세드') 하느니라.
> (잠 14:34)

> 모든 육체는 풀이요
> 그의 모든 항구성('헤세드'; 개역에서는 "아름다움")은
> 들의 꽃과 같으니.

(사 40:6b)

아랍어, 아람어, 수리아어에서는 이 단어가 지닌 나쁜 의미인 "수치"가 더 지배적으로 사용되었던 것으로 보인다(Snaith, *The Distinctive Ideas of the Old Testament*, 97; Jacob, *Theology of the Old Testament*, 103).

'헤세드'는 영어로 번역하기가 어렵다. 흠정역에서는 이 단어를 "mercy"로 145번, "kindness"로 38번, "loving-kindness"로 30번 번역한다. 칠십인역은 통상적으로 이 단어를 '엘레오스'("긍휼")로 번역한다. 하지만 칠십인역은 에스더서에서 2번 이 단어를 '카리스'("은혜")로 번역하였다. 심마쿠스 역본에서는 '엘레오스'보다 '카리스'를 더 선호했던 것으로 보인다(Dodd, *The Bible and The Greeks*, 61). 마르틴 루터는 '헤세드'를 신약에서 '카리스'라는 단어를 번역할 때에 사용하였던 것과 동일한 단어인 Gnade("은혜")로 번역하였다. 스네이스는 '헤세드'를 번역할 때에 "계약적 사랑"이라는 표현을 선호한다; ASV는 "인애"(loving-kindness)를 선호하고, NEB는 "성실"(loyalty)을 선호하며, RSV는 "변함없는 사랑"(steadfast love)을 선호하고, NRSV는 "성실"(loyalty), "헌신"(devotion), "인자"(kindness) 등과 같은 여러 단어들을 사용한다. '헤세드'라는 단어를 어떻게 번역할지를 놓고, RSV의 번역위원회에서는 마지막까지 투표를 벌였다(Kuyper, "Grace and Truth," 8).

에드몽 자콥(Edmon Jacob)은 '헤세드 엘로힘'을 "하나님의 신실하심"이라고 번역하였지만, 어니스트 라이트(G. Ernest Wright)는 이 점에 있어서 자콥을 비판하였다:

나는 '헤세드'를 "하나님의 신실하심"을 가리키는 것으로 보고 그것을 신학적으로 "하나님과 사람을 묶어 주는 끈"으로 정의하는 것은 적절하지 않다고 생각한다. 실제로 칠십인역 번역자들이 이 용어를 "은혜"로 번역한 것은 이 단어의 진정한 의미에 가장 가깝다. 그것은 서로를 묶어주는 끈이 아니라 행동을 나타내는 단어이다: 우월한 자가 열등한 자에게 아무런 의무 없이 순수한 은혜를 동기로 해서 베푸는 행위인 '헤세드'는 유대의 끈을 만들어내고 그 은혜를 받은 자로부터의 응답을 이끌어 낸다. 이렇게 '헤세드'는 계약의 동의어가 아니다(후자는 법적인 용어이다); 그것은 법적인 요구 사항을 초월하는 유대의 끈을 만들어 내어서 수혜자로부터 적절한 반응 ─ 이것도 '헤세드'라 불린다 ─ 를 이끌어 내는 그런 유형의 행위이다("Review of Jacob's Old Testament Theology," 81).

위에서 말한 것의 요지는 '헤세드'는 두 가지 기본적인 요소를 담고 있다는 것이다. 하나는 힘, 성실, 꾸준함이라는 개념이다. 다른 하나는 인자, 연민, 긍휼, 은혜라는 개념이다. 아마도 "헌신적 사랑"(렘 2:2)이라는 표현은 이 단어가 지닌 두 가지 요소를 잘 포착하고 있는 것으로 보인다.

'헤세드'라는 단어는 흔히 단어쌍들로 사용되고, 시적인 대구(對句)에서 사용된다. 43번의 경우에 '헤세드'는 다른 명사와 결합되어 있다. '헤세드'는 22번의 경우에 "은혜와 진리"라는 표현 속에서 '에메트' 또는 '아만'("진리")이라는 어근의 어떤 형태와 결합되어 있다(창 24:27, 49; 47:29; 출 34:6; 수 2:14; 삼하 2:6; 15:20; 시 25:10; 40:11; 57:3; 61:7; 85:10; 86:15; 89:14, 24; 98:3; 115:1; 138:2; 잠 3:3; 14:22; 16:6; 20:28). '헤세드'는 7번의 경우에 "계약"과 함께 사용된다(신 7:9, 12; 왕상 8:23; 대하 6:14; 느 1:5; 9:32; 단 9:4). '헤세드'는 '오즈'("힘"), '미스가브'("요새")라는 단어들과 몇 번 함께 사용된다(시 59:9, 16; 144:2).

구약에서는 흔히 하나님의 '헤세드'의 "풍성하심" 또는 "크심"에 관하여 말한다(출 34:6; 민 14:19; 느 9:17; 13:22; 시 5:7; 36:5; 69:13; 86:5, 15; 103:8, 11; 106:7, 45; 117:2; 119:64; 145:8; 애 3:32; 욜 2:13; 욘 4:2). 시편 기자는 한 번 "여호와여 주의 인자하심('헤세드')이 땅에 충만하였사오니"(119:64)라고 말한다. 시편 기자는 하나님의 '헤세드'가 궁창에 미치고 하나님의 신실하심('에메트')가 구름에 닿아 있다고 3번 말한다(36:5; 57:10; 108:4). 여기서 보여주는 관념은 하나님의 '헤세드'와 '에메트'는 측량할 수 없다는 것이다. '헤세드'의 이례적인 용법이 한 시편의 후렴구에 나온다: "주께 감사하라 그는 선하시고 그 인자하심('헤세드')이 영원함이라,"

이 후렴구는 역대상 16:34, 41; 역대하 5:13; 7:3, 6; 20:21; 에스라 3:11; 시편 106:1; 107:1; 118:1, 2, 3, 4, 29; 136편; 예레미야 33:11에 26번 나온다. 이

와 비슷한 후렴구는 시편 107:8, 15, 21, 31에도 나온다. 이러한 후렴구들은
하나님이 "선하시고"('토브') 그의 '헤세드'가 영원하기 때문에 하나님을
찬양해야 한다고 말한다. 하나님은 고대 근동의 다른 신들이 그랬던 것과는
달리 변덕스럽지 않으시다.

'헤세드'라는 단어가 나오는 가장 유명한 본문들 중의 하나는 예레미야애
가 3:22-24이다.

> 여호와의 인자('헤세드')와 긍휼이 무궁하시므로
> 우리가 진멸되지 아니함이니이다
> 이것들이 아침마다 새로우니
> 주의 성실하심이 크시도소이다
> 내 심령에 이르기를 여호와는 나의 기업이시니
> 그러므로 내가 그를 바라리라 하도다.

하나님의 '헤세드'가 아침마다 새롭다는 고백은 시편 59:16; 90:14; 92:2;
143:8에도 나온다. 예레미야애가 3:22에서 '헤세드'는 실제로 복수형으로 나
옴으로써, 하나님의 "인자들"이 수많은 은혜의 역사들이라는 것을 보여준다.
이 단어는 복수형으로 여러 번 사용된다(창 32:10; 대하 6:21; 32:32; 35:26;
느 13:14; 시 17:7; 25:6; 89:2, 49; 106:7, 45; 107:43; 사 55:3; 63:7; 애 3:22).
여기서 마지막에 나오는 두 본문은 "그의 선한 행위들"과 "그의 신실한 행위
들"로 번역되는데, 이러한 표현들은 히스기야 왕과 요시야 왕에 대한 것이
다.

'헤세드'의 일차적인 의미가 "힘," "꾸준함," "신실함"이라면, 이 단어
는 사랑, 동정, 은혜의 요소를 그 안에 담고 있다. '헤세드'는 '라함'("긍
휼"; 시 25:6; 51:1; 103:4; 사 54:8; 렘 16:5; 애 3:22; 단 1:9; 호 2:19; 슥 7:9),
'헨'("은혜"; 창 19:19; 에 2:17; 시 77:8-9; 109:12)과 병행을 이룬다. 이스
라엘이 '헤세드'를 사랑한다는 말이 1번 나온다('아하바트 헤세드,' 미
6:8).

'아하브'("사랑")와 '헤세드'("변치 않는 사랑") 외에도 '하난'과 '라

함'이라는 히브리어의 두 어근도 "사랑"이라는 개념을 흔히 지닌다. '하난'은 "은혜" 또는 "과분한 사랑 또는 은총"이라는 개념을 보여준다. '하난'과 '헤세드'의 차이는 '헤세드'는 일차적으로 "계약적 사랑"을 가리킨다는 것이다. 즉, 계약 당사자들 간의 유대 또는 관계는 그들 사이의 "사랑의 행위들"을 기대하게 만든다. 그러나 '하난'은 열등한 자에 대한 우월한 자의 아무런 이유 없는 사랑을 나타낸다. '헨'("은혜" 또는 "은총")은 우월한 자가 아무런 의무도 지고 있지 않은데도 '헨'("은혜")을 베푸는 이유 없는 은총, 최고의 은혜, 겸양이라는 개념을 지닌다. 이러한 은혜가 주어지지 않는다고 해서 그 사람을 가혹하다고 비난하는 것은 불가능하다.

'하난'이라는 어근으로부터 나온 동사 형태가 구약성서에서 하나님 또는 사람들을 주어로 해서 76번 사용된다. NRSV는 이 동사를 "은혜롭다"(시 4:1; 6:2; 31:9; 41:4), "은혜로운"(창 33:5, 11; 왕하 13:23), "은혜로울 것이다."(출 33:19; 사 30:19) 등 여러 가지로 번역한다. 종종 이 동사 형태는 "너그러운"(시 37:21) 또는 "인자한"(잠 14:31; 19:17; 28:8)으로 번역되기도 한다. "탄원하다"라는 번역도 열왕기상 8:33,47; 9:3; 대하기하 6:24,26; 욥기 8:5; 시편 30:8; 142:2에서 발견된다. 이 단어는 창세기 42:21; 신명기 3:23; 열왕기하 1:13; 에스더 8:3; 호세아 12:4에서 "간청하다," "탄원하다"로 번역된다. '하난'의 명령형은 시편들에서 시편 기자가 야웨께서 자기에게 "은혜로우시기"를 간청한다는 의미로 19번 사용된다. 이렇게 '하난'은 기도의 언어로 사용된다.

'하난'이라는 어근의 명사형인 '테히나'는 흔히 '테필라'("기도")와 병행을 이룬다(왕상 8:28, 38, 45, 49, 54; 대하 6:29; 단 9:3, 17, 18, 20). 예레미야는 하나님과 왕 같은 우월한 인간들에게 탄원할 때에 '테필라'와 병행되는 단어로 '하난'의 명사형을 사용하였다(렘 36:7; 37:20; 38:26; 42:2, 9; cf. 단 9:17).

구약에서 70번 사용된 또 하나의 명사인 '헨'은 통상적으로 "은총"으로 번역되고, '마차아'("발견하다") 또는 '나탄'("주다")라는 동사의 목적어로 나온다(창 6:8; 19:19; 30:27; 출 3:21; 11:3; 12:36; 33:12; 민 11:11; 신 24:1; 삿 6:17; 삼상 1:18; 삼하 15:25; 시 45:2; 84:11; 슥 4:7; 12:10). '헨'이라는

명사는 복수형 또는 관사가 붙은 형태로는 결코 사용되지 않는다. 형용사인 '하눈'("은혜로운")은 구약에서 13번 사용된다(출 22:27; 34:6; 대하 30:9; 느 9:17, 31; 시 86:15; 103:8; 111:4; 112:4; 116:5; 145:8; 욜 2:13; 욘 4:2). 이 형용사의 대부분의 용례들은 고대 이스라엘의 제의 속에서 흔히 사용된 옛 비역사적인 신조의 일부이다.

> 여호와라 여호와라
> 자비롭고('라훔') 은혜롭고('하눈')
> 노하기를 더디하고
> 인자('헤세드')와 진실('에메트')이 많은 하나님이라.
> (출 34:6)

'라훔'("자비로운")이라는 단어는 앞서 언급된 본문들 중에서 12번 '하눈'과 병행으로 사용된다.

이렇게 어근 '하난'은 "은혜로운," "은총," "너그러움," "아무런 이유 없는 사랑"을 의미한다. 칠십인역이 '헨'을 '카리스'("은혜")로 번역하고 있긴 하지만, 이 단어는 사도 바울이 '카리스'라는 단어를 사용하였을 때에 의미하였던 것을 의미하지는 않는다. 칠십인역은 고전 헬라어에서의 '카리스'의 의미를 따르고 있음이 분명하다. 실제로 고전 헬라어에서 '카리스'는 "기쁨, 즐거움, 환희, 달콤함, 매력, 사랑스러움, 말에 의한 은혜를 제공해 주는 것"을 포함하는 폭넓은 의미로 사용된다(Thayer, *Greek-English Lexicon*, 665). 칠십인역은 '헨'이 하나님의 "선의" 또는 "너그러우심"을 가리킬 때에 그것에 대한 역어로 '카리스'를 사용하였기 때문에, 바울은 신약에서 하나님의 "선의와 너그러우심"을 가리킬 때에 '카리스'라는 단어를 사용할 수 있었다(Reed, "Some Implications *of Hen*," 41).

하나님의 "사랑"을 표현하는 데에 종종 사용되는 또 하나의 히브리어 단어는 가족의 이미지를 풍부히 담고 있는 단어인 '라하밈'이다. 베스터만은 구약에서 하나님에 관한 표현은 하나님의 행위들을 어떤 점에서 매우 인간적인 것으로 만드는 특이한 특징을 담고 있다고 말하였다. 하나님이 인간과 다르다는 측면을 강조하는 하나님의 거룩이라는 개념과는 반대로, '라함'("긍휼")이라는 표현은 하나님에게 인간의 감정을 귀속시킨다. 실제로 이 단어는 "어머니의 자궁"을 의미한다(*Elements of Old Testament Theology*, 138).

이 명사의 복수형은 "자궁"이라는 의미를 "긍휼, 자비, 동정, 마음, 사랑"이라는 추상적인 개념으로 확장시킨다(창 43:14, 30; 신 13:17; 삼하 24:14; 왕상 3:26; 8:50; 대상 21:13; 대하 30:9; 느 1:11; 9:27, 28, 31; 시 25:6; 40:11; 51:1; 69:16; 77:9; 79:8; 103:4; 106:45; 119:77, 156; 145:9; 잠 12:10; 사 47:6; 54:7, 10; 렘 16:5; 42:12; 애 3:22; 단 1:9; 9:9, 18; 호 2:19; 암 1:11; 슥 7:9). 형용사 '라훔'("긍휼이 있는, 자비로운")은 흔히 '하눈'("은혜로운")이라는 형용사와 함께 사용되는데, 구약에서는 사람들에 대해서는 결코 사용되지 않고 언제나 하나님에 대해서 사용된다(출 34:6; 신 4:31; 대하 30:9; 느 9:17, 31; 시 78:38; 86:15; 103:8; 111:4; 112:4; 145:8; 애 4:10; 욜 2:13; 욘 4:2). 어근 '라함'의 동사 형태들은 명사 "자궁"으로부터 파생된 것들이다(Trible, *God and the Rhetoric of Sexuality*, 33). 이 동사는 하나님에 대한 "사랑"을 의미하는 칼 형태로 1번 나오고(시 18:1; '아하브'는 시편 116:1에서 하나님에 대한 사랑을 가리킬 때에 사용된다), "동정"(시 102:13; 103:13; 사 49:10; 호 2:25), "긍휼"(신 13:8; 30:3; 애 3:32; 사 49:15; 54:8; 슥 10:6), "자비"(출 33:19; 신 13:8; 사 60:10; 렘 42:12)를 의미하는 피엘형으로 43번 나온다.

필리스 트리블(Phyllis Trible)은 '라함'이라는 단어를 논의하는 데에 한 장 전체를 할애하였다. 그녀는 열왕기상 3:28에서 한 아기를 놓고 자기가 어머니라고 주장한 두 창녀에 관한 이야기를 검토하는 것으로 논의를 시작한다. 솔로몬 왕은 자기가 그 아기를 칼로 두 동강을 내서 두 여자에게 아기의 절반씩을 주겠다고 말하는 것을 통해서 진짜 어머니를 찾아낼 수 있었다. 그러자 진짜 어머니는 아기를 살리기 위해서 자신의 주장을 포기하겠다고 말한다.

이 어머니의 행동에 대한 이유가 26절에 나오는데, 이는 "자신의 아들을 향한 '라하밈'(긍휼)이 그녀 안에서 불붙었기"(개역에서는 "그 산 아들의 어머니 되는 여자가 그 아들을 위하여 마음이 불붙는 것 같아서") 때문이었다. 트리블은 이 여자는 생명을 위해서 심지어 공의까지도 기꺼이 포기하고자 하였다고 말한다. 라함("긍휼")은 자기를 희생하여 진실을 따라서 행동하는 사랑이다. 이 시점이 지난 후에야 어머니라는 단어가 이 이야기 속에 등장한다. "긍휼"은 자신의 자궁에서 나온 아기에 대한 어머니의 사랑이다. 그것은 자아, 소유욕, 심지어 공의의 요구조차도 알지 못한다. 트리블은 이렇게 말하였다: "모태는 보호하고 자양분을 공급하지만 소유하거나 주관하지 않는다. 모태는 온전함과 잘됨이 있도록 하기 위하여 자신의 보화를 내어 놓는다. 바로 이것이 긍휼의 길이다"(*God and the Rhetoric of Sexuality*," 33).

라하밈("긍휼")이라는 단어는 요셉이 형제애를 표현하는 자신의 아우에 대한 열망을 묘사할 때에도 사용된다(창 43:30). 트리블은 이사야 46:3-4에서 이스라엘에 대한 하나님의 사랑이 모태에서 난 아기에 대한 어머니의 긍휼이라는 관점에서 표현되고 있는 것을 보았다. 그녀는 이 본문의 이미지는 거의 "하나님께서 자궁을 지니고 있다고 말하는 지경까지 나아간다"고 말하였다(*God and the Rhetoric of Sexuality*," 38).

이스라엘에 대한 하나님의 사랑을 어머니의 사랑이라는 관점에서 말하기 위해서 "긍휼"이라는 어휘를 사용하고 있는 또 하나의 중요한 본문은 예레미야 31:15-22이다. 이 본문은 아들을 잃어버린 것을 애곡하는 라헬의 목소리가 여전히 들린다는 말로 시작된다(15절). 하나님은 그녀의 자녀들이 그들의 땅으로 돌아오게 될 것이라고 약속함으로써 라헬을 위로하신다(16-17절). 에브라임(라헬의 자녀들)은 회개한다(18-19절). 그러자 야웨는 이렇게 말씀하신다(20절):

> 에브라임은 나의 사랑하는 아들
> 기뻐하는 자식이 아니냐
> 내가 그를 책망하여 말할 때마다
> 깊이 생각하노라
> 그러므로 그를 위하여 내 창자('메아이'; "자궁")가 들끓으니
> 내가 반드시 그를 불쌍히 여기리라('라헴 아라하메누')
> 여호와의 말씀이니라.

트리블은 이 본문 속에서 자녀들에 대한 라헬의 어머니로서의 사랑과 에브

라임에 대한 하나님의 사랑 사이에 병행관계가 존재한다는 것을 보았다.

라헬이 자신의 자궁의 열매를 잃어버린 것에 대하여 애곡하듯이, 야웨는 자신의 자녀에 대하여 애곡하신다. 그렇지만 차이점이 있다. 인간 어머니는 위로받기를 거부하지만, 신적인 어머니는 슬픔을 은혜로 바꾸신다. 그 결과로 이 시는 라헬의 처절한 애곡으로부터 하나님의 구속적인 긍휼하심으로 움직여간다(God and the Rhetoric of Sexuality, 45).

이 시의 마지막 행(31:22)은 이 시의 절정이다. 하지만, 불행히도 그 의미는 모호하다. 본문은 이렇게 되어 있다:

> 반역한 딸아
> 네가 어느 때까지 방황하겠느냐
> 여호와가 새 일을 세상에 창조하였나니
> 곧 여자가 남자를 둘러 싸리라.

이 시는 포로로 끌려간 자녀들에 대하여 라헬이 울부짖는 것으로 시작된다(15-16절). 야웨는 그녀의 자녀들이 돌아오게 될 것이라고 말씀한다(17절). 에브라임이 회개한다(18-19절). 야웨는 에브라임이 여전히 자신의 사랑하는 자녀들인지를 스스로에게 묻고, 그렇다고 대답한 후에, 그들에 대한 긍휼('라함')을 베풀 것을 약속한다(20절). 21절에서 에브라임에 대한 은유가 남자(아들)라는 은유로부터 여자(처녀 딸)라는 은유로 바뀐다. 21절에 나오는 5개의 명령문들은 모두 여성형으로 되어 있다. 이 명령문들은 이스라엘에게 그들의 성읍들로(그리고 그들의 하나님에게로) 돌아오라고 간청하는 내용이다. 여전히 이스라엘은 망설인다. 22절은 "반역한 딸아 네가 어느 때까지 방황하겠느냐?"라고 묻는다. 그런 후에, 이스라엘로 하여금 다시 한 번 시도를 해 보라고 격려하기 위하여, 이 선지자는 "여호와가 새 일을 세상에 창조하였나니 곧 여자가 남자를 둘러 싸리라"고 말한다.

하나님께서 행하신 이 새 일은 과연 무엇인가? 이것은 구약성서에서 가장 이해하기 어려운 문장들 중의 하나로서, 천차만별의 해석들을 낳아 왔다. '바라'("창조하다")라는 단어는 구약성서에서 드물게 사용되고, 오직 하나님을 주어로 해서 뭔가 새로운 것을 만들어 낸다는 것을 보여주기 때문에, 새 일은 분명히 독특하고 중요하고 이례적인 것이다. '하다샤'("새 일")라는 단어는 야웨께서 새 시대를 가져오기 위하여 장차 행하실 일을 가리킨다(cf. 사 42:9; 43:19; 48:6; 65:17; 66:22; 렘 31:31; 겔 11:19; 18:31; 36:26). 일부 학자들은 이 문장을 난외주로 보고 본문으로부터 잘라내 버리기도 하였다(Skinner, *Prophecy and Religion*, 302). 존 브라이트(John Bright)는 이 문장을 번역하기는 했지만 괄호로 묶어 놓고, "그 의미가 매우 모호하기 때문에, 이 행을 공백으로 남겨 놓는 편이 더 현명했을 것이다"라고 말하였다(Bright, *Jeremiah*, 282). 둠(B. Duhm)은 이 본문을 수정해서 "여자가 남자로 변한다"로 읽었다(Peake, "Jeremiah," 96). 브라운(Charles R. Brown)은 이 본문을 "여자가 남자 같이 된다"라고 수정하였다(*Jeremiah*, 173). 칠십인역은 여기서 다른 본문을 사용한 것으로 보인다: "사람들이 안전하게 돌아다닐 것이다" 또는 "사람들이 구원 속에서 걸어다닐 것이다."(cf. Peake, "Jeremiah," 96; Green, *Jeremiah*, 151; 렘 38:22 LXX).

B. 장래에 있어서의 하나님의 사랑

최근에 예레미야 31:22은 새롭게 학자들의 관심을 끌어 왔다. 여성 운동을 지지하는 몇몇 학자들은 이 절이 구약성서가 하나님을 남성과 여성 둘 모두로 말하고 있다는 것을 보여주는 증거라고 주장해 왔다(cf. Trible, *God and the Rhetoric of Sexuality*, 47–56; Holladay, "Jer. XXXI 22b Reconsidered," 236–239). 캐롤(Robert P. Carroll)은 이 절을 광범위하게 논의하면서, 수많은 학자들의 견해를 검토하였다. 그런 후에, 캐롤은 여기서 우리가 고대 본문들은 종종 현대적인 해석학을 당혹스럽게 만든다는 것을 인정하고 우리의 무지를 받아들이는 것이 현명할 것이라고 말하였다(*Jeremiah*, 604).

에드몽 자콥(Edmon Jacob)은 이 본문이 여성 해방 운동적인지 메시야적인지를 물었다("Feminisme ou Messianisme?" 179–184). 자콥은 이 절에 대한 메시야적인 해석은 제롬만큼이나 오래된 것으로서, 1957년에 씌어진 키퍼(B. Kipper)의 박사 학위 논문에서 다시 부활하였는데, 거기에서 키퍼는 '네케바'("여자")를 '알마'("처녀"; 사 7:14)와 비교하고 '게베르'("남자")를

'엘 게부르'("능하신 하나님"; 사 9:6; 10:21)와 비교하였다고 지적하였다. 마르틴 루터는 이 본문이 출산의 고통이라는 저주가 여자에게서 제거될 때를 가리킨다고 보았다(Jacob, "Feminisme ou Messianisme?" 181).

스트린(A. W. Streane)은 메시야적인 견해를 지지하였다. "여기서의 사상은 실제로 메시야적이다. 왜냐하면, 그것은 오직 하나님의 아들의 성육신을 통해서만 완성에 도달하기 때문이다"("Jeremiah," *Cambridge Bible*, 212).

에드몽 자콥은 여기에서 새 일은 바벨론 포로생활로부터의 이스라엘의 귀환 이상의 것을 가리킨다고 생각하였다. "여자가 남자를 둘러싸리라"는 표현은 혼인 또는 계약의 언어이다. 그는 고멜에 대한 호세아의 체험과 이스라엘과의 하나님의 계약(혼인)에 대한 유비를 지적하였다. 또한 그는 "둘러싸다"라는 동사가 계약의 언어로 사용되고 있는 두 본문을 인용하기도 하였다(시 32:10). 이 본문의 맥락에 비추어 볼 때(렘 30-31장), 새 일을 바벨론으로부터의 이스라엘의 귀환 이상의 것 — 아마도 새 계약 — 을 가리키는 것으로 이해하는 것이 가장 좋을 것 같다.

구약에서 야웨의 사랑은 어머니의 사랑과 같을 수 있지만, 그 사랑은 어머니의 사랑보다 훨씬 더 크다.

> 여인이 어찌 그 젖 먹는 자식을 잊겠으며
> 자기 태에서 난 아들을 긍휼히 여기지 않겠느냐
> 그들은 혹시 잊을지라도
> 나는 너를 잊지 아니할 것이라.
> (사 49:15)

구약에서 하나님의 사랑에 관한 가장 위대한 장은 아마도 호세아서 11장일 것이다. 호세아 11장은 많은 점들에서 하나님의 본성에 대한 신약의 이해에 근접해 있다. 호세아 11장의 개요는 다음과 같이 서술될 수 있을 것이다: (1) 선택하시는 사랑(11:1); (2) 거부당한 사랑(11:2); (3) 보호하시는 사랑(11:3-4); (4) 징계하시는 사랑(11:5-7); (5) 고통당하는 사랑(11:8-9); (6) 구속하시는 사랑(11:10-11; Ralph L. Smith, "Major Motifs in Hosea," 27-28). 앤더슨

(B. W. Anderson)은 여기서 호세아가 "하나님의 거룩한 사랑의 불가해한 깊
이, 심판과 자비를 둘 다 포함하는 사랑을 측량하고자 하는 시도 속에서 온갖
언어의 자원들을 다 끌어다 사용하고 있다"고 말하였다("The Book of
Hosea," 301).

구약에서 이스라엘은 하나님을 사랑하라는 명령을 몇 번 받는다(신 6:5;
11:1; 19:9; 30:16). 사실, 예수는 이것이 가장 큰 계명이라고 말씀하였다(마
22:37; 막 12:30; 눅 10:27). 일부 학자들은 "사랑이 어떻게 명령될 수 있는
가?"라고 묻는다. 그것은 히타이트 조약의 영향 중의 일부임에 틀림없다. 니
콜슨(E. W. Nicholson)은 자기를 사랑하라는 하나님의 명령은 일상 생활의
친숙한 상황의 일부라고 주장하였다. 이스라엘 백성은 이웃(레 19:18, 34)과
객(신 10:19)을 사랑하는 명령을 받는다. 호세아는 간음한 여인을 사랑하도록
명령을 받는다(호 3:1). 사람들은 지혜(잠 4:6), 진리와 평화(슥 8:19), 선(암
5:15)을 사랑하도록 명령을 받는다. 그렇다면, 왜 하나님을 사랑하라는 명령
은 우리가 종주권 조약과 관련된 언어를 알고 있을 때에만 이해할 수 있는
"이상한 종류의 것"인가?(Nicholson, *God and His People*, 74-80).

이스라엘과 세상을 향한 하나님의 사랑은 구약에서 흔히 언급되지는 않
지만 매우 강력하다. 신명기는 하나님께서 이스라엘과 그 선조들을 사랑하셨기
('아하브') 때문에 그들을 애굽의 종살이로부터 건져내셨다고 말한다(신
4:37; 7:8; 23:5). 호세아는 하나님의 사랑의 선지자로 부르심을 받았다. 그는
사랑을 가리키는 네 가지 주요한 단어들('아하브,' '헤세드,' '라함,'
'나함')을 모두 사용한다. 호세아서에서 하나님의 사랑은 단순히 어휘에 대
한 연구로 끝이 나지 않는다. 호세아서에서 구애, 정혼, 혼인이라는 개념 전체
는 사랑과 결합되어 있다. 흥미로운 구애 장면이 2:14에서 묘사된다: "그러므
로 보라 내가 그를 타일러 / 거친 들로 데리고 가서 / 말로 위로하고."

"타이르다"와 "그녀의 가슴에 부드럽게 말하다"(개역에서는 "말로 위로
하여")라는 단어들은 사랑의 언어에 속한다. 세겜은 디나의 가슴에 부드럽게
속삭였다(창 34:3); 보아스는 룻의 가슴에 말하였다(룻 2:11-13); 레위인은 아
버지에게로 돌아가버린 자신의 아내의 가슴에 말하였다(삿 19:3). 호세아는
"이스라엘 자손이 다른 신을 섬기고 건포도 과자를 즐길지라도 여호와가 그

들을 사랑하나니 너는 또 가서 타인의 사랑을 받아 음녀가 된 그 여자를 사랑하라"(호 3:1)는 명령을 받는다.

하나님의 사랑에 관한 구약의 견해는 그 사랑이 깊고 강하며 영속적인 것이라는 것이다. 그것은 신약에서의 하나님의 사랑을 이해하기 위한 배경으로서의 역할을 한다. 레스터 카이퍼(Lester Kuyper)는 요한은 자신의 복음서의 서문(1:14)에서 예수가 하나님이시라는 것을 말하기 위하여 신약적인 어구인 "진리와 은혜가 충만하더라"는 표현을 사용하였다고 지적하였다. 구약에서 이것에 해당하는 어구인 '헤세드'와 '에메트'("인자하심과 성실하심")는 구약에서 하나님과 관련하여 수없이 사용된다("Grace and Truth," 3-19).

23. 진노하시는 하나님

진노는 구약에서 가장 자주 언급되는 하나님의 감정들 중의 하나이다. 하나님의 진노는 매우 실제적인 것으로서, 구약의 백성에게 매우 심각한 것이었다. 분노는 무엇인가? 고대 애굽에서 분노는 "격노," "격렬한 반응"을 의미하였다. 상형 문자에서 분노를 나타내는 표시는 "가난한 사람을 때리는 것"과 "격분한 원숭이" 또는 "격분한 곰"에 관한 그림이다. 또한 애굽인들은 분노를 나타내기 위하여 히브리어와 마찬가지로 "심장"을 나타내는 "붉다"를 가리키는 단어와 "코"를 가리키는 단어를 사용하였다. 아카드어에서 분노를 가리키는 단어로 가장 흔하게 사용된 두 단어는 흔히 자연 현상들과 관련하여 사용되었던 '아가구'("일시적으로 강하다")와 '에제주'("거칠고 광분하다")였다(J. Bergman, E. Johnson, 'anaph, TDOT I, 350).

헬라 종교에서는 신들을 사람들의 친구로 여기지 않았다. 헬라의 저술가들은 끊임없이 신들의 "복수, 악의, 인색함"을 묘사하였다(Heschel, The Prophets, 342). 에리니스(Erinys) 같은 헬라 이전의 땅의 신들과 저주를 가져다 주는 신들은 "'분노들'이라는 그들의 이름에서 볼 수 있듯이 분노를 그들의 본성으로 가지고 있다"(Kleinknect, Fichtner, and others, "Wrath," 3).

신들에 의한 징벌은 통상적으로 도덕적인 이유 때문이 아니었다. 사람들은 개인적으로 신들을 화나게 한 것에 대하여 벌을 받는다. 영원한 고통에 처해진 소수의 사람들 중에서 익시온(Ixion)은 헤라를 강간하였는데, 이것은 제우스의 대권을 침해한 행위로 여겨졌다; 시시포스는 아이소포스에게 제우스가 그의 딸 아이기라를 강제로 어디로 데려다 놓았는지를 말해 주었다; 프로메테우스는 신들만이 보유하고 있었던 불의 비밀을 인류에게 전해 줌으로써 인류를 구원하였다. 제우스의 분노가 일어나게 된 것은 그가 그의 폭정의 지속에 대하여 두려워하였기 때문이었다(Heschel, *The Prophets*, 243).

대부분의 원시 종교들에서 사람들은 신들의 힘에 의해서 위협을 받고 있다고 느꼈다. "마귀의 위협"은 원시 종교의 특징을 이루고 있었다. 그것은 "나의 이성 또는 나의 도덕에는 관심이 없는 어떤 권능에 대한 공포"였다(Van der Leeuw, *Religion in Essence and Manifestation*, 134).

20개 이상의 서로 다른 히브리어 단어들이 하나님의 진노를 가리키기 위하여 구약성서에서 580번 넘게 사용된다(Morris, *The Apostolic Preaching of the Cross*, 131). 모리스는 이렇게 말하였다:

> 구약성서에서 하나님의 진노라는 개념을 없애버리면, 구약성서는 복구 불가능한 손상을 입게 된다. 하나님의 진노는 한두 기자들의 전유물이 아니라, 구약성서 전체에 배어 있다 … 이 개념은 주의 깊게 이해될 필요가 있지만, 구약성서의 일부로 너무도 깊게 편입되어 있기 때문에, 우리가 그것을 무시한다면, 우리는 하나님 또는 인간에 대한 히브리적인 견해를 제대로 파악할 수 없게 될 것이다(*The Apostolic Preaching of the Cross*, 156).

에드몽 자콥(Edmon Jacob)은 진노는 구약에서 하나님의 일부가 되어 있었기 때문에, 고대 이스라엘인들은 거기에서 아무런 문제점도 보지 못했다고 말한다(*Theology of the Old Testament*, 114).

많은 현대의 신학자들과 성서학자들은 하나님의 진노를 하나의 문제점으로 보아 왔다. 에이브러햄 헤셸(Abraham Heschel)은 성경이 거듭거듭 언급하고 있는 하나님의 진노에 관한 메시지에 열려져 있었던 학자들 중에서 일부는 꽁무니를 빼왔고, 일부는 그것을 알레고리적으로 취급하여 왔으며, 또 일

부는 거기에 반발하여 왔다고 주장한다(*The Prophets*, 279). 도드(C. H. Dodd)
는 하나님의 진노는 "철저하게 고대적인 개념"에 적합한 "고풍스러운 어구"
라고 말하였다(*The Epistle of Paul to the Romans*, 20).

엘리자베스 악트마이어(Elizabeth Achtemeier)는 노먼 스네이스(Norman
Snaith)가 일곱 편의 참회 시편들에 관한 자신의 저서에서 하나님께서 화를
내신다고 말하는 것은 부적절하다고 말했다고 지적한다. 죄인들이 처음에는
하나님이 그들에게 화를 내신다고 느낄 수 있지만, 그럼에도 불구하고 그들
이 영적으로 자라가고 하나님의 온유하심과 긍휼하심에 관하여 더 많은 것을
알게 될 때, 그들은 그러한 언어를 포기하게 될 것이다(Snaith, *The Seven
Psalms*, 22).

그런 후에, 악트마이어는 이렇게 말하였다: "그러한 견해는 성경의 계시,
즉 구약만이 아니라 신약의 계시에 비추어 볼 때에 말도 되지 않는 소리이다;
그러한 견해들은 하나님, 예수 그리스도의 아버지는 잘못된 일을 못본 체하
시고 우리가 무슨 짓을 하든지 간에 우리를 사랑하시는 감상적인 사랑의 작
은 신이라는 통속적인 신앙을 만들어 내었다. 성경 전체에 걸쳐서 하나님은
이스라엘과 인류 전체가 그의 주되심을 의지하지 않거나 그의 주권자로서의
명령에 반기를 들 때에 그들을 멸하신다. 그러한 것은 분명히 그리스도의 십
자가의 의미의 일부이다 — 우리가 하나님을 대적한 우리의 죄로 인하여 죽
는다는 것"("Overcoming the World," 80).

헤셸은 성경에 나오는 하나님의 진노에 관한 말씀들에 우리가 눈을 감아버
리는 것은 불가능하다고 말하였다. 하나님의 진노를 알레고리적이거나 환유
법으로 해석하는 것은 "이 단어가 지닌 진정한 의미를 잘못 읽는 것이고 성경
의 사상을 잘못 나타내는 것이다. 하나님의 진노에 관한 말씀은 비유의 말씀
이 아니라 엄연한 현실을 보여주고, 사실들 배후에 있는 권능을 보여준다"
(*The Prophets*, 280). 하나님의 진노는 신적인 거룩에 속하는 것으로서, 단순
한 신인동형론적 표현으로 치부되어서는 안된다(Robinson, *Redemption and
Revelation*, 269; Robinson, *Record and Revelation*, 342). "이스라엘 백성은
실제로 하나님의 진노를 믿었고, 그들 자신이 겪은 시험들과 징벌들을 하나
님에게 투사하여 진노라고 표현한 것이 아니었다"(Jacob, *Theology of the Old*

Testament, 114).

구약에서는 사람들의 분노에 관하여 말하는 것보다 하나님의 진노에 관하여 3배 이상 더 자주 말한다. '하론,' '아프,' '자암' 같은 몇몇 용어들은 오직 하나님의 진노를 나타내는 데에만 사용된다. 진노를 가리키는 용어들 중 대부분은 "뜨거워지다" 또는 "불타다"(사 65:5; 렘 15:14; 17:4), "터져나오다" 또는 "넘쳐 흐르다"(겔 13:13; 38:22), "폭풍"의 파괴력(시 83:15; 사 30:30; 렘 23:19-20; 30:23-24), 쏟아져 버린 잔 속의 액체(시 69:24; 렘 10:25; 호 5:10), 술취함(욥 21:20; 렘 25:15-16), 야웨의 손을 뻗침(사 5:25; 9:12,17,21; 10:4) 같은 구체적이고 유형적인 표현들로부터 빌려온 것들이다. 진노는 단순히 감정이 아니라 하나님의 활동에 속한 것으로 보인다. 진노를 가리키는 표현들은 결코 심장과 연결되어 있지 않다(Ringgren, *Israelite Religion*, 76).

구약에서 진노와 밀접하게 연결되어 있는 두 단어는 "질투하다"와 "복수"이다: 하나님의 질투란 그는 자기 외에 어떤 신도 용납하지 않으실 것이라는 것을 의미한다(출 20:5; 34:14; 신 4:24). 이스라엘의 원수들은 하나님의 질투하시는 진노의 대상들이다(나 1:2-3; 습 1:18). 종종 하나님의 질투는 하나님 나라를 세우기 위한 자기 백성을 향한 야웨의 열심이 된다(사 9:7; 37:32; 겔 39:25; 슥 1:14).

구약에서 하나님의 질투는 그의 거룩하심, 유일하심, 접근할 수 없음, 자기 주장과 연관되어 있다. 프리젠(Th. C. Vriezen)은 이렇게 말하였다:

우리는 이 개념과 관련된 우리의 구별들을 매우 정확하게 하지 않으면 안 된다: 그것은 이교 사상에서 다른 신들에 대해서만이 아니라 특히 일들이 잘 되어 가는 사람들을 대상으로 한 신들의 질투로 알려져 있는 것과 동일시되어서는 안 된다. 좀 더 고등한 다신교 종교들 속에서 신들의 질투에 대한 두려움은 신에 대한 마귀적 신앙 ― 이것은 구약성서에서 사라져 버렸다 ― 의 결과이다. 야웨에게 적용될 때, 이 단어는 사람들에게 적용되는 경우에 지니는 것과는 다른 의미를 갖게 된다. '칸나'와 연결되어 있는 이 동사는 질투하다라는 의미 외에 다른 사람들의 권리를 배제하고 자신의 권리를 유지한다는 의미도 지닌다(예를 들면, 민 11:29; 삼하 21:2)(*Outline of Old Testament Theology*, 302).

프리젠은 야웨가 자신의 권리를 질투 속에서 보호하여 오로지 그만을 섬기 도록 한 것은 아담과 하와가 왜 선악을 알게 하는 나무의 실과를 먹는 것을 허용받지 못했는지를 설명해 준다고 지적하였다. 아담과 하와가 그렇게 한다면, 그들은 하나님과 같이 될 것이다. 또한 이것은 바벨탑이 잘못된 이유, 온 갖 종류의 점과 주술과 접신술과 마술이 금지된 이유를 잘 설명해 준다.

어떤 사람들은 성경이 하나님께서 질투하신다고 말하고 있는 것을 하나의 의외라거나 충격으로 받아들인다. 스토트(John R. Stott)는 질투는 신약에서 하나의 죄로 단죄되고 있다고 지적하였다(갈 5:19-20). 질투는 중립적인 것이 기 때문에, 하나님의 속성임과 동시에 인간의 죄를 가리킬 수 있다. "질투가 선이냐 악이냐 하는 것은 그것을 불러일으키는 상황에 의해서 결정된다. 본 질적으로 질투는 경쟁자들을 용납하지 않는 것이다; 그것은 경쟁자가 합법적 이냐 아니냐에 따라서 미덕이냐 죄냐가 결정된다"(*Our Guilty Silence*, 17).

진노와 밀접하게 연결되어 있는 또 다른 히브리어 단어는 보통 "보수(복수) 로 번역되는 '나캄' 이다. W. F. 올브라이트와 그의 제자들인 조지 멘덴홀, 어 니스트 라이트가 공동으로 집필한 저작은 우리에게 구약성서 및 고대 근동의 문헌들에서 이 용어가 어떻게 사용되었는지를 더 잘 이해할 수 있게 해 주었 다. 올브라이트는 히브리어 '나캄' 은 마리 문서 및 아마르나 토판들에서와는 달리 "복수하다" 라는 의미로는 거의 사용되지 않고 "구원하다" 라는 의미로 사용된다고 말하였다(*History, Archaeology, and Christian Humanism*, 96).

어니스트 라이트(G. Ernest Wright)는 '나캄' 을 "보수" 라고 번역하는 것 은 거의 잘못된 것이라고 지적하였다. 이 용어는 공의와 구원에 대한 궁극적 인 책임을 지고 계시는 역사를 주관하시는 하나님의 심판하시고 구속하시는 활동을 가리킨다. "그런 까닭에, 그것은 오직 하나님만의 대권이다" ("History and Reality," 195). 멘덴홀은 '나캄' 은 "합법적인 권력을 행사하 다"를 의미하기 때문에, 우리는 그것을 "주권은 나의 것이다"로 번역해야 한 다고 말하였다(*The Tenth Generation*, 75-76).

'나캄'은 흔히 성전(聖戰)과 관련하여 사용된다(민 31:1-2; 삼상 14:24; 18:25; 삼하 4:8; 22:48; 시 18:48). 개인들은 "복수는 나의 것이다"라는 이러한 대권을 행사할 수 있는 것으로 여겨지지 않는다(레 19:18; 신 32:35; cf. 롬 12:19). 그러나 종종 개인들도 이러한 대권을 행사한다(창 4:24; 잠 6:34).

"복수"는 흔히 재판관의 역할과 결부되어 있다. 야웨는 복수의 하나님으로 불리고, 사람들은 하나님께 일어나셔서 땅을 심판하시도록 탄원한다(시 94:1-2). 아마도 '나캄'과 재판관의 관계를 가장 분명하게 표현해 주는 본문은 사무엘상 24:12일 것이다. 다윗은 사울에게 "여호와께서는 나와 왕 사이를 판단하사 여호와께서 나를 위하여 왕에게 보복하시려니와('나캄') 내 손으로는 왕을 해하지 않겠나이다"라고 말한다. 예레미야는 그의 "고백록" 속에서 야웨께서 그를 심판하시고 "그를 그의 원수들로부터 구원하신다"라는 맥락 속에서 '나캄'이라는 단어를 3번 사용하였다(11:20; 15:15; 20:12).

질투와 보수는 진노와 밀접하게 연관되어 있지만, 그것들은 진노와 동일시되어서는 안 된다. 진노는 무엇인가? 일부 학자들은 진노를 사악하고 악의적인 열정, 언제나 억눌러져야 하는 악한 세력으로 묘사하여 왔다. 아리스토텔레스는 분노를 복수를 향한 욕구라고 정의하였다. 키케로는 분노는 "복수를 위한 욕구"라고 말하였고, 호라티우스(로마의 시인)는 분노를 "잠깐 동안의 광기"라고 불렀다(Heschel, *The Prophets*, 280, n. 4).

하지만 구약에서 하나님의 진노라는 개념은 "기본적으로 이스라엘은 오직 한 분 하나님과만 상대하기 때문에, 만신전과 마귀들의 세상으로의 출구가 봉쇄되어 있다"라는 사실로 인해서 특별한 성격을 지니게 된다(Kleinknecht, Fichtner, and others, "Wrath," 25). 아이히로트는, 구약에서 하나님의 진노는 결코 헬라와 바빌로니아의 신들의 앙갚음 속에서 많은 부분을 차지했던 "악의적인 증오와 시기"인 '마니스'라는 특징을 띠고 있지 않다고 말하였다. "야웨의 진노는 우리가 종종 그것을 이해할 수 없다고 할지라도 마귀적인 것과는 아무런 상관이 없다; 그것은 단지 하나님의 측량할 수 없는 기뻐하지 않으심의 나타남일 뿐이다"(Eichrodt, *Theology of the Old Testament I*, 261). 우리가 하나님의 진노를 이해할 수 없는 것은 오직 야곱이 얍복강에서 어떤 사람을 만나서 씨름을 하다가 환도뼈가 위골된 사건(창 32:24-32), 하나님께서 애굽으로 가시는 길에 모세를 만나서 그를 죽이고자 하신 것(출 4:24-26), 야웨께서 다윗을 부추겨서 백성들을 대상으로 인구 조사를 하게 하신 것(삼하 24:1) 같은 몇몇 초기 이야기들에서 나타나는 경우들뿐이다. 하나님의 진노는 이스라엘에게 매우 실제적인 것이었다. 그들은 언제나 하나님의 진노를 이해할 수 있었던 것은 아니지만 그 진노를 받아들였다.

하나님의 진노는 하나님의 본성의 다른 측면들 또는 인간의 죄와 분리해서 다루어져서는 안 된다. "하나님의 진노는 하나의 세력이 아니라 도구이고, 자발적인 것이 아니라 피동적인 것이다. 그것은 결코 지배적인 감정이 아니라 부차적인 감정이다"(Heschel, *The Prophets*, 282-283). 일부 학자들은 이러한 주장들 중 일부에 동의하지 않는다. 태스커(Tasker)는 진노는 "거룩하고 의로운 하나님이 죄와 악에 직면했을 때에 취하시는 영속적인 태도"라고 말하였다("Wrath," 1341).

구약에서 하나님의 진노의 대상들은 누구 또는 무엇이었가? 구약에서 하나님의 진노는 개인들에게 임한다: 모세(출 4:14; 신 1:37); 아론(신 9:20); 아론과 미리암(민 12:9); 나답과 아비후(레 10:1-2); 이스라엘(출 32:10을 비롯한 많은 본문들), 열방들(시 2:5; 사 13:3,5,13; 30:27; 렘 50:13,15; 겔 25:4; 30:15; 습 3:8).

하나님의 진노의 명백한 이유는 죄이다. 레온 모리스(Leon Morris)는 "하나님의 진노는 오직 죄에 의해서만 불가피하게 촉발된다"라고 말하였다(*The Apostolic Preaching of the Cross*, 131). 하나님의 진노를 불러일으키는 죄들 중의 몇몇은 다음과 같은 것들이다: 다른 신들을 섬기는 것(출 32; 민 25; 신 2:15; 4:25-26; 9:19; 삿 2:14; 왕상 11:9-10; 14:9, 15; 왕하 17:17-18); 피를 흘리는 것(겔 16:38; 24:7-8); 간음(겔 16:38; 23:25); 사회적인 불의들(출 22:21-24).

하나님의 진노의 원인들은 무엇인가? 구약에서 하나님의 진노의 원인을 결정하는 일은 언제나 가능한 것은 아니다. 비극적인 일들, 민족적인 재난들, 천수를 다하지 못하고 죽는 것들은 구약에서 많은 사람들에게 수수께끼가 되었다. 고통과 재앙은 흔히 하나님의 징벌로 보아졌다(왕하 23:26-30; cf. 대하 35:20-25; 욥 2:10; 시 44:8-22).

아이히로트(Walther Eichrodt)는 이스라엘은 재앙이 이례적인 방식으로 또는 모든 기대와는 반대로 닥친 경우들에 하나님의 진노를 말하였다고 지적하였다. 아모스는 모든 재앙이 하나님의 진노의 결과라는 것을 당연하게 여겼다(암 3:6). "사고에 의한 죽음과 이례적인 공적인 재난은 둘 다 하나님에게 돌려진다(출 21:13; 8:15; 삼상 6:5). 도무지 이해할 수 없는 재난에 대한 가장 합리적인 태도는 단순히 하나님의 기뻐하지 않으심을 인정하고 그 앞에 무릎을 꿇는 것이다"(Theology of the Old Testament I, 260).

하나님의 진노의 효과들은 무엇인가? 피히트너(Fichtner)는 "야웨의 진노의 기본적인 효과는 멸절, 완전한 도말이 의도되고 있다는 것"이라고 말하였다(Kleinknect, Fichtner, et. al., "Wrath," 33). 아론과 이스라엘 백성이 금송아지를 만들어서 숭배하자, 하나님은 모세에게 "그런즉 내가 하는 대로 두라 내가 그들에게 진노하여 그들을 진멸하리라"(출 32:10; cf. 민 16: 21; 신 7:4)고 말씀하였다. 아모스와 에스겔은 이스라엘과 유다에게 "종말"이 임했다고 선포하였다(암 8:2; 겔 7:2-21). 예루살렘의 멸망과 포수(捕囚)는 하나님의 진노의 결과였다(왕하 23:26; 겔 7:4, 9, 24; 8:18; 29:12).

진노는 구약에서 하나님의 최종적인 말씀이 아니다. 레온 모리스(Leon Morris)는 "진노는 무시무시한 현실이긴 하지만, 그것을 하나님의 최종적인 말씀으로 여겨서는 안 된다"고 말하였다(The Apostolic Preaching of the Cross, 135). 에드몽 자콥은 "살아계신 하나님이자 생명을 수여하시는 분에게 있어서 진노는 최종적인 말씀이 될 수 없다"라고 말하였다(Theology of the Old Testament, 116). 구약에서 하나님의 진노는 하나님의 사랑에 의해서 수정되거나 규정된다. 아모스는 이렇게 말하였다:

주 여호와의 눈이
범죄한 나라를 주목하노니
내가 그것을 지면에서 멸하리라
그러나 야곱의 집은 온전히 멸하지는 아니하리라
여호와의 말씀이니라.
(암 9:8)

호세아는 이렇게 말하였다:

> 에브라임이여 내가 어찌 너를 놓겠느냐
> 이스라엘이여 내가 어찌 너를 버리겠느냐
> ....
> 내 마음이 내 속에서 돌이키어
> 나의 긍휼이 온전히 불붙듯 하도다
> 내가 나의 맹렬한 진노를 나타내지 아니하며
> 내가 다시는 에브라임을 멸하지 아니하리니.
> (호 11:8-9a)

이사야는 앗수르의 위기 속에서 남은 자들은 여전히 생존하게 될 것이라고 말하였다(사 10:20-23). 두 절 후에, 그는 유다에 대한 하나님의 진노가 끝났고 그 진노가 앗수르를 향하였다고 선포하였다(사 10:25).

예레미야는 이렇게 말하였다:

> 여호와께서 이르시되
> 배역한 이스라엘아 돌아오라
> 나의 노한 얼굴을 너희에게로 향하지 아니하리라
> 나는 긍휼이 있는 자라
> 노를 한없이 품지 아니하느니라
> 여호와의 말씀이니라.
> (렘 3:12)

시편 기자는 이렇게 말하였다:

> 그의 노염은 잠깐이요
> 그의 은총은 평생이로다.
> (시 30:5; 히 6장)

포로기의 선지자는 이렇게 말하였다:

내가 잠시 너를 버렸으나
큰 긍휼로 너를 모을 것이요
내가 넘치는 진노로 내 얼굴을 네게서 잠시 가렸으나
영원한 자비로 너를 긍휼히 여기리라
네 구속자 여호와께서 말씀하셨느니라.
(사 54:7-8)

미가는 이렇게 말하였다:

주와 같은 신이 어디 있으리이까
주께서는 죄악과 그 기업에 남은 자의 허물을 사유하시며
인애를 기뻐하시므로
진노를 오래 품지 아니하시나이다.
(미 7:18)

하나님의 진노는 이스라엘 백성과의 관계에 대하여 지속적인 효과를 지니지 않는 일시적이고 부차적인 하나님의 본성의 일부일 뿐인가? 아이히로트(Walther Eichrodt)는 그러한 인상을 우리에게 남겨 준다: "거룩 또는 의와는 달리, 진노는 결코 이스라엘의 하나님의 영속적인 속성들 중의 하나를 이루지 않는다; 그것은 오직 말하자면 계약의 하나님의 교제를 향한 의지와 관련된 각주로 이해될 수 있을 것이다"(*Theology of the Old Testament* I, 262).

아이히로트(Walther Eichrodt)는 구약성서가 하나님의 진노는 일시적인 것이기 때문에 죄인들에 대한 심판이나 징벌은 없을 것이라고 말한 것으로 이해하지 않았다. 사실, 그는 구약에서 하나님의 진노가 행사되는 주요하고도 합당한 영역은 응보적 정의의 행사라고 말하였다(*Theology of the Old Testament* I, 263). 죄에 대한 징벌이라고 부를 수 있는 모든 것은 민족적 차원이든 개인적인 차원이든 하나님의 진노의 행사로 여겨진다. 그렇지만 고대

254 구약 신학: 그 역사, 방법론, 메시지

이스라엘이 야웨의 징벌에 관하여 말한 모든 것의 기조는 "징벌의 도덕적인 토대에 대한 민감한 정서"가 존재하였다는 것을 입증해 준다(*Theology of the Old Testament* I, 265).

하나님은 자신의 진노를 즉시 퍼붓는 분이 아니라는 것은 일반적으로 인식되어 있다. 하나님은 자신의 행위가 의롭다는 것이 좀 더 분명하게 분별될 수 있을 때까지, 그리고 장차 있을 징벌을 미리 알리심으로써 자신의 진노를 억제하신다.

크리스토프 바르트(Christoph Barth)는 민수기에 나오는 심판 이야기들은 하나의 새로운 특징, 즉 "하나님의 진노"를 도입한다는 점을 주목하였다. 출애굽기는 32장을 제외하고는 하나님의 진노에 관하여 결코 말하지 않는다. 민수기는 하나님의 진노를 자주 언급한다(11:1-10; 12:9; 16:46; 25:4; cf. 시 78:21,31,38; 95:11).

> 그렇지만 하나님의 진노는 그의 긍휼하심, 그의 신실하심, 그의 오래 참으심, 기꺼이 죄를 사하시고자 하심과 결코 모순되지 않는다. 이 동일한 하나님은 출애굽기에서 놀라울 정도로 오래 참으시는 모습을 보여주고, 민수기에서 그의 오래 참으심의 한계에 도달하게 된다. 긍휼하심을 보임에 있어서 하나님은 이스라엘로 하여금 자기가 원하는 대로 하도록 내버려 두지 않으신다. 진노를 보이시고 패역하는 자기 백성을 단죄하실 때에 하나님은 자신의 오래 참으심을 다 써버리신 것이 아니고, 또한 이스라엘과의 모든 관계를 단절하시고자 하는 것이 아니다(*God With Us*, 97-98).

구약성서는 하나님의 오래 참으심에 관하여 자주 말하지만, 이 경우에 오래 참으심은 무관심, 냉정, 또는 자기 몰두로 이해되어서는 안 된다. 헤셸(Heschel)은 이렇게 말하였다:

> 하나님의 오래 참으심은 자신의 의로운 진노를 억제하시는 것을 의미한다. 우리는 하나님의 죄 사하심을 우리로 하여금 마음대로 하게 내버려 두는 것으로 오해해서는 안 된다. 오래 참으심이 축복이 되기를 그치는 한

계점이 존재한다. 용서하심은 절대적인 것도 아니고 무조건적인 것도 아니다. 우리는 범죄자를 용서할 수 있다; 범죄를 용서하는 것은 옳은 것인가? 나는 내게 가해진 잘못을 용서할 수 있다; 그러나 나는 다른 사람들에게 가해진 잘못을 용서할 수 있는 권리를 가지고 있는 것인가? 무조건적인 용서는 판도라의 상자, 악으로의 유인책 속에서만 발견될 수 있다. 진노는 인간이 용서받을 필요가 있다는 것과 용서가 당연한 것으로 여겨져서는 안 된다는 것을 상기시켜 주는 역할을 한다. 하나님은 오래 참으시고 긍휼이 풍성하시며 사랑하시고 신실하시지만, 또한 하나님은 요구하시고 끈질기시며 무시무시하고 위험하신 분이다(The Prophets, 285).

하나님의 진노는 구약에서 정당화된다.

> 그의 대적들이 머리가 되고
> 그의 원수들이 형통함은
> 그의 죄가 많으므로
> 여호와께서 그를 곤고하게 하셨음이라
> ....
> 여호와는 의로우시도다
> 그러나 내가 그의 명령을 거역하였도다
> ....
> 여호와께서 이미 정하신 일을 행하시고
> 옛날에 명령하신 말씀을 다 이루셨음이여
> 긍휼히 여기지 아니하시고 무너뜨리사.
> (애 1:5a, 18a; 2:17ab)

하나님의 진노는 종종 잔혹한 것처럼 보일 수 있지만, 그의 사랑의 대립물이 아니라 다른 짝이다. 용서하는 잔혹함이 존재하듯이, 징벌하는 사랑이 존재한다. "사랑으로 얻을 수 없는 자는 엄격함으로 길들여야 한다"(Heschel, The Prophets, 296). 때로 사랑이 제대로 작동하기 위해서는 동정이 억눌러져야 한다. 외과 의사는 환자를 치료하기 위해서 환자에 대한 자연적인 동정심에 빠져서는 안 된다.

레온 모리스(Leon Morris)는 구약은 우리에게 긍휼이 많으시지만 죄 사함을 얻고자 하는 인간의 노력에 의해서 흔들리지 않으시는 성품을 지닌 하나님상(像)을 제시해 주고 있다고 말하였다.

> 죄 사함은 언제나 최종적으로 인간이 행할 수 있는 그 무엇에 달려 있는 것이 아니라 하나님의 하나님되심에 달려 있다. 하나님은 하나님이시기 때문에, 그는 인간의 죄에 대하여 가장 강력하게 대응하여야 하고, 따라서 우리는 하나님의 진노라는 개념에 도달하게 된다. 그러나 하나님은 하나님이시기 때문에, 진노는 최종적인 말이 될 수 없다. "하나님은 선하시고 그의 자비하심은 영원하다"(시 5편)(The Apostolic Preaching of the Cross, 136).

진노가 악과 흡사한 것이라고 할지라도, 진노는 본질적으로 악과 동일시되어서는 안 된다. 바울은 시편 4:4-5을 "분을 내되 죄를 짓지는 말라"(엡 4:26)고 의역하였다. 분노는 마가복음 3:5에서 예수에게 돌려진다. 분노는 불과 마찬가지로 중립적인 것이다. 분노는 축복일 수도 있고 저주일 수도 있다 — 악의와 결부되어 있을 때에는 책망받을 일이지만, 악의에 대한 저항인 경우에는 도덕적으로 필수적인 것이다.

24. 심판하시는 하나님

A. 심판자로서의 하나님의 역할

하나님이 구원하시고 축복하시며 창조하시고 거룩하시며 사랑하시는 하나님이라면, 또한 하나님은 심판하시는 하나님이기도 한 것인가? 심판자로서 행하시는 것은 구원하심, 축복하심, 창조하심, 사랑하심, 진노, 거룩과 모순이 없는 것인가? 구약에서는 심판자로서의 하나님에 관하여 자주 얘기한다. 구약에서 초기에 아브라함은 온 땅의 심판자가 의인들을 악인들과 함께 멸하시는 것이 과연 옳은 것이냐고 반문하였다.

시편 기자는 "하늘이 그의 공의를 선포하리니 하나님 그는 심판장이심이 로다"(시 50:6)라고 말하였다.

이사야는 "대저 여호와는 우리 재판장이시요 여호와는 우리에게 율법을 세우신 이요 여호와는 우리의 왕이시니 그가 우리를 구원하실 것임이라"(사 33:22)고 말하였다.

구약에서 야웨는 개인들(창 16:5; 31:53; 삼상 24:12, 15), 열방들(사 2:4) 사이를 심판하신다. 또한 야웨는 개인들(창 30:6; 시 7:8; 26:1-2; 35:24-25; 43:1; 54:1), 가족들(삼상 3:13), 열방들(창 15:14; 시 110:6; 욜 3:12), 자기 백성(시 50:4; 67:4; 사 3:13; 33:22; 겔 36:19), 땅(창 18:25; 삼상 2:10; 시 9:8; 82:8; 94:2; 96:10), 신들과 높은 곳에 있는 자들(욥 21:22; 시 82:1-2)을 심판하신다. 하나님께서 이 모든 집단들을 심판하실 수 있다는 사실은 하나님이 그들에 대한 권세와 주권을 가지고 계시다는 것을 보여준다.

선한 심판자가 되기 위해서는 세 가지가 필수적이다: 권세와 주권; 의롭고 공정한 결정들; 모든 증거들을 올바르게 인식하고 해석할 수 있는 능력. 야웨는 이 세 가지 특질을 모두 가지고 계신다. 그는 온 땅에 대한 주관자이시다. 그는 사람들을 그들의 길을 따라서 심판하신다(겔 7:27; 24:14; 33:20). 그의 심판들은 의롭고 공평에 토대를 두고 있다(창 18:25; 시 9:4,8; 67:4; 72:2; 75:2; 96:10). (구약의 끝부분에서 몇몇 지혜서 기자들은 하나님의 공의에 관한 심각한 의문들을 제기하였다[욥 8:3; 9:2,20,22-24].) 야웨를 심판자가 되기에 가장 자격을 갖춘 자로 만드는 것은 사람의 내면을 뚫어 보시고 동기들과 진정한 성품을 아는 그의 능력이었다. 하나님은 사무엘에게 이렇게 말씀하였다:

> 사람은 외모를 보거니와
> 나 여호와는 중심을 보느니라.
> (삼상 16:7)

시편 기자는 이렇게 말하였다:

여호와여 나를 살피시고 시험하사
내 뜻과 내 양심을 단련하소서,
(시 26:2; cf. 139:23)

예레미야는 이렇게 말하였다:

공의로 판단하시며
사람의 마음을 감찰하시는
만군의 여호와여
나의 원통함을 주께 아뢰었사오니
그들에게 대한 주의 보복을 내가 보리이다.
(렘 11:20)

고대 세계에서 심판자의 역할은 증인들의 증언을 청취하고 고소된 자의 유
죄 또는 무죄에 관한 결정을 내리는 것 이상의 것이었다. 심판자의 역할은 범
죄의 발견, 심문, 고소, 변호, 선고, 집행을 포함하였다(Snaith, *Distinctive
Ideas of the Old Testament*, 74; Jacob, *Theology of the Old Testament*, 97;
Westermann, *Elements of Old Testament Theology*, 120).

라반은 야곱을 자신의 가족의 신들을 훔친 죄로 고소하였다. 라반은 얍복
강으로 향하는 길에서 야곱을 따라잡아서, 그의 짐을 샅샅이 뒤졌다. 라반이
범죄가 될 만한 증거를 찾지 못하자, 야곱은 "외삼촌께서 내 물건을 다 뒤져
보셨으니 외삼촌의 집안 물건 중에서 무엇을 찾아내었나이까 여기 내 형제와
외삼촌의 형제 앞에 그것을 두고 우리 둘 사이에 판단하게 하소서"(창 31:37)
라고 말하였다. 엔게디 동굴에서 사울의 목숨을 살려준 후에, 다윗은 그에게
"여호와께서는 나와 왕 사이를 판단하사 여호와께서 나를 위하여 왕에게 보
복하시려니와 내 손으로는 왕을 해하지 않겠나이다"(삼상 24:12)라고 말하였
다. 나중에 다윗은 "그런즉 여호와께서 재판장이 되어 나와 왕 사이에 심판하
사 나의 사정을 살펴 억울함을 풀어 주시고 나를 왕의 손에서 건지시기를 원
하나이다"(삼상 24:15)라고 말한다.

하나님은 비역사적인 신조(출 34:6)에서 은혜로우시고 오래 참으시며 신실하시고 사랑하시고 용서하시는 하나님으로 묘사되지만, 또한 "벌을 면제하지는 않는" 분으로도 묘사된다. 하나님은 죄를 범한 자들을 벌하지 않고 그대로 내버려 두지 않으시는 의로운 재판장이시다(시 9:12). 하나님은 그들을 "법정"으로 끌고 가서, 계약을 깨뜨린 죄를 물으신다. 하나님은 흔히 자기 백성과 논쟁을 벌이시거나 "고소"를 하신다(사 1:18; 렘 2:9; 호 4:1-3; 12:2; 미 6:2).

하나님이 심판자라는 믿음은 몇몇 인명들 속에 반영되어 있다: 여호사밧은 "야웨께서 심판하신다"를 의미한다. 다니엘은 엘리밧(대상 11:35)과 마찬가지로 "하나님은 심판자이시다"를 의미한다. 아비단은 "나의 아버지는 심판자이시다"를 의미한다(민 1:11; 2:22; 7:60; 10:24).

종종 "심판자"라는 단어는 이 땅에서의 심판자들과 마찬가지로 정치적인 역할을 하는 하나님을 가리키기 위하여 사용된다. 그것은 선과 악의 차이를 인식하고 그러한 인식 하에서 행동하는 능력을 포함한다. 솔로몬은 "듣는 마음을 종에게 주사 주의 백성을 재판하여 선악을 분별하게 하옵소서"(왕상 3:9)라고 기도하였다. 루드비히 쾰러(Ludwig Köhler)는 하나님은 무엇이 옳은지를 말씀하시기 보다는 옳은 것을 행하신다고 말하였다; 하나님은 일들이 올바르게 되도록 도우신다(*Old Testament Theology*, 32).

B. 하나님의 공의와 의

하나님의 공의('미쉬파트')와 의('체다카')는 흔히 심판자로서의 하나님의 역할과 결부된다. 이 용어들은 함께 사용되는 경우가 흔하다. 각각의 단어가 지닌 의미들을 서로 구별하는 것은 흔히 어려운 일이지만, 이 두 단어의 배후에 있는 일반적인 개념은 분명하고 매우 중요하다. 헤셸(Abraham Heschel)은 이렇게 말하였다: "성경에서 사람의 마음속에 하나님의 공의와 의라는 사상만큼 깊이 각인되어 있는 그러한 사상은 거의 없다. 그것은 추론이 아니라 성경적 신앙의 선험적이고 자명한 사실이다; 그것은 하나님의 본성에 추가적으로 첨가된 속성이 아니라, 하나님이라는 사상 자체와 함께 주어진 것이다. 그것은 하나님의 본성에 내재하는 것이고, 하나님의 길들과 동일시된다"(*The Prophets*, 199–200). 헤셸의 견해는 의를 세계 질서의 일부로 본 슈미트의 견해와 매우 흡사하다(이 장의 뒷 부분에 나오는 관련된 논의를 보라).

폰 라트는 구약에는 '체다카'("의" 또는 "공의")라는 개념만큼 인간 생활의 모든 관계들에 대하여 중심적인 중요성을 지니는 그 어떤 개념도 존재하지 않는다고 말하였다. 그것은 하나님에 대한 사람의 관계, 또한 사람들 상호 간의 관계에 있어서 기준이 될 뿐만 아니라, 동물들과 자연 환경에까지 미친다. '체다카'는 "삶에 있어서 최고의 가치, 그것이 올바르게 질서잡혀 있을 때에 모든 삶이 의존되어 있는 바로 그것"으로 서술될 수 있다(von Rad, *Old Testament Theology I*, 370). 존슨은 긍정적으로 질서잡혀진 공동체 관계들의 형태와 작용, 효과들을 묘사하는 관계 용어로서의 '체다카'의 역할을 강조하였다(B. Johnson, TWAT VI, 923).

구약에서는 흔히 하나님이 의로우시다고 말한다(출 9:27; 시 11:7; 111:3; 116:5; 129:4; 145:17; 렘 12:1; 단 9:14).

> 그는 반석이시니
> 그가 하신 일이 완전하고
> 그의 모든 길이 정의롭고 진실하고
> 거짓이 없으신 하나님이시니
> 공의로우시고 바르시도다.
> (신 32:4)

> 여호와여 주는 의로우시고
> 주의 판단은 옳으니이다.
> (시 119:137)

구약에서 공의와 의의 차이는 무엇인가? '미쉬파트'("공의")는 법정 체제와 결부된 법적인 용어이다. '체다카'("의")는 규범에 대한 정합성(conformity)이다. 흔히 규범은 계약이다. 하나님과 이스라엘은 계약을 지킬 때에 의롭다.

구약에서 물건들도 "의로울" 수 있다. 저울과 추와 계량기들은 제대로 된 것일 때에 "의롭다"(레 19:36; 겔 45:10). 희생 제물들은 합당한 규례를 따라서 드려질 때에 "의롭다"(신 33:19; 시 4:5; 51:19). 상수리 나무는 언제나 푸르기 때문에 "의롭고"(사 61:3), 길들은 걷기에 적합할 때에 "의롭다"(시 23:3). 따라서 '체다카'("의")는 각각의 사람 또는 물건이 합당한 규범에 적합한 상태이다. 구약에서 하나님 자신이 의의 원천이다(신 1:17; cf. Heschel, *The Prophets*, 200).

헤셸은 의는 어떤 사람의 특질이고 공의는 행위 양식이라고 주장함으로써 의와 공의를 구별하고자 하였다. 심판자라는 명사는 "심판자로서 행하는 자"를 의미하지만, 의인이라는 명사는 의로운 사람을 가리킨다. 의는 공의를 뛰어넘는다. 공의는 흔히 "엄격하고 정확하게 각 사람에게 자신이 마땅히 받아야 할 것을 주는 것"이다. "의는 너그러움, 온유함, 관대함을 함축한다. 공의는 형식으로서, 공평의 상태이다; 의는 실질적인 의미를 지닌다. 공의는 법적인 것일 수 있다; 의는 압제받는 자들에 대한 불타는 긍휼과 결부되어 있다"(*The Prophets*, 201; cf. 신 24:10-13). 하나님의 의는 심판자 하나님이라는 인격으로부터 분리될 수 없다(Jacob, *Theology of the Old Testament*, 96; 욥 4:8-10; 9:13; 26:12; 시 74:13-14; 89:10; 96:10-13; 98:7-9; 사 27:1; 17:9; Nicholson, *God and His People*, 198).

공의는 원래 심판자로서의 하나님의 판단들 또는 결정들을 가리켰다. 지방의 재판장들에 의해서 하나님의 이름으로 행해진 판결들은 이스라엘에서 판례법 또는 보통법의 토대가 되었다. 우리는 구약에 나오는 심판자로서의 하나님에 대한 우리의 견해를, 눈을 가린 채 자신의 손에 저울을 들고 있는 처녀를 묘사하고 있는 고전의 이미지와 동일시해서는 안 된다. "하나님의 공의는 땅 위에 널려 있는 비참한 사람들에 한 팔을 뻗치고 있고, 다른 팔로는 그러한 재난을 불러일으킨 자를 밀어제치고 있다"(Jacob, *Theology of the Old Testament*, 99). 따라서 하나님의 공의는 흔히 그 자체 속에 은혜와 긍휼의 요소를 지닌다. 그것은 흔히 가난한 자와 곤궁한 자들 편으로 향하여 있다.

C. 승리 또는 구원으로서의 의

구약성서의 거의 처음부터 "하나님의 의"는 "승리"와 "구원"의 동의어였다. 이스라엘을 위한 하나님의 위대한 구속 행위들은 "야웨의 의로운 행위들"("승리들," 삿 5:11; "구원 역사들," 삼상 12:7; "신원," 시 71:15-16; 103:6; 단 9:16; 미 6:5)로 불린다. 이사야서의 후반부와 몇몇 시편들에서는 의, 승리, 구원이라는 개념들이 서로 아주 극명하게 결합되어서 나온다(시 22:31; 35:24, 27-28; 48:10; 51:1, 14; 65:5; 사 45:8, 21, 25; 46:12-13; 51:1, 5-6, 8; 61:10; 62:1-2). 많은 학자들은 구약에서 하나님의 의라는 개념은 그 의미가 발전되어 왔다고 말하지만, 폰 라트는 고대 이스라엘에서 야웨의 의라는 개념이 근본적으로 변화되었다거나 발전된 자취는 찾아볼 수 없다고 말하였다. 드보라의 노래에서부터 야웨의 의는 "규범이 아니라 행위들이었고, 구원을 수여하는 것은 바로 이러한 행위들이었다"(*Old Testament Theology I*, 372-373). 구약에서 개인은 민족과 마찬가지로 하나님의 이러한 "의로운" 구원 역사들을 경험할 수 있었다(시 22:31; 40:11; 71:2-22; 143:1). 구약에서 하나님의 공의라는 개념 전체는 클라우스 코흐(Koch)와 크렌쇼(Crenshaw)에 의해서 도전을 받아 왔다(좀 더 자세한 논의에 대해서는 제7장, 특히 제33절 "죄의 효과들"을 보라).

"의"라는 명사는 남성형('체디크'), 여성 단수형('체다카'), 여성 복수형('체데코트')으로 나온다. 남성형과 여성형이 동일한 문장 속에 나올 수 있기 때문에 의미상의 차이가 있다는 주장이 많이 제기되어 왔다. 가장 최근에 존슨(Johnson)은 여성형은 좀 더 구체적이고, 남성형은 좀 더 추상적이라고 주장하였다(TWAT 6, 912-919). 남성 명사와 여성 명사 사이에는 식별 가능한 중요한 차이는 존재하지 않는다. 자콥(Edmon Jacob)은 남성형은 하나님의 행위의 규범을 강조하고 여성형은 그 규범의 가시적인 나타남을 강조한다는 점에서 서로 차이가 있다고 보았다(*Theology of the Old Testament*, 98). 옙젠(Jepsen)에 의하면, 남성형은 "옳음," "질서"를 의미하고 여성형은 "올바른 질서를 지향하는 행실"을 의미한다고 한다(Zimmerli, *Old Testament Theology in Outline*, 143에서 재인용).

나이트(G. A. F. Knight)는 최근까지 학자들은 남성형과 여성형의 차이를 식별할 수 없었다고 말한다. "그러나 다시 한 번 우리는 그것들이 살아 계신 하나님의 말로 표현할 수 없는 은혜와 선하심의 여러 측면들을 서술하고 있기 때문에 우리는 하나님께서 무엇을 행하고 계신가를 표현하고자 할 때에 서투른 말들을 사용할 수밖에 없다는 것을 겸허하게 인정하지 않으면 안 된다"(*Psalms* I, 4). 또 다른 대목에서 나이트는 고대 세계에서 궁창은 남성으로 여겨졌기 때문에 위로부터의 순전한 은혜로서 하나님의 구원하시는 역사들을 말할 때에는 남성형이 사용되었다고 주장하였다. 그는 여성형은 일차적으로 인간 상호 간의 구속적인 행위들 또는 구원의 행위들을 가리켰는데, 이것은 땅이 여성이기 때문이었다고 말한다(*A Christian Theology of the Old Testament*, 245, n. 1). 인간 상호 간의 구속적인 행위들 또는 구원의 행위들이라는 이러한 후자의 의미에서 의(righteousness)는 공의(justice)와 동의어이다.

오직 정의를 물 같이
공의를 마르지 않는 강 같이 흐르게 할지어다.
(암 5:24)

"공의"와 "의"라는 단어는 구약에서 각양각색으로 사용되고 있기 때문에, 우리는 각각의 용례를 그 문맥과 의미에 비추어서 매우 주의 깊게 연구하지 않으면 안 된다. "의"가 하나님의 의를 가리킬 때, 그것은 어떤 점에서 하나님의 은혜를 통한 "구원 행위들"과 결부되어 있다. 의가 인간의 의를 가리킬 때, 그것은 하나님과의 계약 관계 속에서 인간의 지위 또는 사람이 다른 사람들을 윤리적으로 어떻게 대우하였는지와 결부되어 있다. 발터 침멀리(Walter Zimmerli)는 야웨의 행위들과 특별히 관련하여 하나님의 공의의 영역을 특징짓는 "의"는 인간의 공의를 위한 중심적인 용어가 된다고 지적하였다. 시편 111-112편은 야웨의 의(시 111편)가 하나님을 두려워 하는 자의 행위들 속에 어떻게 반영되는지(시 112편)를 보여준다(*Old Testament Theology in Outline*, 143). 존슨은 계약 관계를 강조하여, 의를 계약에 따라서 행하는 것이라고 주장하였다(TWAT 6, 919-920).

우리는 구약에 나오는 몇몇 본문들이 세상의 심판자 또는 왕으로서의 하나님에 대하여 말하고 있는데, 이것은 하나님이 세상을 창조하시고 붙들고 계시기 때문이라는 것을 인정하여야 한다. 세상은 의와 공의에 토대를 두고 있다(시 89:14; 사 28:16-17). 어떤 본문들은 하나님이 세상을 의로 견고하게 세우시기 위하여 악, 혼돈, 원수들의 세력들과 싸움을 벌이고 있는 것으로 묘사한다. 종종 이러한 악의 세력들은 라합, 리워야단, '타닌,' 또는 용으로 불린다. 영어로 말하면, 이것들은 짐승들, 뱀들, 물의 괴물들, 또는 강들, 홍수들, 대양들로 불린다(욥 9:13; 26:12; 38:8-11; 시 74:13; 89:10; 93:3-4; 96:10-13; 98:7-9; 104:6-9; 사 27:1; 51:9). 하박국 3:8-15에서 선지자는 야웨와 바다들, 강들, 물들 간의 싸움에 관하여 말하면서, 출애굽과 홍해를 건넌 사건과 관련된 은유들을 사용한다. 티아맛이라는 용과의 싸움에 관한 옛 신화의 언어가 분명하게 드러난다. 구약에서 물들은 흔히 우주적인 악을 상징한다. 야웨는 만물을 주관하고 계신다. 야웨는 물들과 악에 대한 권능을 가지고 계신다(Smith, *Word Biblical Themes: Micah-Malachi*, 35-37).

> 그는 능력으로 바다를 잔잔하게 하시며
> 지혜로 라합을 깨뜨리시며
> 그의 입김으로 하늘을 맑게 하시고
> 손으로 날렵한 뱀을 무찌르시나니.
> (욥 26:12-13)

> 여호와여 주께서 말을 타시며
> 구원의 병거를 모시오니
> 강들을 분히 여기심이니이까
> 강들을 노여워하심이니이까
> 바다를 향하여 성내심이니이까
> 주께서 활을 꺼내시고
> 화살을 바로 쏘셨나이다 (셀라)
> 주께서 강들로 땅을 쪼개셨나이다
> 산들이 주를 보고 흔들리며

창수가 넘치고
바다가 소리를 지르며
손을 높이 들었나이다
날아가는 주의 화살의 빛과
번쩍이는 주의 창의 광채로 말미암아
해와 달이 그 처소에 멈추었나이다
주께서 노를 발하사 땅을 두르셨으며
분을 내사 여러 나라를 밟으셨나이다
주께서 주의 백성을 구원하시려고
기름 부음 받은 자를 구원하시려고 나오사
악인의 집의 머리를 치시며
그 기초를 바닥까지 드러내셨나이다 (셀라)
그들이 회오리바람처럼 이르러 나를 흩으려 하며
가만히 가난한 자 삼키기를 즐거워하나
오직 주께서 그들의 전사의 머리를 그들의 창으로 찌르셨나이다
주께서 말을 타시고
바다 곧 큰 물의 파도를 밟으셨나이다.
(합 3:8-15)

내가 정한 기약이 이르면
내가 바르게 심판하리니
땅의 기둥은 내가 세웠거니와
땅과 그 모든 주민이 소멸되리라 하시도다 (셀라).
(시 75:2-3)

  하박국은 악의 세력이 괴물과 같다는 것을 알았다. 그러한 세력은 그에게
는 너무도 큰 것이었지만, 하나님은 바다를 다스리는 주권자이시다. 사도 요
한이 죄수로 밧모섬에 있을 때, 그는 "더 이상 바다가 없는" — "더 이상
악이 없다는 것"을 의미하는 — 날을 바라보았다(계 21:1). 요한계시록 12:7-

12은 하나님이 바다를 주관하신다는 것, 즉 악을 주관하신다는 것을 말씀한다. 하늘에서 미가엘과 그의 천사들, 그리고 용과 그의 사자들 사이에서 전쟁이 일어날 것이다. 용과 그의 사자들은 패배하여 하늘에서 쫓겨날 것이다. 승리는 그리스도의 피와 기독교인 순교자들의 신실한 증언에 돌려진다(계 12:11).

후기의 성경 히브리어와 아람어에서 "의"는 구휼 및 구제 행위들과 거의 동의어가 되었다(단 4:27; 마 6:1; cf. Snaith, "Righteous, Righteousness," 202-203; Jacob, *Theology of the Old Testament*, 102; von Rad, *Old Testament Theology* I, 383; Toy, *Proverbs*, 199). 사도 바울은 "의"를 두 가지 방식으로 사용하였다. 의의 율법이라고 말했을 때, 그는 의라는 용어를 진정으로 윤리적인 의미에서 사용하였다(롬 9:31; 10:1-6; 빌 3:6,9). "의의 선물"이라고 말했을 때(롬 1:17; 3:22; 5:17), 그는 그리스도 안에서의 하나님의 위대한 구원 행위를 언급하는 것이었다. 여기서 바울은 의를 구원과 동의어로 삼았던 선지자들과 시편 기자들의 후예라는 것을 보여준다.

따라서 야웨는 구약에서 온 세상의 심판자이다. 야웨는 세상을 창조하셨다. 야웨는 세상을 붙들고 계신다. 야웨는 의와 공의가 제자리에 그대로 있도록 하기 위하여 악의 세력들을 대항하여 싸우신다. 결국 "하나님을 아는 지식"이 "물들"(악의 상징들)이 바다를 덮음 같이 땅을 덮게 될 것이다(사 11:3-9; 합 2:14).

25. 죄 사하시는 하나님

죄 사함 받는 체험은 삶에서 가장 유쾌하고 낮아지며 치유받는 체험들 중의 하나일 수 있다. 구약에서 가장 서정적인 시가와 송영은 죄 사함을 송축하는 자들로부터 나온 것들이다.

미가는 이렇게 외쳤다:

주와 같은 신이 어디 있으리이까
주께서는 죄악과 그 기업에 남은 자의 허물을 사유하시며

인애를 기뻐하시므로
진노를 오래 품지 아니하시나이다.
(미 7:18)

시편 기자는 이렇게 말하였다:

허물의 사함을 받고
자신의 죄가 가려진 자는
복이 있도다
마음에 간사함이 없고
여호와께 정죄를 당하지 아니하는 자는
복이 있도다
....
내가 이르기를 내 허물을 여호와께 자복하리라 하고
주께 내 죄를 아뢰고
내 죄악을 숨기지 아니하였더니
곧 주께서 내 죄악을 사하셨나이다 (셀라)
....
주는 나의 은신처이오니
환난에서 나를 보호하시고
구원의 노래로 나를 두르시리이다 (셀라).
(시 32:1-2, 5, 7)

우리는 모두 범죄하였고 하나님의 영광에 미치지 못하였기 때문에(사 53:6), 죄 사함은 필수적이다. 오직 하나님만이 죄를 사하실 수 있다(사 53:4-5; cf. 시 51:3-4; 130:3-4; 막 2:7; 눅 5:21; 7:49).

구약에서 "죄 사하다"라는 기본적인 개념을 지니고 있는 히브리어 어근은 두 가지가 있다. 하나는 흔히 "죄 사하다"로 번역되는 '살라흐'이다. 아카드 어에서 이와 비슷한 어근인 '살라후'는 "뿌리다"를 의미하는데, 의술과 제의적인 의미에서 사용된다. 히브리어에서 이러한 구체적인 의미는 분명하게 나타나지 않지만, 이 어근은 제의적인 배경으로부터 온 것으로서, "뿌리다," 그러니까 "죄 사하다"라는 의미로 사용되었을 가능성이 있다(Jacob, *Theology of the Old Testament*, 292; Köhler and Baumgartner, *Hebrew Lexicon*, 659). 이것이 사실이라면, 죄 사함은 하나님과 사람들의 관계, 그리고 사람들 상호 간의 관계를 회복시키는 영적이고 정신적인 정화(淨化)와 치유이다.

"죄 사하다"를 의미하는 히브리어의 두 번째 어근은 '나사'로서, 문자적으로 "집어 들다," "나르다"를 의미한다. '살라흐'는 오직 하나님을 주어로 해서만 나오지만, '나사'는 하나님과 아울러 사람도 주어로 해서 사용된다. 요셉의 형제들은 요셉에게 그들을 용서해 달라고 요청하였다(창 50:17); 사울은 사무엘에게 자기가 예배드릴 수 있도록 죄 사함을 달라고 요청한다(삼상 15:25); 아비가일은 다윗에게 자신의 남편이 다윗에게 행한 악한 행위를 사해달라고 요청하였다(삼상 25:28).

또한 죄 사함은 '나사' 및 '살라흐'와는 다른 용어들로 묘사되기도 한다. "은혜롭다," "하나님의 진노로부터 숨기다," "하나님이 후회하시거나 진노를 거두시다" 같은 표현들도 하나님의 죄 사함을 나타낼 수 있다.

출애굽기 34:6-7에 나오는 비역사적인 "신조"는 야웨를 긍휼이 많으시고 은혜로우시며 노하기를 더디하시고 변치 않은 사랑과 신실하심이 풍성하고 변치 않는 사랑을 수천 대까지 지키시며, 범죄와 허물과 죄를 사하시는('나사') 분으로 묘사한다. '살라흐'라는 어근은 출애굽기 34:9에 나오는 신조에서 "우리의 허물과 우리의 죄를 용서해 달라('살라흐')"는 기도문 속에서 사용된다. "신조"의 이 부분은 2번 반복된다. 어근 '살라흐'의 한 형태는 느헤미야 9:17에 나온다: "주는 죄 사하실 준비가 되어 있는 신이시다."

이스라엘은 야웨가 죄 사하시는 하나님이라는 것을 믿었다 — 물론, 몇몇 경우들에 있어서 하나님은 죄를 사하지 않을 것이라고 말씀하고 있지만(출 23:21; 신 29:20; 수 24:19; 왕하 24:4; 욥 7:21; 애 3:42; 호 1:6). 아모스는 하나님에게 이스라엘의 죄를 사하여 주시라고 기도하였고(암 7:2, 5), 하나님은 후회하시고, 심판의 위협을 거두신다. 그 후에 아모스는 장차 도래할 심판에 관한 환상을 두 번 더 받았고, 야웨는 이스라엘에 대한 자신의 인내의 끝이 도래하였다고 말씀한다: "내가 저희를 다시는 용서하지 아니하리니"(암 7:8; 8:2). 야웨는 예레미야에게 그의 백성을 위하여 기도하지 말 것을 세 번 명하셨는데, 이것은 야웨가 그들로부터 심판을 거두지 않을 것이기 때문이었다 (렘 7:16; 11:14; 14:11).

하나님의 죄 사하심은 언제나 당연한 것으로 받아들여질 수 없다. 아모스는 이렇게 말하였다:

> 너희는 악을 미워하고 선을 사랑하며
> 성문에서 정의를 세울지어다
> 만군의 하나님 여호와께서
> 혹시 요셉의 남은 자를 불쌍히 여기시리라.
> (암 5:15)

동일한 맥락 속에서 스바냐는 이렇게 말하였다:

> 여호와의 규례를 지키는
> 세상의 모든 겸손한 자들아
> 너희는 여호와를 찾으며 공의와 겸손을 구하라
> 너희가 혹시 여호와의 분노의 날에 숨김을 얻으리라.
> (습 2:3)

니느웨 왕은 야웨의 죄 사하심을 당연한 것으로 여기지 않았다. 그는 "각기 악한 길과 손으로 행한 강포에서 떠날 것이라 하나님이 뜻을 돌이키시고 그 진노를 그치사 우리가 멸망하지 않게 하시리라 그렇지 않을 줄을 누가 알겠느냐"(욘 3:8b-9)라고 말하였다.

이 세 개의 본문 속에서 하나님의 죄 사하심은 자동적인 것도 아니고 보장되지도 않는다. 하나님은 죄를 사하실 수도 있고 사하지 않을 수도 있는 자유를 가지고 계신다. 이스라엘은 대부분 하나님께서 기꺼이 죄를 사하여 주실 것이라는 강력한 믿음을 가지고 있었다(느 9:17; 시 32:1-5; 65:3; 86:5; 99:8; 103:3; 사 55:7; 미 7:18).

이스라엘이 하나님의 죄 사하심과 관련하여 지니고 있었던 태도에 대하여 평하면서(사 48:1-2), 나이트(G. A. F. Knight)는 하인리히 하이네가 임종 시에 한 뻔뻔스러운 말을 상기시켰다: "하나님은 나를 용서하실 것이다. 왜냐하면, 그것이 바로 하나님의 일이기 때문이다"(Deutero-Isaiah, 166; cf. Stewart, A Faith to Proclaim 52). 나이트는 하나님은 이미 우리가 회개하기 전에 우리의 죄를 사하셨다고 단언하고 있는 이사야 44:2에서 중요한 복음적인 진리를 발견하였다(Deutero-Isaiah, 122). 나중에 나이트는 이렇게 말하였다: "하나님은 인간이 다른 모든 범죄의 원천인 저 근본적인 죄를 범하고 있던 바로 그 순간에 인간에게 죄 사함을 제공하신다. 하나님의 죄 사하심은 지극히 풍성하시다"(Deutero-Isaiah, 262).

구약에 의하면, 인간의 가장 큰 문제는 죄다. 오직 하나님만이 죄를 효과적으로 처리하실 수 있다; 그리고 하나님은 그 일을 그리스도 안에서 하셨고, 지금도 하시고 계신다(Smith, Word Biblical Themes: Micah-Malachi, 20). 죄와 죄 사함이라는 개념들은 제7장에서 좀 더 자세하게 논의될 것이다.

26. 유일하신 하나님

구약에서는 야웨는 한 분이시고(신 6:4) 오직 그만이 하나님이시라고 말한다(신 4:35,39; 삼하 7:22; 왕상 8:60; 왕하 19:15; 시 86:10; 사 43:10-13; 44:6-8; 45:5-6,21-22; 욜 2:27; cf. 사 41:4; 48:12; 64:4). 이러한 진술들은 그 수가 적고, 그 저작 연대들은 논란이 될 수 있다. 기독교 시대가 시작될 무렵에 유대교의 표어가 되어 있었던 쉐마(신 6:4)가 구약에서 오직 한 번 언급되고 있고, 그 정확한 의미가 불분명하다는 사실은 놀라운 일이다. 히브리어 본문은 다음과 같이 읽혀질 수 있다: "오, 이스라엘아, 들으라. 야웨는 우리 하나님이시고 야웨는 한 분이시다"; 또는 "오, 이스라엘아, 들으라. 야웨, 오직 야웨만이 우리의 하나님이시다." 어니스트 라이트(G. Ernest Wright)는 쉐마는 영어로 적절하게 옮기는 것은 불가능하지만 그 본질적인 의미는 분명하다고 말한다.

> 이스라엘이 오로지 주목하고 애정을 가지며 예배를 드릴 대상(5절과 비교해 보라)은 분산되어 있지 않고 단일하다. 그것은 각각의 추종자들과 성소들로 각양각색으로 나뉘어 있어서 예배자들이 집중할 수 없는 많은 신들이 있는 만신전이 아니다. 이스라엘이 주목할 대상은 나뉘어 있지 않다; 그것은 야웨라는 이름을 지닌 한 분명한 존재에 국한되어 있다. 따라서 하나라는 단어는 "다수"와 대조되는 말로 사용되고 있지만, 또한 유일무이성과 차이성을 함축하고 있기도 하다("Deuteronomy," *IB*, 372−373).

"하나"로 번역된 단어는 통상적인 기수(基數)를 나타내는 '에하드'이다. 나이트는 "하나"('에하드')라는 단어는 여기서 수학적인 의미로 해석되어서는 안 되는데, 왜냐하면 이 단어는 흔히 남편과 아내가 "한 육체"(창 2:24)가 된다고 말한 예에서 볼 수 있듯이 다양성 속에서의 통일성이라는 의미로 사용되기 때문이라고 주장하였다. "하나님의 인격은 오늘날의 개인주의적인 관점에서 인식되어서는 안 된다. 하나님은 단순한 유일자, 수학적인 의미에서의 단순한 하나의 존재가 아니다. 하나님은 다양성 속에서의 통일성이다"(A *Christian Theology*, 58). 나이트는 유일무이성 또는 "오직 하나"라는 의미로서 "하나"를 의미하는 또 하나의 히브리어인 '야히드'가 있다는 것을 지적하였다(창 22:2, 12, 16; 삿 11:34; 시 22:20; 25:16; 35:17; 68:7; 잠 4:3; 렘 6:26; 암 8:10; 슥 12:10).

그리스도인들은 신명기 6:4이 통일된 하나(united one)를 가리키는 '에하드'를 사용하고 있다는 사실을 삼위일체론이 쉐마와 어떤 식으로든 모순되거나 반대되지 않는다는 증거라고 주장한다. 하지만 우리는 기독교의 삼위일체 교리를 구약의 쉐마에 집어넣어서 읽지 않도록 주의하여야 한다. 도커리(David S. Dockery)는 성경이 삼위일체론과 유일신 사상을 어떻게 동시에 단언할 수 있는지에 대하여 흔히 혼란이 존재한다고 말하였다. 하지만 이 두 가지 단어는 결코 모순되지 않는다. 삼위일체론은 세 신의 존재를 가리키는 것이 아니다. "하나님은 구약에서 분명하게 정의된 삼위일체적인 관점에서 스스로를 계시하지 않으셨다. 하지만 구약에서는 신실한 자들에게 삼위일체론을 준비시키셨다"(Dockery, "Monotheism in the Scriptures," 30; cf. V. P. Hamilton, *Genesis 1–17*, 132–133).

구약에서 하나님이 한 분이라는 개념은 독특하고 중요하다. 고대의 다른 민족들은 그들의 신들이 다수이고, 각각의 신은 자신의 고유한 영향력과 책임의 범위를 가지고 있다고 생각했던 반면에, 고대 이스라엘은 자신의 하나님이 한 분이시고(나누어지지 않고), 신의 모든 속성들과 권능을 자신의 인격 속에 가지고 계시며, 실존의 모든 영역들을 다스린다고 생각하였다. 야웨 속에는 그 어떤 성적(性的) 구분도 존재하지 않았다. 히브리어에는 여신을 가리키는 단어가 없다("보론: 아세라, 야웨의 배우자?"를 보라). 북왕국의 야웨가 남왕국의 야웨와 달랐다는 것을 보여주는 그 어떤 암시도 존재하지 않는다. 베스터만은 이렇게 말하였다:

> 창조주는 구원자와 동일하기 때문에, 그리고 자신의 피조물을 우주적인 지평에서 축복하시는 하나님은 자기 백성을 구원하시고 심판하시는 분과 동일하기 때문에, 그리고 개개인이 믿는 하나님은 "젊은 사자에게 먹을 것을 주시는"(시 147:9) 분과 동일하기 때문에, 그리고 우리가 찬양하고 우리가 탄식하는 기도를 드리는 오직 한 분이 계시기 때문에, 하나님과 인간, 하나님과 피조물 사이에 일어나는 모든 것 속에는 통일성과 연결성이 존재한다. 그러므로 그것은 처음부터 끝까지 실제적인 이야기이다 (*Elements of Old Testament Theology*, 32).

보론: 아세라, 야웨의 배우자?

이스라엘은 주변 국가들 사이에서 살면서 야웨의 배우자를 생각하지 않은 것이 과연 가능했을까? 최근의 몇몇 증거들은 그렇지 않다고 말하는 것으로 보인다.

윌리엄 데버(William Dever)는 구약성서에는 우가릿의 신인 엘(El)의 배우자이자 옛 가나안의 다산(多産)의 신인 아세라 제의에 대한 베일에 가려진 언급들이 40번이나 나온다고 주장하였다("Asherah, Consort," 217). 나일강에 있는 한 섬인 엘레판틴에서 나온 몇몇 파피루스들은 20세기 초에 출간되었다(1906, 1908, 1911). 이 파피루스들은 그 섬에 이주하여 살았던 유대인 거류민들로부터 나온 것으로서, 주전 450년 경의 것들이다. 이 파피루스들은 이 섬에 있는 성전에서 유대인들이 야웨와 더불어 다른 신들로 섬겼다는 것을 보여준다. 이 파피루스들 속에 언급되어 있는 여신들 중의 하나는 옛 가나안의 여신이었던 아낫(Anath)이었다(Rowley, "Papyri from Elaphantine," 256-257). 존 데이(John Day)는 아세라를 여신으로 다루고 있는 우가릿의 방대한 양의 자료들을 검토하였다("Asherah in the Hebrew Bible," 385).

최근에 유다의 영토에서 행해진 두 차례의 고고학적인 발굴을 통해서 주전 750년 경의 금석문들이 나왔다. 일부 학자들은 그 금석문들이 "야웨와 그의 아세라"에 대하여 언급하고 있는 것으로 해석하였다.

이 금석문들은 두 지역에서 나왔는데, 하나는 헤브론과 라기스 사이의 거의 중간에 위치해 있었던 촌락인 키르벳 엘콤에서 나온 것이고, 다른 하나는 북부 시나이 사막의 중간 기착지로서, 가데스 바네아로부터 남서쪽으로 40km 정도 떨어져 있었던 룬틸레트 아즈룻에서 나온 것이다. 우리는 이 모든 증거들에 대하여 논평할 수는 없지만, 에머튼(Emerton)의 결론은 이와 관련해서 가장 최선인 것으로 보인다: "'야웨와 그의 아세라'라는 어구 속에 나오는 아세라는 아마도 그러한 이름을 지닌 여신을 조각한 나무 상징물이었던 것으로 보이는데, 야웨 제의와 아세라의 관계는 구약에서 입증된다. 아세라는 일부 진영에서 야웨의 배우자로 여겨졌을 수 있지만, 이 금석문은 그러한 관계를 입증해 주는 직접적인 증거를 제공해 주지는 않는다"("New Light on Israelite Religion," 19).

비중 있는 구약학자들 중에서 구약의 본문이 야웨가 배우자를 가지고 있었다거나, 사람들이 야웨와 더불어서 다른 사람 또는 다른 것을 함께 예배하였다는 것을 보여주는 증거를 제공해 준다고 주장하는 사람은 없다. "그리고 그의 아세라"라는 읽기는 결코 확실한 것이 아니라는 것을 우리는 말해두지 않으면 안 된다. 이 읽기가 확실한 것이라면, 아세라가 여신을 가리키는 것인지, 아니면 장소를 가리키는 것인지, 그리고 이 금석문들이 정상적인 유대인 종교를 나타내는 것인지, 아니면 정통에서 떨어져 나간 한 분파의 종교를 나타내는 것인지가 먼저 밝혀져야 한다. 바룩 마갈리트(Baruch Margalit)는 히브리 성서에서 아세라가 "부인"(wife)을 의미한다는 "명확한" 증거는 존재하지 않지만, 구약에 나오는 아세라에 대한 많은 언급들이 아세라가 여신이라는 것을 전제하고 있는 것으로 보인다고 말하였다("The Meaning and Significance of Asherah," 283).

이스라엘이 언제, 하나님이 한 분이시고 유일한 하나님이시라는 이해에 도달하게 되었는지를 분명하게 말하기는 어렵다. 이스라엘은 하나님이 한 분이시라는 사실이 지니는 온전한 함의들을 이해하기 전에 하나님이 한 분이시라는 사실을 알았을 것이다: 즉, 하나님이 한 분이시고 신의 모든 권능과 대권들을 자기 자신 속에 지니고 계시다면, 다른 신은 존재할 수 없다. 이스라엘은 이성적인 추론을 통해서가 아니라 역사 속에서의 하나님의 행위들에 대한 관찰을 통해서 그러한 결론에 도달하였다(Wright, *The Old Testament Against Its Environment*, 39).

자신의 역사 초기로부터(모세 또는 아브라함 때로부터) 이스라엘은 하나님이 한 분이시라고 믿었다. 베스터만은 "하나님이 한 분이시라는 사실은 구약 성서에서 처음부터 끝까지 하나님에 관한 결정적인 것이다"라고 말하였다(*Elements of Old Testament Theology*, 32). 올브라이트(W. F. Albright), 라이트(G. E. Wright), 로울리(H. H. Rowley), 프리젠(Th. C. Vriezen), 에드몽 자콥(E. Jacob), 데니스 밸리(Dennis Baly)는 모두 모세 시대로부터 유일신 사상이 시작되었다고 본다. 르낭(E. Renan), 앤드류 랭(Andrew Lang), 소더블롬(N. Soderblom), 페타조니(R. Pettazzoni), 슈미트(W. Schmidt), 비덴그렌(G. Widengren), 엥그넬(I. Engnell) 같은 학자들은 사회학, 인류학, 종교사로부터의 증거들을 사용해서, "원시적인 유일신 사상" 또는 "고등신들"에 대한 예배를 확증하고자 시도해 왔다(cf. W. F. Albright, *From the Stone Age to Christianity*, 70; Rowley, *The Old Testament and Modern Study*, 286–90;

Jacob, *Theology of the Old Testament*, 44, 76).

이스라엘은 그들의 역사의 처음부터 하나님을 한 분이라고 생각하였지만, 자신의 역사의 꽤 늦은 시기에 이르기까지 다른 신들의 존재를 부정하지 않았다(Dockery, "Monotheism in the Scriptures," 28). 아이히로트는 고대 이스라엘에서 야웨와 더불어 다른 신들이 존재하는 것으로 여겨졌다는 것을 입증하는 일은 쉬운 일이라고 말하였다(*Theology of the Old Testament* 1,220-21). "너희는 내 앞에 다른 신들을 두지 말지니라"는 제1계명은 다른 신들의 존재를 보여주는 것이다.

여호수아는 이스라엘 백성에게 야웨와 다른 신들 중에서 선택하라고 요구하였다(수 24:2, 24). 바알 숭배는 가나안 정복 이후에 야웨와 이스라엘의 계약 관계에 대한 끊임없는 위협이었다. 사사기는 이스라엘이 다른 신들을 섬긴 것에 관한 이야기이다. 기드온은 에봇을 만들었다(삿 8:27); 미가는 자기 어머니로부터 훔친 은으로 조각하거나 주물을 해서 신상을 만들었다(삿 17:3-4; 18:14, 24). 다윗은 자기가 자신의 땅으로부터 쫓겨난다면 다른 신들을 섬길 수밖에 없게 될 것이라고 믿었다(삼상 26:19). 이스라엘의 역사는 배교의 역사였다(cf. 신 9; 시 106; 겔 16; 20). 우상 숭배는 포로로 끌려갈 때까지 이스라엘에게 있어서 하나의 큰 문제였다.

이스라엘은 다른 신들의 존재를 어떻게 다루고자 하였는가? 침멀리(Walter Zimmerli)는 이렇게 말한다: "야웨 신앙은 오직 야웨만이 이스라엘의 유일한 신이라고 생각하였음에도 불구하고 이방신들이라는 개념을 제거하지 않았다. 이스라엘은 이론적인 유일신 사상을 알지 못했다. 이스라엘은 다른 나라들에 다른 신들이 존재한다는 것을 당연시여겼다"(*Old Testament Theology in Outline*, 42).

이스라엘은 다른 신들의 존재를 여러 가지 방식으로 해결하고자 시도하였다. 칠십인역과 사해 두루마리에 의하면, 신명기 32:8에서 지극히 높으신 하나님은 사람의 아들들을 분리하실 때에 열방들에게 그들의 유업을 주셨다. 하나님의 아들들(즉, 천사들)에 따라서 민족들의 경계가 확정되었다. 히브리어(마소라) 본문은 여기에서 "하나님의 아들들"이라는 원래의 읽기를 "사람의 아들들"로 수정한 것으로 보인다. "하나님의 아들들"은 이스라엘과 열방들이 수호천사 또는 수호신을 할당받았다는 것을 암시하는 것이다(cf. 단 9:21; 10:13, 20-21; 12:1; 신명기 32:8의 본문상의 문제점에 대한 논의로는 Craigie, "The Book of Deuteronomy," 379; J. A. Thompson, *Deuteronomy*, 299를 보라). 신명기 4:19과 29:26은 하나님께서 열방들을 분정(分定)하실 때에 열방들에게 그들이 섬길 신들을 배정하셨지만, 이스라엘에게는 그러한 신들을 섬기는 것을 엄격하게 금지하셨다는 것을 보여준다.

시편 82편은 다른 신들이라는 문제에 대한 "최종적인" 해결책을 제시하고 있는 것으로 보이지만, 잘 알다시피, 이 본문을 해석하기는 매우 어렵다. 시편 82편은 "신들"의 죽음에 관하여 말하고 있는 것인가? 1절은 하나님('엘로힘')이 회중이 인간적인지 또는 신적인지를 판단하기 위하여 하나님('엘')의 회중('아다트') 속에 서셨다고 말한다.

하나님('엘로힘')은 "너희는 언제까지 불의하게 판단하며 / 악인들에게 편애를 보일 것인가?"(개역에서는 "너희가 불공평한 판단을 하며 악인의 낯 보기를 언제까지 하려느냐")라고 물으신다. 그들은 약한 자들과 고아들을 위하여 재판하여야 한다(3절). 궁핍한 자들과 가난한 자들은 구원받아야 한다('차디크'). 약한 자들과 가난한 자들은 악인들의 손으로부터 구원받아야 한다(4절). 그들(회중의 지체들 또는 가난한 자들?)은 이해하거나 알지 못한다. 그들은 어둠 속에서 걷는다. 땅의 모든 기초들이 흔들린다(5절). "내[강조적]가 말하기를 너희는 신들이며 다 지존자의 아들들이라 하였으나 그러나 너희는 사람처럼 죽으며 고관의 하나 같이 넘어지리로다"(7절). 이 시편 기자는 "사람들이 사람들처럼 죽을 것이다"라고 말하고 있는 것인가? 그런 후에, 시편 기자와 예배자들은 "하나님('엘로힘')이여 일어나사 세상을 심판하소서 / 모든 나라가 주의 소유이기 때문이니이다"(8절)라고 말한다.

우리는 이 시편에 대한 해석과 관련해서 교리적으로 판단해서는 안 된다. 스튜어트 매컬러(W. Stewart McCullough)는 현명하게도 이렇게 말하였다 : "사실 우리는 이 시편에 관하여 그리 많은 것을 알지 못하고 있고, 우리는 단지 우리의 추측들이 과녁으로부터 너무 멀리 벗어나지 않기만을 바랄 뿐이다"("Psalms," 442).

시편 82편을 이해하는 가장 좋은 길은 이 시편이 야웨께서 "하늘의 궁정회의"에 서서 그 궁정회의에 속한 지체들의 잘못된 행실에 대하여 판단하시고 그들로부터 권능과 권세를 박탈하시는 것을 가리키는 것으로 해석하는 것이다. 구약에서는 흔히 야웨께서 보좌에 앉아계시고 스랍들, 거룩한 자들, 하나님의 아들들, 심지어 사탄 같은 천상의 존재들에 의해서 둘러싸여 있다고 말한다(cf. 신 32:8; 왕상 22:19-23; 욥 1장; 2장; 시 29:1; 사 6:1-3; 24:21; 단 7:9-10).

신명기 32:8의 사상에 따르면, 하나님은 다른 열방들의 운명을 이러한 신적인 존재들의 손에 맡겨두셨지만, 그들은 이 땅에서 열방들 가운데서 공의와 의를 세우는 데에 실패하였다. 그들은 어떤 의미에서 신적인 존재들이었고 고대 세계에서 신들이 소유하고 있는 것으로 여겨졌던 "영원한 생명"을 지니고 있었지만, 이제 그들은 인생들처럼 죽고 떨어질 것이다. 열방들은 언제나 하나님께 속한 것이기 때문에, 야웨는 모든 열방들을 장악하실 것이다. 그러므로 시편 82편은 고대 이스라엘에서 "절대적인" 유일신 사상을 정립하는 것으로 나아가는 거대한 발걸음이다(Tsevat, "God and the Gods in Assembly," 134; Durham, *Psalms*, 341).

유일신 사상은 무엇인가? 유일신 사상은 이렇게 정의되어 왔다: "전적으로 너그러우시고 전능하시며 전지하시고 편재하시는 창조되지 않은 최고의 신에 대한 신앙; 그것은 다른 모든 신들의 완전한 배제를 요구한다. 세계는 그 가장 세세한 부분에 이르기까지 그의 만드신 것으로 여겨지고, 그의 의도를 따라서 무로부터 창조되었다"(Baly, "The Geography of Monotheism," 256). 로버트 케이트(Robert L. Cate)는 유일신 사상을 "만유의 창조자이자 주권자인 주님으로서 홀로 존재하는 유일무이한 한 분 하나님에 대한 신앙과 예배와 섬김"으로 정의하였다("The Development of Monotheism," 30).

우리는 구약성서에 나타난 이스라엘의 신앙을 단일신 사상 또는 유일신 사상 중 어느 것으로 보아야 하는가? 라이트(G. E. Wright)는 구약학자들은 일반적으로 단일신 사상은 "한 민족 또는 한 나라가 한 신을 섬기지만 다른 신들을 배제하지는 않는 신앙"을 의미하는 것으로 이해하여 왔다고 말한다(*Old Testament Against Its Environment*, 37). 그런 식으로 정의된 단일신 사상은 분명히 구약성서에 함축되어 있는 보편적이고 우주적인 개념과 부합하지 않는다.

라이트는 구약의 신앙에 대해서 유일신 사상이라고 말하는 것을 선호한다. 왜냐하면, "천군 천사들이 많이 등장하고 자세하게 설명되고 있는 유대교와 기독교를 정의하는 데에 언제나 이 용어가 사용되어 왔기 때문이다"(*The Old Testament Against Its Environment*, 37). 후기에 이르러서도 이스라엘은 다른 신들이 존재한다거나 존재하지 않는다는 것에 대하여 추상적으로나 이론적으로 강조하지 않았다. 이스라엘이 강조했던 것은 다른 신들이 어떤 일을 행할 능력을 갖고 있지 않다는 것이다. 단일신 사상이 아니라 유일신 사상은 이스라엘의 가장 특색 있고 유일무이한 특징을 강조한다: "모든 권능, 권세, 창조력의 한 원천을 배타적으로 높이는 신앙"(*The Old Testament Against Its Environment*, 39). 유일신 사상에 대한 이러한 이해는 천사론, 귀신론, 그리고 삼위일체 하나님에 관한 신학의 이해를 위한 여지를 남겨둔다.

데니스 밸리(Dennis Baly)는 출애굽과 시내산에서의 이스라엘의 경험이 히브리적인 유일신 사상을 위한 토대를 놓았던 다섯 가지 중요한 분야들을 열거하였다. 첫 번째는 자연 세계가 현실과 의미의 틀로서의 역할을 한다는 것을 거부한 것이었다. 그 밖의 다른 모든 고대 세계의 사회들은 자연 현상들을 의미와 질서에 대한 단서로 보았지만, 이스라엘은 하나님의 구속 행위들과 하나님께서 그들을 그의 특별한 백성으로 선택하신 것 속에서 의미와 질서를 발견하였다. 두 번째는 하나님과 이스라엘 간의 계약에 의해서 새로운 공동체가 창설된 것이었다. 세 번째는 하나님은 장소에 묶여있지 않는다는 것이었다 — 즉, 하나님은 하늘에서나 땅에서나 어느 한 장소에 묶여 있지 않다. 네 번째는 궁극적인 실체로서의 권능이라는 개념이었다. 다섯째는 하나님은 질투하시는 하나님이라는 개념이었다. 배타성과 비관용성은 유일신 사상에 필수적인 것이다("The Geography of Monotheism," 268-272).

율리우스 벨하우젠(Julius Wellhausen; E. W. Nicholson, "Israelite Religion in the Pre-exilic Period," 3을 보라)과 그의 추종자들은 윤리적 유일신 사상 (그들은 이러한 사상이 주전 8세기 선지자들에게서 나왔다고 보았다)을 구약 신앙의 최고의 절정으로 삼았지만, 윤리적 유일신 사상은 어떤 종교에 대한 유일한 시금석으로 사용되어서는 안 된다. 아이히로트(Walther Eichrodt)는

"애굽의 태양신 숭배 또는 이슬람교 같은 유일신 사상 또는 유일신 사상과 흡사하지만 내면적인 삶이라는 측면에서 볼 때 비유일신 사상들보다 더 열등한 종교들이 존재한다"고 말하였다(*Theology of the Old Testament* I, 220). 사랑, 은혜, 죄 사함, 구속은 윤리적인 유일신 사상보다 더 위대한 개념들과 행위들이다.

구약의 하나님은 거룩하시다. 하나님은 인격적이시지만 — 신인동형론적인 표현에 의해서 묘사되지만 — 결코 범신론에서 주장하는 것과는 달리, 하나님은 인간이거나 그의 피조물의 일부가 아니다. 하나님은 은혜로우시며 선하시며 온유하시고 신실하시고 의지할 만하며 언제나 현존하신다 — 사람들은 그의 현존을 인식하지 못한다고 할지라도. 하나님은 영원하시고 전능하시다. 하나님은 목적을 가지고 계시지만, 우리는 그것을 언제나 인식하거나 이해하는 것은 아니다. 하나님은 자신의 목적을 이루시는 데에 실패하는 법이 없으시다. 하나님은 진정으로 비할 바 없는 분이다.

제 6 장

사람은 무엇인가?

주의 손가락으로 만드신 주의 하늘과
주께서 베풀어 두신 달과 별들을 내가 보오니
사람이 무엇이기에 주께서 그를 생각하시며
인자가 무엇이기에 주께서 그를 돌보시나이까.
(시 8:3-4)

여호와여 사람이 무엇이기에
주께서 그를 알아 주시며
인생이 무엇이기에
그를 생각하시나이까
사람은 헛것 같고
그의 날은 지나가는 그림자 같으니이다.
(시 144:3-4)

사람이 무엇이기에
주께서 그를 크게 만드사
그에게 마음을 두시고.
(욥 7:17)

구약성서는 세 번 하나님에게 "사람이 무엇인가?"라는 질문을 던진다. 이 질문 자체는 하나님이 사람을 돌보신다는 인식을 반영하고 있다. 사람은 우주의 광대함과 자연 및 역사 속에서의 하나님의 주권에 비하면 상대적으로 작고 보잘것없는 존재로 묘사된다.

"사람은 무엇인가?"라는 질문을 제기하는 것은 자기 성찰의 은사를 활용하는 것이다. 데이비드 젠킨스(David Jenkins)는 사람에게 있어서 가장 오묘한 것은 사람은 자기가 누구인가에 관하여 궁금해한다는 것이라고 말하였다. 자기 자신에 대한 사람들의 인식은 두 가지 의미에서 독특하다. "첫째, 우리는 사람과 같은 자의식을 지닌 다른 어떤 종류의 동물을 알고 있지 않다. 둘째, 그것은 유일무이성, 즉 나는 나이고 다른 누구 또는 다른 어떤 것이 아니라는 인식이다"(*What Is Man?* 13). 사람들이 자신의 본성에 대하여 질문하거나 그 밖의 다른 어떤 질문을 한다는 것은 자명한 것이 아니다.

사람들이 묻기 시작할 때, 그들은 더 이상 사물들을 당연한 것으로 받아들일 수 없다. 신비로운 움직임이 시작되었고, 그 누구도 그 움직임이 어디로 움직여갈지를 알 수 없다. 일단 인간의 본성에 관한 질문이 제기된 후에는, 두 번째 질문이 대답되지 않으면 안 된다: 인간이라는 수수께끼. 이 질문은 보류될 수 없다. 이 질문은 "우리의 견해들의 열매가 아니고, 다른 모든 질문들에 앞선 질문으로서 내적인 필연성으로부터 생겨난다"(Brunner, *Man in Revolt*, 17).

우리는 구약의 백성이 언제 "사람은 무엇인가?"라는 질문을 제기하기 시작하였는지를 알지 못한다. 우리는 구약성서가 하나님이라는 맥락 속에서 이 질문을 제기하고 있다는 것을 안다. 모세는 가시덤불 속에 계신 하나님에게 "내가 누구이기에 가야 합니까?"(출 3:11)라고 물었다. 다윗은 "주 여호와여 나는 누구오며 내 집은 무엇이관대 나로 이에 이르게 하셨나이까?"(삼하 7:18; cf. 창 18:27)라고 말하였다. 이러한 질문들은 인간의 본성에 대한 정의 또는 인간의 기원에 대한 설명을 위하여 제기된 것이 아니었다. 이 질문들은 인간의 삶의 가치와 독특성에 관한 질문들이다. 이 질문들은 이 질문에 대하여 답해줄 수 있는 유일한 원천을 향하여 제기된다.

구약은 "사람은 무엇인가?"라는 질문에 대하여 체계적이고 조직적인 대답

을 제시하지 않는다. 구약의 인간관을 서술함에 있어서 난점들은 구약의 자
료들이 역사적으로 다양하고 방대하다는 점에 있다(Eichrodt, *Man in the Old
Testament*, 8). 볼프(Wolff)는 구약이 인간에 관한 통일적인 가르침을 제시해
주지 않는다고 말하였다; 또한 우리는 성경의 인간상에 있어서의 발전을 추
적할 수 있는 입장에 있지도 않다.

> 학문적인 작업으로서의 성경적 인간론은 본문들 자체 내에 인간에 관
> 한 식별가능한 질문이 존재하는 대목에서 그 출발점을 설정할 것이다. 구
> 체적인 대답들을 밝혀내기 위해서는 그 본문들의 전체적인 맥락이 고려
> 되지 않으면 안 된다. 그 본문들의 본질적인 기여들은 대화의 성격을 지니
> 고 있고, 그 본문들의 증언에 있어서 인간에 관한 일치된 견해는 … 사상
> 사적 관점으로부터 볼 때에 놀라운 것이라는 것은 곧 명백해질 것이다. 무
> 엇보다도 하나님과의 대화 속에서 인간은 자기가 누구인지를 확정하는
> 것이 아니라, 자신을 의문시하고 찾으며 새로운 일로 부르심 받는 것을 보
> 게 된다. 본래의 인간은 만물의 척도에 다름 아니다(*Anthropology of the
> Old Testament*, 3).

구약성서는 "사람은 무엇인가?"라는 질문에 대하여 그 어떤 체계적인 대
답도 제시해 주고 있지 않지만, 많은 함의들과 단언들을 행하고 있기 때문에,
우리는 구약의 자료들로부터 하나의 대답을 구성해 낼 수 있다. 구약의 인간
관에 관한 그 어떤 구성물도 필연적으로 그 구성물을 만들어낸 사람의 작품
일 수밖에 없다. 내용들을 선별하고 배열함에 있어서 주관적인 요소가 끼어
들지만, 저술가는 구약의 내용들의 선별과 사용과 해석에 있어서 가급적 객
관적이 되어야 한다. 볼프는 그의 중요한 저작인 『구약의 인간론』
(*Anthropology of the Old Testament*)에서 구약의 내용들을 세 부분으로 배열
하였다: 인간이라는 존재, 인간의 때, 인간의 세상. 우리는 네 가지 주제를 중
심으로 구약의 인간관을 논의할 것이다: 인간은 피조된 존재다; 인간은 하나
님을 닮았다; 인간은 사회적 피조물이다; 인간은 단일한 존재다.

27. 인간은 피조된 존재다

구약의 기자들은 한 목소리로 인간은 피조된 존재라고 말한다. 창세기에 나오는 두 개의 창조 기사는 인간의 창조에 관하여 명시적으로 언급한다(창 1:27; 2:7). 선지자들은 하나님이 인간을 만드셨다는 것을 알고 있었다(사 17:7; 42:5; 43:7; 45:9, 12; 렘 1:5). 시편 기자들은 주께서 우리를 만드셨고 우리는 그의 것이라는 것을 선포하였다(시 100:3; 139:13-16). 마찬가지로 욥과 엘리후는 하나님이 그들 두 사람을 만드셨다는 것을 인정하였다(욥 10:8-12; 36:3). 지혜문학의 기자들은 하나님이 부자와 가난한 자를 포함한 모든 자들을 지으셨다고 단언한다(잠 14:31; 17:5; 20:12; 22:2).

에밀 브루너(E. Brunner)는 창조라는 성경적인 단어는 무엇보다도 "창조주와 피조물 사이에 건널 수 없는 간격이 있다는 것과 그들은 결코 변경될 수 없는 관계 속에서 서로에 대하여 영원히 대립되어 있다는 것"을 의미한다고 말하였다. "창조주-피조물이라는 단어들 속에 놓여 있는 것보다 더 먼 거리는 존재하지 않는다. 이것이야말로 사람에 관하여 우리가 말할 수 있는 근본적이고 첫째 가는 것이다: 사람은 피조물이다"(*Man in Revolt*, 90). 하나님은 창조되지 않은 창조주이다. 사람과 그 밖의 다른 피조물들을 무엇으로 구별하든지 간에, 사람은 사람을 하나님으로부터 구별시키는 것을 모든 피조물들과 함께 공유하고 있다: 사람은 창조되었다.

사람은 피조된 존재이기 때문에, 모든 피조물들이 지니는 연약성과 한계들을 공유하고 있다. 이 땅에서 사람들의 실존은 유한하고, 죽음을 통해서 돌이킬 수 없게 끝이 난다. 인간의 깨어지기 쉬운 연약성은 구약의 수많은 본문들 속에 표현되어 있다(욥 4:19; 7:7; 10:4-5; 14:1-2; 시 9:20; 39:5-6, 11; 49:12, 20; 62:9; 90:5; 103:14-16; 144:4; 사 2:22; 40:6; 렘 10:23; 13:23; 51:17). 또한 하나님은 인간을 지으셨을 때에 인간을 생활 공간, 자양분, 일, 반려와 더불어서 창조하셨다(창 2:9-13).

구약에서 하나님은 하나님이고 사람은 사람이다. 이 둘이 서로 혼합되는 것에 관한 암시는 결코 없다. 스마트(Smart)는 "구약에서 하나님은 바빌로니아, 애굽, 헬라에서처럼 원래 인간인데, 초자연적인 권능을 수여받은 이례적인 인간으로 묘사되지 않는다"라고 말하였다(*The Interpretation of Scripture*, 137). 어니스트 라이트(G. Ernest Wright)는 하나님과 인간의 구별에 관하여 이렇게 말하였다:

> 오늘날에는 신적인 것과 인간적인 것이 끊임없이 혼합되고 있기 때문에, 이 둘을 분명하게 구별하는 것이 흔히 어렵다. 사람은 스스로를 끌어올려서 자기 자신이 거의 하나님과 동일한 차원에 있다고 느끼고, 하나님을 끌어내려서 인간과 같이 만드는 평준화 작업이 진행중이다. 그러나 구약에서는 결코 그렇지 않다! 하나님은 하나님이다; 인간은 하나님 앞에서 자신의 위치를 안다. 거룩한 것들은 가볍게 다루어질 수 없다. 인간은 선악과를 먹고 스스로를 하나님의 차원으로 높일 수 없다. 너희가 하나님을 무엇이라고 부르든지 간에 너희의 태도를 주의하라고 말라기는 말하였다 (1:6). 하나님이 아버지라면, 그를 공경하라. 하나님이 통치자라면, 그를 경외하라(*The Challenge of Israel's Faith*, 57).

28. 인간은 하나님을 닮았다(하나님의 형상)

창조주-피조물 관계는 하나님과 인간 사이에 커다란 간격을 설정해 놓는다. 또한 그것은 하나님과 인간을 견고하게 묶는 역할도 한다. 하나님은 사람을 지으셨기 때문에, 사람은 하나님이 의도한 존재가 될 수 있다. 하나님에 대한 인간의 관계는 인간에게 덧붙여진 그 무엇이 아니다: "그것은 인간성의 핵심이자 토대이다"(Brunner, *Man in Revolt*, 94). 피조 세계는 하나님에 의해서 만들어진 세계이다. 브루너는 "하나님 안에서 우리는 살고 움직이며 우리의 존재를 갖는다"라는 바울의 단언은 성경의 근본적인 진술이라고 말하였다. "그것은 피조 세계를 세속적인 세계로부터 구별시킨다. 사실 세속적인 세계라는 것은 존재하지 않는다; 오직 세속화된 피조 세계만이 존재할 뿐이다. '세속적'이라는 개념은 추상물로서, 행하시는 분으로부터 떠난 현실에 붙여진 수사(修辭)이다"(Brunner, *Man in Revolt*, 91).

인간은 다른 모든 피조물들과 마찬가지로 창조되었지만, 그 밖의 모든 다른 피조된 존재들과 질적으로 다르다. 시편 8편은 하나님이 인간을 천사들보다 약간 못하게 만드시고 영광과 존귀의 관을 씌우셔서 그의 손으로 지으신 모든 것들 위에 세우셨다고 말한다(시 8:5-6). 어니스트 라이트(G. Ernest Wright)는 "천사들보다 약간 못하게"라는 어구는 정확히 창세기에 나오는 "하나님의 형상대로"라는 표현과 동일하다고 주장하였다("The Faith of Israel," 367).

인간의 독특성은 인간이 하나님의 형상대로 지음받았다는 것뿐만 아니라, 인간에게 동물들에 대한 지배권이 주어졌다는 것에서도 드러난다. 최초의 인간은 모든 동물들에게 이름을 지어줌으로써(창 2:19), 그것들에 대한 권능을 행사하셨다. 하나님은 사람의 코에 생기를 불어넣으셨다(창 2:7). 사실, 다른 피조물들의 생명은 하나님의 숨 또는 영에 기인하기 때문에(욥 34:14-15: 시 104:29-30), 동물들은 "살아있는 혼들" 또는 "생물들"(창 2:19)로 묘사된다. 또한 아이히로트는 창세기 2장에서 화자는 분명히 오직 인간에게만 하나님의 숨이 직접적으로 전달되었다고 말함으로써 인간을 다른 피조물들과 구분하고자 했다고 말하였다. "동물들은 자연 전체 속을 운행하는 우주적인 신적인 숨에 의해서 생겨났고 생명이 주어져서 오직 하나의 집단으로서만 생명에 참여하는 반면에, 인간은 하나님의 특별한 행위에 의해서 생명을 받았기 때문에 독자적인 영적인 존재로 취급된다"(*Theology of the Old Testament* II, 121).

볼프하르트 판넨베르크(W. Pannenberg)는 인간과 동물의 차이는 인간이 지닌 "세계에 대한 개방성"(openness to the world)이라고 말하였다. 동물들의 필요는 환경이 제공해 줄 수 있는 것에 국한되어 있다. 인간은 동물들과 음식, 삶을 위한 기후와 서식 조건들, 동일한 종에 속한 다른 것들과의 관계, 그들 자신의 몸의 건강에 의존한다. 또한 인간은 그들 자신의 외부에 있는 사물 또는 그 누구에 의존되어 있다.

인간은 끊임없이 자기 주변의 세계를 수색하고 탐구하며 변화시키지만, 자신이 만들어낸 것들 속에서 지속적인 안식을 얻지는 못하고, 그것들은 단지 자신의 추구에 있어서 일시적인 정류장들에 불과하다(Pannenberg, *What Is Man?*, 9). 자신의 추구와 자신의 무한한 의존성 속에서 인간은 숨쉴 때마다 자신과 상응하는 무한하고 결코 끝이 없는 타계적인(otherworldly) 존재 —
인간은 그 존재 앞에 서 있다 — 를 전제한다(*What Is Man?*, 10).

이러한 의존성 또는 끊임없는 불안은 모든 종교적인 삶의 한 뿌리이고, 그
러한 이유 때문에 종교는 단순한 인간의 창작물 이상의 것이다. 동물이 자신
의 환경에 의존되어 있는 것은 인간이 하나님에 의존되어 있는 것과 대응된
다. "환경이 동물들에 대하여 하는 것을 하나님은 인간에 대하여 하신다. 하
나님은 목표로서, 오직 하나님 속에서만 인간의 추구는 안식을 발견하고, 인
간의 운명은 성취될 수 있다"(*What Is Man?*, 13). 이 대목에서 판넨베르크의
말은 "당신은 당신 자신을 위하여 우리를 만드셨고, 우리의 마음은 당신 안에
서 안식을 누릴 때까지 안식하지 못합니다"(Pussey, *The Confessions of St.
Augustine*, 1에서 재인용)라고 말하였던 성 아우구스티누스의 말과 아주 흡
사하게 들린다. 시편 기자는 이렇게 말하였다:

> 하나님이여 사슴이 시냇물을 찾기에 갈급함 같이
> 내 영혼이 주를 찾기에 갈급하니이다
> 내 영혼이 하나님
> 곧 살아 계시는 하나님을 갈망하나니.
> (시 42:1-2a)

구약은 인간의 독특성을 인간이 하나님의 형상을 따라서 창조되었다는 관
점에서 말한다. 이 개념은 구약에 자주 나오지 않지만, 그 빈도수와는 달리
엄청난 중요성을 지니고 있다. 바로 이 경우가 "본문들의 수가 아니라 무게로
달아 보아야 한다"고 말한 것이 적용되는 경우이다(Cook, "The Old
Testament Concept of the Image of God," 85). 실제로 "하나님의 형상"이
라는 어구는 구약성서에서 단지 네 절에만 나온다(창 1:26, 27; 5:1; 9:6). 이
어구는 외경에 2번 나오고(집회서 17:2-4; 솔로몬의 지혜서 2:23), 신약에 서
너 번 나온다(고전 11:7; 골 1:15; 약 3:9). 왕들, 선지자들, 제사장들이 신들의
형상을 지니고 있다는 개념은 고대 근동의 문헌들에서 흔하게 등장하는 것으
로 보인다(Jacob, *Theology of the Old Testament*, 167-169).

구약성서 밖에서 "형상"('데무트')이라는 단어가 분명하게 사용되고 있는 가장 이른 시기의 용례는 1979년 2월에 시리아에 있는 텔 페크헤리예(Tell Fekheriyeh)에서 발굴된 현무암으로 된 석상에 새겨진 금석문에 나온다 (Millard and Bordrevil, "A Statue from Syria," 135-142). 이 금석문은 두 가지 언어로 기록되어 있다 — 앗수르어와 아람어. 앗수르어 본문은 이 석상의 앞면에 설형문자로 세로로 38행에 걸쳐서 기록되어 있다. 뒷면에는 동일한 이야기가 가로로 23행에 걸쳐서 아람어로 기록되어 있다. 이 금석문을 번역해 보면 다음과 같은데, 괄호 안에 있는 내용은 앗수르어 본문과 차이가 나는 아람어 본문의 내용이다.

> 풍부하게 비를 내리시고
> 모든 성읍의 백성들에게(모든 땅들에)
> 초지와 물 있는 곳들을 주시며
> 분깃들와 제물들(안식과 음식 그릇들)을 주시는
> 하늘과 땅의 물들의 주관자이신
> 아닷(그가 시캄의 하닷 앞에 세운 하닷이시의 형상)에게
> 지역들(모든 땅들)을 풍부하게 하시는
> (모든) 강들의 주관자이며
> 그의 형제들인 (모든) 신들에게
> 구자우(시카우)에 거하시는
> 기도를 받으시기에 합당하신
> 자비로우신 신에게.

'데무트'라는 단어는 이 금석문의 제1행에서 "형상"으로 번역된다. "형상"을 가리키는 또 하나의 단어인 '찰람'은 두 번째 단락의 제1행에서 "조상(彫像)"으로 번역된다. '데무트'는 이 금석문의 후반부의 제4행에서 두 번째로 나오고, "조상"("형상")으로 번역된다. 밀라드(Millard)와 보드레빌 (Bordrevil)은 이렇게 말한다:

이 두 단어는 히브리어의 옷을 입히면 창세기 1:26에 나오는 하나님의 인간 창조 기사 속에서 저 유명한 "형상"과 "모양"에 해당한다(5:3과 비교해 보라). 이 금석문이 구약성서 밖에서 이 단어들이 하나의 쌍으로 나오는 고대의 유일한 용례라는 것, 이 단어들이 분명히 이 석상의 금석문에 적용되고 있다는 것은 창세기 1장에 나오는 구절의 의미에 대한 논쟁에 불을 지핀다("A Statue from Syria," 140).

고대 세계에서 형상(image)의 일차적인 기능은 신의 영 또는 유체(流體)의 거소인 것으로 보인다. "이 유체는 비물질적인 것이 아니었지만, 통상적으로 보통의 물질을 꿰뚫을 수 있을 정도로 섬세한 눈에 보이지 않는 물질로 인식되었기 때문에, 흔히 숨 또는 불로 묘사된다. 신들의 형상은 두 종류가 있었다: 조형적인 형태와 살아있는 사람, 통상적으로는 왕"(Clines, "The Image of God in Man," 81). 구약은 하나님의 영 또는 숨이 조형된 우상들 속에 거한다는 것을 격렬하게 부정하였지만(렘 10:14; 51:17; 합 2:19), 인간은 하나님의 형상대로 창조되었고, 하나님의 숨이 인간 속에 있다.

우리가 구약성서에 나오는 "하나님의 형상"을 고찰할 때에 꼭 살펴보아야 할 몇 가지 요소가 있다. 하나는 "우리가 사람을 만들자"(창 1:26)라는 표현 속에 나오는 "복수형"의 요소 또는 신적인 협의(協議)의 요소이다. 여기서 복수형 "우리"는 위엄의 복수형일 수도 있고, 천사들을 포함한 하늘의 궁정회의를 가리키거나 편집자의 "우리"일 수도 있다. 아이히로트(Walther Eichrodt)는 "내 형상을 따라"라는 표현 대신에 "우리의 형상을 따라"라는 표현을 사용한 것은 분명히 하나님 자신의 형상과의 지나치게 좁은 연관관계를 회피하는 데에 그 목적이 있었다고 말하는데, 아마도 그의 말이 옳을 것이다(*Theology of the Old Testament II*, 125).

구약에 나오는 "하나님의 형상"의 용법을 고찰할 때에 우리가 두 번째로 고려하여야 할 요소는 어원론적인 것이다. "우리의 형상을 따라 우리의 모양대로"('베찰메누 키드무테누')라는 히브리어 표현은 두 개의 명사인 첼렘("형상")과 데무트("모양"), '첼렘' 앞에 붙은 '베'라는 전치사와 '데무트' 앞에 붙은 '케'라는 전치사로 이루어져 있다. 복수대명접미사인 '누'

("우리")는 각 단어의 끝에 붙어 있다. 이러한 용어들의 용법과 의미를 둘러 싸고 수많은 질문들이 제기된다. '첼렘'과 '데무트'는 동의어인가? '데무 트'는 '첼렘'의 의미를 부드럽게 하고 있는 것인가? '첼렘'은 육신적인 형 태를 가리키고 '데무트'는 영적인 특질을 가리키는가? '첼렘' 앞에 붙어 있는 전치사 '베'(창 1:26)는 "안에"를 뜻하는 통상적인 의미의 '베'인가 (RSV), 아니면 "-로서"로 번역되는 자격의 '베'인가?(Gesenius, *Hebrew Grammer*, par. 199, 1; Clines, "The Image of God in Man," 75-80; von Rad, *Genesis*, 56; V. P. Hamilton, "The Book of Genesis 1-17," 135-137; G. Wenham, *Genesis 1-15*, 26-34를 보라).

구약성서에 나오는 "하나님의 형상"을 고찰할 때에 우리가 세 번째로 고찰 하여야 할 요소는 동물들과 온 땅에 대한 통치권과 관련되어 있다(창 1:26- 27). 동물들에 대한 인간의 통치권은 하나님의 형상의 결과인가(Clines, "The Image of God in Man," 96)?

"하나님의 형상"과 관련된 네 번째 요소는 남자와 여자가 둘 다 하나님의 형상 속에 포함되어 있다는 사실이다(창 1:27). 이것은 성별이 신적인 본성의 일부라는 것을 의미하는가? 대다수의 자연 종교들은 남신과 여신에 관하여 말하지만, 구약성서에는 야웨의 배우자인 여신에 관한 그 어떤 암시도 나오 지 않는다(제5장에서 다룬 아세라에 관한 보론을 보라). 칼 바르트는 남자와 여자라는 이러한 구별과 관계를 하나님 자신 안에서의 나와 너의 관계에 대 응하는 것으로 보았다. 이것은 대단히 중요하고 의미심장한 개념이다(Karl Barth, *Church Dogmatics* III, 182-210).

크리스토프 바르트(Christoph Barth)는 남자와 여자라는 두 성이 하나님의 완전한 피조물이라고 말하였다. 아담은 자신의 살과 뼈로 이루어진 하와를 유일하게 참된 반려로 여기고, 하와를 통해서만 자신의 참된 인간성을 성취 한다. "하나님의 형상대로의 창조와 두 성으로의 창조는 인간의 실존에 본질 적인 것이다"(*God With Us*, 23).

구약에서 성(性)은 야웨의 현상이 아니라 피조물의 현상이다. "이스라엘은 성의 신격화에 동참하지 않았다. 야웨는 양성을 넘어서서 절대적으로 계시 고, 이것은 이스라엘도 성을 거룩한 신비로 여길 수 없었다는 것을 의미하였다. 성은 피조물의 현상이었기 때문에, 제의로부터 배제되었다(von Rad, *Old Testament Theology* I, 27-28, 146). 침멀리(Walter Zimmerli)는 "양성 속에 야웨를 포함시키는 것은 구약성서 전체에 걸쳐서 이질적인 것이기 때문에, 사람이 이러한 양성으로 애초부터 창조되었다는 말은 인간을 하나님의 유일 무이성으로부터 분명하게 구별시킨다"고 말하였다(*Old Testament Theology in Outline*, 36; cf. Eichrodt, *Theology of the Old Testament* II, 128).

하지만 성은 자손의 재생산과 지속적인 번식의 수단 이상의 것이다. 생식이 아니라 인격적인 만남이 남자와 여자로서의 우리의 실존의 결정적인 특징이자 신비이다. 남자와 여자는 완전한 평등을 토대로 한 인간 존재들이다. 클라인스(Clines)는 창세기 1:27이 남자와 여자 간의 현상적인 구별을 구체적으로 부정하고 있다고 말하였다. "하나님의 형상은 남자에게 있는 것이 아니라, 여자도 속해 있는 인간에게 있다. 따라서 창세기 1장에 의하면, 인간이 하나님의 형상이라는 인간에 관한 가장 기본적인 진술은 오직 남자 속에서가 아니라 남자와 여자 속에서만 그 온전한 의미를 발견하게 된다"("The Image of God in Man," 95).

"하나님의 형상"의 의미와 관련하여 우리가 고찰하여야 할 다섯 번째 요소는 아버지의 형상이 아들에게 전해 내려가는 것과 마찬가지로(창 5:1-3) 하나님의 형상도 세대에서 세대로 전해진다는 것이다. 이것은 모든 사람이 계속해서 하나님의 형상을 지니고 있다는 것을 의미한다.

우리는 창세기 5:3에 관한 다른 견해들을 인정하여야 할 것이다. 아담은 출산을 통해서 셋에게 하나님의 형상을 전해주었고, 그런 후에 육신적인 연속을 통해서 이후의 세대들에게 하나님의 형상을 전해준 것인가? 아니면, 창세기 5:3은 단지 셋이 유일하게 아담의 형상을 닮았다고 말하고 있는 것인가? 헨턴 데이비스는 이 본문의 취지에 대하여 다음과 같이 말하였다: "이 본문은 각각의 세대가 하나님의 형상대로 창조된다고 말하고 있는 것이 아니라, 아버지의 형상대로 태어난 셋이 하나님의 형상으로부터 한 세대 멀어졌다고 말하는 것이다 — 그러므로 지배권의 축소, 생명력의 축소이다"(Davies, *Genesis*, 149).

칼 바르트(Karl Barth)는 창세기 5:3로부터 하나님의 형상이 육체를 따라서 세대에서 세대로 전해진다고 추론하는 것은 너무도 지나친 단순화라고 말하였다. 그는 육신적인 의미에서 "대물림될" 수 있는 것은 "자기와 같은 종류의 다른 개체 속에서 자기 자신을 복제하고 확증하며 반복하는" 아담의 능력이라는 사상을 반박한다. 아버지가 지닌 "하나님의 형상"은 "단순히 그가 아들의 육신적인 생명의 원인자라는 이유 때문에" 아들에게 전해질 수는 없다("The Doctrine of Creation," *Church Dogmatics, III*, 199-200). 바르트는 하나님의 형상이 각 세대에게 "전해지는 것"은 하나님의 은혜의 역사(役事)라고 말하였다.

클라우스 베스터만(Westermann)은 이렇게 말하였다: "'아담이 자기를 닮은 아들을 낳아서 그의 이름을 셋이라 하였다'는 말은 오직 인류 전체가 하나님의 짝으로서 하나님과 대응된다는 것을 의미할 수 있다. 그것은 존재한다는 사실 자체에 의해서 인간에게 주어져 있는 그 무엇이다"(*Genesis 1-11*, 356).

우리는 하나님의 형상이 어떻게 세대에서 세대로 전해지는지는 알 수 없지만, 어쨌든 이러한 대물림은 사실이다. 바로 이것이 인간을 단순한 동물이 아니라 인간으로 만든다.

여섯 번째 요소는 하나님이 인간을 자신의 형상대로 만드셨기 때문에 인간의 생명은 "신성하다"는 사실이다(창 9:6). 클라인스(Clines)는 하나님의 형상 교리에 관한 구약의 견해에 대한 자신의 이해를 다음과 같이 요약하였다:

> 하나님은 자기 자신에 대한 그 어떤 형상도 가지고 계시지 않기 때문에, 인간은 하나님의 형상 안에서 창조된 것이 아니라, 하나님의 형상으로서, 또는 하나님의 형상이 되도록, 즉 피조 세계에서 세계 질서 밖에 계시는 초월적인 하나님을 대리하도록 창조를 받은 것이다. 인간이 하나님의 형상이라는 것은 인간이 눈에 보이지 않고 몸이 없으신 하나님의 가시적인 유형(有形)의 대표자라는 것을 의미한다; 인간은 대표성을 지니는 것이 아니라 대표자이다. 왜냐하면, 초상(portrayal)이라는 개념은 형상(image)이라는 의미에 있어서 부차적인 것이기 때문이다. 하지만 "모양"(likeness)이라는 용어는 인간이 이 땅에서 하나님의 적절하고도 충실한 대표자라는

것에 대한 보장이다. 전인(全人)은 이 땅에서 하나님의 형상이다. 전인은
영과 육의 구별 없이 하나님의 형상이다. 모든 인류는 차별 없이 하나님의
형상이다("The Image of God in Man," 101).

오늘날 대부분의 구약학자들은 "하나님의 형상"에 관한 구약의 견해에 대
한 클라인스(Clines)의 이해에 동의한다. 하지만 이 교리에 대한 이해는 시대
마다 그리고 학자들마다 각양각색으로 제시되어 왔다. "하나님의 형상"이라
는 극히 불분명한 용어에 대한 해석사는 각 시대의 종교 및 철학 사상이 그
해석에 얼마나 크게 영향을 미쳐왔는지를 잘 보여준다.

주전 190년 경에 벤시라(Ben Sira)는 "집회서"라 불리는 한 권의 지혜서를
썼다. 집회서는 정경으로 인정받지는 못했지만, 교회들에서 읽혀졌다. 집회
서의 한 대목에서는 인간의 창조에 관하여 이렇게 설명한다:

> 주님께서 사람을 흙으로 만드시고
> 흙으로 다시 돌아가게 하셨다.
> 주님께서는 사람들에게 일정한 수명을 주시고
> 땅 위에 있는 모든 것을 다스릴 권한을 주셨다.
> 또한 그들을 당신 자신처럼 여겨서 힘을 주시고
> 그들을 당신의 모양대로 만드셨다.
> 모든 생물에게 사람을 무서워하는 본능을 넣어 주셔서
> 사람으로 하여금 짐승이나 새들을 지배하게 하셨다.
> (집회서 17:1-4)

인간의 창조에 관한 집회서의 서술은 본질적으로 창세기의 서술과 동일하
다.

주전 1세기 후반에 씌어진 것으로 생각되는 솔로몬의 지혜서는 "형상"이
부패할 수 없다는 것에 관하여 말함으로써, 나중에 "형상"을 "타락"과 결부
시키는 개념을 위한 길을 닦아 놓았다. "하나님은 우리를 썩지 않게 창조하셨
고, 우리를 그의 영원한 형상을 따라 지으셨다"(솔로몬의 지혜서 2:23). "썩

지 않음"은 영의 고상한 삶인데, 이것을 위해서 인간이 창조되었다. 그것은 악인들의 길과는 반대로 지혜에 대한 순종의 상급이자 결과이다.

쿰란 문헌들은 인간이 티끌 또는 진흙으로부터 만들어졌다고 말한다. 창조를 말하는 본문들 속에는 수치와 부정(不淨)의 감정이 흔히 표출되어 있지만, "하나님의 형상"에 대한 언급은 쿰란 문헌들 속에서는 발견되지 않는다 (Ringgren, *The Faith of Qumran*, 96–97; 쿰란 문헌들 속에서의 인간론에 대한 뛰어난 개관으로는 Brownlee, "Anthropology and Soteriology in the Dead Sea Scrolls," 210–240을 보라).

인간이 하나님의 형상대로 지음받았다는 사상은 신약에서도 발견된다: "남자는 하나님의 형상과 영광이니 그 머리를 마땅히 가리지 않거니와 여자는 남자의 영광이니라"(여자가 아니라 오직 남자만이 "하나님의 형상이자 영광"이라는 뜻을 함축하고 있는 바울의 사상에 대한 논의로는 Cook, "The Old Testament Concept of the Image of God," 92; McCasland, "The Image of God According to Paul," 85–86; Karl Barth, *Church Dogmatics III*, 203–05를 보라).

야고보서 3:9, 10b은 동일한 혀로 "우리가 주 아버지를 찬송하고 또 이것으로 하나님의 형상대로 지음을 받은 사람을 저주하나니 … 이것이 마땅하지 아니하니라"고 말한다. 이 본문이 함축하고 있는 의미는 모든 사람은 하나님의 "형상"을 지니고 있고, 따라서 특별한 존엄성을 지니고 있다는 것이다. 사람들은 다른 사람들을 욕해서는 안 된다. 왜냐하면, 사람들은 "하나님의 모양"으로 지음받았기 때문이다. 예수는 결코 "하나님의 형상"이라는 표현을 사용하지 않았다(Smart, *The Interpretation of Scripture*, 144).

"하나님의 형상"에 관한 그 밖의 다른 신약의 대부분의 언급들은 그리스도를 "형상"으로 언급하거나(고후 4:4; 골 1:15; 히 1:3) 그리스도인들이 아들의 형상으로 변화되어(새로워져) 간다고 말하는 것들이다(롬 8:29; 고전 15:49; 고후 3:18; 골 3:10). 구약이나 신약은 "하나님의 형상"의 상실에 대해서는 언급하지 않는다(cf. 고후 4:4; 골 1:15; 히 1:3). 바울은 사람들이 "변화되어서" 또는 "새롭게 되어서" 하나님의 영광의 형상 또는 모양으로 바뀌어 가는 것에 관하여 말하였다(고후 3:18; 골 3:10). 몇몇 교부들은 이 절들이 타락에 의해서 하나님의 형상이 상실되었다는 것을 뜻하는 것으로 이해하였지만, 바울은 구원이 아니라 성화에 관하여 말하고 있는 것이었다. 성경은 결코 타락을 하나님의 형상의 상실과 명시적으로 결부시키지 않는다(Smart, *The Interpretation of Scripture*, 135, 148).

하나님의 형상을 인간의 원시적인 상태에 관하여 교의적인 교리를 발전시키는 토대로 삼는 것은 극히 삼가야 한다. 왜냐하면, 구약이 그렇게 하고 있지 않기 때문이다. 주후 150년 경에 이레나이우스는 "형상"('첼렘')과 "모양"('데무트')을 토대로 해서 인간 본성의 여러 부분들을 처음으로 구분하였다. 이레나이우스에게 있어서 "형상"은 인간 본성이 지닌 자유와 합리성을 가리키는 것으로서, 이것은 양도될 수 없는 보편적인 것이었다. 그것은 결코 상실되지 않았고, 상실될 수도 없다(Clements, "Claus Westermann: On Creation in Genesis," 24; Smart, *The Interpretation of Scripture*, 149; Brunner, *Man in Revolt*, 93).

이레나이우스에게 있어서 "모양"은 하나님의 성령이 인간 본성에 내주하신 결과로써 인간이 지니게 된 자기결정권을 가리킨다. 이레나이우스에 의하면, 이 부분은 타락에 의해서 상실되었고, 그리스도의 구속 사역과 성령의 수여를 통해서만 회복될 수 있다. 이레나이우스는 인간을 몸, 혼, 영으로 구분하였다. 중생하지 못한 사람은 오직 몸과 혼으로 이루어져 있지만, 중생을 통해서 사람은 몸, 혼, 영이 될 수 있다. 이레나이우스는 교회가 거의 1500년 동안 추종하게 될 길을 개략적으로 제시하였다. 기본적으로 그의 해법은 지금도 여전히 가톨릭 교회의 해법이다.

어떤 점에서 이레나이우스는 "하나님의 형상"이라는 문제를 창조론에서 구속론으로 옮겨다 놓았다. 하지만 이레나이우스가 타락에 의해서 "모양"이 상실되었다고 말한 것이 무엇을 의미하는지는 분명치 않다. 그는 아우구스티누스 및 종교개혁자들과는 달리 첫 사람을 거의 완전에 가까운 사람이 아니라 "큰 아이"로 인식하였다(cf. Brunner, *Man In Revolt*, 505).

이러한 이중적인 인간 본성은 마르틴 루터가 등장할 때까지 기독교회를 지배하였다. 루터는 본문에 대한 고찰과 성경의 석의를 통해서 "형상"('첼렘')과 "모양"('데무트')이 히브리어 본문에서 병행관계에 있다는 것을 보았다.

그는 사람은 세 부분으로 이루어진 존재가 아니라 단일한 존재라는 결론을 내렸다. 인간 존재의 한 부분에 일어난 일은 다른 모든 부분들에도 일어난다. 그러므로 이레나이우스와 교회 전통이 한 사람의 존재의 일부가 타락에 의해서 영향을 받았다고 주장한 것이 옳다면, 그 적절한 결론은 인간 존재 전체가 영향을 받았다는 것이다. 하지만 루터와 칼빈은 하나님의 "형상"의 "잔재"가 여전히 남아 있다고 말할 수 있었다. 그것은 "손상을 입었지만 없어진 것은 아니었고, 지워지긴 했지만 말소된 것은 아니었다"(Creager, "The Divine Image," 117).

칼 바르트(Karl Barth)는 타락으로 말미암아 하나님과 인간 사이의 유대의 끈이 완전히 단절되었다고 말하는 극단적인 입장을 취하였다. 브루너(E. Brunner)는 칼 바르트가 "사람이 고양이가 아니고 사람이라는 사실은 별로 중요치 않다"라고 말했다고 인용한다(Brunner, *Man in Revolt*, 95에서 재인용). 바르트의 말은 극단적이긴 하지만, 허무주의적인 의미로 이해되어서는 안 된다. 레슬리 웨더헤드(Leslie Weatherhead)는 인간에 관한 두 가지 허무주의적인 견해를 인용하였다: "인간은 저급한 형태의 세포 생명체로서 거름더미로 가는 길에 있다"는 것과 "인간은 거대한 무관심에 대항하여 외로운 싸움을 싸우고 있다"는 것(*The Significance of Silence*, 114).

최근의 구약 신학자들은 구약성서에 나오는 "하나님의 형상"에 대해서 오직 간략하게 설명해 왔을 뿐이다. 클라우스 베스터만(Westermann)은 "인간은 하나님과 대응되는 존재이기 때문에, 인간과 하나님 사이에서 어떤 일이 일어날 수 있고, 하나님은 인간에게 말할 수 있으며 인간은 응답할 수 있다"라고 말하였다(*Elements of Old Testament Theology*, 97). 침멀리(Walter Zimmerli)는 "이제 인간은 오직 부분적으로만 하나님의 모양을 지니고 있다는 것에 관한 모든 수많은 신학적인 사변들은 쓸데없어졌다"라고 말하는 것으로, "하나님의 형상"에 관한 그의 논의를 요약하였다(*Outline of Old Testament Theology*, 36; 또한 Thomas Finger, "Humanity," 674–75를 보라).

사람은 하나님을 닮았다. 인간은 하나님의 피조물 중에서 하나님을 닮은 유일한 존재이다. 우리는 그 어떤 점에서도 신적이지 않다. 우리의 본성 속에는 신적인 불꽃이 존재하지 않지만, 우리는 하나님을 "닮았다." 우리는 하나님을 대표한다. 우리는 이 땅에서 하나님의 권능의 일부를 행사한다. 우리는 우리가 하나님을 향하여 및 서로를 향하여 행하는 방식에 대하여 하나님께 책임이 있다.

29. 인간: 사회적 존재

A. 인간(남자와 여자)은 사회적 존재로 창조되었다

한 창조 기사에서 남자와 여자가 동시에 창조되었다고 말하고 있는 것(창 1:27)은 인간의 사회적 성격을 보여준다. 창조는 사람들을 사회적인 존재로 만들었다. 사람(아담) 또는 인간은 남자와 여자로 이루어져 있다. 남자와 여자를 가리키는 복수형 "그들"은 의도적으로 단수형인 "그"와 대비되고, 우리로 하여금 원래 남녀 양성으로 인간이 창조되었다는 것을 생각하지 못하게 막는다. "하나님의 뜻에 의해서, 남자는 홀로 창조된 것이 아니라, 다른 성별의 '너'로 지칭되었다. P에 의하면, 사람이라는 개념은 오직 남자 속에서가 아니라 남자와 여자 속에서 그 온전한 의미를 발견한다"(von Rad, *Genesis*, 58). 인간의 창조에 관한 또 다른 기사(창 2:46-25)는 남자가 먼저 창조되었고(창 2:7) 동산에서 일하도록 두어졌지만(창 2:15) 오직 그만이 피조 세계 가운데에 홀로 있었다는 것을 보여준다. 동물들조차도 성취와 반려에 대한 그의 필요를 충족시킬 수 없었다. 그래서 야웨는 "사람('아담')이 혼자 사는 것이 좋지 아니하니 내가 그를 위하여 돕는 배필을 지으리라"(창 2:18)고 말씀하셨다. '에제르 케네게도'라는 표현은 이해하기도 어렵고 번역하기도 어렵다. '에제르'는 통상적으로 "돕는 자"로 번역되는데, 일부 학자들은 "조력자, 종속된 자, 열등한 자"라는 의미를 지닌다고 주장한다.

성경이 여자가 남자보다 열등하다는 증거들을 제공해 주고 있다는 사상은 오랜 역사를 지니고 있다. 존 스키너(John Skinner)는 "뱀은 자신의 첫 번째 유혹을 여자의 좀 더 움직이기 쉬운 기질에 시도함으로써 자신의 영악함을 보여준다"라고 말하였다(*Genesis*, 73). 진 히긴스(J. Higgins)는 이레나이우스(주후 135-202년)의 저작들 중의 한 단편이 그러한 해석의 오래된 예를 보여준다고 지적하였다. 그 단편 중의 한 부분은 이렇게 묻는다:

왜 뱀은 여자가 아니라 남자를 공격하지 않았던 것인가? 당신은 여자가 둘 중에서 더 약한 자였기 때문에 뱀이 그녀를 공격한 것이라고 말한다. 오히려 정반대이다. 계명을 범함에 있어서 여자는 진정으로 남자의 "조력자"('보에도스')로서 남자보다 더 강하다는 것을 보여주었다("Anastasius Sinaita," 254).

빅터 해밀턴(Victor Hamilton)은 여기서 남성형으로 된 "조력자"('에제르')는 여자를 가리키는 용어라고 지적하였다. "이 특정한 단어가 윗사람에 대하여 종속적이거나 조력하는 지위를 지닌 자를 가리킨다는 주장은 이 단어가 매우 자주 이스라엘에 대한 야웨의 관계를 묘사하는 데에 사용된다는 사실에 의해서 반박된다"("Genesis 1-17," *NICOT*, 175-176). 이 단어가 하나님을 주어로 해서 사용되는 것에 대해서는 출애굽기 18:4; 신명기 33:7,26,29; 시편 33:20; 115:9-11; 121:2; 124:8; 146:5을 보라.

크리스토프 바르트(Christoph Barth)는 '에제르'라는 표현을 통한 "돕다"에 대한 언급은 "그의 존재 속에 있는 것," 고독함으로부터의 구출, 그러므로 참되고 끊임없는 동반자 관계와 반려를 가리킨다고 말하였다. 동반자 관계는 섬김을 포함하지만, "열등함과 종속성의 의미에서 그런 것은 아니다"(*God With Us*, 24). 브루그만(W. Brueggemann)은 여기서 인간의 "날카로운 세속화"를 지적하였다. "하나님은 남자의 조력자가 되는 것을 의도하신 것이 아니다"(*Genesis, Interpretation Commentary*, 47). 베르크만(Bergman)은 "이 동사와 실명사의 의미에 있어서 결정적인 것은 혼자 힘으로는 충분히 할 수 없는 경우에 주어와 목적어가 공동으로 행동하거나 일한다는 측면이다(수 10:4-5)"라고 말하였다(*THAT* II, 257).

두 번째 용어는 "눈에 띄는" 또는 "-앞에," "상응하는" — 즉, "자기 자신과 대등하고 동등한" — 을 의미하는 명사 '네그도'이다(*BDB*, 616, 1125). 트리블(Phyllis Trible)은 이 욕구가 "동일성, 상호성, 평등성"을 의미한다고 말하였다. "야웨 하나님에 의하면, 땅의 피조물이 필요로 하는 것은 반려, 즉 종속적이지도 않고 우월하지도 않은 자, 동일성을 통해서 고독을 경감시켜주는 자이다"(*God and the Rhetoric of Sexuality*, 90).

데이비드 프리드먼(David Noel Freedman)은 최근에 히브리어 어구인 '에제르 케네그도'("그에게 합당한 조력자")에 대한 고전적인 번역에 의문을 제기하였다. 어근 '에제르'의 첫 번째 글자는 원래 두 가지 발음을 가지고 있었기 때문에, 이 어근도 두 가지 의미를 지닐 수 있었다. 아카드어에서 이 어근은 통상적으로 "강하다"를 의미하였다. 이것을 토대로, 프리드먼은 이 히브리어를 '에제르'가 아니라 '게제르'("남자와 동등한 힘")로 번역하였다. 하나님은 남자와 동등한 힘을 만들기로 결심하셨다. "남자의 힘과 동등한 힘을 가진 자. 여자는 단순히 남자의 조력자로 의도된 것이 아니었다. 여자는 남자의 동반자가 될 것이었다"("Woman, A Power Equal to Man," 56). 프리드먼의 논증은 그 자체로는 별 무게를 지니고 있지 않다.

발터 아이히로트(Walther Eichrodt)는 남자와 여자의 관계에 관한 구약의 견해를 아주 잘 표현하였다. "남자와 여자는 창조주의 손으로부터 동일한 때에 출현하였고, 하나님의 형상을 따라 동일한 방식으로 창조되었기 때문에, 남자와 여자라는 차이는 하나님 앞에서의 그들의 지위와는 관련이 없다 … 이 절(창 1:27)은 인류의 절반인 여자를 열등한 존재로 멸시하고 어떤 점에서 동물들과 더 가까운 존재로 여기는 것을 합리화시켜 주는 것과는 아무런 상관이 없다. 남자와 여자의 관계는 인간과 하나님의 관계와 동일한 토대 위에 놓여진다; 인격적인 존재들로서의 남자와 여자의 만남은 그 힘을 하나님과의 그들의 공통적인 만남으로부터 끌어오는 책임있는 협력 속에서 서로를 위하여 살아가는 것으로 귀결된다"(*Theology of the Old Testament* II, 126-127).

B. 혼인과 가족

인간이 계속해서 오직 한 남자와 한 여자로만 머물러 있는 것은 야웨의 목적이 아니었다. 야웨는 인간(남자와 여자)을 생식의 능력으로 축복하였다. 남자와 여자를 향한 하나님의 첫 번째 명령은 "생육하고 번성하여 땅을 충만케 하라"(창 1:28)는 것이었다. 남자와 여자는 그들의 자녀들과 함께 가족을 이루고 살게 되어 있었다.

남자가 홀로 사는 것은 야웨의 뜻이 아니었다. 혼인은 구약에서 사람들을 위한 규범이었다(잠 5:15-20). 제사장들, 나실인들, 레갑 자손들조차도 혼인

하였고 가족을 이루었다(레 21:13; 삿 13:3-5; 렘 35:6-10). 오직 예레미야만
이 혼인하지 말라는 명령을 받았다(렘 16:1-2). 침멀리(Walter Zimmerli)는
"독신 생활, 혼인을 하지 않는 것이 사람을 하나님에게 더 가까이 가게 만드
는 영적으로 더 고상한 것이라는 사상은 구약성서에 대단히 이질적인 것이
다"라고 말하였다(*The Old Testament and the World*, 31).

혼인은 자동적인 것도 아니었고 운명적인 것도 아니었다. 그것은 남자 또
는 그의 부모가 승낙을 해야 하는 것이었다(Zimmerli, *The Old Testament
and the World*, 31). 삼손은 딤나로 내려가서 블레셋 사람의 딸들 중에서 한
여자를 보았다. 그는 집으로 돌아와서 그의 아버지와 어머니에게 "이제 그를
맞이하여 내 아내로 삼게 하소서 하매, 그의 부모가 그에게 이르되 네 형제들
의 딸들 중에나 내 백성 중에 어찌 여자가 없어서 네가 할례 받지 아니한 블
레셋 사람에게 가서 아내를 맞으려 하느냐"(삿 14:1-3) 하였다. 그의 아버지
와 어머니는 그 관계가 하나님으로부터 온 것이라는 것을 알지 못했다; 왜냐
하면, 하나님은 블레셋 족속을 칠 기회를 찾고 있었기 때문이다(삿 14:4; cf.
수 11:20; 왕상 11:14; 대하 22:7). 삼손에게 있어서 혼인은 가족을 이루거나
자녀를 얻기 위한 것이 아니라, 하나님이 블레셋 족속을 심판하기 위한 기회
였다.

구약에서 가족은 흔히 아버지와 어머니, 그들의 직계 자손 이상의 것을 포
함하고 있었다. "아버지의 집"('바이트 아브')은 자녀들, 손자들, 종들, 과부
들, 고아들로 이루어진 대가족을 포함할 수 있었다. 대가족의 모든 지체들의
성적인 행위는 광범위하고 매우 엄격한 율법들에 의해서 규제를 받았다(레
18:1-30을 보라).

혼인에서 남편과 아내는 자녀를 낳도록 되어 있었다. 자녀들은 "하나님의
선물들"로 여겨졌다(시 127:3-5; 128:3). 종종 하나님은 부인의 태를 닫았고,
그러면 그 여자는 자식이 없었다(태를 여셨다는 언급을 보라; 사라 ― 창
17:16-19; 리브가 ― 창 25:21-26; 레아와 라헬 ― 창 29:31; 30:22-24; 한나
― 삼상 1:2, 5, 19-20). 자녀들은 혼인의 유일한 상급들이 아니었다. 진정한
기쁨, 동반자 관계, 위로, 도움은 혼인의 축복들이었다. 하와가 창조되었을 때
에 아담이 기뻐서 소리친 것을 상기해 보라(창 2:23). 남편과 아내는 함께 "뼈

와 살"이 되도록 되어 있었다. 그들은 한 육체가 되어서 한 가족을 형성하게 되어 있었다. 침멀리(Walter Zimmerli)는 "가족을 떠나는 쪽이 여자가 아니라 남자라는 것, 가부장적 관습과 정면으로 배치되는 이러한 놀라운 표현은 기본적인 사랑의 힘을 명확하게 강조하고 있다"고 말하였다(*The Old Testament and the World*, 33). 창세기 29:20은 야곱이 라헬을 위해서 일곱 해 동안 일하였는데, 야곱이 라헬을 사랑했기 때문에 그 세월이 며칠과 같아 보였다고 말한다.

혼인과 사랑은 구약에서 삶의 "세속적인" 측면과 닿아 있다. 혼인 예식은 묘사되어 있지 않지만, 인간의 사랑의 기쁨은 아가서(1:2; 8:6-8)와 전도서 (9:7-9)에 분명하게 묘사되어 있다. 젊은이가 혼인을 하고 징집이 된 경우에, 그는 자기가 얻은 아내를 기쁘게 하기 위하여 일 년간 징집을 연기할 수 있었다(신 24:5).

혼인과 사랑이 구약에서 "세속적"이라는 것은 그것들이 종교라는 이름하에서 이상화되거나 하나님의 삶의 일부로 이해되지 않았다는 의미이다. 그러한 것들은 인간이 "하나님 앞에서 책임을 져야 할 영역들"이었다(Zimmerli, *The Old Testament and the World*, 35).

구약성서는 이러한 하나님이 주신 선물들에 대한 그 어떤 부자연스러운 왜곡들에 대해서도 매우 날카롭게 반응한다. 하나님은 동성 간의 성관계와 수간(獸姦)을 엄격하게 금지한다(레 18:22-23; 20:13). 간음에 의해서 다른 사람의 혼인생활을 파탄에 이르게 하는 것은 제7계명에서 금지된다. 침멀리는 구약이 이 문제에 있어서 대단히 단호하다고 말하였다. "구약은 심지어 이방 군주들조차도 이것이 아무도 넘을 수 없는 경계라는 것을 알고 있다고 전제한다(창 12:10-20; 20:1-18; 26:7-11). 구약은 결코 오늘날의 세계와는 달리 혼인생활이나 간음을 가볍게 여기지 않는다"(*The Old Testament and the World*, 36).

구약에서 부인의 지위는 많은 논란을 불러일으켜 왔다. 초기의 연구들은 흔히 부인들이 절대적인 의미에서 단순히 재산에 불과하였다고 단언하였다 — 집안의 가축과 마찬가지로. 1814년에 존 데이비드 미카엘리스(John David Michaelis)는 고대 이스라엘에서는 부인들이 하인이나 노예처럼 매매되었다고 말하였다(*Commentaries on the Laws of Moses I*, 450-453). 타데우스 엥게르트(Thadaeus Engert)는 부인이 가축과 같은 신분이었다는 극단적인 주장을 한 인물이었다. 그는 남편은 부인을 자신의 가축떼 중의 암소처럼 샀고, 부인은 전적으로 남편의 변덕과 횡포에 종속되어 있었다고 말하였다 — 마치 물건과 가축처럼 취급당했다("Ehe und Familienrecht der Hebräer," *Studien zur alttestamentlichen Einleitung und Geschichte* 3 [Münster: Aschendorfische Verlagsbuchhandlung, 1914]; 또한 Christopher J. H. Wright, *God's People in God's Land*, 184를 보라).

최근에 와서, 구약에서의 여자들에 대한 그러한 견해들은 도전을 받아왔고 수정되고 부정되었다. 밀라 버로우스(M. Burrows)는 "납폐금"('모하르'; 창 34:12; 출 22:16; 삼상 18:25)은 "보상금"으로 번역되어야 한다고 말하였다(*The Basis of Israelite Marriage*, 15). 데이비드 메이스(David Mayes)는 여자들은 구약에서 재산이 아니라 인격체들로 여겨졌다고 주장하였다. 메이스에 의하면, 남편이 소유한 것은 아내의 인격이 아니라 아내의 성이었다(*Hebrew Marriage: A Sociological Study*, 186). 오토 바압(Otto Baab)은 '모하르' 거래는 가축 재산권의 이전이 아니라 한 여자에 대한 남편으로서의 권위를 다른 사람에게 양도하는 것이었다고 말하였다. 이 때에 여자는 여전히 인격체로 남아 있게 된다("Woman," *IDB* IV, 865).

구약에서 여자들의 지위에 관한 학자들의 개선된 견해들을 추적한 후에, 라이트(C. J. H. Wright)는 최근에 많은 학자들이 옛 견해들로 되돌아가고 있다는 사실을 개탄하였다. 그는 앤서니 필립스(Anthony Phillips), 드보(Roland de Vaux), 주잇(Jewett), 레오나드 스윈들러(Leonard Swindler) 등의 불만족스러운 해석들을 격렬하게 비판하였다(*God's People in God's Land*, 189-190). 라이트는 부인들은 남편들의 재산이 아니었지만, 독자적인 법적 신분을 지니고 있지도 않았다고 결론을 내렸다.

아내는 남편 자신의 연장으로 여겨졌다. 아내는 남편이라는 인격체의 일부였기 때문에, 남편과 아내는 단일한 법적 인격체를 구성하였다. 아내에 대한 성적인 성격을 지닌 범죄들은 남편의 재산에 대한 범죄가 아니라 남편의 인격에 대한 범죄로 여겨졌다. 말라기는 이혼을 하나님에 대한 공격일 뿐만 아니라 사람 자신의 생명에 대한 공격이라고 비난하였다(말 2:14-16). 아내는 구체적으로 안식일에 쉬어야 할 대상으로 포함되지 않았는데, 이것은 율법이 아내에 대하여 구속력이 없었기 때문이 아니라, 남편과 더불어 아내는 자동적으로 포함되었기 때문이었다. 아간의 아내는 아간의 소유물들의 목록 속에 열거되지 않았다(수 7:24) ─ 물론, 그녀가 아간의 운명과 함께했다는 것은 분명하지만.

이 모든 것은 "아내의 법적 신분은 본질적으로 남편의 법적 신분에 대한 보완적인 것으로서, 한 몸이라는 신학적인 개념과 법적인 짝을 이루고 있었다는 것을 보여준다(창 2:24)"(*God's People in God's Land*, 221). 라이트는 가족은 이스라엘의 사회적 · 경제적 · 종교적 삶에서 중심이었다고 강력하게 주장하였다(*God's People in God's Land*, 1).

C. 개인주의와 집단적 인격

구약에서 인간은 사회적 존재였다. 한 사람은 개인인 동시에, 가족, 집, 지파, 씨족, 민족의 지체였다. 개인이라는 개념은 이스라엘에서 일찍이 발전하였다. 구약은 인간 존재의 인격적 책임과 인격적 가치를 강조한다. "이스라엘에서는 개인의 삶의 중요성이 매우 강조되었기 때문에, 우리는 심지어 여기에서 개성의 온전한 개념이 탄생했다고까지 말할 수 있을 것이다"(Vriezen, *Old Testament Theology in Outline*, 419). 또한 베스터만(Westermann)은 구약에서는 개인을 독특하게 강조하고 있다고 말하였다. 족장들로부터 시작해서, 하나님의 약속들은 민족과 더불어 개인을 향한 것이기도 하였다. "하나님의 역사(役事)는 개인의 삶을 포괄하고, 하나님의 약속들은 모든 개인의 집들, 일하는 곳들, 그리고 낮과 밤들에까지 미친다"(*Elements of Old Testament Theology*, 67).

구약은 개인의 가치와 책임을 강조하지만, 개인을 모든 것의 척도로 삼지는 않는다. 또한 구약은 사회 속에서의 개인의 적절한 위치를 강조한다. 서구 세계가 개인 및 개인의 가치, 소중함, 권리들, 자유를 지나치게 강조하는 것은 르네상스로부터 유래한 인본주의적인 사상으로서 성경적인 것이 아니다. 어니스트 라이트(G. Ernest Wright)는 심지어 교회들조차도 삶의 폭풍 속에서의 개인의 평안, 안식, 기쁨의 필요성에 지나치게 골몰한 결과로, 공동체에 대한 열렬한 관심이 배제되고 있다고 비난하였다(*The Biblical Doctrine of Man in Society*, 21).

이스라엘의 율법은 하나님께서 이스라엘 민족에게 은혜로 주신 선물로 해석되었다. 율법은 공동체의 법이었지만, 결코 지파의 윤리는 아니었다. 그것은 새로운 사회의 토대였다. 이 새로운 사회 속에서 개인은 없어져 버리거나 억눌러진 것이 아니었다. "너는 할지니라"는 하나님의 말씀들은 각 개인에게 향한 말씀이었다. 개인은 하나님께서 민족에게 들려준 말씀을 자기 자신에게 들려준 것으로 들었다. "사람은 지파라는 집단의 보잘것없고 개성 없는 구성 성분이 아니었다."

> 민족과의 계약 속에서 하나님은 자신의 인격적인 말씀을 통해서 각 지체를 높이셨기 때문에, 각 사람은 하나님에 대한 자신의 관계가 책임성을 지니고 있다는 것을 이해하였다. 민족의 주는 각 개인의 주이기도 하였다 (Wright, *The Biblical Doctrine of Man in Society*, 26).

거룩한 계약 공동체가 이웃 나라로부터 빌려온 통치 형태와 증대되는 세속화의 경향 및 문화적 동화 등과 아울러 "국가"가 되었을 때, 긴장들이 생겨났다. 종종 개인은 새로운 집단 체제에 저항하도록 부르심을 받았다. "국가와 하나님의 나라는 동일한 것이 아니었고, 전자에 대하여 개인은 저항하도록 부르심을 받았다. 그렇다면, 하나님께서 개인으로 하여금 자신의 선택을 성취하기를 원하셨던 공동체는 무엇이었는가? 그것은 아직 조직적인 형태로 존재하지는 않았지만, 하나님께서 자신의 심판 행위들을 통해서 탄생시킬 참 이스라엘이었다"(Wright, *The Biblical Doctrine of Man in Society*, 27).

구약은 개인의 역할을 강력하게 강조하였지만, "순수한 개인주의는 현대적인 현상이다"(G. A. F. Knight, *A Christian Theology of the Old Testament*, 31). 구약의 많은 부분에 반영되어 있는 이스라엘 백성의 사상은 대체로 종합적(synthetic)이라고 할 수 있는 이른바 "원시" 민족들의 사상과 흡사하였다. 그들은 사물을 개체성이 아니라 총체성 또는 전체라는 관점에서 파악하였다.

오브리 존슨(Aubrey Johnson)은 이스라엘의 종합적인 사고의 중요성을 강조하였다: "히브리 언어의 비밀들을 풀고 이스라엘 백성의 사고의 풍요로움을 밝혀주는 것은 '열려라 참깨'였다고 말하는 것은 지나친 말이 아닐 것이다"(*The Vitality of the Individual*, 7-8).

이러한 종합적인 또는 통전적인 사고방식은 휠러 로빈슨(H. Wheeler Robinson)이 "집단적 인격"이라고 불렀던 바로 그것이다. 그는 영국법에 의하면 하나의 단체는 한 개인으로서의 기능을 할 수 있고, 또한 한 개인이 단체로서 행동할 수 있다는 것을 지적하였다. 로빈슨은 구약에서 개인은 자신이 속한 집단과 밀접하게 동일시되고 있었기 때문에, 개인의 죄는 자신의 가족 전체의 징벌을 가져왔고(수 7:24), 왕은 자신의 민족을 대표할 수 있었으며, 시편들에서 화자인 "나"는 자신이 속한 집단을 대표할 수 있었다고 말하였다(cf. 시 44:1, 4, 6, 15; 118:2-5; 144:1-2, 9, 12-14; *Corporate Personality in Ancient Israel*, 1을 보라).

지그문트 모빙켈(Sigmund Mowinckel)은 로빈슨의 견해를 추종하여 그 견해를 극단까지 확장하였다. 모빙켈은 이렇게 말하였다: "이스라엘 백성에게 있어서 인간의 삶의 기본적인 실체는 개인이 아니라 공동체였다. 개인은 지파 속에서 자신의 진정한 실존을 가지고 있었다. 지파 밖에서는 개인은 잘려나간 지체, 아무런 권리도 가지고 있지 않은 자로서 아무런 존재도 아니었다"(*The Psalms in Israel's Worship*, 42).

의심할 여지 없이, 구약은 한 개인이 집단에 "싸여있다"고 보았지만(삼상 25:29), 개인은 자신의 행동에 대하여 개인적으로 책임을 지지 않아도 된다는 식으로 집단 속에 매몰되거나 집단에 가려서 없어져 버린 것이 아니었다. 이스라엘이 역사의 무대에 등장했을 즈음에, 스스로를 책임있는 인격체로 보는 의식이 별로 발달되어 있지 않았던 "원시인"은 대체로 문명 세계에서 사라지고 없었다.

로저슨(J. W. Rogerson)은 휠러 로빈슨의 『고대 이스라엘에서의 집단적 인격』(*Corporate Personality in Ancient Israel*)에서 제시된 견해를 비판하였다.

오해를 피하기 위하여, 나는 내가 휠러 로빈슨이 유지될 수 없는 인간론

적 전제들을 토대로 해서 히브리적인 사고방식에 관한 이론을 주장한 것
에 대하여 비판하지만, 구약성서의 여러 부분들은 개인 또는 개별적인 화
자의 "공동체적인" 의식이라고 부를 수 있는 것을 함축하고 있는 것으로
보인다는 것을 받아들인다는 점을 분명히 해두고자 한다. 잘 알려진 예는
시편들에 나오는 "나"인데, 거기에서 일 인칭 단수로 나오는 화자는 이스
라엘 백성 전체를 대표하는 것으로 보인다. 나는 다른 곳에서 이와 동일한
예들이 현대적인 체험 속에서 발견될 수 있고, 그 예들을 이해하기 위해서
는 히브리적인 사고방식에 관한 특별한 이론이 필요하지 않다는 것을 논
증하였다(*Anthropology and the Old Testament*, 56-57).

로저슨이 구약은 "집단적인" 개념들을 담고 있지만, 그것이 특별한 히브
리적인 사고방식에 관한 이론을 입증해주는 것이 아니라고 말한 것은 아마도
옳을 것이다. 또한 휠러 로빈슨은 몇 가지 유지될 수 없는 인간론적 전제들을
견지하고 있었던 것 같다.

D. 사회의 단위들을 가리키는 히브리어 용어들

1) **가족** ― 가족, 씨족, 지파, 민족 같은 사회의 여러 단위들을 가리키는 히
브리어 용어들은 흔히 모호하고 서로 중복된다. '베트'("집")라는 단어는
"한 가족," "가정," 요셉의 집이라는 표현에서처럼 "지파"(삿 1:2, 35), 또
는 민족으로서의 이스라엘(삼하 1:2)을 의미할 수 있다. '미쉬파하트'라는 단
어는 "쏟다"를 의미하는 어근으로부터 온 단어로서, 분명히 물, 피, 또는 정
자를 가리킨다. 이 단어는 정치적인 용어가 아니고, 하나의 관계 ― 씨족 또
는 대가족 ― 를 의미한다. 이 단어는 "집"보다는 더 크고 "지파"보다는 작
은 분명하게 정의되지 않은 단위를 가리킨다(Gottwald, *The Tribes of
Yahweh*, 257; C. J. H. Wright, *God's People in God's Land*, 48-55).

종종 "씨족"으로 번역되는 '엘레프'라는 또 다른 단어(민 10:36; 삿
6:15; 삼상 10:19; 23:23)는 아마도 "천(千)"을 가리키는 군사용어인 것으
로 보인다. 하나의 씨족('미쉬파하트')은 대략 20가족으로 구성되어 있었

고, 각 가족은 '엘레프'라는 군사 단위에 대략 50명의 남자를 보내어서, 도합 천명이 되었다(Wolff, *Anthropology of the Old Testament*, 215).

2) **지파** — '쉐베트'와 '맛테'라는 히브리어의 두 단어가 "지파"로 번역된다. 이 두 단어는 사령관의 지팡이 또는 왕의 홀(笏)을 나타내는데, "동일한 추장에게 복종하는 모든 자들"을 가리키는 것 같다(De Vaux, *Ancient Israel*, 8).

히브리 사회는 가족, 씨족, 지파로 이루어진 피라미드 형태의 사회 단위들로 구성되어 있었던 것으로 보인다. 구약의 두 대목에서는 이스라엘 사회의 이러한 여러 단위들 또는 계층들에 관하여 말한다(수 7:14-18; 삼상 10:20-21). 첫 번째 본문에서는 여리고 전투에서 '헤렘'의 법을 범한 자가 누구인지를 가려내기 위하여 지파들, 가족들 또는 씨족들, 이스라엘의 집들을 놓고 제비를 뽑는 장면을 묘사하고 있다. 두 번째 본문에서는 이스라엘의 최초의 왕을 선택하기 위하여 지파들과 가족들 또는 씨족들을 놓고 제비를 뽑는 장면이 서술된다.

이스라엘 안에서의 서로 다른 사회적 단위들을 가리키는 이러한 여러 용어들은 분명하고 정확하게 사용되었던 것으로 보일 수 있지만, 이러한 용어들의 용례를 좀 더 면밀하게 검토해보면, 또 다른 사정이 드러난다. 종종 동일한 집단은 다른 용어들에 의해서 지칭된다. 이 용어들은 구약에서 결코 정의되지 않고, 문맥은 각 단위의 수, 구성, 기능에 관하여 아무것도 말해주지 않는다(Gottwald, *The Tribes of Yahweh*, 238).

오늘날 많은 독자들은 이러한 용어들을 오늘날의 가족, 씨족(스코틀랜드 또는 웨스트버지니어에서 통용되는 것과 같은) 또는 부족들(인디언 또는 이교도들에서 나타나는)에 관한 그들의 지식을 토대로 해서 해석한다. 1967년에 미국 인종학회의 봄 정기모임의 주제는 "부족의 문제점"이었다. 참석자들은 인류학에 있어서 "부족"(지파)이라는 단어의 모호성을 무척 강조하였다. 하지만 한 저술가는 "만약 내가 인류학의 어휘 속에서 가장 의미없는 악명높은 경우로서 한 단어를 선택해야 한다면, 나는 부족이라는 단어보다도 인종이라는 단어를 선택할 것이다"라고 말하였다(Rogerson, *Anthropology and the Old Testament*, 86에서 재인용). "부족"에 관한 심포지움을 열었던 이 학회에서는 지리적인 거주지, 혈연, 공통의 언어 등과 같은 특징들을 통해서 "부족"을 정의할 수 있는 판별기준들을 정립하고자 했지만, 그 어떤 확고한 결론에도 도달할 수 없었다.

3) **국가** — 이스라엘은 지파들보다 더 큰 어떤 사회적, 정치적, 또는 종교적 조직을 가지고 있었는가? 지파들보다 더 큰 집단들을 가리키기 위하여 히브리어의 여러 용어들이 사용되었다. 그러한 용어들로는 '암'("백성"), '고이'("민족"), '카할'("회중" 또는 "총회"), '마믈라카'("왕국")가 있다. '암'("백성")이라는 단어는 주로 사회적이고 문화적인 용어이다(민 23:9). 이 단어는 구약에서 1,800번 사용되고, '고이'("민족")는 550번 나온다. '암'과 '고이'가 '마믈라카'("왕국")와 병행으로 나오는 경우는 극히 드물다(출 19:6; 왕상 18:10; 대하 32:15; 렘 18:7,9; 단 8:22). "왕국"이라는 개념은 '고이'("민족")의 정치적인 측면을 강조하는 말이다. 이 두 용어는 구약에서 오늘날 우리가 사용하는 정치적인 의미에서의 "국가"와 가장 가깝다(이 용어들에 대한 철저한 논의로는 Gottwald, *The Tribes of Yahweh*, 241–243; Speiser, *Oriental and Biblical Studies*, 160–170; G. W. Anderson, "Israel: Amphictyony," 135–151을 보라).

구약성서에는 "국가"를 가리키는 단어가 없다(Clements, *Old Testament Theology*, 80). '고이'라는 단어는 정치적인 의미에서의 "민족"을 가리킬 수 있고, '마믈라카'라는 단어는 정치적인 나라(왕국)를 가리킬 수 있다; 그러나 또한 이 단어는 야웨의 나라도 가리킬 수 있다(대상 29:11). 이스라엘은 언제 국가가 되었는가? 갓월드는 이스라엘은 다윗 치하에서 비로소 온전한 국가가 되었다고 말하였다(*The Tribes of Yahweh*, 297). 드보(Roland de Vaux)는 "이스라엘 백성의 국가 개념"은 결코 존재한 적이 없었다고 말한다(*Ancient Israel*, 98).

이스라엘은 사사 시대에 "국가"였는가? 마르틴 노트(Martin Noth)는 그의 선배들인 에드워드 마이어(Edward Meyer, 1881년), 게오르크 베어(Georg Beer, 1902년), 알브레히트 알트(Albrecht Alt, 1929년)의 연구를 토대로, 이스라엘은 사사 시대에 지파 동맹체 — 그는 이것을 "신성동맹"(amphictyony)

이라고 불렀다 ─ 가 되었다고 말하였다. 노트는 사울이 이스라엘의 최초의
왕이 되었을 때에 이미 원래 세겜에 자리잡고 있었던 중앙 성소에서의 야웨
예배를 통해서 열두 지파가 계약 속에서 결합되어 있었던 상황이 존재하고
있었다고 주장하였다.

고대 이스라엘에서의 신성동맹이라는 노트의 사상은 폰 라트, 라이트, 존
브라이트 등 수많은 학자들을 포함한 대다수의 구약학자들에 의해서 널리 받
아들여졌다. 이 이론은 구약학의 이 분야에서 30여년 동안 확고한 입지를 차
지하고 있었다. 하지만 노트의 이론이 제시된 때로부터 반론들도 생겨났다.
데 후위스(De Geus)는 1932년에 에밀 아우어백(Auerback)이 "노트의 이론들
에 대하여 격렬하게 이의를 제기하였고 그 이론들을 거부하였다"라고 말한
다(The Tribes of Israel, 28, n. 129, 55).

노트의 신성동맹 가설에 대한 최초의 심각한 비평은' 게오르크 포러(Georg
Fohrer)로부터 왔다("Altes Testament- 'Amphiktyonie' und 'Bund,'"
801-806, 893-904). 포러는 노트의 가설은 입증되지 않은 여러 가설들을 하
나로 융합시켜 놓은 것이라고 말하였다. 사사 시대 동안에 지파들의 수(열
둘?)와 중앙 성소의 존재는 입증될 수 없는 것들이다. 언약궤의 기능은 극히
불확실하다(전쟁용이었는가 제의용이었는가?). 그리스-이탈리아의 신성동맹
과의 유비는 대단히 의심스럽고, 구약성서에는 그러한 제도를 가리키는 히브
리식 명칭이 존재하지 않는다는 사실도 매우 이상하다(de Geus, The Tribes
of Israel, 62).

1970년에 앤더슨(G. W. Anderson)은 노트의 "창의적인 연구"에 경의를 표
하면서도, 고대 이스라엘의 환경과는 무척 다른 환경들로부터 가져온 신성동
맹이라는 전문적인 용어를 이스라엘에 적용하여 사용하는 것은 해답을 제시
하기보다는 오히려 의문만 증폭시킬 뿐이라는 결론을 내렸다("Israel:
Amphictyony," 148). 앤더슨은 이스라엘의 열두 지파가 사사 시대 동안에
통일체를 형성하고 있었다고 보았지만, 신성동맹이 보여주는 그 어떤 특징들
에 대한 증거들을 찾아볼 수 없다고 말하였다. 그는 사사 시대 동안에 이스라
엘의 통일체는 야웨와 이스라엘 지파들 간의 시내산 계약에 토대를 둔 것이
었다고 설명하였다("Israel: Amphictyony," 149).

이스라엘의 신성동맹에 관한 마르틴 노트의 가설은 끊임없는 비판에 의해서 허물어져 왔다. 그의 가설을 검토하고 평가하기 위하여 한 권으로 된 연구서들이 씌어져 왔다. 많은 학자들은 노트의 이론이 지닌 약점들을 인정하고 있지만, 사사 시대 동안에 이스라엘의 사회적 · 정치적 · 종교적 구조의 성격에 대해서 거의 견해의 일치를 보여주고 있지 않다. 노트의 가설을 전체적으로 지지하고 있는 존 브라이트(John Bright)는 "노트의 재구성은 주지하다시피 가설적인 것이고, 몇 가지 점에서 비판과 수정을 받아왔지만, 모종의 신성동맹을 전제하는 것이 증거들을 가장 잘 설명해주고 성경에서 보여지고 있는 초기 이스라엘의 현상에 대하여 유일하게 만족스러운 설명을 제공해 주는 것으로 내게는 보인다"라고 말하였다(Covenant and Promise, 33).

우리가 현대적인 국가의 판별기준을 적용한다면, 사사 시대 동안에 이스라엘이 "국가"였다고 말하는 것은 정확하지 않을 것이다. 그러한 국가는 다윗 치하에서 실현되었다(Clements, Old Testament Theology, 84). 신명기 26:5은 이스라엘이 애굽에서 크고 힘있고 인구가 많은 민족('고이')이 되었다고 말한다. 구약의 여러 시기들 동안에 이스라엘의 구조는 유동성이 지배한다. 이스라엘은 하나의 백성, 하나의 나라, 또는 하나의 민족으로 지칭되고 있기 때문에, 오직 문맥을 통해서만 그 명확한 의미가 결정될 수 있다.

4) **왕권과 왕국** — 이스라엘은 사울, 다윗, 솔로몬의 치세 동안에 하나의 국가가 되었다. 이스라엘은 고대 근동에서 왕을 가진 마지막 민족들 중의 하나였다. 애굽은 주전 3100년 경으로부터 시작해서 자신의 기록된 역사 전체에 걸쳐서 왕을 가지고 있었다. 애굽의 왕은 신적인 존재로 여겨졌다.

파라오는 죽을 인간이 아니라 신이었다. 파라오가 신적인 본질을 지니고 있고 신의 화신이라는 것은 애굽의 왕권에 관한 근본적인 개념이었다; 그리고 이 견해는 가장 오래된 문헌들과 상징들로까지 거슬러 올라간다. 파라오를 신격화한 것이라고 말하는 것은 옳은 말이 아니다. 파라오의 신성은 로마의 원로원에서 죽은 황제를 신격화시킨 것과는 달리 어느 특정한 순간에 선포된 것이 아니었다. 파라오의 대관은 신격화의 순간이 아니라 신의 나타남의 순간이었다(Frankfort, Kingship and the Gods, 5).

메소포타미아에서 왕의 존재는 주전 1600년까지 거슬러 올라갈 수 있다. 메소포타미아의 왕들은 신적인 존재는 아니었지만, 위대한 인물들, 공동체의 지체들이었다(Frankfort, *Kingship and the Gods*, 6). 메소포타미아의 왕들은 신적인 존재들은 아니었지만, 신년 축제들과 그 밖의 다른 제의들에서 그들의 신을 대표하였다.

이스라엘은 주변 나라들의 왕 제도에 관하여 알고 있었을 것이지만 그것을 의도적으로 거부하였다. 이스라엘 백성은 적어도 두 세기 동안 왕 없이 살았다. 이스라엘은 왕정을 수립하는 것을 망설였다. "이러한 망설임은 수리아와 팔레스타인 지역에서 이스라엘로서는 받아들일 수 없었던 신적으로 인식된 왕의 제의적 기능 같은 것들이 왕정이라는 정치적인 제도들과 결부되어 있었기 때문에 생겨났을 가능성이 많다"(Noth, "God, King, and Nation," 162).

실제로 왕정은 이스라엘에 늦게 도입되었고, 그때에도 항의와 반대가 없지 않았다. 침멀리(Walter Zimmerli)는 사무엘상 8-12장에 나오는 왕정의 기원에 관한 기사를 읽는 사람은 누구나 "이 상황에 대한 두 가지 서로 다른 판단들을 발견하게 될 것이다"라고 말하였다. 첫 번째 흐름 속에서, 사무엘은 이스라엘 백성이 왕을 갖기를 원하는 것에 대하여 탄식하고, 야웨는 백성이 사무엘을 버린 것이 아니라 자기를 버린 것이라고 단언한다(삼상 8:7). 두 번째 흐름은 새로운 왕이 주의 백성을 블레셋 사람들로부터 구원하게 될 것이라는 것이다(삼상 9:16). 그러므로 왕정은 야웨 신앙 내부로부터 자연스럽게 생겨난 것이 아니라, 주변 세계의 도전에 대한 응답이었다. "몇 가지 점에서 왕정은 이 세상에 대한 동화(同化)를 보여주고, 또 어떤 점들에서는 이 세상으로부터의 구별을 보여준다"(Zimmerli, *The Old Testament and the World*, 86).

이스라엘에서 왕권의 출현은 왕이 야웨의 구원의 중개자가 되면서 생겨났다. 왕권은 사사의 지위와는 달랐다. "제도로서의" 왕권은 "국제적인 것이었고 종교적인 것이었다"(Westermann, *Elements of Old Testament Theology*, 76). 왕권이 지닌 종교적 구조는 왕에 대한 이스라엘의 이해와 충돌을 빚을 수밖에 없었다. 평화로운 시기에는 구원 기능이 쇠퇴했고, 왕권은 주로 평화와 공의의 중개자로서의 기능을 지닌 정태적인 제도였다. 이스라엘의 왕권의 정태적인 성격은 야웨와 다윗의 계약에 토대를 둔 것이다(삼하 7장).

왕이 축복의 중개자로서의 자신의 역할을 포기하고 스스로 주변 나라들의 왕권 개념에 의해서 영향을 받기 시작했을 때에 위기가 생겨났다.

왕은 이스라엘에서 사회적이고 제의적인 의무들을 지니고 있었지만, 이스라엘의 왕권은 "신적인" 왕권이라는 위험한 사상의 희생물이 되지는 않았다. 왕들의 활동과 왕의 제의들을 통해서 이질적인 요소들이 흔히 야웨 예배 속으로 들어왔다. 다윗은 예루살렘을 점령하였을 때에 몇몇 가나안의 종교적 관행들을 유지하였던 것 같다. 이스라엘에서 왕권은 처음부터 끝까지 주로 선지자들로부터 비판의 대상이었다(사 28:1-4; 렘 22; 겔 22; 호 8:4). 열왕기는 왕들과 이스라엘 민족이 야웨와의 계약을 지키지 않았기 때문에 실패했던 역사로서의 왕정에 관한 역사를 보여준다.

시편들 중에서 많은 수는 왕의 역할을 훨씬 더 긍정적인 시각에서 묘사한다(시 2:6-7; 18:50; 21:1-2; 72; 89). 왕정은 전적으로 나쁜 것은 아니었다. 왕정에 대한 비판들은 우리로 하여금 왕정이 이룬 좋은 것들을 보지 못하게 만들 수 있다. 선지자들조차도 미래에 관한 그들의 이상적인 그림 속에서 왕정에 중요한 지위를 부여하였다(사 9:6-7). 하지만 구약은 이스라엘의 민족적인 삶을 "하나님의 나라"와 동일시하지 않았다. 클레멘츠(Clements)는 "하나님의 백성"으로서의 이스라엘의 특별한 역할에 대한 신앙은 단순한 민족주의보다 더 깊은 차원에 도달하였다고 말하였다.

이스라엘은 민족으로서의 지위를 이스라엘의 역할을 이해하는 유일한 판별기준으로 여기지 않았다. 이것이 유대교와 기독교에 대하여 갖는 함의들은 엄청난 것이어서, 유대교와 기독교는 구약의 공동체와의 연속성에 관한 결정적으로 중요한 인식을 보유할 수 있었다. 이와 동시에, 이것이 하나님에 대한 이해에 미친 중요한 결과들은 아무리 높게 평가해도 지나치지 않는다. 왜냐하면, 그것은 야웨가 하나의 민족의 하나님 이상의 존재로 생각되는 것을 보장해 주었기 때문이다. 이스라엘 "백성"이 끊임없이 하나의 민족 이상의 존재가 되도록 압박을 받았던 것과 마찬가지로, 이스라엘의 하나님은 이스라엘의 민족의 운명과 함께 그 인기가 부침하는 그러한 신이 결코 아니었다. 만약 이것이 사실이었다면, 하나님에 대한 모든 경외심은 이스라엘-유대 민족을 덮쳤던 재난들에 의해서 아주 오래전에 사라져 버리고 없었을 것이다(*Old Testament Theology*, 87).

30. 하나의 인격, 단일한 존재

A. 통전적 또는 단일한 존재

구약은 인간을 피조 질서 속에서 유일무이한 존재로 본다. 인간은 피조된 존재이지만 다른 모든 피조물들과 다르다. 인간은 동물들과 마찬가지로 환경에 의존하여 살아가는 존재다; 그러나 인간은 벼룩 이상의 존재이다(삼상 24:14; 인간과 동물의 차이에 관한 칼 바르트의 논의를 담고 있는 *Church Dogmatics III*, 185-188을 보라). 하나님은 인간을 천사들(히브리어로 '엘로힘')보다 조금 못하게 지으셨다(시 8:5).

학자들은 흔히 히브리적인 견해를 인간 본성을 이분법(몸/혼, 영/육) 또는 삼분법(몸/혼/영)으로 구분하는 헬라적인 견해와 대비시킨다. 헬라적인 견해는 실제로 인간의 영혼이 두 부분을 담고 있다고 말하는 플라톤의 견해이다: 죽지 않는 부분인 이성과 죽을 부분인 감각. 의지, 에너지, 또는 용기는 이 두 부분의 결합으로서, 영혼을 형성한다. 이성과 감각이라는 이 둘 사이에 플라톤이 "영"이라고 부르는 인간 본성의 강력하고 활동적인 측면이 존재한다. 영은 그 자체로는 감각들 및 욕구들과 달리 저급하지 않다. 하지만 영은 그 자체로 지성이 없기 때문에 맹목적인 열정으로 변하기 쉽다. 영은 저급한 본성의 욕구들을 길들이는 데에 도움을 주는 마음의 종이지만, 이성보다 낮은 차원에 있다.

로저스(A. K. Rogers)는 이렇게 말하였다: "이러한 세 가지 기능(이성, 감각, 영)은 실제적인 의미에서 구별이 된다; 인간의 본성이 하나이고 구분될 수 없는 것이라면, 이성이 흔히 감각적인 욕구들에 맞서서 온 힘을 다하여 싸워야 하는 일이 어떻게 일어나는지를 설명하는 것이 불가능해질 것이다. 다른 한편으로, 이 기능들은 서로 분리되어 있거나 아무런 관련도 없는 것이 아니다. 우리의 열등한 기능들은 더 우월한 기능에 종속되어서 그 기능을 섬기는 데에 사용되도록 되어 있다; 몸은 영혼을 위하여 존재한다"(A *Student's*

Handbook of Philosophy, 82–83).

플라톤의 견해는 아리스토텔레스의 견해와 동일한 것이 아니었다. 아리스토텔레스는 영혼이 몸의 결정적으로 중요한 원리이지만, 영혼이나 몸은 다른 쪽 없이 홀로 존재할 수 없다고 가르쳤다. 몸은 오직 영혼을 위하여 존재하고 살아가지만, 영혼은 사물에 생기를 불어넣어 준다는 점에서 유일한 실체이다. 아리스토텔레스에 의하면, "발이 없으면 걸을 수 없고 무(無)로부터 동상을 만들 수 없듯이, 유형의 신체 기관들이 없다면 느끼거나 욕구하거나 의지하는 것은 불가능하다"(Weber and Perry, *A History of Philosophy*, 96, n. 1). 아리스토텔레스는 영혼과 몸의 관계는 자르는 것과 도끼의 관계와 같다고 말하였다. 도끼 없이 자르는 것이 불가능한 것과 마찬가지로, 영혼의 구성적(constitutive) 기능은 몸과 분리될 수 없다. 따라서 인간 본성의 여러 측면들을 분리하고 서로 대립시키는 "헬라적인" 인간관은 사실 플라톤의 견해이다. 구약의 견해는 근본적으로 다르다. 어떤 의미에서 아리스토텔레스는 인간의 통일성에 대한 현대적인 이해를 예견한 것이었다.

우리는 지금까지 히브리적인 사고방식과 헬라적인 사고방식의 차이를 지나치게 강조해 왔던 것으로 보인다. 제임스 바(James Barr)는 히브리적인 사고방식과 헬라적인 사고방식을 대비시키는 것은 현대적인 방식이라고 생각하였다. 그는 교부들 또는 종교개혁자들 속에서 그러한 것을 발견하지 못했다. 루터와 칼빈은 둘 다 몇 가지 점들에 있어서 플라톤주의자들이었다(Barr, *Old and New in Interpretation*, 41–42). 제임스 바는 "영혼으로부터 몸을 분리하는 것이 불가능하다는 것이 20세기에 와서는 히브리적인 통찰이 되었지만, 16세기에는 아리스토텔레스적인 것으로 여겨졌고, 칼빈에 의해서 명시적으로 부정되었는데(기독교 강요, I. 5.5), 그는 영혼이 불멸의 부분을 가지고 있다는 것을 매우 강조해서 분명하게 말하고 있다(i. 15.6)"고 하였다(*Old and New in Interpretation*, 43).

우리는 인간 본성의 어떤 측면을 가리키는 각각의 히브리어 용어를 번역하거나 해석할 때에 대단히 주의를 기울여야 한다. 볼프(Wolff)는 가장 빈번하게 나오는 실명사들이 "마음," "영혼," "육체," "영"으로 번역될 때에 중요한 결과들을 가져오는 오해들이 생겨날 수 있다고 경고하였다. 이러한 번역들은 칠십인역으로 거슬러 올라가고, 몸, 혼, 영이 서로 대립하는 이분법적인 또는 삼분법적인 인간론이라는 그릇된 방향으로 귀결될 수 있다(Wolff, *Anthropology of the Old Testament*, 7).

인간의 본성은 두 가지 측면을 지니고 있다: 내적이고 심리적이며 감정적이고 의지적이며 영적인 측면과 외적이고 물리적이며 물질적인 측면. 구약은 인간 존재의 이 두 측면을 날카롭게 구별하지 않는다. 통상적으로 인간 존재의 육신적인 측면을 묘사하는 용어들도 심리적이고 영적인 특질들을 지닌다. 예를 들면, "육체"라는 단어는 오직 인간의 몸의 육신적인 또는 신체적인 부분만을 나타내는 것은 아니다(겔 37:6, 8). 이 단어는 한 사람의 몸 전체를 가리킬 수 있고(민 8:7), "살아계신 하나님에게 기쁨으로 노래하는"(시 84:2) 몸의 부분을 가리킬 수도 있다. 육체는 "소망하거나 신뢰할 수 있다"(시 16:9); 육체는 하나님을 "갈망할" 수 있다(시 63:1); 육체는 하나님을 두려워하여 "떨" 수 있다(시 119:120).

마음, 혼, 육체, 영 같은 개념들은 흔히 상호대체적으로 사용된다. 종종 그것들은 거의 인칭대명사처럼 전인(全人)을 가리키는 데에 사용될 수 있다.

내 영혼이 여호와의 궁정을
사모하여 쇠약함이여
내 마음과 육체가
살아 계시는 하나님께 부르짖나이다.
(시 84:2)

하나님이여 주는 나의 하나님이시라
내가 간절히 주를 찾되 물이 없어 마르고 황폐한 땅에서
내 영혼이 주를 갈망하며
내 육체가 주를 앙모하나이다
(시 63:1)

볼프(Wolff)는 이렇게 인간 본성의 서로 다른 여러 측면들을 가리키는 용어

들을 상호대체적으로 사용하는 것을 "구적법적(求積法的) 사고"(stereometric thinking)라고 불렀다. 구적법적 사고는 의미상으로 서로 관련되어 있는 여러 단어들을 병행관계 또는 병치관계 속에서 사용하는 것을 의미한다(*Anthropology of the Old Testament*, 8). 구약성서는 인간 본성의 여러 측면들을 가리키는 다양한 용어들을 상호대체적으로 사용할 뿐만 아니라, 전인(全人)을 가리키거나 한 부분의 기능을 가리킬 때에 각각의 용어를 사용할 수도 있었다. 따라서 "아름다운 발"은 발의 아름다운 형상을 가리키는 것이 아니라, 발의 빠른 움직임을 가리킨다(사 52:7; 나 1:15). 이와 같이 몸의 부분들의 명칭을 몸 전체의 기능을 가리키는 데에 사용하는 것은 종종 "종합적인" 사고라고 불린다(Wolff, *Anthropology of the Old Testament*, 8).

구적법적이고 종합적이며 "공동체적인" 사고는 "통전적인" 또는 "단일한" 히브리적 인간관을 보여준다; 즉, 인간은 많은 측면들과 부분들로 이루어져 있지만, 이러한 것들은 날카롭게 구별되지 않는다. 각각의 부분은 전체를 나타낼 수 있고, 다른 부분들의 기능을 나타낼 수도 있다. 인간의 본성은 다양성이 아니라 통일성이다. 반대 또는 대립은 여러 부분들의 특징이 아니다.

B. 사람을 가리키는 히브리어 단어들

구약에서는 통상적으로 히브리어의 다섯 개의 주된 단어들이 "사람"으로 번역된다. '아담'("아담, 사람, 인류")은 562번 나오는데, 형태는 언제나 단수형이지만, 거의 대부분 집합적인 의미를 지닌다. 이 단어는 "어둡다" 또는 "붉다"를 의미하는 어근으로부터 온 것으로 보인다.

'이쉬'("남자, 남편")는 2,160번 나오는데, 대부분 아내와 반대되는 남편이라는 의미 또는 여자와 반대되는 남자라는 의미로 사용된다. 이 단어는 동물들과 관련해서는 암컷과 대비되는 수컷을 가리키는 데에 사용된다(창 7:2). 이 단어의 어원은 불확실하다(Bratsiotis, *Ish*, 222; Porteous, "Man," 243).

'에노쉬'("사람")는 42번 나오는데, "약하다" 또는 "유한하다"를 의미하는 어근으로부터 온 것 같다. 이 단어는 욥기(18번; 7:1; 15:14; 25:4)와 시편(13번; 예를 들면, 103:15)에 가장 자주 나온다. '에노쉬'는 흔히 "사람은 무엇인가?"라는 질문을 제기하는 본문들에서 '아담'과 병행적으로 나온다(욥

7:17; 시 8:4; 144:3; Maass, 'enosh, 345-48; Porteous, "Man," 243을 보라).

'게베르'("남자, 용사, 강한 자")는 65번 나오고, 힘, 권능, 뛰어남이라는 개념을 지니고 있다. 시편과 욥기는 흔히 이 단어를 하나님을 의뢰하고 두려워하는 자, 하나님이 원하시는 것을 행하는 자라는 의미로 사용한다(욥 3:23; 4:17; 10:5; 14:10, 15; 16:21; 22:22; 33:17, 29; 34:7, 9, 34-35; 38:3; 40:7; 시 34:9; 37:23; 55:8-9; 렘 17:7; Kosmala, geber, TDOT, II, 377-382를 보라).

'마트'("사람들")는 오직 복수형으로만 나온다. 종종 이 단어는 일반적인 의미에서의 남자를 가리킨다(신 2:34; 3:6; 삿 20:48). 때로는 "수에 있어서 적은 남자들"을 가리키는 관용적인 표현으로 '마팀'이 사용된다(창 34:30; 신 4:27; 26:5; 28:62; 33:6; 대상 16:19; 시 105:12; 렘 44:28).

C. 인간 본성의 기본적인 네 측면을 가리키는 히브리어 용어들

구약에서 "사람"을 가리키는 다섯 개의 히브리어 단어들과 아울러서, 인간 본성의 주요한 측면들을 묘사하기 위하여 네 가지 주된 히브리어 용어들이 사용된다: '바사르' 또는 '세에르'("육체"), '루아흐'("영"), '네페쉬'("혼"), '레브'("마음"). 구약에서는 인간 본성의 이러한 측면들을 결코 체계적으로 설명하지 않는다. 각각의 용어는 하나 이상의 의미를 지니는데, 흔히 신체적 의미와 심리적 의미를 지닌다. 한 사람의 어느 부분을 가리키는 용어는 개별적인 존재의 총체로서의 그 사람을 가리킬 수 있다.

'바사르' 또는 '세에르'("육체")는 인간 본성의 가시적이고 외적이며 신체적이고 물질적인 부분을 가리킨다. "육체"를 가리키는 두 개의 히브리어 단어는 의미상의 차이가 거의 없다. '바사르'는 273번 나오고, '세에르'는 단지 17번 나온다. 이 두 용어는 일차적으로 사람과 동물의 신체적인 부분들을 가리킨다. 구약에서는 이 두 용어 중 어느 것도 하나님과 관련하여 사용되지 않는다. 사실, 한 본문에서는 하나님은 육체가 아니라고 명시적으로 말한다(사 31:3). 육체는 인간을 신적인 세계가 아니라 동물 세계와 연결시켜 준다. 구약에서 육체는 연약하지만(대하 32:8; 시 56:4; 렘 17:5,7), 죄의 거소(居所)는 아니다. 육체는 흔히 고기 또는 먹을 것을 가리킨다(출 21:10; 레 4:11; 7:15-21; 시 78:20; 사 22:13; 미 3:2,3). 육체는 가시적인 몸을 의미할 수 있다

(민 8:7; 시 73:26). 육체는 "혈족" 또는 가까운 친족을 가리킬 수 있다(창 29:14; 37:27; 레 18:6, 12, 13, 17; 20:19; 21:2; 25:49; 민 27:11; 삼하 5:1; 19:12). 육체는 어떤 사람 또는 개인을 가리킬 수 있다(레 13:18; 잠 11:17; Johnson, *The Vitality of the Individual in the Thought of Ancient Israel,* 40-41을 보라). 또한 육체는 구약에서 심리적인 특질들을 지닌다. 육체는 "소망"할 수 있고(시 16:9), "하나님을 열망하며"(시 63:1), "살아계신 하나님께 기쁨으로 노래할"(시 84:2) 수 있다.

육체는 인간의 몸과 동일한 것이 아니다. 히브리어에는 몸을 가리키는 단어가 없다 — 물론, '게위야'는 "몸"으로 번역된다(창 47:18; 느 9:37; 겔 1:11, 23; 단 10:6). 육체는 죽은 몸 또는 시신을 가리키는 데에 사용되지 않는다. "시신" 또는 "시체"를 가리키는 히브리어 용어들은 "가라앉다" 또는 "떨어져 나가다"를 의미하는 어근인 '나발'로부터 온 '네벨라'(신 21:23; 28:26; 수 8:29; 왕상 13:22, 24, 25, 28, 29, 30; 왕하 9:37; 렘 26:23; 36:30), "소진되다, 희미해지다"를 의미하는 어근으로부터 온 '페게르'(레 26:30; 민 14:29, 32, 33; 사 14:19; 34:3; 66:24; 렘 31:40; 33:5; 41:9; 겔 6:5; 암 8:3; 나 3:3), '게위야'(삿 14:8 ,9; 삼상 31:10, 12; 시 110:6; 나 3:3), '구파'(대상 10:12)이다.

'루아흐'("바람, 영, "숨")는 히브리 성경의 본문 속에서는 378번 나오고, 아람어 본문 속에서는 11번 나온다. '루아흐'는 대략 113번의 경우에(Wolff, *Anthropology of the Old Testament,* 32; Johnson, *Vitality,* 27, says 117) "바람" 또는 움직이는 공기를 가리키고, 136번은 "하나님의 영"을 가리키며, 나머지 130번 가량은 "사람의 영"을 가리키거나 그 밖의 다른 용법으로 사용된다.

헬라어 '프뉴마'에서처럼 '루아흐'가 지닌 기본적인 개념은 "바람"이다. 예수는 "성령"의 사역을 바람에 비유하였다(요 3:6-8). 예수는 '루아흐' 속에서 초인간적이고 눈으로 볼 수 없으며 신비롭고 이해하기 어려운 활동력 또는 에너지를 본 구약의 선지자들과 저술가들의 연속선상에 있었다. '루아흐'는 동풍(출 10:13; 14:21), 북풍(잠 25:23), 서풍(출 10:19), 사방의 바람(렘 49:36; 겔 37:9), 급한 바람(시 55:8), 하늘 바람(창 8:1; 출 15:10)을 가리킨다.

구약에서는 일찍이 하나님의 "숨"과 사람들 속에 있는 "생명의 원리" 간의 연결관계가 이루어졌다(창 2:7; 6:17; 7:15-22). 사람들에게 생기를 주는 숨은 하나님의 영의 선물이었다(욥 9:18; 19:17; 27:3; 33:4; 사 42:5; 57:16). 하나님의 생명을 주시는 영의 이러한 선물은 사람들에게만 국한해서 주어진 것이 아니었다. 구약에서는 동물의 생명 또는 생명력도 하나님의 영에 기인하는 것이라고 말한다(창 6:17; 7:15, 22; 전 3:19, 21). 우상들은 "영" 또는 "숨"을 가지고 있지 않다. 우상들은 생명이 없고 능력이 없다(렘 10:14; 합 2:19). "영"이 사방으로부터 와서 숨을 불어넣을 때, 이스라엘의 "뼈들"이 다시 소생한다(겔 37:6, 8-10, 14). 이렇게 영은 인간들(그리고 동물들?) 속에 있는 숨과 생명의 원리를 나타낸다.

인간의 영은 하나님의 선물이고 개인은 그 영을 절대적으로 주관할 수는 없지만, 인간의 영은 여전히 한 사람 자신의 영으로 머문다(시 51:10; 146:4; 겔 3:14; 11:5; 20:32). 사람은 생기가 "나의" '루아흐'로서 안에 내주한다고 말할 수 있었고, '루아흐'가 "자신의 육체적인 또는 심리적인 상태 속에서 두드러지게 약화되었다"고 말할 수 있었다(Johnson, *Vitality*, 37; cf. 창 41:8; 삿 8:3; 15:19; 삼상 30:12; 왕상 10:5; 전 3:21). 인간의 영은 희미해질 수 있고 (사 61:3; 겔 21:7), 허약해질 수 있으며(시 77:3; 142:3; 143:4), 사라질 수 있다(시 143:7). 인간의 영은 당혹스러워 할 수도 있고(단 2:3), 괴로워 할 수 있으며(욥 6:4; 7:11; 잠 15:4, 13), 분노하며(욥 15:13; 잠 29:11; 전 10:4), 안식하고(슥 6:8), 질투하고(민 5:14,30), 완악해지고(신 2:30), 분기(奮起)할 수 있다(학 1:14).

'루아흐'("영")의 몇몇 심리적인 특질들은 감정들과의 관계 속에서 볼 수 있다. 영은 종종 정신적인 능력들과 결부되고, "마음"(출 28:3; 대상 28:12; 시 77:6; 사 29:24; 겔 11:5; 20:32; cf. 사 65:17; 렘 3:16), "의지"(사 19:3; 29:24)로 번역될 수 있다. 이렇게 "바람"으로 시작되었고 "숨"과 "생명력"이 되었던 "영"은 인간 본성의 내적이고 눈에 보이지 않으며 더 높은 측면을 나타낸다. 아이히로트(Walther Eichrodt)는 "인간의 '루아흐'에 직접적으로 종교적인 가치가 부여되어 있지는 않지만, 이 동일한 용어가 하나님과 인간, 둘 모두의 '루아흐'를 가리키는 데에 사용되었다는 사실은 사람들로 하여금 끊임없이 창조로 말미암아 인간 세계가 초감각적인 하나님의 세계와 연결되어 있다는 것을 인식하도록 해 주었다"고 말하였다(*Theology of the Old Testament II*, 133).

'네페쉬'("혼, 목숨, 목구멍")는 폭넓은 의미로 사용되는 이해하기 어려운 용어이다(Johnson, *Vitality*, 9, 26). 전통적으로 영역 성경에서는 '네페쉬'를 "혼"으로 번역하는데, 이것은 칠십인역의 번역인 '아니마'로 거슬러 올라가지만, 이러한 번역들조차도 755번의 용례들 중에서 155번의 용례들에서는 다른 의미가 부여되었다. 아이히로트(Walther Eichrodt)는 "이 용어를 혼이라고 번역한 불행한 관행은 영혼에 관한 헬라적인 신앙들로의 문을 애초부터 열어놓았다"라고 말하였다(*Theology of the Old Testament II*, 135). 흠정역에서 '네페쉬'라는 단어는 "혼"으로 428번, "목숨"으로 119번, "자아"로 19번, "사람"으로 30번, "마음"으로 15번, "생각"으로 15번, "피조물"로 9번, "죽은 (몸)"으로 8번, "몸"으로 7번, "욕구"로 5번, "의지"와 "기쁨"으로 4번, "사람"으로 3번, "식욕," "짐승," "유령," "욕정"으로 2번 번역된다. 동일한 단어에 대한 이러한 다양한 역어(譯語)들은 이 단어의 의미가 극히 다양하고 폭넓게 사용되고 있다는 것을 보여준다. 인간 본성의 육신적이고 심리적인 측면들은 여러 가지 다양한 정도로 이 용어에 의해서 나타내질 수 있다.

'네페쉬'의 기본적인 의미는 아마도 "목구멍" 또는 "목"인 것 같다. 이사야 5:14은 음부가 자신의 '네페쉬'("목구멍")를 넓게 벌리고 있다고 말한다(cf. 시 107:9; 합 2:5). 요나(2:5)는 물이 자신의 '네페쉬'("목구멍" 또는 "목")을 둘러싸고 있다고 말한다. '네페쉬'의 의미는 "목구멍" 또는 "목"으로부터 생명과 생명력을 나타내는 "숨"으로 변화된 것으로 보인다. '네페쉬'는 사람들의 "생명"에 국한되지 않는다. 동물들도 "살아있는 존재들"('네페쉬 하야,' 창 1:21, 24; 2:19; 9:10, 15, 16; 레 11:46)라고 지칭된다. 이사야 10:18은 산림과 땅에 대하여 은유적으로 '네페쉬'와 '바사르'("혼과 몸")이라고 말한다.

'네페쉬'의 어근의 동사형은 구약에서 오직 3번 나오는데, "유쾌해지다," "한숨을 내쉬다," "상쾌해지다"를 의미한다. 압살롬이 반역한 후에 다윗은 요단강에 도착해서 안도의 한숨을 내쉬었다(삼하 16:14). 2번의 경우에 이 단어느 안식일에 쉬는 것을 사람들이 "유쾌해지다" 또는 "상쾌해지게 하는 숨을 쉬다"라는 말로 설명한다(출 23:12; 31:17).

'네페쉬'의 심리적인 특질들은 여러 가지가 있다. '네페쉬'는 화들짝 놀라거나(욥 6:4) 낙담할 수 있다(시 42:1-2; 욘 2:7). '네페쉬'는 미워하고(삼하 5:8; 사 1:14), 사랑하며(아 1:7; 3:1, 2, 3, 4; 렘 12:7), 슬퍼하고 울 수 있다(레 26:16; 신 28:65; 렘 13:17). '네페쉬'는 "생각할" 수 있다(에 4:13; 잠 2:10). 잘 알다시피, '네페쉬'가 "마음"으로 번역되는 본문들 중에서 다수는 추리기관으로서의 "마음"이라는 우리의 개념을 반영하고 있지 않지만, 거기에 접근해 있다(히브리 성경은 "마음"을 가리킬 때에 '레브'("심장")라는 표현을 더 자주 사용한다).

'네페쉬'는 육체적인 의미("목," "목구멍")와 정신적인 의미("사랑하는 것," "미워하는 것," "낙담하는 것")를 가지고 있을 뿐만 아니라, 영어의 인칭대명사 또는 재귀대명사와 비슷하게 전인(全人)을 나타낼 수도 있다. 히브리어에는 "그 자신," "그녀 자신," "그들 자신"이라는 전문적인 재귀대명사들이 없다. 구약은 그러한 표현들을 나타낼 때에 '네페쉬'라는 단어를 사용한다(Johnson, *Vitality*, 19-20; Wolff, *Anthropology of the Old Testament*, 21, 23). '네페쉬'는 구약에서 하나님께서 자기 자신에 관하여 말씀한다는 의미로 사용된다(렘 5:9, 29; 9:7; 암 6:8; cf. 렘 51:14). 야웨의 '네페쉬'(자기 자신)는 화를 내거나 참지 못하고(삿 10:16; 슥 11:8), 미워하며(시 11:5; 사 1:14), 사랑하고(렘 12:7), 소외될 수 있고(렘 6:8), 메스꺼워할 수 있다(겔 23:18).

'네페쉬'가 전인을 나타낼 수 있다면, '네페쉬'는 죽은 사람을 가리킬 수도 있는 것인가? 시신 또는 시체도 여전히 '네페쉬'인가? "죽은 '네페쉬'"라는 표현이 레위기 21:11; 민수기 6:6; 19:11, 13; 학개 2:13에 나온다. 존슨(A.R. Johnson)은 "특히 마지막 본문은 모종의 유령적인 현상으로서의 죽은 자의 영혼이 아니라, 우리가 신체적인 접촉을 할 수 있는 그 무엇으로서의 '네페쉬'를 가리키고 있음에 틀림없다는 것을 아주 분명하게 보여준다"고 말하였다(*Vitality*, 25, n. 2). 성경 시대 이후의 히브리어, 아람어, 수리아어에서 '네페쉬'는 죽은 자를 위한 비석 또는 기념물을 가리키는 데에 사용된다.

자콥(Edmond Jacob)은 "이러한 용법은 생명과는 정반대되는 것을 가리키는 데에 사용되고 있기 때문에 우리를 원래의 의미로부터 멀리 데려다 주지만, 비석은 어쨌든 한정된 시간 동안이라도 죽은 사람의 현존의 연속성을 나타내 준다"고 말하였다(*Theology of the Old Testament*, 161; cf. Johnson, *Vitality*, 26, n. 2; Robinson, *The Christian Doctrine of Man*, 17).

'네페쉬'가 "죽은 몸" 또는 사람 또는 동물의 시체를 나타낼 수 있다면, 구약은 죽고나서 '네페쉬'에 무슨 일이 일어나는지에 관하여 다른 그 무엇도 말하고 있는가? 우리는 이 문제를 죽음이라는 주제 아래에서 좀 더 자세하게 논의하게 될 것이다. 하지만 구약은 죽을 때에 '네페쉬'가 토해지거나(욥 11:20; 사 53:12; 애 2:12), 떠난다고(창 35:18) 말하거나, 몇몇 경우들에 있어 서는 죽은 사람이 다시 살아나는 경우에는 되돌아오는 것으로 말한다(왕상 17:21-22). 휠러 로빈슨(H. Wheeler Robinson)은 스올에 거하는 자들은 '네 페쉼'("영혼들")이 아니라 '레파임'("유령들")이라고 말하였다(*The Christian Doctrine of Man*, 17-18; cf. Johnson, "Jonah II 3-10," 86-87; Jacob, *Theology of the Old Testament*, 299; Wolff, *Anthropology of the Old Testament*, 99-118; Eichrodt, *Theology of the Old Testament II*, 214).

'레브' 또는 '레바브'("심장")는 동일한 의미를 지닌 두 개의 관련된 용 어들로서, '레브'는 598번 나오고, '레바브'는 252번 나온다. "심장"은 구 약에서 가장 자주 사용되는 인간론적인 용어이다. "심장"은 오직 5번만 동물 과 관련하여 사용된다(삼하 17:10; 욥 41:24; 단 4:16; 5:21; 호 7:11). 이러한 용례들 중 처음 4번은 은유적인 것이다. "하나님의 심장"은 26번 언급된다 (Wolff, *Anthropology of the Old Testament*, 40, 55-58). 나머지 용례들(814 번)은 사람의 심장을 가리킨다.

구약의 백성들은 신체기관으로서의 심장을 알고 있었지만, 피의 순환과 관 련된 중요한 신체적 기능을 이해하지 못했다. 구약에는 신체적인 기관으로서 의 심장을 가리키는 용례는 거의 없다. 호세아는 심장의 "둘러친 것"('세고 르') 또는 자물쇠에 관하여 말하는데(호 13:8), 아마도 심장을 보호하고 있는 흉곽을 지칭하는 것 같다. 아비가일은 다윗에게 그녀의 남편의 심장이 "그 안 에서" 죽었고 그는 돌과 같이 되었다고 말한다 ― 그의 남편이 10일을 더 살

앉음에도 불구하고(삼상 25:37). "그 안에서"('케레브')라는 표현은 이스라엘 사람들이 심장이 내부에 위치해 있다는 것을 알았음을 보여준다(삼상 25:37; 시 39:3; 64:6; 렘 23:9).

구약에 나오는 그 밖의 다른 본문들은 심장의 내적인 위치를 보여준다. 예후는 화살로 심장을 관통시키기 위하여 요람의 두 팔 사이를 쏘았다(왕하 9:24). 아론은 자신의 심장 위에 흉패를 입었다(출 28:29). 두 본문은 심장 박동을 가리키는 것일 수 있다(시 38:10; 렘 4:19; 하지만, 두 개의 동사 중 어느 것도 "박동하다"를 의미하는 것 같지는 않다; 첫 번째 동사인 '호메'는 "소리를 내다"를 의미하는 '하마'로부터 온 분사형이고, 두 번째 동사인 '세하르하르'는 "배회하다"를 의미하는 의성어이다).

구약의 백성은 심장의 신체적인 측면을 거의 강조하지 않았다. 구약에 언급되어 있는 인간의 몸의 그 밖의 다른 80개에 달하는 기관들에 대해서도 동일한 말이 적용된다. 구약은 몸의 부분들이 지닌 신체적인 기능들보다는 심리적인 특질들에 관심을 갖는다. 구약에서 "심장"은 주로 인간의 심리적인 능력들을 지칭한다. 구약은 우리가 머리와 두뇌에 돌릴 수 있는 모든 것을 심장에 돌렸다 ─ 인지 능력, 이성, 사고, 이해력, 통찰, 의식, 양심, 기억, 지식, 느낌, 의지, 판단.

심장은 느낌들과 감정들의 분야에서 '네페쉬'("혼")와 '루아흐'("영")의 동의어로 사용될 수 있다. 기쁨과 슬픔은 "심장을 강하게 하다" 또는 "혼을 유쾌하게 하다"(창 18:5; 삿 19:5,8; 시 104:15), "심장을 쏟다" 또는 "혼을 쏟다"(시 62:8; 애 2:19) 등과 같은 표현들에 의해서 동일하게 묘사될 수 있다. 마찬가지로, 심장과 영의 용례들도 서로 겹친다. 구약은 "깨어진 심장" 또는 "깨어진 영"이라고 말하고(시 34:18; 51:17), 교만을 심장 또는 영이 높아진 것으로 표현한다(시 131:1; 잠 18:12; 겔 28:2,5,17). '네페쉬' 및 '루아흐'와 마찬가지로, "심장"은 전인을 나타낼 수 있고, 이런 경우에 인칭대명사로 번역된다(잠 3:1; 10:8; cf. Johnson, *Vitality*, 82-83).

구약에서 "심장"의 독특한 중요성은 두려움, 용기, 기쁨, 슬픔의 감정들을 표현하는 데에 있는 것이 아니라, 지적이고 의지적인 과정들을 표현하는 데에 있다. 휠러 로빈슨(H. Wheeler Robinson)은 구약에서 "심장"의 20번의 용례를 지성과 관련된 범주에 할당하고, 195번의 용례를 의지와 관련된 범주에 할당하였다(*The Christian Doctrine of Man*, 22). 지적이고 의지적인 의미로 "심장"을 사용하는 것은 지혜문학과 신명기에 집중되어 있는 것으로 보인다. "심장"은 잠언에서 99번, 전도서에서 42번, 신명기에서 51번 사용된다.

플라톤은 이성과 감정을 날카롭게 구별하였다. 스토아 학파는 흔히 도덕을 이성에 의한 열정의 억압 및 욕망의 통제와 동일시하였다. "열정과 악덕, 감정과 연약성은 흔히 동의어들로 여겨졌고, 이성과 잔혹성, 지식과 악은 상호 배타적인 것으로 생각되었다"(Heschel, *The Prophets*, 255). 헤셸에 의하면, 심장은 모든 내면적인 기능들의 거소이다. 열정들은 영혼의 훼방물들 또는 약점들이 아니다. 금욕주의는 성경적인 개인의 이상(理想)이 아니었고, 악의 원천은 열정에 있는 것이 아니라, 심장의 냉담함과 무정함과 완악함에 있었다. 구약에서 이상적인 상태는 스토아 학파에서 말하는 냉정(apathy)이 아니라, 야웨와 같은 연민(sympathy)이다(호 11:8-9).

구약에서 지식 또는 이성의 중심으로서의 심장은 흔히 귀와 결부된다(신 29:4; 왕상 3:9-12; 잠 2:2; 18:15; 22:17; 23:12; 사 6:10; 32:3-4; 렘 11:8; 겔 3:10; 40:4; 44:5). 구약에서 지성적인 사람은 심장의 사람으로 불렸지만(욥 34:10, 34), 어리석은 자에게는 심장이 없다거나(잠 10:13) 그 심장 속에 "하나님이 계시지 않다"라고 말해진다(시 14:1; 53:1). 기억도 심장과 결부되었다(신 4:9, 39; 시 31:12; 사 33:17; 65:17; 렘 3:16; 51:50).

양심은 심장과 연관이 있다. 다윗의 심장은 두 경우에 그를 두드렸다: 그가 사울의 옷자락을 벤 후에(삼상 24:6)와 군사적인 목적으로 인구조사를 행한 후에(삼하 24:10; cf. 왕상 2:44; 전 7:22). 참된 사랑은 심장에 그 좌소를 가지고 있지만(삿 16:15), 그럼에도 불구하고 심장은 구약에서 우리의 개념들 및 언어에서와는 달리 "낭만적인" 의미 또는 애정이라는 의미로 사용되지 않는다(Jacob, *Theology of the Old Testament*, 165).

구약에서 "너는 마음을 다하고 뜻을 다하고 힘을 다하여 네 하나님 여호와를 사랑하라"(신 6:5)고 말할 때, "심장"은 가장 첫 자리를 차지하면서 일차적으로 "마음"이라는 의미를 지닌다 — 그러나 좁은 의미에서의 마음은 아니다. 사람은 하나님을 자신의 지성, 감성, 감정, 의지의 모든 것을 가지고 — 총체적인 존재로서 — 사랑하여야 한다.

심장은 사고, 말, 행위 — 선한 것이든 악한 것이든 — 의 원천이다(잠 4:23). 심장은 부드러워질 수 있고(대하 34:27), 분명하며(시 24:4), 순전하고 (시 51:10), 올바르며(신 9:5), 온전하고(왕상 8:61), 완전하며(창 20:6), 강하고 (시 57:7), 신실할 수 있다(느 9:8). 또한 심장은 딱딱하고(출 7:3), 부패하고 거 짓되며(렘 17:9), 악하고(사 32:6), 죄악되며(잠 6:18), 굽어지거나 왜곡되며(시 101:4; 잠 11:20; 12:8; 17:20), 악할 수 있다(창 6:5; 8:21; 신 15:9; 삼상 17:28). 구약에서는 나뉜 심장(시 12:2), 기름진 심장들(시 119:70; 사 6:10), 딱 딱한 심장들에 관하여 말한다. 헤셸(Abraham Heschel)은 우리가 사람들의 비 합리적인 성격이라고 부르는 것을 선지자들은 심장의 완악함이라고 불렀다 고 말한다(사 46:12; 렘 9:26). "자유의 반대는 결정론이 아니라 심장의 완악 함이다. 자유는 심장, 마음, 눈과 귀의 열려있음을 전제한다"(*The Prophets*, 189,191). 또한 구약에서는 심장이 상상력을 가지고 있다거나 악을 향하여 기 울어져 있다고 말한다(창 6:5; 8:21). 하지만 우리는 '예체르'("상상력")가 언제나 악을 지향하고 있다고 생각해서는 안 된다. 이 단어는 구약 및 랍비문 헌들에서 악에 대한 충동만이 아니라 선을 향한 "충동"에 대해서도 사용된다 (cf. Simpson, "Genesis," 538; Johnson, *Vitality*, 86). 이사야 26:3에서 '예 체르'는 "마음"을 가리키고, 긍정적인 의미로 사용된다: "주께서 심지('예 체르')가 견고한 자를 평강하고 평강하도록 지키시리니 이는 그가 주를 신뢰 함이니이다."

심장이 악하다면, 하나님은 중심을 보시기 때문에 그것을 아신다(삼상 16:7). 하나님은 심장을 "시험하시고"(렘 12:3), "달아보시며"(잠 21:2), "할 례를 베푸신다"(레 26:41; 신 10:16; 30:6; 렘 4:4; 9:26; 겔 44:7, 9). 사람의 심 장이 딱딱해질 때, 하나님은 새로운 심장을 주실 수 있다(렘 32:39; 겔 18:31; 36:26).

인간 본성과 관련된 네 개의 주요한 단어들에 대한 연구('바사르' — "육 체"; '루아흐' — "영"; '네페쉬' — "혼, 목숨"; '레브' — "심장")는 사 람이 다면성을 지닌 피조물이라는 것을 밝혀준다. 몇 가지 점에서 사람은 다 른 피조물들과 같지만, 또 어떤 점들에서는 완전히 다르다. 이 네 가지 용어들 중 각각은 다양한 의미를 지닌다. 각각의 용어는 신체적이고 심리적인 함의들을 지니고 있다. 각각의 용어가 사용되고 있는 문맥은 주의 깊게 고찰되어야 한다. 각각의 용어는 어떤 의미에서 다른 용어들에 대한 동의어로 사용될 수 있고, 각각의 용어는 전인(全人)을 나타낼 수 있다.

아이히로트(Walther Eichrodt)는 히브리적인 사고는 심리 현상에 대한 이론적인 분석에 관심을 갖고 있지 않았다고 말하였다. "육체와 영, 몸과 영혼이 서로 대립되는 것들이라고 생각하는 엄격한 이원론은 전혀 알려져 있지 않았다"(*Theology of the Old Testament II*, 147). 하지만 '네페쉬'와 '루아흐'를 "인간의 영적인 본성의 두 구성 부분으로" 이해하는 것은 불가능하다. 이 용어들은 심리적인 사건들의 서로 다른 특질들에 대한 뛰어난 묘사들이지만, 어떤 점에서도 심령의 특별한 능력들 또는 분야들을 가리키는 적합한 용어들이 아니다. 이 용어들은 언제나 특정한 관점으로부터 한 사람의 삶 전체를 나타낸다. "그러므로 인간에 대한 삼분법적인 심리학은 이분법적인 심리학과 마찬가지로 구약적인 개념들에 거의 토대를 두고 있지 않은 것들이다"(*Theology of the Old Testament II*, 148).

이러한 통전적인 인간관은 삶의 많은 분야들에서 함의들을 지닌다. 예를 들면, 몸(육체)이 신체적인 능력들만이 아니라 심리적인 능력들을 지니고 있다면, 몸은 우리가 우리의 진정한 존재 바깥에서 소유하고 있는 물체가 아니다. 몸은 우리 자신의 결정적으로 중요한 일부이다. 몸은 멸시되거나 가볍게 여겨질 수 없다. 몸은 하나님의 형상의 한 부분이다. 또한 통전적인 인간관에 비추어 볼 때, 죄는 일방적으로 육체의 욕구(concupiscent)로 설명되어서는 안 되고, 전인(全人)의 행위 또는 상태로 이해되어야 한다. 또한 구속(救贖)은 심리적인 측면들만이 아니라 육체적인 측면도 포함하는 것으로 이해되어야 한다. 죽음 이후의 삶은 부활한 몸과 영혼을 포함하게 될 것이다.

제 7 장

죄와 구속

죄는 구약에서 주요한 주제이다. 구약에서 죄를 언급하고 있는 본문들을
찾아내는 일은 쉽다. 드브리스(de Vries)는 "죄가 무엇이고 죄가 무엇을 하는
지에 대하여 언급하고 있는 것을 담고 있지 않은 장은 거의 없다"라고 말하였
다("Sin, Sinners," 361). 스미스(C. R. Smith)는 구약에는 "선"을 가리키는
용어들보다 "악"을 가리키는 용어들이 더 많다고 지적하였다; 옳은 일을 행
하는 것은 오직 한 가지 길밖에 없지만, 악을 행하는 길은 많다(*The Biblical
Doctrine of Sin*, 15).

성경은 죄를 심각하게 여긴다. "현대의 많은 종교학자들이 죄에 대한 변명
들을 찾아내고 죄의 심각성을 제거하고자 하는 것과는 반대로, 대부분의 성
경 기자들은 죄의 악독함, 죄책, 비극에 대하여 너무도 잘 알고 있었다"(de
Vries, "Sin, Sinners," 361). 구약에서 죄의 심각성은 죄가 사람과 하나님, 사
람과 세계, 사람과 사회, 사람 사이의 관계를 소외시킨다는 데에 있다. 성경은
인간의 존엄성과 가치를 전제하지만, 인간의 곤경은 성경의 일차적인 관심사
이다. 성경은 인간의 운명이 비참함, 죄책, 소외 같은 비극으로 가득 차 있다
고 말한다. 구약에서는 인간의 본성이라는 개념보다도 인간의 곤경이 훨씬
더 중요하였다. "인간은 단지 존엄성과 높은 지위로 창조된 피조물이 아니
다; 인간은 깊은 곤경에 처한 피조물이다. 인간이 필요로 하는 것은 죄로부터
의 구원이다"(Rowley, *The Rediscovery of the Old Testament*, 217).

구약에서 죄는 인간 본성의 통일성을 깨뜨리고, 세상의 조화를 파괴한다.

"죄는 장난이 아니라 비극이다"(de Vries, *The Achievements of Biblical Religion*, 156). 죄의 비극들 중의 하나는 인간이 스스로 죄를 극복할 수 없다는 것이다. 성경 기자들은 인간은 하나님을 떠나서는 스스로를 구원하거나 행복을 발견할 수 없는 상실된 죄인이라는 것을 잘 알고 있었다(de Vries, "Sin, Sinners," 361). 올바른 모습으로의 회복은 인간의 성취에 의해서가 아니라 하나님의 너그러운 선물로서만이 가능하다. 판넨베르크(Wolfhart Pannenberg)는 우리가 죄를 스스로 극복할 수 없다는 것에 동의하였다. "자기중심성과 세계에 대한 개방성 간의 갈등은 우리 자신의 힘으로 극복되지 않는다. 자아(自我: ego)와 현실 전체 간의 조화는 오직 하나님으로부터만 올 수 있다"(*What Is Man?*, 62).

구약에서 몇몇 기자들은 죄를 중심적인 문제로 다룬다. 1958년에 구약 신학의 현황에 관하여 글을 쓴 에드워드 영(Edward Young)은 창세기에 나오는 타락 기사를 진지하게 다루지 않았다고 하여 폰 라트(Gerhard von Rad)의 저작을 비판하였다. 영은 "폰 라트는 인간이 타락한 피조물이고 구원의 약속이 주어졌다는 사실을 완전히 무시해 버린다"라고 썼다(*The Study of Old Testament Theology Today*, 70). 나아가, 그는 폰 라트, 어니스트 라이트(G. Ernest Wright), 모빙켈(Mowinckel), 궁켈(Gunkel), 칼 바르트가 성경이 일차적으로 죄에 관심을 갖고 있다는 사실에 대하여 눈을 감아 버렸다고 주장하였다(*The Study of Old Testament Theology Today*, 18, 20, 44, 70, 74, 82).

에드워드 영(Edward Young)과 그의 동료들은 주로 계약신학을 추종하였기 때문에 구약 신학에서 죄를 중심적인 문제로 다루었지만, 일부 구약 신학자들은 이 주제를 무시하고 있는 것으로 보인다. 최근의 많은 구약 신학들은 죄를 별개의 항목으로 다루지 않는다. 이것은 부분적으로 현재의 학자들이 사용하고 있는 방법론들에 기인하는 것 같다. 또한 이것은 죄가 인간의 본성의 일부라거나(Westermann) 범죄, 위협, 죄책, 정신적인 불안정성 등과 같은 여러 용어들 아래에서 다루어져야 한다는 현대적인 태도를 반영하고 있는 것으로 보인다. 얼마 전에 칼 메닝거(Menninger)는 "죄"라는 단어와 개념이 우리의 현대적인 어휘 속에서 사라져 버린 것을 개탄하였다. 그는 이렇게 말하였다:

지금은 사라져 버린 것처럼 보이는 "죄"라는 단어는 자랑스러운 단어였
다. 그것은 한때 강력한 단어였고, 불길하면서도 심각한 단어였다. 그것은
모든 개화된 인간 존재의 삶의 계획과 생활양식 속에서 중심적인 내용을
서술하는 것이었다. 그러나 이 단어는 사라져 버렸다. 이 단어는 거의 자
취를 감추어 버린 것이다 — 그 개념과 함께 그 단어도(*Whatever Became
of Sin?*, 14).

브루스 밀른(Milne)은 1975년의 틴데일 성경신학 강좌를 윌리엄 로(William
Law)의 다음과 같은 유명한 말을 인용하는 것으로 시작하였다: "기독교 종교
의 전체적인 성격은 이 두 가지 큰 기둥, 즉 우리의 타락의 큼과 우리의 구속
의 큼에 달려 있다"("The Idea of Sin in the Twentieth Century," 3). 밀른은
이번 세기 동안에는 우리가 죄에 대한 주된 논의를 거의 볼 수 없었다고 지적
하였다. 네 가지 요소들이 죄의 본질에 관한 현대적인 딜레마에 기여하여 왔
다: (1) 생물학적인 진화론의 출현; (2) 행동과 가치들에 관한 칼 마르크스
(Karl Marx)의 포괄적인 사회경제학적 설명; (3) 프로이트, 융 등의 연구와 결
부되어 있는 심리분석적인 접근방법; (4) 세속적인 세계의 근본적이고 더 심
화된 염세주의.

밀른(Milne)은 죄와 관련된 칼 바르트, 니버(R. Niebuhr), 노먼 피텐저
(Norman Pittenger)의 견해들을 상당히 깊이 검토하였다. 그는 성경적인 견해
에 비추어 볼 때에 죄에 관한 이 세 학자들의 견해는 불만족스럽다는 것을 발
견한다. 밀른에 의하면, 죄에 관한 성경적 견해는 여전히 오늘날의 사람들에
게 명확하게 전달될 필요가 있다.

여기서 우리의 일차적인 관심은 오늘날의 세계가 아니라 죄에 관한 구약의
견해(들)이다. 죄에 관한 구약의 견해를 제시함에 있어서 여러 문제점들 중의
하나는 자료의 방대성과 다양성이다. 우리는 죄에 관한 선지자들과 제사장적
견해들을 어떻게 다루어야 하는가? 구약의 초기 부분과 후기 부분에서 죄에
대한 견해는 서로 동일한가? 우리는 구약에 나오는 죄를 가리키는 단어들에
대한 철저한 연구를 해야 하는가? 우리는 이스라엘의 죄관을 주변 국가들의
개념들에 비추어서 고찰하여야 하는가? 우리는 다음과 같은 질문들을 제기하

여야 하는가?; 죄의 본질은 무엇인가? 죄의 기원은 무엇이었는가? 죄는 보편
적인가?

체코슬로바키아의 사제인 스테판 포루브칸(Stefan Porubcan)은 1963년에
『구약에서의 죄』(*Sin in the Old Testament*)라는 방대한 분량의 저서(631쪽)
를 출간하였다. 그는 죄와 관련된 히브리어의 주요한 단어들을 모두 다루었
고, 정결, 의, 죄 사함, 구원을 가리키는 정반대의 용어들도 함께 다루었다. 이
책은 미국에서 널리 유포되거나 사용되지 않았지만, 롤프 크니림은 *Vetus
Testamentum*에 이 책에 대한 20쪽 분량의 서평을 게재하였다("The Problem
of an Old Testament Hamartiology," 366–385).

크니림은 포루브칸의 저서가 구약의 증언들로 이루어진 신학이 아니라 저
자 자신의 신학적인 인식을 나타내는 것이라고 주장하면서 비판하였다
(Knierim, 384). 그러한 비판은 대단히 교의적인 연구들에 대하여 적용될 수
있다. 또한 크니림은 포루브칸이 "충분한 문헌비평과 전승사적 방법론들"을
사용하는 데에 실패한 것이 흠이라고 지적하였다(Knierim, 384). 크니림은
"우리의 필요들에 적합한 구약의 죄론이라는 과제는 지금까지 성취되지 못
한 채 하나의 소망으로 남아 있다"라고 말함으로써 자신의 서평을 마친다
(Knierim, 385).

크니림은 1965년에 하이델베르크 대학에 제출한 자신의 박사학위 논문에
토대를 둔 이 주제에 관한 주된 저서를 출간하였기 때문에(*Die Hauptbegriffe
für Sünde im Alten Testament*) 구약의 죄론을 판단할 자격을 갖추고 있다.
내가 아래에서 서술하고자 하는 것은 죄론이 아니라, 구약성서에 제시되고
있는 죄에 관한 견해들 중 일부를 솔직하게 묘사하려는 시도이다. 우리는 죄
의 본질, 죄의 원천, 죄의 효과들, 죄의 제거를 논의하게 될 것이다.

31. 죄의 본질

구약에는 죄에 대한 정의가 전혀 나오지 않는다. 성경이 언제나 실제적인
삶을 다루고 있고 행위를 위한 준칙들을 제시하며 행위에 대한 판단을 제시
하고 있다는 사실을 고려할 때에, 우리는 그러한 정의를 기대해서는 안 된다.

"우리가 발견하는 것은 여러 영역들 속에서 실제적인 악에 대한 구체적인 지적들이다"(Davidson, *The Theology of the Old Testament*, 209). "성경에는 죄에 대한 단일하고 포괄적인 정의가 없다. 죄는 온갖 종류의 행위, 상태, 의도와 관련해서 서술된다"(Wright, *The Biblical Doctrine of Man in Society*, 40).

구약에서 죄는 하나의 행위인가, 아니면 상태인가? 대부분의 구약학자들은 죄는 둘 다라고 대답한다. 아이히로트(Walther Eichrodt)는 개별적인 행위들은 인간의 의지의 왜곡된 지향성을 보여준다고 말하였다. "구체적인 죄의 배후에는 인간 본성의 잘못된 상태라는 의미에서의 죄가 자리잡고 있다"(*Theology of the Old Testament II*, 387). 라이트(Wright)는 이렇게 주장하였다: 구약에서의 죄는

의지적임과 동시에 구성적이다. 죄는 인간의 자유의지의 결과이다; 그것은 인간의 자유로운 행위이다. 그러나 죄는 인간에게 객관적인 분량으로 분배되는 것이기도 하다. 죄는 전자임과 동시에 후자이기도 하다. 범죄가 있는 곳에는 유형적인 탈구(脫臼, dislocation), 죄악됨의 상태가 존재한다 … 의지의 행위로서의 죄는 의지 자체의 부패를 포함해서 물리적이고 사회적인 부수물들을 지닌다(*The Biblical Doctrine of Man in Society*, 40).

죄의 본질은 하나님에 대한 반역이다. 죄는 단순히 도덕적인 악이 아니라, 종교적으로 고찰된 도덕적인 악이다. 크누드슨(Knudson)은 이렇게 말하였다:

죄는 하나님에 대하여 적대적인 적극적 행위 또는 상태이다. 스피노자가 우리로 하여금 믿게 하고자 했던 것과는 달리, 죄는 "비현실 또는 허상"이 아니다; 또한 죄는 헤겔의 가르침과는 달리 점진적으로 또는 영원히 실현되는 하나님의 생명 속의 본질적인 순간도 아니다; 또한 죄는 일부 진화론자들이 말하듯이 단순히 우리가 물려받은 동물적인 본성의 잔

재도 아니다. "이성과 감각 간의 올바른 관계의 왜곡, 감각에 대한 이성의
그릇된 종속"이라는 악에 대한 칸트의 인식조차도 성경적인 죄 개념에 미
치지 못한다. 구약 및 신약에서 인식되고 있는 죄는 하나님을 향한 영혼의
결핍된 태도라는 사고를 지니고 있고, 객관적인 권능으로 생각되고 있다
(*The Religious Teachings of the Old Testament*, 255-256).

구약에서 죄는 "은혜롭고 의로운 하나님의 의지에 대한 침해, 인격적인 교
통(communion)을 파괴한 반역"이다(Wright, *God Who Acts*, 20). 이스라엘
은 주변 국가들과는 달리 삶의 문제들을 그들을 하나님의 보편적인 구속 계
획의 도구들로 선택하신 하나님의 뜻과 목적에 비추어서 분석하였다(창
12:3). 구약에서 죄는 자연의 "현상"에 대한 훼방도 아니고 우주의 조화로운
상태를 파괴한 일탈도 아니다. 죄는 교통(communion)의 침해, 하나님의 사
랑에 대한 배신, 하나님의 주권에 대한 반역이다.

A. 죄와 관련된 어휘들

구약에 의하면, 죄는 무엇인가? 죄와 관련된 몇몇 히브리어 단어들은 대답
의 일부를 제공해줄 수 있을 것이지만, 우리는 각각의 단어를 문맥으로부터
떼어내서 고찰하거나 그 의미를 얻기 위하여 어원을 지나치게 강조해서는 안
된다. 폰 라트(Gerhard von Rad)는 이스라엘은 죄와 관련된 많은 다양한 용
어들을 가지고 있었지만, 이러한 단어들에 대한 통계학적인 검토는 이 문제
와 관련된 신학의 핵심을 밝혀내는 데에 충분치 않을 것이라고 지적하였다
(*Old Testament Theology I*, 264).

어니스트 라이트(G. Ernest Wright)는 죄와 관련하여 사용된 단어들에 대한
어원론적인 연구를 통해서 죄의 본질을 이해하고자 시도하는 것이 통상적인
관행이지만, 그러한 관행은 그리 도움이 되지 않는다고 말하였다. "사실, 죄
와 관련된 어휘들은 대체로 애굽, 바벨론, 그리스에서 사용된 것과 거의 동일
하다. 따라서 죄의 본질은 죄와 관련된 용어들을 믿음이라는 전체적인 맥락
속에서 연구할 때에만 이해될 수 있다. 그 맥락은 신앙의 내용물의 근본적인
차이로 인해서 이교 사상에서 주어지고 있는 맥락과는 다르다"(*The Biblical*

Doctrine of Man in Society, 40).

데이빗슨(Davidson)은 구약이 "선" 또는 "악"과 관련하여 사용하고 있는 용어들은 대중적이고 비유적인 상식적인 언어이기 때문에, "선" 또는 "악"의 원리 또는 본질을 표현하고 있는 학문적인 또는 철학적인 용어들로 생각되어서는 안 된다고 지적하였다(*The Theology of the Old Testament*, 204-206).

죄를 가리키는 기본적인 용어인 '하타'는 "과녁을 빗나가다"를 의미하고, 돌멩이를 던지는 자가 과녁을 못 맞추고 빗나간 경우(삿 20:16), 또는 여행자가 길을 잃은 경우(잠 19:2) 등에 사용된다. '아온'이라는 단어는 "굽다" 또는 "굽어지다"를 의미한다(삼상 20:1). 죄는 "똑바르고," "올바르며," "순조로운" 것이 아니라 굽어진 것이다. "죄는 과녁에 도달하지 못했다는 성격을 지닌다; 죄는 똑바른 것과 비교해서 굽어진 것이라는 성격을 지닌다; 죄는 평탄한 것과 대비되는 평탄치 못한 것이라는 성격을 지닌다; 죄는 정한 것과 비교해서 부정한 것이라는 성격을 지닌다"(Davidson, *The Theology of the Old Testament*, 207).

몇몇 저술가들은 구약에서 죄를 가리키는 단어들을 몇 가지 부류로 분류함으로써 그 의미를 파악하고자 시도하여 왔다. 스미스(C. R. Smith)는 구약에서 죄를 가리키는 히브리어 단어들을 세 부류로 분류하였다: (1) 총칭적인 용어들 — '라아' ("나쁜"), '라샤' ("사악한"), '아샴' ("유죄의"); (2) 은유들 — '하타,' '아온,' '아을라' ("과녁을 빗나가다"), '아바르' ("건너다"), '샤가,' '타아' ("잘못하다, 어그러진 길로 가다"), '페사,' '마라,' '마라드,' '사라르' ("반역하다"), '마알,' '바가드' ("속이다"), 배교를 나타내는 '하나프' ("-로부터 기울다"), '아웬' ("분규"), '벨리야알' ("무가치한"), '쉭쿠츠,' '토에바' ("가증스러운 것, 역겨운 것"); (3) 반대말들, 즉 하나님을 묘사하는 데에 사용되는 주된 단어들인 "의로운," "거룩한," "순전한," "지혜로운," "영화로운"과 반대되는 용어들 — '라샤' ("악한"), '할렐' ("속된"), '타메' ("부정한"), '케셀' ("어리석은"), '보세트,' '하라프,' '칼람' ("수치"). 이러한 일반적인 용어들 외에도, 살인과 도둑질 같은 구체적인 죄들을 가리키는 용어들이 있다(*The Biblical Doctrine of Sin*, 15-22).

휠러 로빈슨(H. Wheeler Robinson)은 죄를 가리키는 히브리어 용어들을 분류하는 것이 지니는 가치는 단지 서론적인 것에 불과하다고 말하였다. "구약의 계시는 언어학적인 것이 아니라 역사적인 것이다; 용어는 우리가 그것을 역사라는 열쇠를 가지고 열 때까지는 닫혀진 서랍이다"(*The Christian Doctrine of Man*, 43). 로빈슨은 죄와 관련된 주요한 단어들을 네 부류로 분류한다: (1) 올바른 길로부터의 이탈('하타,' '아온,' '사가,' '수르,' '사타'); (2) 행위자의 변화된 지위(죄책)('라사,' '아샴'); (3) 윗사람에 대한 반역 또는 합의에 대한 신실치못함('페사,' '마라드,' '사라르,' '마알,' '베가드,' '메르마'), (4) 행위 자체의 특질에 대한 모종의 규정('라아,' '하마스,' '샤가,' '헤벨,' '아온,' '쉐와').

드브리스(de Vries)는 성경에 죄와 관련된 어휘가 풍부하다는 것은 결코 우연이 아니라고 말하였다. 이것은 특히 구약에 해당된다. 구약의 기자들은 죄에 대한 이론적인 정의를 제시하는 것에 관심이 없었지만, 그들의 풍부하고 생생한 용어들 속에 "그들이 경험했던 죄의 기쁨과 폭넓은 효과들"을 반영하였다("Sin, Sinner," 360).

드브리스(de Vries)는 구약에 나오는 죄와 관련된 히브리어 단어들을 여섯 부류로 분류하였다: (1) 선하고 옳은 것으로부터의 이탈을 가리키는 공식적인 단어들; (2) 하나님에 대한 반역으로서의 죄를 보여주는 신학적인 용어들; (3) 죄인의 내적인 상태를 묘사하는 용어들; (4) 윤리적인 측면이 두드러지는 용어들; (5) 죄의 유해한 결과들을 보여주는 용어들; (6) 죄책을 나타내는 용어들.

이러한 부류들 외에, 드브리스(de Vries)는 구약이 죄를 표현하기 위하여 그 밖의 다른 많은 용어들을 사용하고 있다는 점을 지적하였다: 완악함, 교만, 퇴보, 어리석음, 속임, 부정 등등. "아울러 모든 구체적인 죄와 범죄에 대한 명칭이 존재한다"("Sin, Sinners," 362). 또한 드브리스는 죄의 언어를 공식적인 용어들, 관계적인 용어들, 심리학적인 단어들, 특질을 나타내는 단어들로 분류하였다(*The Achievements of Biblical Religion*, 164).

포루브칸(Stefan Porubcan)과 헤르만 슐츠(Hermann Schultz)의 목록들이 스미스, 휠러 로빈슨, 드브리스의 목록들에 추가되어야 한다. 죄와 관련된 단

334 구약 신학: 그 역사, 방법론, 메시지

어들의 이러한 목록들에 대한 연구는 구약에서 죄가 오류, 실패, 하나님에 대한 반역이라는 것을 보여준다. 죄는 불순종, 어리석음, 신실치 못함이다. 죄는 탐욕, 압제, 폭력, 교만, 음행이다. 죄는 잘못된 행위, 범죄, 악이다.

대체로 구약에서 죄는 인격적인 것이다. 그것은 의식적인 결정의 결과이다. 동물들이나 사물들은 "선" 또는 "악"을 선택하는 데에 자유롭지 않기 때문에 범죄하지 않는다. 구약에서 죄는 개인적이기도 하고 공동체적이기도 하다. 죄인들은 그들의 선택들, 태도들, 행위들에 대하여 책임이 있다. 구약의 죄관에 대한 "감각"을 얻는 한 가지 방식은 이스라엘과 개개인들의 죄들에 대한 구약 자신의 목록들 중 일부를 읽는 것이다(cf. 신 9:6-24; 시 106:6-39; 사 59:1-8; 렘 2:4-28; 7:9-11; 29:23; 겔 16:14-58; 18:5-13; 암 2:6-8; 5:10-12; 8:4-6; 미 2:1-2; 7:2-7).

히튼(Heaton)은 죄와 관련된 공식적이고 전문적인 히브리어 단어들 외에도 히브리 선지자들은 그들의 경험과 어휘를 총동원해서 이스라엘에게 그들의 불의함의 의미를 역설하였다고 말하였다. 세탁과 관련된 언어를 통해서, 이스라엘 백성은 더럽혀져 있고, 깨끗게 함을 받을 필요가 있었다(렘 2:22); 의원과 관련된 언어 속에서, 이스라엘 백성은 중병에 걸려 있었고, 야웨의 치료가 필요하였다(사 1:5-6); 목양과 관련된 관용표현을 통해서, 이스라엘은 양떼로부터 일탈한 잃어버린 양이었다(렘 23:3); 농부의 언어를 통해서, 이스라엘은 알곡은 없고 겨만 가득한 곡식으로서 야웨가 그것을 키질하실 것이다(암 9:9); 제련과 관련된 언어를 통해서, 이스라엘 백성은 찌꺼기가 가득한 모습이어서, 용광로에 녹여지게 될 것이다(겔 22:18-19); 건축자의 언어를 통해서, 이스라엘은 기울어진 담이었다(암 7:8); 가사(家事)의 언어를 통해서, 이스라엘 백성은 물이 엎질러진 마루로서, 깨끗이 훔쳐져야 했다(사 14:23); 토기장이의 언어를 통해서, 이스라엘 백성은 못쓰게 된 진흙이었다(렘 18:1-4); 저잣거리의 전문용어를 통해서, 이스라엘 백성은 그들의 범죄와 허물로 인해서 노예로 팔렸다(사 50:1; Heaton, *His Servants the Prophets*, 84).

B. 죄의 범주들

죄는 네 가지 방식으로 범주화될 수 있다: (1) 하나님에 대한 반역으로서의

인격적인 죄; (2) 외적인 규범으로부터의 일탈로서의 도덕적인 죄; (3) 어느 정
도 인간의 피조성 또는 육체적인 성격과 동일시되는 것으로서의 일원론적인
죄; (4) 죄를 금기(taboo)에 대한 침해로 보는 역본설적인(dynamistic) 죄(de
Vries, "Sin, Sinners," 362; de Vries, *The Achievements of Biblical Religion*,
157-160).

구약의 죄관은 일차적으로 인격적인 죄관이다 — 물론, 그 밖의 다른 견해
들의 예들이 나올 수 있지만. 도덕적인 죄관은 쉽게 율법을 행실이나 태도를
판단하는 외적인 규범으로 삼는 사회로의 발전을 가능하게 해주었다. 아마도
구약에 나오는 몇몇 제의적인 범죄들 또는 설명되지 않은 판단들(cf. 출
4:24-26; 삼하 6:6-7)은 초기의 역본설적인 죄관의 "잔재"일 수 있다
(Eichrodt, *Theology of the Old Testament II*, 382-384; de Vries, *The
Achievements of Biblical Religion*, 165). 일부 저술가들은 구약의 몇몇 본문
들(욥 4:17-21; 13:4; 시 78:38-39; 103:14-16; 사 40:6-8)을 들면서, 적어도
일원론적인 죄관의 잔재들이 구약 속에서 발견될 수 있다고 주장하여 왔지
만, 그들이 인용한 본문들의 정확한 의미는 논란이 될 수 있다.

성경은 가장 중요한 인물들 속에도 악이 있다는 것을 인정한다. 프롬
(Fromm)은 이렇게 말하였다: "아담은 겁쟁이다; 가인은 무책임하다; 노아는
약골이다; 아브라함은 자신의 두려움 때문에 자기 아내가 다른 남자에 의해
서 범해지는 것을 허용한다; 야곱은 형인 에서에게 사기를 친다; 요셉은 야심
만만한 협잡꾼이다; 히브리 영웅들 중 최고의 영웅인 다윗 왕은 용서받을 수
없는 범죄들을 저지른다"(*You Shall Be As Gods*, 127).

구약 시대의 끝무렵에 가서 이스라엘의 인격적인 죄의식은 죄의 내면성과
인간의 마음을 부패시키는 죄의 영향력을 강조하는 데에 실패함으로써 무뎌
졌다(렘 17:9). 그 대신에, 강조점은 율법의 외적인 규례들을 지키는 데에 두
어졌다.

성경 시대 이후의 유대교는 구약의 죄관과는 다른 죄관을 가졌다. 드브리
스(de Vries)는 성경 이후 시대의 죄는 모세 율법을 깨뜨리는 것으로 정의되었
다고 말한다. "의인들에게 그들이 율법을 지킴으로써 죄를 극복할 수 있다는
것을 보장해주기 위하여, 선과 악의 충동('예체르')이 사람의 내면에 존재하

지만 사람의 일부는 아니라는 사상이 왜곡된 마음이라는 선지자적 개념을 대체하였다"(de Vries, *The Achievements of Biblical Religion*, 169; 또한 S. Rosenblatt, "Inclination, Good and Evil," 1315를 보라). 사람이 죄의 노예가될 위기는 더 이상 인간이 해결하기에 불가능한 것으로 보아지지 않았다. 벤시라의 때로부터 사람들 속에 내재하는 악한 충동에 관한 가르침이 두드러지게 표현되었지만, 악한 충동은 이겨낼 수 없는 것이 아니었다. 사람은 악한 충동을 이겨낼 수 있고 또한 이겨내야 한다. 사실, 하나님은 구원의 수단으로서 율법을 주셨다. "이렇게 유대교는 노예 의지(servum arbitrium)를 결코 인정하지 않았고, 이 점에서 선지자들의 제자가 되기를 거부하였다"(Eichrodt, *Theology of the Old Testament II*, 392).

또한 랍비들은 사람들 속에 선한 충동이 존재한다고 가르쳤다. 그들은 죄없는 삶이 얼마든지 가능하다고 여겼다. 모든 사람은 적어도 한 번은 악한 충동에 굴복하지만, "의인들 속에는 오직 소수의 죄들만이 발견될 수 있고, 이러한 것들은 사실 본질적인 그들의 의로움에 도전하지 못한다"(Eichrodt, *Theology of the Old Testament II*, 393; cf. Cohen, *Everyman's Talmud*, 33–93; K. Köhler, *Jewish Theology*, 215, 223, 239–245).

오늘날의 유대교는 대체로 인간의 본성과 자기 개혁의 가능성에 대하여 매우 낙관적인 견해를 지니고 있다. "오늘날의 유대인들은 자기가 그리스도의 어떤 행위 또는 땅과 하늘의 그 어떤 다른 중보자의 행위를 통해서 구원받을 필요가 있다고 믿지 않는다. 자신의 문헌에 대한 해석에 있어서 타락이 들어설 여지는 전혀 없다. 오늘날의 유대인은 이렇게 말한다. 인간은 본질적으로 날 때부터 선하고, 따라서 하나님의 높이까지 올라갈 수 있다; 그러나 그것은 인간의 기도와 연구, 인간의 생각과 행위들을 통해서 건널 수 있는 간격이다"(Knight, *A Christian Theology of the Old Testament*, 356). 카우프만 쾰러(Kaufmann Köhler)는 이렇게 말하였다: "죄인이 하나님께 돌아옴으로써 속죄된다는 유대교의 개념은 온갖 종류의 중보를 배제한다. 신적인 은혜를 받기 위하여 제사장 제도나 희생제사가 꼭 필요한 것이 아니다; 사람은 자신의 노력에 의해서 하나님께로 나아가는 길을 발견하여야 한다"(*Jewish Theology*, 247).

랍비 유대교가 사람이 스스로의 힘으로 죄를 극복할 수 있다는 의미에서 인간과 죄에 관한 낙관적인 견해를 취하고 있었던 반면에, 신약성서와 기독교는 죄에 대한 비관적인 견해를 지니고 있었다(de Vries, *The Achievements of Biblical Religion*, 156). 신약은 죄와 관련해서 구약과 본질적으로 동일한 용어들과 개념들을 사용하지만, 그것들을 확장시키고 심화시킨다.

예수는 죄에 관한 말씀들 속에서 서기관들과 바리새인들이 생각했던 그 어떤 것도 뛰어넘었다(마 5:21-48; 막 7:21-23). 바울은 죄와 의에 대한 기준으로서의 율법이라는 개념을 뛰어넘었다. 율법을 지킬 수 있는 사람은 아무도 없다. 율법은 인간의 실패를 지적하고, 인간의 죄성의 깊이를 보여줄 따름이다(롬 3:20; 5:20; 7:7-24; 갈 3:19-24). "신약에서 죄에 관한 가르침은 그리스도께서 죄를 정복하기 위하여 오셨다는 단언에 의해서 지배된다"(de Vries, "Sin, Sinners," 371; cf. de Vries, *The Achievements of Biblical Religion*, 171).

C. 죄의 본질

구약에서 죄는 잘못된 또는 유해한 행위들 또는 그릇된 태도들 이상의 것이다. 죄는 전인(육체, 영, 마음, 혼)과 관련된다. 제6장의 끝부분에서 제시한 인간 본성에 관한 통전적인 견해에 비추어 볼 때, 죄는 일방적으로 정욕(concupiscence) 또는 심리적인 이상(異常)으로 설명되어서는 안 된다. 죄는 구약에서 육체적이고 정신적인 차원과 아울러 영적인 차원도 지닌다. 사람들은 단지 그들의 본성의 한 부분을 가지고(마음 또는 몸) 범죄하는 것이 아니라, 총체적인 자아가 모든 죄에 관여한다(마 5:27-28).

드브리스(de Vries)는 동물들은 오직 그들의 육체로만 범죄하기 때문에 죄는 사람을 동물들보다 더 저급한 존재로 만든다고 말하였다. 동물들에게는 자기 이해, 자의식, 기억, 상상력, 이 땅에서의 행동이 지니는 의미와 목적에 대한 인식 등과 같은 고등한 특질들이 없다. "부도덕하고 감각적인 인간의 행실에 대하여 동물적이라는 용어를 사용하는 것은 잘못된 것이다. 우리 인간이 스스로를 고삐 풀린 정욕에 내어 맡길 때, 그것이 술취함이든 탐욕이든 음행이든, 우리는 동물들과 같이 행동하는 것이 아니다. 왜냐하면, 우리는 동물들보다 더 못한 존재가 되기 때문이다"(de Vries, *The Achievements of Biblical Religion*, 155).

인간은 동물들보다 더 고등한 능력들을 지니도록 창조되었다(시 8:5-8). 그러한 고등한 능력들을 잘못 사용해서, 우리는 흔히 그릇된 선택들을 하고, 실패와 좌절과 고통과 하나님 및 사람들로부터의 소외를 가져오는 방식으로 행동한다. 우리는 범죄한다!

32. 죄의 원천

"하나님의 말씀에 비추어서 죄에 관한 가르침을 깊이 생각하는 사람은 누구나 일찌감치 죄의 기원이라는 문제에 부딪치게 된다"(Berkouwer, *Sin*, 11). 사람이 어떤 문제를 인식하게 되면, 그 후에 따라 나오는 자연스러운 행동은 그 문제의 일차적인 원인, 원천, 또는 기원을 발견하고자 하는 것이다. 구약은 자연과 인간에게서 하나의 문제점을 인식한다. "자연과 인간 속에는 깊고도 비정상적인 무질서가 존재한다. 이러한 무질서는 너무도 짙게 배어 있기 때문에, 이 땅의 나라들 가운데서 참된 삶과 의로운 사회는 발견될 수 없을 뿐만 아니라, 마찬가지로 질서정연한 자연의 은택도 방해를 받는다"(Wright, *The Biblical Doctrine of Man in Society*, 35).

인간은 하나님이 창조하신 "선한" 피조물이 아니다. 하나님을 거역하는 인간의 실존은 반역과 불순종이라는 구체적인 행위들을 통해서 공개적으로 드러난다. "그의 마음으로 생각하는 모든 계획('예체르')이 항상 악할 뿐임을 보시고"(창 6:5). 자연은 인간의 죄로 말미암아 저주 아래에 있다(창 3:17-19). 우리는 이상적인 세계 또는 평화스러운 친교와 지복(至福)의 세계 속에서 살아가고 있는 것이 아니다. 우리 인간의 경험은 끊임없는 축복들의 문제가 아니다. 무수하게 널려있는 이상 징후의 증거들은 오직 그러한 것들이 어디로부터 왔는가 하는 문제를 불러일으킬 뿐이다.

크리스토프 바르트(Christoph Barth)는 "인간의 반역이라는 걸림돌"이라는 말을 했다. 이 세계는 인간의 반역에 의해서 왜곡되어 있고 부패되어 있다. 하나님은 모든 것을 완전하게 창조하셨다. 인간은 아주 처음부터 창조주에 맞서 반역하였다. 창세기 3–11장에 나오는 기록은 죄의 고백들을 성취의 이야기 속에 엮어 짜놓고 있다. 창세기 3장에서 반역은 하나님의 계명을 억압의 수단으로 삼고자 하는 대담한 시도이다. 남자와 그의 아내가 "금지된 과실"을 먹었을 때에, 그들은 자기들이 하나님과 같이 되어서 더 이상 하나님의 통치권에 복종하지 않아도 될 것이라고 생각하였다. 홍수 이야기 속에서 인류 전체는 부패되어 있었다(창 6:5). "소돔 사람은 여호와 앞에 악하며 큰 죄인이었더라"(창 13:13; cf. 18:20). "폭력과 성적인 타락은 인류가 치유할 수 없을 정도로 부패했음을 보여주는 증거였다"(*God With Us*, 32).

바르트에 의하면, "인간의 반역은 당황스러운 사건이다"(*God With Us*, 33). 성경에 나오는 기사들은 그것을 설명하려고 하지 않는다. "창조주에 대한 반역은 언제나 기대되지 않는 것이고 근거가 없는 것이고 이성적으로 생각할 수 없는 것이고 변명할 수 없는 것이며 정당하지 않은 것이다. 하나님은 만물을 완전하게 창조하셨기 때문에, 죄에 대한 그 어떤 변명이나 용납할 수 있는 이유는 존재할 수 없다"(*God With Us*, 33). 만약 우리가 창조주가 이러한 인간의 큰 실수, 즉 하나님에 대한 반역을 막을 수는 없었던 것인가라고 묻는다면, 우리는 하나님께서 하나님의 뜻과 명령에 대하여 자동적으로 응답하는 로보트가 아니라 자발적인 동반자들을 창조하고자 하셨다고 대답해야 할 것이다.

자연과 인간의 창조가 원래는 선한 것이었지만 지금은 "악한" 것이 되어 버렸다면, 이러한 변화는 어떻게 그리고 언제 오게 되었는가? 자연과 인간은 어떻게 "선"으로부터 "악"으로 옮겨 갔는가? 이러한 질문에 대한 기독교회의 고전적인 대답은 "타락" 또는 "원죄"이지만, 구약은 결코 그러한 용어들을 사용하지 않는다. 실제로 구약은 죄에 대하여 이론적이거나 신학적인 관점에서 거의 말하지 않는다. 구약은 어느 특정한 장소에서 어느 특정한 때에 어느 특정한 사람에 의해서 범해진 죄들에 대하여 언급한다. "그러나 우리는 지극히 복잡한 종교적인 현상으로서의 죄에 대한 신학적인 성찰을 거의 발견하지 못한다"(von Rad, *Old Testament Theology I*, 154). 아이히로트(Walther Eichrodt)는 구약이 죄에 관하여 말할 때에 그 주된 강조점은 개별적인 행위들 속에서의 죄의 구체적인 표현에 두어진다고 말하였다. 그러므로 "죄의 기원이라는 문제는 뒷전으로 밀릴 수밖에 없다"(*Theology of the Old Testament* II, 401).

구약은 인류의 역사를 죄의 역사가 되도록 만들어 버린 첫 번째 인간 부부의 삶 속에서의 결정적인 전환점에 관하여 말해주는 하나의 이야기(창세기 3장)을 담고 있다. 폰 라트(Gerhard von Rad)는 창세기 3-11장에 나오는 죄론에 관한 대서사시에서 "죄가 뚫고 들어와서 눈사태처럼 번져 나갔다"라고 말하였다. 구약은 어떻게 죄가 시작되어서 세대를 따라서 인류 속에서 점점 더 증가해 갔는지를 말해준다. 하지만 구약은 하와와 아담이 뱀의 유혹에 넘어가서 하나님의 명령을 자유의지로 불순종했다는 것 외에는 세상에 죄가 들어오게 된 죄의 원천에 관해서는 정확하게 말해주지 않는다. 구약은 뱀이 마귀, 사탄, 또는 죄의 원천이었다고 말하지 않는다. 구약은 인간의 죄에 대하여 하나님의 책임이 있다고 말하지도 않는다 — 물론, 아담은 그러한 생각을 했을지도 모르지만(창 3:12). 구약에서 죄의 궁극적인 원천은 여전히 수수께끼(불가사의)로 남아 있다.

구약은 뱀을 마귀 또는 사탄이라고 부르지 않지만, 신약에서는 그렇게 부른다. 요한계시록은 두 번에 걸쳐서 "큰 용, 마귀와 사단이라고도 불리는 옛 뱀"(계 12:9; 20:2)에 관하여 말한다. 요한계시록의 기자는 창세기 3장에 나오는 뱀의 역할과 바다괴물(리워야단), 혼돈의 역할을 결합시키는 것으로 보인다(시 74:14; 단 7:19-22). 짐승, 괴물 또는 마귀는 성도들을 상대로 전쟁을 벌이고, 멸망을 받아서 이 땅 위에 떨어진다(계 11:7; 12:1-9; 제5장에 나오는 리워야단과 바다 괴물들에 관한 논의를 보라).

침멀리(Walter Zimmerli)는 구약은 어떻게 악이 세상 속으로 오게 되었는가라는 기본적인 질문에 대한 그 어떤 대답도 주지 않는다고 말하였다. "구약은 다른 문제들에서와 마찬가지로 이원론적인 또는 다원론적인 우주관을 제시함으로써 그 속에서 피난처를 구하고자 하는 시도를 전혀 하지 않는다. 죄책은 아무런 설명도 없이 그 모습 그대로 죄책으로 남겨진다"(*Old Testament Theology in Outline*, 169). 이 주제에 관한 두 개의 본질적인 진술들은 창세기 3장에 나오는 구약의 이야기로부터 아주 분명하다: (1) 악은 하나님으로부터 오지 않았다; (2) 악은 하나님의 권능에 종속되어 있다. 그러므로 죄의 원천에 대한 설명으로서 이원론은 배제된다(Eichrodt, *Theology of the Old Testament II*, 406; Hamilton, "The Book of **Genesis** 1-17," 188; G. Wenham, *Genesis 1-15*, 72-73).

브레바드 차일즈(Brevard S. Childs)는 구약학자들은 창세기 1-11장의 정경적인 기능을 어떻게 해석해야 하는가를 놓고 양분되어 있다고 말하였다. 폰 라트(Gerhard von Rad)는 이 장들의 기능을 하나님으로부터의 점증하는 소외 또는 "눈사태처럼 점점 퍼져 나가는 것"에 관한 역사를 묘사하고 있는 것으로 해석하였다. 전환점은 아브라함의 부르심이다. 폰 라트에게 있어서 "이스라엘의 선택은 창세기에서 인간의 죄성에 대한 하나님의 심판과 긍휼의 보편사를 볼 수 있는 관점을 제공해 준다"(Childs, *Old Testament Theology in a Canonical Context*, 225).

클라우스 베스터만(Westermann)은 이 장들(1-11장)은 아브라함의 선택의 때까지 죄의 강도가 점점 증가하는 수평적인 차원에서 움직여 가는 것이 아니라고 주장하였다. 이 장들은 하나님과 인간이라는 수직적인 축을 중심으로 움직인다. 이 장들은 위협과 제한 아래에 있는 인간의 실존의 보편적인 현실을 다룬다. "베스터만의 글 속에는 무죄 또는 '타락'의 시원적인 시대는 존재하지 않고, 오직 깨어지기 쉬운 연약성과 한계성을 지닌 실재로서의 인간의 실존이라는 존재론적인 문제에 관한 묘사만이 존재한다"(Childs, *Old Testament Theology in a Canonical Context*, 226; Westermann, *Elements of Old Testament Theology*, 94-98, 118-119).

차일즈는 이스라엘의 시원사(창 1-11장)를 단순히 이스라엘의 선택에 관한 유래담으로 읽어서는 안 된다는 데에 동의하였지만, 창세기 1-11장을 존재론적으로 해석하고자 하는 베스터만의 시도는 엄청난 신학적인 문제들을 불러일으킨다고 단언하였다.

이 장들 속에 나오는 위협을 "인간됨의 결과"라고 해석하는 것은 성경적인 근거가 없다. 오히려, 창세기 1-3장의 취지는 인간의 죄성의 존재론적인 성격에 이의를 제기하는 것이다. "인간은 하나님, 자신의 동료들, 또는 자기 자신으로부터 소외된 상태로 창조된 것이 아니었다. 무죄의 기간이 지니는 신학적인 기능은 하나님의 현존 앞에서 비존재의 위협을 극복하였던 하나님의 피조 세계에 있어서의 초창기의 조화를 증언하는 것이다. 또한 그것은 모든 위협들이 정복될 하나님의 새 창조의 종말론적인 회복을 증언한다"(Childs, *Old Testament Theology in a Canonical Context*, 226).

33. 죄의 결과들

A. 아담의 죄의 결과들

구약에 나타난 죄에 관한 논의는 아담의 죄의 결과들과 개인 및 사회의 죄들의 결과들을 포함하지 않으면 안 된다. 구약은 아담의 죄가 어떻게 그의 후손들에게 영향을 미쳤는지에 관하여 아무런 말도 하지 않는다. 사실, 아담은 창세기 5장 이후에 구약에서 단지 4번 언급될 뿐이다(신 32:8; 대상 1:1; 욥 31:33; 호 6:7). 이 언급들 중에서 2번은 "아담"이 아니라 "사람들"로 해석되어야 한다(신 32:8; 호 6:7).

아담의 죄가 어떻게 그의 후손들에게 영향을 미쳤는지에 관하여 아무것도 말하고 있지는 않지만, 창세기 3장은 최초의 죄가 그 죄를 범한 자들에게 어떠한 결과들을 가져왔는지에 관하여 말해준다. 뱀은 인간의 죄에 개입하였다는 이유로 저주를 받는다. (저주는 아니지만) 그들 자신의 죄의 결과들이 여자와 남자에게도 임한다. 범죄한 후에 아담과 하와에게 수치, 죄책, 두려움이 찾아온다(창 3:11).

여자에게 임한 죄의 구체적인 결과들은 출산의 고통과 남편을 그리워하고 종속된다는 것이었다. 저주받은 땅으로부터 생계를 이어가기 위해서 일생 동안 땀을 흘리는 것은 남자에게 임한 죄의 결과였다. 모든 자연이 최초의 죄로 인하여 저주를 받았다. 하나님은 최초의 남자와 여자를 에덴 동산으로부터 쫓아내셨다. 그들이 낙원으로 되돌아오는 것은 하나님의 권능에 의해서 영원히 봉쇄되었다(창 3:24). 아담과 하와뿐만 아니라 모든 사람은 이제 동산 바깥에서 삶을 살아야 한다. 생명나무는 오직 동산 안에 있었기 때문에, 인간의 삶은 필연적으로 죽음으로 끝날 수밖에 없다(창 3:22-23).

빅터 해밀턴(Victor Hamilton)은 죽음은 창세기 3:17-19에서 아담의 죄의 결과들 중의 하나로 열거되지 않는다고 지적하였다. 아담의 죄의 결과들은

3:17-19의 좀 더 큰 맥락의 주제이지만, 이 절들에서 아담의 죄의 결과들은 일생 동안 수고하며 땀을 흘려서 일해야 한다는 것이다. "아담의 불순종과 가인의 형제 살인에 관한 형벌은 죽음이 아니라 추방과 유랑이다"("The Book of Genesis 1-17," 203-204; cf. G. Wenham, *Genesis 1-15*, 83, 89-91).

구약에는 최초의 인간 부부의 죄가 어떻게 그들의 후손들에게 영향을 주었는지에 관하여 교의적이거나 철학적인 설명이 없다. 구약은 단지 그 이후의 여러 세대들에 관한 이야기를 죄에 관한 이야기로 말할 뿐이다. 아담과 하와의 최초의 아들은 아우를 살해하였다(창 4:8). 성경은 가인의 죄가 단순히 그의 외적인 폭력행위로 이루어진 것이 아니라, 죄의 근원인 그의 아우에 대한 분노에 있다는 것을 말해준다(창 4:5-7). '하타'("죄")라는 단어는 구약에서 여기에서 처음으로 등장한다. 가인의 죄의 결과는 그가 그의 동료들을 두려워하고 그의 동료들로부터 소외된 것 속에서 드러난다. 라멕은 점증하는 죄의 목록들에 중혼(重婚)이라는 죄를 추가하였다(창 4:19).

노아 시대에 이르러서 하나님은 "그의 마음으로 생각하는 모든 계획이 항상 악할 뿐임"(창 6:5)을 보셨다. 땅은 부패하였고 폭력으로 가득 차 있었다(창 6:11-12). 하나님은 인간의 죄악들에 대한 심판으로써 인류를 멸망하기 위하여 홍수를 보내셨지만, 그것은 죄 문제를 해결하지 못했다. 홍수 후에 하나님은 다시 "사람의 마음이 계획하는 바가 어려서부터 악하다"(창 8:21)는 것을 보았는데, 이것은 죄가 보편적이라는 것을 함축하고 있다. 노아와 그의 가족은 죄가 없었던 것이 아니었다; 그들이 구원받은 것은 그들이 죄가 없었기 때문이 아니었다. 노아는 "완전한 자"로 불리지만(창 6:9), '타밈'("완전한" 또는 "흠없는")이라는 단어는 "죄없다"는 것을 의미하지 않는다. 이 단어는 "온전하다"를 의미한다.

죄의 보편성, 그리고 심지어 죄가 유전된다는 교의를 주장하기 위하여 구약의 몇몇 본문들이 "증거본문들"로 사용되어 왔다(예를 들면, 왕상 8:46; 대하 6:36; 욥 14:4; 25:4; 시 51:5; 58:3; 잠 20:9; 전 7:20; 사 48:8). 휠러 로빈슨(H. Wheeler Robinson)은 "시편 51:5을 비롯해서 이러한 본문들 중 그 어느 것을 근거로 해서 죄의 유전성을 말하는 것은 역사적인 석의에 의해서 정당화되지 못한다; 아마도 이 본문들이 의도하고 있는 것은, 나는 부정한 입술을

지닌 자라고 이사야가 말한 것(6:5)에 불과한 것인 것 같다"라고 말하였다
(*The Christian Doctrine of Man*, 58).

크라우스(H. J. Kraus)가 다음과 같이 말한 것은 아마도 옳은 것 같다: "시
편 51편에 나오는 기도문은 죄에 대한 원래의 원초적인 성향에 관하여 말하
고 있다: '내가 죄악 중에서 출생하였음이여 어머니가 죄 중에서 나를 잉태
하였나이다' (시 51:5). 이런 유의 서술들은 원인론적인 관점에서 생물학적으
로 유전된 죄로 이해되거나 성도덕이라는 관점에서 이해되어서는 안 된다.
이러한 서술들은 인간을 애초부터 부패시킬 수 있는 악의 권능을 인정하는
것이다(cf. 창 8:21; 욥 14:4; 15:15f.; 25:4; 시 143:2; 요 3:6)"(*Theology of the
Psalms*, 156-57; 시 51:5에 대한 서로 다른 해석들에 관한 논의로는 Marvin
Tate, *Psalms 51-100*, 18-19를 보라).

구약은 아담으로부터 유전된 죄책이라는 의미에서의 원죄에 관한 가르침
에 대하여 아무런 말도 하고 있지 않지만, 인간이 태어날 때부터 악에 대한
편향을 지니고 있다는 것을 잘 알고 있다. 몇몇 본문들은 구약의 역사(歷史)의
여러 시기들 동안에 자녀들이 그들의 아버지의 죄들로 인해서 벌을 받았다는
것을 보여준다(출 20:5; 34:7; 레 26:39; 민 14:18; 수 7:24; 삼하 21:1-6). 아마
도 이러한 본문들은 "집단적 인격" 또는 사회적 연대에 관한 이스라엘의 견
해를 근거로 해서 가장 잘 설명될 수 있을 것이다. 어떤 의미에서 고대 이스
라엘에서 개인은 공동체에 종속되어 있었다. 하지만 개인은 결코 자신의 행
위들에 대하여 책임을 지지 않아도 될 정도로 공동체에 종속되어 있었던 것
은 아니었다. 여러 본문들은 공동체로부터 개인의 독립성을 강조한다(cf. 신
24:16; 왕하 14:6; 렘 31:29; 겔 18).

크누드슨(A.C. Knudson)은 개인이 속해 있는 백성 또는 종족의 부정함은 그
개인 자신의 삶에 널리 침투해 있는 것으로 여겨졌다고 말하였다. 어떻게 이
런 일이 일어나는지는 설명되지 않는다. 구약에는 그 어디에도 나면서부터
인간이 악에 대한 소질을 지니고 있게 된 것에 대하여 설명하는 내용이 없다.
"이러한 소질은 단지 하나의 사실, 관찰과 통찰을 통해서 드러난 사실로 받아
들여질 뿐이다"(*The Religious Teachings of the Old Testament*, 265).

후대의 유대교와 기독교의 저술가들은 아담의 죄가 어떻게 인류에게 영향

을 미쳤는지에 관한 많은 이론들을 발전시켰다. 에스드라2서(주후 100년 경에 쓰어짐)는 아담의 죄와 그 죄가 후손들에게 미친 효과에 관한 몇몇 언급들을 하고 있다.

"악한 마음을 지니고 있었던 첫 아담은 범죄하였고, 그로부터 난 모든 사람들도 마찬가지로 죄에 의해서 지배를 당했다. 이렇게 해서 질병이 끊임없이 일어나게 되었고, 율법은 악한 뿌리와 더불어서 사람들의 마음속에 있었다; 그러나 선한 것은 떠나버렸고, 악은 남았다"(에스드라2서 3:21-22).

"악의 씨앗이 처음부터 아담의 마음속에 뿌려졌고, 그것이 지금까지 얼마나 많은 불경건을 낳았고, 타작의 때가 올 때까지 얼마나 많은 불경건을 낳을 것인가!"(에스드라2서 4:30).

"오 아담이여, 너는 무슨 짓을 했느냐? 범죄한 것은 너였지만, 그 타락은 너만이 아니라 너의 후손들인 우리들의 것이었다"(에스드라2서 7:48, 118; 36-105절은 예전에는 멸실되었지만, 지금은 그 본문이 복원되었다; 48절은 복원된 판본 속에서는 118절이 되었다).

신약의 죄관은 구약의 죄관과 본질적으로 동일하다. 옛 용어들은 모두 여기에서 발견된다(de Vries, *The Achievements of Biblical Religion*, 17-71). "타락"과 "원죄"라는 용어들은 신약에 나오지 않는다. 바울은 죄와 사망이 아담으로 말미암아 세상에 들어왔다고 말하였다(롬 5:12-14; 고전 15:21-22).

해밀턴(Hamilton)은 바울이 아담-그리스도 모형론을 사용한 것은 그것이 부활에 관한 세 가지 오해를 논의하는 데에 자료를 제공해 주었기 때문이라고 주장하였다: (1) 죽음은 멸절을 의미하지 않는다. 왜냐하면, 부활이 있을 것이기 때문이다; (2) 헬라인들이 주장한 것과는 달리, 죽음은 불멸의 영혼이 해방되는 것을 의미하지 않는다 — 몸은 다시 부활할 것이다; (3) 부활한 몸은 영적인 몸이 될 것이다(고전 15:45-49; Hamilton, "The Book of Genesis 1-17," 217).

바울은 죄가 보편적이고(롬 3:23; 5:12), 모든 사람이 죄를 범하였으며 "변명할 수 없다"(롬 1:20; 2:1; cf. 요일 1:8)고 주장하였다. 야고보서 1:13-15에서는 "사람이 시험을 받을 때에 내가 하나님께 시험을 받는다 하지 말지니 하나님은 악에게 시험을 받지도 아니하시고 친히 아무도 시험하지 아니하시느니라 오직 각 사람이 시험을 받는 것은 자기 욕심에 끌려 미혹됨이니 욕심이 잉태한즉 죄를 낳고 죄가 장성한즉 사망을 낳느니라"고 말한다.

"타락"과 "원죄"에 관한 교리들은 초대 교회의 동방과 서방 교부 학자들에 의해서 자세하게 발전되었다. 동방 교회에서는 아담의 죄를 인간의 죄의 일차적인 모형이라고 설명하였다. 서방 교회에서는 아담의 죄를 인간의 죄의 근원으로 보았다(Robinson, *The Christian Doctrine of Man*, 165). 이레나이우스와 테르툴리아누스는 둘 다 "어떤 의미에서 아담 안에서의 인류의 통일성"을 강조하였다. 암브로시우스는 인류가 "아담 안에서 죄책을 초래하였다"고 말한 최초의 인물이었다(Robinson, *The Christian Doctrine of Man*, 168).

아우구스티누스는 "이렇게 인간의 타락은 좀 더 저급한 차원의 존재로 미끌어져 떨어진 것으로 이해되기 때문에, 죄는 결핍이 아니라 실존에 있어서의 타락으로 이해되어야 한다"고 말하였다(Westermann, *Elements of Old Testament Theology*, 95에서 재인용). 아우구스티누스의 말들은 "타락"에 관한 만개한 교리와 인류에 대한 그 결과들을 표현하고 있다. 아우구스티누스의 진술은 이 주제에 관하여 구약과 신약이 말하고 있는 것을 넘어선다(Zimmerli, *Old Testament Theology in Outline*, 168).

휠러 로빈슨(H. Wheeler Robinson)은 창세기 3장은 인간의 본성이 불순종의 행위에 의해서 바뀌었다는 그 어떤 암시도 보여주지 않고, 아담이 부패한 본성을 자녀들에게 물려주었다는 말은 더더욱 하지 않는다고 말하였다. 하나님이 아담에게 금지한 것에 대한 욕구로 말미암아 하나님의 명령에 대하여 아담이 불순종한 것은 분명하고 깊은 윤리적인 의미를 담고 있다. "인간은 자기가 원하는 것을 얻고, 어린아이의 벌거벗은 순수로부터 성숙한 자의 지식과 능력들로 옮겨간다; 그러나 이것과 관련하여 인간이 치른 대가는 인간의 문명이 저주를 받게 되었다는 것이다. 왜냐하면, 문명의 진보는 악의 진보라는 것이 입증되었기 때문이다"(*The Christian Doctrine of Man*, 59).

아이히로트(Walther Eichrodt)는 창세기 3장이 인간에 대한 하나님의 계획이 좌절되고 인간의 역사가 하나님에 대한 적대감이라는 특징으로 낙인찍히게 된 결정적인 사건에 관하여 말하고 있다고 이해하였다.

이 사건은 타락, 즉 하나님이 원하시는 발전의 노선으로부터의 이탈이라는 성격을 지니고 있고, 이후의 이야기가 보여주듯이, 모든 사람들의 영적인 태도에 결정적인 영향을 행사하게 된다. 원죄라는 주제에 대한 교회의 가르침은 이 본문에 주목하여서, 죄의 노예가 되는 것의 진정한 심각성은 죄가 단지 "순간적인 잘못된 결정으로부터 언제나 생겨나는 우연적인 행위가 아니라, 우리의 본성의 왜곡된 성향"이라는 사실에 있다는 것을 보여주었다(*Theology of the Old Testament* II, 406-407).

프리젠(Th. C. Vriezen)은, 이미 로마서 5장에서 바울에 의해서 가르쳐졌고, 그 후에 원죄론으로 발전된 것과 같이 낙원에 관한 이야기를 인류의 타락에 관한 이야기로 본 기독교적인 해석은 불건전한 것이 아니라고 말하였다. 사람이 일단 자신의 삶 속에 죄를 허용하게 되면, "죄는 급속하게 퍼져서 한 세대에서 다른 세대로 전해진다. 그러므로 사람은 거의 원죄라는 개념에 가까워지게 되는 것이다"(*An Outline of Old Testament Theology*, 416).

어니스트 라이트(G. Ernest Wright)는, 인간의 "타락"에 관한 기독교적인 서술은 끊임없이 하나님과 개인 간의 능동적이고 살아 있으며 결정적으로 중요한 관계를 놓치고, 그 대신에 완전히 부패하여 하나님으로부터 소외된 것으로서의 인간의 본성이라는 정태적인 견해로 대체될 위험성에 놓여져 왔다고 지적하였다. 이러한 대체는 완전히 잘못된 것은 아니지만, 우리의 관심을 "결정적으로 중요하고 책임성 있는 자기 이해와 능동적인 결단으로부터 지적인 인식과 합리적인 논증으로" 옮겨 놓는다(*God Who Acts*, 92).

인간은 총체적으로 타락한 것인가, 아니면 오직 부분적으로만 타락한 것인가? 인간의 곤경은 타고난 죄에 대한 도덕적인 부패와 성향에 기인하는 것인가, 아니면 사람이 아담의 나쁜 예를 따라서 자유의지를 잘못 사용하는 것에 기인하는 것인가?(아우구스티누스 대 펠라기우스). 사람은 구원 또는 멸망, 거역할 수 없는 은혜의 수령자 또는 수령할 수 없는 자로 예정되어 있는 것인가?(칼빈주의 대 아르미니우스주의). 어니스트 라이트(G. Ernest Wright)는 성경은 이러한 질문들에 대하여 분명하고 똑부러진 대답들을 제공해주지 않는데, 이것은 이 질문들이 "실명사"로서의 사람에 대한 지적인 인식을 나타내고, 성경의 역동적인 움직임을 정신이 자연적으로 이런저런 측면을 취함으로써 해결하고자 하는 형식화된 합리적인 역설로 바꾸어 버리기 때문이라고 말하였다(*God Who Acts*, 92-93).

인간의 본성은 한 사람이 무엇을 하는가에서 드러난다. 아담으로부터 시작해서 수많은 인간의 행위들은 하나님을 거역하는 반역의 행위들이다. 이러한 반역의 행위들의 절정은 그리스도를 십자가에 못 박은 사건 속에서 볼 수 있다.

"아담 안에서의 죄와 사망은 그리스도께서 중보자로서 제거하신 인간과 하나님 사이의 장애물을 생겨나게 하였다. 원래의 창조를 회복시키는 것은 이러한 하나님의 은혜의 행위이다(예를 들면, 롬 8:29; 골 3:10; 고전 15:49; 고후 3:18). 따라서 십자가는 성경적 신앙의 유일하게 적절한 상징이다" (Wright, *God Who Acts*, 91).

교회의 많은 신조들과 신앙고백들은 "타락"과 "원죄"라는 문제에 대하여 말해왔다. 개신교의 대다수의 신앙고백서들은 이러한 것들과 관련하여 하나님에게 그 어떤 잘못도 돌리지 않고, 인간에게 무거운 짐을 지웠다. 예를 들면, 벨기에 신앙고백은 하나님의 정하심 없이는 이 세상에서 아무런 일도 일어나지 않는다고 분명하게 말한다; 그럼에도 불구하고, "하나님은 이 세상에서 범해지는 죄들의 원천도 아니고 그 죄들에 대하여 비난받을 수 없다" (Berkouwer, *Sin*, 29).

뉴햄프셔 신앙고백서는 인간의 타락에 관하여 다음과 같이 말한다: "우리는 인간이 그의 지으신 자의 법 아래에서 거룩하게 창조되었지만, 자발적인 범죄로 말미암아 그러한 거룩하고 복된 상태로부터 떨어졌으며, 그 결과로 모든 인류가 지금 강제에 의해서가 아니라 선택에 의해서 죄인들이며, 본성적으로 악의 성향을 지니고 있기 때문에, 영원한 파멸이라는 의로운 정죄 아래에 있지만, 변호하거나 변명할 수 없다고 믿는다"(H. Leon McBeth, *A Sourcebook for Baptist Heritage*, 503-504).

B. 개인에 대한 죄의 결과들

구약에서 개인에 대한 죄의 결과들은 무엇인가? 죄의 첫 번째 결과는 죄책이다. 죄책은 내적인 혼란, 소외, 일탈에 관한 의식일 수 있다. 이것은 아담과 하와의 체험이었다(창 3:10). 그들은 수치를 느껴서 스스로 숨었다. 다윗이 백성들에 대한 인구조사를 한 후에 다윗의 마음이 그를 쳤다(삼하 24:10). 시편 기자는 이렇게 말하였다:

> 내가 입을 열지 아니할 때에
> 종일 신음하므로
> 내 뼈가 쇠하였도다
> 주의 손이 주야로 나를 누르시오니
> 내 진액이 빠져서
> 여름 가뭄에 마름 같이 되었나이다 (셀라).
> (시 32:3-4)

이러한 죄책감은 개인적으로 자신의 죄를 인식하는 자들에게만 온다. 구약은 사람들이 죄를 범할 때에 죄를 인식하지 못한 채 범죄하는 "부지불식간의 죄들"에 관하여 말한다(레 4장; 6장). 하지만, 구약은 자신의 죄를 인식하지 않은 경우일지라도 죄인은 자기가 지은 모든 범죄에 대하여 죄책이 있고 책임이 있다는 것을 아주 분명하게 말한다(레 5:27).

하나님으로부터 버림받음으로써 생겨난 자신의 성품 속의 기본적인 결함으로 인해서, 수치심이나 죄책감이 없는 사람이 있을 수 있다.

> 어리석은 자는 그의 마음에 이르기를
> 하나님이 없다 하는도다
> 그들은 부패하고
> 그 행실이 가증하니
> 선을 행하는 자가 없도다.
> (시 14:1; 53:1)
> 악을 선하다 하며
> 선을 악하다 하며 …

화 있을진저.
(사 5:20)

그들이 거짓을 고집하고
돌아오기를 거절하도다
내가 귀를 기울여 들은즉
그들이 정직을 말하지 아니하며
그들의 악을 뉘우쳐서
내가 행한 것이 무엇인고 말하는 자가 없고
전쟁터로 향하여 달리는 말 같이
각각 그 길로 행하도다.
(렘 8:5b-6)

　구약에는 죄책을 가리키는 특별한 단어가 없다. 구약은 흔히 죄의 행위와 죄에 대한 형벌에 대하여 동일한 단어를 사용한다. 히브리 사상은 대체로 죄의 행위와 죄에 대한 형벌을 구별하지 않았다(Eichrodt, *Theology of the Old Testament* II, 413). 폰 라트(Gerhard von Rad)는 이러한 현상을 인격적인 행위와 그로 인한 인격적인 결과들을 두 개의 독립적인 별개의 것들로 이해하지 않았던 "삶에 대한 종합적인 관점"의 일부로 설명하였다. 대신에, 구약은 행위와 운명 간의 아주 밀접한 상응관계를 전제한다. 이것은 "구약의 사상 속에는 죄와 형벌의 구별에 해당하는 것이 절대적으로 존재하지 않았다"는 것을 의미한다. "이것을 보여주는 가장 좋은 증거는 '하타'와 '아온'은 행위로서의 죄와 죄의 결과, 즉 형벌을 둘 다 나타낼 수 있었다는 것이다"(*Old Testament Theology* I, 265-66).
　몇몇 단어들은 악한 행위들과 징벌, 죄와 심판을 둘 다 가리킬 수 있었다는 것은 사실이지만, 죄와 관련된 히브리어의 모든 단어들에 이러한 말이 해당되지는 않는다. '아왈'이라는 어근을 지닌 모든 형태들이 거기에 해당한다. 이러한 단어 형태들은 언제나 불의 또는 범죄의 행위들을 가리키고, '아온,' '아웬,' '라아' 같은 단어들과는 달리 재난스러운 사건들, 결과들, 징벌들

을 가리키지는 않는다. 몇몇 문맥들 속에서 하나님은 결코 "악"('아웰' 또
는 '아윌라')을 행하지 않는다는 것이 명시적으로 진술된다(신 32:4; 대하
19:7; 욥 34:10).

히브리어에는 죄책을 가리키는 특별한 단어가 존재하지 않았지만, '아샴'
이라는 단어는 흔히 "죄책"과 "속건제"로 번역된다. 이 단어와 동일 어원에
서 나온 단어들은 구약에서 20번 정도 "죄책" 또는 "죄책이 있는"으로 번역
된다(C. R. Smith, *The Biblical Doctrine of Sin*, 16). "죄책"으로 가장 자주
번역되는 '아온'이라는 용어는 "왜곡된 태도"의 요소를 함축한다(Eichrodt,
Theology of the Old Testament II, 416).

개인의 죄의 첫 번째 결과는 죄책 또는 수치이다. 두 번째 결과는 징벌 또는
심판이다. "모든 범죄는 징벌을 불러일으킨다." 이것이 필연적인 것은 "하
나님에 대한 범죄는 교정되어야 하고, 죄의 독은 제거되어야 하며, 죄인은 형
벌을 받아야 하기" 때문이다(Jacob, *Theology of the Old Testament*, 287). 구
약에서 야웨는 "범죄자들을 결코 제거하고자 하지 않는"(출 34:7; 민 14:18)
하나님이자 "그들의 행사를 하나라도 결코 잊지 않으시는"(암 8:7) 하나님으
로 묘사된다. 적어도 왕정 시대 이전에는 이스라엘은 죄는 언제나 결과들을
수반하고, 그 결과들 중 일부는 죄인에게 가시적으로 임한다고 믿었다. 몇몇
결과들은 일단 시작되면 죄인과 공동체를 향하여 퍼져오는 "악의 방사(放
射)"를 포함하였다(cf. 암 1:3, 6, 9, 11, 13).

많은 구약학자들은 죄에 대한 하나님의 심판이 구약에서 주요한 요소라는
데에 동의하지만, 최근의 논의들 중 상당 부분은 그 심판의 방법에 관한 것이
다. 하나님의 심판은 직접적인 것인가 역학적인 것인가, 아니면 내재적인 것
인가 초월적인 것인가? 하나님은 독특하게 예기치 않은 초월적인 방법으로
죄인을 심판하시는가, 아니면 하나님은 죄의 본성들과 인격성에 "내재된"
일련의 효과들과 결과들을 통해서 죄인을 다루시는 것인가?

클라우스 코흐(Koch)는 이제 와서 유명해진 논문인 "구약에는 응보 교리가
존재하는가?"(Gibt es ein Vergeltungsdogma im Alten Testament?)를 통해서
구약은 응보에 관한 가르침을 담고 있지 않다고 주장하였다. 야웨는 그러한
맥락 속에서 심판자로서의 기능을 하지 않는다. 어떤 사법적인 규범들 또는

미리 정해진 징벌들이 징벌을 결정하는 것이 아니다. 심판 또는 징벌은 행위와 그 결과의 관계 속에서 죄 속에 직접적으로 뿌리를 두고 있다. 코흐는 사람이 자신의 행위를 통해서 스스로 창조하는 운명에 관하여 말하였다("사람의 행위에 의해서 생겨나는 운명"). 이것은 코흐가 이러한 과정을 순전히 내재적이거나 기계적인 것으로 생각하였다는 것을 의미하지 않는다. "야웨는 이러한 과정 속에 능동적으로 개입하신다. 그는 이러한 과정 전체를 주관하시는 분이시다"(Patrick Miller, *Sin and Judgment in the Prophets*, 5).

프리젠(Th. C. Vriezen)은 코흐가 종교적인 응보 개념이라는 사상을 반대하였다고 지적하고, 폰 라트(Gerhard von Rad)는 코흐의 견해에 대체로 동의한다고 말하였다. 프리젠은 구약이 흔히 죄가 자신의 징벌을 그 속에 내포하고 있다는 것을 암시하고 있다는 것을 부정하지 않지만, 그러한 견해는 구약에서 지배적인 것이 아니라고 말하였다. "위에서 말한 두 학자(Koch와 von Rad)의 견해들은 계약의 법을 지나치게 도외시하고 있다"(Vriezen, *Outline of Old Testament Theology*, 309, n. 1).

베르카워(Berkouwer)는 구약에 응보에 관한 가르침이 전혀 없다는 코흐의 이론을 비판하였다. 우리가 칠십인역에서 발견하는 것처럼, 구약의 강조점은 하나님의 응보적인 행위에 있는 것이 아니라 "자신의 운명을 결정하는 사람들의 행위"에 있다는 코흐의 견해는 억지라는 것이다. 베르카워에 의하면, 이 점은 코흐 자신의 논문, 특히 잠언에 나오는 몇몇 본문들에 관한 그의 논의 속에서 분명하게 드러난다.

"바울의 '뿌리고 거둠' 속에서도 그가 오래된 견해를 발견한다는 사실(36쪽)은 그의 개념을 밑받침해 줄 수 없다. 그의 재구성은 오로지 운명을 만들어 내는 행위에 집중하고 있기 때문에 만족스럽지 못하다"(Berkouwer, *Sin*, 39-40, n. 41).

베르카워는 코흐의 견해가 지닌 총체적인 부적합성은 그가 딜레마를 제시하고 있다는 것이라고 말하였다: 보복이냐 내재적인 역학이냐, 초월적이냐 내재적이냐. 죄의 역학적인 활동과 하나님의 사법적인 활동을 서로 경쟁적으로 나란히 놓는 것은 불가능하다(Berkouwer, *Sin*, 375). 메리언 프랭크 메더(Marion Frank Meador)는 죄와 징벌의 관계라는 문제는 클라우스 코흐가 구약 속에 응보에 관한 가르침이 있는가 라는 문제를 제기한(1955년) 이래로 새로운 활기를 띠어 왔다고 말하였다. 코흐는 구약 속에서 응보에 관한 가르침을 발견하지 못했다. 상급과 징벌은 앞서 기존에 설정된 규범들을 따라서 주어지지 않는다. 오히려, 어떤 행위의 결과들은 "뿌리고 거둠" 같은 행위와 결과에서처럼 그 행위 자체의 흐름 속에 내재되어 있다(잠 11:18; 호 8:7; 10:12-13; Meador, "The Motif of God as Judge," 166). 메더는 코흐의 명제는 지지될 수 없고 죄와 징벌의 관계와 관련된 수정된 응보 모델일 뿐이라고 말하였다. 하지만 그는 "하나님은 최고의 재판장이시고, 그의 판단들은 언제나 적절하다"고 역설하였다("The Motif of God as Judge," 172).

많은 구약학자들은 구약에서 죄와 징벌의 상응관계를 고찰하여 왔다. 아이히로트(Walther Eichrodt)는 "범죄와 징벌이 서로 상응하여야 한다는 심오한 사상"에 주의를 환기시켰다(*Theology of the Old Testament II*, 426). 그는 선지자들의 임무는 징벌이 하나님과 인간 간의 전적으로 인격적인 관계의 무효화이기 때문에 "범죄와 응보 간의 외적인 상응관계를 내적인 상응관계로 대체하여서, 그들로 하여금 처음으로 죄의 필연적인 결과로서의 징벌을 이해하고 내면적으로 확신할 수 있게" 해 주는 것이었다고 말하였다(*Theology of the Old Testament II*, 452).

패트릭 밀러(P. D. Miller)는 죄와 심판의 "상응" 패턴을 다루는 구약의 많은 본문들을 논의한 후에, "심판의 신학"에 관한 단원으로 자신의 연구를 마무리하였다. 그는 그 어떤 단일한 획일적인 심판 개념이 구약을 지배하고 있는 것이 아니라고 말하였다. 이와는 반대로, 이스라엘의 심판 체험은 다면적이고 다차원적인 것이었다. 밀러는 그가 다룬 본문들은 죄와 징벌 간의 폭넓은 상응관계를 보여주었다고 지적하였다. "그러나 많은 본문들은 그러한 상응관계를 보여주지 않는다"(*Sin and Judgment in the Prophets*, 121).

밀러는 코흐의 견해가 수정되어야 한다고 주장하였다. 범죄로부터 자라나는 징벌은 사법적인 맥락 안에서 이해될 수 있다. 구약은 흔히 재판장으로서의 하나님에 관하여 말한다. 죄와 심판 사이에 상응관계, 심지어 인과론적인 측면들이 존재한다고 할지라도, 그러한 연결관계는 불순종으로 인하여 징벌하고자 하시는 야웨의 결정에 의해서 만들어진다. 상응관계의 차원은 "적절한 공의에 대한 단언을 야웨의 심판의 중심에 갖다 놓는다. 야웨께서 모든 사람들에게 요구하는 것은 '미쉬파트'(공의)이다"(Miller, *Sin and Judgment in the Prophets*, 136).

구약에서 하나님의 심판의 목적은 징벌 이상의 것이다. 하나님의 심판은 정련하는 불과 같은 정화(淨化)의 목적(말 3:2-3), 다림줄의 사용과 같은 교정의 목적(왕하 21:10-12), 그릇을 닦는 것과 같은 새롭게 하는 목적(왕하 21:10-12)을 지닌다. 하나님은 언제나 자비(mercy)를 베푸시는 데에 자유로우시다. 긍휼은 징벌의 무효화가 아니라, 징벌 속에 포함되어 있는 돌이킬 수 없는 정죄의 측면을 제거한다. 산고(産苦)는 새 생명에 대한 약속에 길을 내어 준다. 가인이 지닌 표는 그가 아벨에게 했던 짓을 그에게 하고자 하는 자들로부터 그의 생명을 지켜주는 보호의 상징이다.

징벌 또는 심판은 다시 한 번 내부로부터 바로잡고, 곁길로 가 버린 자들을 올바른 길로 되돌아오게 하려는 의도를 지닌다. 에드몽 자콥(Edmond Jacob)은 이렇게 말하였다: "야웨가 징벌을 통해서 얻고자 하는 것은 죄인의 돌아옴이요 새 삶의 가능성이다. 회심은 죄사함의 필수불가결한 조건이다; 회심이 없이는 하나님께서 마련해 놓으신 죄사함의 모든 수단들은 아무런 효력도 발휘하지 못하게 된다"(*Theology of the Old Testament*, 289).

34. 죄의 제거

죄의 제거와 관련된 구약의 언어는 죄와 관련된 어휘만큼이나 풍부하고 다양하다. 이 언어 중 다수는 하나님이 죄와 관련해서 행하시는 것과 관련되어 있다.

하나님은 죄에 대하여 무엇을 행하시는가?

1) 하나님은 죄를 제거하고, 치우며, 더러운 옷과 같이 벗겨 버린다:

> 이것이 네 입에 닿았으니
> … 네 죄가 사하여졌느니라.

(사 6:7)

그 더러운 옷을 벗기라 …
내가 네 죄악을 제거하여 버렸으니.
(슥 3:4; cf. 삼하 12:13)

2) 하나님은 죄를 들어올리거나 치워버린다:

여호와라 여호와라 자비롭고 은혜롭고 …
악과 과실과 죄를 용서하리라.
(출 34:6-7)

3) 하나님은 죄를 도말하신다:

나 곧 나는 나를 위하여
네 허물을 도말하는 자니.
(사 43:25; cf. 시 51:1, 9; 109:14; 사 44:22; 렘 18:23)

4) 하나님은 죄를 씻어버리고 깨끗케 하신다:

나의 죄악을 말갛게 씻으시며
나의 죄를 깨끗이 제하소서.
(시 51:2; cf. 51:7; 렘 33:8)

5) 하나님은 죄를 벗겨 버리시고 정화하신다:

우슬초로 나를 정결하게 하소서.
(시 51:7)

6) 하나님은 죄를 덮으신다:

허물의 사함을 받고
자신의 죄가 가려진 자는 복이 있도다.
(시 32:1; cf. 시 85:3)

7) 하나님은 죄를 속하신다:

내가 네게 내 언약을 세워
내가 여호와인 줄 네가 알게 하리니
이는 내가 네 모든 행한 일을 용서한 후에
네가 기억하고 놀라고 부끄러워서
다시는 입을 열지 못하게 하려 함이니라
주 여호와의 말씀이니라.
(겔 16:62-63; cf. 사 6:7; 시 65:3; 79:9)

8) 하나님은 죄들을 잊어버리시고 기억하지 않으신다:

네 죄를 기억하지 아니하리라.
(사 43:25)

9) 하나님은 죄들을 뒤로 던지시거나 바다로 던지신다:

내 모든 죄를 주의 등 뒤에 던지셨나이다.
(사 38:17)

우리의 모든 죄를 깊은 바다에 던지시리이다.
(미 7:19)

10) 하나님은 죄들을 짓밟으신다:

우리의 죄악을 발로 밟으시고.
(미 7:19)

11) 하나님은 죄를 사하신다:

내 영혼아 여호와를 송축하며
그의 모든 은택을 잊지 말지어다
그가 네 모든 죄악을 사하시며.
(시 103:2–3; cf. 느 9:17; 시 130:4;
 사 55:7; 렘 5:1; 31:34; 33:8; 50:20)

이러한 것들은 하나님이 구약에서 죄를 다루시는 많은 방식들 중의 일부이다.

구약은 사람이 죄를 제거하고자 시도하는 많은 방식들을 보여주지만, 그 어떤 방식도 완전히 성공하지 못했다. 구약에서 죄를 제거하고자 한 가장 초기의 시도들은 초기의 역본설적인(dynamistic) 시대의 "유물들" 또는 "원시적인 방식들"이라고 부를 수 있을 것이다(Eichrodt, *Theology of the Old Testament* II, 443). 여기에서 죄의 제거는 자동적으로 작동하는 순전히 외적인 절차들에 의해서 이루어진다. 어떤 때는 죄악된 상태가 물로 씻음으로써 제거된다(민 8:7; 19:9,21; 31:23; 레 14:5–6); 어떤 때는 죄는 불에 의해서 태워진다(민 31:22–23; 사 6:6); 어떤 때는 짐승 또는 새가 죄를 짊어지고 간다(레 14:7,53; 16:21–22); 심각한 상황인 경우에는 대부분 죄인은 공동체로부터 끊어지거나 사형에 처해진다(레 20:6, 10, 11, 14). 이러한 죄를 제거하는 "원시적인" 방법들은 사람들의 죄인식과 죄에 대한 해결책을 발견하고자 한 그들의 시도를 보여준다.

구약에 나오는 몇몇 본문들은 하나님의 진노를 "피할" 필요에 관하여 말한다. 가장 두드러진 예는 사무엘상 26:19인데, 거기에서는 희생제사가 하나님의 진노를 피하는 수단이 된다. 다윗은 "만일 왕을 충동시켜 나를 해하려 하는 이가 여호와시면 여호와께서는 제물을 받으시기를 원하나이다마는 만일 사람들이면 그들이 여호와 앞에 저주를 받으리니 이는 그들이 이르기를 너는 가서 다른 신들을 섬기라 하고 오늘 나를 쫓아내어 여호와의 기업에 참여하지 못하게 함이니이다"라고 말한다. 프리젠(Th. C. Vriezen)은 "속죄"라는 단어가 본문 속에서 사용되고 있지는 않지만, "그러한 개념이 존재한다"고 지적하였다(*Outline of the Old Testament*, 267). 희생제사를 통해서 하나님의 진노를 피할 수 있다는 사상은 "여호와께서 그 향기를 받으시고 그 중심에 이르시되 내가 다시는 사람으로 말미암아 땅을 저주하지 아니하리니"(창 8:21)라는 말 속에도 나타난다.

모압 왕 메사는 모압 신의 진노를 피하기 위하여 자신의 맏아들을 희생제물로(아마도 그모스 신에게) 드린다(왕하 3:27). 인신제사는 구약에서 알려져 있지 않았던 것이 아니었다. 아브라함은 하나님께서 이삭 대신에 숫양을 준비하시기 전까지 이삭을 희생제물로 드리고자 하였다(창 22:12-13). 일부 학자들은 출애굽 22:29-30이 한 때 장자가 희생제물로 드려졌다는 것을 보여주는 것으로 이해한다.

입다는 하나님께 한 맹세를 이행하기 위하여 자신의 딸을 희생제물로 드렸다(삿 11:30-35). 벧엘 사람 히엘은 여리고를 지을 때에 자신의 두 아들을 희생제물로 드렸던 것 같다(왕상 16:34). 율법에서는 인신제사가 잘못된 것이라는 것을 분명하게 말하였지만(출 34:20; 신 18:10), 유다의 두 왕, 아하스와 므낫세는 자신의 아들들을 희생제물로 드렸고, 이러한 이교적인 행위로 말미암아 정죄되었다(왕하 16:3; 21:6).

구약에서는 종종 하나님의 진노를 제거하는 것과 관련하여 화해(propitiation) 또는 속죄(expiation)라는 개념을 사용한다. 이것은 구약에서 해석하기가 매우 어려운 주제이다. '할라'라는 히브리어 단어는 종종 "(하나님의) 얼굴을 쓰다듬다," "(하나님께) 간청하다," 따라서 "하나님을 누그러뜨려서" 하나님으로 하여금 자신에게 호의적이게 만든다는 것을 의미하는 데에 사용된다(삼상 13:12; 왕상 13:6).

이 단어는 구약에서 세 개의 본문 속에서 "달래다, 누그러뜨리다"를 의미하는 것으로 보인다(슥 7:2; 8:22; 말 1:9; 개역에서는 "은혜를 구하다"로 번역됨). 도드(C. H. Dodd)는 이 세 개의 본문을 칠십인역 본문 속에서 우리는 처음으로 "달래다"('엑스힐라스케스다이')의 고전적인 의미의 분명한 예들을 만난다고 말하였다. 이 용어의 다른 용례들에서는 번역자들은 그 밖의 다른 헬라어 단어를 사용하였다. 도드는 이 세 본문 속에 어떤 예외적인 것이 있어서 이러한 헬라어 단어가 사용되게 된 것이라고 생각하였다.

첫 번째와 세 번째 본문(슥 7:2; 말 1:9)은 뚜렷한 경멸의 어조를 지니고 있다: 야웨를 "달래보려고" 생각해 보아야 아무 소용없다! 따라서 번역자들은 '엑스힐라스케스다이'라는 용어를 이교적인 용법의 표준적인 의미로 의도적으로 사용해서, 그러한 것이 이스라엘의 하나님에게는 전혀 통하지 않는다는 경멸의 어조를 표현하고자 했던 것으로 보인다. 두 번째 본문(슥 8:22)에서 야웨를 "달래기" 위하여 온 것은 이스라엘 백성이 아니라 이교 백성들이다(Dodd, *The Bible and the Greeks*, 86-87). 어쨌든 프리젠(Th. C. Vriezen)이 이러한 본문들에서 하나님은 선물들과 인간적인 호의들을 통해서 움직여질 수 있다는 지극히 인간적인 속죄 개념들을 보고 있는 것은 옳은 것 같다. 이것이 사실이라면, 그러한 사상을 이스라엘에서 가지고 있었던 사람들은 극소수였을 것임에 틀림없다(*Outline of the Old Testament Theology*, 268).

인간이 죄를 제거하고자 한 두 번째 방식은 제의(희생제사들)를 통해서였다. 하지만 희생제사는 모든 죄들을 속할 수 없었다. 일부 살인죄(민 35:31-32), 계약에 대한 죄들(십계명), 또는 대죄(大罪)들(민 15:22-31; 삼상 3:14)은 희생제사로 속죄될 수 없었다. 부지불식간에 지은 죄들과 덜 심각한 죄들은 그 죄들이 알려졌을 때에 고백되고 적절한 보상이 이루어진 경우에 속죄될 수 있었다(레 5:14-19; 19:20-22; 민 5:5-8). "부지불식간에 지은 죄들"과 관련해서 "속죄하다"라는 단어를 사용하는 것은 정확하지 않을 것이다(Jacob, *Theology of the Old Testament*, 293).

하르트무트 게제(Hartmut Gese)는 이렇게 말하였다: "속죄는 보상될 수 있는 죄와 잘못들에 대한 죄사함을 의미하지 않는다. 그러한 경우들에 있어서 모든 사람은 스스로 조심하여야 한다. 보상은 분명히 이루어져야 한다. 속죄한다는 것은 화해를 가져오는 것, 다시 보상될 수 있는 것에 대한 죄사함을 받아들이는 것을 의미하지 않는다. 그것은 범죄자를 그가 마땅히 받아야 할 죽음으로부터 건져내는 것을 의미한다"(*Essays on Biblical Theology*, 99).

"속죄"(atonement)라는 단어는 기본적으로 앵글로-색슨 계열의 언어로부터 유래한 몇 안 되는 신학 용어들 중 하나이다. 그것은 "하나로 만드는 것"을 의미하고, 떨어져 나간 자들을 다시 하나되게 하는 과정을 가리킨다(Morris, "Atonement," 107). 프랭크 슈텍(Frank Stek)은 성경의 속죄 개념은 마음들의 만남 이상의 것이라고 지적한다(*New Testament Theology*, 162-63). "속죄하다" 또는 "속죄"라는 단어는 구약의 흠정역과 RSV에서 여러 차례 등장하지만, 신약성서에서는 비록 그러한 개념은 항상 존재함에도 불구하고 오직 한 번 나온다(롬 5:11). 코너(Conner)는 "속죄"는 헬라어 신약성서에서 발견되는 그 어떤 단어에 대한 적절한 역어가 아니라고 말하였다(*The Gospel of Redemption*, 76).

"속죄"는 히브리어 어근인 '카파르'를 번역한 것이다. 어근 '카파르'는 구약에서 동사로 91번 나오는데, 이러한 용례들 중 60번은 제사장 자료들 속에서 희생제사와 관련되어 있다. 학자들은 '카파르'의 정확한 어원에 대하여 견해의 일치를 보지 못한다. 구약의 희생제사들은 "헌물들" 또는 하나님과의 교통의 통로로서의 역할을 하였지만, "희생제사 제도 전체는 속죄 개념에 의해서 지배되고 있다"(Vriezen, *Outline of Old Testament Theology*, 261). 희생제사 행위는 관계의 실제적인 갱신의 축소판이다.

이스라엘은 자신의 역사의 많은 시기 동안에 제사장들, 백성들, 성소를 위한 속죄를 행하는 한 날 — 대속죄일(레 16:1-34; 민 29:7-11; 겔 45:18-21) — 을 가지고 있었다. 오직 이 날에만 대제사장(그리고 오직 대제사장만)이 지성소에 들어가는 것이 허용되었다. 그는 자기 자신을 위하여 속죄제를 드리고(레 16:6), 도피염소의 머리에 안수하여 백성의 죄들을 고백하고(7-10절), 성소를 깨끗케 하여야 (18-19절) 했다. 이러한 제의의 많은 부분은 이것이 "극히 오래된 의식"임을 보여준다(Clements, *Leviticus*, 45).

대속죄일은 이스라엘의 종교에서 특별한 위치를 지니고 있었다. "연중 그 어느 절기보다도 대속죄일은 죄에 대한 깊은 인식과 오직 하나님만이 이것을 처리하실 수 있다는 깨달음을 선포하는 것이었다. 대속죄일은 하나님의 사역자들이 결코 죄의 권세로부터 면제되어 있지 않다는 것을 특별한 방식으로 보여주었다"(Clements, *Leviticus*, 46).

히브리서 기자는 성막의 바깥 부분은 지성소로 들어가는 길이 아직 열리지 않았다는 것을 상징하는 것이라고 말하였다(히 9:8). 그리스도는 대제사장으로 오셔서 지성소로 들어가셨다 — 황소와 염소의 피를 가지고 들어간 것이 아니라, 영원한 구속을 가져다주는 자신의 피를 가지고(히 9:11-12).

기독교 신학에서 "속죄"라는 용어는 거의 전적으로 인류의 죄를 "속하고" 죄인들을 하나님과 화목시킨 십자가 위에서의 예수 그리스도의 죽음을 가리키는 데에 사용되어 왔다. "화해" 또는 "화목"(Versöhnung, '카탈라게')과 "속죄" 또는 "덮음"(Sühne, '힐라스모스') 간에는 날카로운 구별이 흔히 행해져 왔다. 이러한 구별은 구약의 여러 곳에서 발견될 수 있지만, 거기에서 '킵페르'라는 단어를 사용하고 있는 것은 아니다. '킵페르'라는 동사가 하나님과 관련하여 사용될 때, 하나님은 언제나 목적어가 아니라 주어로 나온다. 하나님은 구약에서 "속함을 받는 자"가 아니라 "속하는 자"이다(Whale, *Christian Doctrine*, 92).

웨일(Whale)에 의하면, 구약의 희생제사 속에는 대속적인 고난, 대속적인 형벌이라는 요소가 존재하지 않는다. "'화목'(propitiation)이라는 오도된 단어나 어렵고 모호한 단어인 '속죄'(expiation)는 핵심 단어가 아니다. 진노한 하나님을 달랜다거나 하나님께 잘못을 행한 것에 대하여 보상을 지불한다는 사상은 전혀 존재하지 않는다. 하나님은 '누그러뜨리다'(propitiate) 또는 '속하다'(expiate)를 의미하는 히브리어 동사의 목적어가 아니다. 하나님 자신이 자신이 정한 방식을 따라서 죄를 정화시키거나 덮음으로써 죄를 속하신다"(*Christian Doctrine*, 81).

도드(C. H. Dodd)는 칠십인역에서 '킵페르'의 "역어들"로 나오는 것은 '힐라스케스다이' 또는 '엑스힐라스케스다이,' 그리고 이에 상응하는 명사들이라고 지적하였다. 신약성서 밖에서 고전 및 코이네 헬라어에서 '힐라스케스다이'는 통상적으로 사람을 목적으로 해서 "누그러뜨리다," "진정시키다," "기쁘거나 행복하게 만들다"를 의미한다(*The Bible and the Greeks*, 82; cf. Morris, *The Apostolic Preaching of the Cross*, 125-126). 부차적인 의

미로, '엑스힐라스케스다이'는 "누그러뜨리다"를 의미할 수 있지만, 칠십인
역과 신약성서에서 이 단어가 지니는 일차적인 의미는 "속죄하다"이다. 모리
스(Morris)는 이렇게 말하였다 :

  성경의 하나님은 이교의 신의 방식을 따라서 누그러뜨려질 수 있는 그
  런 존재가 아니라는 우리의 확신에 대한 확고한 근거들이 존재한다는 것
  을 아는 것은 다행이다. 성경의 기자들은 변덕스럽고 보복하는 신이 마음
  에 들지 않는 예배자들에게 자의적으로 징벌을 가하고, 그러면 예배자들
  은 적절한 제물들을 바쳐서 신을 기분 좋게 하여서 다시 좋은 관계로 되
  돌린다는 이교적인 사상과 전혀 관계가 없다. 도드의 중요한 연구는 이 점
  을 아주 분명하게 해 주었다(*The Apostolic Preaching of the Cross*, 129).

  데일 무디(Dale Moody)는 유화(宥和, 누그러뜨림, propitiation))라는 개념
은 로마서 3:25; 요한1서 2:2; 4:10에 대한 라틴어 번역을 통해서 기독교 어휘
의 일부가 된 이교적인 개념이라고 말하였다. 하나님의 거룩한 사랑에 관한
구약적인 견해와 그리스도 안에서의 하나님의 역사에 대한 신약적인 견해는
이 이교적인 용어를 수정하여서, 신약에서 화목 개념은 "사람에게만 국한되
어 있다. 우리 주 예수 그리스도의 아버지이신 하나님은 결코 누그러뜨려지
거나 화해되는 분으로 묘사되지 않는다. 문제는 오로지 사람에게 있고, 해법
은 하나님에게 있다"(Moody, "Propitiation=Expiation," 14).
  유대교와 기독교를 제외한 다른 종교들은 하나님은 본성적으로 화해되기
를 요구하는 자라는 것을 당연시한다. 우리가 다른 종교들의 합의를 이 점에
있어서 우리에게 영향을 미치도록 허용한다면, 우리는 거의 분명히 잘못될
것이다. "이것은 병행의 위험이 매우 분명하게 드러나는 지점들 중의 하나이
다. 기독교는 그 밖의 다른 종교와의 유비를 통해서 이해되어서는 안 된다 …
화해를 청하시는 분은 하나님이시고, 인간은 화해된다"(Stewart, *Man in
Christ*, 210-11).
  선지자들은 희생제사가 죄를 제거하는 수단이라고 믿지 않았다. 그들은 죄
를 제거하는 방법으로써 주로 "회개"와 "죄사함"의 필요성을 말하였다(사

1:11; 호 6:6; 암 5:23-24; 미 6:8). 선지자들은 회개하라는 호소에 대한 백성들의 무응답에 실망감을 표현하였다.

회개는 무엇인가? 죄 사함은 무엇인가? 회개는 죄 사함을 위한 필수적인 전제조건인가? 오늘날의 많은 구약학자들은 대선지자들의 설교 속에서 회개라는 모티프가 차지하는 지위를 최소화하여 왔다. 토머스 레이트(Thomas Raitt)는 많은 학자들이 회개로의 부름이 선지자의 역할과 그의 신학에서 중추적으로 중요한 위치를 차지하고 있다는 것을 긍정하여 왔지만, 선지자들의 말씀들 속에서 "회개로의 부름"이라는 발화 양식에 대해서는 놀랍게도 거의 주목하지 않아 왔다고 말하였다("The Prophetic Summons to Repentance," 30-48).

구약에서 24개의 본문이 회개의 실패로 인한 "심판의 선포들"로 분류될 수 있고(사 6:10; 9:13-14; 30:15-16; 렘 3:1, 7, 10; 5:3; 8:4-7; 9:5; 13:22; 15:7; 23:14; 25:3-4; 34:16; 45:5; 겔 3:19; 호 5:4; 7:10; 11:5; 암 4:6, 8, 9, 10, 11), 28개의 본문은 "회개의 촉구"로 분류될 수 있다(왕하 17:13; 대하 30:6-9; 느 1:8-9; 사 1:19-20; 55:6-7; 렘 3:12-13, 14, 22; 4:1-2, 3-4, 14; 7:3-7; 15:19; 18:11; 22:3-5; 25:5-6; 26:13; 31:21-22; 35:15; 겔 18:30-32; 욜 2:12-13; 암 5:4-5, 6-7, 14-15; 욘 3:7-9; 습 2:1-3; 슥 1:2-6; 말 3:7). "회개로의 부름"은 선지자들이 이스라엘에게 하나님께로 돌아오라는 부름이다.

"회개로의 부름"이라는 발화 양식 외에도, 회개 모티프는 몇몇 이야기 양식들의 일부와 기도문들의 간구 부분을 형성한다(레 26:40; 신 4:30; 30:2, 10; 왕상 8:33, 35, 47, 48; 왕하 23:25; 대하 7:14; 느 9:26, 29, 35; 욥 22:23; 시 7:12; 22:27; 78:34; 렘 3:7, 10; 26:4-6; 36:2-3, 7-10; 슥 1:6; 말 2:6).

한 대목에서 레이트는 구원은 종종 회개를 창출해내는 행위이고("The Prophetic Summons to Repentance," 47; cf. 사 44:22; 렘 31:31-34; 겔 27:22-36), 구원은 종종 회개의 필요성에 대한 언급 없이 임한다고(cf. 사 40:2; 43:25; 렘 30:14-17; 33:8; 미 7:18-19) 말하였다. 하지만 그는 "선지자들의 영향 아래에서 회개는 신학적으로 크게 부각되었고, 현재에 이르기까지 유대교와 기독교에서 회개는 반드시 죄 사함에 선행하고 회개 후에 죄 사함이 뒤따른다는 것이 신학적인 규범이 되어 있다"고 결론을 내렸다("The

Prophetic Summons to Repentance," 48).

구약에 의하면, 회개는 무엇인가? 몇 가지 히브리어 단어들은 마음의 변화, 후회 또는 참회의 감정, "죄로부터 돌이켜서 하나님께로 돌아오는 것"을 비롯한 여러 다양한 개념들을 표현한다(Quanbeck, "Repentance," 33). 윌리엄 할러데이(William Holladay)는 히브리어 어근인 '슈브'("돌아오다")에 관한 철저한 연구를 행하였다. 이 어근은 마소라 본문에서 하나님 또는 인간을 주어로 해서 1,054번 나온다. 대부분의 용례들은 "세속적인" 것으로서, 단지 "어떤 것, 어떤 장소, 어떤 사람으로부터 되돌아오거나 거기로 되돌아가는 것"을 의미한다. 할러데이는 이 어근이 "출발점으로 되돌아가는 것"을 의미한다고 주장하였다(The Root Subh in the Old Testament, 53).

할러데이는 어근 '슈브'의 1,054번의 용례들 중에서 164번이 "계약과 관련된 용법들"로 분류될 수 있다고 믿었다. 계약과 관련된 용법이라는 것은 이스라엘 또는 하나님이 상대편에 대한 충성을 변경하는 것에 관한 표현을 의미하는 것이다(왕상 8:33; 렘 4:1; The Root Subh, 116). 대부분들의 경우에서와 마찬가지로, 구약은 우리에게 체계적인 "회개"에 관한 가르침이 될 수 있는 일반화된 진술들을 제시해 주지 않는다. 이러한 원인 중의 하나는 고전 히브리어에는 "회개"를 가리키는 명사가 없고 "어휘가 없는 곳에는 개념도 존재할 수 없다"는 것이다. '메슈바'("회개")라는 단어는 후대에 출현한 추상명사이다"(The Root Subh, 157). '수르'("돌이키다"), '파나'("얼굴을 돌리다"), '나함'("미안하게 여기다") 같은 그 밖의 다른 히브리어 용어들은 '슈브'의 동의어 또는 병행들로 생각될 수 있다(The Root Subh, 155-156).

'슈바'라는 명사는 구약에 한 번 나오고(사 30:15), '테슈바'라는 명사는 구약에서 사용된다(그러나 오직 시간적인 의미로). 또한 '라함'의 명사형도 구약에서 "회개" 또는 "긍휼"이라는 의미로 한 번 나온다(호 13:14).

예레미야는 '슈브'라는 단어를 111번 사용함으로써, "등을 돌리다," "돌아오다," "내적인 회심과 갱신"이라는 이 어근의 모든 의미들을 조명해 둔다. 회개는 고통스러운 과정이다: 마음의 할례, 척박한 땅을 개간하는 것, 우상숭배를 철저하게 배척하는 것, 전적으로 하나님께로 돌아오는 것(렘 4:1-4). 이것은 철저한 삶의 변화를 의미한다. 이것 이외의 다른 대안은 오직 파멸

뿐이다. 예레미야는 이스라엘의 민족을 향하여 말을 하였을 때조차도 자신의 가장 강력한 호소를 개인에게 행하였다: "너희는 각자"(렘 25:5; 26:3; 36:3, 7). 예레미야는, 구속의 가능성이 영원히 열려있는 채로 있지 않을 것이고, 회심은 "내적인 완고함을 순순히 받아들이는 순종으로 바꾸어 줄 새 마음을 주시는 하나님의 역사라는" 것을 잘 알고 있었다(Eichrodt, *Theology of the Old Testament II*, 468-469).

구약에서 백성들은 회개하고, 하나님은 죄를 사하신다. 회개의 한 부분은 고백이다. 구약에서 죄의 고백은 죄인이 자신의 죄들을 알고 있고(렘 5:5) 죄들로부터 기꺼이 돌아서고자 한다는 것을 보여주는 것이다(잠 28:13; 단 9:4).

> 내 허물을 여호와께 자복하리라 하고
> 주께 내 죄를 아뢰고
> 내 죄악을 숨기지 아니하였더니
> 곧 주께서 내 죄악을 사하셨나이다 (셀라).
> (시 32:5)

> 내 죄악을 아뢰고
> 내 죄를 슬퍼함이니이다.
> (시 38:18)

죄는 하나님으로부터의 분리와 악한 삶을 가져오는 하나님에 대한 범죄이기 때문에(사 59:1-15), "죄는 오직 죄 사함의 행위를 통해서만 말소될 수 있다"(Jacob, *Theology of the Old Testament*, 290). 그렇다면, 죄 사함은 무엇이고, 어떻게 이루어지는가? 죄 사함은 희생제사를 통해서 얻어질 수 있는 것인가, 아니면 개혁된 삶을 통해서 얻어질 수 있는 것인가?

영역 성경들에서 세 개의 히브리어 단어가 "용서" 또는 "죄 사함"으로 번역된다. 그 단어들은 '킵페르,' '나사'("들어올리다"), '살라흐'(아마도 "방면하다")이다. 이 세 단어는 모두 죄의 제거를 가리키는 은유들이다. 첫 번째와 세 번째 단어는 오직 하나님의 죄 사하심을 가리키는 데에만 사용된다(신 21:8; 대하 30:18; 시 78:38; 렘 18:23).

죄 사함은 회개를 조건으로 하지만, 회개는 하나님이 죄를 사하여 주신다는 보증이 아니다(암 5:15; 욘 3:8; 습 2:3). 노먼 스네이스(Norman Snaith)는 오늘날의 태도는 죄 사함이 의미하는 하나님과의 온전한 교제로의 회복은 인간의 회개의 직접적인 결과라는 것이라고 말하였다. 하지만 하나님의 죄 사함은 인간의 행위에 의거한 자동적인 것이 아니다. 그것은 "하나님의 실제적이고 인격적인 직접적 사역"이다("Forgiveness," 86).

해리 에머슨 포스딕(Harry Emerson Fosdick)은, 당신이 어떤 사람이 죄 사함이 손쉬운 문제라고 가볍게 얘기하는 것을 듣는다면 당신은 그 사람이 죄를 용서하는 것이 아니라 묵과하고 있다는 것을 확신해도 좋다고 말하였다 "죄가 별로 중요하지 않다고 말하거나 죄를 경시하거나 죄를 쉽게 생각하거나 죄에 대하여 너그럽고 관대하다는 것은 죄 사함이 아니다 그것은 도덕적인 해이일 뿐이다. 죄는 중요하다 — 엄청나게! 죄를 묵과하는 것은 쉽다; 죄를 사하는 것은 어렵다"("Forgiveness of Sins," 192–193; cf. Moberly, "Punishment and Forgiveness," 244).

쿠안벡(W. A. Quanbeck)은 희생 제물들을 태우는 것은 봉헌물의 변화와 하나님에 의한 봉헌물의 받으심을 상징하는 것이었다고 말함으로써, 죄 사함에 있어서 하나님의 자유와 주권을 강조한다. "이것은 희생제사가 하나님의 죄 사함을 가져오는 물물교환식의 거래가 아니고, 희생제사가 효과가 있는 것은 하나님께서 자신의 긍휼하심 속에서 희생제물을 예배자의 삶의 제물로 받아들이기로 선택하신 결과라는 사실을 강조해 준다. 희생제사는 죄 사함을 구매하는 것이 아니라, 긍휼을 베푸시겠다는 하나님의 약속에 호소하는 것이다"("Forgiveness," 316; cf. Sakenfeld, "The Problem of Divine Forgiveness in Numbers 14," 317–330).

오직 하나님만이 죄를 사하실 수 있지만, 하나님은 어떻게 그리고 어떤 근거 위에서 죄를 사하시는 것인가? 아이히로트(Walther Eichrodt)는 주술에 의한 기계적인 죄의 처리는 하나님의 자유로운 행위로서의 죄 사함을 배제한다고 지적하였다. 또한 죄책과 징벌에 대한 율법주의적인 이해는 죄 사함을 협소하게 만들고 외화(外化)시킨다. "징벌이 범죄에 상응하는 보상으로 여겨지고, 심지어 자발적인 공로들에 의해서 회피될 수 있다고 생각되는 곳에서는, 죄 사함은 오직 징벌의 축소 또는 완전한 면제로만 이해된다. 이런 식으로 하나님의 행위는 하나님의 보상권과 결부된다"(*Theology of the Old Testament II*, 453). 하나님은 죄들과 관련한 인간의 참회 때문에 죄를 사하시는 것인가? 아니면 인간의 죄의 고백으로 인해서 죄를 사하시는 것인가? 하나님은 세례를 통해서 죄를 사하시는가? 하나님은 사람들이 용서할 때에 죄를 사하시는 것인가?

구약의 백성은 하나님이 그들의 죄들을 사하실 것이라고 — 실제로는, 사하셨다고 — 믿었다(시 65:3; 85:2, 3; 106:6-47; 겔 16:63; 20:9, 14, 22). 이스라엘은 "죄들의 사함"이 무엇을 의미한다고 이해하였는가? 우리는 그것을 어떻게 이해해야 하는가? 모벌리(R. C. Moberly)는 한 아이가 벌을 받기 위해서 부모에게 오고 부모가 벌을 주거나 책망하는 것을 포기한다고 했을 때, 죄 사함은 형벌의 면제를 의미한다고 말하였다. 이것은 죄 사함의 첫 번째이자 가장 단순한 형태이다.

하지만 모벌리는 형벌의 면제가 죄 사함을 이해함에 있어서 첫 번째 단계일 수는 있지만 그것이 마지막 단계는 아니라고 말하였다 "형벌의 면제를 죄 사함의 주된 성격이라고 보는 이론에 얽매이는 신학은 (속죄론을 설명하고자 하는 적지 않은 시도들이 보여주었던 것과 마찬가지로) 머지않아 해결할 수 없는 복잡한 문제들 속으로 빠져들게 될 것이다. 실제로 … 죄 사함은 이것만이 아니라 더 많은 것을 의미한다. 벌을 받지 않는다는 단순한 개념은 이 문제의 진정한 핵심을 건드리기에는 너무도 소극적이고 외적인 것이다"("Punishment and Forgiveness," 243).

죄 사함을 형벌의 면제로 정의하는 것은 옳음과 그름의 모든 구별을 지워버리는 것이 될 것이다. 형벌의 면제는 해명과 정당화를 요구한다. 형벌의 면제는 선한 것일 수도 있고 악한 것일 수도 있다. 형벌의 면제가 정당성이 없다면, 그것은 부도덕한 것이다. 하나님은 허물과 범죄와 죄를 사하신다; 그러나 하나님은 죄책을 제거하지는 않으신다(출 34:6-7). 하나님은 죄를 사하시는 것에 대한 이유들과 정당성을 지니고 계신다.

죄 사함은 형벌의 면제가 아니다; 그것은 관계의 회복이다. 죄 사함이 모든 범죄에 대한 모든 형벌의 면제라고 말한다면, 우리는 그것을 원인과 결과, 파종과 추수, 행위들과 결과들이라는 엄격한 자연법의 작용과 조화시키려고 시도하여야 한다. 죄 사함은 단순히 "방면하는 것"을 의미하는 것이 아니다. 용서는 죄의 모든 결과들 또는 형벌을 피하는 것을 의미하지 않는다. 죄의 형벌의 일부는 술 취한 운전자에 의해서 야기된 다른 사람의 죽음 같은, 어떤 죄악된 행위들이 가져온 돌이킬 수 없는 해악이다. 이 세상에서 아무리 회개한다고 할지라도, 죽은 사람이 다시 살아서 돌아올 수는 없다.

죄 사함은 옳은 것인가? 하나님이 죄를 간과하신다면, 하나님이 거저 무조건적으로 용서하신다면, 하나님은 죄를 장려하고 계시는 것은 아닌가? 어떤 사람들은 하나님이 그렇게 하고 계신다고 말할 수 있다(롬 6:1-4). 곤경에 처한 사람을 돕는 것이 옳은 것인가? 불타는 건물이나 가라앉는 배에서 사람들을 구하는 것이 옳은 것인가? 시편 107편은 주의 구속받은 자들에게 그렇다고 대답하도록 충고하였다. 이 시편에서 네 종류의 위험 속에 있던 사람들(사막에서 유랑하는 자들, 어둠과 암울 속에 앉아 있는 죄수들, 죄와 허물로 인해서 병든 자들, 좌초한 배 안에 있는 자들)은 구원을 받는다. 그들은 모두 하나님의 변치 않는 사랑과 기이한 역사(役事)들에 대하여 하나님께 감사한다. 사람들을 죄의 결과들로부터 구원한 것이 육체적인 재앙들로부터의 구원과 더불어서 열거되고 있다. 하나님은 죄를 결코 가볍게 여기시지 않지만, 죄인을 자유롭게 하실 수 있다(시 107:10-14; 사 61:1-3).

어떤 사람들은 하나님의 죄 사함을 인간의 용서라는 유비에 비추어서 이해하고자 하였다. 울프(W. J. Wolf)는 칭찬할 만한 동기들은 인간적 차원에서의 용서로 이어질 것이라고 말하였다. 양쪽 모두의 진정한 통회와 깊은 참회의 상호적인 감정은 진정한 용서로 이어질 것이다. 하지만 그러한 경우들은 흔히 종교적인 통찰의 열매이고, 하나님의 죄 사함에 대하여 열려 있는 마음들로부터 생겨난다. 화해로 이어지는 인간적인 상황은 상호적인 이해관계에 토대를 두고 있는 경우가 더 많다. 사업상의 거래자들은 "그들의 차이들을 덮고," 남편과 아내는 자녀들의 유익을 위해서 그들의 혼인생활을 "계속해 나가고자" 한다.

"이 요소를 하나님께서 사람들이 하듯이 죄를 사하신다는 합리적인 주장으로 투사시키는 것은 어렵다. 사람으로 하여금 용서하게 만드는 한 가지 이유는 그가 자기 자신도 용서받을 필요가 있다는 것을 알고 있다는 것이다. 하나님이 사람과 더불어서 자신의 약점들을 무마할 필요가 있다거나 자신이 죄사함 받을 필요가 있기 때문에 죄 사하고자 한다고 말하는 것의 어리석음은 인간의 용서로부터의 논증의 실체를 잘 드러내 준다. 우리는 하나님을 용서하는 것이 아니다!" (Wolf, *No Cross, No Crown*, 190).

하나님의 죄 사함의 궁극적인 토대는 구약에서 여전히 불가사의로 남아있다. 그렇지만 구약은 죄 문제와 관련된 궁극적인 해결책에 대한 표징들, 섬광들, 보증들을 담고 있다. 구약에서 하나님의 죄 사함의 궁극적인 토대는 이사야 52:13—53:12에 가장 분명하게 표현되어 있다. 거기에는 구속자의 대속적인 고난이라는 개념이 부각되어 있다. 이사야 53장의 기조는 스가랴 11장의 목자 비유 속에 반영되어 있다 — 물론, 후자의 세부적인 언급들은 한층 더 두터운 흑암 속에 가려져 있지만. 스가랴 12:10-11에 나오는 큰 참회를 보여주는 탄식시는 이사야 53:1-6과 동일한 기조를 보여주기 때문에, 여기서도 그 배경이 하나님께서 보내신 목자의 속죄적 죽음일 가능성이 있다.

시편 22편의 마지막 단락은 하나님 나라의 승리를 의인들의 고난 및 하나님의 구속과 연결시킨다. 하나님의 종은 부당한 압제와 환난, 고통과 고난, 공격과 버림받음을 경험한다. 이러한 것들에 대하여 회피하거나 보복하려고 해서는 안 된다. 이러한 것들은 "많은 사람"에게 치유와 죄 사함을 가져다주는 수단이다(사 53:5, 11). 야웨의 종의 고난을 통해서, "여호와의 팔이 나타날 것이다" - 군사적인 힘을 통해서가 아니라 연약함과 고난과 죽음을 통해서.

누가 실제로 구약에서 이것을 알아차릴 수 있었을까(53:1)? 하나님은 이것이 자신의 능력 안에 있기 때문에 이 모든 일을 하실 수 있다. "어떤 의미에서 구약에서조차도 야웨는 십자가에 못 박히신 하나님이다" (Goldingay, "The Man of War and the Suffering Servant," 101; cf. Moltmann, *The Crucified God*; Kaufman, *Systematic Theology*, 219-222; R. L. Smith, "The Messiah in Zechariah," *Micah-Malachi, WBC* 28, 175-180).

죄는 구약에서 결코 만족스럽게 해결되지 않는 중대한 문제이다. 어떤 사람들은 그들이 범죄하였다는 것을 부정하고자 한다(창 4:9). 어떤 사람들은 그들의 죄를 숨기거나 덮어버리고자 한다(창 3:8-11). 죄는 하나님에게 결코 의외의 일이 아니었다. 하나님은 그것을 예견하셨고, 구약에서 잠정적인 토대 위에서 죄를 다룰 장치를 마련해 두셨다. 그러나 궁극적인 죄 사함의 수단은 신약에서 그리스도 안에서 그의 속죄적 죽음과 부활의 권능으로 말미암아 왔다.

제 8 장

예배

예배는 인류만큼이나 오래된 것으로 보인다. 창세기의 처음 몇 장은 가인, 아벨, 노아가 드린 희생제사들에 관하여 말해준다. 하지만 이러한 희생제사들에 대해서 그 어떤 설명도 없는데, 아마도 그런 설명은 필요하지 않았던 것으로 보인다. 가인과 아벨의 희생제사는 짐승들과 땅의 다산의 선물(첫 태생과 맏물들)에 대하여 하나님께 감사하는 반응임과 동시에 앞으로도 축복해 주실 것을 간구하는 의미를 지니고 있었던 것으로 보인다. 노아의 희생제사(창 8:20-22)는 죽을 위험으로부터 구원해 주신 것에 대하여 하나님께 드린 봉헌이었다. 베스터만(Westermann)은 이 두 가지 모티프(구원과 축복)는 현재에 이르기까지 예배에 있어서 여전히 결정적인 것으로 작용하여 왔다고 지적하였다(*Elements of Old Testament Theology*, 188).

전통주의자들은 우리에게 인류 사회에는 예배 같은 것이 없었던 때가 결코 존재하지 않았다고 말한다. "예배는 보편적인 인간적 현상이다. 이 점은 종교사에 의해서 확증되어 왔다"(Westermann, *Elements of Old Testament Theology*, 188). 월터 해럴슨(Walter Harrelson)은, "세속 시대"에서의 예배와 관련하여 쓰면서, 사람들은 하나님이 오늘날의 복잡하고 기술적이며 도시화된 문화 속에서 움직이시고 역사한다고 말한다. 우리의 과제는 과거의 단순히 종교적인 기능들을 계승하는 것이 아니라 바로 그러한 현장 속에서 하나님의 현존을 분별해 내는 일이라고 그들은 말한다.

하지만 해럴슨은 우리의 새로운 상황을 이런 식으로 바라보는 것 속에서 중대한 결함을 보았다. 그러한 견해가 간과하고 있는 것은 송축하여야 할 인간의 필요이다. 그는 인간 존재는 그들의 인간성으로 말미암아 그들의 삶을 사는 바로 그러한 과정을 통해서 찬송하지 않으면 안 된다는 것을 우리에게 상기시킨다. "나는 몇몇 종교사학자들의 관점에서 인간은 어쩔 수 없이 종교적이라는 것을 역설하고자 하는 것이 아니라, 인간은 송축의 행위 없이는 온전한 인간적인 삶을 살아갈 수 없다는 것을 역설하고자 한다"(Harrelson, *From Fertility Cult to Worship*, xi).

35. 예배와 관련된 용어들

헨턴 데이비스(G. Henton Davies)는 예배는 충성 서약(homage) — 충성 서약 또는 예배를 받는 사람 또는 사물의 가치를 인정하고 나타내기 위한 태도와 활동 — 이라고 말하였다. "따라서 예배는 예전(liturgy)과 마찬가지로 경건을 포함한 경건한 삶 전체와 동의어이다"("Worship in the Old Testament," 879). 휠러 로빈슨(H. Wheeler Robinson)은 이렇게 말하였다: "예배는 어원론적으로와 마찬가지로 본질적으로도 하나님의 가치에 대한 인정이다. 예배는 예배자들의 덕을 세우는 것과는 직접적인 연관이 없다. 예배는 하나님에게 받으실 만한 제사로서, 사람에게 의존하지 않는다. 예배의 그 밖의 다른 모든 측면들은 이러한 주된 강조점에 종속되어 있다"("The Old Testament Background," 19).

"예배"(worship)라는 단어는 영어의 "가치있음"(worthship)으로부터 온 것으로서, "유한한 인간에 의한 하나님의 무한한 가치에 대한 인정, 또한 이러한 인정의 상징적인 행위들, 태도들, 말들을 통한 미학적인 표상 또는 극적인 표현"을 의미한다(Terrien, *The Psalms and Their Meaning for Today*, xi). 테린은 예배는 일차적으로 예배자들을 고양시키고 정화시키며 성별하고 덕을 세우는 것에 목적을 두지 않는다고 지적하였다. 그러한 결과들은 예배의 부산물로서 생겨나는 것뿐이다. 예배의 목적은 하나님께 영광을 돌리는 것이다.

예배에 관한 시편 기자들의 개념은 "인간중심적인" 것이 아니라 "하나님 중심적인" 것이었다. 그들은 이 땅에 있는 모든 것은 만유의 창조주, 생명의 수여자, 주인, 심판자, 구원자와 적절하게 연결되지 않는 한 가치가 없다고 주장하였다 "그러나 그들은 하나님의 존재 속에 함몰되어 스스로를 상실한 것이 아니었고, 이러한 신적이고 영원한 것들에 대한 그들의 몰두는 그들이 여전히 살과 뼈를 지닌 채 이 땅에서 살아가면서 인간의 삶의 세계와 그 다양한 현실들에 관심을 갖는 것을 방해하지는 않았다. 그들 속에는 힌두교의 범신론적인 사상의 흔적이 없었고, 자아와 사회적 실존의 책임들을 회피하고자 하는 기만적인 신비주의도 존재하지 않았다"(Terrien, *The Psalms and Their Meaning for Today*, xi).

예배가 하나님에게 최고의 가치를 돌려드리는 것임을 강조하기 위하여, 해리 벅(Harry Buck)은 주후 800년 경의 회교 여성 신비가인 라비아(Rabia)의 기도문을 인용한다:

오, 하나님! 내가 지옥에 대한 두려움으로 당신을 예배한다면,
나를 지옥 속에서 태우소서;
내가 당신을 낙원에 대한 소망 속에서 예배한다면,
나를 낙원으로부터 제하소서;
그러나 내가 오직 당신만을 위하여 당신을 예배한다면,
당신의 영원한 아름다움을 물리치지 마옵소서.
(Buck, "Worship, Idolatry, and God," 67)

벅은 라비아의 기도가 올바르다고 지적하였다. 사람이 하나님을 지옥에 대한 두려움 또는 천국에 대한 소망으로 예배한다면, 그것은 지옥이나 천국을 하나님보다 더 큰 "가치"가 있는 것으로 만드는 것이 되고, "따라서 예배 대상으로" 삼는 것이 될 것이기 때문이다(Buck, 69).

허버트(A. S. Herbert)는 예배는 그 자체가 목적이라고 말하였다. "예배는 사람을 죄 사함을 위한 필요에 대한 인식으로 이끄는 것이 당연하지만, 참회의 기도는 하나님의 절대적인 가치에 대한 인정을 뒤따르는 것이 옳다; 죄 사함은 예배가 가치 있게 드려질 수 있도록 하기 위하여 추구된다"(*Worship in Ancient Israel*, 10).

영어로 "예배"는 예배를 가리키는 구약의 단어들과는 약간 다른 강조점을 지니고 있다. 영어로 예배는 서구의 개념들이 지닌 내면화의 특징을 따라서 예배자 편에서의 가치 판단을 강조한다. 예배를 가리키는 히브리어 용어들은 거룩하신 분에 대한 행위 또는 반응들을 묘사한다. 구약은 흔히 하나님을 "이스라엘의 거룩한 자"라고 부르고, 하나님은 자기 백성과 "함께" 또는 자기 백성 "가운데" 있다고 자주 단언한다.

조금만 성찰해 보면, 이러한 단어들이 지닌 역설적인 성격이 분명하게 드러난다 "거룩한"('카도쉬')은 하나님의 타자성, 초월성, 접근불가능성, 불가사의성, 가까이 할 수 없음을 강조한다. 그렇지만, 하나님은 "너희 가운데('케레브') 계신 거룩하신 분"(사 12:6; 호 11:9)으로 묘사된다. 하나님의 현존 속에 있는 것은 경외감을 불러일으킬 뿐만 아니라 심지어 두려움을 불러일으키는 경험이었다. 그것은 죄에 대한 의식(사 6:5)과 가치 있는 삶에 대한 강렬한 욕구(레 19:2)를 일깨웠다. 죄 사함과 축복에 대한 이스라엘의 소망은 개인적으로든 공동체적으로든 거룩한 자에게 있었다(사 41:14; 54:5).

허버트(A. S. Herbert)는 하나님의 거룩성의 이러한 요소가 "우리가 추적할 수 있는 한도에서 일찍부터 이스라엘의 예배의 성격과 지향성을 결정하고 있고, 그 초기로부터 포로기 이후의 유대교의 발전된 형태에 이르기까지 변화되어 온 예배 형태들의 근저에 있다"고 말하였다(*Worship in Ancient Israel*, 5). 해럴슨(Walter Harrelson)은 예배를 "개인들과 집단들의 삶 속에서 거룩하신 분의 나타나심에 대한 질서 있는 반응"으로 정의함으로써 앞에서 말한 것과 동일한 취지를 밝혔다(*From Fertility Cult to Worship*, 16).

히브리어의 세 개의 단어가 영역 성경들에서 "예배"로 번역된다: (1) '샤하흐'("굽혀 절하다, 부복하다"); (2) '아바드'("섬기다"); (3) '사가드'("절하다"). '사가드'는 구약에서 오직 사람(다니엘, 단 2:46) 또는 우상(사 44:15, 17, 19; 단 3:5, 7, 10, 12, 14, 18, 28)에게 절한다는 맥락 속에서만 사용된다.

'아바드'는 주인을 위하여 "일하다," "종으로서 행하다"를 의미한다. 이 단어는 집에서 부리던 종, 주군을 섬기는 신하들과 봉신들에 대하여 사용된다. 하지만 그 강조점은 종으로서의 예배자의 지위가 아니라, 주의 뜻을 행하는 기능에 두어진다. 봉신은 주군의 집 또는 나라의 지체이다. 예배라는 맥락

속에서 이 단어는 예배자에게 부여된 겸손한 관계와 충실한 일의 수행을 가
리킨다.

히브리어 '아보다'는 "섬김" 또는 "예배"를 의미한다. 구약은 왕에 대한
섬김(대상 26:30), 하나님에 대한 섬김(출 3:12; 4:23; 12:25, 27; 신 6:13; 수
22:27), 성전을 섬김(겔 44:14)을 가리키는 데에 이 단어를 사용한다. 실제로
"섬기다"라는 단어는 구약에서 크게 두 부류로 사용된다: (1) 출애굽기에서
이 단어는 파라오의 영지를 떠나서 야웨를 섬기기 위하여 광야로 가는 목적
을 나타낸다(출 3:12; 4:23; 7:16; 8:1; 10:26); (2) 신명기에서 이 단어는 다른
신들이 아니라 야웨를 "섬김"을 의미한다(신 7:16; 8:19; 11:16; 12:2).

"섬기다"와 "섬김"이라는 용어는 정치적인 언어로 사용될 수도 있다. 출
애굽기에서 파라오를 섬기느냐 야웨를 섬기느냐 하는 것은 하나의 선택으로
주어지는 것으로 보인다. 신명기에서 그것은 야웨를 섬기느냐 또는 "다른 신
들"을 섬기느냐 하는 문제이다. 제임스 메이스(James Mays)는 출애굽기와 신
명기에 나오는 이 단어의 각각의 용법은 하나님을 섬긴다는 것이 "인간의 통
치에 대한 종살이 또는 신들의 권능에 대한 종속을 배제하는" 행위라는 것을
보여준다고 말하였다("Worship, World and Power," 322).

"야웨를 섬기다"라는 표현은 시편에 2번 나온다: "여호와를 경외함으로
섬기고"(2:11a)와 "기쁨으로 여호와를 섬기며 / 노래하면서 그의 앞에 나아
갈지어다"(100:2). 메이스는 주님을 섬기라는 초대는 다른 사람들과 합류하
여 야웨의 백성으로서의 회중을 이루라는 부르심이라고 말하였다. 그것은 초
점이 하나님이기 때문에 예배로 불릴 수 있다 "이 시편[100편]은 사람들이 공
적으로 모여서 그들의 삶을 주관하시는 권능을 인정하는 대목에 속한다. 그
것은 하나의 권력구조를 자신의 삶에 있어서 결정적인 것으로 선택한다는 것
을 의미하기 때문에, 사람들이 취할 수 있는 가장 중요한 사회적인 행위가 되
어야 한다"("Worship, World and Power," 322).

주변 나라들과는 달리, 이스라엘은 예배 또는 "예배의식"을 그들이 원하는
것을 얻기 위하여 하나님을 회유하거나 강제하거나 영향을 미치는 수단으로
보지 않았다. 만약 이스라엘이 그렇게 생각하였다면, 하나님은 그들에게 아
무것도 주시지 않았을 것이다. 구약에서 예배는 예배자들에게 신들의 뜻을

알려주는 데에 그 목적이 있는 주술과는 다른 것이었다. 구약의 예배 속에는 주술이 존재하지 않았다(Harrelson, *From Fertility Cult to Worship*, 3, 6). 크라우스(H. J. Kraus)는 계약을 통해서 구약의 예배자들은 그들이 모든 제의적 활동 속에서 섬길('아바드') 주를 만난다고 말하였다. "구약에서 예배는 '아보다이'(섬김)이기 때문에, 사람이 어떤 식으로든 야웨에게" 힘을 행사하거나, "제의적인 제도들을 통해서 야웨에게 영향을 미치고자 할 때에는 언제든지 '아보다'(섬김)는 파괴되고 만다"(*Worship in Israel*, 124).

가장 빈번하게 "예배"로 번역되는 히브리어는 '살라흐'("굽혀 절하다" 또는 "부복하다")이다(Nakarai, "Worship in the Old Testament," 282-284). 이 단어는 예배를 가리키는 그 밖의 다른 셈어의 단어들과 비견될 수 있다. 그것은 느껴지든 아니든 행해진 그 무엇이다. 그것은 목적어와 함께 사용될 필요가 없다. "모세가 급히 땅에 엎드려 경배하였다"(출 34:8). "섬기다"와 "예배"는 동일한 것인가? 이 용어들은 자주 함께 등장한다. "섬기다"는 인간의 일들 속에서 하나님의 뜻을 행하는 것을 가리키고, "예배하다"는 제의적인 예식과 좀 더 밀접하게 연관되어 있다.

실제로, 영어 사용자들이 "예배"라고 부르는 것은 통상적으로 유럽 국가들에서는 "제의"로 지칭된다. "예배"라는 단어는 아이히로트, 폰 라트, 자콥, 프리젠, 침멀리, 베스터만 같은 구약 신학자들의 주요한 저작들 속에 거의 나오지 않지만, "제의"라는 단어는 자주 나온다(Nakarai, "Worship in the Old Testament," 285).

"제의"는 무엇을 의미하는가? 노먼 갓월드(Norman Gottwald)는 제의는 성서학에서 아주 당혹스러운 전문용어들 중의 하나인데, 성서학자들은 흔히 이 단어에 어떤 분명한 내용을 부여하지 않은 채로 사용한다고 말하였다(*The Tribes of Yahweh*, 67). 존슨(A.R. Johnson)은 "제의"는 어느 사회적 집단에 의해서 다음과 같은 목적으로 사용되는 정립된 수단을 이루는 모든 종교적인 활동들을 포함하는 것으로 사용될 수 있고 또한 사용되어야 한다고 말하였다: (1) "신성한" 또는 "거룩한" 영역과의 올바른 관계를 확보하기 위한 것; (2) 삶의 여러 위기들 속에서 인도함을 받기 위한 것을 비롯해서 여러 혜택들을 누리기 위한 것(*The Cultic Prophet in Ancient Israel*, 29-30, n. 3).

지그문트 모빙켈(Mowinckel)은 종교는 세 가지 주된 측면들에서 나타난다
고 말하였다: 제의, 신화, 윤리 또는 예배, 교리, 행위(도덕). 이 세 가지 용어
는 동일한 현상에 대한 표현 형태들을 가리킨다 — 어느 종교의 전체적인 살
아있는 내용물. 그 그림은 각각의 관찰자에 따라서 다를 것인데, 관찰자가 종
교를 바라보는 관점에 의해서 달라진다. "교리와 도덕은 제의를 통해서 표현
되고, 둘 다 그 힘과 새로운 생명력을 제의로부터 가져온다."

제의는 모든 종교들, 심지어 가장 "반(反)제의적인" 개신교 분파들과 집단
들 속에서조차도 등장한다. 모빙켈은 제의를 "신과 회중의 만남과 교통을 그
궁극적인 목적으로 삼아서 이루어내고 발전시키는 사회적으로 정립되고 규
율되는 거룩한 행위들과 말들"로 정의하였다. "제의는 회중과 신의 관계에
대한 시각적 및 청각적 표현이다"(*The Psalms in Israel's Worship I*, 15-16).

롤랑 드보(Roland de Vaux)는 "제의"를 공동체 또는 개인들이 하나님과의
접촉을 추구하고 이루기 위하여 자신의 종교적인 삶을 외부로 표현하는 모든
행위들로 정의하였다. "제의적 예배 속에서 사람의 행위는 기본적으로 자신
의 창조주에 대한 피조물의 반응이다"(de Vaux, *Ancient Israel*, 271). 마르틴
루터는 예배에 대한 자신의 유명한 정의 — "기도와 찬양 속에서 하나님은 우
리에게, 우리는 하나님에게 말할 수 있다" — 를 통해서 하나님과 그의 백성
간의 상호적인 교류를 강조하였다(Cf. Westermann, *Elements of Old
Testament Theology*, 187).

구약에 의하면, 예배는 무엇인가? 그것은 섬김, 하나님의 뜻과 일을 행하는
것이다 그것은 공적인 회중 앞에서 하나님에게 무릎을 꿇는 것이다. 그것은
야웨의 무한한 가치를 인식하고 인정하는 것이다.

36. 예배의 때와 장소

구약에서는 거룩한 때가 거룩한 공간보다 더 중요하였고, 예배를 위한 절
기들이 그러한 예배를 위해서 구별된 장소들보다 더 중요하였다(Harrelson,
From Fertility Cult to Worship, 16). 헬라인들은 일차적으로 공간의 세계 속
에서 살고 사고하였던 반면에, 이스라엘은 주로 시간의 세계 속에서 살며 사

고하였다(Muilenburg, "The Biblical View of Time," 32–33).

이것은 이스라엘이 공간의 세계를 무시하거나 거부하였다는 것, 또는 헬라인이 시간을 중요하게 여기지 않았다는 것을 의미하지 않는다. 시간과 공간은 서로 얽혀 있지만, 공간은 장악되지 않는다. 이스라엘은 이 점에 있어서 주변 나라들과 근본적으로 달랐다. 이스라엘은 주변 나라들과는 달리 시간의 신비와 의미를 풀기 위하여 우주적인 공간의 세계에 호소하지 않았다. 주변 나라들은 천체들을 신격화하였고, 인간의 삶이 자연의 변화하는 계절들과 더불어 주기적으로 운행된다고 보았다. 이스라엘은 야웨를 시간, 자연, 역사의 주로 인식함으로써, 시간의 신비를 해결하였다 이스라엘은 자신의 역사(歷史)의 행로를 알지 못하였고, 오직 하나님만이 그것을 아셨다(Muilenburg, "The Biblical View of Time," 36). 시편 기자는 "나의 앞날이 주의 손에 있사오니"(31:15)라고 외쳤다.

A. 구약에 나타난 예배의 역사

구약에 나타난 예배의 역사를 쓴다는 것은 어려운 일일 것이다. 예배가 구약 시대에 역사를 가지고 있었다는 것은 분명하다. 예배를 위한 때, 장소, 절차와 관련된 두드러진 변화들은 족장들의 때로부터 바벨론 포로기로 넘어가면서 일어났다. 족장 시대에는 예배는 단순하고 개인적이며 주기적인 것이었다. 예배는 산들, 시내들, 바위(벧엘), 나무들(모레 상수리나무)에서 드려졌다 ─ 하나님이 예배자에게 나타나신 곳에서. 예배는 그 어떤 중개자도, 성상(idol)도, 정해진 때도 없었다.

로울리(H. H. Rowley)는 일부 학자들이 족장들은 정령 신앙을 가진 자들이거나 다신론자들이었다고 주장하지만, 우리는 족장들이 사물들 또는 정령들을 예배하였다는 것을 발견하지 못한다고 지적하였다. 로울리는 헨턴 데이비스(G. Henton Davies)의 말을 인용해서 거기에 동의하였다: "이스라엘의 건국 시조들의 시대에 있어서의 예배는 정령 신앙이라는 관점에서 묘사될 수 있다고 말하는 것은 더 이상 가능하지 않다"(Rowley, *Worship in Ancient Israel*, 16–17).

또한 로울리(H. H. Rowley)는 성경의 기사 속에는 멜기세덱의 성소에 대한

언급이 전혀 나오지 않지만, 아브라함은 멜기세덱의 성소에 갔었을 것이라고
지적하였다. "아브라함이 멜기세덱의 성소에서 그 어떤 제의적인 예식에 참
여하였다거나 엘 엘욘(El Elyon)에게 예배를 드렸다고 생각할 만한 그 어떤
근거도 없다. 아브라함의 예배에 관한 연구에 있어서 우리가 침묵으로부터
재구성해 낸 것에 의존하는 것보다는 기록된 증거들에 의존하는 편이 더 안
전하다. 우리는 그 어디에서도 족장들이 우상들을 소유하였거나 예배하였다
는 것을 발견하지 못한다"(*Worship in Ancient Israel*, 19).

창세기에는 요셉이나 그의 가족이 예배를 드렸다는 것에 관한 기록이 없
다. 요셉은 하나님(엘로힘)이 자기를 생명 또는 남은 자를 보존하기 위하여 애
굽으로 보내셨다고 말하고(창 45:5, 7, 8; 50:20), 그의 형제들은 "내 조상의
하나님"을 언급한다(50:17).

모세 시대의 예배는 불타는 가시덤불에서의 하나님의 현현과 이스라엘을
애굽으로부터 이끌어내라는 모세의 소명에서 시작된다(출 3:12, 18; 4:23;
5:1, 3). 야웨의 예배는 출애굽의 목적 중의 일부였다. "네가 그 백성을 애굽
에서 인도하여 낸 후에 너희가 이 산에서 하나님을 섬기리니('아바드')"(출
3:12); "히브리 사람의 하나님 여호와께서 우리에게 임하셨은즉 우리가 우리
하나님 여호와께 제사를 드리려('제바흐') 하오니 사흘길쯤 광야로 가도록
허락하소서"(출 3:18); "내 아들을 보내 주어 나를 섬기게('아바드') 하라"
(출 4:23); 내 백성을 보내라 그러면 그들이 광야에서 내 앞에 절기('하그')를
지킬 것이니라"(출 5:1).

애굽에서 나온 이스라엘은 절기를 지키고 희생제사를 드리며 야웨를 섬기
기로 되어 있었다. 이스라엘의 예배에 있어서 커다란 변화는 시내산에서 일
어났다(출 19—24장). 예배는 공동체적인 것이 되었다. "민족" 전체는 하나
님의 현현을 준비하기 위하여 3일을 소요하여야 했다. 이것은 정해진 시간을
의미한다. 시내산은 정해진 장소를 나타낼 수 있다. 율법 수여자(모세)는 거룩
한 분의 중개자이다. 시내산에서의 예배의 네 번째 요소는 백성의 응답이다.

실제로, 이스라엘이 하나님에게 희생제사를 드린 것은 애굽을 떠난지 삼일
이 아니라 세 달이 지난 후였다. 그때 모세와 장로들은 하나님과 이스라엘 간
의 계약을 인치기 위하여 희생제사를 드렸다(출 24:4-8). 하나님은 기본적인

계약문서로 십계명을 주셨다. 하나님은 계약에 대한 처벌조항들을 보충하기 위하여 계약법전이라 불리는 일련의 율법을 추가하셨다. 십계명의 처음 두 계명은 직접적으로 예배를 다룬다: (1) 이스라엘은 야웨 외의 다른 신을 예배해서는 안 되었다; (2) 이스라엘은 야웨를 나타내는 그 어떤 조각된 신상을 만들어서는 안 되었다. 이 두 가지 명령은 고대 세계에서 유일무일한 것이었다.

십계명에서는 예배의 정해진 때들, 장소들, 형식들에 관해서는 아무런 언급도 하지 않는다. 하지만 계약법전에서는 제단을 오직 흙 또는 다듬지 않은 돌들로 만들고, 계단을 없게 하며, 하나님이 자기 이름을 두시고자 하시는 모든 곳에 세우라는 규정이 두어진다(출 20:24-26). 땅의 맏물들, 짐승들과 인간의 초태생은 하나님께 구별하여 드려야 했다(출 22:29-30; 23:19). 일곱째 날은 안식일로 지켜져야 했고(출 23:12), 모든 남자는 세 번의 주요한 절기를 지켜서 하나님 앞에 나오도록 되어 있었다: 무교절, 맥추절, 수장절(출 23:14-17).

구약 본문은 십계명과 계약법전이 시내산에서 주어졌다고 말하고 있지만, 벨하우젠(Wellhausen), 슈타데(Stade), 부데(Budde), 슈멘트(Smend), 칼 마르티(K. Marti) 같은 많은 구약학자들은 출애굽기 19—24장 전체는 훨씬 후대에 이루어진 재구성물이라고 주장하여 왔다(cf. Stamm and Andrew, *The Ten Commandments in Recent Research*, 22-35; John I. Durham, *Exodus*, 259-260). 하지만 그레스만(Gressmann), 한스 슈미트(Hans Schmid), 알더스(Aalders), 네헤르(Neher), 마틴 부버(Martin Buber), 로울리(H. H. Rowley), 아이히로트(Walther Eichrodt), 슈탐(Stamm) 같은 점점 더 많은 수의 학자들은 십계명의 가장 초기의 형태는 모세 시대의 것이었고, 계약법전에 나오는 율법들 중 일부는 모세 이전의 것일 가능성이 있다고 주장하였다(cf. Stamm and Andrew, *The Ten Commandments in Recent Research*, 24-26, 39, 69).

출애굽기 25장—민수기 10장은 성막의 건축과 정교한 설비, 희생제사의 유형들, 제사장들의 성별, 회중 예배의 개시에 관한 광범위하고 자세한 기사이다. 이 단원의 역사성에 관한 견해들은 천차만별이다. 브레바드 차일즈(Brevard S. Childs)는 학자들의 여러 다양한 관점들을 검토한 후에, 제사장계 기자의 성막 기사 근저에는 아주 오래된 옛 자료들이 있다는 것이 학자들 사이에서의 점증하는 합의라고 주장하였다. 초기 전승들의 성격과 그것들이 형성된 과정에 대해서 여전히 폭넓은 견해의 차이가 존재한다(Childs, *The Book of Exodus*, 532).

보수적인 유대인 저술가인 카수토(Casuto)는 성경의 성막 기사와 관련된 역사적인 문제점들을 인정하였다. 그러나 그는 "특히 고대 근동의 고고학을 연구하는 학자들 사이에서 이 기사가 지닌 적어도 본질적인 특징들은 아주 오래된 믿을 만한 전승을 바탕으로 하고 있다는 점증하는 경향"이 존재한다고 지적하였다(A *Commentary on the Book of Exodus*, 320).

의심할 여지 없이, 이스라엘의 지파들은 광야 유랑생활을 하는 동안에 하나님을 위한 이동용 성소('미크데쉬'-"성소" 또는 '샤칸'-"거소")를 가지고 있었다. 실제로 희생제사가 광야 유랑생활 동안에 드려졌는지는 논란이 되고 있다. 예레미야 7:22과 아모스 5:25은 희생제사가 광야에서 드려지지 않았다는 것을 보여준다고 벨하우젠(Wellhausen)은 주장하였다. 그러나 로울리(H. H. Rowley)는 이 두 본문은 야웨가 광야에서 희생제사가 아니라 순종을 요구하였다고 말하고 있는 것으로 믿었다. 순종은 십계명과 예언서에서 "제사가 아니라 행실이라는 관점에서" 정의된다(Rowley, *Worship in Ancient Israel*, 42).

이스라엘에서 예배는 왕정 시대에 새로운 국면을 맞았다. 성전이 건축되었고, 마침내 희생제사를 포함한 모든 공동체적 예배는 새 성전으로 집중되었다. 성전은 왕의 예배처소였고, 왕은 아마도 성전의 운영에 있어서 중요한 역할을 했던 것으로 보인다(열왕기상 8장에 나오는 솔로몬의 성전 봉헌 기사를 보라). 하지만 베스터만(Westermann)은 왕권은 성전 예배에 광휘와 영광을 더하여 주었지만, 예배가 왕권에 의존함으로써 심각한 혼합주의적인 위협들이 생겨났다고 지적하였다(아하스와 므낫세의 치세에 관한 기사들을 보라). 이러한 예배는 왕정과 더불어 붕괴되었다(Westermann, *Elements of Old Testament Theology*, 191).

포로기 동안과 그 이후에 새로운 유형의 예배가 출현하였다. 이 예배는 기도, 성경 봉독, 시편의 찬송을 강조하였다. 마침내 회당이 건립되었고, 가족 예배가 새롭게 시작되었다.

B. 예배의 때

구약에 나타난 예배의 짤막한 역사를 한 번 훑어보기만 해도, 구약 시대에 이루어진 변화들이 드러난다. 예배의 정해진 때들, 장소들, 직원들의 패턴이 드러나기 시작한다. 예배의 때는 종교력들에 관한 네 개의 기사들 속에서 가장 분명하게 드러난다(출 23:10-19; 레 23:4-44; 민 28-29; 신 16:1-17).

출애굽기 23:10-19에 나오는 가장 짧은 제의력은 아마도 가장 초기의 것으로 보인다. 이 제의력은 가을에 파종하는 것으로 시작되는데, 땅을 7년마다 휴경지로 놓아두었다는 것을 보여준다. 제7일은 안식의 날이었다. "안식일"이라는 단어는 이 본문 속에 나오지 않는다. 일년에 세 번 남자들은 절기를 지키기 위하여 하나님 앞에 모습을 보여야 했다. 그러한 "하나님 앞에 나오는 것"과 관련하여 특정한 시간 또는 장소가 규정되어 있지는 않았다. 이 세 절기의 명칭은 무교절(유월절은 언급되어 있지 않다), 땅의 맏물들을 드리는 맥추절, 한 해의 "끝에" 드리는 수장절.

구약에 나오는 가장 초기의 증거에 의하면, 한 해는 가을에 시작되었던 것으로 보인다. 팔레스타인에서 가장 오래된 역법은 게셀(Gezer)에서 발견된 것으로서, 초기 히브리어로 기록된 가장 오래된 금석문인 것으로 보인다. 이 역법은 대략 주전 1000년 경의 것이다. 한 해는 가을에 씨를 뿌리는 것으로 시작되었고, 가을 과실들의 추수로 끝이 났다(D. Winton Thomas, *Documents from Old Testament Times*, 201-203). 대략 주전 700년경에 신년의 시작이 가을(제7월)에서 봄(제1월, 아비브)으로 옮겨졌는데, 이것은 아마도 앗수르의 영향으로 앗수르의 관행에 맞추기 위한 것이었던 것 같다. 이러한 관행은 바빌로니아 시대와 페르시아 시대 전체에 걸쳐서 계속되었다. 이때 이스라엘에는 봄에서 시작되는 세속적인 역법과 제7월의 처음에 신년을 송축하는 종교적인 역법이 출현하였다(Kraus, *Worship in Israel*, 44-45; Harrelson, *From the Fertility Cult to Worship*, 17).

두 번째 제의력은 신명기 16:1-17에 나온다. 여기서 한 해는 봄인 아비브월에 시작된다. 유월절은 무교절과 연결되어 있어서, 출애굽기 12장에서와는 달리 가족끼리 집에서 드리는 것이 아니라 중앙 예배처소에서 공동체적으로 지켜져야 할 절기가 되었다. 신명기 16:7에서는 유월절 희생제물은 삶거나

"요리하도록" 규정하고 있다. 출애굽기 12:9은 고기를 날로 먹거나 삶아서 먹지 말고 구워서 먹으라고 명령하고 있다. 신명기에서는 가을 절기의 명칭이 "수장절"에서 "초막절"로 변경된다(신 16:13).

구약에 나오는 세 번째 제의력은 성결법전에 나온다(레 23:1-44). 이 역법은 "성회"라 불리는 안식일로 시작된다. 이것은 안식일이라는 명칭을 사용하고 안식일을 거룩하다고 일컫는 최초의 역법이다. 또한 세 개의 정해진 절기들은 여기에서 "성회"로 불린다. 유월절을 거행하는 날도 제1월의 제14일로 규정되어 있다. 유월절 다음에는 7일 동안의 무교절이 이어지고, 무교절 다음에는 요제가 이어진다(레 23:14). 맥추절을 지키는 것과 관련된 규례들이 크게 확장된다. 가난한 자들을 돕는 것과 관련된 조항이 레위기 23:22에 나오는 이러한 규례들에 추가된다.

가을 절기는 처음으로 세 부분으로 나뉜다. 제7월의 첫째 날은 거룩한 성회로 모이도록 되어 있었고, 제10일은 대속죄일이었으며, 초막절은 제15일부터 제23일까지 지켜졌다.

구약에 나오는 네 번째 제의력은 민수기 28—29장에 나온다. 이 역법은 상번제로 시작된다(cf. 출 29:28; 겔 46:13). 안식일을 위한 제물들과 희생제사들은 민수기 28:9-10에 서술되어 있다(에스겔 46:4-5과 비교해 보라). 매달 초일(신월)을 위한 제사들은 28:11-15에 규정된다. 유월절과 무교절의 예식들은 28:16-25에 서술되고, 칠칠절에 대한 자세한 내용은 28:26-31에 나온다. 민수기 29장은 제7월(신년)의 초일, 대속죄일의 준수를 서술하고 있고, 제7월에 있는 절기의 여러 날들에 드려야 할 희생제사들에 관한 자세한 묘사를 담고 있다.

이 모든 제의력들은 이스라엘의 역사 속에서 얼마나 잘 준수되었던 것일까? 유월절은 여호수아 시대(수 5:10), 히스기야 시대에는 제1월이 아니라 제2월에(대하 30:1-3) 거행되었고, 요시야 시대에도(왕하 23:21-23) 준수되었다. 이 마지막 본문에서는 이렇게 말한다: "사사가 이스라엘을 다스리던 시대부터 이스라엘 여러 왕의 시대와 유다 여러 왕의 시대에 이렇게 유월절을 지킨 일이 없었더니 요시야 왕 열여덟째 해에 예루살렘에서 여호와 앞에 이 유월절을 지켰더라"(왕하 23:22-23).

384 구약 신학: 그 역사, 방법론, 메시지

분명히 유월절은 이스라엘의 역사 속에서 많은 기간 동안에 정기적으로 지켜지지 않았다. 구약도 7년마다 땅을 휴경하게 되어 있었던 안식년이 제대로 지켜지지 않았다는 것을 보여주는 증거들을 제공해 준다. 계약을 지키지 않을 때에 있게 될 저주들의 목록 속에는 이스라엘이 자신의 땅으로부터 쫓겨날 것이라는 경고도 들어 있다. 그때에 땅은 이스라엘이 그 땅에 거하였을 동안에는 누릴 수 없었던 안식들을 "누리게" 될 것이다(레 26:34-35). 안식일이 이스라엘에서 언제나 적절하게 지켜진 것은 아니었다는 것은 느헤미야 13:15-18에서도 드러난다.

안식일의 기원은 여전히 모호하다(Zimmerli, "The Place and Limit of Wisdom," 90-91; Kraus, *Worship in Israel*, 78-88). 일부 학자들은 안식일의 기원을 바빌로니아어인 '샤밧투' / '샤팟투'와의 유사성을 토대로 설명하고자 시도해 왔다. 초기에는 이 바빌로니아 단어가 히브리어 '샵바트'와 마찬가지로 "안식"을 의미한다고 주장되었지만, 이 견해는 신속하게 폐기되었다(Andreasen, *The Old Testament Sabbath*, 1-2; cf. Köhler and Baumgartner, *Dritte Auflage Lieferung* IV, 1310-1311). 그런 후에, 이 바빌로니아어가 대략 7일마다 출현하는 "불길한 날들"(evil days)을 의미한다는 주장이 제기되었다. 그러나 히브리인들이 안식일을 준수한 것과 앗수르와 바빌로니아에서 불길한 날들로 여겨진 금기 사이에 그 어떤 연결관계를 발견하는 것은 대단히 어렵다(Stamm and Andrew, *The Ten Commandments in Recent Research*, 91).

1904년에 테오필로스 핀치스(Theophilus Pinches)는 '샤팟투'를 달의 제15일로 규정한 바빌로니아의 한 토판을 발견하였다. 이러한 발견을 토대로 해서, 요한네스 마인홀드(Johannes Meinhold)는 구약의 안식일은 원래 보름날이었는데, 에스겔의 영향으로 인해서 주일로 바뀐 것이라고 주장하였다(Andreasen, *The Old Testament Sabbath*, 4). 안식일이 달과 관련된 날이라는 주장에 대하여, 에드몽 자콥(Edmon Jacob)은 안식일은 달과 관련된 제의들을 피하도록 할 목적으로 이스라엘에게 주어졌을 가능성이 더 많다고 생각하였다(*Theology of the Old Testament*, 265).

에이브러햄 퀴넨(Kuenen)은 한 주간이라는 개념은 모세 시대에 일곱 개의

제8장 예배 385

행성을 숭배한 관습으로 거슬러 올라간다고 주장하였다. 어드만스 (Eerdmans), 부데(Budde), 쾰러(Köhler), 로울리(H. H. Rowley)는 이러한 개념을 "겐 족 가설"(Kenite hypothesis)로 발전시켰다. 이 가설은 겐 족을 야웨를 숭배한 장인(匠人)들의 부족으로 본다. 이 이론은 "안식일에는 너희의 모든 처소에서 불도 피우지 말지니라"고 말하고 있는 출애굽기 35:3과 안식일에 나무를 하던 — 분명히 불을 피울 목적으로 — 사람을 돌로 쳐 죽였다고 말하는 민수기 15:32-36을 근거로 삼는다. 이러한 가설은 폭넓은 지지를 얻지 못해 왔다.

안식일은 장이 서는 날이었다는 견해(Kraus, *Worship in Israel*, 81) 또는 농사를 쉬는 날이었다는 견해(Morgenstern, "Sabbath," 135-140) 등과 같이 여러 다양한 이론들이 안식일의 기원을 설명하기 위하여 제시되어 왔다. 하지만 이러한 이론들 중 그 어느 것도 설득력이 없다 — 물론, 이 이론들 중 다수 속에는 일말의 진실이 들어 있을 수 있겠지만.

실제로 우리는 이스라엘에서 지켰던 안식일을 천체들의 움직임이나 자연의 생명 주기들과 결부시켜서는 안 된다. 월터 해럴슨(Walter Harrelson)은 이렇게 결론을 내렸다: "칠일 중의 한 날을 안식일로 지키라는 계명은 모세에게로 거슬러 올라갈 가능성이 매우 많은 것으로 보인다. 그리고 이러한 안식은 단순한 인본주의적인 제도가 아니다; 그것은 하나님에 대한 한층 더 깊은 헌신을 목적으로 한다. 그것은 이스라엘의 영성이 꽃피울 수 있는 때를 제공해 준다"(*From Fertility Cult to Worship*, 26).

몇몇 증거들은 안식일이 이스라엘 특유의 관행이었다는 것을 보여준다 (Rowley, *Worship in Ancient Israel*, 91). 안식일은 이스라엘에서 초기부터 지켜졌다 — 물론, 족장 시대에는 안식일에 대한 언급이 없지만. 안식일을 지키라는 명령은 그 기원이 모세 시대까지 거슬러 올라가는 십계명의 두 판본들(출 20장; 신 5장)에 모두 나온다. 주전 8세기 선지자들은 이스라엘 백성들이 안식일을 범하고 있다고 비난하였다(사 1:13; 호 2:11; 암 8:5). 안식일의 일차적인 목적은 안식하는 것이었다. 안식일을 준수하는 데에는 희생제사, 중개자, 성소에의 참석 등이 필요하지 않았다. 안식일이 제대로 지켜지느냐 하는 것은 사회의 모든 지체들이 이 율법을 준수하느냐의 여부에 달려있었다.

에스겔 시대에 이르러서, 안식일의 준수는 정통 신앙의 상징 또는 계약의 표지가 되어 있었다. 하나님은 이렇게 말씀하신다: "또 내가 그들을 거룩하게 하는 여호와인 줄 알게 하려고 내 안식일을 주어 그들과 나 사이에 표징을 삼았노라 그러나 이스라엘 족속이 광야에서 내게 반역하여 사람이 준행하면 그로 말미암아 삶을 얻을 나의 율례를 준행하지 아니하며 나의 규례를 멸시하였고 나의 안식일을 크게 더럽혔으므로"(겔 20:12-13; cf. 20:16, 18-21). 출애굽기 31:12-17은 안식일이 야웨와 이스라엘 간의 영원한 계약의 표징이라고 말한다.

새뮤얼 테린(Samuel Terrien)은 안식일은 그 기원이 무엇이든 간에 유대인들에게 있어서 임재의 성례전이 되었다고 말하였다. 성전이 파괴되자, "거룩한 공간은 없어져 버렸다." 이제 안식일은 그들의 성전이 되었다. 포로생활 속에서 원래 하나밖에 없었던 거룩한 장소는 안식일을 통해서 내면적이고 보편적인 것으로 바뀌었다(*The Elusive Presence*, 392). 이스라엘의 주변 나라들의 창조 기사들('에누마 엘리쉬'와 가나안의 창조 시편들)은 신전 건축으로 끝난다. 구약에 나오는 첫 번째 창조 기사는 성전으로 끝나는 것이 아니라, 포로생활 속에서 성전을 대신하였던 안식일로 끝이 난다. "거룩한 장소('하기오스 토포스')에서의 야웨의 거주는 거룩한 때('하기오스 카이로스')에서의 야웨의 임재로 변화되었다."

제7일에 하나님께서 쉬셨다는 개념은 무기력한 수동성(passivity)을 나타내는 것으로 이해되어서는 안 된다. 제7일은 하나님의 활동이 거두어진 것이 아니라 하나님의 "원기 회복"(refreshment)을 나타내는 것이었다(출 31:17). 어떤 의미에서 제7일은 "그 끝이 열려 있는" 것이었다. 제7일에 관한 기사의 끝부분에는 "저녁이 되고 아침이 되니"라는 말이 없다. "하나님이 일곱째 날을 복 주사 거룩하게 하셨으니"(창 2:3). 테린(Samuel Terrien)은 백성들은 안식일을 준수함으로써 하나님의 안식에 동참하게 된다고 말하였다 "하나님의 일만이 아니라 하나님의 안식도 모든 예배의 토대인 임재행위로 바뀐다"(*The Elusive Presence*, 394).

C. 예배의 장소

구약에서 어떤 장소가 거룩한 것은 하나님께서 거기에 나타나셨기 때문이었다. 하나님은 세겜의 모레 상수리 나무에서 아브라함에게 나타나셨고, 아브라함은 거기에 제단을 쌓았다(창 12:6-7). 그는 벧엘에 또 하나의 제단을 쌓았다(창 12:8). 하나님은 브엘세바에서 이삭에게 나타나셨고, 이삭은 거기에 제단을 쌓았다(창 26:23-25). 하나님은 벧엘에서 야곱에게 나타나셨고, 야곱은 자기가 환상을 본 장소를 표시해 두기 위하여 돌을 거기에 세웠다. 그는 그 돌을 '맛제바'("기둥")라고 불렀는데, 이 기둥이 하나님의 전이 될 것이라고 말하였다(창 28:18-22). 하나님은 시내산(호렙산)에서 모세에게 나타나셨고(출 3장), 여리고 근방의 길갈에서 여호수아에게 나타나셨다(수 5:13-15). 이렇게 하나님이 나타나신 장소들은 초기 이스라엘에서 "거룩한 장소들"이 되었다.

처음에 이러한 거룩한 장소들은 공들여서 만들어진 것 같지 않고 제사장들이 거기에 있지도 않았다. 해럴슨(Walter Harrelson)은 제의와 관련된 성직자들이 성소들에 배치되었을 때, 그들이 거기에 있었던 이유는 거룩한 분에게 나아가는 것을 도와주기 위한 목적과 더불어서 예배자들을 보호하기 위한 것이었다고 주장하였다. "거룩한 장소들은 위험스러운 곳들이었다"(*From Fertility Cult to Worship*, 27).

족장들과 이스라엘의 지도자들에 의해서 세워진 이러한 제단들 외에도, 팔레스타인 땅은 가나안 사람들이 쌓은 제단들, 신성한 돌들, 기둥들, 나무들로 가득 차 있었다. 이러한 제단들, 기둥들, 신성한 나무들의 대부분은 "산당들"('바모트')이라 불린 언덕 꼭대기에 있었다. 일부 "산당들"은 제단을 높게 쌓아올린 야외의 성소들 또는 지붕만 있는 성소들이었다. 이스라엘은 팔레스타인 땅에 들어갔을 때에 그러한 예배처소들을 파괴하라는 명령을 받았다(민 33:52; 신 12:2-3). 이스라엘은 산당들을 파괴하는 대신에 흔히 야웨를 버리고 바알들과 아세라들을 섬겼다(삿 2:12; 3:7; 6:25-26, 30; 8:33; 10:6; 17:4-6; 18:14; cf. 수 4:9).

사무엘은 라마에 있는 산당에서 희생제사들을 드렸다(삼상 9:12). 솔로몬은 기브온의 산당에서 자신의 최초의 환상을 받았다(왕상 3:2-14). 솔로몬은 다른 신들을 섬기기 위하여 자기 부인들을 위한 산당들을 쌓았다(왕상 11:7). 여로보암이 건축한 성전들은 호세아(10:8)와 아모스(7:9)에 의해서 "산당들"로 불린다. 이스라엘의 왕들은 산당들을 쌓았고, 백성들은 거기에서 예배하였다(왕하 17:9, 11). 유다에서 르호보암(솔로몬의 아들)은 모든 높은 언덕과 모든 푸른 나무 아래에 산당들과 주상(柱像)들과 아세라들을 세웠다(왕상 14:23). 오직 히스기야와 요시야만이 산당들을 허물었다(왕하 18:4; 23:5). 호세아는 "저희가 산꼭대기에서 제사를 드리며 작은 산 위에서 분향하되"(4:13)라고 비난하였다. 예레미야는 "유다야 네 신들이 네 성읍의 수효와 같도다 너희가 예루살렘 거리의 수효대로 그 수치되는 물건의 단 곧 바알에게 분향하는 단을 쌓았도다"(렘 11:13; cf. 렘 2:28)라고 말하였다.

이스라엘에 있었던 모든 성소들이 가난한 사람들의 제단들이었던 것은 아니고, 이스라엘의 모든 예배가 혼합주의적인 것도 아니었다. 이스라엘의 지파들은 가나안 땅으로 들어왔을 때에 몇몇 장소들에 제단을 세웠고, 야웨께서 거기에서 그들을 위하여 행하신 일을 송축하고 기념하기 위하여 거듭거듭 그 장소들을 찾았다. 길갈에서 여호수아는 요단강 밑바닥에서 열두 개의 돌을 가져다가 그 건넌 지점에 제단을 쌓았다(수 4:1-7). 나중에 이스라엘은 아마도 해마다 그 돌들을 찾았던 것으로 보인다; 그러면 그 자녀들은 "이 돌들이 무엇을 의미하는가?"라고 물었을 것이고, 그 대답은 "요단 물이 여호와의 언약궤 앞에서 끊어졌다"였다(수 4:6, 7). 길갈은 계속해서 이스라엘의 역사의 많은 기간 동안에 성소로 있었다.

1) **세겜** — 고대 이스라엘에서 가장 중요한 역사적이고 종교적인 중심지는 아마도 예루살렘이 아니라 세겜이었을 것이다. 세겜은 예루살렘에서 북쪽으로 41마일 지점에 위치한 성읍으로서, 북쪽으로는 에발산과 남쪽으로는 그리심산 사이에 있는 골짜기에 있었고, 서부 팔레스타인의 정확히 중심에 자리 잡고 있었으며, 팔레스타인을 통과하는 가장 중요한 산길이 지나가고 있었다. 세겜으로부터 모든 방향으로 대로들이 나 있었다. 옛 세겜 터 근처에는 오늘날 텔 발라타(Tell Balatah)라는 촌락이 있고, 그 근방에는 전승 속에 나오는 요셉의 무덤과 야곱의 우물이 있다.

이 성읍은 고대 애굽의 두 문헌들 속에 언급되고 있는 것으로 보아서, 세겜의 영광의 시작은 대략 주전 1900년경인 것으로 보인다(Wright, *Shechem*, 15-17). 세겜이 가장 강성했던 기간, 즉 대략 주전 1800년부터 1100년까지의 기간은 족장 시대와 출애굽 기간 둘 모두를 포괄한다(cf. 창 12:1-6; 33:18-20, 34; 25—31; 수 24:32; 행 7:16). 성경은 이스라엘 백성이 세겜을 "정복"한 것에 대하여 전혀 언급하고 있지 않지만, 여호수아는 세겜에 제단을 세우고, 모세의 율법에 따라 축복과 저주들을 선포하였다(수 8:30-35; cf. 신 11:29-30; 27:4-13). 또한 여호수아는 이스라엘의 온 지파를 세겜으로 불러 모아서 시내산 계약을 갱신하였다(수 24:1-28).

사사 시대에(주전 1100년경) 가나안 사람들은 세겜을 관장하였던 것으로 보인다(삿 8:31; 9:1-6, 17-25, 31, 41, 45). 이 성읍에 대한 가나안 사람들의 영향력은 바알 브릿에게 드려진 신전을 통해서 드러난다(삿 9:4). 또한 상수리 나무, 주상(9:6), 가을의 추수 절기(9:27)에 대한 언급도 나온다.

세겜은 구약에서 통일왕국 시대 동안에는 언급되지 않지만, 솔로몬이 죽자, "온 이스라엘"은 여로보암을 왕으로 삼기 위하여 세겜으로 모였다. 솔로몬의 아들이자 후계자였던 르호보암이 그의 젊은 모사들의 악한 충고를 따르자, 여로보암은 이스라엘의 열두 지파 중에서 열 지파를 결집하여 세겜에서 독자적인 왕국을 세웠다(왕상 12:25). 그는 이스라엘의 제의력을 변경하였고, 두 곳의 새로운 예배 중심지(단과 벧엘)를 지명하였으며, 성소들에서 섬길 제사장들을 선별하였다(왕상 12:26-33).

세겜은 북왕국의 수도로서의 역할을 그리 오랫동안 하지는 못했다. 여로보암은 디르사에 자신의 거처를 두었고(14:17), 이스라엘의 제3대 왕이었던 바아사는 디르사를 수도로 삼았다(15:21, 33). 오므리는 디르사를 포위하여, 시므리를 무찌르고, 왕국을 불사른 후에, 사마리아에 새로운 수도를 건설하였다(15:17, 24).

포로기 이후에 세겜은 제의 중심지로서의 중요성을 다시 한 번 회복하였다. 사마리아 성전은 대략 주전 300년 경에 그리심산에 세워졌다. 사마리아인들이 실제로 어떤 사람들이었고 그들과 유대인들 간의 분열이 언제 시작되었는지를 놓고 많은 논란이 벌어져 왔다. "사마리아인"이라는 단어는 구약에서 오직 한 번 발견된다(왕하 17:29). 거기에서 이 단어는 세겜이 아니라 사마리아에 거하는 주민들을 가리킨다. "사마리아인들은 그들의 조상들과 사마리아 거민들을 분명하게 구별하였다"(Coggins, *Samaritans and Jews*, 9).

크라우스(H. J. Kraus)는 사마리아 성전을 그리심산에 세우게 된 것은 단순히 종교적이고 정치적인 분열의 결과인 것이 아니라, 이와 동시에 매우 오래된 전통들의 부활이기도 하였다고 말하였다. "오경의 권위를 토대로 해서 예루살렘의 제의 역사 전체를 정통적인 것으로 인정하기를 거부한 새롭게 건설된 공동체는 스스로를 원래의 이스라엘로 생각하였다. 이러한 순수주의적인 성향이 그들로 하여금 이렇게 하나님의 백성의 기원이 된 장소로 되돌아오게 하였다"(*Worship in Israel*, 145-146). 사마리아인들의 작은 집단은 지금도 여전히 그리심산에서 예배를 드린다.

2) **실로** — 실로는 최초의 정복 이후에 이스라엘 지파들의 종교 중심지이자 성막이 두어졌던 곳이었던 것으로 보인다. 벧엘과 세겜 사이의 중간에 위치한 이 성읍은 족장 시대에서는 언급되지 않지만, 지파들 사이에서 가나안 땅을 분배할 때에 제비를 뽑던 곳이었다(수 18:1, 8, 9, 10; 19:51). 또한 이 성읍은 위기들이 닥친 때에 지파들이 모인 장소이기도 하였다(수 22:12). 실로는 사무엘 시대에 연례적인 순례의 장소였다(삼상 1—3).

언약궤가 실로로부터 옮겨졌을 때에, 블레셋 사람들은 언약궤를 빼앗아 갔다(삼상 4:11, 19). 분명히 블레셋 사람들은 실로에 있는 성소를 파괴하였을 것이다(cf. 시 78:60; 렘 7:12-14; 26:6). 사울 시대에 한 제사장이 여전히 실로에서 섬기고 있었다(삼상 14:3). 분열왕국 시대의 초기에 실로에는 아히야라는 선지자가 여전히 살고 있었다(왕상 11:29; 12:15; 14:2, 4; 15:29).

3) **예루살렘** — 이스라엘에는 벧엘, 브엘세바, 다볼산, 헤브론, 미스바를 비롯한 그 밖의 다른 "거룩한 장소들"이 많이 있었다. 이러한 장소들은 그 어느 것도 예배장소로서 길갈, 세겜, 벧엘, 실로, 예루살렘과 비교될 수 없다. 예루살렘 및 이스라엘의 예배 속에서 예루살렘의 중요성에 관한 이야기는 길기도 하거니와 우리에게 아주 친숙한 것이기 때문에 여기에서 굳이 말할 필요는 없을 것이다. 예루살렘은 이런저런 이름으로 구약의 책들 중에서 거의 3분의 2에 가까운 책들 속에 등장한다.

예루살렘이라는 명칭은 주전 1900년 직후에 나온 애굽의 저주 문서들 속에

처음으로 등장한다(Burrows, "Jerusalem," 843). 아브라함은 "살렘"에서 멜
기세덱에게 십일조를 바쳤다(창 14:18-20). 다윗은 예루살렘을 정복해서 자
신의 수도로 삼았다(삼하 5:6-9). 솔로몬은 예루살렘에 성전을 지었다(왕상 6
장). 바빌로니아인들은 주전 587년에 성전과 함께 예루살렘을 파괴하였고, 로
마인들은 주후 70년에 다시 예루살렘을 파괴하였다.

예루살렘은 구약에서 지리적이고 정치적인 실체 이상의 것이었다. 예루살
렘은 우주적인 하나님 나라의 신학적인 상징이었다(Porteous, "Jerusalem-
Zion," 93- 111). 성경은 예루살렘이라는 이름 속에 들어있는 평화('샬롬')
라는 개념에 대한 단어 유희를 만들어낸 것으로 보인다. 또한 구약에 흩어져
있는 여러 증거들은 의('체데크')와 평화('샬롬')라는 두 개념을 예루살렘과
결부시킨다(cf. 시 72:1, 3, 7; 122:6-8; 사 1:21, 26; 28:16).

예루살렘은 다윗이 예루살렘을 자신의 성읍으로 선택하여 통일 왕국의 수
도로 삼은 때로부터 이례적인 중요성을 지니게 되었다. 예루살렘은 다윗이
거주하기로 선택한 곳이었다. 또한 예루살렘은 하나님이 선택한 곳이기도 하
였다(삼하 24:16-25; 대상 21:16-27; 시 76:2; 132:13; 사 14:32).

선지자들은 예루살렘을 장래의 평화의 성읍으로 규정하였고, 거기에 장차
임할 통치자를 평화와 의의 왕으로 규정하였다(사 9:7; 16:4-9; 54:10, 14; 렘
29:10-11; 겔 37:24-26; 미 5:5). 구약에서는 예루살렘을 세상의 중심(배
꼽)(겔 5:5-6; 38:12), 언덕 또는 산 위에 세워진 성읍(사 2:1-5; 겔 40:1-2; 미
4:1-4), 세상의 빛(사 60:1-7)이라고 말한다. 폰 라트(Gerhard von Rad)는 자
신의 제자들이 그들의 빛을 세상에 비추게 될 종말론적인 믿음의 공동체가
될 것이라고 한 마태복음 5:14의 예수의 말씀 배후에 이사야 60:1-7이 있다
고 말하였다("The City on the Hill," 242). 몇몇 구약학자들은 "시온 신학"
에 관하여 말한다(Kraus, *Theology of the Psalms*, 78-83). 예루살렘을 하나님
의 도성이라고 말하는 시온 시편들은 주목할 만한 시온 신학을 담고 있다(cf.
시 46; 48; 76편). 시온은 먼 북방에 있고(시 48:2) 땅의 중심에 위치해 있는 것
으로 말해진다(겔 38:12). 하나님께서 이 땅에서 거소로 사용하시는 성전이
거기에 있다. 성전 아래로부터 강 — 생명을 주는 물줄기 — 이 흐른다(시
46:4; 사 33:20-21; 겔 47; 욜 3:18; 슥 14:8). 원수들이 하나님의 도성을 위협

하지만(시 46:6; 48:4; 76:5-6), 도성은 난공불락이다(시 46:8—10; 겔 38—39; 슥 12; 14; cf. von Rad, *Theology of the Old Testament II*, 293-94). 종말에 평화가 있을 것이다(사 9:6; 겔 36:36; 미 5:5; "시온신학"에 관한 매우 훌륭한 논의들로는 H. J. Kraus, *Theology of the Psalms*, 78-83; Jon D. Levenson, *Sinai and Zion*, 89-184; Porteous, *Living the Mystery*, 93-112를 보라).

페어베언(A.M. Fairbairn)은 큰 제국들의 마지막 날들에 살면서 하나님이 지으신 도성을 바라본 것과 관련하여 아우구스티누스, 아브라함, 요한이 본 것들을 서로 비교하였다. 페어베언은 이렇게 말하였다: "이러한 아주 상이하고 시기적으로 멀리 떨어져 있는 사람들 속에서 비슷한 신앙의 흐름들이 표현되고 있다. 장소나 시간을 알지 못하는 눈에 보이지 않는 영적인 하나님의 도성, 사회에 관한 하나님의 이상, 인간의 질서잡히고 순종하는 삶을 구현하고 있는 하나님의 도성이 존재한다"(*The City of God*,; Fisher Humphreys, *Nineteenth Century Evangelical Theology*, 370에서 재인용). 하나님의 도성에 관한 비전은 실제적인 가치를 지니고 있다. 그것은 더 고상한 장래에 대한 소망을 제공해 준다.

이러한 비전이 없다면, 이 땅은 아무리 물질적인 풍요로 가득 차 있다고 할지라도 노예선이고, 거기에 사는 사람들은 노예들이 된다 … 미래로부터 영원한 도성의 빛줄기가 들어올 때, 그것은 현재의 아주 척박한 순간들을 영화롭게 한다 … 이 도성은 그 시민들의 소망을 이루어주기 위하여 내내 두 가지 특질, 곧 하나님께 속해 있다는 것과 하나님처럼 영원하다는 특질을 지니고 있어야 한다 … 하나님께 속해 있다는 것은 이 도성의 완전성의 원천이다; 영원하다는 것은 그 실현의 조건이다. 이 이상은 하나님의 것이지만 … 오직 순종을 통해서만 현실로 바뀔 수 있다 (Humphreys, *Nineteenth Century Evangelical Theology*, 376-377).

구약에서 예배의 장소는 시기마다 달랐다. 어떤 때는 이스라엘은 희생제사를 드릴 수 있는 오직 한 곳의 합법적인 장소를 가지고 있었다 — 예루살렘에 있는 성전. 몇몇 증거들은 이스라엘에 그 밖의 다른 유대인 성전들, 아마도 그리심산, 라기스, 아랏에 성전들이 있었다는 것을 보여준다(아랏, 라기스, 하솔에 있었던 이스라엘의 다른 성전들에 관한 논의에 대해서는 P. D. Miller, "Israelite Religion," in *The Hebrew Bible and Its Modern Interpreters*, 227을 보라). 예루살렘조차도 결국에는 이 땅의 성전을 위한 유일한 터이기를 그쳤다. 구약이 완성되기 전에, 예루살렘은 하나님의 현존에 대한 초월적인 상징이 되었다.

예배의 때와 장소는 구약에서 변화를 겪었다. 예배의 때는 처음에는 산발적인 것이었다. 구약 시대의 마지막에 이르러서, 예배는 때 및 장소와 관련해서 고도로 구조화되어 있었다.

37. 예배의 형태들

구약은 오직 이따금씩만 예배의 형태들에 대한 언급을 잠깐씩 보여줄 뿐이고, 또한 그러한 것들은 "매우 우연적으로 주어진다"(Robinson, "The Old Testament Background," 22). 이스라엘의 역사의 많은 기간 동안에 매일매일은 제단에서 어린 양의 희생제사를 드리는 것으로 시작되고 마감되었다(출 29:38; 민 28:3-8). 에스겔 46:13은 오직 아침제사만을 언급한다. 매일 드리는 제사는 안식일에는 두 번 드려졌던 것으로 보인다(민 28:9-10). 휠러 로빈슨(H. Wheeler Robinson)은 아침제사를 생생하게 묘사하였다.

> 해뜨기 전 어두울 때에 제사장은 홀로 항상 타오르는 제단불에서 나오는 재를 치우기 위해서 제단인 성전 안쪽으로 들어갔다. 미쉬나에는 "아무도 그와 함께 가지 않았고, 그는 등불을 들지 않고, 제단 불빛 속에서 걸었다"고 기록되어 있다. 이것은 마치 렘브란트의 그림 속에 나오는 장면과 같다. 희미하게 윤곽만 보이는 제단과 성전 건물, 저 고독한 인물을 비추는 깜빡이는 화염들!("The Old Testament Background," 23-24).

이러한 일상적인 제사들 외에도, 행렬들(시 43:4; 48:12; 68:22-27), 입장예식들(시 24; 사 33:13-16; 렘 7), 제사장의 축복들(민 6:22-27), 만물들과 십일조들을 드리는 예식들(신 26:1-15), 계약의 저주들과 축복들을 봉독하는 것 (신 27:9-26; cf. 레 26; 신 28; 수 24) 등을 수반한 7일 또는 8일 동안 지속되는 세 번의 큰 절기가 있었다.

한 개인의 삶에서 중요한 사건들은 흔히 예배의 때들이었다. 아이가 출생한 직후에, 어머니는 속죄제를 드려야 했다. 남자 아이들은 팔일째 되는 날에 할례를 받았다("보론: 할례와 세례"를 보라). 어떤 아이들은 태어났을 때부터 하나님에게 봉헌되었다(사무엘, 예레미야). 나실인 서원은 남자든 여자든 어떤 나이에서나 행해질 수 있었다(민 6장을 보라). 범죄를 저질렀다고 고소되었거나 무고하게 고소된 예배자는 무고의 맹세를 할 수 있었다(욥 31; 시 7:3-5). 질병에 걸리거나 위험에 처했을 때 사람들은 흔히 하나님께 도움을 요청하는 기도를 하였고, 하나님께서 그를 구원하시는 경우에는 감사제를 드리겠다고 서약하였다(시 6; 116; 욘 2).

해럴슨(Walter Harrelson)은 죽음의 문제에 대하여 구약이 아무런 규정도 하고 있지 않은 것이 참으로 놀랍다고 말하였다. 이스라엘 가운데서 큰 자가 죽었을 때에 사람들은 그를 애곡하고 장사하였지만, 그 매장지는 결코 숭배나 순례의 장소가 되지 않았다. 제의 장소들은 언제나 매장지들로부터 구별되었다(*From Fertility Cult to Worship*, 33).

보론: 할례와 세례

할례는 구약에서 종교적인 행위였다. 남자 아이들에게 할례를 행하는 구약의 관행은 흔히 교회에서의 유아 세례를 위한 근거로 인용되어 왔지만, 신약에서 유아 세례가 주후 1세기에 행해졌음을 보여주는 적극적인 증거는 없다. 스트롱(Strong)은 이렇게 말하였다; "유아 세례는 그리스도나 그의 사도들에 의해서 제정된 것이 아니었다. 심지어 후대에 있어서조차도 테르툴리아누스는 유아 세례에 반대하였다"(*Systematic Theology*, 953).

유아 세례는 주후 2세기 초에 행해졌다고 오리게네스와 키프리아누스가 증언하고 있다. 유아 세례는 주후 4세기에 널리 퍼지게 되었고, 모든 개혁자들에 의해서 열렬하게 옹호되었다. 로마 가톨릭 교회는 원죄론이라는 맥락 속에서 유아 세례를 보았다. 죄가 유전된다면, 아기들도 죄인들이고, 따라서 "죄 사함"과 "중생"을 필요로 한다. 세례는 유아들과 성인들을 위한 은혜의 성례전이 되었다.

유아 세례는 성경적인가? 유아 세례는 구약의 할례의 관행과 결부될 수 있는가? 오스카 쿨만(Oscar Cullman)과 예레미아스(Jeremias)는 구약의 할례의 관행과 유대교의 개종자 세례를 토대로 유아 세례를 옹호하는 오늘날의 두 학자들이다(Cullman, *Baptism in the New Testament*, 45–65; cf. Jeremias, *Hat die Urkirche die Kindertaufe geübt?*). 세례에 관한 논문에서 플레밍턴(Flemington)은 유아 세례를 밑받침해 줄 수 있는 신약성서 속의 몇몇 "간접적인" 증거들을 추적하였다("Baptism," 352). 로울리(H. H. Rowley)는 유아 세례와 유대교의 개종자 세례 간의 연결관계가 있을 수 있는 가능성에 대하여 글을 쓰면서, 이렇게 말하였다:

그 어떤 유대인도 할례를 통상적인 목욕재계, 또는 개종자 세례와 혼동할 가능성은 없었고, 또한 할례는 요한의 세례와 혼동될 수도 없었다. 완전히 다르고 아무런 관계가 없는 예식으로의 비약이 어떻게 해서 이루어졌는가 하는 것은 분명히 기독교 신학의 풀리지 않는 불가사의들 중의 하나이다. 할례는 모든 남자 유대인들이 받아야 했던 예식이었다. 그것은 여자들에게는 적용되지 않았다. 유대교에는 성례전적인 예식이 없었다(*The Unity of the Bible*, 155–156).

로울리(H. H. Rowley)는 골로새서 2:11–12이 구약의 할례와 신약의 세례 간의 유비를 가르치고 있다는 것을 부정하였다. "여기에는 세례의 대상들과 할례의 대상들이 동일하다거나, 이 두 예식이 그 의미에 있어서 어쨌든 병행된다는 그 어떤 암시도 존재하지 않는다. 실제로 바울은 할례받는 유아들에게 요구되지 않았던 믿음을 언급한다"(*The Unity of the Bible*, 157).

로울리(H. H. Rowley)는 침례교인이었기 때문에, 그는 독자들이 그에게서 그러한 입장을 기대할 것임을 인정하였다(*The Unity of the Bible*, 149). 유아 세례에 관한 유보적인 태도는 침례교에 국한되지 않는다. 에밀 브루너(E. Brunner)는 "오늘날의 유아 세례 관행은 걸림돌이 아니라고 할 수 없을 것이다"라고 말하였다(*The Divine-Human Encounter*, 132). 칼 바르트(Karl Barth)는 유아 세례에 관한 교회의 가르침 속에는 틈새 정도가 아니라 구멍이 나 있다고 말하였다.

> 오늘날의 가르침을 토대로 행해지고 있는 세례의 관행은 자의적이고 독단적이다. 성경에 관한 석의를 통해서 보나, 이 사례의 성격을 통해서 보나, 세례받는 사람은 단순한 수동적인 도구(Behandelter)일 수 없다는 것이 확인된다. 석의와 사례의 성격으로 볼 때에 이 행위에 있어서 세례받는 자는 능동적인 주체(Handelnder)라는 것과 그가 삶의 어떤 단계에 있을지라도 분명히 유아는 그러한 사람이 될 수 없다는 것은 분명한 것 같다(*The Teaching of the Church Regarding Baptism*, 41).

바르트는 신약에서 "사람은 세례를 받기 위하여 남에 의해서 데려가지는 것이 아니라, 세례를 받기 위하여 스스로 간다"는 점을 지적하였다(*The Teaching of the Church Regarding Baptism*, 42). 그는 세례가 골로새서 2:11-12에서 할례에 비유되고 있다는 것을 인정하였지만, "이것으로부터 세례가 할례와 마찬가지로 아기에게 행해져야 한다는 결론이 자동적으로 도출되는 것은 아니다"라고 역설하였다(*The Teaching of the Church Regarding Baptism*, 43). 유아 세례는 많은 교회들에서 잘 정립된 관행이다. 일부 침례교인들조차도 그것을 완전히 배제하지 않는다. 침례교인인 월터 해럴슨(Walter Harrelson)은 이렇게 말하였다: "기독교의 관행 속에서 어린 아이가 말을 할 수 있기 전에 세례를 주는 행위는 공동체와 가족에게 그 아이를 하나님의 자녀로 규정하는 엄청난 책임을 부과한다. 우리가 이러한 책임감을 가지고 살아갈 수 있다면, 우리는 유아 세례를 행할 온전할 권리를 가지고 있다"(*From Fertility Cult to Worship*, 32).

장로교인인 나이트(G. A. F. Knight)는 모형론을 사용해서 유아 세례를 정당화하고자 하는 오늘날의 구약학자이다. 바울이 홍해를 건넌 것을 세례에 비유했던 것(고전 10:1-2)을 지적하면서, 바울이 랍비의 모형론적인 방법론을 사용해서 이스라엘의 삶 속에서의 하나님의 행위를 그가 그리스도 안에서 하나님께서 최근에 행하신 것이라고 알고 있었던 것과 관련해서 해석하고 있다고 말하였다. "이렇게 그는 이스라엘의 삶을 그리스도의 삶과 병행시킨다. 하나님이 그의 아들을 낳자마자, 하나님은 그를 구름과 바다에서 세례를 주었다. 하나님은 이스라엘이 그에게 충성의 약속을 할 수 있기 전에 그렇게 하셨다. 자신의 유아인 아들을 세례를 줌에 있어서 하나님의 행위는 선행적인 은혜의 행위였다"(*A Christian Theology of the Old Testament*, 216).

로울리(H. H. Rowley)는 나이트의 유비에 찬성하지 않았다. 로울리는 이 본문에서 바울은 실제로 바다를 건넌 것과 세례와의 대비를 강조하고 있고 애굽으로부터 나온 이스라엘 백성의 예는 불순종의 예이기 때문에 교회가 따라서는 안 된다는 것을 역설하는 데에 관심을 가진 것이라고 말하였다(*The Unity of the Bible*, 149, n. 1; cf. Craig, "First Corinthians," 107-108).

스트롱(Strong)은 교회가 구약에서의 할례라는 유비를 따른다면 그것은 교회의 지체가 되기 위한 자격으로 거듭남이 아니라 육체적인 출생을 요구하는 것이 되고 말 것이라고 말하였다. 이 유비가 사실이라면, 할례는 자연적인 출생 직후에 이루어진다; 그러므로 세례는 거듭남 직후에 이루어져야 한다(*Systematic Theology*, 954; 또한 Trutz Rendtorff, *Ethics* II, 117-20에 나오는 유아 세례에 관한 흥미로운 논의를 보라).

제사장들과 예배자들은 신체적인 행위들과 자세들을 통해서 그들의 예배를 표현하였다. 그들은 겸손을 나타내기 위하여 땅에 무릎을 꿇고 부복하였고, 그들의 기도의 목적인 축복을 받기 위하여 손을 높이 들었다. "예배는 색채, 소리, 움직임으로 가득 차 있었다"(Robinson, "The Old Testament Background," 20; compare Rowley, *Worship in Ancient Israel*, 206-207). 피와 타는 고기의 냄새는 흔히 성전에서의 예배에 수반되었다. 음악은 대체로 서로 부딪치는 징들과 나팔들에서 나는 소리들로 이루어졌다. 일부 노래는 현악기의 반주에 맞춰서 불러진 교창(交唱)이었고 종종 가락이 있었다.

구약성서는 주요한 절기들 동안에 어떤 일이 진행되었는지에 관하여 자세한 내용을 거의 전해주지 않는다. 모든 남자들이 참석하도록 되어 있었지만, 그들 대부분은 절기들을 지키기 위하여 예루살렘으로 가지는 않았다. "예루살렘 백성의 대다수는 한 번도 성전을 보지 않았을 것이라고 말하는 것이 아마도 옳을 것이다"(Herbert, *Worship in Ancient Israel*, 26-27). 레위기 16장은 대속죄일의 준수에 관한 꽤 자세한 내용들을 규정하고 있지만, 이것은 여전히 거기에서 무슨 일이 일어났는지에 관한 우리의 이해에 있어서 공백들을 남겨줄 뿐이다.

많은 학자들은 구약과 비교 종교학에 대한 연구를 통해서 절기들의 형태들을 재구성하고자 시도해 왔지만, 별 성과가 없었다. 지그문트 모빙켈(Mowinckel)은 가을 절기를 주로 "야웨의 즉위 절기"로 보았다. 그의 가설은 29, 47, 93, 95-99편을 포함한 많은 시편들에 토대를 두고 있다(Mowinckel, *The Psalms in Israel's Worship*; cf. Kraus, *Worship in Israel*, 108-122). 크라우스(H. J. Kraus)는 가을 절기는 일차적으로 하나님과 다윗이 계약을 갱신하는 제왕적인 시온 절기였다고 주장하였다. 아르투르 바이저(Artur Weiser)는 계약 갱신이 시내산 계약에 대한 송축 의식이었다고 믿었다(*The Psalms*).

이스라엘의 예배는 종종 드라마적인 것이었다. 그들은 가을 절기 동안에 초막에 들어가서 살았다. 그들은 유월절에는 문설주에 피를 발랐다. 그들은 예루살렘을 돌면서 행진하였고, 그 망대들의 수를 헤아렸으며(시 48편), 절기용 나뭇가지들을 제단의 뿔들에 묶었다(시 118:27). 그들은 춤을 추었고(출 32:19; 삿 21:21; 삼하 6:14; 시 87:7; 149:3; 150:4), 촛불을 켰으며(왕상 7:49), 물을 부었다(삼상 7:6). 구약의 대다수의 예배 형태들은 지속되지 못했다. 주후 70년 이후에 이스라엘의 예배는 희생제사, 제단, 제사장들이 없는 가운데 이루어져야 했다. 허버트(A. S. Herbert)는 이러한 사실은 인간의 총체적인 필요들을 충족시켜줄 수 없었던 예배의 비영속성과 불충분성을 시사해 주는 것이라고 말하였다(*Worship in Ancient Israel*).

희생제사 제도는 불충분하였다. 선지자들은 하나님께서 요구하시는 것은 희생제물들을 기계적으로 외적인 제사형식을 통해서 드리는 것이 아니라 순종이라는 것을 깨달았다(삼상 15:22; 호 6:6; 미 6:8). 구약의 희생제사들은 하나님께 드리는 봉헌들이었지만, 도움(속죄)을 필요로 하는 쪽은 하나님이 아니라 백성들이었다. 사람이 희생제사를 마련한 것이라면, 인간이 가져다줄 수 있는 그 무엇이 사람으로부터 죄책을 없애줄 수 있겠는가?

로울리(H. H. Rowley)는 구약에 나오는 희생제사에 관한 최고의 말씀은 제사장 법전에 나오는 것도 아니고 짐승을 포함하는 것도 아니라고 말하였다. 구약에서 희생제사에 관한 최고의 말은 죄 없으신 인간, 고난받는 종이 장차 드리게 될 희생제사에 관한 것이다. 그것은 이스라엘과 열방들을 대신하여 드리는 자발적이고 대속적인 희생제사로서, 야웨의 종의 고난과 죽음과 "부활"을 통해서 이루어질 것이다(Rowley, *The Faith of Israel*, 97; Rowley, *The Unity of the Bible*, 55–59).

"부활"이라는 용어는 이사야서 53장에 나오지 않지만, 죽음 너머의 모종의 삶이 53:10–11에서 의도되고 있다: "그가 씨를 보게 되며 그 날은 길 것이요 그가 자기 영혼의 수고한 것을 보고 만족히 여길 것이라. 나의 의로운 종이 자기 지식으로 많은 사람을 의롭게 하며." 일부 학자들은 이것이 포로기 이후의 이스라엘 민족을 가리키는 것으로 이해한다. 뮐렌버그(Muilenburg)는 이렇게 말하였다: "여기에 나오는 종이 공동체라면, 우리는 그러한 사상에 대한 풍부한 전례들을 가지고 있지만, 제2이사야가 개인의 부활을 언급한 것이라면, 그것은 후대의 발전을 나타내는 것이기 때문에 이상한 일일 것이다. 1절과 52:13에 반영되어 있는 열방들이 깜짝 놀랄 것이라는 말은 개인을 의도하고 있는 것으로 볼 필요는 없을 것이다"(*Isaiah 40–66*, 629).

한편, 베스터만(Westermann)은 53:9에서 두 가지가 분명하게 드러난다고 말하였다. 첫째, 이 보도는 한 개인을 염두에 두고 있다. 둘째, 이 본문은 "이 보도에서 말하고 있는 개인이 실제로 죽어서 매장되었다는 것을 아주 분명하게" 보여준다(*Isaiah 40–66*, 266).

이사야 53:10에 관해서 베스터만(Westermann)은 이 본문의 모든 외관에도 불구하고 이 본문에서는 내내 야웨가 종의 편에 있고 그를 살리며 회복시키며 치유하였다는 것을 말하고 있다고 주장하였다. 베스터만은 종의 부활이 여기에서 보도되고 있다는 것을 확신하였다. 이 본문은 명시적으로 이것을 말하고 있지 않지만, "하나님이 종을 회복시키는 행위, 종의 승귀는 종이 죽은 후에 무덤의 저편에서 그에게 이루어진 행위라는 것은 의심의 여지가 없다"(*Isaiah 40-66*, 267).

구약의 희생제사 제도는 성전이 파괴되었던 주후 70년에 끝이 났다. 신약성서는 십자가 위에서의 예수의 죽음이 구약의 희생제사들을 성취한 궁극적인 희생제사였다는 것을 보여준다(히 9:23—10:14).

구약의 희생제사들은 불충분했을 뿐만 아니라 하나님의 거소로서의 성전도 불충분했다. 구약 자체는 이 점에 있어서 성전의 불충분성을 인식하였다. 하나님은 사람의 손으로 만든 성전에서 사실 수 없다(왕상 8:27). 구약에서 성전 예배는 배타적인 것이었다. 몇몇 부류들은 거기에 들어갈 수 없었다. 기형적으로 태어난 사람, 불법적인 성관계에서 태어난 사람, 모압 사람, 암몬 사람은 예배 장소에 들어갈 수 없었다(신 23:1-3). 문둥병자나 부정한 사람은 진에 들어갈 수 없었다(민 5:24). 이사야 56:3-8에서는 장래에는 이방인, 고자들, 소외된 자들이 성전에 들어갈 수 있게 될 것인데, 이것은 성전이 만민의 기도하는 집이 될 것이기 때문이라고 말한다.

구약의 예배가 예배를 통한 인간의 모든 필요들을 충족시키는 데에 불충분했다고 말하는 것은 구약의 예배가 아무런 가치도 없었다고 말하는 것은 아니다. 뮐렌버그(Muilenburg)는 우리가 "사람에게 가장 좋은 것은 무엇이냐?"고 묻는다면, 구약은 "사람에게 가장 좋은 것은 하나님을 예배하는 것이다"라고 대답할 것이라고 말하였다(*The Way of Israel*, 107).

구약에서의 예배는 "예배자를 해체하여 탈혼상태 속에서 고양시켜 미지의 어둠, 시간이 없는 곳, 현존으로의 도피"가 아니다. 그것은 하나님께서 죄 사함, 위로, 인도하심을 주시고, 예배자가 흔히 하나님의 위대한 구속 행위들을 말하면서 찬송으로 화답하는 거룩한 만남이다"(*The Way of Israel*, 107-108). 예배의 삶은 도덕적인 순종에 대한 반복적인 강조를 통해서 타계성(otherworldliness)과 무책임한 탈혼상태로부터 벗어난다.

구약은 왜 하나님을 예배하는 것이 선하다고 말하는 것인가? 예배 속에서 이스라엘은 그들의 존재의 근원과 그들이 부르심을 받은 목표를 분별하였기 때문이고, 예배 속에서 이스라엘은 죄 사함의 말씀을 들었기 때문이며, 그들의 삶의 배후와 그들의 삶 속에 "모든 것을 포괄하며 진노 속에서 모든 것을

판단하시지만 긍휼이 있는 궁극적인 사랑"이 존재하였기 때문이다
(Muilenburg, *The Way of Israel*, 126).

예배 속에서 이스라엘은 그들이 자유롭다는 것을 깨달았다. 구약의 찬송
들, 탄식들, 고백들, 감사들, 신뢰의 노래들, 축복들, 저주들 속에서 우리는 놓
여나고 해방된 백성의 말들을 듣게 된다. 성소에서 이 백성들은 자유롭게 말
하고, 자유롭게 기도하며, 자유롭게 고백하고 마음의 엄청난 비밀들을 드러
내고, 자유롭게 노래하며 찬송하고 경배할 수 있었다. 이 마지막 자유 속에서
그들은 진실로 자유로웠다. 왜냐하면, 그들은 사람들을 저급하고 하찮은 존
재로 만들며 시비를 걸게 만드는 자기중심성(egocenticities)과 자기에의 몰두
(self-obsessions)로부터 건지심을 받았기 때문이다.

"이스라엘은 사람의 손으로 만든 것이나 사람의 생각으로 정교하게 고안
해 낸 것들에 의해서 족쇄가 채워질 수 없는 초월적인 하나님과의 관계에 대
한 인정을 통해서 해방된다. 참 이스라엘은 인간에게 허용된 유일한 자유 속
에서 자유롭다"(Muilenburg, *The Way of Israel*, 127).

제 9 장
선한 삶

38. 구약에서의 선한 삶과 종교

구약의 선한 삶 또는 "윤리"는 예배 및 종교와 밀접하게 연관되어 있다. 구약에서 대부분의 윤리적인 준칙들과 규율들은 제의 자료들 속에 나온다. 뮐렌버그(Muilenburg)는 이렇게 말하였다: "우리가 … 사람에게 무엇이 최고의 선인가라고 묻는다면, 구약성서는 우리 모두가 들을 수 있도록 아주 분명하게 그 대답을 제시한다. 사람에게 최고의 선은 하나님을 예배하는 것이다" (*The Way of Israel*, 107). 크리스토퍼 라이트(Christopher Wright)는 "신학과 윤리는 성경에서 분리될 수 없다"고 말하였다(*An Eye for An Eye*, 19).

선한 삶 또는 "윤리"에 관한 이스라엘의 모든 개념들은 하나님과 그의 계명들에 관한 그들의 개념으로부터 온 것인가, 아니면 그러한 것들 중 일부는 문화로부터 유래한 것인가? 발터 아이히로트(Walther Eichrodt)는 구약에는 이 두 가지 원천이 모두 분명하게 나타나 있다고 믿었다. 이스라엘은 종교로부터 분리된 도덕을 거의 알지 못했다. 구약은 도덕적인 행실이 모든 것을 다스리시는 하나님의 뜻으로부터 유래하였다는 것을 확증해 준다. "가장 초기로부터 가장 후기에 이르기까지 사람의 행실의 가장 강력하고도 지배적인 동기는 절대적인 권위가 부여된 … 하나님의 요구였다. 선의 능력은 전적으로 선하신 분이신 하나님의 인정 여부에 달려 있다. 추상적인 선을 위한 도덕적인 행실이라는 것은 전혀 존재하지 않는다"(*Theology of the Old Testament* II, 316).

그럼에도 불구하고, 종교적인 요소들에 의해서 그토록 강력하게 결정되고 있는 도덕에서조차도 규범들은 이스라엘에게만이 아니라 모든 민족에게 적용되는 것이기 때문에, 그 자체로 절대적으로 유효한 어떤 독립적인 유효성, 또는 무조건적인 "당위성"을 소유한다. 게르하르트 폰 라트(Gerhard von Rad)는 우리는 사회 속에서 개개인들의 행위와 결정을 행함에 있어서 십계명, 산상수훈, 하나님의 명령들 같은 규범들의 실제적인 중요성과 관련하여 잘못 생각해서는 안 된다고 경고하였다.

통상적으로 윤리적인 행실에 대한 요구는 판이하게 다른 곳으로부터 개인에게 온다. 모든 개인에게는 가족, 지파, 마을 — 모종의 구체적인 형태의 공동체의 삶 — 이 존재한다. 공동체는 나름대로의 윤리적인 기준들을 가지고 있다. 공동체는 모든 개인들에게 그 공동체의 구체적인 기대들에 맞춰서 살아가도록 강제한다. 공동체는 개인들에게 기존에 정립되어 있는 모범들과 가치들을 제공해 준다.

그러므로 한 공동체의 행위의 준칙들을 원칙 또는 하나님의 명령에 관한 구체적이고 절대적인 윤리적인 확신들의 표현이라고 이해하는 것은 비현실적이다. "한 개인이 자기가 태어난 공동체 속에서 행하여야 하는 역할은 공동체의 고려들에 의해서 상당한 정도로 규정되고 결정된다"(von Rad, *Wisdom in Israel*, 75). 이스라엘의 사회에서 그러한 동료집단의 압력을 보여주는 예들은 "이스라엘에서 어리석은 짓"(창 34:7; 신 22:21; 삿 19:23,30; 삼하 13:12; 렘 29:23), "우리 지방에서 하지 아니하는 바이라"(창 29:26; 신 25:9) 같은 표현들 속에서 볼 수 있다.

프리젠(Th. C. Vriezen)은 일부 성서학자들 같이 모든 종교적이고 도덕적인 개념들 전체가 이 두 가지 원천(계시 또는 사회) 중의 오직 한 가지로부터만 유래하였다고 주장하는 것은 일방적이고 옳지 않은 주장이 된다고 말하였다. 구약에 나오는 윤리적인 가치들이 그저 하나님에 의해서 영감된 것으로 보아진다면, 구약의 도덕은 완전히 절대적인 것이 되고 만다. "그런 식으로 보게 되면, 구약의 도움을 받아서 모든 도덕적인 문제들, 심지어 우리 시대의 문제들을 해결하는 것이 가능한 것처럼 보이겠지만, 이것은 기독교 윤리에 대한 극히 위험스러운 관점이다"(*Outline of Old Testament Theology*, 377). 한편,

구약에 나오는 윤리적인 가치들이 오직 사회로부터 유래한 것이라고 한다면, "도덕은 단지 역사적인 중요성만을 가지고 있을 뿐이고 더 이상 우리를 위한 근본적인 의미를 지닐 수 없는 전적으로 우연한 사회적 현상이 되고 만다" (*Outline of Old Testament Theology*, 378).

브루스 버치(Bruce Birch)는 우리의 도덕적인 성품은 우리의 삶에 대한 수많은 서로 다른 영향력들에 의해서 형성된다고 말하였다. 우리의 정체성이 그리스도인이라면, 성경은 일차적인 영향력이 될 것임에 틀림없지만, 단지 성경만이 우리의 정체성에 영향을 미치는 요인은 아니다. "성경은 그리스도인의 성품과 행실을 형성함에 있어서 권위 있는 영향력의 유일한 원천일 수는 없다"(*Let Justice Roll Down*, 34). 버치는 성경은 우리의 의사결정에서 핵심적인 역할을 하지만, 우리를 위한 도덕적인 결정들을 수행하거나 전략들 또는 행동방식들을 규정해 놓지 않는다고 말하였다. "성경은 처방전을 모아 놓은 책으로 사용될 수 없다. 도덕적인 결정을 요구하는 많은 문제들은 결코 성경의 공동체들이 상상하지 못한 것들이다(예를 들면, 생명 윤리와 관련된 문제들)"(*Let Justice Roll Down*, 32). 버치에게 있어서 성경의 권위는 불가피한 것이긴 하지만 절대적인 것은 아니다.

구약의 도덕은 오직 사회로부터만 오는 것이 아니다. 그것은 자율적이지 않다. 이런 의미에서 그것은 선 개념을 시작으로 해서 인간 이성을 토대로 도덕을 구축하고자 한 그리스(헬라)와 오늘날의 철학적인 윤리들과 정면으로 반대된다. 구약에서 인간의 양심은 선과 악을 아는 일의 출발점이 아니다. 하나님의 말씀이 존재한다. "사람 속에 내재하는 자율적인 정의감이라는 의미에서의 양심은 종교적 인본주의의 산물이다 … 후대에 유대인들은 오늘날 서구적인 의미에서의 양심이라는 개념을 알고 있지 못했다"(Vriezen, *Outline of Old Testament Theology*, 379, n. 2).

구약은 윤리 체계를 담고 있지 않다. "윤리"라는 단어는 구약이나 신약에 나오지 않는다(Lofthouse, "Biblical Ethics," 350). 뮐렌버그(Muilenburg)는 고대 이스라엘의 "윤리"라고 말하는 사람은 누구나 이 용어를 상당한 정도의 재량을 가지고 사용하고 있는 것이라고 말하였다. "윤리"라는 말이 올바른 행실에 관한 이론 또는 학문, 도덕의 원칙들, 또는 "선"에 대한 체계적인 분석을 의미한다면, 우리는 그러한 것들을 체계화시키기 위하여 구약성서의 자료들을 뒤져보아야 아무 소용이 없을 것이다. 우리는 거기에서 윤리적인 원칙들을 담고 있는 통일적이고 체계적인 자료를 발견하지 못한다(Muilenburg, *The Way of Israel*, 15; cf. Trutz Rendtorff, *Ethics* II, 3). 대신에, 구약성서는 사회의 여러 다양한 상태들에 관한 묘사들과 사람들이 순종하였거나 불순종하였던 선악에 관한 개념들을 제시한다. 성경 기자들의 주된 관심은 인간이 아니라 하나님에게 있다; 하나님의 뜻, 목적들, 명령들, 기뻐하심, 기뻐하지 않으심(Lofthouse, "Biblical Ethics," 350).

구약의 백성들은 하나님이 그들에게 말씀하셨다는 것과 하나님이 그들에게 어떤 것을 요구한다고 말씀하였다는 것(미 6:8)을 알고 있었다. 그들은 어떤 요구들이 그들에게 주어졌고, 누가 그러한 요구들을 하였는지를 알고 있었다. "선한 것은 하나님이 요구하시는 것이고, 악한 것은 하나님이 금지하시는 것이다"(Muilenburg, *The Way of Israel*, 15).

"윤리"라는 용어가 구약에 나오지 않고, 윤리의 "체계"가 구약 속에서 발견될 수 없다면, 우리는 구약 신학에 관한 연구 속에서 구약의 윤리 또는 도덕을 다루는 것이 과연 적절한 것인지를 물을 수 있다. 이 문제에 대해서 학자들의 견해는 양분되어 있다. 구약의 윤리에 관한 연구를 자세하게 다룬 연구서들은 거의 없다.

39. 선한 삶 또는 구약의 "윤리"에 관한 문헌들

브레바드 차일즈(Brevard S. Childs)는 1970년에 윤리에 대한 커다란 관심에도 불구하고 영어로 씌어진 그 어떤 뛰어난 오늘날의 저작도 성경의 윤리를 제대로 다루고자 시도해 오지 않았다고 썼다(*Biblical Theology in Crisis*, 124). 로널드 클레멘츠(Ronald E. Clements)는 이렇게 결론을 내렸다:

구약의 윤리라는 주제는 대단히 어려운 주제라는 것이 입증되어 왔고, 사실 일반적으로 좀 더 폭넓은 구약 신학이라는 연구의 부차적인 부분으로 다루어져 왔다. 이 주제를 다룬 문헌들은 놀라울 정도로 드물고, 역사적·사회학적·종교적 요소들의 복잡한 상호작용은 구약의 윤리라는 주제를 단순히 피상적인 것으로 다룰 수밖에 없도록 만들어 왔다(*One Hundred Years of Old Testament Interpretation*, 107).

영어로 된 구약의 윤리에 관한 최초의 책들 중의 하나는 강력한 보수주의적인 침례교인인 제럴(Jarrel)에 의해서 쓰여졌다. 자신의 책의 제3판(1890년)에서 제럴은 "이 책의 주제 ─ 구약의 윤리 ─ 는 변증학의 분야에서 거의 전적으로 무시되거나 간과되어 왔다"고 지적하였다(*Old Testament Ethics Vindicated*, iii). 제럴이 이 주제에 대하여 변증적인 접근방식을 사용하였다는 사실은 다음과 같은 그의 책의 제목이 잘 보여준다: 『구약 윤리의 검증: "구약의 도덕에 관한 해설; 구약의 도덕과 이교도들 ─ 이른바 신성한 책들, 종교들, 철학자들, 이교도들의 저술가들 ─ 의 도덕의 비교; 이교도들에 대한 구약의 윤리의 옳음에 대한 입증"』.

제럴은 스미스(H. B. Smith) 교수의 『변증론』(*Apologetics*)을 인용해서 다음과 같이 말하였다: "한 가지 확실한 것은 이교도들의 학문이 철저한 정통 신앙을 제외하고는 모든 것을 패주시킬 것이라는 것이다. 모든 무기력한 이론들, 흐느적거리는 표현들, 어정쩡한 징벌들과 사변들은 다 밀려나고 말 것이다. 싸움은 단호하고도 철저한 정통 신앙과 단호하고도 철저한 이교 사상 사이에서 벌어질 것이다."

제럴(Jarrel)은 구약의 윤리가 신약의 윤리를 준비하는 성격을 지닌 붕아적인 것으로서, 구약 시대에 맞춰서 되어 있다고 인식하였다. 그러나 그는 구약의 윤리는 처음부터 끝까지 "신약만큼 순전하고 하나님의 보좌만큼 흠이 없다"라고 주장하였다(*Old Testament Ethics Vindicated*, iii).

『구약 윤리의 검증』(*Old Testament Ethics Vindicated*)은 다음과 같은 주제들을 다루는 14개의 장으로 이루어져 있다: 신학의 윤리를 준비하는 붕아적인 것으로서의 구약의 윤리; 구약 해석에 있어서 필수불가결한 준칙들(구약은, 오직 윤리적인 토대만을 놓아준다); 구약의 율법들과 규례들에 본질적인 안식일; 구약의 윤리에 본질적인 계시; 구약 윤리의 헌장인 계명들; 구약의 예전들이 지닌 윤리적인 성격과 목적; 윤리와 관련된 여러 히브리 율법들;

짐승들에 대한 구약의 배려; 원수들, 이교도들, 객들의 대우에 관한 구약의
율법들; 구약과 종들; 여자들, 혼인, 가족, 정절; 이교도들의 반론에 대한 대
답; 토대와 구조에 있어서 도덕적으로 결함이 없고 흠이 없으며 거룩한 구약
의 윤리. 제럴은 당시의 지도적인 신학자들과 신학적인 조류들을 잘 알고 있
었다. 자신의 책인 『곤경에 처한 복음』(*The Gospel in Water*)의 끝에 인쇄되
어 있는 회람표에서 그는 자신의 책을 추천한 84명의 각 교단 및 신학계의 지
도자들을 인용하고 있다. 이렇게 인용된 사람들 중에는 다음과 같은 인물들
이 포함되어 있다: 감리교 감독인 윌슨(Wilson), 침례교 학자들인 존 브로더
스(John R. Broadus), 그레이브스(J. R. Graves), 알렉산더 맥클라렌
(Alexander McLaren), 스펄전(C. H. Spurgeon), 보이스(J. P. Boyce), 스트롱
(A. H. Strong), 하퍼(W. R. Harper), 캐롤(B. H. Carroll). 그 밖에 그의 책에
인용된 지도적인 학자들로는 피셔(Geo P. Fisher)와 도르너(J. A. Dorner, 베
를린)가 있다. 아마도 이 책을 가장 잘 평가하고 있는 서평은 통속 잡지인
*Cincinnati Daily Gazette*에 나오는 것인 것 같다(*Old Testament Ethics
Vindicated*, 1882년판의 표지 날개에 게재되어 있다):

> 저자는 이 주제를 다룬 문헌들에 정통해서, 온갖 다양한 견해를 지닌 저
> 술가들로부터 자유자재로 인용하면서, 구약성서를 위하여 용감하게 싸운
> 다 … 제럴씨는 변증가라고 이름을 붙일 수 없다. 왜냐하면, 그는 적진 속
> 으로 뛰어들어가서 전쟁을 수행하면서, 가차없이 적을 베고 있기 때문이
> 다. 오늘날과 같은 망설임과 타협의 시대에 이토록 확고하게 자신의 견해
> 를 견지하면서 그러한 사실에 대한 아주 분명한 근거를 제시하고 있는 인
> 물을 발견한다는 것은 정말 신선한 일이다. 잉거솔(Ingersoll)과 그의 모방
> 자들이 그들 자신의 병기들을 든 채로 산 채로 베임을 당해도, 아무도 반
> 대할 수 없다.

밴프에 있는 스코틀랜드 교회의 목회자였던 브루스(W. S. Bruce, 1846-
1933)는 이 분야에 뛰어든 최초의 인물은 아니었지만, 20세기 전반에 구약의
윤리에 관하여 영어로 된 유일하게 중요한 책을 썼다. 브루스는 애버딘, 에든

버러, 튀빙겐에서 교육을 받았다. 튀빙겐에서 그는 욀러(Gustav Friedrich Oehler)와 함께 공부하였고, 욀러는 구약성서 및 윤리에 관한 그의 견해에 영향을 주었다. 그는 1895년에 『구약의 윤리』(The Ethics of the Old Testament)라는 책의 초판을 간행하였다. 이 책의 목적은 "구약의 윤리를 그 역사적인 성장과 발전 속에서 간략하게 보여주는 것"이었다(The Ethics of the Old Testament, 1). 브루스에게 구약의 윤리는 미덕에 관한 추상적인 이론으로 시작되는 것이 아니라, "종교적인 교육의 초보적인 단계에서 하나님 백성을 위하여 하나님께서 의도하신" 도덕을 나타낸다. 브루스는 구약에 대한 비평학이 전환기에 있었을 때에 책을 썼다. 그는 오경의 편집과 관련된 문서 가설을 잘 알고 있었지만, 그것을 다루지 않기로 결정하였다. 그는 이렇게 말하였다: "이러한 옛 저작들의 진정성과 문학적인 특징들에 관한 비평학자들의 싸움은 아직 끝나지 않았다. 그 알곡은 여전히 여부스 족속의 아라우나 타작 마당에 놓여 있고, 부지런히 도리깨질이 진행 중에 있다 … 우리가 궁극적으로 구약 정경의 성장에 관하여 우리에게 전해져 온 몇몇 오래된 존중할 만한 전승들을 포기해야 한다고 할지라도, 그러한 것들을 제쳐두는 것은 오직 성경의 내재적인 아름다움과 영속적인 새로움을 한층 더 밝혀줄 뿐이다. 손실은 이득임이 증명될 것이다. 그 토양은 비평학자들의 체질(sifting)을 위하여 더 나은 것이 될 것이고, 전에 잡초들이 있던 곳에는 꽃들과 열매들이 자라게 될 것이다(The Ethics of the Old Testament, 4-5).

　브루스는 구약 윤리에 대한 연구에 있어서 몇몇 일반적인 특징들 또는 원칙들이 있어야 한다는 것을 인식하였다. 그가 열거하고 있는 이러한 원칙들은 그리 독특하지 않다. 독자들은 그의 책에서 다음과 같은 몇몇 원칙들을 알아낼 수 있을 것이다: (1) 구약성서는 형태에 있어서 학문적이거나 체계적이지 않지만, 위대한 도덕적인 목적이 이스라엘의 역사 전체를 관통하고 있다; (2) 구약성서에서 사람은 선택할 자유를 가지고 있다; (3) 타락으로 인해서, 최고의 선은 메시야적인 소망을 지향한다; (4) 최고의 선은 민족적인 목표가 아니라 보편적인 목적이 되었다; (5) 선은 종종 물질적인 관점에서 정의되기도 하고, 종종 윤리적인 관점에서 정의되기도 한다; (6) 이러한 목표는 종종 외적인 상징들로 표현되기도 하고, 내적인 상징들로 표현되기도 한다; (7) 최고의 선은 결코 개인의 선이 아니다; (8) 구약에서 윤리의 궁극적인 토대는 하나님의 뜻이다(*The Ethics of the Old Testament*, 26).

브루스의 저서가 지닌 한 가지 강점은 그가 구약의 윤리는 선택과 계약이라는 맥락 속에서 보아져야 한다는 것을 알았다는 것이다(*The Ethics of the Old Testament*, 63). 브루스는 구약의 선택 사상은 칼빈 신학의 협소한 개인주의적인 선택 개념보다 훨씬 더 장엄하고 훨씬 더 고상한 개념이라고 말하였다(*The Ethics of the Old Testament*, 65). 그는 계약법으로서의 율법에 많은 관심을 가졌고, 십계명을 다루는 데에 두 장(제6장과 제7장)을 할애하였다.

브루스는 십계명이 계약의 책의 첫머리에 나와 있다는 것을 지적하였다. 십계명은 그 포괄성과 뛰어남과 단순성에 있어서 유례가 없는 탁월한 도덕률이다. 십계명은 하나님의 백성으로서의 이스라엘의 의무들을 의미심장한 형태로 요약한다. 구약의 많은 율법들은 잠정적인 것이었지만, "십계명은 기독교회에서 수정됨이 없이 그대로 유지되어 왔다 … 그 안에는 인류에게 유효하지 않은 내용은 전혀 없다. 그것은 보편적인 도덕법전이다. 민족 종교들 속에 담겨져 있는 그 어떤 도덕법전도 이것과 비교될 수 없다"(*The Ethics of the Old Testament*, 95).

브루스는 제9장과 제10장에서 땅, 노예제도, 공중위생, 가난한 자들, 여자와 아이들, 예배, 윤리적인 행실을 포함한 윤리적인 문제들을 다루고 있는 구약의 율법들을 논의하였다. 제11-13장은 장래의 삶, 그리고 모세 신앙, 예언자들의 신앙, 지혜, 후대의 유대교와 같은 구약 윤리의 발전을 다루었다.

자신의 책의 끝 부분에서 브루스는 구약에서의 도덕적인 난점들을 세 가지 범주 아래에서 논의하였다. 첫 번째 범주는 가나안족의 멸망 같은 하나님의 성품 또는 행위들과 관련된 난점들을 포함하는 것이었고, 두 번째 범주는 아브라함, 야곱, 모세, 다윗 같은 구약의 몇몇 "성자들"과 일부 시편 기자들의 불완전한 성품과 행위들과 관련된 것이며, 세 번째 범주는 노예제도의 허용 같은 율법의 도덕적인 결함들로부터 일어나는 난점들로 이루어져 있다(*The Ethics of the Old Testament*, 283).

브루스의 책은 요한네스 헴펠(Hempel)이 1938년에 베를린에서 『구약의 윤리』(*Das Ethos des Alten Testaments*)를 간행하고(개정판은 1964년에 나왔다), 반 오옌(H. van Oyen)이 1967년에 『구약의 윤리』(*Die Ethik des Alten Testaments*)를 간행할 때까지 구약의 윤리에 관한 마지막의 주요한 저서였다. 1960년대에 "성경의 윤리" 또는 몇몇 윤리적인 문제들에 관한 논문들과 책들이 출현하기 시작했지만, 오직 구약의 윤리 분야만을 다룬 연구는 거의 이루어지지 않았다. 1961년에 제임스 뮐렌버그(Muilenburg)는 『이스라엘의 길: 성경적 신앙과 윤리』(*The Way of Israel: Biblical Faith and Ethics*)를 출간하였다. 메스턴(T. B. Maston)은 1967년에 『성경 윤리』(*Biblical Ethics*)에 관한 개론서를 출간하면서, 거기에서 구약의 윤리에 108쪽의 분량을 할애하였다. 제임스 크렌쇼(Crenshaw)와 윌리스(J. T. Willis)는 1974년에 『구약 윤리 논총』(*Essays in Old Testament Ethics*)을 출간하였다.

에드몽 자콥은 구약 신학은 "오직 하나님과, 인간과 세계에 대한 하나님의 관계만을" 다루어야 한다고 말하였다. "경건, 종교 제도들, 윤리는 구약 신학이 다루어야 할 부분이 아니다"(*Theology of the Old Testament*, 32). 자콥은 자신의 주저(主著)에서 구약의 윤리를 자세하게 발전시켜서 다룰 여지를 허용하지 않았지만, 미가서 6:8 같은 사람의 의무들에 관한 요약은 하나님을 닮는 것이 구약에 있어서의 모든 종교와 윤리의 원천이라는 것을 보여준다고 말하였다(*Theology of the Old Testament*, 105, 173).

구약 신학들은 윤리에 관한 주제를 산발적인 방식으로 취급한 반면에, 아이히로트, 프리젠, 로울리는 구약 윤리에 관한 별개의 항목 또는 장을 할애하여 다루었다. 아이히로트(Walther Eichrodt)의 『구약성서 신학』(*Theology of the Old Testament*)에서 제22장의 제목은 "행실에 대한 경건의 효과: 구약의 도덕"("The Effect of Piety on Conduct: Old Testament Morality)이다. 이 장은 60쪽 이상으로 되어 있다. 아이히로트는 구약 역사의 서로 다른 시기들에 있어서 "서로 다른 색채를 지닌" 윤리를 추적하였다. 그는 야웨의 참된 윤리가 대중적인 도덕과 싸움을 벌인 것으로 보았다. 대중적인 도덕은 점차적으로 야웨 신앙의 좀 더 고상한 개념들에 길을 내주었다.

프리젠(Th. C. Vriezen)은 구약의 윤리를 두 개의 항목으로 나누어서 논의하였다: 동기들(motives)과 한계들(limitations). 동기들이라는 항목에서 그는 도덕이 지니는 종교적인 성격은 모든 행위의 토대이고, 윤리적인 행위의 두 가지 지도적인 원칙들은 공동체 의식과 개인의 책임이라고 단언하였다. 한계들이라는 항목에서 프리젠은 노예제도, 일부다처제, 민족과 관련된 한계들, 율법과 관련된 한계들, 윤리에 있어서의 결의론(casuistry), 행복을 추구하는 특질들 같은 역사적으로 규정된 한계들을 논의하였다.

로울리(H. H. Rowley)는 구약에서의 윤리에 관한 자신의 논의를 "선한 삶"이라고 불렀다. 그는 "이스라엘의 신앙 속에서 선한 삶은 하나님의 뜻을 행하는 데 있다"고 말하였다(*The Faith of Israel*, 124). 하나님의 뜻이 무엇인지가 정의될 때까지는 이러한 진술은 거의 의미를 지니지 못한다. 로울리는 코란에서 알라는 노예 소유주로서 노예들이 암묵적으로 복종해야 하는 자로 묘사되고 있다고 지적하였다. 또한 그는 구약에서는 이스라엘을 야웨의 종들 또는 노예들('아브데')이라고 지칭하고 있다고 지적하였다. 히브리와 이슬람의 순종 개념은 동일하지 않다.

이사야서 53장에 나오는 고난받는 종(노예)은 불명예의 칭호가 아니라 영예로운 칭호이다. 구약에서 일부 본문들은 하나님의 뜻을 제의적인 관점에서 이해하고 있지만, 이스라엘의 본질적인 신앙은 하나님의 뜻은 도덕적이고 영적인 관점에서 인식된다고 주장한다. 로울리(H. H. Rowley)는 구약 신앙이 지닌 강력한 도덕적이고 윤리적인 강조점은 주전 8세기 선지자들보다 훨씬 전에, 아마도 모세로부터 시작되었을 것이라고 믿었다(*The Faith of Israel*, 126).

로울리는 구약이 제시하는 선한 삶은 하나님의 뜻과 조화를 이루며 살아가는 삶이라고 결론을 내린다. 그것은 하나님의 성품을 반영하는 매일의 삶 속에서 표현된다. 그것은 그 영감과 힘을 공예배와 사적인 체험을 통한 하나님과의 교통 및 하나님의 백성의 교제로부터 가져온다.

아마도 게오르크 포러(Georg Fohrer)는 오늘날의 그 어떤 구약학자보다도 더 구약의 윤리와 구약 신학을 통합하고자 시도해 온 인물이라고 할 수 있다. 자신의 『구약의 신학적 근본구조들』(*Theologische Grundstrukturen des Alten Testaments*)이라는 저서에서 ZAW의 편집자였던 포러는 구약의 윤리에 크게 주목하였다. 그는 윤리에 별개의 장을 할애하지는 않았지만, 윤리를 구약성서의 "근본 구조들" 속에 내재해 있는 것으로 보았다. 중심적인 또는 일차적인 "근본 구조들"은 야웨의 주되심과 야웨와의 교통이다.

하나님은 구약에서 인격적인 견지에서 묘사된다. 야웨는 개개인들에게 정언적인(무조건적인) 율법들로 말씀하시고, 개개인들에게 순종할 것인지, 아니면 불순종할 것인지를 결단하도록 요구하신다. 포러는, 구약의 역사를 우리는 "구원사"(Heilsgeschichte)가 아니라 "결단의 역사"(Entscheidungsgeschichte)로 불러야 한다고 말하였다. 믿음과 행위는 분리될 수 없다. 야웨는 "윤리적인 의지의 하나님, 도덕과 도덕성의 하나님"이다(*Theologische Grundstrukturen*, 164). "적용들"에 관하여 서술하고 있는 포러의 저서의 마지막 장(제7장)은 구약의 윤리적인 원칙들을 국가, 사회생활, 인류와 기술, 미래에 적용하고자 한 시도이다. 포러의 저서에 대한 존슨(L. Johnson)의 서평은 국가에 관한 포러의 논의로부터 몇 가지 결론들을 도출해 내었다: (1) 국가는 중요성에 있어서 가족 공동체에 비하여 부차적이다. 국가는 창조의 질서가 아니라 땅에 속한 인간적 제도이다. (2) 사람은 온 힘을 다하여 하나님을 사랑함으로써만 국가를 섬길 수 있다. (3) 국가는 그 백성에게 절대적인 권리 주장을 할 수 없다. (4) 구약은 악한 목적을 추구하는 국가에 대하여 개개인들이 불순종할 권리가 있다고 주장한다. (5) 구약은 사람들이 형제와 자매라고 말한다. 그러므로 사람들은 통치의 대상들이 아니라 통치에 있어서 동반자들이고, 통치자는 백성을 섬겨야 한다(Johnson, "The Place of Ethics in Old Testament Theology," 60). 포러는 독일에서 히틀러 체제 아래에서 살았는데, 이러한 사실은 윤리와 국가에 관한 그의 관심을 설명해 줄 것이다.

1978년에 존 바튼(Barton)은 구약 윤리에 관한 헴펠과 아이히로트의 저작들을 분석하였다. 그는 이 두 저작이 계속해서 커다란 가치를 지니고 있다는 것과 오늘날의 연구에 있어서 기본적인 저작들이라는 데에 동의하였다 ("Understanding Old Testament Ethics," 44). 또한 이 두 저작은 약점들도 지니고 있다. 바튼은 독자들이 이 저작들로부터 받을 수 있는 인상은 아마도 역사적인 객관성과 검증가능성을 희생시키고 통일성과 체계를 구축하고자 한 인위적인 구성물이라는 것이 될 것이라고 말하였다. 바튼은 "구약의 윤리"를 쓰는 것은 사실상 불가능하다고 믿었다. 하지만 구약의 윤리와 관련된 구체적인 몇몇 분야들에 관한 서술은 그러한 이상(理想)을 제거할 때에 더 손쉬워질 수 있을 것이다("Understanding Old Testament Ethics," 44).

바튼은 헴펠과 아이히로트가 구약 윤리의 발전을 아주 강력하게 주장하고 있는 것에 대하여 비판하였다. 바튼은 구약에 나오는 서로 다른 윤리적인 개념들과 행위들은 아마도 구약 역사의 서로 다른 시기들에 살았던 동일한 집단으로부터 나온 것이 아니라 동일한 시기에 이스라엘에 있었던 서로 다른 집단으로부터 나왔을 가능성이 많다고 믿었다. "너무도 많은 변수들이 존재하는 데도, 발전이라는 말을 쉽게 꺼낸다는 것은 무책임한 것이다"("Understanding Old Testament Ethics,"49). 바튼은 헴펠과 아이히로트에 반대하여 하나님의 뜻에 대한 순종이라는 모형과는 다른 모형들이 구약에서 윤리의 토대로서 발견될 수 있다고 주장하였다("Understanding Old Testament Ethics," 51). 바튼은 그들의 전제가 그들의 출발점이 되었다고 말하면서, 구약 윤리의 토대로서 "하나님의 뜻에 대한 순종"을 말하였던 헴펠과 아이히로트를 비판하였다.

바튼은 세 가지 가능한 출발점들을 제시하였다:

(1) 하나님의 계시된 뜻에 대한 순종의 승낙;

(2) 자연 질서의 패턴에 대한 합치 또는 피조 세계가 도덕적인 원칙들에 따라서 운행된다는 신앙;

(3) 하나님을 본받는다는 개념.

바튼은 이 세 가지 관점을 밑받침하기 위하여 부버(Buber)와 아이히로트(Walther Eichrodt)를 인용하였다. 그런 후에, 그는 다른 사람들에게 자기와 힘을 합쳐서 구약의 윤리에 대한 탐구를 활성화시키자고 제안한다. 바튼은 "자연법과 시적 정의"라는 논문과 "구약의 윤리에 대한 접근방식들"이라는 제목의 장에서 자신의 도전을 수행하였다(John Rogerson이 편집한 *Beginning Old Testament Study*, 113-130을 보라).

"구약의 윤리에 대한 접근방식들"에서 바튼은 구약 윤리의 저점(低點)과 고점(高點)을 나타낸다고 할 수 있는 구약의 두 본문을 인용하였다(삼상 15:32-33; 미 6:8). 이 두 본문은 구약에서 발견되는 "윤리적인" 행위 또는 도덕성의 다양성과 극단들을 보여준다. 이 주제를 다룰 방식으로서 바튼은 "구약 윤리"라는 용어를 이해하는 두 가지 방식을 제시하였다. 첫째, 그것은 고대 이스라엘에서 도덕에 관한 개념들의 역사적인 발전에 관한 연구를 가리킬 수 있다. 둘째, 그것은 구약성서를 기독교성경의 일부로 인식하고 구약이 윤리적인 문제들에 관하여 우리에게 무엇을 말하고 있는가를 묻는 연구를 가리킬 수 있다. 그는 첫 번째 관점을 "고대 이스라엘의 윤리"라는 제목 아래에서 다루고, 두 번째의 관점을 "구약의 윤리"라는 제목 아래에서 다루었다. 구약성서에 반영되어 있는 "고대 이스라엘의 윤리"는 극히 다양한 것이었다. 그러한 다양한 윤리적인 개념들과 행위에 대하여 책임이 있는 주된 요인들은 시대(time) 및 서로 다른 사회적 집단들(social groups)이었다. "구약의 윤리"에서 구약은 완결된 저작 및 기독교 성경의 일부로서 접근된다. 그 다양성은 두드러진 것이 아니고, 구약에서의 도덕적인 규범들과 도덕성의 토대에 관하여 말하는 것이 가능하다(Rogerson, *Beginning Old Testament Study,* 123, 127).

헨리 맥키팅(McKeating)은 "구약의 윤리"와 "고대 이스라엘의 윤리"라는 바튼의 구별을 수용하여서, 고대 이스라엘 사회에서의 간음에 대한 제재 규정들을 연구하였다. 그는 고대 이스라엘의 윤리에서 율법(토라)은 간음한 자들에게 사형의 벌을 요구하였지만, 구약에서 간음한 자들을 다루는 실제적인 관행은 그 가혹성이 훨씬 덜 하였다는 것을 보여주었다. 우리는 사람들의 행동을 관찰하는 것을 통해서 어떤 사회의 법이 무엇인지를 언제나 알아낼 수 있는 것은 아니다. 법들은 이상적인 또는 바람직한 행위를 표현하고 있을 수 있지만, 사회는 그것보다 더 낮은 수준의 행위를 허용하거나 용납할 수 있다.

맥키팅은 구약의 윤리는 "전체적으로 신학적인 동기와 대체로 종교적인 재가를 바탕으로 한 일련의 준칙들, 이상들, 원칙들로 이루어진 신학적인 구성물"이라고 말하였다("Sanctions Against Adultery," 70). 이러한 신학적인 구성물에 관한 연구는 중요하지만, 실제로 행하여졌다고 생각되는 윤리적인 규범들에 관한 연구도 마찬가지로 중요하다. 이러한 것들은 종교적인 의무들, 문화적인 행동양식들, 예의범절로부터 범죄에 관한 법에 이르기까지 온갖 종류의 제재 규정들에 의해서 밑받침되었다. 어떤 특정한 범죄와 관련해서 율법, 예언서, 지혜문학은 서로 다른 제재 규정을 사용할 수 있지만, 이러한 사실은 그러한 자료들이 서로 다른 윤리적인 기준을 지지하고 있다는 것을 의미하지는 않는다. "그것은 단지 그것들이 사회적 통제기제 중에서 서로 다른 부분들을 작동시키는 데에 관심을 갖고 있다는 것만을 의미할 뿐이다" (McKeating, "Sanctions Against Adultery," 68).

존 골딩게이(Goldingay)는 자신의 『구약 해석방법론』(*Approaches to Old Testament Interpretation*)에서 구약 윤리의 문제점들을 지적하였다. 그는 유대교가 행위의 문제들을 논의할 때에 '할라카'("걸음" 또는 "길")라는 단어를 사용한다는 점을 지적한다. 골딩게이는 윤리학자는 성경이 이러한 "걸음" 또는 "길"을 지도하는 다섯 가지 방식을 구별한다고 주장하였다: (1) 명시적인 명령들을 통해서; (2) 행위의 모범들을 통해서; (3) 가치들 또는 원리들의 원천으로서; (4) 개인의 현실 관행에 대한 영향력의 행사를 통해서; (5) 이야기들, 이미지들, 패러다임들, 신념들이 성품을 형성하는 방식을 통해서.

하지만 성경이 행위에 영향을 미치는 이러한 다섯 가지 방식은 각각 해석을 필요로 한다. 구약에서 어떠한 명령들이 여전히 구속력이 있는 것인가? 구약에 나오는 어떤 인물의 모범들을 본받아야 하고, 어떤 모범들을 피해야 하는가? 합당한 행위를 위한 원칙들이 어떠한 구약 본문으로부터 도출될 수 있는가? 한 개인의 현실관은 일차적으로 구속자로서의 하나님이 되어야 하는가, 아니면 창조주로서의 하나님이 되어야 하는가, 아니면 둘 다인가? 성품은 어떻게 구약의 내용들에 의해서 형성되는가?

구약과 신약에 나오는 율법에 관한 자신의 연구를 토대로, 골딩게이는 기독교 윤리학자는 구약의 율법을 행위에 관한 최종적인 말씀으로 받아들이려 하지 않을 것이지만, 구약의 율법이 하나님께서 자기 백성이 살아가도록 기대하시는 방식으로서 의사결정을 위한 지침의 원천이라는 것을 무시하지는 못할 것이라고 결론을 내렸다. "기독교 윤리학자는 율법주의자, 도덕률 폐기론자, 엄격한 상황론자, 처방론자가 되어서는 안 될 것이다"(*Approaches to Old Testament Interpretation*, 50-51). 구약성서를 윤리적인 행위에 대한 지침으로 사용하는 것과 관련하여 골딩게이가 발견한 한 가지 문제점은 그 특수성이었다. 구약에 나오는 대부분의 율법들과 "윤리적인" 내용들은 특수한 상황들 속에서 적용되도록 하기 위하여 구체적인 역사적 · 문화적 · 사회적 관점에서 표현되어 있다. 그 한 가지 구체적인 예는 구약에서 "새끼를 그 어

미의 젖으로 삶지 말라"(출 23:19; 34:26; 신 14:21)는 권면이다. 구약성서 속
에 존재했던 그러한 구체적인 상황들은 오늘날에는 더 이상 대체로 존재하지
않는다. 새로운 상황들이 생겨났고, 안락사 같은 문제들이 그러한 상황들 속
에서 출현하였다. 이러한 문제들과 관련된 의사결정에 있어서 구약은 우리에
게 어떤 도움을 줄 수 있는가?

골딩게이는 구약에 나오는 하나님의 명령들의 특수성은 어떤 원칙에 대한
구체적인 표현일 수 있다고 주장하였다. 문화적인 차이들은 실제로 존재하지
만, 문화적인 연속성도 마찬가지로 존재한다. "하나님은 변함이 없으시고, 오
늘날 인간의 삶의 조건들은 성경의 문화들의 조건들과 완전히 불연속선상에
있는 것은 아니다"(*Approaches to Old Testament Interpretation*, 53).

구약의 몇몇 본문들은 구약 윤리의 토대로서의 역할을 함에 있어서 우선순
위들을 지니고 있을 수 있다: (1) 십계명; (2) 하나님을 닮는 길로서의 거룩의
원칙(레 11:44-45; 19:1-2); (3) 구약의 율법들이 지닌 계약이라는 틀(신 5—
11장). 구약의 율법들은 평범하고 죄악된 사람들에게 주어졌다. 이스라엘 백
성이 범죄하지 않았다면, 율법들은 필요하지 않았을 것이다. 그러므로 전쟁,
노예제도, 경제를 규율하는 율법들은 사회를 하나님의 이상을 향하여 되돌이
키게 하는 목적을 지니고 있었다(Goldingay, *Approaches to Old Testament
Interpretation*, 59).

성경의 윤리는 오늘날에도 충분한 것인가, 아니면 20세기의 사람들은 구약
또는 신약의 행위 원칙들이 더 이상 필요하지 않을 정도로 진보한 것인가? 골
딩게이는 성경이 그 자신의 신학이 지닌 모든 함의들을 명시적으로 밝히고
있지 않기 때문에 일부 사람들은 그렇다고 생각할지도 모른다고 말하였다
(*Approaches to Old Testament Interpretation*, 61). 구약과 신약이 당시에 그
이상을 실현할 수 없었기 때문에 왕정제도와 노예제도 등과 같은 제도들을
수용하였다는 것은 사실이다. 그러나 불의, 압제, 학대의 체제들은 이미 성경
적인 신앙에 의해서 수정되어 가고 있었다.

20세기 신학자들이 이해하지 못하는 구약 윤리의 한계는 "윤리"가 구약에
서 "관습," "율법," "종교"로부터 구별되지 않는다는 사실이다. 어떤 맥락
들을 보면, 종교적인 것이 윤리적인 것에 대하여 우선순위를 가지고 있는 듯

이 보인다. 야웨의 지시를 따르기 위해서는, "비윤리적인" 지경에까지 나아
가지 않으면 안되는 것처럼 보이는 경우들이 있다(창 22장). 이스라엘의 이상
적인 영웅들 — 거짓말쟁이 아브라함, 살인과 간음을 행한 자 다윗을 포함하
여 — 은 다른 신의 길을 수용하지 않고 야웨의 길을 따랐기 때문에 영웅들이
된 것이었다(*Approaches to Old Testament Interpretation*, 64).

　여기서 다시 한 번 우리 자신과는 다른 접근방식이 우리에게 시사해주는
바가 있을 수 있다. 성경은 모든 삶이 하나님 앞에서 살아야 한다고 말씀한
다. 성경은 하나님의 관심들을 단편적인 것으로 드러내는 것도 아니고, 윤리
가 예배보다 더 중요하다고 선언하지도 않는다 — 물론, 일부 선지자들은 이
와 비슷한 말을 하기는 했지만. 호세아, 아모스, 이사야, 미가는 윤리가 부패
한 예배보다 더 중요하다고 말한다(사 1:10-14; 호 6:6; 암 5:23-24; 미 6:1-
8).

　구약은 율법들을 도덕적인 것, 민사적(民事的, civil)인 것, 예전적인 것으로
구분하지 않는다. 모든 율법은 한 분 야웨의 주되심을 인정한다. 구약의 모든
율법은 한 특정한 문화 공동체에게 주어졌다. 예수는 야웨께서 이스라엘에게
하신 약속들의 성취이기 때문에, 구약의 모든 율법은 그리스도의 인격, 사역,
가르침에 비추어서 해석되어야 한다; 그리고 구약의 모든 율법은 그것들이
구현하고 있는 원칙들에 비추어 볼 때에만 오늘날 우리에게 시사해 주는 바
가 있게 된다(*Approaches to Old Testament Interpretation*, 65).

　월터 카이저(W. C. Kaiser)의 매우 보수적인 출신배경은 그의 저작 전체에
걸쳐서 뚜렷하게 드러나는데, 그의 저작은 구약학계의 최근의 연구성과들을
잘 알고 있다는 것을 보여주고, 이 연구 분야에 대한 가장 최근의 글들 중 다
수에 대한 뛰어난 요약들을 제공해 준다. 하지만 두 개의 옛 저작들이 카이저
의 견해들에 지대한 영향을 미쳤던 것으로 보인다. 이 두 개의 옛 저작은 윌
리엄 그린2세(William B Greene, Jr.)가 1929년에 *Princeton Theological
Review*에 기고한 구약의 윤리에 관한 논문과 구약 윤리에 관한 브루스의 저
서의 1909년판이다(Kaiser, *Toward Old Testament Ethics*, 22).

　카이저의 저서는 다섯 단원으로 이루어져 있다: (1) 정의와 방법론; (2) 십계
명, 계약의 책, 성결법전을 포함한 구약의 도덕적인 본문들에 관한 요약; (3)

가족, 전쟁, 사형제도, 혼인, 성과 이혼, 부, 거짓말, 동기들 같은 주제들을 포함한 구약 윤리의 내용; (4) 구약에 있어서의 도덕적인 난점들; (5) 구약 윤리와 신약의 적용들에 관한 결론들. 카이저는 자신의 저작의 목적은 기존의 연구성과(fait accompli)를 그대로 기술하는 것이 아니라, 더 나은 방법을 제시하고 탐색하는 것이라고 말하였다. 그래서 그는 자신의 저서의 제목 속에 "향하여"라는 단어를 사용하였다.

크리스토퍼 라이트(Christopher Wright)는 1983년에 간행된 자신의 저서인 『눈에는 눈으로』(*An Eye for an Eye*)에서 구약 윤리 분야에 대한 새로운 접근방식을 제시하였다. 그의 책의 부제는 "오늘날 구약 윤리의 위치"이다. 라이트는 매우 "대중적인" 방식으로(그의 책에는 각주와 전문용어들이 거의 나오지 않는다) 구약 윤리를 이해하고 적용하는 길은 구약 속에 뛰어들어서 관련이 있어 보이는 것들을 포착해 내는 것이 아니라고 말하였다(*An Eye for an Eye*, 19). 그 대신에, 우리는 우리 자신을 이스라엘의 입장 속에 놓아야 한다. 그렇게 할 때, 우리는 어떻게 그들이 하나님과의 관계를 체험했는지, 어떻게 그러한 관계가 그들의 일상적인 관계들에 영향을 미쳤는지를 이해할 수 있다.

라이트는 구약성서로부터 도출된 "윤리적 삼각축"이 우리의 이해를 위한 틀을 제공해 줄 수 있다고 믿었다. 이 삼각축을 이루고 있는 것은 하나님, 이스라엘, 땅이다.

하나님은 가장 중요한 신학적인 축이다. 구약의 모든 윤리는 그 기원과 역사와 내용과 동기에 있어서 하나님 중심적이다. 라이트는, 구약에서 윤리적인 가르침은 은혜와 구속에 있어서의 하나님의 주도권을 전제하고 있다고 말하였다; 그것은 하나님이 역사 속에서 행하신 일과 앞으로 행하실 일에 의해서 규정되어 있다; 그것은 하나님의 성품과 행위에 의해서 그 형태가 결정되어 있다; 그것은 하나님이 자기 백성을 다루실 때의 개인적인 체험에 의해서 촉발된다(*An Eye for an Eye*, 31).

라이트에 의하면, 구약 윤리의 틀 안에서 사회적인 축은 하나님의 택함받고 구속받은 백성으로서 다른 민족들의 행위를 위한 본보기이자 패러다임으로서의 역할을 하게 되어 있었던 이스라엘이다. 이스라엘의 역할은 단지 말

뿐인 것이 아니라 가시적이고 유형적인 것이었다. 그들은 하나님이 거룩하신 것처럼 거룩해야 했고, 그들의 "육체"를 통해서 자유, 공의, 사랑, 고난의 위대한 화음(和音)들을 보여주어야 했다. 궁극적으로 이러한 특질들은 예수 속에서 "성육신되었고" 새 이스라엘의 삶 속에서 반영되도록 되어 있었다(*An Eye for an Eye*, 45).

구약 윤리의 삼각축에서 세 번째 축은 아브라함과 그의 후손들에게 약속된 땅이다. 이 땅은 구약의 이야기 전체에서 가장 두드러진 특징들 중의 하나다 (*An Eye for An Eye*, 46).

라이트는 구약에서의 땅에 관한 이야기를 약속으로부터 정복, 땅의 사용과 남용, 땅의 상실과 회복에 이르기까지 빠르게 개관한다. 이것은 땅이 구약에서 지배적인 신학적 · 윤리적 · 경제적 주제였다는 것을 보여준다. 이스라엘은 이 땅이 하나님의 선물로서 그들의 것으로 주어졌다는 것을 언제나 기억해야 했다. 그들은 그 땅을 지키는 청지기들이 되어야 했다. 땅은 하나님과 사람들에 대한 이스라엘의 관계에 있어서 영적이고 사회적인 건강을 보여주는 영적이고 경제적인 지표 역할을 하였다.

삼각축을 중심으로 한 구약 윤리에 대한 이러한 접근방식은 구약 윤리에 관한 연구가 계약적 · 정경적 · 포괄적인 것이 되어야 한다는 것을 보여준다. 라이트는 구약 비평학과 관련된 문제들에 대하여 이의를 제기하였다. 그는 우리의 윤리적인 구성물들이 성경 전체와 부합하는지를 확인하기 위하여 성경을 전체적으로 보아야 한다고 말하였다.

라이트는 살아있는 만화경 같은 구약의 책들 속에 들어있는 서로 다른 저자들, 편집자들, 학파들의 다양한 윤리적인 강조점을 추출해 내어서 서로 비교하고 대비하며, 완결된 각 책들 근저에 있는 전승들을 연구하는 것이 유효하다는 것을 인정하였다. 그러한 과제는 구약 윤리에 관한 대규모의 분석적인 연구에서 적합할 것이다. "그러나 우리의 목적이 성경 전체 속에서의 통일적인 윤리를 발견해 내는 것이라면, 우리의 최종적인 권위는 정경적인 형태로 되어 있는 최종 본문이 되어야 한다"(*An Eye for an Eye*, 64).

자신의 저서의 제1부에서 라이트는 구약 윤리의 연구를 위한 틀을 재구성하였다. 제2부에서 그는 구약 윤리에 있어서의 주제들을 다루었다. 그의 주제들 중 다수는 "경제와 땅," "정치와 열방들의 세계," "의와 공의," "율법 과 사법체계," "사회와 문화" 등과 같이 공동체 중심적인 것들이다. 마지막 장은 개인의 윤리에 할애되어 있다.

라이트는 구약이 "성경이라는 정경 전체의 일부로서 올바르게 이해되고 적용된다면, 우리의 윤리적인 관심들의 전 분야에 대하여 결정적으로 중요한 관련성을 지니게 된다"는 확신으로부터 자신의 책을 썼다(*An Eye for an Eye*, 10). 그의 목적은 구약의 내용들로부터 도출해 낸 윤리적인 원칙들을 올 바르게 적용하는 방식들과 방향들을 제시하는 것이었다.

그는 최종적인 윤리적인 구성물들을 만들어내고자 시도하지 않았다. 그는 그러한 과제를 경제학자들, 정치가들, 법률가들, 사회학자들에게 남겨놓았 다. 이것은 이러한 결정적으로 중요한 분야들에서 전문가인 "세속적인" 평 신도들이 구약의 윤리 원칙들을 이해하고 적용하기 위하여 시간과 관심을 갖 게 될 것이라는 실현가능한 소망이라기 보다는 "꿈"일 수 있다(Bernard S. Jackson은 "Ideas of Law and Administration"에 관한 매우 유익한 논문을 *The World of Ancient Israel*, ed. Ronald E. Clements, 185-202에 기고하였 다).

카이저(Kaiser)와 라이트(Wright)는 구약 윤리에 관한 보수적인 견해를 대 변한다. 월터 해럴슨(Walter Harrelson)과 브루스 버치(Bruce Birch)는 중도적 인 또는 "자유주의적인" 견해를 대변한다. 하지만 해럴슨은 서구사회에 있 어서 도덕적인 가치관의 상실에 대하여 지대한 관심을 가지고 있고, 그러한 상실의 원인이 서구인들의 도덕 교육에 있어서 십계명과 그 밖의 다른 성경 의 윤리적인 본문들을 사용하기를 포기한 데에 있다고 주장한다. 해럴슨은 이렇게 말한다: "젊은 남녀들은 과거 여러 세기에 걸쳐서 많은 기독교 공동 체들 속에서 교리문답 교육의 일부로서 십계명을 암기하였다. 이러한 관행은 이제 포기되어 왔다. 서구에서 살아가는 많은 사람들은 우리의 일상적인 삶 으로부터 십계명의 상실은 결정적으로 중요한 것을 휩쓸어 가버릴 위험성을 안고 있다는 것을 분명하게 믿어야 한다"(*The Ten Commandments*, 3).

해럴슨은 서구 세계의 사회들이 실제로 이러한 금령들이 더 이상 중요한 위치를 차지하지 못하게 된 지금에 있어서 이루 헤아릴 수 없는 커다란 손실을 겪어왔다고 주장한다. 그는 이러한 손실이 일어나게 된 여러 가지 이유들을 열거한다: (1) 이 금령들은 구약의 일부이다; (2) 그것들은 율법으로 여겨졌다; (3) 그것들은 삶과 관계가 없는 것으로 여겨졌다; (4) 그것들은 부정적이고 율법주의적인 것으로 보여졌다.

해럴슨은 오늘날의 서구 사회들은 절대적인 규범들과 금령들을 절실히 필요로 하고 있다고 본다. "오늘날 사람들은 그들이 의지할 수 있는 규범들을 열렬하게 갈망하고 있다. 어떤 종류의 행위들이 그리스도인들에게 가능하지 않는가? 오늘날 기독교 가정에 있어서 선한 삶은 무엇인가? 어떻게 하면 우리는 모든 삶에서 절대적으로 옳고 구속력이 있는 것들을 우리의 자녀들에게 가르칠 수 있는가? 오늘날 기독교 공동체를 위한 일련의 기본적이고 구체적인 지침들 같은 것이 과연 존재하는가?"(*The Ten Commandments*, 9-10).

해럴슨은 우리에게 우리의 도덕적인 상황이 "극도로 심각하다"고 환기시킨다. 우리는 분명히 사랑과 자비라는 이름으로 감상적인 불법 속으로 지나치게 많이 나아갔다. 우리는 공의를 열렬하게 돌보시며 불의가 지속되지 않도록 하시는 하나님에 관한 성경의 서술을 간과해 왔다. 종교 공동체는 사회적이고 개인적인 윤리를 유지하여야 한다. "종교 공동체와 개인들에 대한 성경적 신앙의 하나님의 절대적으로 구속력이 있는 주장"을 신뢰성 있는 방식으로 서술하는 몇몇 방식들이 발견되어야 한다 … 우리에게는 믿을 수 있고 지속적인 규범이 필요하다. 아마도 우리는 과거의 세대들에게 커다란 가치를 지니고 있었던 이러한 옛 규범들이 사실 지금도 여전히 커다란 가치를 지니고 있다는 것을 발견하게 될 것이다"(*The Ten Commandments*, 10).

해럴슨은 자신의 저서의 마지막 장에서 구약은 언제나 하나님 아래에서의 종살이와 자유라는 개념과 십계명이 인간의 자유에 대한 헌장이라는 개념을 결합시키고 있다는 점을 지적한다. 사람이 참 자유를 발견할 수 있는 유일한 길은 자신을 노예로 삼고 멸망시키는 것들에 대하여 아니라고 말하는 것이다. 해럴슨은 십계명이 모세에 의해서 주어졌고 이스라엘의 삶의 모든 측면에 커다란 영향력을 행사하였다고 믿는다. 십계명은 하나님과 이웃을 사랑하라는 계명의 소극적인 판본이다("너희는 … 하지 말지니라"). 이 둘은 인간 존재에 있어서 필수적인 것으로서, 이것들에 대한 경시는 재앙을 가져올 수 있다. "죽음으로 이끄는 길을 분명하게 보여주는 이러한 생생한 금령들이 없다면, 누가 이러한 유대들(bonds)이 수반하는 하나님 아래에서의 자유를 굳건하게 붙잡을 수 있겠는가? 우리 중 그 누구도 도덕적인 활동의 모든 문제들에 있어서 사건이 일어날 때마다 사안별로 의사결정을 할 수 있는 충분한 도덕적인 동력을 지니고 있지 않다. 잘 성숙된 습관이 대부분의 행위들을 지배하여야 한다"(The Ten Commandments, 186-187).

하나의 예로서 해릴슨은 어떤 사람이 자신의 배우자 외의 다른 사람과 성적인 관계를 갖지 말라는 계명을 잘 지키고 있다고 할 때에 "간음하지 말라"는 계명은 신뢰, 염려로부터의 자유, 성적인 착취의 대상이 될 수도 있는 그런 사람들에 대한 합당한 고려를 낳게 된다고 말한다. "그러한 계명은 우리를 노예로 삼는 것이 아니라 해방을 주고, 자유에 대한 위협이 되는 것이 아니라 자유를 위한 수단이 되며, 삶의 만개(滿開)를 위협하는 것이 아니라 인간 관계의 만개를 위한 유인책이 된다"(The Ten Commandments, 187).

브루스 버치는 성경 윤리 분야에서 가장 활발하게 활동하고 있는 인물이다. 그는 기독교 윤리 분야에서 최근에 몇 권의 중요한 저작들이 나왔다는 사실을 지적하는 것으로 그의 저서인 『공의를 굴러가게 하라』(Let Justice Roll Down)를 시작한다. 그는 자신의 저서는 히브리 정경 속에 기록되어 있는 이스라엘의 신앙의 증언들과 이야기들을 우리 시대에 있어서 그리스도인들과 기독교 공동체의 성품 및 행실과 결부시키고자 시도하는 것이라고 말한다. 그의 저서는 윤리적인 문제들과 관련해서 구약성서와 오늘날의 상황 사이의 간격을 이어주기 위한 시도이다. 그의 저서의 과제는 그러한 윤리적인 문제들 자체를 논의하는 것이 아니라, "오늘날의 구체적인 문제들과 기독교 윤리의 과제에 내용을 제공해 주고 그 과제를 밑받침해 줄 수 있는 구약의 전승들의 요소들을 선별하고 집중적으로 검토하는 것"이다(Let Justice Roll Down, 18).

서론에서 버치는 자신의 저서가 의도하고 있지 않은 네 가지를 다음과 같이 제시한다:

(1) 구약의 윤리에 관한 서술적인 책;

(2) 구약의 윤리를 서술하고자 하는 시도;

(3) 이 주제에 관한 서론적인 교과서 또는 포괄적인 개관에 대한 시도;

(4) 교회 생활에 있어서의 중심적인 문제들에 대하여 말하고자 하는 책.

자신의 책이 지향하고 있지 않은 네 가지를 말한 후에, 버치는 이번에는 자신의 책이 의도하고 있는 적극적인 목적들을 열거한다. 그의 책은 의도적으로 성격상 기독교적이고 신앙고백적인 책이다. 그것은 구약성서를 교회의 정경의 일부로 취급한다. 그의 책은 비평학적인 방법론을 사용하지만, 객관성을 주장하지는 않는다. 버치는 비평학적인 방법론을 사용함에 있어서 객관성을 획득한다는 것은 가능하지도 바람직하지도 않다고 믿는다. 그는 자기 자신을 구약을 신약과 대화하게 하는 데에 관심이 있는 "교회연합적인 개신교 그리스도인"이자 성별, 인종, 계층, 나이와 관련하여 포괄성의 가치에 헌신하는 자로 묘사한다. 이러한 것들은 칭찬할 만한 특징들이지만, 그의 책은 그러한 것들을 행하는 것에 관한 책이 아니라 성경적 또는 기독교적 윤리를 어떻게 행할 것인가에 관한 책이다.

40. 구약 윤리학을 어떻게 연구할 것인가?

A. 윤리와 구약 윤리의 정의

지금까지 우리는 여러 학자들이 구약 윤리를 어떻게 연구해 왔고 어떤 방법론을 제안했는지에 관하여 아마도 충분하게 말한 것 같다. 우리에게는 더 나은 길이 있는가? 구약 윤리에 대한 유효한 접근방식은 윤리와 구약 윤리에 관한 정의로 시작되어야 하고, 올바른 해석원칙들을 사용하여야 한다.

우리는 앞서 "윤리"라는 단어가 성경적인 단어가 아니라는 것을 말한 바 있다. 윤리라는 단어는 신약과 구약에서 삶을 위한 일련의 준칙들 또는 원칙들, 그리고 인간의 삶의 행위를 위한 이론이라는 의미로 나오지 않는다. "윤리"라는 용어는 '에도스'라는 고전 헬라어, 또는 그 단어의 변형인 "습관" 또는 "관습"을 의미하는 '에디코스'로부터 온 것이다(Aristotle, *Natural Science, Psychology, The Nicomachean Ethics*, 134). '에도스'는 신약에 서너 차례 나오는데, 통상적으로 "관습"(눅 1:9; 22:39; 행 6:14; 15:1; 16:21; 26:3; 28:17) 또는 "규례대로"(눅 2:42)로 번역된다. 이 동사형은 적어도 2번 나오고, "습관화되어 있었다" 또는 "관습이었다"로 번역된다(마 27:15; 눅 2:27). '에도스'의 거의 모든 용례들은 헬라어를 사용하였던 이방인 신약성서 기자인 누가가 쓴 누가복음과 사도행전에 나온다.

"윤리"가 "습관" 또는 "관습"을 의미한다는 개념은 아리스토텔레스의 철학과 맥을 같이 한다. 그는 윤리학과 정치학을 실용적인 학문들로 분류하였다. 실용적인 학문은 (1) 변경가능하고 (2) 인간의 힘 안에 놓여 있는 대상들을 다룬다. 그 대상들은 인간의 힘 바깥에 놓여 있는 것을 가리킬 수 있는 숙고(熟考)와 목적지향적인 선택을 포함한다. 인간은 자기 자신 속에 자신의 행로를 조정할 수 있는 이성의 힘을 지니고 있다(Aristotle, *Natural Science, Psychology, The Nicomachean Ethics*, xxxix).

아리스토텔레스는 "도덕적인 탁월성은 습관('에도스')의 산물이고, 사실 도덕이라는 명칭은 습관이라는 단어를 약간 변경한 것이다"라고 말하였다. 아리스토텔레스는 도덕적인 덕목들 중 그 어느 것도 우리 안에 본성적으로 심겨져 있지 않다고 가르쳤다. 왜냐하면, 자연적인 속성은 습관에 의해서 변경될 수 없기 때문이다. 돌을 넘어지는 것이 아니라 일어나도록 습관화시키는 것은 불가능하다; 불이 아래쪽을 향하도록 습관화시키는 것은 불가능하다. 미덕들은 본성적으로 또는 본성에 반하여 우리 속에 생기는 것이 아니라, "자연이 우리에게 미덕들을 수용할 수 있는 능력을 준다 — 그리고 이 능력은 습관을 통해서 계발된다"(*Natural Science, Psychology, The Nicomachean Ethics*, 134; 니코마코스 윤리학이라는 명칭은 꽤 유명한 의사였던 아리스토텔레스의 아버지 니코마코스로부터 온 것이다).

우리는 구약의 "윤리"와 니코마코스 윤리가 철학에 있어서 판이하게 다르다는 것을 금방 알 수 있다. 구약에서의 "윤리" 또는 올바른 인간 행실은 습관의 결과가 아니었다. "윤리"는 하나님의 뜻의 계시로부터 왔다. 조지 푸트 무어(George Foot Moore)는 이렇게 말하였다:

> 옳음과 그름은 그들(유대인들)에게 있어서 인간의 이성과 양심 — 그것이 소박한 것이든 성찰에 의한 것이든 — 또는 민족의 관습이나 종족의 합의(consensus gentium)에 의해서가 아니라 하나님의 계시된 뜻에 의해

서 정의되었다; 그리고 그것은 전체적으로 다른 민족의 도덕과는 다른 독특한 유대적인 도덕을 구성하였다(*Judaism in the First Centuries of the Christian Era*, Vol. 2, 79).

많은 사람들은 성경의 윤리를 두 개의 큰 계명에 관한 말씀으로 요약하고자 한다: 하나님을 사랑하라는 것과 네 이웃을 사랑하라는 것(눅 10:27). 사랑은 올바른 행실을 위한 토대이지만, "윤리"는 일차적으로 외적인 행위들을 다룬다.

밀러 버로우스(M. Burrows)는 예수께서 가르치신 것은 본질적으로 "강조점에 있어서 약간의 변화가 있지만 근본적인 내용에 있어서는 변화가 없는 구약의 윤리"였다고 말하였다("Ethics of Jesus," 242). 버로우스는 구약, 유대교, 예수의 윤리를 현대적인 또는 고전적인 철학적 윤리들로부터 구별하였다. 그는 그 근본적인 차이는 철학 체계들은 세속적이고 인간중심적인 것이라고 말하였다. 철학자가 말하는 최고의 선(summum bonum)은 한 인간이 인간들을 위하여 가장 좋다고 생각하는 바로 그것이다. 구약, 유대교, 예수는 인간의 복리에 마찬가지로 관심을 가지고 있지만, 그것은 하나님의 뜻에 엄격하게 종속되어 있다. 하나님이 뜻하시는 것은 인간들에게 가장 좋다. "그러나 그것은 인간의 이성에 의해서 발견되는 것이 아니라 계시된다"(Burrows, "Ethics of Jesus," 228).

B. 올바른 해석 원칙들

구약 윤리를 다룸에 있어서 기억해야 할 몇 가지 중요한 것들은 다음과 같은 것들이다:

1. 구약성서는 역사와 문화의 조건들 아래에서 형성된 문헌이다. 구약성서를 이루고 있는 스물네 권(히브리어 성서) 또는 서른아홉 권(헬라어 판본과 영역본들)은 특정한 시간틀과 문화적인 환경 속에 살았던 사람들이 하나님의 영감을 받아서 기록한 책들이었다. 그들의 윤리적 개념들과 행위들은 그들 당시의 "관습들"의 영향 및 관련성을 반영하고 있다.

2. 구약은 윤리를 종교와 분명하게 구별하지 않는다. 그러므로 구약의 율법

들은 도덕법, 제의법, 형법으로 구분되지 않는다.

3. 구약의 윤리는 자연적으로 "발전되거나" 진화한 것이 아니었다. 몇몇 윤리적인 이상(理想)들은 아주 초기부터 존재하였다(Ahlström, "Some Remarks on Prophets and Cults," 114-115). 하지만 윤리적인 행위의 다양성은 대체로 동시대의 서로 다른 집단들의 행위들에 기인한다.

4. 구약에서 윤리는 일차적으로 오직 개인과 관련된 것이 아니라 집단 또는 공동체를 중심으로 한다. 구약에 나타나는 강력한 공동체에 대한 강조는 대체로 계약 개념에 기인한다. 하지만 이것은 개인이 구약에서 잊혀졌다거나 집단에 의해서 흡수되었다는 것을 의미하지 않는다. 십계명은 기본적인 계약 문서이지만, 개인을 향하여 말하고 있다.

5. 구약의 윤리는 일차적으로 평범하고 죄악된 인간의 윤리였다. 도덕적인 영역에 있어서 인간의 죄악성, 연약성은 인정된다. 영웅들의 죄악들을 숨기고자 하는 시도는 행해지지 않는다.

6. 구약 윤리는 그리스도와 그의 산상수훈에서 성취 또는 완성에 이른다. 데이비스(W. D. Davies)는 이렇게 말하였다: "구약과 유대교, 선지자들과 율법의 윤리적인 열망들은 기독교의 경륜 속에서 폐기된 것이 아니라 성취되었다. 초대 교회는 이스라엘의 도덕적인 관심을 예수의 삶, 죽음, 부활에 비추어서 조명하고 완성하여서 받아들였다"("The Moral Teaching of the Early Church," 311).

크리스토퍼 라이트(Christopher Wright)는 구약의 윤리적인 주제들이 신약에서, 특히 그리스도 안에서 성취되었다는 것을 강조하였다. 예를 들면, "경제와 땅"은 라이트가 자신의 저서인 『눈에는 눈으로』(An Eye for an Eye)에서 고찰한 최초의 윤리적인 주제이다. 이 단원의 끝 부분에서 라이트는 "신약에서 땅에 무슨 일이 일어나는가?"라고 물었다. 라이트는 신약성서의 기자들이 예수를 이스라엘의 소명을 성취하고 구현한 메시야로 여겼다는 것은 의심의 여지가 없다고 말하였다. 그러므로 구약 이스라엘의 유기적인 연속체로서의 교회는 아브라함의 영적인 자손이자 계약과 약속의 상속자였다. 땅은 구약의 약속에서 중요한 구성요소였다. 그 약속의 그 부분이 어떻게 성취되었는가?

크리스토퍼 라이트(Christopher Wright)는 이렇게 말하였다: "유대인들의 팔레스타인이라는 물리적인 영토는 신약성서에서 그 어디에도 신학적인 중요성을 띤 채 언급되지 않는다. 거룩한 장소로서의 땅은 유효성을 상실하였다. 왜냐하면, 기독교가 그 경계들을 넘어서 세속적인 세계의 나머지 부분으로 급속하게 퍼져나갔기 때문이고, 또한 그것보다 더 중요한 것은 땅이 지녔던 거룩성이 그리스도 자신에게로 이전되었기 때문이었다. 살아계신 그리스도의 영적인 현존은 신자들이 있는 모든 곳을 거룩하게 한다. 기독교는 장소의 거룩성을 인격의 거룩성으로 근본적으로 대체하였다"(*An Eye for an Eye*, 92-93; cf. Davies, *The Gospel and the Land*, 367-368).

구약 윤리에 대한 경멸적인 언사들이 사라지기 위해서는, 올바른 해석 원칙들의 적용이 한참 진행되어야 할 것이다. 구약 윤리를 폄하하는 관행은 교회만큼이나 오래된 것이다. 소아시아에서 태어나서 주후 140년 경에 로마로 왔던 마르키온(Marcion)은 대체로 도덕적이고 철학적인 근거들 위에서 구약의 하나님이 신약의 하나님과 동일한 분이 아니라고 믿었던 "그리스도인"이었다. 마니교도들은 주후 277년에 십자가에 못 박혀 죽었던 페르시아인인 마니의 추종자들이었다(Newman, *A Manual of Church History* I, 195). 마니교는 강력한 영지주의적이고 금욕적인 편향을 지니고 있던 혼합주의적인 종교였다. 마니교도들은 그들의 견해들과 잘 맞지 않았던 구약성서와 신약성서의 일부를 거부하였다. 히포의 아우구스티누스는 9년 동안 마니교도였다. 좀 더 최근을 살펴보면, 토머스 페인(Thomas Paine)과 로버트 잉거솔(Robert Ingersol) 같은 회의론자들은 구약성서에 나오는 가장 충격적인 이야기들을 악의적으로 선별해서, 그리스도인들에게 "이것이 너희의 하나님 ― 노예제도와 복수를 인정하는 하나님 ― 이다"라고 말하였다.

좀 더 최근에 구약학자들은 구약 백성의 삶과 이해에 있어서의 불완전성 등을 기꺼이 인정하여 왔다. 많은 학자들은 도덕적이고 윤리적인 문제점들을 강조하는 것을 이제 중지하고, 구약 윤리가 지닌 적극적인 강점들을 지적해 나갈 때라고 말한다. 존 브라이트(John Bright)는 구약의 영웅들은 언제나 영웅들인 것이 아니고, 성자들인 경우는 더욱 드물다고 말하였다.

히브리서 11장에 나와 있는 믿음의 영웅들의 역할을 상기하라: 거기에

는 한 사람도 완전한 자로 묘사되어 있지 않고, 다수는 심지어 존경할 만
한 사람으로도 묘사되지 않는다. 믿음의 모범인 아브라함조차도 자신의
안전을 위해서 자기 아내를 누이라고 속였다. 사실대로 말하자면, 야곱은
거짓말쟁이이고 사기꾼이었는데, 그의 이중성은 속담이 될 정도였다. 모
세는 분노하여 사람을 죽였고, 라합은 창녀였다. 여기에 열거된 이 모든
믿음의 영웅들 중에서 한 사람도 성자로 묘사되어 있지 않다. 이제 우리는
성경의 역사와 관련된 이러한 사실을 심각하게 받아들일 때이다. 지금은
우리가 우리를 위한 이러한 지루한 도덕적인 교훈들을 위해서 성경을 미
화시키거나 거기에 나오는 이야기 속의 내용이 우리를 불쾌하게 할 때마
다 언짢아하는 소리를 내기를 그칠 때이다. 지금은 우리가 성경에 나오는
인물들을 어떤 고상한 기독교적인 이상론의 꼭대기로부터 평가하거나 그
들의 영적이고 도덕적인 단점들을 두둔하기를 그칠 때이다(*The Authority
of the Old Testament*, 231-232).

에드몽 자콥은 윤리라는 이름으로 구약을 공격하는 사람은 누구나 구약은
"일반적인 행위 원칙들이 공표되었던 구체적인 상황들을 고려하지" 않은 채
로 이러한 일반적인 행위 원칙들을 제시하고 있지 않다는 것을 기억할 필요
가 있다고 지적하였다(*Theology of the Old Testament*, 200). 자콥은 이스라엘
의 제의(예배)가 역사에 의존하고 있음으로써 그 "제의는 다른 종교들에 유례
가 없는 윤리적인 성격을 지니게 되었다"고 단언하였다(*Theology of the Old
Testament*, 268).

아이젤렌(F. C. Eiselen)은 구약 윤리의 긍정적인 기여들을 강조하였다. 그
는 이렇게 물었다: "우리는 구약에서 인간에게 의무로 부과한 도덕적인 의무
들을 과연 뛰어넘을 수 있을 것인가? 생각의 순수함, 동기의 진지함, 목적의
단일함, 진실됨, 정직, 공의, 너그러움, 사랑. 실제로 구약은 인간의 삶과 사회
의 가장 고상한 이상들을 강조한다." 아이젤렌은 제1차 국제도덕교육대회에
서 발표된 한 논문을 평하고 있는 *Expository Times*(Nov. 1908, 54-55)에 나
온 사설을 인용하였다: "구약성서의 가르침이 단순하고 솔직하며 역사적일
때, 구약성서는 세계에서 가장 훌륭한 윤리 교과서가 된다"(*The Christian*

View of the Old Testament, 259).

구약이 저급한 도덕적 기준을 가지고 있다는 비판의 궁극적인 아이러니는 이제 프리드리히 델리취(Friedrich Delitzsch)의 『위대한 사기』(*Die grosse Tauschung*)라는 두 권으로 된 저서 속에서 볼 수 있다. 존 골딩게이 (Goldingay)는 델리취가 특히 여호수아서 같은 책들에 나오는 대학살, 예언서들과 시편들을 관통하는 민족주의에 대하여 반감을 가졌다고 지적하였다. 델리취의 두 권으로 된 저서는 독일에서 1920년과 1922년에 출간되었는데, 1933년에 제3제국과 아돌프 히틀러의 통치가 시작되기 불과 10년 전의 일이었다. 히틀러의 통치는 인류 역사상 일어난 것들 중에서 가장 대규모의 학살과 가장 강력한 민족주의를 특징으로 하는 것이었다. 구약성서에 대한 프리드리히 델리취의 부당하고 과도한 비판은 아돌프 히틀러의 등장을 위한 길을 열어주는 데에 도움을 주었을 수 있다.

C. 구약 윤리의 연구방법론들

구약의 "윤리"를 다루고자 하는 시도는 구약에 나오는 윤리에 관한 용어들을 적어도 잠깐이라도 다루지 않으면 안 된다. 제임스 뮐렌버그(James Muilenburg)는 이렇게 말하였다: "구약성서에는 윤리적인 용어들이 풍부하지만, 놀라운 것은 오늘날의 독자들에게 매우 친숙한 단어들 중 다수는 거기에 없다는 것이다. 도덕, 경험, 양심, 인격, 미덕, 역사, 자연 같은 용어들은 그러한 것들이 서술하고자 하는 실체는 구약성서에 나오겠지만 용어들 자체는 발견되지 않는다"(*The Way of Israel*, 16).

구약에서 윤리와 관련된 가장 중요한 용어들 중 일부는 다음과 같은 것들이다: '에메트'("진리, 진실"), '미쉬파트'("공의"), '체데카'("의"), '토브'("선함"), '카보드'("존귀"), '샬롬'("평화"). 이 용어들은 각각 폭넓은 범위의 의미들을 지니고 있고, 히브리어 용어들은 영어 단어들과 동일한 의미들을 지니고 있다고 할 수 없다. 각각의 히브리어 단어의 정확한 의미를 이해하기 위해서는 히브리어 어휘를 다룬 대사전이나 믿을 만한 성경 사전을 참조하고, 해당 용어가 나오는 모든 본문을 주석해 보아야 한다. 우리가 여기에 나오는 이 모든 "윤리적인" 용어들에 대해서 그러한 일을 할 수 없다는 것은 분명하다.

우리는 구약 윤리의 이해에 있어서 결정적으로 중요한 세 개의 주된 히브리어 단어들의 기본적인 의미를 살펴보고자 한다: '에메트,' '미쉬파트,' '체데크.' '에메트'라는 단어가 파생된 어근 '아만'의 기본적인 의미는 신실함, 믿을 만함, 의지할 만함, 진실됨이다.

'에메트'는 하나님의 진리(시 117:2; 146:6), 인간의 진실(시 15:2; 슥 8:16), 또는 그것의 결여(사 59:14; 호 4:1)에 대하여 사용된다. 하나님의 말씀은 믿을 수 있고 의지할 수 있는 진리이다(왕상 17:24). 사람들은 진실을 말해야 한다(스 8:16). 십계명 중의 두 계명은 진실을 말하는 것을 다루고 있다(출 20:7,16; 신 5:11,20). 시편 기자는 "주께서는 중심이 진실함을 원하시오니 / 내게 지혜를 은밀히 가르치시리이다"(51:6)라고 말하였다.

'미쉬파트'라는 단어는 일차적으로 "공의"를 의미한다. 이 단어는 "재판하다"를 의미하는 어근 '샤파트'에서 온 것이지만, 흔히 "법," "관습," "규례," "사회정의"를 의미한다. 이 단어는 판사가 결정을 내리거나 선고를 한다는 현대적인 의미로 이해되어서는 안 된다. 이 단어는 양 당사자가 합법적인 당국자 앞에 나와서 자신의 권리를 주장할 때에 일어나는 모든 행위들과 과정 전체를 포괄하는 폭넓은 용어이다. 선지자들은 이 단어의 의미를 사법적인 의미에서 윤리적이고 종교적인 의미로 전환시켰다(Epzstein, *Social Justice in the Ancient Near East*, 46–47; Birch, *Let Justice Roll Down*, 155).

공의는 이 세상에서의 하나님의 활동의 아주 중요한 속성이다(사 5:16). 하나님은 어떤 추상적인 법적 규범에 따라서 행동하지 않는다. 하나님은 가난한 자들, 곤경에 빠진 자들, 압제받는 자들 편에서 행하신다(신 10:18; 시 10:18; 렘 5:28). 하나님은 다른 사람들의 권리를 부정하거나 가로막는 자들에 대한 심판을 통해서 활동하신다(암 2:6-7; 미 2:2,8-10).

미가 시대에 어떤 사람들은 도덕과 종교에 있어서 상대주의자들이었다. 그들은 "이것은 예언할 것이 아니거늘 욕하는 말을 그치지 아니한다"(미 2:6)라고 말하였다. 미가는 그러한 사람들이 공의를 혐오하고 모든 평등을 왜곡시키며 시온을 피로 건설한다고 말하였다. 그들은 뇌물을 받고 돈을 위하여 점을 치면서도, 하나님을 의지하여 "여호와께서 우리 중에 계시지 아니하냐 재앙이 우리에게 임하지 아니하리라"(미 3:9-11)고 말한다. 하나님은 예레미야를 통해서 이렇게 말씀하셨다: "너희가 도둑질하며 살인하며 간음하며 거짓 맹세하며 … 우리가 구원을 얻었나이다 하느냐 이는 이 모든 가증한 일을 행하려 함이로다"(렘 7:9-10). 미가는 이스라엘의 지도자들에게 "정의('미쉬파트')를 아는 것이 너희의 본분이 아니냐 너희가 선을 미워하고 악을 기뻐하여 내 백성의 가죽을 벗기고 그 뼈에서 살을 뜯어"(미 3:1-2)라고 말하였다.

아마도 하나님이 요구하시는 것들에 관한 가장 중요한 본문은 미가서 6:8일 것이다:

> 사람아 주께서 선한 것이 무엇임을 네게 보이셨나니
> 여호와께서 네게 구하시는 것은
> 오직 정의를 행하며 인자를 사랑하며
> 겸손하게 네 하나님과 함께 행하는 것이 아니냐.

하나님은 '아담'("죽을 자"; 온 인류)에게 선한 것이 무엇인지 말씀하셨다. 구약성서에는 선의 본질에 관한 논문 형식의 글은 없다. 이스라엘 백성은 하나님이 무엇을 원하시는지에 관하여 말씀을 들었고, 바로 그것이 "선"이었다. 그들은 하나님이 원하시는 것이 선이고 하나님이 금지하시는 것이 악이라는 것을 알고 있었다(Smith, *Word Biblical Themes: Micah-Malachi*, 16). 우리는 구약에서 몇 차례 "하나님은 선하시다"는 말을 듣는다(시 100:5; 136:1). 선은 하나님의 본질의 일부이다. 선은 하나님과 떨어져서 존재하지 않는다. "하나님께서 뜻하시는 것, 바로 그것이 선이다"(R. Mehl, "Good," in *A Companion to the Bible*, 152).

하나님은 인간에게서 "선함"을 요구하신다. 미가에 의하면, 선함은 세 가지를 포함한다: "공의," "인자," 겸손하게 하나님과 함께 행하는 것. 디즈레일리(Disraeli)는 "공의는 행동하는 진리다"라고 말하였다. 레이먼드 캘킨스(Raymond Calkins)는 진정한 종교는 종교적 예식들보다 더 높은 그 무엇에 있다고 말하였다(*The Modern Message of the Minor Prophets*, 62-63).

그것은 짐승들을 희생제사로 드리는 것이 아니다. 그것은 우리가 믿는 신조, 우리가 경험하는 감정, 우리가 할 수 없는 그 무엇이 아니다. 공의는 행동으로 표출되는 공평한 마음이다. 그것은 삶의 모든 분야를 포괄한다: 놀이와 사업, 자본과 노동, 구매자와 판매자. 공의는 성품을 나타내는 표지이다. 그것은 집에서든 나가서든 다른 사람들을 가혹하고 불공정하게 다루는 것, 약점을 찾아내는 것, 있지도 않은 것을 토대로 결론을 내리는 것 등을 배제한다. "불의 위에 집을 짓는 것은 시한폭탄 위에 집을 짓는 것이다. 공의 없이는 영속적인 사회질서 또는 지속적인 조직은 건설되지 않는다"(R. L. Smith, *Word Biblical Themes: Micah–Malachi*, 17).

오직 공의만이 하나님이 요구하시는 전부는 아니다. 선함과 공의는 동의어가 아니다. 공의는 외적인 행위를 가리킨다. 하나님은 우리의 행위가 인자, "긍휼," "충성"을 향한 내적인 사랑의 표현이기를 요구하신다. 인자로 번역된 히브리어는 '헤세드'로서, 종종 "헌신"(devotion, 렘 2:2; 개역에서는 "사랑")으로 번역되는 계약과 관련된 중요한 단어이고, 어떤 일이 일어나도 개의치 않고 그 사람에게 "헌신하는" 것을 가리킨다.

아무도 스스로의 힘으로 "공의를 행하거나" "인자를 사랑할" 수 없다. 사람들이 공의를 행하고 인자를 사랑할 힘은 어디에서 오는가? 그것은 겸손히 하나님과 동행하는 데에 있다(미 6:8). 사람들은 이사야와 마찬가지로 하나님의 거룩하심(순전하심과 능력)을 볼 때(사 6:1-2), 자기 자신의 죄악되고 유한한 본래의 모습을 보게 된다. 그러면, 다른 사람들과의 관계가 근본적으로 변화된다. 그들은 모든 사람이 하나님의 인내, 용서, 회복을 필요로 한다는 것을 알게 된다. 그것이 미가서 6:8이 의미하는 것이다. 우리는 "절대적인 겸손 속에서 스스로를 낮추고 하나님께 죄 사함으로부터 솟아나는 감사를 통하여 마음을 새롭게 하는 가운데" 하나님 앞에서 행하여야 한다(W. A. L. Elmslie, "Ethics," in *Record and Revelation*, ed. H. Wheeler Robinson, 291).

'체데카'라는 단어는 기본적으로 "의"를 의미한다. 오늘날의 서구인들의 사고 속에서 의는 흔히 율법주의적이고 협소한 개념을 가리킨다. 하지만 구약성서에서 이 단어의 일차적인 의미는 하나님 또는 다른 사람들과의 합당한 관계라는 의미이다. 구약에서 의로운 사람은 "공동체적인 삶의 요구들을 충실히 이행함으로써 공동체 내에서 화평과 온전함을 보존하는" 사람이었다(욥 29:12-16; Elizabeth Achtemeier, "Righteousness in the Old Testament," 81.). "의인"은 흔히 '라샤'("악인")와 대비되는데, 이것은 악이 윤리적인 행위 규범을 범하기 때문이 아니라, 그러한 사람은 공동체 관계의 요구들을 이행하지 않음으로써 공동체 자체를 파괴하기 때문이다.

구약은 흔히 하나님이 의로우시다고 선포한다(대하 12:6; 느 9:8; 시 7:9; 103:17; 111:3; 116:5; 렘 9:24; 단 9:14; 습 3:5; 슥 8:8). 야웨의 의는 결코 단순히 정죄의 행위가 아니다. 구약에 나오는 그 어떤 구절도 하나님의 의를 죄인에 대한 하나님의 복수와 동일시하지 않는다. 하나님의 의로운 심판들은 그의 구원의 심판들(시 36:6; 사 45:21) 또는 구원(삼상 12:7; 시 22:31; 51:14; 65:5; 사 46:12-13; 51:1,5-6,10; 62:1-2)이다.

최근에 슈미트(H. H. Schmid)의 저작들은 의('체데크')와 윤리의 개념들을 포함한 구약 신학에 대한 전적으로 새로운 접근방식에 불을 지폈다. 슈미트에게 있어서 "의"는 피조 세계의 적절한 구원(Heil) 질서의 일부였다. 슈미트는 창조 개념은 고대 근동의 종교들에서 초기부터 중심적인 것이었고, 이스라엘은 이러한 사실을 잘 알고 있었다고 주장한다. 슈미트는 이스라엘이 기본적으로 이러한 사상을 공유하였지만, 그것을 "나름대로의 방식으로" 표현하였다고 주장하였다("Creation, Righteousness, and Salvation," 102-117).

슈미트는 법적 질서와 윤리적-사회적 질서를 보편적인 세계 질서의 일부로 보았다. 그는 이스라엘의 채무가 곱절로 지불되었고 구원이 가까이 이르렀다는 이사야 40:1-2에 나오는 선언을 이러한 "심판"을 배경으로 이해하였다. 훼손된 질서가 징벌(포로생활)에 의해서 회복되었을 때, 세계는 자신의 질서로 되돌아오고, 다시 온전하고 건강하게 된다(구원). 수많은 본문들 속에서 구원(Heil)은 '체데카'라는 단어를 통해서 묘사된다. 이 본문들 속에서 "의"는 협소한 율법적인 문제로서 서술되는 것이 아니라, 보편적인 세계 질서, 포괄적인 구원으로 묘사된다(사 45:8, 23; 46:12-13; 51:6; 54:14, 17; "Creation, Righteousness, and Salvation," 107).

신약에서 "의"가 여러 가지 의미를 지니고 있다는 것은 사실이다. 산상수훈에서 예수는 "사람들 앞에서 너의 의('디카이오수네')가 그들에게 보이지 않도록 주의하라"(마 6:1)고 말씀하셨다(가장 중요한 몇몇 사본들에 의하면). 여기서 예수는 구제('엘레모수네')에 관하여 말씀하고 있었다. 랍비 유대교에서 구제를 행하는 것은 "의"의 일부였다.

바울은 로마서 1장과 3장에서 "하나님의 의"를 믿음을 지닌 모든 자(유대인이나 이방인)를 구원하시는 하나님의 능력으로 생각하고 있다는 것을 분명히 보여주었다. 그것은 세계 질서의 일부가 아니었다. 제임스 데니(James Denny)는 로마서와 복음의 위대한 주제는 "하나님의 의"('디카이오수네 데우')라고 말하였다("*dikaiosune Theou*," *The Expositor's Greek Testament III*, 589). 바울은 자기가 어디에서나, 심지어 로마에서도 복음을 전파하기를 부끄러워하지 않는 이유는 어디에서나 누구든지 구원하고자 하시는 하나님의 능력 때문이라고 말하였다.

왜 바울은 사람들이 복음을 부끄러워할 수도 있을 것이라고 보았던 것인가? 아마도 그것은 범죄자로서 사형에 처해졌던 사람을 주인공으로 삼는 메시지를 받아들이는 것을 의미했기 때문일 것이다. 십자가는 유대인들에게는 걸림돌이었고 이방인들에게는 어리석은 것이었지만, 믿음을 지닌 자(믿는 자)에게는 하나님의 능력이었다. 바울은 자신의 주장을 밑받침하기 위하여 하박국 2:4을 인용하였다. 또한 바울은 "아브람이 여호와를 믿으니 여호와께서 이를 그의 공의로 여기시고"라는 창세기 15:6도 인용하였다. 구약의 윤리에 관한 본격적인 저서는 '토브'("선하다")와 '샬롬'("평화") 같은 윤리에 있어서 중요한 그 밖의 다른 용어들을 다룰 수 있을 것이다.

구약의 윤리를 연구하는 세 가지 흔한 방식들이 존재한다. 첫 번째 방법론은 비평적인 석의와 단어 연구를 포함하여 구약성서에 나오는 주요한 "윤리적" 본문들을 검토하는 것이다. 두 번째 방법론은 주요한 윤리적 주제들을 선택해서 그러한 주제들과 관련이 있는 구약의 본문들을 주석하는 것이다. 세 번째 접근방식은 이스라엘의 윤리적 개념들의 성장, 발전, 또는 진보를 시대별로 검토하는 이스라엘의 종교사적 접근방식을 사용하는 것이다.

첫 번째 방법론이 지닌 문제점은 어떠한 구약의 본문들이 "주요한 윤리적" 본문들인가를 결정하는 데에 있다. 거의 모든 학자들은 이 목록 속에 적어도 십계명을 포함시키거나 십계명으로 시작할 것이다. 한 최근의 저술가는 신명기 12—26장에 나오는 율법들은 신명기 5장에 나오는 십계명에 따라서 배열되어 있고 십계명을 토대로 하고 있다고 주장하였다(Kaufman, "The Structure of Deteronomic Law," 105-158; Kaiser, *Toward Old Testament Ethics*, 127-137).

그 밖의 다른 주요한 본문들로는 계약의 책(출 20:22—23:33), 성결 법전(레 18—20), 신명기 법전(신 12—26), 욥기 31장, 시편 15편과 24편, 잠언, 이사야 33:13-16, 에스겔 18:5-9과 22:6-12 등이 있을 것이다.

두 번째 방법론이 지닌 문제점은 어떻게 주요한 윤리적 주제들을 선별하느냐 하는 것이다. 1968년에 프리먼 슬리퍼(Freeman Sleeper)는 성서학자들과 기독교 윤리학자 간의 간격을 메우려는 시도들의 징후들을 보았다. 그렇지만 윤리적인 질문들과 관련하여 성경을 연구하는 것이 정당하다는 분명하거나 일관된 근거는 아직 제시되지 않았다. 슬리퍼는 오늘날의 윤리적인 쟁점들은 성경 연구를 위한 결정적으로 중요한 맥락이 된다고 주장하였다. 그는 석의 또는 윤리 중 어느 한 쪽을 훼손시키지 않으면서도, 그것들의 상호의존성을 탐구해 나가는 방식으로 성경에 접근하고자 하였다("Ethics as a Context for Biblical Interpretation," 443-460).

세 번째 방법론이 지닌 문제점은 우리가 이스라엘의 종교적 · 도덕적 개념들의 성장과 발전을 추적할 수 없다는 것이다("이스라엘의 윤리의 성장사"라는 표현을 사용하는 학자는 W. A. L. Elmslie, "Ethics," in *Record and Revelation*, ed. H. W. Robinson, 275-302이다).

우리는 십계명, 계약의 책, 성결 법전, 욥기 31장, 시편 15편과 24편, 이사야 33장, 에스겔 18장과 22장 같은 본문들을 검토함으로써, 구약의 주요한 윤리적 주제들을 선별하여야 한다. 우리는 슬리퍼의 주장을 따라서 오늘날의 사회의 주요한 윤리적인 관심들을 선별한 후에 구약성서로 나아가서 구약이 그것들에 관하여 무엇을 말하고 있는지를 찾아낼 수 있다. 구약의 율법서, 예언서, 지혜 문학의 윤리적인 관심들의 다수는 본질적으로 우리 사회에서의 많은 관심들과 동일하다: 땅(자산), 정직, 공의, 진실됨, 성적인 순결, 전쟁, 통치, 여성들의 지위. 각각의 주제는 별개의 연구서로 다루어질 필요가 있다. 이러한 각각의 주제에 대하여 구약에는 많은 다양성이 나타나지만, 구약에 나타난 각 주제에 관한 가장 중요한 말씀은 그 주제에 관한 신약의 가르침들과 비교해 보는 것이 좋을 것이다.

D. 구약에서의 윤리적 정결에 관한 견해들

구약에서 윤리에 관한 가장 중요한 말씀은 아마도 욥기 31장에 나오는 것일 것이다. 욥은 "무죄의 선서"를 통해서 자기는 그의 "친구들"이 그가 저질렀다고 고소하였던 열두 가지 죄로부터 무죄하다고 맹세하였다. 이러한 죄들은 호색, 거짓, 탐욕, 간음, 종들의 권리를 무시함, 가난한 자들에게 냉담함, 부를 의지하는 것, 미신, 원수를 미워하는 것, 나그네에게 숙박을 제공하지 않는 것, 위선, 땅의 착취이다. 욥기 31장에 언급된 "범죄들"은 실제적인 또는 공적인 범죄들이 아닐 수 있다. 욥은 율법에 의해서 통제될 수 없는 마음의 태도들에 관심을 가졌다("처녀를 보는 것"-1절, "속임"-5절, "마음"-7, 9, 27절, "금을 의지하는 것"-24절, "원수의 패망을 기뻐하는 것"-29절, "죄를 은폐하고 숨기는 것"-5절). 오직 종교적이고 윤리적인 죄들만이 언급되고 있고, 제의적인 죄들은 포함되어 있지 않다. 태양 숭배에 대한 부인은 종교적인 것이지 제의적인 것이 아니다.

포러(Fohrer)는 "욥기 31장에서 무죄의 선서를 행하는 욥은 거의 홀로 윤리적인 정상에 서 있다는 것은 논란의 여지가 있을 수 없다"라고 말하였다("The Righteous Man in Job 31," 19). 일부 학자들은 욥이 산상수훈의 고상한 차원에 도달하였다고 말할지도 모른다. 로빈슨(T. H. Robinson)은 "욥기 31장에서 우리는 구약이 담고 있는 가장 높은 윤리적 표준을 보게 된다"라고 말하였다(*Job and His Friends*, 64).

의, 무죄, 정결에 관한 욥의 주장이 반박의 여지가 없다고 할지라도, 그의 태도 속에서는 치명적인 결함이 발견될 수 있다. 그는 자신의 "선함"을 자랑하였고, 그것을 하나님으로 하여금 자신의 무죄를 인정하도록 압력을 넣는 "형틀"로 사용하여 하나님을 이겨먹으려고 했다. 욥은 아담의 원죄를 지었다 — "하나님과 같이" 되고자 하거나, 하나님의 지위를 자신이 차지하고자 한 죄. "윤리적으로 완전한 그의 행실은 그를 최악의 죄로 이끌었다"(Fohrer,

"The Righteous Man in Job 31," 20).

욥이 자신의 덕목들을 읊조리는 목적은 하나님이 유죄라는 것을 입증하기 위한 것이었을 수도 있다. 야웨는 "트집 잡는 자가 전능자와 다투겠느냐 하나님을 탓하는 자는 대답할지니라 … 네가 내 공의를 부인하려느냐 네 의를 세우려고 나를 악하다 하겠느냐"(욥 40:2, 8)라고 물었다.

야웨의 반문은 오직 윤리적인 정결만으로는 하나님을 기쁘시게 할 수 없다는 것을 보여준다. 이와 아울러, 사람은 하나님을 의지하여야 한다. "사람아 주께서 선한 것이 무엇임을 네게 보이셨나니 여호와께서 네게 구하시는 것은 오직 정의를 행하며 인자를 사랑하며 겸손하게 네 하나님과 함께 행하는 것이 아니냐"(미 6:8; cf. H. W. Robinson, *Inspiration and Revelation*, 83; R. L. Smith, *Micah-Mal-achi, WBC*, 49-51).

구약은 윤리적으로 깨끗한 것만으로는 하나님을 충분히 기쁘시게 할 수 없는 것을 분명하게 말하고 있는 동시에, 의로움이 없는 제의적인 예식은 하나님이 보시기에 아무런 가치도 없다는 사실을 강조한다. 주전 8세기의 선지자들은 윤리가 빠져버린 종교행위를 신랄하게 단죄하였다. 오늘날의 유혹은 이러한 것과는 좀 다른 종류의 것이다. 사람들은 종교적인 예식들을 시간과 노력의 낭비라고 규정하고, 그러한 종교적인 예식으로부터 등을 돌리고, 그들 스스로의 힘과 이해에 의존하는 성향을 보인다.

노먼 포티어스(Norman Porteous)는 "종교 없는 도덕이 오늘날의 사람들에게 호소력이 있다"고 말하였다. 포티어스는 이러한 성향을 헬라 사상의 유산으로 보았다. 초기 헬라 종교는 부도덕하고 유치하였다. 호메로스(Homer)와 헤시오도스(Hesiod)는 사람들이 "부끄럽고 책망받을 일로 여기는 도적질, 간음, 속임수" 같은 모든 것들을 신들이 행한 것으로 말한다(Aubrey Moore, "The Christian Doctrine of God," 51). 초기의 부도덕한 신화와 도덕적인 철학의 충돌은 크세노파네스(Xenophanes) 시대에 왔다. 그의 통렬한 풍자는 우리에게 이사야가 당시의 우상숭배에 관하여 말하였던 방식을 종종 연상시킨다. 플라톤은 도덕적인 근거들 위에서 기존의 헬라 신학을 비판하였다. 신은 거짓말을 하거나 속일 수 없다. 신은 악의 원인이 될 수 없다. 신은 선하고, 선의 유일한 원천이다. 신은 말과 행위에 있어서 참되다. 그렇지 않다면, 우리는

신을 숭배해서는 안 된다. 플라톤에서 아리스토텔레스로 넘어가면서, 도덕에
있어서의 종교의 마지막 자취가 사라진다. 신학은 형이상학이 되고, 실제적
인 삶의 세계 속에서 발붙일 자리를 얻지 못한다(Porteous, *Living the
Mystery*, 61).

헬라 사상의 후예들인 현대인들은 윤리와 종교는 별개의 자율적인 학문분
과로서 나름대로의 공리들에 의거하여서 독자적인 원칙들 위에서 작동하고
있다고 생각하는 것에 익숙해져 있다. 하지만 우리는 윤리에 관한 히브리 선
지자들의 선포들을 아리스토텔레스의 『니코마코스 윤리학』에 나오는 진술
들과 적어도 동일한 정도로 오늘날 윤리적인 고찰에 있어서 가치가 있는 것
으로 생각하지 않으면 안 된다. 현재의 도덕철학자들은 이러한 주장을 종교
적으로 순진한 자들의 지나친 열심으로 치부해 버릴 것이다. 그들은 히브리
선지자들의 글들을 원래 별개의 것으로 분리되어야 할 요소들을 원시적으로
혼합시켜 놓은 것으로 바라보기 쉽다. 포티어스는 이렇게 말하였다: "이렇게
해서, 대학에서 도덕철학을 수강하는 학생들은 강의에서나 필독도서들에서
도덕이라는 주제에 관한 성경의 가르침에 결코 또는 거의 접하지 못하게 된
다"(*Living the Mystery*, 61).

성경에서 종교와 윤리는 분리될 수 없다. 하나님께서 받으실 만한 예배는
도덕적인 것이어야 한다. 삶의 도덕적 측면은 정기적인 예배에 의해서 밑받
침되어야 한다. 종교와 도덕은 구약에서 동의어가 아니다. 어떤 사람이 종교
적이지만 도덕적이지는 않을 수 있다. 당시에는 종교적인 것 없이 도덕적이
고자 했던 사람은 거의 없었다.

"종교적"이라는 말과 "도덕적"이라는 말은 폭넓은 의미들을 지니고 있다.
종교는 무엇인가? 도덕은 무엇인가? 이스라엘의 주변 나라들은 종교적이고
도덕적이었는가? 이스라엘은 자신의 주변 나라들과 문화, 사회 규범들, 관습
들에 있어서 무수한 공통점들을 공유하였다. 그렇지만 이스라엘은 당시에 주
변 나라들에서 널리 행해졌던 몇몇 관행들을 거부하고 금지하였다. 성창
(cultic prostitution)과 동성애는 그 밖의 다른 성적인 여러 왜곡 현상들과 더
불어서 성결 법전에서 불법으로 규정되었다(레 18—20장). 하나님의 주권을
토대로 해서, 일련의 명령들은 "나는 여호와로라"라는 엄숙한 표현으로 끝이

난다. 정령신앙, 무당들, 주술들, 접신술, 점 같은 온갖 종류의 주술 관습들은
금지되었다. 인신제사는 가증스러운 관습으로서 아주 격렬하게 단죄되었다
(신 12:31).

이스라엘은 명시적인 하나님의 명령 또는 승인이 없었던 고대 세계의 여러
관습들을 용인하였다. 그러한 것들로는 일부다처제, 이혼, 노예제도 등이 있
었다. 하지만 이러한 관행들은 그것들이 지닌 최악의 효과들을 완화시키거나
제거하기 위한 법적인 안전장치들에 의해서 규율되었다(Wright, *An Eye For
an Eye*, 176).

이스라엘은 몇몇 관행들에 대해서는 그것들에 가치를 부여하여서 받아들
였다. 이스라엘이 주변 나라들과 공유하였던 한 가지 사회문화적인 양식은
친족과 가족의 개념이었다. 이스라엘과 주변 나라들의 대가족 개념은 수평적
인 친족의 강력한 유대 또는 "형제애"를 포함하였다. 또한 그것은 부모, 조
상, 자녀들에 대한 존중이라는 수직적인 효과도 지니고 있었다. 땅은 가족 및
지파 개념과 결합되어 있었기 때문에, 가족의 경제적인 지원을 보장해 주었
다. 이스라엘의 가족관은 주변 나라들의 가족관 외에 중요한 "가치가 덧붙여
진" 차원을 지니고 있었다. 이스라엘의 역사 속에서 관행들은 시대마다 달랐
지만, 일부일처제가 일부다처제보다 더 흔하게 이루어졌다. 일부일처제의 관
행을 깨뜨린 최초의 인물은 라멕이었던 것으로 보인다(창 4:19). 이삭에게는
유일한 아내인 리브가가 있었다. 왕의 후궁들을 제외하면, 사무엘의 아버지
였던 엘가나는 사무엘서와 열왕기에서 두 명 이상의 부인을 가진 유일한 사
람이었다.

주변 나라들에서와 마찬가지로, 이스라엘에서도 통상적으로 자녀들의 결
혼을 정하는 것은 부모들이었다. 이삭과 리브가의 혼인, 삼손의 혼인은 부모
가 정한 것이었다(창 24장; 삿 14:1-9). 하지만 과부였던 룻과 아비가일은 스
스로 남편을 선택하였다(룻 3:7-13; 삼상 25:40).

일부 학자들은 구약은 남편들이 자신의 부인을 "자산"으로서 "소유하였
다"거나 "납폐금"('모하르')을 지불하고 부인을 "샀다"는 것을 보여준다고
주장한다(제6장 제29절 A에 나오는 앞서의 논의를 보라). 하지만 '모하르'라
는 단어는 구약에 오직 3번 나오고(창 34:12; 출 22:16-17; 삼상 18:25), 이 단

어가 "사다 또는 팔다"를 의미하는지는 결코 확실하지 않다. 브레바드 차일 즈(Brevard S. Childs)는 이렇게 말하였다: "고대 근동의 다른 법전들과 비교 해 볼 때, 히브리 율법의 내용은 주목할 만한 개혁을 보여준다. 정혼한 처녀 를 유혹한 것은 더 이상 단순히 자산의 손상으로 보아지지 않았다"(*Exodus*, 476-477). 그레이스 에머슨(Grace I. Emmerson)은 부인은 남편의 자산으로 여겨지지 않았고, 이상적으로 남편과 대등한 지위로 여겨졌다는 것을 보여주 는 증거들을 나열하였다("Women in Ancient Israel," *The World of Ancient Israel*, ed. R. E. Clements, 383-385, 389-391).

오늘날 두 가지 첨예한 윤리적인 쟁점들, 즉 낙태와 동성애는 구약에서는 두드러지게 나타나지 않는다. 이 두 용어는 그 어느 것도 히브리 성서에 나오 지 않는다. 자녀들은 "하나님의 선물"로 여겨졌다. 가족은 통상적으로 대가 족이었다. 구약 시대에서는 낙태보다도 불임이 더 큰 문제였던 것으로 보인 다. 호세아는 유산이 하나님의 저주라고 말하였다(호 9:14). 출애굽기 23:26에 서 하나님은 이스라엘에게 가나안 땅에서는 "아무도 유산하거나 아이를 배 지 못하는 일은 없게 될 것"이라고 약속하셨다.

엘리야가 길갈(벧엘 북쪽에 있던 성읍)에서 불병거를 타고 하늘로 "들리워 올라갔을" 때, 사람들은 엘리사에게 성읍의 위치는 좋지만 물이 나쁘다고 말 하였다. 분명히 여기서 물은 유산을 일으키는 원인으로 생각되었던 것 같다. 엘리사는 샘으로 가서 거기에 소금을 뿌린 후에 "여호와의 말씀이 내가 이 물 을 고쳤으니 이로부터 다시는 죽음이나 열매 맺지 못함이 없을지니라 하셨느 니라"(왕하 2:19-21)고 말하였다.

오늘날 유산 또는 낙태는 흔히 가족 계획 또는 일반적인 산아 제한을 위한 도구로 사용된다. 트루츠 렌토르프(Trutz Rendtorff)는 "임신 중절은 부모가 되는 것을 포기하는 것으로서, 원칙적으로 자녀들이 가져다주는 구체적인 책 임들에 대한 부정이기도 하다"라고 말하였다(*Ethics II*, 85; 161-167).

"동성애"라는 단어는 구약에 나오지 않지만, 그러한 관행은 잘 알려져 있 었다. 구약에서 널리 퍼져 있던 동성애의 두 가지 유명한 사건들은 큰 위험과 재난을 야기시켰다. 소돔에서 일어난 한 사건(창 18장)은 다섯 성읍의 멸망을 초래하였다. 기브아에서 있었던 또 다른 사건(삿 19장)은 이스라엘의 지파들 사이에서 내전을 야기시켰고, 베냐민 지파를 거의 전멸시켰다. 전쟁이 끝난 후에, 베냐민 지파에는 오직 600명의 남자들만이 남았다(삿 20:47). 레위기 18:22; 22:13은 동성애를 변태적인 것으로 규정하고, 죽음의 형벌을 배정하였다.

오늘날 동성애는 커다란 사회 문제이다. 트루츠 렌토르프(Trutz Rendtorff)는 동성애는 사람의 자기 이해와 동일한 성을 지닌 사람들 관계에 있어서의 갈등을 보여주는 것이라고 말하였다. 어떤 사람들은 동성애를 이성 간의 사랑과 동등한 가치를 지닌 대안으로 생각하고, 혼인과 비슷한 동반자 관계라고 규정한다. 동성애 관행은 동성애자들의 최선의 이익을 위한 것이 아니고, "해결될 수 없는 일반적인 기대들을 부과한다"(Ethics II, 60).

브레바드 차일즈(Brevard S. Childs)는 구약이 인간의 성생활을 인간의 분열된 모습에 대한 반영으로 묘사하고 있는 것은 우연이 아니라고 말하였다. 성(性)은 창세기 2장에서 하나님의 선한 창조의 은혜로운 행위들의 일부로 도입된다. 하나님은 "사람이 독처하는 것이 좋지 못하니"(창 2:18)라고 말씀하셨다. 하나님은 하와를 아담에게 데려다 주고, 그들의 하나됨과 성취로 인해서 큰 기쁨과 송축이 터져나온다. 그 직후에 세상은 폭력으로 가득 차게 되고, 라멕은 자신의 부인들 앞에서 자신의 야만성을 자랑한다(창 4:23).

인간의 성이라는 선물은 믿음과 삶에 대한 주요한 위협이 될 정도로 왜곡되어 왔다. 구약의 나머지 부분은 일단 선을 향한 창조의 충동이 마귀적인 파괴력과 더불어 분출될 때에 일어나는 성적인 오용에 관한 이야기들로 가득 차 있다. 동성애로 인한 인간 자아의 왜곡이 성경 본문의 이야기(창 19:1) 속에서 수면 아래로 가라앉아 있을 때조차도, 그것은 주인공들을 둘러싸는 어두운 그늘로서의 기능을 계속해서 수행한다(Childs, Old Testament Theology in a Canonical Context, 225).

최근에 동성애를 인정하고자 하는 시도들은 그러한 관행을 단죄하는 성경 본문들의 취지를 뛰어넘는 것이다. 동성애는 하나님이 인간의 삶을 여자와 남자로 구조화시켜서 거기에서 가장 큰 기쁨 또는 가장 깊은 슬픔을 맛보게 하고자 한 것과 정면으로 배치된다. "구약은 끊임없이 인간에 대한 하나님의 의도의 왜곡을 증언해 준다. 구약은 동성애를 축복 밖의 그림자 속으로 떨어지는 창조의 왜곡으로 본다"(Childs, *Old Testament Theology in a Canonical Context*, 194).

우리는 구약에 나오는 모든 윤리적인 문제들을 다 다룰 수는 없지만, 우리의 윤리적인 행실을 위한 몇몇 기본적인 원칙들을 배울 수는 있다. 그 중 한 가지는 이스라엘은 하나님을 가장 우선순위에 두었다는 것이다. 제1계명은 성경적 윤리의 토대이다. 이스라엘은 하나님으로부터 시작해서 사람의 내적인 생각에서 끝나는 십계명 속에 표현된 일련의 가치 등급을 가지고 있었다. 이스라엘의 가치등급에 있어서의 두 가지 구체적인 특징이 중요하다: 생명은 재물보다 우선순위를 지니고, 사람은 징벌보다 우선순위를 지닌다.

오늘날 하나님의 백성과 문화의 관계와 관련해서 아마도 우리는 이스라엘이 사용했던 것과 동일한 원칙들을 적용할 수 있을 것이다. 우리가 구약의 진리들과 원칙들을 오늘날의 관습들과 관행들에 적용함에 있어서 지나치게 단순화시켜서는 안 되겠지만, 성적인 왜곡, 착취, 권력의 남용, 소외된 자들에 대한 학대 같은 몇 가지 일들은 금지되어야 한다. 우리의 문화는 타락한 사회이고 아직 하나님이 거룩하신 것처럼 거룩하라는 이상에 도달하지 못했기 때문에, 이혼 같은 몇몇 관행들은 존속될 수밖에 없다. 아마도 하나님의 백성은 현대적인 문화의 몇몇 측면들을 긍정적인 것이라고 생각할 수 있을 것이지만, 그러한 측면들은 과연 "선한" 것인지를 확인받기 위하여 철저하고도 주의 깊게 검토될 필요가 있다.

제 10 장

죽음과 그 너머

이 장의 주제는 좀 더 큰 주제인 "종말론," 즉 마지막 일들에 관한 가르침의 일부이다. 종말론은 통상적으로 개인의 최종적인 운명과 우주의 미래를 포함한다(Bertholet, "Eschatology in the History of Religion," 215). 이 장에서는 구약의 내용들이 제시하고 있는 대로 개인의 최종적인 운명을 다루게 될 것이고, 마지막 장에서는 우주의 미래 또는 역사의 완성이라는 개념을 논의하게 될 것이다.

종말론이라는 용어는 비교적 최근에 등장하였다. 이 용어는 구약 또는 신약에 나오지 않는다. 아브라함 칼로비우스(Abraham Calovius)는 교의신학에 관한 자신의 저서인 *Systema locorum Theologicorium Tomus duodecimus et ultimus ESCHATOLOGIA SACRA*(1677)에서 사용하기 위하여 이 용어를 만들어 내었던 것으로 보인다(Westermann, *Prophetic Oracles of Salvation in the Old Testament*, 266). 조지 부시(George Bush)는 1845년에 출간된 『아나스타시스』("부활")라는 제목의 책에서 이 용어를 사용하였다. 1858년에 제임스 마티노(James Martineau)는 "요한계시록과 서신들에 나타난 종말론"(The Eschatology of the Apocalypse and the Epistles)이라는 논문을 『기독교 연구』(*The Studies of Christianity*)에 기고하였다. 1909년에 샐리어 매튜스(Shalier Matthews)는 *Hastings' Dictionary of the Bible*에 기고한 글에서 종말론을 "마지막 일들, 즉 죽음 이후의 개인의 상태, 현재의 질서가 마감되었을 때의 인간 역사의 행로에 관한 신학 분과"로 정의하였다(cf. Rist, "Jesus and Eschatology," 193).

반 데어 플로에그(Van der Ploeg)는 처음에는 가톨릭과 개신교의 신학자들은 종말론이라는 용어를 꺼려하였지만, 지금은 이 용어가 제2바티칸 공의회의 일부 문서들에까지 침투하였다고 지적하였다("Eschatology in the Old Testament," 89). 그는 종말론이라는 용어는 "종말의 시대의 특질"을 의미하는 단어로 대중매체와 저널리스트들에 의해서 사용되는 인기 있는 용어가 되었다고 말하였다 — 이러한 정의는 '에스카토스'라는 헬라어가 결코 지니고 있지 않았던 것이다. 반 데어 플로에그는 이 용어의 의미와 용법을 "종말"이라는 그 문자적인 의미에 국한시키고자 하였다("Eschatology in the Old Testament," 98).

린드블롬(Lindblom)은 "장차 도래할 시대를 가리키는 모든 사건들은 그것들이 역사적 과정의 일부를 형성하고 있다고 할지라도 종말론적인 것으로 지칭되어야 한다"라고 말하였다(*Prophecy in Ancient Israel*, 361). 새 시대를 묘사하는 구약의 본문들은 소극적인 또는 적극적인 종말론을 표현한 것일 수 있다. 이스라엘을 언급하는 본문들은 민족적 종말론에 관하여 말하는 것들이다. 죽음과 그 이후를 언급하는 본문들은 개인의 종말론에 관하여 말한다(*Prophecy in Ancient Israel*, 362). 베스터만(Westermann)은 이 용어가 구약 신학에서 사용되어서는 안 된다고 생각하였지만, 오늘날의 대부분의 저술가들은 이 용어를 자유롭게 사용한다(*Prophetic Oracles of Salvation in the Old Testament*, 266-277).

구약에서 죽음은 엄연한 현실이다. 죽음은 휴일이 없다. 죽음은 누구에게나 찾아온다(민 16:29; 수 23:14; 삼하 14:14; 왕상 2:2; 욥 14:1-2; 16:22; 30:23; 시 49:10; 전 9:5; 사 51:12). 인간은 많은 점들에서 하나님과 같지만, 한 가지 결정적인 점에서 하나님과 다르다. 하나님은 영원하시지만(시 90:2; 합 1:12), 사람은 유한하다. 앨런 리처드슨(Alan Richardson)은 이렇게 말하였다: 성경은 "결코 한 순간이라도 사람들이 그들의 유한성을 잊어버리는 것을 허용하지 않는다; 인간은 하나님과 닮았고, 하나님의 돌보심을 받지만, 썩어 없어질 짐승들과 유한성을 공유한다는 점에서 하나님과 다르다(시 49:10-12, 20, *passim*). 자연적 또는 내재적 불멸에 관한 환상(幻想)은 뱀의 거짓말이다(창 3:4)"(*A Theological Word Book*, 60).

구약은 처음부터 끝까지 죽음, 죽어가는 것, 멸망, 썩어 없어짐에 대한 언급들로 가득 차 있지만, 개인에 있어서 삶과 죽음의 문제는 "구약에서 절실한 문제"였던 것으로 보이지는 않는다(Zimmerli, *The Old Testament and the World*, 108). 아마도 집단, 가족, 또는 공동체에 대한 이스라엘의 강력한 강조가 개인의 죽음으로부터 어느 정도 독침을 제거했던 것으로 보인다. 죽어서 가족묘에 매장된 사람은 조상들과 함께 편히 안식을 누리고 있는 것으로 생각되었다(창 25:8-10, 17; 35:29; 49:33; 민 20:24; 신 32:50). 아브라함에게 하나님께서 주신 후손의 약속(창 12:1-3)은 땅에 대한 저주와 사람은 흙으로 돌아가야 한다는 선언(창 3:17-19)을 상쇄시킬 수 있다. 하나님께서 아브라함에게 주신 약속이 옳다는 것이 이삭의 출생으로 입증된 후에, 아브라함은 "수가 높고 나이 많아 기운이 진하여 죽어 자기 열조에게로 돌아갔다"(창 25:8). 이삭과 야곱에게도 이와 동일한 표현이 사용되었다(창 35:29; 49:33).

사람은 짐승들과 마찬가지로 유한하지만, 다가올 죽음을 의식적으로 인지한다는 점에서 짐승과 다르다(de Vries, *The Achievements of Biblical Religion*, 388). 하지만 사람들은 죽을 때와 장소와 환경을 알지 못한다(창 27:2, 7, 10; 신 31:27, 29; 삿 13:7; 욥 21:23-26; 34:20; 36:14; 시 39:4-6; 49:10-12; 88:3-7, 15; 90:3-6; 전 3:2, 19-20; 9:3-5; 사 40:6-8; 51:12).

41. 죽음은 무엇인가?

죽음은 삶의 반대이다. 최종적인 의미에서 죽음은 호흡이 그치고 생명이 다한 것을 가리킨다(욥 34:14-15; 시 104:29; 146:4). 생명은 하나님의 선물이다. 하나님은 출생 과정(욥 10:10-12; 시 103:13-16)과 죽음의 과정(시 31:15)을 주관하신다. 구약에서 죽음은 육체적인 생명이 다하는 것 이상의 것이다. 그것은 죄, 질병, 어둠, 물, 바다 같은 생명 또는 생기를 위협하거나 약화시키는 모든 것을 가리킬 수 있다(Jacob, *Theology of the Old Testament*, 299).

하르트무트 게제(Hartmut Gese)는 고대인들은 우리와 같은 생물학적인 생명 개념을 공유하고 있지 않았다고 지적하였다. 우리는 세계를 광석들과 같은 죽은 영역과 식물, 동물, 사람 같은 산 영역으로 구분한다. 고대 이스라엘에게 삶은 우리의 삶보다 더 살아있는 것이었고, 죽은 것은 우리의 죽음만큼 그렇게 죽어 있는 것이 아니었다. 그들에게 삶은 언제나 온전하고 건강한 것이었고, 심한 병을 앓는 사람은 이미 죽음이 작용하는 영역인 음부로 들어간 것이었다. 이러한 사고방식에 의하면, 죽은 사람은 결코 존재하지 않는 것으로 생각되지 않았다(시 6:4-5; 사 14:4-20; Gese, "Death in the Old Testament," 37).

삶과 죽음에 관한 신앙들은 구약성서의 도처에 표현되어 있다. 어근 '하야'("살다")는 구약에 대략 800번 정도 나오고, 어근 '무트'("죽음")는 1,000번 이상 나온다(Knibb, "Life and Death," 395).

로이드 베일리(Lloyd Bailey)는 구약에서 죽음은 적어도 세 가지 의미로 사용된다고 말하였다: (1) 야웨가 의도한 삶을 흐트러뜨린 것들을 가리키는 은유(질병, 핍박, 절망); (2) 피조 질서에 대하여 반대하는 "세력"; (3) 어떤 개인의 역사적인 실존의 끝이라는 의미에서 생물로서의 실존의 중지(*Biblical Perspectives on Death*, 39).

베스터만(Westermann)은 구약의 많은 대목들에서 죽음은 생명을 침입하는 세력으로 이해된다는 데에 동의하였다. 죽음은 병든 자를 공격하고, 힘을 앗아간다. 어떤 사람을 "죽음"으로부터 구원하는 것은 어떤 사람을 질병 또는 원수들로부터 구원하는 것을 의미할 수 있다(시 116:3-4,8). 이렇게 죽음은 언제나 "삶을 다하는 바로 그 순간, 출구를 가리키는 것이 아니라, 개인의 삶 이후에 존재하면서도 개인의 삶 속에서 만나게 되는 세력"을 가리킨다(*Elements of Old Testament Theology*, 162; cf. von Rad, *Old Testament Theology* I, 387-389).

또한 구약은 생물학적인 죽음을 아주 잘 알고 있었다. 극소수의 예외를 제외한다면, 구약에 나오는 모든 사람은 육체적인 죽음을 죽었다. "누가 살아서 죽음을 보지 아니하고 / 자기의 영혼을 스올의 권세에서 건지리이까?"(시 89:48; cf. 시 49:12, 20).

구약은 임종 장면을 거의 묘사하지 않는다. 구약에는 오늘날의 부고장처럼 죽음에 관한 보도들만이 나온다. 그러한 보도들은 별 감정이 실려져 있지 않다. 사람들은 언제든 죽는다: 나이들어서든, 젊어서든, 아기 때이든. 사람들은 온갖 이유들로 인해서 죽는다: 전쟁에서, 질병으로, 사고로, 살해되어서, 자살해서, 사형집행을 당해서.

구약에는 몇몇 무시무시한 죽음 장면들이 나온다:

"그가 길갈에서 여호와 앞에서 아각을 찍어 쪼개니라."
(삼상 15:33)

"이에 사울이 자기의 칼을 뽑아서 그 위에 엎드러지매 … 블레셋 사람들이 죽은 자를 벗기러 왔다가 … 머리를 베고 그의 갑옷을 벗기고 … "
(삼상 31:4, 8-9)

"아브넬이 창 뒤 끝으로 그의 배를 찌르니 창이 그의 등을 꿰뚫고 나간지라 곧 그 곳에 엎드러져 죽으매 아사헬이 엎드러져 죽은 곳에 이르는 자마다 머물러 섰더라."
(삼하 2:23)

"압살롬이 노새를 탔는데 그 노새가 큰 상수리나무 번성한 가지 아래로 지날 때에 압살롬의 머리가 그 상수리나무에 걸리매 그가 공중에 달리고 … 요압이 이르되 나는 너와 같이 지체할 수 없다 하고 손에 작은 창 셋을 가지고 가서 상수리나무 가운데서 아직 살아 있는 압살롬의 심장을 찌르니 요압의 무기를 든 청년 열 명이 압살롬을 에워싸고 쳐죽이니라."
(삼하 18:9, 14-15)

구약은 사람이 죽을 때에 실제로 무슨 일이 일어나는지를 설명하지 않는다. 구약은 사람을 "통전적인" 견지에서 바라본다. 사람의 본성의 여러 측면들(몸, 영, 숨, 심장)은 서로 통합되어 있고 관련되어 있기 때문에, 어느 한 측면이 전체를 대표할 수 있다. 분명히 구약의 백성들은 육체적인 죽음이 호흡의 중지(왕상 17:8-13), 몇몇 경우들에 있어서는 피의 손실을 특징으로 한다는 것을 알고 있었다. 그들에게 있어서 생명은 피에 있었다(레 17:11).

죽을 때에 사람의 영혼은 곧장 하나님께로 가고, 몸은 땅의 흙으로 되돌아
간다는 기독교의 교리를 밑받침하기 위하여 구약의 한 본문이 흔히 사용되어
왔다(전 12:7). 이 본문은 죽음이 하나님께서 사람으로부터 자신의 "영" 또
는 "생기"를 거두어 가시는 것의 결과라는 것 이외의 것을 말하고 있지 않을
수 있다. 데이빗슨(A. B. Davidson)은 "영"이 그것을 주신 하나님께로 되돌
아간다고 말한 것은 사실 아무것도 말하는 것이 아니라고 단언하였다. "왜냐
하면, 그것은 단지 하나님으로부터 흘러들어온 생명력이 하나님에 의해서 거
두어지고, 살아있던 사람이 연약함과 죽음으로 떨어진다는 것을 의미하는 것
에 불과하기 때문이다"(*Theology of the Old Testament*, 201; cf. Eichrodt,
Theology of the Old Testament II, 214). 슈미트(W. H. Schmidt)는 "죽을 때에
사람을 떠나는 것은 불멸의 영혼이 아니라 하나님에 의해서 주어진 생명력이
다"라고 말하였다(*The Faith of the Old Testament*, 272; cf. Bailey, *Biblical
Perspectives on Death*, 44-45).

구약의 몇몇 본문들은 죽음이 인간의 끝이라는 것을 말하고 있는 것으로
보인다; 인간의 생명력은 "쏟아져 버렸기" 때문에, 그것은 결코 회복될 수
없다(욥 7:21; 14:7-10; 시 39:13; 146:4). 이러한 것들은 삶이 너무도 빨리 끝
나버리고 다시는 결코 이 땅에서 살 수 없게 된 것에 대한 낙담과 회한의 강
력한 표현들에 지나지 않을 수 있다(Davidson, *Theology of the Old
Testament*, 425).

우리가 죽음에 관한 구약의 이러한 비관적인 본문들을 어떻게 해석하든,
그러한 개념들은 개인은 죽음을 통해서 존재하기를 그치는 것이 아니라, 스
올에서 이전의 자아의 약화된 그림자 같은 형태로 계속해서 산다는 관점에
의해서 상쇄되고 지배되고 있다(Jacob, *Theology of the Old Testament*, 301).
아이히로트(Walther Eichrodt)는 "그러므로 계속해서 살아남는 것은 살아있
는 사람의 한 부분이 아니라, 살아있는 사람 전체의 그림자 같은 이미지이다"
라고 말하였다(*Theology of the Old Testament* II, 214). 오토 카이저(Otto
Kaiser)는 구약의 본문들로부터 이스라엘 백성은 사람들이 죽고 나서 완전히
없어진다고 믿었다고 결론을 내린다면 그것은 잘못된 것이라고 단언하였다.
"그러므로 죽음 이후에 살아남는 것은 단순히 무(無)가 아니라, 살아있던 존

재의 그림자 같고 유령 같은 복사판이다"(*Death and Life*, 34).

　구약에서 사람이 죽으면, 친척들은 눈을 감기고(창 46:4), 울며, 그 몸에 입 맞추고(창 50:1), 장사를 위하여 준비한다. 통상적으로 시신은 관에 안치하지 않았고(cf. 왕하 13:21), 관대 위에 놓아서 실어 날랐다(삼하 3:31). 고대 이스라엘에서는 방부 처리 또는 미라를 만드는 일은 결코 행하여지지 않았다(de Vaux, *Ancient Israel*, 56-57). 죽은 시신에 접촉한 사람은 누구든지 제의적으로 부정하였다(민 19:11). 구약은 죽은 자들에 대한 제의 또는 조상 숭배를 허용하지 않았다(Eichrodt, *Theology of the Old Testament II*, 216-220).

　무덤은 고인을 추모하는 기념물이 아니었다(사 22:16에 나오는 것을 제외하면). 모세의 무덤은 결코 발견되지 않았다(신 34:6). 무덤은 죽은 자의 영역에 속했고, 거룩치 못한 것이었으며, 부정의 원천이었다(사 65:4; cf. Wolff, *Anthropology of the Old Testament*, 101-102; Harrelson, *From Fertility Cult to Worship*, 33-34).

42. 무덤과 스올

　죽은 사람을 가족묘에 매장하는 것은 구약의 많은 부분에서 통상적인 일이었다(창 25:8-10; 35:29; 49:33; 수 24:30,32; 삿 8:32; 16:31; 삼하 2:32; 17:23; 19:37; 21:12-14). 가족묘는 가족의 땅 또는 그 가족이 매장지로 구입한 땅에 위치해 있었다. 땅이 없는 사람들인 가난한 자들은 통상적으로 공동묘지에 매장되었다(왕하 23:6; 렘 26:23). 죽은 사람을 매장하지 않은 채로 놓아두는 것은 모든 저주들 가운데서 최악의 저주였다(왕상 14:11; 렘 16:4; 22:19; 겔 29:5). 시신을 태우는 것은 악명 높은 범죄자(창 38:24; 레 20:14; 21:9; 수 7:25) 또는 멸절시켜야 할 원수(삼상 31:12; 암 2:1)의 경우를 제외하고는 극악무도한 짓이었다. 태아들, 할례받지 않은 자들, 처형된 자들, 고아들, 쓸모없는 노예들은 특별한 취급을 받았다(욥 3:16; 렘 36:30; 겔 28:10; 31:18; 32:19; Kaiser, *Death and Life*, 52).

　우리는 이스라엘이 왜 적절한 매장을 강조했는지를 알지 못한다 — 아마도 죽은 자에 대한 존중 때문일 수도 있다. 원래 그 이유는 "죽은 자들의 영들"

의 보복에 대한 두려움 때문이던 것으로 보인다. 외스털리(W.O.E. Oesterley)는 후자의 이유가 옳다고 믿었다. 적절한 매장은 공동체가 매장되지 않은 떠돌아다니는 영혼들이 "여기저기 다니면서 사람들을 해치는 것"을 막기 위한 노력이었다(*Immortality and the Unseen World*, 178). 동일한 맥락 속에서 마틴-아카드(Martin-Achard)는 "무덤 없는 죽은 사람은 집 없는 사람과 같아서, 영원히 유랑하도록 단죄되고, 따라서 그가 알고 있었던 곳들을 찾아다니며 출몰하면서 산 자들에게 위험이 된다"라고 말하였다(*From Death to Life*, 29).

구약은 죽은 자들의 유령을 그의 매장지 근처에서 만날 수 있다는 민간 신앙을 보존하고 있는 것으로 보인다. 예레미야는 라헬이 자신의 자녀들을 잃어버리고 통곡하는 음성이 아직도 라마에 있는 그녀의 무덤으로부터 들린다고 말한다(렘 31:15). 이것은 은유적인 언어일 수 있다. 여기서 라헬이 무덤이 도굴되면서 거기에서 나온 영이라는 언급은 본문에 전혀 나오지 않는다. 사무엘은 엔돌의 신접한 여인에 의해서 죽은 자로부터 소환된 것으로 보도되고 있지만(삼상 28장), 그는 분명히 여기저기 돌아다니며 사람들을 겁주는 "유령"으로 묘사되지 않는다. 베일리는 이 이야기의 목적은 접신술사의 기술이 효과가 있다는 것을 확증하거나 부정하는 것이 아니라, "사울 왕의 몰락에 있어서 또 하나의 비극적인 사건을 이야기하는 것"이라고 말하였다(*Biblical Perspectives on Death*, 33).

몇몇 증거들은 이스라엘의 주변 나라들은 유령들을 믿었다는 것을 보여준다. 길가메쉬 서사시의 열두 번째 토판을 보면, 길가메쉬의 친구인 엔키두가 지하세계로부터 올라와서 거기에 거하는 자들의 상태에 관하여 전해주는 장면이 나온다:

그 시체가 평지에 버려진 자 …
그의 유령은 지하세계에서 안식을 얻지 못한다.
그의 유령을 돌보아줄 사람이 아무도 없는 자 …
그의 유령은 그릇들에 남겨져 있는 것과
길거리들에 버려진 음식 찌꺼기들을 먹는다.

(Bailey, *Biblical Perspectives on Death*, 10).

브리츠토(H. C. Brichto)는 다음과 같은 푸스텔 데 쿨란게스(Fustel de Coulanges)의 견해에 동의한다: "가장 오래된 세대들은 그들이 철학자들이 되기 훨씬 전부터 현재의 실존 이후의 두 번째 실존을 믿었다. 그들은 죽음을 우리의 존재의 해체가 아니라 단순히 삶의 변화로 보았다"("Kin, Cult, Land and Afterlife," 3).

브리츠토에 의하면, 데 쿨란게스는 그리스와 로마의 법률들과 문헌들, 베다 문헌, 마누(Manu) 법률들을 연구하였다. 그는 죽은 자들의 보편적인 거처에 대한 개념이 존재하기 전에 죽은 자들은 가정 또는 가족의 묘에 매장되었다는 결론을 내렸다. 죽은 자들은 그들의 "영혼들"이 필요로 하는 음식들을 후손들에게 의지하였다. "이러한 필수품들을 빼앗겨버린 영은 끝없이 비참하게 떠돌면서, 악의에 차서, 그 상당히 강한 힘을 사용해서 산 자들을 괴롭힌다"(Brichto, "Kin, Cult, Land and Afterlife," 4). 브리츠토는 데 쿨란게스의 결론들은 구약의 몇몇 내용들을 이해하는 데에 모델 역할을 할 수 있다고 말하였다.

내세(afterlife)의 개념은 구약에서조차도 오래된 것이다. 이스라엘은 몇몇 주변 나라들의 개념과 비슷한 것, 즉 아들들은 조상의 "이름을 따라서 불러야" 한다는 — 즉, 가문을 잇기 위해서 — 개념을 가지고 있었다(Brichto, "Kin, Cult, Land and Afterlife," 22). 브리츠토는 "너는 너의 백성으로부터 끊쳐지리라"(레 17:10; 20:3,5,6; 삼상 2:31; 24:21; 왕상 21:21; 시 37; 109:13-14; 사 14:22; 미 2:4) 같은 표현들을 한 가문의 대를 완전히 끊어버리는 것, 그러니까 내세에서 계속해서 살아가지 못하도록 하는 것을 가리키는 것으로 보았다.

대다수의 구약학자들과는 반대로, 브리츠토는 죽은 자들은 내세에서의 그들의 생존을 후손에게 의지하였다고 주장하였다. 죽은 자들에게 제사를 드리는 것이 고대 이스라엘에서 규정되지는 않았지만 인정되었다고 브리츠토는 말한다. 구약에 나오는 죽은 자들을 위한 제사에 대한 두 번의 언급(시 106:28; 신 26:14)은 이러한 관습을 단죄하지만, 브리츠토는 시편 106:28에서 죽은 자들을 위한 제사가 단죄되고 있는 것은 사람들이 그 제물을 브올의 바알 숭배자들과 함께 먹었기 때문이라고 주장하였다. 신명기의 본문(26:14)은 세 번째 십일조를 죽은 자들을 위한 희생제물로 드리는 것만을 금지하고 있다. 브리츠토는 이 본문이 함축하고 있는 의미는 "죽은 자들에게 다른 음식을 제공하는 것을 인정하고 있다는 것"이다("Kin, Cult, Land and Afterlife," 28-29).

의심할 여지 없이, 이스라엘의 주변 나라들은 무덤 또는 지하세계로부터 온 유령들, 몸을 지니지 않은 영들을 믿었다. 아이히로트(Walther Eichrodt)는 이러한 개념은 지금도 여전히 세계의 여러 지역에서 통용되고 있다고 지적하였다. 수마트라 섬의 바탁(Batak) 부족에서는 매장할 때에 사람들이 큰 소리로 시끄럽게 떠들고, 가능하면 시신을 문을 통해서가 아니라 벽에 나 있는 구멍을 통해서 옮김으로써 죽은 자의 영이 다시 돌아오는 길을 발견하지 못하도록 하는 것이 관습으로 되어 있다(*Theology of the Old Testament II*, 215).

『구약의 민담』(*Folklore in the Old Testament*)에서 프레이저(Fraser)는 가인의 표에 관한 자신의 논의 속에서 하나님은 가인을 붉은 색, 검은 색, 흰 색의 물감으로 칠함으로써 이 최초의 "스미스 씨"를 그에게 희생된 자의 유령이 알아볼 수 없도록 하였다고 주장하였다(Hooke, *The Siege Perilous*, 66에서 재인용).

구약의 백성은 죽은 자들에게 물어보는 것이 금지되었지만(레 19:31; 20:6,27; 신 18:11), 이스라엘에서 영매들, 접신술사들은 분명히 많이 있었고, 구약의 백성에게 끊임없는 유혹이 되었다(삼상 28:3, 7, 9; 왕하 21:6; 23:24; 대상 10:13; 대하 33:6; 사 8:19; 19:3). 이사야는 예루살렘(아리엘)은 멸망당했지만 아직도 여전히 말을 할 수 있는 존재로 묘사하였다:

> 네가 낮아져서 땅에서 말하며
> 네 말소리가 나직이 티끌에서 날 것이라
> 네 목소리가 신접한 자의 목소리 같이
> 땅에서 나며
> 네 말소리가 티끌에서 지껄이리라.

(사 29:4)

많은 학자들은 옷을 찢거나 머리카락 또는 살을 베는 것 같은 애곡의 몇몇
표지들을 유령들이 알아볼 수 없도록 자신의 외모를 위장하고자 하는 시도들
로 해석한다(Noth, *Leviticus*, 143; Wolff, *Anthropology of the Old
Testament*, 105; Eichrodt, *Theology of the Old Testament* II, 215. 또한 폴 아
미스(Paul Armes)가 쓴 미간행 박사학위 논문인 *The Concept of Dying in the
Old Testament*, 150–160에 나오는 구약에서의 애곡 관습들에 관한 논의를
보라).

오토 카이저(Otto Kaiser)는 "유령 이야기들은 구약이라는 문헌의 특성상
구약 속에서 기대되어서는 안 된다"고 말하였다(*Death and Life*, 167, n.
152). 로이드 베일리(Lloyd Bailey)는 구약에서 죽은 자들은 귀신들의 영역에
거하지 않으며, "음식과 마실 것의 제물들이 그들에게 주어지지 않는다고 할
지라도 이 땅을 배회하면서 산 자들을 위협할 수는 없다"고 믿었다(*Biblical
Perspectives on Death*, 35–36).

오로지 야웨만을 예배하라는 야웨의 요구는 죽은 자들이 어떤 식으로든 산
자들의 운명에 영향을 미칠 수 있다는 개념과 양립할 수 없다. 따라서 산 자
들은 시간과 돈을 들여서 죽은 자들을 달래고 죽음 자체에 몰두하는 것으로
부터 자유로웠다. 아이히로트(Walther Eichrodt)는 이스라엘 사람들의 통상적
인 삶 속에서 죽은 자들은 아무것도 아니었다는 것은 논박할 수 없는 사실이
라고 말하였다. "이스라엘에서 무덤은 그저 무덤일 뿐 그 이상의 아무것도 아
니었다"(*Theology of the Old Testament* II, 218).

죽은 자들은 스올에 있다는 개념은 죽은 자들이 무덤에 있다는 개념과 중
복되거나 서로 병행되어 나온다. 스올은 고유명사의 속성을 지닌 히브리어
단어이다. 이 단어의 어원은 불확실하다. 이 단어는 구약에서 65번 또는 66번
사용되고, 그 밖의 다른 셈어 문헌들 속에서는 히브리어로부터 차용한 단어
로서 등장하는 경우 외에는 나오지 않는다(Gaster, "The Abode of the
Dead," 787). 죽은 자들은 종종 무덤과 스올에 동시에 존재하는 것으로 보인
다(Jacob, *Theology of the Old Testament*, 302). 흠정역에서는 스올을 "무덤"

으로 31번, "지옥"으로 31번 번역한다. RSV와 NRS는 아가서 8:6을 제외하고
는 스올이라는 단어를 매번 음역한다. NIV는 스올을 통상적으로 "무덤"으로
번역한다.

이 단어가 구약에서 사용되고 있는 방식을 보면, 스올은 땅의 깊은 곳에 위
치해 있다는 것이 분명해진다. "내려가다"라는 표현이 스올과 관련해서 21번
사용된다(창 37:35; 42:38; 44:29, 31; 민 16:30, 33; 삼상 2:6; 왕상 2:6, 9; 욥
7:9; 17:16; 21:13; 잠 1:12; 5:5; 사 14:11, 15; 57:9; 겔 31:15, 16, 17; 32:27).
"스올의 깊음"은 여섯 번 언급된다(신 32:22; 시 86:13; 잠 9:18; 15:24; 사
7:11; 14:15). 스올은 하늘로부터 가장 먼 지점으로 4번 묘사된다(욥 11:8; 시
139:8; 사 7:11; 암 9:2). 스올은 "구덩이"와 병행으로 나오는 경우가 6번 나
온다(욥 17:13-14; 시 16:10; 잠 1:12; 사 14:15; 38:18; 겔 32:21).

스올은 '아밧돈'("멸망")과 동의어라고 언급된다(욥 26:6; 잠 15:11;
27:20). 스올은 죽음과 병행되어 9번 나온다(삼하 22:6; 시 18:4-5; 49:14;
89:48; 116:3; 잠 5:5; 사 28:15, 18; 호 13:14; 합 2:5). 스올은 덮치는 홍수, 물,
파도라는 견지에서 묘사된다(삼하 22:6; 시 18:4-5; 욘 2:2-6). 스올은 먼지의
장소로 한 번 불린다(욥 17:16).

종종 스올은 사냥꾼이 사냥감을 잡기 위해서 덫을 놓고, 끈으로 묶으며, 산
자들의 땅으로부터 사냥감을 낚아채는 것으로 묘사된다(삼하 22:6; 시 116:3).
스올은 빗장이 쳐진 감옥이고, 돌아올 수 없는 곳이다(욥 7:9; 10:21; 16:22;
21:13; 시 49:14; 사 38:10). 몇몇 사람들은 산 채로 스올로 간다(민 16:30, 33;
시 55:15; 잠 1:12). 스올은 아무리 먹어도 더 먹기를 원하는 괴물이다(잠
1:12; 27:20; 30:16; 사 5:14; 합 2:5). 스올은 모든 사람들이 죽을 때에 가는 곳
이다(욥 3:11-19; 시 89:48; Russell, *The Method and Message of Jewish
Apocalyptic*, 355). 스올은 침묵, 망각의 장소이고, 아무런 활동이 없고 하나
님을 찬양함이 없는 곳이다(시 6:5; 전 9:10; 사 38:10).

모든 사람(부자나 가난한 자나, 선한 자나 악한 자나, 늙은 자나 젊은 자나)
은 죽어서 스올로 간다. 하지만, 구약의 몇몇 본문들은 악인들과 죄인들은 곧
장 스올로 끌려가지만, 의인들은 더 오랫동안 스올로 내려가는 것이 지체된
다고 말하고 있는 것 같다(욥 24:19; 시 9:17; 16:10; 31:17). 스올은 하나님에

게 열려 있다. 하나님은 스올을 관장하신다(욥 26:6; 시 139:8; 암 9:2).

구약에서 스올은 매력적인 장소는 아니지만, 적어도 죽음은 실존의 절대적인 끝이 아니라는 신앙을 지니고 있었다. 죽은 자들은 '레파임'("그림자들")으로서 계속해서 존재한다(욥 26:5; 잠 2:18; 9:18; 21:16; 사 26:14). 이러한 스올이라는 개념은 바벨론에서 죽은 자들이 가는 장소로 알려져 있었던 '아랄뤼'라는 개념과 아주 흡사하다(Robinson, *Inspiration and Revelation*, 96, 99).

기독교적인 관점에서 볼 때, 구약에서 놀라운 일들 중의 하나는 죽음과 내세에 관한 충분하지 않은 견해를 구약이 가지고 있다는 것이다. 프리젠(Th. C. Vriezen)은 구약이 죽음 이후의 삶에 관하여 거의 말하고 있지 않다는 사실은 "구약이 신약에 의해서 성취되었다고 말할 수 있는 중요한 요소들 중의 하나"라고 말하였다(*Outline of Old Testament Theology*, 409).

죽음 이후의 삶에 관한 이스라엘의 견해가 불충분했던 이유들 중의 하나는 이스라엘이 죽음과 그 이후에 관한 주변 나라의 개념들, 특히 애굽과 우가릿의 개념들과 싸워야 했다는 것이다. 애굽에서 죽음은 적어도 부유하고 권력 있는 자들에게 있어서는 삶으로서의 가면을 쓰고 있었다. 우가릿에 대해서 죽음의 신 '모트' 숭배는 다산 제의 또는 죽었다가 다시 살아나는 신의 제의의 일부였다. 자연이 신이라거나 죽은 자들이 신들 또는 "아는 자들"(knowing ones)이 된다는 개념은 구약에서 금지되었다(레 19:31; 신 18:10-11; 사 8:19-20; 65:4).

구약에서는 사람이 죽은 후에 무슨 일이 일어난다고 말하고 있는가? 죽은 자는 매장되고 스올로 내려간다. 죽은 자가 스올에서 차지하는 지위를 결정하기 위한 심판이 존재하는가? 구약은 심판에 관하여 자주 말하지만, 통상적으로 심판은 집단들, 민족, 열방들에 관한 것이다; 그리고 심판은 통상적으로 역사 내에서 일어난다. 히브리서 9:27의 말씀과 비슷한 것은 구약에는 없다고 보아야 한다: "한 번 죽는 것은 사람에게 정해진 것이요 그 후에는 심판이 있으리니 … " 죽은 자들에 대한 구약의 대부분의 언급들은 죽은 자들이 스올에서 약화된 형태로 계속해서 존재한다는 것을 암시한다.

구약의 몇몇 본문들은 스올에서 의인들과 악인들 간의 차이는 존재하지 않는다는 것을 함축하고 있다(욥 3:17-19; 9:20-23; 시 6:4-5; 88:3-7; 사 14:9-11). 또 다른 본문들은 죽음 이후에 의인과 악인이 구별된다는 것을 적어도 단초적으로 함축하고 있는 것 같다(cf. 사 66:24; 겔 32:23; 말 4:1-3). 세상에 대한 심판이라는 개념은 구약에서 오직 서너 번 정도밖에 나오지 않는다(사 24—27; 단 7:9-10; 12:2; 습 3:8-10).

고대 이스라엘은 죽음 이후의 심판에 대한 이해를 거의 가지고 있지 않았던 것으로 보인다(Eichrodt, *Theology of the Old Testament* II, 511). 하지만 고대 애굽은 그러한 심판에 관한 고도로 발전된 개념을 지니고 있었다. 애굽의 『사자의 서』는 지금 영국 박물관에 있는 아니(Ani) 파피루스(가로가 78인치, 세로가 15인치)에 아주 잘 보존되어 있다. 아니 파피루스 125장에는 아니와 그의 아내 투투(Tutu)가 큰 심판정 안에서 겸손하게 무릎을 꿇고 있는 장면이 그려져 있다. 중앙에는 재칼의 머리를 한 아누비스(Anubis)에 의해서 작동되는 저울이 있다. 왼쪽의 저울의 접시에는 아니의 심장이 놓여 있고, 저울의 다른 쪽에는 진리를 상징하는 깃털이 놓여 있다. 이 그림 속에는 다른 신들과 더불어서 한 서기관과 죽은 자들을 삼키는 자인 아메미트(Amemit)가 나오는데, 그는 곁에 서서 대기하고 있다가 아니의 심장이 시험을 통과하지 못하는 경우에 그 심장을 삼킬 준비를 하고 있다. 위쪽에는 재판관들인 12신들이 있고, 오른쪽에는 무죄 방면의 선고가 있다.

125장의 본문은 아니가 42인의 재판관들 앞에서 42가지의 죄들을 부인하는 내용을 담고 있다. 각 재판관은 하나의 구체적인 범죄를 관장한다. 아니가 부인한 범죄들 중에는 살인, 신성모독, 도적질, 가축을 학대한 일, 소년과 성관계를 맺은 일 등이 있다. 사자의 서의 많은 부분은 주술의 사용을 다루고 있지만, 내세에서 죽은 자의 운명을 결정할 죽음 이후의 심판에 대한 신앙을 보여준다(de Vries, *Achievements of Biblical Religion*, 237-238; Finegan, *Light From the Ancient Past*, 101-102; Steindorff and Seele, *When Egypt Ruled the East*, 144-148). 하나님이 사람의 마음 또는 영을 달아보신다는 개념은 구약에 반영되어 있다(잠 16:2; 21:2; 24:12). 다후드(Dahood)는 이러한 언급들이 지혜자가 죽음 이후의 심판에 관한 애굽의 신앙을 알고 있었다는 것을 보여주는 증거라고 보았다(*Psalms 3*, xliv).

43. 무덤과 그 너머

"인자야 이 뼈들이 능히 살 수 있겠느냐 하시기로
내가 대답하되 주 여호와여 주께서 아시나이다."
(겔 37:3)

"장정이라도 죽으면 어찌 다시 살리이까?"
(욥 14:14a)

죽음 이후의 삶은 존재하는가? 인류가 기억할 수 없는 때로부터 사람들은 죽음 이후의 지속적인 실존에 대한 신앙을 보여주는 방식으로 죽은 자들을 매장해 왔다. 많은 철학자들은 무덤 이후에 삶의 연장을 바라는 보편적인 욕구를 향한 이러한 주장을 밑받침해 왔다. 임마누엘 칸트(Immanuel Kant)는 그러한 소망은 "모든 사람의 가슴속에 존재하는 정서, 즉 일시적인 것은 인간의 본성의 요구들을 충족시키거나 만족시키는 데에 불충분하다는 정서로부터 생겨난다"라고 말하였다(*Critique of Pure Reason*, 35).

플라톤은 영혼의 참된 본질은 사람 속에 있는 인식하는 영이라는 것을 토대로 해서 영혼의 불멸을 주장하였다. 인간의 영은 사물들의 영원한 원형들 또는 일반 개념들에 참여한다. 이러한 일반 개념들은 없어지지 않는 것들이다. 사람의 영 또는 영혼이 이러한 개념들에 참여한다면, 그 영혼은 불멸하는 것이 될 수밖에 없다(Pannenberg, *What Is Man?*, 46). 플라톤은 영혼과 몸을 구별하였다. 판넨베르크(Wolfhart Pannenberg)는 현대의 인간론은 영혼과 몸이 두 가지 서로 다른 실체의 영역들을 나타낸다는 이러한 상식적인 개념을 제거하였다고 말한다(*What Is Man?*, 47).

판넨베르크는 "죽음 너머의 소망" 또는 "부활"을 자신의 신학 체계에 있어서의 열쇠로 삼았다. 사람을 제외한 그 밖의 다른 모든 피조물들은 전적으로 현재 속에서 살아간다. 인간은 미래를 (어느 정도) 예측하고 예견할 수 있다. 인간은 자신의 죽음을 예견할 수 있다. 사람들은 결코 자신의 성취들 또는 실패들에 만족하지 않는다. 사람은 언제나 다른 그 무엇을 향하여 앞으로 나아가고 있다. "자신의 죽음에 관하여 알고 있다는 것이 내재적인 것이라고 할지라도, 사람에게는 죽음 너머의 소망이 내재되어 있다"(*What Is Man?*, 44). 죽음 너머의 소망은 사람들 속에 내재해 있을 수 있지만, 오직 성경의 약속들은 미래의 새로운 일을 중요하고 의지할 만한 것으로 삼아 왔다. "성경의 하나님의 능력과 신실하심이 이 약속들의 배후에 있다"(Pannenberg, *What Is Man?*, 43).

구약은 죽음 이후의 삶에 대하여 체계적이거나 조직적인 서술을 제공해주지 않는다. 우리는 이 주제에 관한 진리의 단편들과 조각들 또는 섬광들을 구약의 여러 부분들로부터 수집해서 한데 모아서 연구하지 않으면 안 된다. 모든 구약학자들과 독자들은 죽음 이후의 삶에 관하여 말하고 있는 것으로 보이는 많은 본문들에 대한 해석에 있어서 결코 서로 견해가 일치하지 않는다.

죽음 이후의 삶에 관한 "가르침"은 구약에서 매우 서서히 발전되어 왔다는 것이 일반적으로 인정되고 있다. 휴이(F. B. Huey)는 이렇게 말하였다: "죽음 이후의 삶에 관한 가르침의 역사적 발전은, 신앙의 절정인 몸의 부활에 관한 가르침이 신약 시대가 되기까지는 온전히 서술되지 못하였다는 것을 근거로 해서 정당화될 수 있다. 이스라엘이 이교적인 부착물들을 벗어버리고 부활 교리에 도달하는 데에는 오랜 시간이 걸렸다"("The Hebrew Concept of Life After Death," 55).

이스라엘이 죽음 이후의 삶에 관한 가르침을 발전시킨 것이 느리게 진행된 이유는 몇 가지로 설명될 수 있다. 죽음과 내세의 삶이라는 개념들은 이스라엘의 주변 나라들의 종교 속에서는 중요한 역할을 하였다: 애굽인들, 가나안인들, 바벨론인들. 죽음과 내세의 삶에 관한 그들의 개념은 그릇되고 오도하는 것들이었다. 그들은 죽음을 신으로 받들었고, 몇몇 사람들을 죽고 나서 신격화하였다. 죽은 자들의 제의는 고대 근동에서 많은 사람들의 삶에 커다란 영향을 행사하였고, 죽었다가 다시 살아나는 신이라는 개념은 성(性)을 신성시하는 다산 제의와 매우 밀접하게 결합되어 있었다. 죽은 자들에게 묻는 일은 이스라엘에서 금지되었다(레 19:31; 20:6, 27; 신 18:10; 왕하 21:6; 23:24). 죽음의 전 영역은 구약에서 불분명한 것이었다(레 11:24; 민 19:11).

이스라엘이 죽음 이후의 삶에 관한 만족스러운 견해를 발전시키는 데에 느렸던 것은 "순수한 개인주의"가 아니라 "집단적 인격"을 강조했고, 영혼과 몸이라는 이분법이 아니라 인간에 대한 통전적인 견해를 강조했으며, 죽음 이후의 삶이 아니라 지금 여기에서의 삶의 중요성을 강조했기 때문인 것으로 보인다.

브루스 보터(Bruce Vawter)는 이스라엘이 접신술을 미신으로 규정하고 배제하였고, 죽은 자들에 관하여 묻는 일을 금지하였기 때문에, 그들의 동시대인들의 사고 속에서 유례를 찾아볼 수 없을 정도로 이 땅에서의 삶의 의미를 아주 깊게 검토하지 않을 수 없었다고 지적하였다. 이스라엘의 지혜문학은 높은 도덕성, 건강한 물질 사상, 몸에 대한 존중을 강조한다. "현세"에 대한 강력한 강조가 없었다면, 사회 정의에 대한 선지자들의 가르침은 강력할 수 없었을 것이다. "삶이 이토록 소중히 여겨질 때, 장수는 필연적으로 축복들 중에서 가장 큰 축복으로 여겨지게 된다(시 21:4)"("Intimations of Immortality and the Old Testament," 170).

구약에서 죽음 이후의 삶이라는 개념은 어디에서 시작되는가? 몇몇 저술가들은 "생명나무"와 "선악을 알게 하는 나무"에 대한 언급들(창 2:4b—3:24)을 죽음 이후의 삶이라는 개념을 보여주는 증거들이라고 본다. 그러나 거기에는 분명히 부활에 대한 언급이 없다. 에덴동산에 있던 그 나무들은 죽음 이후의 삶을 가리키는 것이라기보다는 죽음을 피하는 길을 나타내는 것일 수 있다. 창세기 5:24에 나오는 에녹의 "승천"은 구약의 후기 부분들에 커다란 영향을 미쳤다; 하지만 죽음 이후의 삶에 관한 일반적인 가르침은 에녹의 승천의 토대를 이루고 있지 않다. 또한 여기에도 부활에 대한 언급이 없다. 다윗이 자기가 죽으면 이미 죽은 자신의 아들과 함께 있게 될 것이라고 말했을 때(삼하 12:23), 그는 무덤 또는 스올에서 "자신의 조상들에게로 돌아간다는 것"에 관한 기존에 말해졌던 내용을 피력하고 있는 것일 가능성이 크다(창 25:8, 17; 35:29; 49:33; 민 20:24; 27:13; 삿 2:10).

구약은 사람이 죽었다가 다시 살아나서 소생(蘇生)한 사건과 관련된 세 경우를 보도한다. 처음 두 경우는 엘리야와 엘리사가 과부의 아들들을 다시 살린 사건들이었고, 세 번째는 어떤 사람의 시신이 엘리사의 무덤 속으로 던져져서 무덤 속에 있던 엘리사의 시신과 접촉했을 때에 소생한 사건이었다(왕상 17:17; 왕하 4:29; 13:21). 이렇게 소생한 세 사람은 모두 우리가 알고 있는 한 다시 죽었다.

많은 학자들은 바벨론 포수(捕囚)를 구약에 나타난 이전의 종교적 개념들과 좀 더 진보한 종교적 개념들을 나누는 분기점으로 삼는다. 이스라엘 민족의 붕괴는 강조점을 민족에서 개인으로 옮겨놓았다. 고난과 정의에 관한 문제들이 좀 더 첨예하게 제기되었다. 이전에는 어둠 속에서 산발적으로 섬광을 내었거나 일시적으로 표현되었던 죽음 이후의 삶의 소망은 이제 "이생에서 의인이 무슨 일을 만나든지 간에 그에게 더 의미가 있는 한 가지, 즉 하나님과의 교제가 현세에서나 내세에서 결코 그로부터 빼앗겨지지 않을 것이라는 흔들림 없는 확신"이 되었다(Huey, "The Hebrew Concept of Life After Death," 136-137).

1966년에 미첼 다후드(Mitchell Dahood)는 "이스라엘이나 초기 유대교는 그 어떤 부활에 대한 신앙도 알지 못했고, 그러한 신앙은 시편에 나타나지 않는다"는 지그문트 모빙켈(Mowinckel)의 주장에 도전함으로써 성서학계를 발칵 뒤집어 놓았다(Dahood, *Psalms 1*, xxxvi). 다후드는 시편 1-50편에 대한 자신의 번역이 성서 신학에 가장 중요하게 기여한 부분은 부활과 불멸이라는 주제에 관한 것이라고 말하였다. 그는 시편 1-73편에 걸쳐 있는 몇몇 본문들에 대한 자신의 해석이 비평을 견디어 낸다면 "표준적인 성서 신학들 속에서의 이 주제들에 대한 서술은 근본적인 개정이 필요하게 될 것이다"라고 단언하였다(*Psalms 1*, xxxvi).

다후드는 1970년에 자신의 시편 주석서를 완결하였다. 제3권에서 그는 자기가 제1권에서 다음과 같이 말했었다는 것을 지적하였다: "시편 기자들은 이전의 주석서들이 제시해 왔던 것보다 죽음과 내세라는 문제를 훨씬 더 많이 생각하였다. 시편 기자들이 죽음에 대하여 깊이 생각했다는 것은 시편에 지하세계에 대한 수많은 명칭들이 나온다는 사실로부터 분명해진다"(*Psalms 3*, xli). 동일한 대목에서 다후드는 "부활과 불멸에 대한 깊고 견실한 신앙이 시편 전체에 스며들어 있다고 자기가 역설한 것"에 관하여 언급한다.

부활과 불멸이라는 개념들이 시편 전체에 스며들어 있다는 자신의 주장을 밑받침하기 위해서, 다후드는 시편으로부터 적어도 40개의 본문들을 잠언,

전도서, 이사야서, 다니엘서에서 가져온 그 밖의 다른 본문들과 더불어서 열거하였다. 그의 증거들은 대체로 우가릿어 또는 가나안어의 의미를 지닌 히브리어 단어들의 사용에 의존하고 있기 때문에 대단히 의심스럽다. 예를 들면, 그는 히브리어 '하야'("생명")를 "영원한 생명"으로 번역하였다(시 16:11; 21:4; 27:13; 30:5; 36:9; 56:13; 69:28; 116:8, 9; 133:3; 147:6). 또 다른 의심스러운 절차를 통해서, 다후드는 '아하리트'("마지막")라는 단어를 "장래" 또는 "장래의 삶"으로 번역하였다(시 37:37-38; 109:13; *Psalms 3*, xlv-lii). 다후드의 이론은 널리 논의되어 왔지만, 그의 견해를 옹호하는 학자들은 거의 없다(Vawter, "Intimations of Immortality," 158-171).

구약에 나오는 몇몇 문학장르들은 죽음 이후의 삶에 관한 이스라엘의 견해와 관련된 단서를 제공해 주는 것 같다. 구약에 나오는 탄식시들은 삶 속에서의 자신의 처지에 대한 불만족을 보여준다. 구약의 탄식시들은 개인과 민족의 수많은 서로 다른 문제들에 관한 것이다. 고난, 질병, 압제, 거짓 고소, 원수, 침공, 죽음은 구약의 탄식시들의 주제들이다. 클라우스 베스터만(Westermann)은 "고난의 탄식"과 "죽은 자에 대한 탄식"을 구별하였다. 죽은 자에 대한 탄식은 뒤를 돌아보는 회고적인 것이고, 고난에 대한 탄식은 앞을 바라본다. 애곡하는 자의 입술에서 나오는 죽은 자에 대한 탄식은 또 다른 사람의 죽음을 애통해한다(삼하 1:18-27; 18:33). 이 두 종류의 탄식과 관련하여 서로 다른 히브리어 단어들이 사용되고 있다. 고난의 탄식은 하나님을 향한 것이다; 죽은 자의 탄식은 이스라엘 또는 다른 사람들을 향하고 있다(Westermann, "The Role of the Lament," 20-38).

월터 브루그만(W. Brueggemann)은 죽은 자들에 대한 탄식인 "만가"와 고난의 탄식의 차이를 영광에서 수치로의 "비극적인 역전"과 고통으로부터 온전함으로 옮겨가는 "구원의 역전"의 차이로 보았다. 이스라엘의 통상적인 기대들은 비극적인 역전을 역사적 경험의 패턴으로 보았을 것이다; 그들의 "규범적인 신앙은 정확히 그 반대이다. 그것은 비극적인 역전이 아니라 구원의 역전이 그들의 체험의 패턴이라고 역설한다. 따라서 우리는 만가와 대비되는 탄식 양식은 이스라엘의 가장 근본적인 확신, 즉 야웨는 현재의 상황을 주관하셔서 그것으로부터 선한 것을 만들어낼 수 있다는 확신을 표현하고 있음을 본다"("From Hurt to Joy," 13).

브루그만은 간구와 찬양으로 표현되는 부르짖음과 응답이라는 구조는 초대 교회가 십자가 처형과 부활로서 경험했던 순간을 극화하고 있는 것이라고 결론을 내렸다. "이전과 이후라는 두 개의 주요한 부분으로 이루어진 탄식 시편들은 정확히 죽음의 경험과 새 생명의 수여를 반영하고 있다"("From Hurt to Joy," 19). 각주를 통해서, 브루그만은 『선한 슬픔』(Good Grief)에서 그랜저 웨스트버그(Granger Westberg)에 의해서 간략하게 서술된 애곡의 과정과 『죽음과 죽음의 과정』(On Death and Dying)에서 엘리자베스 퀴블러-로스(Elisabeth Kubler-Ross)가 제시한 죽음의 과정과 관련해서 이 양식이 "고통으로부터 확신으로" 움직여가는 것을 연구하는 것이 목회 현장에서 유익할 것이라고 말하였다.

1977년에 브루그만은 퀴블러 로스의 저서 속에 나오는 슬픔의 양식을 구약의 탄식시들의 양식과 비교하면서 자신의 주장을 발전시켰다("The Formfulness of Grief," 267-275). 퀴블러 로스는 슬픔과 죽음의 과정은 꽤 일정한 양식을 따르는 경향을 보여준다고 말하였다. 그녀는 이 과정이 다섯 가지 요소를 포함하고 있다고 주장하였다: 부인과 고립; 분노; 협상; 낙담; 수용.

이러한 다섯 가지 요소들은 베스터만과 브루그만에 의해서 식별된 이스라엘의 탄식시들 속에서의 움직임과 서로 연관되어 있을 수 있다. 처음 네 단계는 간구의 일부이고, 마지막 단계는 확신이다. 하지만 브루그만은 이스라엘과 퀴블러 로스는 판이하게 다른 위치에서 시작한다고 말하였다. 이스라엘은 죽음의 부인에 대하여 거의 강조하지 않지만, 흔히 때 이른 죽음에 대하여 항변한다. 브루그만은 이러한 차이점이 이스라엘의 계약 의식과 대비되는 현대인의 고독감에서 유래한 것이라고 말하였다. 이스라엘은 죽음에 직면해서 분노를 표현하였다; 그러나 여기에서도 이스라엘은 분노가 수용될 수 있고 다루어질 수 있는 계약이라는 맥락을 가지고 있었다.

퀴블러 로스는 가족과 의료진은 죽음을 적절하게 대처할 준비를 갖추고 있지 않다고 지적하였다. 협상은 이스라엘의 체계와 퀴블러 로스의 체계 속에서 별로 중요치 않은 모티프로 여겨질 수 있다. 낙담은 무가치함, 무기력, 하찮음에 관한 의식으로부터 자라난다. 이러한 것의 일부는 구약에서 "벌레" 주제 속에서 나타난다(욥 25:6; 시 22:6; 사 41:14). 하지만 퀴블러 로스의 고난받는 자는 그가 하소연할 때가 없기 때문에 결국 낙담하게 될 것이다. 이스라엘은 언제나 형식적으로는 하소연할 수 있는 상대방을 가지고 있다. 이스라엘에서는 낙담은 결코 온전히 피어나지 않는다. 이스라엘의 양식 속에서는 간구가 낙담을 대신한다.

이 두 체계에서 마지막 단계는 수용이다. 하지만 퀴블러 로스에게 있어서 죽음의 수용은 자신의 운명에 내어맡기는 체험일 것이다. 그것은 이스라엘에서는 몇몇 사람에게는 사실일 수 있겠지만, 이스라엘의 모든 정경적인 탄식시들은 시편 88편만을 제외하면 찬양의 요소를 담고 있거나 찬양의 요소로 끝난다.

아마도 이스라엘은 수직적 및 수평적 차원들을 지니고 있었던 계약에 대한 인식으로 인해서 그들을 묶고 있었던 죽음의 한계들을 극복할 수 있었던 것으로 보인다. 분명히 이스라엘 민족이 예루살렘의 멸망으로 산산조각이 난 것(주전 586년), 개인의 책임성의 출현, 현세의 삶 속에서의 정의의 실패는 죽음 이후의 삶에 관한 적절한 개념에 대한 진지한 성찰들로 이어졌을 것이다. 처음에는 소망의 산발적인 섬광들과 신앙의 도약이 있다가, 구약 말기에 이르러서는 좀 더 의미 있는 소망의 표현들이 출현하였다. 하지만 구약은 결코 죽음 이후의 삶에 관한 자세하거나 체계적인 교리를 발전시키지 않았다.

발터 아이히로트(Walther Eichrodt)는 개인의 경우에 있어서 죽음이 극복될 수 있다는 개념은 이스라엘의 신앙 속에서 두 가지 서로 다른 방식으로 자리를 잡게 되었다고 말하였다. 한편으로, 죽음의 정복은 하나님의 섭리와 영광이 하늘과 땅과 땅 밑의 모든 권세들에 의해서 보편적으로 인정될 종말론적인 사건으로 보아졌다(*Theology of the Old Testament* II, 509-510). 다른 한편으로, 이스라엘은 개인의 삶은 하나님과의 직접적인 만남을 통해서 결코 멸해질 수 없는 내용물을 얻게 된다는 깨달음을 통해서 개인에 의한 죽음의 정복에 대한 확신에 도달하였다. 아이히로트는 두 번째 길을 "신앙 실재론(faith-realism)의 길"이라고 불렀고, 이 길은 이전에 확신을 위한 치열한 투쟁에 참여하였던 자들에게만 열린다고 믿었다(*Theology of the Old Testament*

II, 517).

"신앙 실재론의 길"을 통해서 죽음 이후의 삶에 대한 확신에 이르게 된 사람의 한 예는 거의 죽을 지경에 이를 정도의 고통을 겪었다고 묘사되고 있는 욥이다. 욥은 가족과 친구들의 지지를 잃어버렸지만, 그의 가장 큰 문제는 하나님이 자신의 원수라는 그의 잘못된 인식이었다. 처음에는 소극적으로, 그러다가 점점 더 대담하게, 욥은 자신이 아무런 흠도 없다고 주장하였다(13:1-19). 그는 자신의 증인이 하늘에 있고, 자신의 말을 보증해 줄 자가 높은 곳에 계시다고 믿음으로 단언하였다(16:19). 욥은 간이 부어서, 자신의 살아계신 구속자가 자신의 옳음을 입증해 주실 것이라고 선포하였다(19:25-27). 하나님께서 회리바람을 통해서 그에게 말씀하셨을 때, 욥은 하나님의 지혜와 주권만이 아니라 하나님께서 개인에게 개별적으로 관심을 가지고 계시고 임재하신다는 것을 인정하였다. 그러한 체험 속에서 죽음은 더 이상 공포의 대상이 아니다.

두 개의 시편(49편과 73편)은 죽음을 뛰어넘어 하나님의 팔에 안기는 "신앙의 도약"을 포함하고 있는 것으로 보인다. 시편 49편은 부자와 가난한 자의 운명에 대하여 성찰하고 있는 지혜 시편이다. 부자와 가난한 자는 둘 다 지혜자와 마찬가지로 죽는다(시 49:5-6,10,12,20). 죽어서 모두가 동일한 곳으로 간다면, 그들은 그들의 불평등을 함께 가지고 가게 되는 것이 될 것이다. 로울리(H. H. Rowley)는 "그가 나를 영접하리라('라카흐')"(15절)는 표현을 사용함으로써, 이 시편 기자는 "현세의 불평등이 내세에서 교정될 것"이라고 말하고 있는 것이라고 주장하였다(*The Faith of Israel*, 171; cf. A. A. Anderson, *The Book of Psalms*, Vol.1, 379-381).

시편 73편에서 시편 기자는 악한 자가 잘되고 잘 사는 것과 관련된 문제에 직면하였다(3-12절). 시편 기자는 궁극적으로 악인은 번성하는 듯이 보이지만, 하나님은 그들을 부끄러운 곳에 두어서 그들로 하여금 파멸로 넘어지게 하신다는 것을 이해하게 되었다(18절). 반대로, 시편 기자는 하나님의 우편 손이 자신의 발을 견고한 반석 위에 둔 채로 삶을 통과하여 왔다. "모든 시련들과 환난들 속에서 그는 하나님과 함께 있는 것, 그의 손이 붙들고 있는 것, 그의 모략이 인도하고 있는 것이 무엇인지 알게 되고, 이렇게 해서 그의 삶은 그 어떤 외적인 사건에 의해서도 위태로워질 수 없는 내용물을 가지게 된다. 하나님 자신이 그의 분깃이 된 것이다"(Eichrodt, *Theology of the Old Testament II*, 521). 이러한 관계는 죽음 너머에서도 계속된다. 이런 일이 어떻게 일어날 수 있는가? 이 시편 기자가 사용할 수 있었던 유일한 단어는 '라카르'("이끌려가다" 또는 "승천하다")였다(시 73:24).

이 시편을 비롯한 그 밖의 다른 시편들(16:10-11을 보라)은 의인들이 하늘에서 하나님의 임재 앞에서 영원히 있게 될 것이라는 사상을 예상하고 있는 것으로 보이지만, 그러한 "타계적인" 견해는 결코 사람의 장래는 이 땅에서의 삶과 관련되어 있다는 사상을 대체하지 않았다. 아이히로트(Walther Eichrodt)는 이렇게 말하였다: "구약의 소망의 근본적인 특징, 역사는 하나님의 주권의 완성을 가져오고, 이스라엘 위에 하나님 나라의 도래를 가져온다는 특징은, 의인들이 개별적으로 이 땅에서의 것들과의 모든 관계로부터 떠나서 저 세상에서 하나님에 의해서 구원받는다는 개념으로 대체되지 않았다"(*Theology of the Old Testament II*, 514).

휠러 로빈슨(H. Wheeler Robinson)은 인간의 운명에 관한 사상이 정말 진보했는가를 알아보기 위해서는 스올이 아닌 다른 것을 찾아보아야 한다고 말하였다. 새로운 소망은 "이 땅 아래에서의 삶, 또는 이 땅 위에서의 삶이 아니라" 이 땅에서의 지속적인 삶에 대한 신앙으로부터 생겨난다(*Inspiration and Revelation*, 100). 쿠크(G. A. Cooke)는 에스겔 37장과 47:1-12에 대한 주석을 통해서 "복된 미래에 관한 구약의 개념들에 의하면, 인간은 승천하여서 하나님과 거하는 것이 아니라, 하나님이 내려오셔서 인간과 함께 거하고, 하나님의 현존은 땅을 하늘로 변화시킨다"라고 말하였다(*Ezekiel*, 404).

이스라엘 백성이 죽음을 극복할 수 있다고 인식하였던 또 한 가지 길은 종말론적인 사건을 통한 것이었다(Eichrodt, *Theology of the Old Testament II*, 509). 대체로 이것은 역사의 완성, 보편적인 심판, 일부 죽은 자들의 부활에 대한 언급들을 포함하는 것이었다. 학자들은 이 점과 관련된 이스라엘의 사상에 대한 이방의 영향의 가능성과 관련해서 그 견해가 양분되어 있다. 다후드(Dahood), 폰 라트(von Rad), 오토 카이저(Otto Kaiser)는 그러한 개념들이 가나안 또는 페르시아에서 유래한 것이라고 생각하였다. 아이히로트(Walther

Eichrodt)와 에드몽 자콥(Edmon Jacob)은 "오직 내부적인 추론만이 부활에 관한 교리의 출현을 설명해 준다"고 믿는다(Jacob, *Theology of the Old Testament*, 314; cf. Eichrodt, *Theology of the Old Testament* II, 516).

44. 부활

구약에서 죽음 이후의 삶에 관한 최종적인 단어는 "부활"이다. 부활을 가리키는 전문적인 히브리어 용어인 '테히야트 함메팀'은 성경 히브리어에는 나오지 않지만, 미쉬나에는 4번, 탈무드에서는 41번 확인된다. 이 용어는 중세 시대의 히브리어 문헌들에서는 아주 흔하게 나오고, 현대 히브리어의 모든 사전들에 수록되어 있다(Sawyer, "Hebrew Words for Resurrection," 220). "부활"이라는 단어는 구약성서에서 발견되지 않지만, 그 개념은 8개의 동사를 사용해서 표현될 수 있었다: '하야'("살다"), '쿰'("일어나다"), '헤키스'("깨어나다"), '라카흐'("이끌어가다"), '알라'("올라가다"), '슈브'("돌아오다"), '아마드'("서다"), '네오르'("일으키다").

부활에 대한 구약의 가장 초기의 언급이 어느 본문인지를 결정하는 것은 어려운 일이다. 학자들은 부활을 언급하고 있는 것으로 보이는 많은 본문들의 저작 연대와 해석에 대해서 이견을 보인다. 러셀(D. S. Russell)은 "이러한 부활 개념의 시작의 계기가 된 역사적인 사건은 우리로부터 감춰져 있지만, 이 개념은 이스라엘에서 몇몇 의로운 사람들이 순교당한 것을 계기로 생겨났을 가능성이 크다"라고 말하였다(*The Method and Message of Jewish Apocalyptic*, 367). 발터 침멀리(Walter Zimmerli)는 죽음 너머의 삶에 대한 근본적인 소망의 단초들은 몇몇 시편들과 욥기에서 찾아볼 수 있을 것이라고 말하였다. 우리는 부활 소망이, 이스라엘의 주변 나라들이 죽음 이후에 다시 얻게 되는 삶에 관한 것과 관련하여 품고 있었던 소망과 다르기 때문에 정확히 어디에서 이 소망이 시작되었는지를 결정하려고 시도하지 않을 수 없다(Zimmerli, *The Old Testament and the World*, 134).

소여(Sawyer)는 히브리어 본문의 최종 형태가 주전 200년경부터 시작된 히브리어의 "중기"로부터 우리에게 왔다고 말함으로써, 구약에서 부활에 대한

가장 초기의 언급의 저작 연대라는 문제를 회피하고자 하였다("Hebrew
Words for Resurrection," 218, 299). 소여는 마소라 본문에서 특정한 히브리
어 단어의 의미는 그 원래의 맥락과 본문이 최종적으로 확정된 시대의 맥락
에 의해서 채색되어 있다고 믿었다.

구약의 최종 본문의 형태 속에서 거의 20개의 본문이 부활과 관련이 있을
수 있다(신 32:39; 삼상 2:6; 왕상 17:22; 욥 14:12; 19:25-27; 시 1:6; 16:10;
17:15; 49:15; 71:20; 73:24; 88:10; 사 26:14,19; 53:11; 66:24; 겔 37:10; 단
12:2; 호 6:2). 소여는 이러한 본문들은 이스라엘에서 부활에 대한 초기의 신
앙을 입증해 주지는 않지만, 본문의 최종 형태에 토대를 둔 구약 신학은 이
주제에 관한 상당한 분량의 항목을 포함해야 할 것이라고 말하였다. 이 본문
들은 단지 신약의 희미한 그림자들이 아니라, "선한 삶이 고난 속에서 끝나지
않고 공의가 행해지는 새로운 인류를 무덤의 흙과 썩어짐으로부터 만들어내
실 하나님의 능력에 대한 신앙의 분명한 표현들"이다("Hebrew Words for
Resurrection," 230).

엄밀하게 말해서, 구약에 나오는 오직 두 개의 본문만이 "죽음 이후의 두
번째의 삶"을 분명하게 단언하고 있다고 할 수 있다. "그것은 그 조건들이 아
무리 새로운 것이라고 할지라도 이 땅에서의 삶이고, 죽은 몸의 회복을 포함
한 부활의 삶이다"(Robinson, *Inspiration and Revelation*, 101-102). 이러한
본문들은 이사야서 26:19과 다니엘서 12:2이다. 그 밖의 다른 본문들은 몸의
부활에 대한 희미한 언급들로 이해될 수 있다(cf. 시 22:29; 욥 19:25-27; 사
53:10-12).

구약에서 부활에 대한 최초의 분명한 언급은 이사야 26:19이다.

주의 죽은 자들은 살아나고
그들의 시체들은 일어나리이다
티끌에 누운 자들아
너희는 깨어 노래하라
주의 이슬은 빛난 이슬이니
땅이 죽은 자들을 내놓으리로다.

이 본문의 연대는 널리 논란이 되어 왔다. 몇몇 저술가들은 이 본문의 연대를 주전 2세기 후반으로 설정하고, 또 어떤 학자들은 이 본문을 예루살렘의 이사야에게로 돌린다. 링그렌(H. Ringgren)은 이슬에 대한 언급은 가나안 사상으로부터의 영향이라고 생각하였다. 라스 샤므라 문서들은 이슬을 죽었다가 다시 살아나는 신의 부활과 연결시키고 있는 것으로 보인다(Ringgren, *Israelite Religion*, 247; 이사야 24-27장의 연대, 성격, 내용에 관한 여러 이론들에 대한 개관으로는 B. Otzen, "Traditions and Structures of Isaiah XXIV-XXVII," 196-206을 보라).

의심할 여지 없이, 이사야 24—27장은 종말론적이지만, 아직 묵시론적이지는 않다. "하나님 나라의 잔치"와 관련해서, 본문은 하나님이 죽음을 영원히 삼켜버리실 것이라고 말한다. 하나님은 모든 사람들의 얼굴로부터 눈물을 닦아주시고, 모든 얼굴들로부터 수치를 제하실 것이다(사 25:8). 하지만 부활은 이 본문에서 명시적으로 언급되지 않는다.

이사야 26:19은 부활이라는 개념을 강조한다. "주의 죽은 자들은 살아나고('하야') 그들의 시체들은 일어나리이다('쿰') 티끌에 누운 자들아 너희는 깨어('헤키스') 노래하라 주의 이슬은 빛난 이슬이니 땅이 죽은 자들을 내놓으리로다." 모든 중요한 용어들이 여기에 나온다. 소여(Sawyer)는 "이것은 옛 사람이든 현대인이든 사두개인을 제외한 그 어떤 사람도 잘못 해석할 가능성이 없는 죽은 자의 부활에 대한 언급이다"라고 말하였다(*Hebrew Words for Resurrection*, 234).

다니엘 12:2이 부활에 대하여 언급하고 있다는 것은 거의 의심의 여지가 없다: "땅의 티끌 가운데에서 자는 자 중에 많이 깨어 영생을 얻는 자도 있겠고 수욕을 받아서 무궁히 부끄러움을 입을 자도 있을 것이니." 여기에서도 중요한 용어들이 사용되고 있다: "깨어"('예키스'), "영생"('하이예 올람'), "많이"('랍빔').

"많이"라는 용어는 분명하지 않다. 그것은 "소수"와 반대되는 것으로서의 "다수"를 의미하는가, 아니면 "모두"와 반대되는 것으로서의 "다수"를 의미하는가? 또는, 그것은 "의로운 남은 자들" 또는 "지혜로운 자들"을 가리키는 종교적인 상징인가? 브루스(F. F. Bruce)는 쿰란 공동체의 전체 회중은

"다수의 회의"로 불렸다는 점을 지적하였다(*Second Thoughts on the Dead Sea Scrolls*, 105). 링그렌(Ringgren)은 "다수"는 야웨의 종(사 53:11) 및 종말론적인 공동체와 연관이 있을 것이라고 말하였다(마 26:26; 막 10:45; 14:24; Ringgren, *The Faith of Qumran*, 211-212; cf. Cross, *The Ancient Library of Qumran*, 174-176).

종종 "부활"과 "불멸"이라는 단어는 상호대체적으로 사용되지만, 이 두 단어는 동의어가 아니다. 히브리어에서 "부활"은 "죽은 자가 다시 살아나는 것"을 의미하고, 헬라어인 '아나스타시스'("부활")는 "다시 일어서다"를 의미한다. 불멸은 헬라적인 개념을 지니고 있다 — '아다나토스'("죽음이 없는"). 윌리엄 라솔(William LaSor)은 "헬라인들에게는 부활은 불가능한 것이었기" 때문에 부활이라는 개념은 헬레니즘적인 기원을 지닐 수 없다고 말하였다(*The Truth About Armageddon*, 167).

구약의 그 어떤 개념보다도 죽음 이후의 삶이라는 개념은 구약에서 신약으로 넘어가는 중간기에 더 많은 변화를 겪었다. 죽음 후에 의인과 악인이 분리된다는 사상은 좀 더 분명해졌다(Russell, *The Method and Message of Jewish Apocalyptic*, 364-365). 죽음과 부활 사이의 중간 상태에 관한 개념은 뚜렷하게 천명되고(에스드라2서 7:75; 에녹1서 5:5-9), 최후의 심판이라는 개념이 정립되었다(에스드라2서 7:70). 러셀(Russell)은 이렇게 말하였다: "최후의 심판에 관한 가르침은 유대교의 묵시사상의 가장 특징적인 가르침이다. 최후의 심판은 만유 전체가 움직여 가고 있고, 사람들과 모든 피조세계에 대한 하나님의 의로운 목적이 단번에 그 옳음이 입증되는 대사건이다. 그 날에 모든 잘못된 것들은 귀정될 것이다"(*The Method and Message of Jewish Apocalyptic*, 280). 러셀은 모든 사람들의 일반적인 부활에 대한 신앙을 보여주는 증거들을 다섯 개의 묵시론적인 책들 속에서 지적하였다(열두 족장의 유언서, 시빌 신탁서, 모세의 묵시록, 에스드라2서, 바룩2서; *The Method and Message of Jewish Apocalyptic*, 371-372를 보라).

신약 시대 이전에 몸의 부활에 대한 신앙을 가장 분명하고 뚜렷하게 서술하고 있는 것은 마카베오2서 7장이다. 이 장은 일곱 형제의 순교와 그들의 어머니의 견고한 신앙에 관한 이야기를 말하고 있다. 일곱 형제와 그들의 어머니는 체포되었고, 왕은 고문을 통해서 그들로 하여금 부정한 돼지고기를 먹도록 강요하였다. 형제들 중 한 대변자가 왕에게 이렇게 말하였다: "당신은 우리로부터 무엇을 묻고 알고자 하는가? 우리는 우리 조상의 율법을 범하느니 차라리 죽을 준비가 되어 있다."

왕은 진노하여, 번철들과 가마솥들을 달구라고 명령하였다. 대변인의 혀는 잘려졌다; 그의 머리가죽은 벗겨졌다. 그의 손과 발들은 잘려졌고, 그는 여전히 숨을 쉬는 가운데에 그의 어머니와 형제들이 지켜보는 앞에서 화로로 끌려가서 번철 속에서 튀겨졌다. 그렇지만 그들은 여전히 고상하게 죽자고 서로를 격려하였다.

형제들은 차례로 죽임을 당하였다. 네 번째 아들은 이렇게 말하였다: "나는 지금 사람의 손에 죽어서 하나님께 가서 다시 살아날 희망을 품고 있으니 기꺼이 죽는다. 그러나 당신은 부활하여 다시 살 희망은 전혀 없다"(마카베오2서 7:14). 어머니는 일곱 아들이 다 죽은 후에 이렇게 말하였다: "너희들은 지금 너희들 자신보다도 하나님의 율법을 귀중하게 생각하고 있으니 사람이 출생할 때에 그 모양을 만들어 주시고 만물을 형성하신 창조주께서 자비로운 마음으로 너희에게 목숨과 생명을 다시 주실 것이다"(마카베오2서 7:23).

이것은 신약에 나오는 부활 개념과 동일한 것은 아니다. 신약에서 부활은 개별 순교자가 아니라 구원자이신 메시야와 관련되어 있다(Eichrodt, *Theology of the Old Testament* II, 517). 에릭 러스트(Eric Rust)는 부활에 관한 좀 더 온전한 비전은 구약 정경을 뛰어넘는다고 말하였다. 신구약 중간기 동안에 의인들은 스올의 음침한 곳으로 내려가지 않을 것이라는 확신이 자라났다.

마침내 여전히 죽음의 그늘에 누워 있던 땅에 그리스도께서 죽음을 정복하셨다는 확신과 더불어 영광이 최초의 부활절 아침에 밝아왔다. 이렇게 하박국의 부르짖음은 응답되었다: "주께서는 눈이 정결하시므로 악을 차마 보지 못하시며 패역을 차마 보지 못하시거늘 어찌하여 거짓된 자들을 방관하시며 악인이 자기보다 의로운 사람을 삼키는데도 잠잠하시나이까 여호와 나의 하나님, 나의 거룩한 이시여 주께서는 만세 전부터 계시지 아니하시니이까 우리가 사망에 이르지 아니하리이다"(합 1:12a, 13; Rust, "The Destiny of the Individual in the Thought of the Old Testament," 311).

제 11 장

그 날에(민족적 종말론)

구약의 종말론의 세부적인 내용은 흔히 유기적인 통일성이 결여되어 있는 것으로 보인다. 여러 요소들은 결코 체계적으로 배열되어 있지 않다; 또한 그러한 것들을 체계적으로 제시하고자 하는 시도는 어느 정도 인위적인 그림을 만들어 낼 수밖에 없다. 구약의 "종말론적" 언어의 모호성은 다른 것에서보다도 "그 날에," "말일에," "주의 날," "그 날들에," "보라, 날이 이르리니," "끝" 같은 다양한 용어들이 사용되고 있는 것에서 가장 분명하게 드러난다. 이러한 표현들 중 일부는 반드시 종말론적인 사건이 아니라, 과거의 사건 또는 그 어떤 장래의 사건을 가리킬 수 있다(cf. LaSor, *The Truth About Armageddon*, 11-18; Mowinckel, *He That Cometh*, 145-147, 267; Kosmala, "At the End of the Days," 302-312; Beasley-Murray, "The Day of the Lord," *Jesus and the Kingdom of God*, 11-16).

학자들은 구약의 종말론에 대한 정의에 있어서 서로 견해가 다르다. 데이비스(P. R. Davies)는 종말론을 "역사가 한 방향으로 움직여 가고 있고, 이 방향은 하나님에 의해서 설정되며, 하나님은 역사 내에서 이 방향을 보증하기 위하여 활동하신다는 신앙의 차원"으로 정의하였다("Eschatology in the Book of Daniel," 33; cf. Hubbard, "Hope in the Old Testament," 34).

폰 라트(Gerhard von Rad)는 구약에서의 "종말론적인 요소"라는 표현은 "논란이 있지만 피할 수 없는" 것이라고 말하였다. 그는 연구의 대상으로서의 종말론을 재발견한 공로를 그레스만(H. Gressmann)에게 돌렸다 — 물론, 그레스만이 주변 환경으로부터 가져온 일련의 개념들을 통해서 종말론이라는 개념을 설정한 것은 잘못된 것이었지만(von Rad, *Old Testament Theology* II, 113). 폰 라트는 선지자들의 메시지는 "옛 역사적인 구원의 토대들이 무효화된 것으로 여기는 모든 대목에서 종말론적"이었다고 말하였다(*Old Testament Theology* II, 118).

일부 학자들은 오직 이 세상의 시간의 끝과 관련해서만 종말론이라는 용어를 사용하고자 한다(cf. Van der Ploeg, "Eschatology in the Old Testament," 93; von Rad, *Old Testament Theology* II, 114). 하지만 이 용어를 지나치게 협소하게 정의하게 되면, 구약이 장래에 관하여 말하고 있는 내용 중 많은 부분이 배제된다.

구약의 종말론은 무엇인가? 선지자들은 과거와의 철저한 단절을 통해서 그 이후의 상황이 과거에 일어났던 일의 일부로서 이해될 수 없는 일이 일어날 것이라고 기대하였다. "진공"은 과거와 미래를 갈라놓았다. 하나님의 구원 사역의 새로운 행위는 가나안 땅으로의 새로운 입성(호세아), 새 다윗(이사야), 새 계약(예레미야), 새 출애굽(이사야 40─66장) 같은 하나님의 이전의 구원행위들에 대한 유비라는 관점에서 묘사될 수 있었다.

클라우스 베스터만(Westermann)은 구약의 종말론에 대하여 약간 다른 접근방법을 사용하였다. 성경에서 미래는 일차적으로 다가오는 것이 아니라 다가오고 있는 분이다. 출애굽기(3:8)에서 요한계시록 3:11; 22:7, 12에 이르기까지 하나님의 오심에 관한 일련의 말씀들이 관통하고 있다. 조르주 피두 (Georges Pidoux)는 자신의 저서인 『오시는 하나님』(*Le dieux qui Vient*)을 다음과 같은 단언으로 시작하였다: "구약의 신앙은 둘 다 심오하고 서로 뗄 수 없을 정도로 결합되어 있는 두 가지 확실한 것에 의거해 있다. 하나는 하나님이 과거에 오셔서 자기 백성을 위하여 개입하셨다는 것이다. 다른 하나는 하나님이 장래에 새롭게 오실 것이라는 소망이다"(*Le dieux qui Vient*, 7; 또한 G. R. Beasley-Murray, "Theophany in the Old Testament," *Jesus and the Kingdom of God*, 3을 보라).

하나님의 많은 "현현들," 즉 예배 또는 역사 속에서의 하나님의 현현들 또는 현시들은 계시 또는 구원을 위한 것이다. 포로기 이래로 많은 본문들은 장래에 하나님이 오실 것을 보여준다(시 96:1-2; 사 40:9; 슥 9:9; Mai. 3:5). 베스터만(Westermann)은 구약에서 하나님의 오심에 관한 진술들이 풍부하게 나온다는 것을 인정하면서 이렇게 말하였다. 하나님의 오심은

> 말로 할 수 있는 모든 미래적인 사건 이상의 것이다; 하나님은 자신의 오심 속에서 모든 변경가능한 미래적 사건에 선행한다; 그는 오실 자로 남는다. 미래 전체, 개개인의 미래, 하나님 백성의 미래, 인류와 세계의 미래는 하나님의 오심 속에 담겨져 있다. 신약성서의 마지막 문장이 다음과 같이 말하고 있는 것처럼, 우리가 미래에 관하여 말할 수 있는 유일하게 절대적으로 확실한 것은 우리가 하나님을 향하여 가고 있고 하나님이 우리를 향하여 오고 계시다는 것이다: "보라 내가 속히 오리라"(*Elements of Old Testament Theology*, 60).

베스터만이 구약의 종말론을 "하나님의 새로운 구원 역사(役事)" 또는 "하나님의 오심"으로 정의한 것은 옳을 수 있지만, 우리는 장래에 관한 구약의 견해에 대한 우리의 연구를 이러한 개념들에 한정할 수 없다. 영감받은 저술들은 복합적인 종말론적인 기대들 또는 장차 도래할 것에 관한 풍부한 진술들을 담고 있다. 우리가 여기에서 관심을 갖는 것은 장차 도래할 것과 장차 오실 분에 관한 이러한 복합적인 종말론적 기대들이다. 우리는 현세의 "종말" 이전과 종말 기간 동안과 그 이후에 일어나는 일들을 포함하는 구약의 종말론의 광의적인 개념을 사용할 것이다.

나이트(G. A. F. Knight)는 이스라엘은 주변 나라들과는 달리 뒤를 돌아볼 뿐만 아니라 앞을 내다보았다고 지적하였다. "다른 고대의 열방들은 모직 뒤만을 돌아보았다"(*A Christian Theology of the Old Testament*, 294). 이스라엘이 앞과 뒤를 둘 다 돌아본 것은 오직 그들만이 살아계신 하나님을 믿었기 때문인데, 그들은 종말의 때(endzeit)를 에덴으로의 복귀로서의 시원의 때(urzeit)와 동일시하지 않았다. 슈미트(H. H. Schmid)는 새로운 세계 질서에 관하여 말함으로써 그러한 동일시를 하고 있는 것으로 보인다. 브레바드 차일즈(Brevard S. Childs)는 "시원의 때는 종말의 때이다"(urzeit ist endzeit)라는 어구를 만들어 내어서 구약의 종말론에 적용한 독일학자들(Gunkel,

Winckler, Gressmann)은 잘못된 것이라고 말하였다. 구약에서 종말의 때는 단순히 낙원, 에덴, 또는 시원의 때로 되돌아가는 것이라고 보지 않는다. 그것은 새로운 것이다. 뭔가 결정적인 일이 시작과 종말 사이에 일어났다(*Myth and Reality in the Old Testament*, 73-81).

나이트는 구약의 종말 개념은 거대한 캔버스 위에 그려져 있다고 주장하였다. 종말과 관련하여, 신약이 종말과 관련하여 새 예루살렘과 거기에 있는 금과 보석들을 묘사하고 있는 것과 마찬가지로, 구약은 이미지들의 언어를 사용한다. 구약에 나타나는 다면적인 종말론은 여러 겹으로 된 밧줄에 비유될 수 있다. "종말론"이라는 밧줄을 구성하는 각각의 겹은 소망의 중요한 요소를 나타낸다. 하지만 나이트는 우리가 밧줄의 중간을 붙잡을 때에 여러 가닥들을 보거나 각각의 가닥이 어떻게 밧줄 전체의 기능에 기여하는지를 보는 것은 쉽지 않다고 지적하였다. "이스라엘의 종말론적인 소망도 그러하다"(*A Christian Theology of the Old Testament*, 296). 구약의 종말론적 소망의 가닥들 중 일부는 무엇인가?

45. 종말 또는 역사의 정점

고대 이스라엘은 종말 또는 역사의 정점을 기대하였는가? 제임스 밀렌버그(Muilenburg)는 이스라엘의 종교는 역사적 종교라고 지적하였다. "오직 역사적 종교들만이 종말론적인 표현이 가능하다. 왜냐하면, 역사가 의미를 지닌 곳에서만 미래의 문제, 미래의 완성의 문제는 중요해지기 때문이다"("Biblical Understanding of the Future," 99). 역사는 이스라엘의 자기 이해 속에 깊이 뿌리를 내리고 있기 때문에, "역사의 결말이라는 문제는 매우 초기부터 성경의 기자들이 관심을 집중한 문제였다"(Muilenburg, *The Way of Israel*, 128).

하나님은 현재에 만족하는 것을 결코 허용하지 않으셨다. 이스라엘은 결코 "안식"을 발견하지 못했다. 그 어떤 현재도 하나님이 의도하신 완성의 때가 아니었다. 모든 현재는 "아직 아니다"라는 인(印)이 찍혀 있다. 이스라엘의 실존은 언제나 잠정적인 것이었고, 장차 도래할 것에 대하여 예비적인 것이었다. 성전과 예배조차도 흔히 그들 자신의 목적들을 위하여 종교적인 예배들을 이용하고자 했던 자들에 의해서 부패되고 혼탁해졌다. 예레미야는 백성들에게 성전의 멸망에 대하여 울 자가 누구냐고 말하였다: "여호와께 예배하러 이 문으로 들어가는 유다 사람들아 여호와의 말씀을 들으라 만군의 여호와 이스라엘의 하나님께서 이와 같이 말씀하시되 너희 길과 행위를 바르게 하라 그리하면 내가 너희로 이 곳에 살게 하리라 너희는 이것이 여호와의 성전이라, 여호와의 성전이라, 여호와의 성전이라 하는 거짓말을 믿지 말라."

이스라엘 백성은 미가가 "이러므로 너희[부패한 지도자들]로 말미암아 시온은 갈아엎은 밭이 되고 … 성전의 산은 수풀의 높은 곳이 되리라"(미 3:12)고 말하는 것을 들었을 때에 충격을 받았을 것임에 틀림없다. 또한, 성전이 폐허로 변해 있었을 때에 학개가 자기 백성에게 "이 성전의 나중 영광이 이전 영광보다 크리라"(학 2:9)고 말했을 때에도 그들은 놀랐을 것이다. 전치사 "-까지(until)"는 구약성서 전체에 걸쳐서 새겨져 있다. 이스라엘의 신앙의 지향점은 미래였다. 과거는 장차 도래할 것에 대한 서문에 불과하다. 역사는 하나님의 오심 속에서 절정에 도달하고 완성된다. "처음에 오셔서 한 백성을 역사 속으로 및 역사를 위하여 부르셨던 분이 종말의 결정적인 때에 오실 것이다"(Muilenburg, *The Way of Israel*, 128).

폰 라트(Gerhard von Rad)는 구약은 창조 때로부터 "마지막 일들 — 즉, 세상에 대한 통치권이 인자에게 주어질 때 — 에 이르기까지" 이스라엘과 열방들과 세계에 대한 하나님의 역사에 관하여 말하는 역사서라고 말하였다(*Old Testament Theology* II, 357).

폰 라트는 구약성서는 오직 점점 더 증가하는 선취(先取, anticipation)의 책으로 읽혀질 수 있다고 말하였다. 구약은 족장들에게 주어진 땅에 관한 약속을 둘러싼 거대한 기대들의 혼합물로 시작되어서, 가나안 땅의 정복, 다윗에게 주어진 약속, 시온전승들을 통해서 지속되었다. 이스라엘은 어느 한 상황에 적응하기도 전에, 하나님은 새로운 역사(役事)를 통해서 이스라엘을 다른 길로 인도하였다. 이것은 이스라엘의 종교적 개념들이 주변 나라들의 것들과 얼마나 철저하게 달랐는지를 보여준다. 주변 나라들은 구원에 관한 소망을 갖기 위해서는 신화와 주기적인 절기들에 표현된 시원의 신성한 질서들로 되돌아가야 했다. 그러나 이스라엘은 언제나 순례 길에 있었고, 되밟아 갈 수 없는 길을 걸으면서, 기대들은 엄청난 분량으로 커져갔다(von Rad, *Old Testament Theology* Ⅱ, 321).

하나님과 함께 한 이스라엘의 역사는 신약에서 그 역사가 새로운 빛으로 출현할 때까지 미래를 향하여 나아간다. 신약에서 "그 역사는 무수한 새로운 구원의 시작들을 따라서 최종적인 해석학적 수정과 온전하고 최종적인 해석에 도달한다"(von Rad, *Old Testament Theology* Ⅱ, 332).

구약성서를 독립적인 일련의 종교 문헌들의 모음집(신약을 배제하는 가운데)으로 여기는 역사비평학자들은 구약성서를 독자적인 관점에서 및 그 주변 환경에 비추어서 해석한다(종교사). 구약성서를 독립적인 종교 문헌으로 보는 학자들은 구약성서가 예수 그리스도를 예언하는 책으로 읽혀져야 하는지라는 문제에 대하여 확실한 대답을 줄 수 없다(von Rad, *Old Testament Theology* Ⅱ, 321). 반면에, 구약성서에 대한 전승사적 읽기는 곧장 신약의 그리스도로 귀결된다. "새로운 구원 사건에 비추어서 전승 자료를 그런 식으로 수정하는 것은 이미 구약에서 일어났던 그러한 많은 수정들과 마찬가지로 초기 그리스도인들에게 합당한 것이었다(von Rad, *Old Testament Theology* Ⅱ, 333).

폰 라트에게 있어서 이스라엘의 역사의 "종말"은 신약의 예수 그리스도에게서 발견된다. 모든 학자들이 그의 견해에 동의하는 것은 아니다. 1972년에 라일라르스담(J. Coert Rylaarsdam)은 구약에는 두 가지 중요한 계약들이 있고, 이 계약들은 아주 달라서 결코 서로 종합될 수 없다고 썼다. 하나는 시내산에서 맺어진 이스라엘과의 계약이었고, 다른 하나는 다윗과의 계약이었다(삼하 7장). 전자는 역사적인 것이었다. 두 번째 계약은 종말론적인 것으로서, 초역사적인 것이었다. 첫 번째 계약에서 "하나님은 자연과 역사의 과정들을 통해서 세계와 인류의 구속을 이루어 가고 계신다. 이것이 창조의 의미이다. 그러므로 족보와 연대기는 히브리 성서에서 아주 중요하다; 그리고 또한 그것은 히브리 성서가 역사서의 형태를 띠고 있는 이유이다"(Rylaarsdam, "Jewish-Christian Relationships," 84).

라일라르스담은 신약에서 기독교 공동체는 그리스도 사건을 종말론적으로 해석하였다고 말하였다.

구속의 사건인 예수 그리스도는 역사적인 것도 아니고 잠정적인 것도 아닌 새 창조의 토대가 된다. 그는 종말론적인 역사의 끝이고, 그 의미를 시간적인 세계, 심지어 구원사와도 혼합할 수 없는 절대적인 끝이다 … 이 사건은 유대인들의 구원사에서 송축되어 왔던 일련의 사건들에 수평적으로 추가되어서는 안 된다("Jewish-Christian Relationships," 84).

라일라르스담의 철학적인 전제들은 그로 하여금 구약에 나오는 두 개의 주된 계약(시내산 계약과 다윗 계약) 간의 차이를 지나치게 크게 보고, 예레미야에 의해서 선포된 새 계약(렘 31장)이 어떻게 교회를 위한 그리스도의 죽음에 의해서 이루어졌는지에 관한 신약의 설명(8:6-13)을 간과하게 만들었다. 토머스 맥코미스키(Thomas McComiskey)는 이스라엘에 대한 언급(렘 31:33)은 단지 민족적인 이스라엘만이 아니라 하나님의 모든 백성의 경험에 적용된다고 말하였다. "새 계약은 지금 시행중이다 — 그것은 결코 두 갈래로 나뉘지 않는다. 하나의 새 계약이 존재한다. 그것은 그리스도의 죽음에 의해서 이루어졌고, 그 계약 아래에 있는 모든 자들에게 칭의와 거룩의 은혜로운 축복들을 전달해 준다"(The Covenants of Promise, 160).

46. 창조와 종말론

구약에서 창조, 만유, 자연은 종말론과 관련이 있는 것인가? 휠러 로빈슨(H. Wheeler Robinson)은 "자연은 종말론의 필수적인 부분이고, 실제로 그 주요한 구성요소들 중 다수를 제공해 준다"라고 말하였다(Inspiration and Revelation, 28). 구약에서 창조는 시작, 역사, 끝을 가지고 있다. 창조는 인물들과 연대들로 특징지어지는 역사의 일부이다. 이러한 연대 계산의 동기는 다음과 같은 질문에 대답하기 위한 것일 수 있다: 세상은 얼마나 오랫동안 지속될 것인가? 다니엘서는 세상의 끝을 분명하게 선언한다(단 9:27; 11:40; 12:13). 루드비히 쾰러(Ludwig Köhler)는 이렇게 말하였다:

창조는 서로 합쳐져서 한정이 있는 세상의 시대를 구성하는 일련의 사건들 속에서 첫 번째 사건이기 때문에, 이 과정의 어느 시점에서라도 우리는 종말이 언제 올 것인가라고 물을 수 있다. 시초는 종말과 대응되고, 창조는 완성과 대응되며, 여기에서 "매우 좋다"는 "저기에서 완전하게 영광스럽다"와 대응된다. 이러한 것들은 함께 속해 있다. 구약 신학에서 창조는 종말론적인 개념이다(*Old Testament Theology*, 88; cf. Jacob, *Theology of the Old Testament*, 141-142).

영지주의에서 물질을 악하다고 보는 것과는 달리, 자연 속에 도덕적인 악이 내재해 있다는 암시는 구약에 존재하지 않는다. 구약은 자연 또는 세계는 인간의 죄로 말미암아 저주 아래에 있다고 말한다(창 3:14-19). "죄가 하나님께서 피조 세계에 대하여 의도하신 샬롬을 깨뜨렸을 때, 그것은 단지 인간의 문제만이 아니었다." 인간 이외의 피조물들도 인간의 죄로 인하여 깨어진 샬롬의 영향을 받는다(Birch, *Let Justice Roll Down*, 95). 도덕적인 악은 오직 인간으로부터 오지만, 자연과 인간은 너무도 밀접하게 서로 연결되어 있기 때문에, 한 쪽에 일어나는 일은 다른 쪽에도 영향을 미친다.

대선지자들은 인간의 죄와 이 땅에 대한 "저주" 간의 연결관계를 잘 알고 있었다. 호세아 4:1-3에서는 이렇게 말한다: "이스라엘 자손들아 여호와의 말씀을 들으라 여호와께서 이 땅 주민과 논쟁하시나니 이 땅에는 진실도 없고 인애도 없고 하나님을 아는 지식도 없고 오직 저주와 속임과 살인과 도둑질과 간음뿐이요 포악하여 피가 피를 뒤이음이라 그러므로 이 땅이 슬퍼하며 거기 사는 자와 들짐승과 공중에 나는 새가 다 쇠잔할 것이요 바다의 고기도 없어지리라."

땅이 마르고 시드는 것은 사람들이 "율법을 범하며 율례를 어기며 영원한 언약을 깨뜨렸음이라"(사 24:4-5; cf. 33:8-9). 구약에서 가장 생생한 시들 중의 하나는 땅을 버려져서 황량하고 어두우며 사람이 살지 않고 피조물들이 없는 상태로 묘사한다. 비옥한 땅이 폐허가 되었고, 성읍들은 하나님의 격렬한 진노 앞에서 거민들이 없다. "보라 내가 땅을 본즉 혼돈하고 공허하며 하늘에는 빛이 없으며 내가 산들을 본즉 다 진동하며 작은 산들도 요동하며 내가 본즉 사람이 없으며 공중의 새가 다 날아갔으며 보라 내가 본즉 좋은 땅이 황무지가 되었으며 그 모든 성읍이 여호와의 앞 그의 맹렬한 진노 앞에 무너졌으니"(렘 4:23-26).

이스라엘은 현재의 세상이 장차 끝나게 될 것임을 알고 있었다. 원래의 혼돈을 상기시키는 지진들, 가뭄들, 어둠에 관한 묘사들은 흔히 장차 다가올 세상의 멸망을 묘사하는 데에 사용되었다(사 24:4-6, 19-20, 23; 33:8-9; 54:10; 렘 4:23-26; 호 8:7; 10:8). 야웨의 날은 빛의 날이 아니라 어둠의 날로 묘사된다(욜 1:10—2:2; 2:10-11, 30-31; 3:14-15; 암 5:18; 8:9-10; 습 1:14-18). 장차 다가올 심판은 땅만이 아니라 하늘들도 포함한다(사 24:21, 23; 34:4; 65:17; 66:22).

야웨의 날이 지진, 가뭄, 어둠을 특징으로 한다면, 새 시대는 갱신, 변화, 세상의 정화(淨化), 사람들과 짐승들 가운데서의 "평화"('샬롬')라는 특징을 지니게 될 것이다(사 11:6-9; 65:25; 욜 2:18-19, 24; 3:18; 암 9:13-14; 슥 8:4-5, 12).

슈미트(H. H. Schmid)는 구약에서 창조와 완성 간의 밀접한 연관관계를 보았다. 역사의 종말에서 기대되는 구원(Heil)은 고대 근동 전체에서 질서 있는 (heil) 세계라고 생각하였던 것과 일치한다. 슈미트는 종말의 때의 왕에게 돌려진 "이른바" 메시야 예언들은 실질적으로 고대 근동에서 통치하는 왕에 대하여 기대하였던 것과 관련된 사상을 통해서 실질적으로 표현되고 있다고 말하였다.

시온에서 하나님께서 왕으로 즉위할 것은 시온으로의 순례와 함께 송축된다. "예루살렘을 치러 왔던 이방 나라들 중에 남은 자가 해마다 올라와서 그 왕 만군의 여호와께 경배하며 초막절을 지킬 것이라"(슥 14:16).

"창조의 세계와 역사 속에서 실현될 수 있는 것 간의 차이"에 대한 점증하는 인식이 생겨났다. "이에 따라서 구원의 시대는 점점 더 뒤로 물러가는 미래로 연기되었고, 마침내 완전히 새로운 시대가 돌입할 것에 대한 기대로 변하였다"(Schmid, "Creation, Righteousness, and Salvation," 110). 슈미트는 이 새로운 시대가 어떻게 도래할 것인지를 분명하게 말하지 않는다. 새로운 시대는 자연에 의해서 도래하게 될 것인가, 아니면 야웨에 의해서 도래하게 될 것인가? 휠러 로빈슨(H. Wheeler Robinson)은 "복 및 저주와 관련된 땅과 사람의 이러한 통일성은 그들이 창조주, 붙드는 자, 미래의 변혁자로서의 하나님에게 그들이 공통적으로 의존하고 있는 것으로부터 유래한다"라고 말하였다(*Inspiration and Revelation*, 32).

47. 민족의 회복과 하나님의 우주적 통치

구약에서 이스라엘의 장래의 소망의 많은 부분은 이스라엘 민족의 민족적이고 정치적인 운명과 결부되어 있다. 이스라엘은 외세의 통치로부터의 자유의 회복과 앗수르 및 바벨론과의 전쟁에서 잃어버렸던 자신의 땅과 번영의 회복을 소망하였다. 몇몇 선지자들과 백성들은 도덕적이고 종교적인 정화(淨化)와 행복, 영광, 완전이 있게 될 미래를 내다보았다. 주전 760년과 700년 사이에 아모스, 호세아, 이사야, 미가 같은 선지자들은 이스라엘과 유다에 대한 하나님의 심판을 선포하였다. 또한 그들은 하나님이 자기 백성과 단단하게 묶여져 있고 그들을 내버려둘 수 없다는 것을 이해하였다. 아모스는 청중들에게 "여호와를 구하면 살리라"(암 5:6)고 권면하였다. 호세아는 "오 이스라엘아 너희 하나님 여호와께로 돌아오라"(호 14:1)고 말하였다. 이사야와 미가는 흔히 구원받게 될 남은 자들에 관하여 말하였다(사 4:3; 7:3; 10:20; 11:11, 16; 38:5; 미 2:12; 4:7; 5:7, 8; 7:18). 또한 이사야와 미가는 야웨의 집의 산이 산들 중에서 가장 높은 산으로 우뚝 서고 사람들이 거기로 몰려오게 될 후일의 때에 관하여 말하였다(사 2:2; 미 4:1).

이스라엘의 민족적 및 정치적 회복에 대한 소망은 다음과 같은 것들을 포함하고 있었다: 압제자들을 물리침(사 9:3; 10:27; 14:25; 52:2; 렘 30:8; 겔 34:27); 다윗 왕조와 왕국의 회복(사 9:7; 렘 3:18; 겔 37:15-28; 호 2:20; 암 9:8; 옵 19; 미 5:1-4; 슥 9:9-10); 두 왕국의 재통일(사 11:13-14; 렘 3:18; 31:27; 33:7; 겔 37:15-22; 호 1:11; 3:5; 슥 8:13; 10:6-12); 포로생활로부터의 귀환(사 11:11-16; 14:1; 27:12-13; 35:10; 43:5; 48:20; 49:17; 52:8; 56:7; 57:13; 60:4; 66:20; 렘 3:18; 23:3; 30:3; 31:7-12; 32:37; 33:7, 11; 겔 11:17; 20:34, 41; 27:25; 34:11-12; 36:24; 37:12; 호 11:10-11; 미 2:12-13; 4:6-7;

습 3:19-20; 슥 8:7-8; 9:11-12; 10:8-10); 종교적 및 도덕적 정화(사 1:18-20; 2:20; 4:2-6; 17:7; 27:9; 30:22; 31:6-7; 58:6-12; 미 5:9-13; 습 1:2-6; 3:11-13; 슥 13:2-6; 말 2:10-13; 3:2-5); 성전의 재건과 정화된 제사장단(겔 40—48; 학 1:7; 슥 1:16; 3:4-5; 4:6-9; 말 3:2-3); 땅, 사람들, 가축의 다산 (사 7:21-22; 35:1-2; 60:19-22; 겔 36:33-38; 욜 3:18; 암 9:13); 들짐승들의 변화(사 11:6-9; 겔 34:25; 호 2:18); 시온의 승귀(시 46; 48; 76; 84; 87; 122편; 사 2:4; 49:14-18; 51:3; 60:4-14; 62:1-4; 미 4:1-4); 새 왕(사 7:10-14; 11:1-4; 렘 23:5-6; 30:9, 21; 33:17; 겔 17:22-24; 34:23; 37:22-24; 호 3:5; 암 9:11; 미 4:8; 5:1-4; 슥 9:9-10); 온 세계가 하나님을 알게 됨(사 11:9; 렘 31:34; 욜 2:28-29; 합 2:14); 온 세상의 평화(시 46:10; 사 2:4; 9:4-7; 미 5:9; 슥 10:10).

구약의 이러한 기대들은 이 세상에서 성취될 수 없는 것을 포함하고 있지 않았던 것으로 보인다. 구약은 결코 "현세" 또는 "이 세대"('하올람 핫제')를 "장차 도래할 세상(시대)"('하올람 합바')과 구별하지 않았다. 하지만 신구약 중간기의 유대인들은 그러한 개념을 발전시켰다. "내세"('하올람 합바')라는 표현이 등장하는 가장 초기의 본문은 에녹서 71:15인 것으로 보인다(LaSor, *The Truth About Armageddon*, 21).

"이 세대 또는 장차 올 세대"라는 표현은 신약에서 사용된다(마 12:32). 의심할 여지 없이, 주후 1세기의 대부분의 유대인들과 초기 그리스도인들은 하나님의 나라가 이 땅에 세워질 것을 기대하였다. 제자들조차도 예수의 부활 후에 예수께서 하나님의 나라를 이스라엘에게 언제 회복시키실 것인지를 물었다(행 1:6; 몇몇 사람들은 여전히 이 질문을 제기하지만, 회복될 하나님의 나라가 이 땅에서의 이스라엘 나라일 것이라는 개념은 너무도 세속적인 것이다). 하나님의 나라로서의 회복된 나라라는 개념은 재해석되어야 했다.

"하나님의 나라"라는 용어는 구약에 나오지 않는다. 하지만 아홉 개의 본문은 "하나님이 다스리는 나라" 또는 "하나님의 나라"를 가리킨다(대상 29:11; 시 22:28; 103:19; 145:11, 12, 13; 단 4:3[아람어 본문으로는 3:33], 32; 옵 21). 야웨는 구약에서 41번 "왕"으로 불린다(Eissfeldt, "Jahwe als König," 89; cf. G. R. Beasley-Murray, "The Kingdom of God in the Old

Testament," *Jesus and the Kingdom of God*, 17). 루드비히 쾰러(Ludwig Köhler)는 이렇게 말하였다: "하나님은 통치하시는 주님이시다: 이것은 구약 신학에서 유일한 근본적인 진술이다"(*Old Testament Theology*, 30).

우리는 언제 이스라엘이 최초로 하나님을 왕으로 인식하였는지를 알지 못하지만, 구약의 최종 본문에 의하면, 야웨는 태초부터 천지의 창조자였다(창 1:1). 왕으로서의 하나님이라는 개념은 왕정 이전에 "신정(神政)" 속에서 찾아볼 수 있다. 백성들이 사무엘에게 왕을 요구했을 때, 그것은 사무엘을 언짢게 만들었다(삼상 8:6). 또한 그것은 야웨도 언짢게 만들었다. 하나님은 사무엘에게 "백성이 네게 한 말을 다 들으라 이는 그들이 너를 버림이 아니요 나를 버려 자기들의 왕이 되지 못하게 함이니라"(삼상 8:7)고 말씀하셨다.

이스라엘 백성이 야웨 이외의 왕을 요구하고 그런 왕을 받았을 때에, 하나님은 이스라엘 백성을 버리지 않으셨다. 하나님은 최초의 왕인 사울의 선택에 관여하셨다. 하나님은 사무엘에게 사울에게 기름을 부으라고 명령하셨다(삼상 10:1). 하지만 사울은 종교적인 감수성이 거의 없었다. 그는 블레셋 사람들이 반환하였던 법궤를 기럇여아림에 20년 동안이나 놓아두었다(삼상 6:20-7:2). 그는 자기가 지독한 곤경 속에 빠져 있을 때가 아니면 하나님으로부터 말씀을 구하기 위하여 우림이나 둠밈을 사용하지 않았다. 그 후에, 사울은 주술을 금지하는 자신의 영을 스스로 어기고 엔돌의 신접한 여인을 찾아가 상담하였다(삼상 28:3-7). 사울은 자신의 주제넘은 짓으로 말미암아 폐위되었다. 그는 블레셋 사람들과의 전투를 시작하기 전에 스스로 제사장의 역할을 자임하여 희생제사를 드렸고(삼상 13:8-14), "헤렘"의 율법을 깨뜨리고 아말렉 왕 아각을 죽이지 않았다(삼상 15:9).

구약에서 하나님의 나라라는 개념은 다윗의 나라와 결부되어 있었다. 다윗의 보좌는 하나님의 보좌로 불렸다(대상 28:5; 29:3; 아마도, 시 45:6). 하나님은 다윗을 선택해서 그에게 기름을 부으셨다(삼상 13:14; 16:12-13). 시편 기자는 이렇게 말하였다:

주께서 이르시되
나는 내가 택한 자와 언약을 맺으며

내 종 다윗에게 맹세하기를
내가 네 자손을 영원히 견고히 하며
네 왕위를 대대에 세우리라 하셨나이다.
(시 89:3-4)

그 때에 주께서 환상 중에
주의 성도들에게 말씀하여 이르시기를
내가 능력 있는 용사에게는
돕는 힘을 더하며
백성 중에서 택함 받은 자를
높였으되
내가 내 종 다윗을 찾아내어
나의 거룩한 기름을 그에게 부었도다
내 손이 그와 함께 하여 견고하게 하고
내 팔이 그를 힘이 있게 하리로다.
(시 89:19-21)

그가 내게 부르기를 주는 나의 아버지시요
나의 하나님이시요 나의 구원의 바위시라 하리로다
… … … …
또 그의 후손을 영구하게 하여
그의 왕위를 하늘의 날과 같게 하리로다.
(시 89:26, 29)

하르트무트 게제(Hartmut Gese)는 "우리는 이스라엘의 왕이 하나님의 아들이라는 것을 하나님께서 이스라엘을 택하시고 이스라엘과 함께 거하신다는 것, 시온과 다윗 가문의 관계라는 견지에서 이해하여야 한다"고 말하였다 ("The Messiah," *Essays on Biblical Theology*, 144). 게제는 구약에서는 오직 하나님만이 왕을 자기 아들이라고 말한다는 점을 지적하였다. "하나님의 아들"이라는 용어는 구약과 신약 밖에서는 메시야적인 왕에 대하여 드물게 사용된다. 신약은 다윗 가문의 왕의 역할에 관한 구약의 전승을 따라서 예수를 가리켜 "하나님의 아들"('호 휘오스 투 데우')로 지칭한다. "이 칭호는 유대교 세계로부터 기원했을 수밖에 없다"("The Messiah," 146).

다윗은 자신의 나라를 옛적의 거룩한 광야 및 신정 전승들과 결부시키고자 무척 애를 썼다. 다윗은 왕이 되자마자 예루살렘, 곧 아브라함이 멜기세덱에게 십일조를 바쳤던 곳을 정복하였다(삼하 5:6-10). 다윗은 하나님의 발등상인 언약궤가 어디에 있는지를 수소문해서, 그것이 여전히 아비나답의 집에 있다는 것을 알았다(삼하 6:3; 대상 13:5-8; 시 132:4-10). 그는 화려한 취주 행렬과 더불어서 언약궤를 예루살렘으로 옮겼다.

왕은 야웨의 영(슈)과 권세를 따라서 통치하였다(시 2:6-9). 하지만 세월이 흐르면서, 강력한 세속적인 영향력들이 나라의 대부분의 일들을 장악하였다. 다윗 자신도 무력에 의한 영토 확장과 거대한 사적인 부의 축적에 사로잡혔다(대상 27:25-31).

솔로몬은 주로 밧세바와 나단의 영향력을 통해서 다윗을 계승하고자 무척 애를 썼지만, 나라의 부를 탕진하고, 이스라엘 나라를 잘못 다스려서 분열에 이르게 하였다. 솔로몬이 죽기 전에, 폭동이 여기저기서 빈발하였다(왕상 11장). 솔로몬이 죽자, 왕국은 분열되었고, 다시는 재통일되지 못했다. 오직 한 지파(유다)만이 다윗의 후손들을 위한 왕국으로 남아 있었다(왕상 11:11-13). 여호사밧, 히스기야, 요시야 왕 치하에서 부흥운동과 갱신운동들이 일어났지만, 그 지속적인 효과는 미미하였다. 하나님께서 선지자들을 보내서 왕과 백성들에게 하나님께로 돌아오라고 수없이 경고하였지만, 그들은 거부하였다. 하나님이 예루살렘과 유다의 백성들을 추방한 것은 그들이 하나님을 너무도 많이 진노케 하였기 때문이었다(왕하 24:20; 25:8-21). 이스라엘에서 지상의 왕은 하나님의 나라를 가져오는 데에 실패하였고, 모든 사람을 위한 의와 공의라는 목표들을 달성하는 데에는 실패하였지만(시 72:1-2, 4), 왕정은 완전한 실패는 아니었다. 브루스 버치(Bruce Birch)는 "이스라엘에서 왕정은 구약에서 가장 중요하고 영속적인 신학적·윤리적 주제들 중 일부가 시작된 배경이 되었다"고 말하였다(*Let Justice Roll Down*, 206).

왕들에게 기름을 붓는 관행은 장차 오셔서 이상적인 왕의 기능들을 수행하게 될 기름부음 받은 자, 즉 "메시야"라는 개념을 위한 길을 열어놓았다(von Rad, *Old Testament Theology* II, 169). 왕에서 메시야로의 중요한 진척은 이사야 7:10-17에서 이루어졌다. 하나님은 다윗 가문의 통치를 거부하였다. 하나님의 아들이라는 개념은 변화되었다. 하나님께서 함께 하시게 될 참된 아들이 이제 태어날 것이다. 위대한 다윗 가문의 어느 시점에서 "하나님은 시온에서 영원히 다스리게 될 왕조에 관한 약속을 짊어지게 될 자를 택하실 것이다. 미가 5:2-4에 나오는 에브라다에 대한 언급도 메시야의 기원과 관련된 폭넓은 틀을 제공해 준다"(Gese, "The Messiah," 146-147).

48. 메시야

메시야라는 단어는 헬라어의 '메시아스,' 아람어의 '메쉬하,' 히브리어의 '마쉬아흐'의 음역이다. 이 단어는 "기름부음 받은 자"를 의미한다. 구약에서는 사람들만이 아니라 물건들도 "기름부음을 받을" 수 있었다. 야곱은 벧엘에서 한 기둥에 기름을 부었다(창 31:13). 성막은 그 제단과 그릇들과 더불어(레 8:11) 기름부음을 받았다(출 30:26). 구약에서 기름부음을 받은 사람들로는 제사장들(출 29:7), 몇몇 선지자들(왕상 19:16; 시 105:15; 사 61:1), 족장들(시 105:15)이 있었다. 특별한 의미에서 왕은 "야웨의 기름부음 받은 자"였다. 구약에서 야웨의 기름부음 받은 자라는 표현의 일차적인 의미는 왕, 즉 어느 특정한 때에 야웨의 백성을 다스리고 있는 이 땅의 왕이다(Mowinckel, *He That Cometh*, 5). 구약에서는 왕의 대관에 대해서보다도 왕에게 기름을 부었다는 것을 더 자주 말한다. "기름부음"은 특별한 관계, 어떤 직책의 위임, 직임과 임무의 거룩한 성격, 거룩한 능력의 수여라는 의미를 함축한다. 왕들은 구약에서 주전 586년에 예루살렘이 멸망할 때까지 기름부음을 받았다. 그 후에 이스라엘에는 마카베오 시대가 시작될 때까지 왕이 없었다(마카베오 1서 14:41-47).

후기의 유대교와 신약 시대의 유대인들은 "기름부음 받은 자," 즉 메시야를 기대하고 있었다. 프란츠 델리취(Franz Delitzsch)는 이렇게 말하였다: "가장 좁은 의미에서의 메시야 예언들은 구원의 소망과 하나님 백성의 영광을 이스라엘로부터 나와서 세상을 복속시킬 장래의 왕과 결부시키는 그러한 예언들이다"(*Messianic Prophecies*, 17). 정치적이고 아마도 군사적인 인물일 그는 와서 그들을 원수들로부터 "구원해" 내고, 이스라엘 나라를 회복시킬 것이다.

대부분의 현대의 저술가들은 장차 오실 종말론적인 왕이라는 이러한 전문적인 의미에서의 "메시야"라는 단어는 구약에 나오지 않는다고 지적한다 (Mowinckel, *He That Cometh*, 7; Delitzsch, *Messianic Prophecies*, 17). 데이비드 허바드(David Hubbard)에 의하면, "다윗 가문에서 나올 기름부음 받은 왕에 대한 기대라는 전문적인 의미에서의 메시야 사상은 구약의 소망의 지배적인 모티프가 아니다"("Hope in the Old Testament," 53). "전문적인 용어로서의 이 단어(메시야)는 신구약 중간기에 발전하였다"(LaSor, *The Truth About Armageddon*, 74).

초대 교회는 구약성서가 장차 도래할 구원의 시대를 예언한 예언적 약속들의 책이라고 믿었다(특히, 행 3:24; 고전 10:11; 벧전 1:10-12; cf. Clements, *Old Testament Theology*, 131-133). 외경들(집회서 49:10)과 쿰란 문헌들에서 유대인 저술가들은 선지자들은 저 먼 미래에 있을 구원의 날을 예언하였다고 생각하였다. 예언에 대한 기독교적 해석과 유대교적 해석의 주된 차이점은 그리스도인들은 그러한 예언들이 성취된 것으로 여겼다는 것이다. 유대인 해석자들은 여전히 그 예언들의 성취를 기다렸다.

초대 교회는 예수가 그들이 오랫동안 기다려 왔던 왕이라는 것을 보여주고자 하는 마음에서 예수에 의해서 성취된 예언들을 구약에서 찾아내었다. 카이저(W. C. Kaiser)는 구약에서 456개의 본문들이 메시야 또는 메시야 시대를 언급하고 있고, 이러한 것들은 랍비 문헌들로부터의 558개의 개별적인 인용문들에서 확인된다고 말하였다("Messianic Prophecies," 75; cf. LaSor, *The Truth About Armageddon*, 86, note F).

1980년대에 이루어진 구약성서에 대한 역사비평적인 접근방법은 학자들이 구약의 예언을 해석하는 방식을 변화시켰다. 학자들은 신약의 성취를 출발점으로 삼아서 선지자들이 수 세기 전에 중요한 사건들을 정확하게 예언하였다고 보는 것 대신에, 구약의 예언들로부터 출발해서 그 예언들을 자체의 역사적 배경으로부터 이해하고자 하였다.

클레멘츠(R. E. Clements)는 선지자들이 여러 세기 후에 일어나게 될 사건들을 예언하였다고 이해하는 것은 역사에 대한 하나님의 섭리적인 주관의 성격과 관련하여 중요한 문제점들을 불러일으키고, 우리가 정경의 예언서 문헌들의 많은 부분에서 발견하는 것과 차이를 보인다고 말하였다. 선지자들은 "당시에 일어나고 있었거나 곧 일어날 것으로 예상되었던 사건들의 의미와 결과에 관하여" 그들의 동시대인들에게 말한 것이었다(*Old Testament Theology*, 133). 역사적 해석방법론에 의하면, 선지자들은 일차적으로 의를 설교하고 사회적인 불의를 규탄한 자들이었다. 그들은 이스라엘 백성에게 하나님과의 계약 아래에서의 삶으로 되돌아가라고 외쳤고, 의로운 생활양식과 하나님에 대한 믿음이 수반되지 않은 예배의 공허함을 드러내었다.

라솔(LaSor)은 메시야 본문들을 해석하는 데에 역사적 방법론을 사용해야 한다고 주장하였다.

> 좀 더 합리적인 접근방식은 먼저 예언들이 행해졌을 당시에 그 예언들이 무엇을 의미했는지, 즉 그 예언들이 어떻게 이해되었는지를 묻고, 그런 후에 하나님 백성의 나중 세대들이 어떻게 그 예언들을 이해하게 되었는지를 발견하는 것이다. 확신컨대, 예언은 "미리 씌어진 역사"가 아니라, 그것이 성취에 도달하기까지 하나님의 백성에 대하여 직접적이고 지속적인 관련성을 지니는 하나님으로부터의 진리에 대한 계시이다. 예언이 온전히 성취될 때, 그것은 성취된다(*The Truth About Armageddon*, 77).

프란츠 델리취(Franz Delitzsch)는 구약의 예언에 대한 역사적이고 석의적인 접근방식을 옹호하였다. 그는 "우리의 교리적인 자료는 단지 엄격한 의미에서의 예언들로만 구성되는 것이 아니라, 장래의 구원에 대한 언급을 가지고 있는 약속들과 소망들도 예언이라는 개념 속에 포함될 수 있다는 것은 사실이다"라고 말하였다(*Messianic Prophecies*, 9).

구약에서 메시야 소망은 통상적으로 예루살렘에 있는 왕과 결부되었는데,

이것은 왕이 이스라엘에서 적어도 포로기 이전 시대에는 기름부음 받은 주요한 인물이었기 때문이다.

사무엘하 7장에 나오는 야웨와 다윗의 계약에 관한 기사는 많은 점들에서 아브라함에 대한 하나님의 약속과 병행을 이룬다. 아래의 도표는 아브라함 계약과 다윗 계약 간의 유사점들을 잘 보여준다.

아브라함에 대한 약속	다윗에 대한 약속
창세기 12장; 17장	사무엘하 7장
1. 큰 이름(12:2)	1. 큰 이름(7:9)
2. 큰 민족(12:2)	2. 큰 나라(7:16)
3. 후손들로서의 왕들(17:6, 16)	3. 후손들로서의 왕들(7:12–16)
4. 축복(12:2)	4. 축복(7:19)

하지만 다윗과 하나님의 계약 — 아브라함과의 계약이 아니라 — 은 이스라엘의 메시야 소망 및 기대의 출발점이 되었다(Vriezen, *Outline of Old Testament Theology*, 66).

과거에는 몇몇 제왕 시편들(2편; 72편; 110편)은 마치 그것들이 당시의 맥락이나 당시에 다스리고 있었던 왕과 아무런 관련이 없고 오직 장차 임할 메시야적인 왕만을 언급하고 있는 것인 양 메시야 시편들로 불렸다. 이 시편들을 메시야 시편이 아니라 제왕 시편이라고 부르는 것은 모든 종말론적인 관점이 이 시편들에 없다는 것을 의미하지 않는다. 시편 2편은 의심할 여지 없이 다윗 가문의 많은 왕들을 위한 대관식 찬송으로 사용되었지만, 이 시편에 나타난 관점은 "하나님의 기름부음 받은 자"(메시야)라 불리는 당시의 왕에 관한 관점을 뛰어넘는다. 대관식 날은 "하나님의 아들"인 왕의 생일이었다. 시편 기자에게 있어서 현재의 왕은 "유일하게 승리와 우주적 통치의 사명을 실행할 수 있을 장차 임할 왕의 표징"이 되었다(Jacob, *Theology of the Old Testament*, 334).

피터 크레이기(Peter Craigie)는 시편 2편이 만유의 왕이신 보좌에 앉으신 분 야웨(4절)와 야웨의 "아들"이자 대표자인 이 땅의 왕(7절)이 함께 행사하는 공동의 왕권을 반영하고 있다고 말하였다. 다윗 가문의 왕들은 결코 온 세계에 대한 통치권을 행사하지 않았다. 예수는 모든 나라들을 포괄할 하나님 나라에 관하여 말하였다. 시편 2편은 요한계시록에서 "시편 2편의 언어와 이미지 속에서 왕으로 태어날 자의 궁극적인 통치와 승리(계 1:5; 2:27; 4:2; 6:17; 12:5; 19:5 등)"를 가리키기 위하여 자주 인용된다(*Psalms 1-50*, 68-69).

시편 72편은 새로운 다윗 가문의 왕이 대관식을 할 때에 그를 위한 기도문이다. 왕은 고도로 이상화되어 있고, 일부 학자들은 그가 메시야적인 인물이라고 주장하여 왔다(Briggs, *Psalms*, *ICC*). 마빈 테이트(Marvin Tate)는 여전히 가난한 자들에 대한 압제자들이 존재하고, 그 어디에서도 백성들은 메시야적인 왕을 위하여 중보기도 하고 있지 않기 때문에, 왕은 메시야적인 나라를 통치하고 있는 것이 아니라고 말하였다. "이 시편에 분명하게 드러나는 이상적인 묘사는 왕이 즉위할 때마다 새롭게 생겨나는 소망의 결과이다"(*Psalms 51-100*, 222). 이 시편 기자는 하나님의 공의와 의가 그의 왕의 통치의 특징이 되게 하고, 왕은 장수하며, 그의 통치가 바다에서 바다까지, 땅의 끝까지 이르며, 그의 원수들은 거꾸러지고, 평화('샬롬')가 지배하게 되기를 기도하였다. 이스라엘에서 그 어떤 왕도 시편이 말하고 있는 소망들과 부합하는 왕은 없었다. 적어도 부분적으로 이스라엘에서 메시야 사상이 발전하게 된 이유는 이러한 소망들의 좌절 때문이었다.

시편 110편은 "신약에서 가장 자주 직접인용되거나 간접인용되는 구약의 본문"이라는 기록을 보유하고 있다(Leslie C. Allen, *Psalms 101-150*, 87). 원래 이 시편은 아마도 다윗 가문의 왕들을 위한 즉위시편이었을 것이다. 레슬리 알렌(Leslie C. Allen)은 우리는 이 시편을 처음부터 메시야적인 의도로 국한하고자 하는 자들의 가치 있는 동기들을 존중한다고 말하였다(D. Kidner, *Psalms 73-150*, 392). "그러나 그것은 일반적으로 제왕시편들 속에서 찾아볼 수 있는 역사적이고 신학적인 발전의 패턴인 시편 110편 속에 나오는 오래된 문화적이고 역사적인 왕에 대한 언급들과 부합하지 않는다"(Allen, *Psalms 101-150*, 83-84).

구약의 선지자들은 다윗 왕정의 긍정적인 가치들을 인정하였지만, 다윗 왕정이 하나님 나라의 도래를 위한 토대로서는 너무도 협소하다고 여겼다. 왕들과 가까이에서 지냈던 이사야 같은 선지자가 다윗 왕조가 이 땅에서 야웨의 왕권을 수립하는 데에 충분할 것이라고 생각하였을 것 같지는 않다. 이사야는 당시의 왕을 "하나님의 백성의 가장 오래된 전승에 따라서 이 선지자가 기다리고 있었던 왕에 대한 긍정적 또는 부정적 표징으로만" 보았다(Jacob, *Theology of the Old Testament*, 336).

이사야는 외국과의 동맹을 통해서 구원을 추구하였던 유약하고 우유부단한 아하스를 우리가 아는 한 아하스나 이 선지자의 아들이 아니었던 신비스러운 기원의 아들, 곧 옛 질서를 끝장내게 될 새 시대를 대표하는 임마누엘과 대비시켰다(사 7장). 임마누엘은 장차 태어날 아기 이름이었다. 그 이름은 "하나님이 우리와 함께 하신다"를 의미한다. 그는 하나님이 아니었고, 왕도 아니었다 ─ 적어도 아하스 같은 왕은 아니었다. 그러나 그는 자기 백성 가운데에서 하나님의 임재와 권능을 구현한 자였다.

임마누엘의 사명은 9장과 11장에 어느 정도 자세하게 서술되어 있다. 장차 태어날 새 왕의 통치는 지혜와 빛을 그 특징으로 하게 될 것이다. 그는 공의와 의로 다스리게 될 것이다. 전쟁은 그치게 될 것이다. 전우주적인 평화와 하나님을 아는 지식이 편만하게 될 것이다. 미가 5:1-4과 스가랴 9:9-10도 새로운 다윗 가문의 왕에 관하여 말한다. 예레미야는 메시야의 나라는 이 땅에서의 다윗의 나라와 대비되는 것이지 결코 연속선상에 있는 것이 아니라고 생각하였다(렘 23:5-6; 33:15-16).

메시야의 역할은 구약에서 그리 분명하거나 강력하지 않다. 이 단어는 전문적인 의미로 나오지 않는다. 하나님의 주권과 왕의 신성한 역할에 관한 강력한 감정은 메시야라는 존재가 들어설 여지를 거의 남겨두지 않았다. 대체로 자기 백성을 구원하러 오실 분은 야웨로 생각되었다. 다윗 가문의 왕은 이 땅에서 하나님의 이름으로 통치하는 "하나님의 양자"였다. 비슬리 머리(Beasley-Murray)는 우리는 구약의 어떤 책들에서 메시야가 언급되고 있지 않은지를 찾아내어서, 그 저작의 기자가 메시야를 기대하지 않았다고 결론을 내려서는 안 된다고 말하였다(*Jesus and the Kingdom of God*, 24). 메시야는 흔히 그 단어가 나오지 않는 곳에서 암묵적으로 전제되어 있다.

이사야서에서 메시야는 "이새의 가지에서 난 싹"으로 묘사된다. 주의 영이 그에게 임할 것이다. 그는 지혜, 명철, 모략, 권능, 하나님을 아는 지식과 하나님을 경외하는 영을 갖게 될 것이다. 그의 판단들은 참되고 의로울 것이다. 그는 모든 피조 세계에 '샬롬'("평화, 온전함")을 가져다 줄 것이다(사 11:6-9). 구약의 다른 본문들에서는 구원과 건지심이 고난받는 종과 인자 같은 이라는 메시야적인 인물을 통해서 임하게 될 것이라고 말한다.

49. 고난받는 종

구약에서는 많은 사람들이 "하나님의 종"으로 불린다: 아브라함(창 26:24); 족장들(출 32:13; 신 9:5); 모세(출 4:10; 14:31); 다윗(삼하 7:5, 8); 선지자들(왕하 24:2); 느브갓네살(렘 25:9). "종"이라는 용어는 이사야 40—66장에서 특별한 의미를 지닌다. 베르나르트 둠(Bernard Duhm)은 자신의 이사야 주석서(Das Buch Jesaja, 1892)에서 이사야 40—55장에는 네 개의 종의 노래가 나오는데, 이 종의 노래들은 그 문맥의 일부도 아니고, 주변의 장들을 썼던 저자에 의해서 씌어진 것도 아니라고 말하였다. 둠의 견해에 의하면, 이 네 개의 "종의 노래들"(사 42:1-4; 49:1-6; 50:4-11; 52:13—53:12)은 이 선지자보다 더 앞선 시대 또는 동시대에 살았던 역사적인 개인의 이력을 묘사하고 있는 것이다. 둠의 견해는 구약학자들에게 널리 받아들여졌다.

오늘날에 와서는 이러한 종의 노래들을 그 문맥으로부터 분리하여야 한다는 둠의 견해는 점점 더 거부되고 있다. 그러한 학자들 중의 한 사람인 존 밀러(John W. Miller)는 종의 노래들을 그 문맥에 비추어서 해석하고자 시도해왔다. 밀러는 종의 노래들은 이 선지자 자신을 가리키고, 그 문맥은 이 선지자가 자신의 동포들 중 일부 및 바벨론에 있던 지도자들과 겪었던 갈등을 보여준다고 주장하였다("The Servant Songs in the Light of Their Contexts," 77-85).

종이라는 단어는 이사야 40—53장에서 언제나 단수형으로 20번 나온다. 이 단어는 이사야 54—66장에서 언제나 복수형으로 10번 나온다. "종"은 어떤 때는 분명히 이스라엘(42:8) 또는 야곱(44:1)를 가리킨다. 하지만 어떤 때는

종은 이스라엘 또는 세상을 향한 사명을 띠고 택함을 받는 자로 나온다(42:1-
4; 44:1-2; 49:1-6). 또 어떤 때는 종은 큰 고난을 당하는 자이다(50:4-6;
52:13—53:12). 이 종은 과연 누구였는가?

　종의 노래들이 예수의 고난, 죽음, 부활에 관한 직접적인 예언들이라는 전
통적인 견해 외에도, 네 가지 중요한 이론들이 종의 정체성과 관련하여 제기
되어 왔다. 첫 번째 견해는 여기서 종은 모세, 예레미야, 욥, 스룹바벨, 또는
선지자 자신 같은 어떤 역사적인 개인이었다고 주장한다. 두 번째 견해인 공
동체설(the collective theory)은 여기서 종은 의인화된 이스라엘 또는 이스라
엘의 남은 자라고 말한다. 세 번째 견해는 여기서 종은 신년 축제 속에서의
왕을 나타내는 것이었는데, 이 축제에서 왕은 죽었다가 다시 살아나는 하나
님을 상징하였다는 것이다.

　네 번째 견해는 "메시야설" 또는 "유동설"(the fluid theory)이다. 메시야
설은 여기서 종을 장차 고난을 통해서 자기 백성을 구원하게 될 대표자로서
의 개인(아마도 다윗 가문의 인물)으로 본다. "유동설"은 종은 이스라엘이라
는 개념으로 시작해서, 민족과 장차 자기 백성과 세상을 위하여 대속적으로
고난을 당할 구원자 사이를 왔다갔다 한다고 본다. 로울리(H. H. Rowley)는
유대인들이 예수가 등장하기 전에 고난받는 메시야라는 사상을 지니고 있었
다고 보지 않았다(*The Servant of the Lord and Other Essays*, 15-16, 61-72).
모빙켈(Mowinckel)은 고난받는 종은 장차 오실 왕으로서의 메시야에 관한
구약의 메시지 속에 담겨있는 모든 것을 뛰어넘는다고 말하였다(*He That
Cometh*, 247).

　이사야 40—55장에 나오는 네 개의 "종의 노래들"을 따로따로 살펴보기로
하자. 우리는 종의 노래들이 그 문맥과 관련이 없다고 보지 않기 때문에, 각
각의 노래를 이해하기 위해서는 이렇게 하는 것이 꼭 필요하다. 어휘 사용과
신학적인 제재라는 측면에서 "종의 노래들은 제2이사야서의 나머지 부분과
많은 것들을 공통적으로 가지고 있다"(von Rad, *Old Testament Theology* II,
251-252). 종의 노래들은 나머지 내용으로부터 어느 정도 구별되어 있고, 그
것들은 분명히 구약의 예언, 아마도 구약성서 전체에서 "절정"에 해당한다.
로울리는 구약의 희생제사에 관한 가장 수준 높은 말씀은 여기 이사야 53장

에 나온다고 지적하였다. 그것은 흠없는 짐승이 아니라 죄없는 사람의 희생 제사이다(희생제사에 대한 본서의 서술인 제7장 제37절을 보라; H. H. Rowley, *The Changing Pattern of Old Testament Studies*, 29-30; Page Kelley, *Isaiah*, 343).

> 내가 붙드는 나의 종
> 내 마음에 기뻐하는 자 곧 내가 택한 사람을 보라
> 내가 나의 영을 그에게 주었은즉
> 그가 이방에 정의를 베풀리라
> 그는 외치지 아니하며 목소리를 높이지 아니하며
> 그 소리를 거리에 들리게 하지 아니하며
> 상한 갈대를 꺾지 아니하며
> 꺼져가는 등불을 끄지 아니하고
> 진실로 정의를 시행할 것이며
> 그는 쇠하지 아니하며
> 낙담하지 아니하고
> 세상에 정의를 세우기에 이르리니
> 섬들이 그 교훈을 앙망하리라.
> (사 42:1-4)

이 첫 번째 노래에서 처음부터 끝까지 말씀하시는 분은 야웨이다. 그는 자신의 택한 종을 소개하고, 그를 붙들어 주며, 그는 야웨를 기뻐한다. 하나님은 열방들에게 공의('미쉬파트')를 시행하기 위하여 자신의 영('카리스마')을 통해서 그에게 능력을 수여한다. "공의"는 이 노래에서 3번 나오고, 종의 사명에 대한 열쇠이다. '미쉬파트'("공의")는 구약에서 많은 함의들을 지닌 폭넓은 용어이다. 여기에서 이 용어는 매우 일반적인 의미를 지닌 것으로서, 삶과 예배를 위해 하나님께서 주신 질서들을 의미하는 것 같다. 이 경우에 이 단어는 참된 종교와 동일시될 수 있을 것이다(cf. 왕하 17:27; 사 58:2). 종은 화려한 취주나 요란한 소리나 길거리에서의 과시 없이 자신의 사역을 수행할 것이다(42:2). 그의 접근방식은 부드럽고 온유하며 남들을 배려하는 것이다. 그는 "상한 갈대도 꺾지 않고 꺼져가는 등불을 끄지 않을" 것이다(3절). 그는 쉽게 꺼져버릴 수 있는 것을 온유함으로 구원하실 것이다. 그는 한정 없이 참으시며 신실하실 것이다. 그는 공의가 이 세상의 가장 먼 구석에까지 채워질 때까지 포기하지 않을 것이다(cf. 마 12:18-21).

> 섬들아 내게 들으라
> 먼 곳 백성들아 귀를 기울이라
> 여호와께서 태에서부터 나를 부르셨고
> 내 어머니의 복중에서부터
> 내 이름을 기억하셨으며
> 내 입을 날카로운 칼 같이 만드시고
> 나를 그의 손 그늘에 숨기시며
> 나를 갈고 닦은 화살로 만드사
> 그의 화살통에 감추시고
> 내게 이르시되 너는 나의 종이요
> 내 영광을 네 속에 나타낼 이스라엘이라 하셨느니라
> 그러나 나는 말하기를 내가 헛되이 수고하였으며
> 무익하게 공연히 내 힘을 다하였다 하였도다
> 참으로 나에 대한 판단이 여호와께 있고
> 나의 보응이 나의 하나님께 있느니라
> 이제 여호와께서 말씀하시나니
> 그는 태에서부터 나를 그의 종으로 지으신 이시요
> 야곱을 그에게로 돌아오게 하시는 이시니
> 이스라엘이 그에게로 모이는도다
> 그러므로 내가 여호와 보시기에 영화롭게 되었으며
> 나의 하나님은 나의 힘이 되셨도다
> 그가 이르시되
> 네가 나의 종이 되어

> 야곱의 지파들을 일으키며
> 이스라엘 중에 보전된 자를 돌아오게 할 것은
> 매우 쉬운 일이라
> 내가 또 너를 이방의 빛으로 삼아
> 나의 구원을 베풀어서
> 땅 끝까지 이르게 하리라.
> (사 49:1-6)

두 번째 노래에서는 종이 말한다. 그는 세상의 해변의 땅들과 족속들에게 말한다. 그는 그들에게 야웨께서 자기를 부르셨고 자기가 태어나기 전에 자기 이름을 지으셨다고 말한다(49:1). 그의 입의 말씀은 날카로운 검과 잘 광낸 화살이 되어서, 듣는 자들의 심장과 귀를 꿰뚫을 것이다. 그가 자신의 사역을 시작하기 전에, 야웨의 손의 그늘 속에서 그의 화살통 안에 있을 때에, 야웨는 그에게 자신의 계획을 맡기셨다. "너는 나의 종이요 내 영광을 네 속에 나타낼 이스라엘이라"(49:3). "이스라엘"은 흔히 후대의 첨가로 여겨진다 (Mowinckel, *He That Cometh*, 462-463.).

종은 야웨께서 그와 함께 하심에도 불구하고 그의 수고가 헛되었다고 탄식한다(49:4). 야웨는 자기가 "이스라엘을 돌아오게 하기 위하여" — 아직 성취되지 않은 사명 — 모태에서 종을 지었다고 말씀한다. 이스라엘을 향한 사명 외에, 이제 새로운 사명이 종에게 주어진다: 이방의 빛이 되어서, 하나님의 구원이 땅끝까지 이르게 하는 것(49:6).

> 주 여호와께서 학자들의 혀를 내게 주사
> 나로 곤고한 자를 말로 어떻게 도와 줄 줄을 알게 하시고
> 아침마다 깨우치시되
> 나의 귀를 깨우치사
> 학자들 같이 알아듣게 하시도다
> 주 여호와께서 나의 귀를 여셨으므로
> 내가 거역하지도 아니하며

뒤로 물러가지도 아니하며
나를 때리는 자들에게 내 등을 맡기며
나의 수염을 뽑는 자들에게 나의 뺨을 맡기며
모욕과 침 뱉음을 당하여도
내 얼굴을 가리지 아니하였느니라
주 여호와께서 나를 도우시므로
내가 부끄러워하지 아니하고
내 얼굴을 부싯돌 같이 굳게 하였으므로
내가 수치를 당하지 아니할 줄 아노라
나를 의롭다 하시는 이가 가까이 계시니
나와 다툴 자가 누구냐
나와 함께 설지어다
나의 대적이 누구냐
내게 가까이 나아올지어다
보라 주 여호와께서 나를 도우시리니
나를 정죄할 자 누구냐
보라 그들은 다 옷과 같이 해어지며
좀이 그들을 먹으리라
너희 중에 여호와를 경외하며
그의 종의 목소리를 청종하는 자가 누구냐
흑암 중에 행하여
빛이 없는 자라도
여호와의 이름을 의뢰하며
자기 하나님께 의지할지어다
보라 불을 피우고
횃불을 둘러 띤 자여
너희가 다 너희의 불꽃 가운데로 걸어가며
너희가 피운 횃불 가운데로 걸어갈지어다
너희가 내 손에서 얻을 것이 이것이라

너희가 고통이 있는 곳에 누우리라.

(사 50:4-11)

4-9절에서는 종이 말하고, 10-11절에서는 다른 어떤 사람, 아마도 야웨께서 종의 청중들에게 말씀한다. 종은 하나님이 그에게 학자의 혀를 주셔서, 그가 피곤한 자들을 위로의 말로써 부축해줄 수 있도록 해달라고 말한다(50:4). 그의 순종이 고난, 굴욕, 모욕, 수치, 부끄러움을 가져다 주었을지라도, 그는 패역하지 않고 순종하였다(50:6-7). 그는 여전히 포기하지 않았다. 그는 자기를 옳다고 하실 하나님이 가까이에 계시다는 것을 알았기 때문에 자신의 얼굴을 부싯돌처럼 굳게 하였다(50:7-8a).

종은 자기를 모욕하는 자들에게 도전한다: "나와 다툴 자가 누구냐 … 나의 대적이 누구냐?" 이것은 권투 시합이나 전장(戰場)에서 사용하는 언어가 아니라 법정 용어이다. 종은 수 세기 후의 사도 바울처럼 "누가 능히 하나님께서 택하신 자들을 고발하리요 의롭다 하신 이는 하나님이시니"(롬 8:33)라고 말하였다. 이사야 50장에서 고소당하고 침 뱉음을 당하는 자는 종이다. 로마서에서 하나님의 택함받은 자들로서 고소당하는 자들은 그리스도인들이었다. 그들은 죽으셨다가 부활하셔서 그들을 위하여 중보기도하시는 그리스도 예수에 의해서 의롭다 하심을 받았다(롬 8:34).

이사야 50:10-11은 하나님과 종의 원수들이 의복처럼 낡아질 것이라는 9절 끝부분의 의미를 확장시킨다. 좀들이 그들을 먹을 것이다. 야웨를 경외하고 그의 종의 목소리에 청종하는 자는 어둠 속에서 걷지 않는다(50:10). 어둠 속에서 하나님의 빛이 아니라 자신의 빛을 켜고 그 안에서 행하고자 하는 모든 자들(cf. 사 8:16—9:2)은 고통 속에서 엎드러지게 될 것이다(사 50:11).

보라 내 종이 형통하리니
받들어 높이 들려서
지극히 존귀하게 되리라
전에는 그의 모양이 타인보다 상하였고
그의 모습이 사람들보다 상하였으므로

많은 사람이 그에 대하여 놀랐거니와

그가 나라들을 놀라게 할 것이며

왕들은 그로 말미암아 그들의 입을 봉하리니

이는 그들이 아직 그들에게 전파되지 아니한 것을 볼 것이요

아직 듣지 못한 것을 깨달을 것임이라

우리가 전한 것을 누가 믿었느냐

여호와의 팔이 누구에게 나타났느냐

그는 주 앞에서 자라나기를 연한 순 같고

마른 땅에서 나온 뿌리 같아서

고운 모양도 없고 풍채도 없은즉

우리가 보기에 흠모할 만한 아름다운 것이 없도다

그는 멸시를 받아 사람들에게 버림 받았으며

간고를 많이 겪었으며 질고를 아는 자라

마치 사람들이 그에게서 얼굴을 가리는 것 같이 멸시를 당하였고

우리도 그를 귀히 여기지 아니하였도다

그는 실로 우리의 질고를 지고

우리의 슬픔을 당하였거늘

우리는 생각하기를

그는 징벌을 받아 하나님께 맞으며

고난을 당한다 하였노라

그가 찔림은 우리의 허물 때문이요

그가 상함은 우리의 죄악 때문이라

그가 징계를 받으므로 우리는 평화를 누리고

그가 채찍에 맞으므로 우리는 나음을 받았도다

우리는 다 양 같아서 그릇 행하여

각기 제 길로 갔거늘

여호와께서는 우리 모두의 죄악을

그에게 담당시키셨도다

그가 곤욕을 당하여 괴로울 때에도

그의 입을 열지 아니하였음이여
마치 도수장으로 끌려 가는 어린 양과
털 깎는 자 앞에서 잠잠한 양 같이
그의 입을 열지 아니하였도다
그는 곤욕과 심문을 당하고 끌려 갔으나
그 세대 중에 누가 생각하기를
그가 살아 있는 자들의 땅에서 끊어짐은
마땅히 형벌 받을 내 백성의 허물 때문이라 하였으리요
그는 강포를 행하지 아니하였고
그의 입에 거짓이 없었으나
그의 무덤이 악인들과 함께 있었으며
그가 죽은 후에 부자와 함께 있었도다
여호와께서 그에게 상함을 받게 하시기를 원하사
질고를 당하게 하셨은즉
그의 영혼을 속건제물로 드리기에 이르면
그가 씨를 보게 되며
그의 날은 길 것이요
또 그의 손으로 여호와께서 기뻐하시는 뜻을 성취하리로다
그가 자기 영혼의 수고한 것을 보고
만족하게 여길 것이라
나의 의로운 종이
자기 지식으로 많은 사람을 의롭게 하며
또 그들의 죄악을 친히 담당하리로다
그러므로 내가 그에게 존귀한 자와 함께 몫을 받게 하며
강한 자와 함께 탈취한 것을 나누게 하리니
이는 그가 자기 영혼을 버려 사망에 이르게 하며
범죄자 중 하나로 헤아림을 받았음이니라
그러나 그가 많은 사람의 죄를 담당하며
범죄자를 위하여 기도하였느니라.

(사 52:13—53:12)

네 번째 종의 노래는 "모든 문학 중에서 가장 영향력 있는 시"로 묘사되어 왔다. 만약 이 노래 전체가 이사야서로부터 사라져 버린다고 해도, 이 시는 신약에 나와 있는 인용문들을 통해서 거의 완벽하게 재구성될 수 있다. 페이지 켈리(Page Kelley)는 53장에 나와 있는 열두 절 가운데서 오직 한 절만이 신약에서 전체적으로 또는 부분적으로 다시 나오지 않을 뿐이라고 지적하였다. "신약에서 이 본문을 널리 사용하고 있다는 것은 신약의 기자들이 이 본문을 복음에 대한 이해에 있어서 결정적으로 중요하다고 생각하였다는 것을 보여준다"(*Isaiah*, 340-341).

이 네 번째이자 마지막인 종의 노래는 일련의 종의 노래들 가운데에서 가장 길고 절정에 해당한다. 이 노래는 각각 세 절로 이루어진 거의 동일한 분량의 다섯 개의 연(聯)으로 구성되어 있다. 첫 번째 연(52:13-15)과 마지막 연(53:10-12)에서는 야웨께서 말씀하신다. 중간에 놓여있는 세 연(53:1-3, 4-6, 7-9)은 선지자와 그의 백성이 한 말들인 것으로 보인다. 첫 번째 연(52:13-15)은 고난과 죽음에 대한 종의 놀라운 승리를 알린다. 그는 많은 열방들을 깜짝 놀라게 할 것이다. 왕들은 그를 보고 입을 다물게 될 것이다. 그들은 아무 말도 하지 못하게 될 것이다. 왜냐하면, 그들은 이제까지 결코 일어나지 않았던 일을 보고 듣게 될 것이기 때문이다.

두 번째 연(53:1-3)은 사람들이 계시되고 들은 것을 믿지 않으려 할 것이라고 말한다(1절). 종은 보잘것없는 곳에서 자랐고, 그의 모습은 사람들의 눈길을 끌 만한 것이 하나도 없었다. 실제로, 그는 다른 사람들에 의해서 멸시를 받고 거부당했다. 그의 고난과 병약한 것들은 사람들이 정말 싫어하는 것들이었기 때문에, 사람들은 그를 보지 않으려고 눈을 돌렸다(2-3절).

세 번째 연은 화자(話者)와 종을 멸시했던 자들 — 그리고 아마도 그의 고난에 기여했던 자들 — 이 종은 자기 죄 때문에 고난받은 것이 아니었다고 고백하고 깨달았다는 것에 대하여 말하고 있기 때문에 의외의 내용이다. 그는 다른 사람들을 위하여 자발적으로 그리고 대속적으로 고난을 당하였다. 화자들은 이렇게 말한다:

우리는 다 양 같아서 그릇 행하여
각기 제 길로 갔거늘
여호와께서는 우리 모두의 죄악을
그에게 담당시키셨도다.
(사 53:6)

네 번째 연(53:7-9)은 종이 어떻게 순복하는 태도로 아무런 저항도 없이 자발적으로 고난을 당하였는지를 묘사한다. 공의의 왜곡으로 인해서(53:8), 그는 아무런 폭력도 행하지 않았고 어떤 거짓도 말하지 않았음에도 불구하고 감옥으로 끌려가서 처형당하고 수치스럽게 매장되었다.

마지막으로, 다섯 번째 연(53:10-12)에서 우리는 종을 상하게 하여서 그의 삶과 죽음이 속건제가 되도록 하기 위한 것이 하나님의 계획이었다는 말을 듣는다.

이 종은 누구였는가? 게르하르트 폰 라트(Gerhard von Rad)는 이 시에 나오는 표현들은 "과거나 현재에 존재하였을 그 어떤 인물에 관한 묘사를 뛰어넘는다"고 말하였다. "야웨의 종, 이스라엘과 세상을 향한 그의 사명, 그의 대속적인 고난에 관한 묘사는 장래에 관한 예언으로서 … 야웨께서 스스로를 위하여 유보해두신 순전한 이적의 영역에 속한다"(*Old Testament Theology* II, 260). 고난받는 종에 관한 구약의 예언들은 이 선지자가 상상했던 모든 것을 뛰어넘는 방식으로 예수 그리스도 안에서 성취되었다.

50. 인자

메시야적인 의미로 사용된 "인자"라는 용어는 구약에서 오직 한 번 나오고, 그 본문조차도 지금은 의문시되고 있다.

내가 또 밤 환상 중에 보니
인자 같은 이가
하늘 구름을 타고 와서

옛적부터 항상 계신 이에게 나아가

그 앞으로 인도되매.

(단 7:13)

　일반적인 의미에서 "인자"라는 표현은 "신적인 존재 또는 짐승 같은 존재와 대비되는 인간 존재"를 의미하고, 구약에서 대략 108번 나온다. 에스겔서에서 하나님은 에스겔 선지자를 93번 "인자"라고 부른다. 이 용어는 그 밖의 다른 책들에서 "인간"을 가리키는 고상한 칭호로 15번 사용된다(민 23:19; 욥 16:21; 25:6; 35:8; 시 8:5; 80:18; 146:3; 사 51:12; 56:2; 렘 49:18, 33; 50:40; 51:43; 단 8:17; 10:16; cf. Hartman and DiLella, *The Book of Daniel*, 85).

　다니엘 7:13에서 "인자" 또는 "사람"이라는 표현은 바다로부터 출현한 네 개의 세상 왕국들을 나타내는 네 마리의 큰 짐승들과 대비되어 사용된다. "인자" 또는 "사람"은 다섯 번째 왕국 또는 하늘의 나라를 나타낸다. 다니엘 7장은 많은 점에서 다니엘 2장과 흡사하다. 이 두 장은 아람어로 기록되어 있다. 두 장은 세상의 네 왕국들, 그리고 그 뒤에 오는 다섯 번째 왕국인 우주적이고 영원한 하나님의 나라에 관한 다니엘의 환상을 묘사한다. 이 장에서 다섯 번째 왕국은 사람의 손으로 산으로부터 깎아낸 돌로 상징된다. 이 돌은 이 땅의 네 왕국을 멸망시키고 온 땅을 채운다(단 2:34-35, 44-45). 7장에서 네 왕들, 왕국들, 또는 뿔들은 바다에서 올라온 네 짐승에 의해서 상징된다(단 7:3). 다섯 번째 왕국은 심판 보좌에 앉으신 옛적부터 계신 이에게 하늘 구름을 타고 나아가는 "인자 같은 이"에 의해서 나타내진다(단 7:13).

그에게 권세와 영광과 나라를 주고

모든 백성과 나라들과 다른 언어를 말하는 모든 자들이

그를 섬기게 하였으니

그의 권세는 소멸되지 아니하는 영원한 권세요

그의 나라는 멸망하지 아니할 것이니라.

(단 7:14)

다니엘 7:13-14을 보면, "인자" 또는 "사람"은 바다로부터 올라온 짐승들과는 완전히 다른 개인(個人)인 것으로 보인다. 그는 모든 민족들과 나라들과 언어들의 왕이다; 그리고 그들은 그를 "섬기거나 예배하게" 될 것이다(14절). 다니엘은 자기가 본 것을 해석하는 데에 도움을 줄 것을 요청한다(16절). 해석자는 그에게 네 마리의 큰 짐승은 땅에서 일어나게 될 네 왕들이지만(17절), 지극히 높으신 이의 거룩한 자들이 나라를 받아서 "그 나라를 영원히 소유하게"(18절) 될 것이라고 말해준다. 21절에서 거룩한 성도들은 네 번째 짐승의 대표자에 의해서 공격받은 자들로 규정된다. 법정은 지극히 높으신 이의 거룩한 자들에게 나라를 주었다(22절).

이것은 무엇을 의미하는가? 7:14에서 옛적부터 계신 이는 세상 왕국들을 다섯 번째 왕국을 나타내는 인자 또는 사람에게 주었지만, 18절에서는 성도들 또는 "거룩한 자들"이 나라를 받는다. 인자는 그의 나라를 바다로부터 올라온 짐승들의 나라들과 대비시키기 위하여 구름을 타고 온 인간 존재로 나타내진다. 그의 나라는 구름들(또는 하늘)로부터 올 것이지만, 짐승들의 나라들은 혼돈의 지역들로부터 올 것이다. 하늘 구름을 타고 오시는 인자 또는 사람은 통상적인 사람 이상의 존재이다. 폰 라트(Gerhard von Rad)는 "다니엘 7:13에 묘사된 인자가 처음에는 폭넓은 의미에서의 메시야적인 인물로 묘사되고 있다는 것은 의심의 여지가 없다"고 말하였다(*Old Testament Theology* II, 312).

비슬리 머리(Beasley-Murray)는 이렇게 말하였다: "구약의 다른 곳에서 구름을 타는 자는 어떤 집단의 상징이 아니라 야웨이다(시 18:10-11). 그러므로 이 환상 속에서 구름을 탄 자는 하나님의 통치의 대표자와(이러한 해석에 비추어서) 그 통치권이 수여된 백성의 대표자를 가리키는 것 같다"(*Jesus and the Kingdom of God*, 33). 예언 전승에서 메시야는 바로 그러한 지위, 즉 야웨의 대표자이자 야웨의 통치에 포함되는 특권을 지닌 백성의 대표자라는 지위를 갖고 있다. "이 개념은 종종 제2이사야서의 종의 노래들에서 보는 바와 같이 메시야라는 용어의 사용 없이 언급된다. 종의 노래들에서 종으로서의 지도자와 종으로서의 백성이라는 개념은 서로 유동적으로 사용된다"(Beasley-Murray, *Jesus and the Kingdom of God*, 33).

구약에 흩어져 있는 수많은 실마리들은 장차 도래할 하나님의 새로운 나라를 가리킨다. 다윗의 자손, 하나님의 아들, 인자, 고난받는 종 같은 개념들은 때와 상황에 따라서 등장한다. 그것들은 결코 구약에서 어떤 체계적인 형태로 결합되거나 연관되지 않는다. 신약은 이 모든 개념들을 한데 결합시켜서, 예수 그리스도가 이 모든 것의 성취라고 말한다.

51. 구약과 신약: 그리스도인들과 유대인들

구약은 어디에서 그리고 언제 끝나는가? 구약은 속편을 가지고 있는가? 구약은 "성취되었고," 우리는 지금 종말에 살고 있는 것인가? 우리에게 구약은 계속해서 필요한 것인가? 구약은 여전히 종교적인 의미, 타당성, 가치를 지니고 있는가?

두 개의 거대한 현존하는 종교인 유대교와 기독교는 구약성서(히브리 성서)를 성경으로 여긴다. 하지만 그들은 이 성경을 동일한 방식으로 해석하지 않는다. 마이모니데스(Maimonides)는 "그리스도인들은 우리와 마찬가지로 성경이 신적 기원을 가지고 있고 우리의 선생인 모세에게 계시되었다고 믿고 고백한다; 오직 성경에 대한 해석에 있어서만 그들은 우리와 다르다"고 말하였다("Pe'er ha-Dor," 50, Schoeps, *The Jewish-Christian Argument*, 15에서 재인용). 유대인들은 그들 자신을 구약 신앙의 상속자들이자 계승자들이라고 본다. 그리스도인들은 그들이 상속자들이고, 그리스도로 말미암아 하나님의 약속들의 성취라고 주장한다. 그들의 사명은 하나님께서 구약에서 이스라엘에게 주신 바로 그 사명이다 — 즉, 하나님의 구원과 평화('샬롬')를 땅 끝까지 선포하는 것.

기독교와 유대교의 주류들은 구약성서에 다른 것을 더한다. 유대교는 히브리 성서의 해석과 적용에 대한 보조수단으로서 미쉬나와 탈무드를 더한다. 기독교는 구약성서에 대한 명확하고 권위 있는 해석으로서 신약성서를 더한다. 그리스도인들에게 신약성서는 구약성서에 대한 해석 이상의 것이다. 그것은 예수 그리스도의 삶, 죽음, 부활, 승천을 통해서 나타난 인간 역사 속에서의 하나님의 최후의 위대한 구원 역사(役事)에 관한 기록이다(히 1:1-3).

예수는 유대인이었다. 열두 사도도 유대인들이었다. 최초의 그리스도인들
은 유대인들이었다. 예수의 가르침과 치유 사역은 대부분 유대인들에게 한정
되어 있었다. 예루살렘에 있던 초기의 그리스도인들은 계속해서 성전을 빈
번하게 드나들었다(행 2장). 구약성서는 초대 교회의 유일한 성경이었다. 최
초의 예배에 그리스도인들이 구약성서를 그들 자신의 것이라고 생각한 것은
너무도 자연스럽고 정상적인 것이었다. 그들은 예수의 삶, 죽음, 부활 속에서
"성취된" 것으로 믿었던 본문들을 구약에서 찾기 시작하였다(고전 15:3-5).
분명히 초기 그리스도인들에게는 신약성서가 씌어지기 이전에 "메시야적인
증거 본문들"로서의 역할을 하였던 구약의 본문들에 대한 목록이 있었을 것
이다(Dodd, *According to the Scriptures*, 25-26).

예수께서 살아계신 동안에 예수 자신과 그의 제자들, 유대인 집단들과 그
들의 지도자들 사이에 견해들의 충돌, 논쟁들, 폭력행위들이 일어났다. 예수
께서 십자가에 못 박히시고 부활하신 후에, 일부 유대인들이 유대 그리스도
인들을 핍박하는 일이 발생하였다. 스데반은 돌에 맞아 죽었다(행 7:54-60).
예루살렘 교회에 대한 핍박은 그리스도인들이 여러 지역으로 흩어지는 결과
를 가져왔다(행 8:1). 유대 그리스도인들은 예루살렘 밖으로 나아갔을 때, 온
세계로 가서 "모든 민족을 제자로 삼아 아버지와 아들과 성령의 이름으로 세
례를 베풀고 내가 너희에게 분부한 모든 것을 가르쳐 지키게 하라"(마
28:19-20)고 하신 부활하신 그리스도의 지상명령을 들고 나아갔다.

한편으로는 유대인 교회와 회당 간에 일어났던 적대감, 다른 한편으로는
로마 제국 내에서 이방인들 가운데서 신자들이 급속하게 증가한 것으로 인해
서, 초대 교회는 점점 더 헬레니즘화 되어 갔다. 초대 교회의 중심은 예루살
렘으로부터 시리아의 안디옥으로 이동하였다. 제자들은 안디옥에서 처음으
로 "그리스도인들"로 불리었다(행 11:26). 안디옥은 바울의 이방 선교를 위한
전진기지가 되었다.

교회가 헬레니즘화 되면서, 히브리 성서는 이해와 적용에 있어서 여러 가
지 문제점들을 노출하였다. 갈릴리 사람이었던 마르키온(주후 145년경)은 구
약성서를 기독교의 성경으로 받아들이기를 거부하였다. 그는 오직 누가복음
과 열 개의 바울 서신만을 자신의 성경으로 선택하였다. 그 밖의 다른 이방

그리스도인 지도자들은 구약성서와 신약성서 간의 모순을 느꼈지만, 모형론적이고 알레고리적인 해석 원칙들을 사용함으로써 구약성서를 그대로 유지하고 재해석하는 쪽을 택하였다.

수 세기를 거치면서 그리스도인들은 대체로 구약성서가 그들의 성경의 일부라고 생각해 왔다. 몇몇 집단들과 개인들은 구약성서를 제거하고자 시도해 왔다. 소치니주의자들(the Socinians)과 재세례파는 구약성서를 대단히 낮게 평가하였다. 프리드리히 니체(Friedrich Nietzsche)는 "구약성서는 오직 기독교적인 가르침 외에는 아무것도 담고 있지 않다는 주장 아래 구약성서를 유대인들로부터 빼앗는 것은 기괴하고 우스꽝스러운 짓"(Schoeps, *The Jewish-Christian Argument*, 93)이라고 말하였다. 마르키온에 관한 그의 책에서 아돌프 하르낙(Adolf Harnack)은 구약성서는 "정경적인 지위로부터 폐위되어서 외경의 첫머리에 '두어져야'" 한다고 주장하였다. 하르낙은 이렇게 말하였다:

주후 2세기에 구약성서를 던져버린 것은 교회가 올바르게 거부하였던 오류였다; 주후 16세기에 구약성서를 그대로 유지한 것은 종교개혁이 피할 수 없었던 운명이었다; 그러나 19세기 이후에 구약성서를 개신교 내의 정경적인 문서로 여전히 유지하는 것은 종교적이고 교회적인 마비 현상으로부터 생겨난 결과이다(*Marcion, Das Evangelium vom fremden Gott*, 217; cf. Bright, *The Authority of the Old Testament*, 65).

하르낙이 구약성서를 기독교 정경의 일부로 받아들이기를 반대한 것은 부분적으로 살인, 속임수, 지도자들의 부도덕, 전쟁 같은 도덕적인 감수성에 대하여 걸림돌이 되는 요소들 때문이었다. 이러한 근거들 위에서 구약성서를 제거하는 것은 계시의 역사적 성격을 부정하는 것이고, 신약 교회나 당시의 그리스도인들이 이러한 문제점들을 가지고 있지 않다는 것을 함축하는 것이다. 존 브라이트(John Bright)는 구약성서를 제거해 버리면 신약의 신앙에 충실하는 것이 불가능하기 때문에 구약성서는 기독교의 성경 속에 보존되어야 한다고 주장하였다. 예수는 "성경대로" 오셔서 사셨고, 죽으셨다가 다시 부활하셨다(*The Authority of the Old Testament*, 78). 폰 라트(Gerhard von Rad)는 새로운 신앙은 실제로 자기 표현을 위해서, 그 신앙을 신화, 사변, 협소한 제의적 사고방식에 대항해서 보호하기 위하여, 구약의 창조론이 지닌 보편성을 보존하고, "그리스도인들이 세상을 외면하는 밀교 집단이 되는 것을 막기 위하여" 구약성서를 필요로 한다고 말하였다(*Old Testament Theology* II, 335, 386-387).

구약성서는 그리스도와 신약의 교회로 직결되는가? 신약 시대 이래로 대부분의 그리스도인들은 구약성서가 역사의 완성에 관한 "복합적인 기대들"로 가득 차 있고, 이러한 것들은 나사렛 예수 안에서 성취되었다는 것을 의심하지 않았다. 베드로는 오순절 날에 "이는 곧 선지자 요엘을 통하여 말씀하신 것이니"(행 2:16)라고 말하였다. 아우구스티누스(Augustine)는 "구약에는 신약이 감춰져 있고, 신약에는 구약이 계시되어 있다"고 말하였다. 1899년에 웨스트코트(Westcott) 주교는 "구약성서 전체의 가르침은 철저하게 미래를 내다보고 있다"라고 썼다(*The Epistle to the Hebrews*, 485). 존 패터슨(John Paterson)은 "이러한 선지자들은 장차 오실 이를 기다리는 기대감으로 발꿈치를 들고 서 있는 것으로 보인다"고 말하였다(*The Goodly Fellowship of the Prophets*, 284).

구약의 예언은 단순한 호기심을 만족시키기 위하여 역사를 미리 펼쳐 보인 것이 아니었다. 그것은 결코 윤리적인 목적('텔로스')과 분리되어 있지 않았다. 예언적 설교의 상당 부분은 당시의 윤리적이고 종교적인 위기들에 대한 것이었다. 하지만 또한 그것은 이스라엘과 세계의 역사가 움직여가고 있는 미래의 어떤 신적인 사건을 지시하는 것이기도 하였다. 구약의 선지자들의 소망들은 구약에서 끝나지 않았다. 구약의 선지자들을 연구하면, 우리는 "어느 황량한 광야에 거대한 건축물의 토대들이 놓여 있고 값비싼 재료들이 풍부하게 준비되어 있으며 웅장한 건물을 암시해 주는 설계도들이 그려져 있지만 이 모든 것이 버려지고 사용되지 않고 잊혀져 있는 그러한 모습을 발견하고서는" 역력한 실망감을 갖게 된다(Kirkpatrick, *The Doctrine of the Prophets*, 519).

구약의 예언의 무대에 막이 내릴 때, 그 수수께끼는 대답들을 기다린다; 이

드라마는 대단원의 막이 없다. 때가 차서 예수께서 오셔서, "너무도 이상할 정도로 일관되지 못하고 서로 모순되는 것처럼" 보였던 온갖 노선의 예언을 자신의 인격 속에 통합시키고, "그것들에 새로운 의미를 채우며 새로운 활력으로 살아나게 하셨다"(Kirkpatrick, *The Doctrine of the Prophets*, 521). 사람들은 구약의 예언들을 토대로 해서 "장차 오실 분에 관한 초상"을 그릴 수 없었다. 그가 오신 스타일은 어떤 사람들로 하여금 그를 알아보지 못하게 만들었고, 그를 인정하기를 거부하게 만들었다. 교회는 많은 단편들과 모습들을 통해서 미리 예고되었던 여러 요소들의 통합을 그분 안에서 인식하였고, 그분을 제사장, 선지자, 왕, 주님으로 환영하였다. 좀 더 최근에 브루스(F. F. Bruce)는 구약 전체가 예수 안에서 성취된 방식에 대하여 이렇게 말하였다.

> 성취의 이러한 악보는 전체적으로 놀랍다. 그것은 하나의 악보가 아니라 여러 악보들의 조화이다. 예수 안에서 약속은 확인되고, 계약은 갱신되며, 예언들은 성취되고, 율법은 그 옳음이 입증되고, 구원은 찾아오며, 거룩한 역사는 절정에 도달하고, 완전한 희생제사가 드려지고 받아들여졌으며, 하나님의 권속을 다스리는 대제사장이 하나님 우편에 좌정하셨고, 모세 같은 선지자가 일으키심을 받아서, 다윗의 자손이 다스리고, 하나님 나라가 개시되었으며, 인자는 옛적부터 계신 이로부터 통치권을 수여받았고, 야웨의 종은 자기 백성의 범죄로 인해서 맞아서 많은 사람의 죄를 짊어지고 죽었고, 하나님의 목적을 이루었으며, 자신의 영혼은 고된 수고 후에 빛을 보았고, 이제는 승귀되어서, 찬송을 받으며, 지극히 높임을 받으신다(*The New Testament Development of Old Testament Themes*, 21).

기독교의 토대들은 구약과 신약의 결합에 의존되어 있다. 예수 그리스도의 오심을 위한 "준비"는 야웨의 인격의 비밀에 관한 가장 최초의 계시로부터 시작되었다. 폰 라트(Gerhard von Rad)는 우리가 구약과 신약의 관계를 분명하게 하기 위해서는 거기로 되돌아가야 한다고 말하였다. 예수는 그 어떤 특별한 설명이나 준비 없이 구약의 하나님을 자신에 대한 근거로 제시할 수 있었다. 이것은 구약의 모든 증언들은 결국 그리스도의 오심을 직접적으로 지시하고 있는 것으로 보아져야 하고 이해되어야 한다는 것을 의미한다. "구약의 증언들은 특정한 구원 사역이라는 맥락 속에서만 생겨날 수 있었던 통찰들을 표현하고 있다. 이것은 시간적으로 신약에 선행하지만, 구약은 그리스도의 오심으로써 그 목표에 도달한다. 신약에서 묘사되고 있는 그리스도의 오심(요 1:11)은 이미 구약에서 분명하게 알아볼 수 있는 관점에서 선포되고 있다"(*Old Testament Theology* II, 355-356).

많은 구약학자들, 특히 전승사적 해석방법론을 사용하는 학자들은 폰 라트의 견해에 동의한다. 클라우스 베스터만(Westermann)은 이렇게 썼다:

> 우리는 이제 한 가지를 확실하게 말할 수 있다: 성경 본문을 가지고 연구하는 사람들은 더 이상 그들의 연구의 전승사적인 측면이 그들에게 필연적으로 교회, 그 교리, 그 신앙고백들, 그 예배를 가리킨다는 사실을 더 이상 무시할 수 없다. 신약에서와 마찬가지로 구약에서도 그것은 하나의 역사, 즉 성경이 가리키는 저 완성에 이를 때까지 교회의 역사 속에서 계속되는 하나님과 그의 백성의 역사로 나타난다(*Essays on Old Testament Hermeneutics*, 13).

몇몇 학자들은 구약성서가 "탈무드와 미드라쉬로 귀결된 할라카와 악가다 같은 서로 다른 차원에서의 판이하게 다른 전승"을 지향하고 있다고 주장한다(Gese, *Essays on Biblical Theology*, 14; 본서의 제1장에 나오는 보론을 보라). 앤더슨(B. W. Anderson)은 기독교 신앙의 의미가 구약과 신약의 관계라는 이러한 문제에 달려 있다고 말하는 것은 전혀 과장이 아니라고 단언하였다(*The Old Testament and the Christian Faith*, 1).

신약은 구약을 거룩한 성경으로 여기고 있고, 그 유효성을 결코 제한된 것으로 여기지 않았다. 그리스도인들은 "신약의 해석을 억지스럽고 편향적이며 중요치 않은 것으로" 거부하지 않는다면 구약성서를 오직 후기 유대교에서만 합법적으로 계승되고 있는 이류급의 성경으로 여길 수 없다(Gese, *Essays on Biblical Theology*, 11).

하르트무트 게제(Hartmut Gese)는 하나님의 자기 계시는 무시간적이지도 않고 시간의 어느 한 시점에 제한되지도 않는다고 단언하였다. 그것은 역사적인 시간('카이로스')에서 시작되어서, 역사라는 길을 밟는다. 이 길은 목표 지점을 가지고 있고, 계시는 그 종말('텔로스')에 도달한다. 출발점은 하나님께서 "나는 여호와로라"고 말씀하심으로써 스스로를 계시하신 시내산에서의 계시이다(*Essays on Biblical Theology*, 25). 구약의 끝은 웅장한 방식으로 일어났다. 세 개의 큰 전승 흐름들 — 토라, 예언서, 지혜서 — 은 한데 합쳐져서 내용이라는 면에서 "구약 신학이기도 한" 신약의 다면적인 기독론을 나타낸다(*Essays on Biblical Theology*, 29).

때가 찼을 때, 나사렛 예수는 계시의 역사에 의해서 준비되었던 저 역사적인 영역 속으로 들어오셨다. 그는 자신의 삶을 통해서 메시야로서 하나님의 나라를 세우는 일을 성취하셨다. 자신의 죽음을 통해서 예수는 거룩한 자로서 극단적인 죽음의 고난과 연합됨으로써 인간 실존의 최종적인 깊이를 맛보셨다. "하나님의 아들의 이러한 죽음을 통해서 새 창조의 빛이 비치게 되었다. 그러므로 신약에 의하면, '텔로스'는 도달되었고, 계시의 길은 끝이 났다. 이른바 구약은 신약의 사건들에 의해서 완성되었다; 구약은 그 목적지에 도달한 것이다"(Gese, *Essays on Biblical Theology*, 29).

초기에 브레바드 차일즈(Brevard S. Childs)는 구약의 미래적인 관점과 구약과 신약의 적절한 관계가 결국 예수 그리스도임이 밝혀진 "새 이스라엘"로 귀결되었다고 말하였다. 차일즈가 1954년에 바움가르트너(Baumgartner)와 아이히로트(Walther Eichrodt)의 지도 아래에서 바젤 대학에서 쓴 박사 논문은 "구약성서에 나타난 신화"에 관한 것이었다. 이 논문의 개정판이 1960년에 『구약에서의 신화와 현실』(*Myth and Reality in the Old Testament*)이라는 제목으로 간행되었다.

차일즈는 신화와 구약은 둘 다 현실에 대한 이해를 자신의 궁극적인 관심사로 지니고 있다고 주장하였다. 구약이 신화와 갈등하게 된 것은 하나님의 구속 사역에 대한 구약의 새로운 이해 때문이었다. 신화의 현실관은 자연 또는 세계는 신적인 세력 또는 귀신의 세력과 더불어서 살아 있다는 것이다. 제의를 통해서 인간은 세계 질서를 유지하여야 한다. 구약의 현실관은 하나님이 세상을 창조하셨고 주관하신다는 것이다. 죄로 말미암아(창 3:1–6), 사람들과 이 세상은 하나님의 심판 아래 놓이게 되었다(창 3:16-19). 그러나 하나님은 새 시대에 새로운 질서를 세우게 될 새로운 통치자를 보내실 것이다(사 11:1-9).

브레바드 차일즈(Brevard S. Childs)는 "성경이 말하는 현실은 역사적 이스라엘의 삶 속에서 형성되었는데, 그 현실은 무엇인가?"라고 말하였다. "우리가 보기에는 구약의 메시지는 그 현실이 새 이스라엘이라는 것이다"(*Myth and Reality in the Old Testament*, 97). 구약의 이스라엘은 새로운 삶의 방식을 거부하였다. 구약은 이스라엘이 새로운 삶의 방식을 거부한 역사이다.

> 구약은 새로운 삶의 방식을 소멸시키기 위하여 옛 형태의 실존들이 싸운 방식에 관한 이야기이다. 점차적으로 완전을 향한 "상승곡선"은 존재하지 않지만, 구약은 뭔가 이가 맞지 않은 듯한 모습으로 끝이 난다. 이스라엘 내에서 새로운 실존 방식을 유지할 수 없었기 때문에, 구약은 신학적으로 신약과 분리되어서는 아무런 의미가 없다(*Myth and Reality in the Old Testament*, 97).

아마도 우리는 이 대목에서 차일즈의 사고에 대한 바르트의 영향을 볼 수 있을 것이다. 칼 바르트(Karl Barth)는 역사를 하나님께서 자신의 은혜의 계약을 완성하기 위하여 자신의 말씀(예수 그리스도)을 통하여 자신의 목적을 수행하신다는 관점에서 정의하였다(*Dogmatics* III, 63-64; Childs, *Myth and Reality in the Old Testament*, 101).

차일즈는 어떻게 새 이스라엘이 옛 이스라엘로부터 구별될 수 있는지를 물었다. 그는 새로운 실존을 측량할 수 있는 그 어떤 윤리적인 원칙들이나 올바른 교리들은 존재하지 않는다고 말하였다. 궁극적인 판별 기준은 구약에 나와 있지 않다.

> 예수 그리스도 안에서 새로운 현실은 자신 속에 진정성을 담보한 "새 이스라엘"로서 등장하였다. 진정으로 순종하는 인간으로서 예수는 가장 온전하고 구체적인 형태의 새로운 실존이다 … 그 속에 간사함이 없는 이

스라엘 사람. 단지 그의 가르침들이나 특정한 행위들 속에만이 아니라 유
대인 예수 그리스도의 전체적인 실존 속에서 구약 전체는 그 적절한 관점
을 부여받는다. 구약은 이 관점에서 순종할 때에 성취되지만, 그 관점에
불순종할 때에는 심판을 받는다(*Myth and Reality in the Old Testament*,
104).

노먼 포티어스(Norman Porteous)는 유대인들은 구약성서를 신학적으로 판
이하게 다른 방식으로 해석할 수 있다는 근거 위에서 "구약은 신약으로부터
분리될 때에 신학적으로 무의미하다"는 차일즈의 주장에 대하여 이의를 제
기하였다(*Living the Mystery*, 141). 분명히 차일즈는 1960년 이후에 자신의
생각을 바꾸어서, 폰 라트, 베스터만, 게제의 견해에 반대하고 포티어스의 견
해에 동의하여서, 구약은 반드시 신약과 예수 그리스도를 가리키는 것은 아
니라고 말하였다("Interpretation in Faith," 444-449). 차일즈는 유대교가 자
신의 성경을 유대교의 신앙에 적합한 방식으로 해석할 수 있는 권리를 전적
으로 인정하였다 ─ 물론, 차일즈 자신의 신앙은 하나님의 공통적인 목적이
구약과 신약에 둘 다 증언되어 있다고 단언하였지만(분명히 유대교가 받아
들일 수 없는 입장).

차일즈는 후기에 폰 라트와 게제의 전승사적인 접근 방법을 포기하고, 자
신의 "정경적" 접근 방식을 발전시켰다. 이 접근 방식은 구약성서를 성경으
로 받아들이지만, 구약 전승들의 역사를 그리 중요하게 여기지 않는다. 우리
가 마소라 본문을 통해서 지금 소유하고 있는 정경의 최종적인 형태가 신학
을 연구함에 있어서 유일한 본문 형태이다. 이것은 필연적으로 그리스도로
귀결되는 구약의 과정 또는 움직임의 중요성을 제거하는 것이다. 차일즈는
구약에 대한 헤세(Hesse)의 "과학적 역사" 접근 방식이 아니라 폰 라트의
"신앙의 해석" 접근 방식을 택하였지만, "본문의 정경적인 형태와는 다른
전승사적 궤적에" 신학적인 가치를 부여하지 않는다는 점에서 폰 라트와 달
랐다(*Old Testament Theology in a Canonical Context*, 16).

차일즈는 구약과 신약을 따로따로 취급하여서 그 차이점들이 드러나게 하
고자 하였지만, 또한 구약과 신약을 한데 결합시켜서 볼 때에 하나님의 공통

저인 목적이 드러난다는 점을 강조하고자 하였다. 제임스 와튼(Wharton)은
이렇게 물었다:

> 이러한 구약과 신약의 "독립성"과 "이원성"에 대한 인식은 신약의 구약
> 사용이라는 성격으로부터 유래하는 것인가, 아니면 구약의 신학적 실체
> 를 신약의 신학적 실체와 결부시키는 것에 반대하는 역사비평적인 양심
> 에 대한 용인(容認)에 의해서 지배되고 있는 것인가? ("Splendid Failure or
> Flawed Success?," 275).

와튼은 구약과 신약을 별개로 분리하는 것은 신약성서의 지지를 거의 받지
못한다고 보았다. 오히려, 신약은 창조 이래로 이스라엘과 세상에 대한 하나
님의 이야기 속에서 이진에 일어났던 모든 것은 예수 그리스도의 삶, 죽음,
부활 속에서 그 목표지점에 온전하게 도달하였다는 놀라운 단언을 표현하고
있다. 하나님은 이제 자신의 위대한 사역 전체를 결론으로 이끄셨다(히 1:1-
4).

　여기에서 유대인과 그리스도인의 주장은 가장 첨예하게 갈라지는데, 각각
의 집단이 이러한 차이점을 교만함과 오만함으로 해석할 때마다 엄청난 재앙
의 결과들이 나타났다. 구약의 증언이 신약에서 완성된다는 신약의 주장은
인정되어야 하지만, 그것은 예수 그리스도의 제자들이 다른 사람들보다 우월
하고, 하나님과의 관계에 있어서 특권을 지니며, 도덕적으로나 영적으로 오
류가 없다는 것을 의미하는 것으로 이해되어서는 안 된다. 오히려, 그것은 그
들에게 엄청난 감사와 겸손과 책임의 의식을 부여해 주는 것이 되어야 한다.
구약에 대한 신약의 주장은 기독교 복음의 통합적이고 필수불가결한 틀로서
단언되어야 한다.

에필로그

구약 신학의 현재의 상태는 그 밖의 다른 많은 분과 학문들과 마찬가지로 혼란하다. 나단 해치(Nathan O. Hatch)는 이렇게 말하였다:

현대의 지성 세계는 표류하고 있어서, 어떤 확실한 주장을 그 밖의 다른 것들을 판단할 수 있는 좌표로 설정할 수도 없고 하려고 하지도 않는다. 주도적인 세력들은 단편화, 이성의 한계들, 진리의 붕괴를 향하여 작업하고 있다 ― 찰스 크레더머(Charles Krathammer)가 미국 교육의 발칸 반도화라고 불렀던 것. 이러한 예들은 거의 모든 학문 분과들과 지성적 삶의 모든 분야에서 발견될 수 있다("Christian Thinking in a Time of Academic Turmoil," 9).

해치(Hatch)는 극단적인 상대주의가 최근에 기승을 부려 왔던 세 학문 분과들을 언급하였다: 문학 비평, 역사, 법률. 우리는 여기에 성서학, 종교, 신학이라는 분야들을 더할 수 있을 것이다.

해치는 현재의 학문 분과들 중에서 문학 비평만큼 어지러운 모습을 보이고 있는 분과는 없다고 말하였다. 새로 등장한 해체주의 학파는 문학 본문들이 저자들에 의해서 의도되었거나 본문 속에 내재해 있는 그 어떤 객관적인 의미를 지니고 있다는 것을 훼손시키고 있다. 현대 언어학회의 전임 회장이었던 바바라 헤른슈타인 스미스(Barbara Hernstein Smith)는 자신의 저작인 『가치의 우연성』(*Contingencies of Value*)에서 어떤 문학 작품의 의미는 개별 독자의 이해 속에서 찾아야 한다고 주장하였다. 당연히, 한 독자의 해석은 또 다른 독자의 해석만큼 훌륭한 것이다. 자신의 저작의 끝 부분에서 바바라 스미스는 자신의 추론의 논리적인 결론으로 밀고 가서, 철저한 상대주의만이 미학적인 문제들과 아울러서 도덕적인 문제들에 있어서도 유일하게 적합한 기준이 된다고 주장하였다. 그녀의 최종적인 결론은 이것이다: "그 어디에도 최후의 기준선은 존재하지 않는다"(Nathan O. Hatch, "Christian Thinking," 9; 최근의 성서학에 대한 새로운 문학 비평의 영향에 관한 논의로는 John Barton's "Reading the Old Testament," 141을 보라).

해치는 1930년 대에 한 무리의 영향력 있는 미국 역사가들이 철저한 객관성을 추구한 자들의 연구들 속에서 구멍들을 찾아내기 시작했을 때에 역사적 연구는 그 권위에 최초의 위기를 겪었다고 말하였다. 성서학에서 역사의 문제는 주된 수수께끼들 중의 하나였다. 오늘날 학자들은 역사에 관하여 말하는 것을 거의 멈추었다. 그 대신에, 그들은 "구원사"(Heilsgeschichte), 이야기, 서사(narrative), 상상력에 관하여 말한다.

최근에 헌법은 정치적·제도적 영향들에 의해서 침식되어 왔고 희석되어 왔다. 해치는 소위 비평적-법적 학파라고 부르는 사상 학파는 법이 정의의 절대적인 표준에 접근하고자 하는 시도에 토대를 두고 있다는 전제에 도전하여 왔다고 말하였다. "이 학파는 법은 단순히 정치의 연장으로서, 법을 만들고 시행하는 자들의 목표가 변함에 따라서 끊임없이 변한다고 주장한다. 방향성에 있어서 이러한 두 가지 변화의 결과는 법학이 철저한 상대주의를 향하여 비틀거리며 걸어나감에 따라서 법학자들로 하여금 혼돈 가운데서 더듬더듬 찾아나가게 만들었다"("Christian Thinking," 10).

성서학이 상대주의를 향하여 움직여 나가고 있다는 것을 보여주는 어떤 표지들이 존재하는가? 제임스 바(James Barr)는 성서학계는 구약 신학으로부터 등을 돌리고 있는데, 이것은 이 주제에 관한 합의가 도달하기에 너무 어렵기 때문이고, 새로운 패러다임들은 "신학적"인 것이 아니라, 새로운 유대교적 성서 신학이 이 주제에 새로운 차원 전체를 가져다주고 있다고 말하였다(James Barr, "Are We Moving Toward an Old Testament Theology or Away From It?" 20; G. Hasel, *Old Testament Theology: Basic Issues*, 37, 95.).

구약 신학에 관한 연구는 여러 가지 문제점들을 지니고 있지만, 죽은 것은 아니다. 게르하르트 하젤(Gerhard Hasel)은 이 학문 분과는 "일부 학자들의 비관적인 견해에도 불구하고 이 학문의 역사에 있어서 그 어느 때보다도 오늘날 더 활발하게 살아 있다"고 말하였다("The Future of Old Testament Theology: Prospects and Trends," *The Flowering of Old Testament Theology*, 373). 구약 신학의 미래에 관한 학자들의 생각을 지배하고 있는 쟁점들은 많고 복잡하다. 구약 신학은 엄밀하게 기술적이고, 객관적이며, 학문적이어야 하는가, 아니면 신앙고백적이고 규범적이어야 하는가? 브루스 버치(Bruce Birch)는 『공의로 굴러가게 하라』(*Let Justice Roll Down*)의 서문에서 이렇게 말하였다:

> 이 책은 비평적 방법론을 추구하고 있지만 객관성을 추구하는 것은 아니다. 나의 저작이 역사비평학적 방법론으로부터 발전되어 온 석의적 접근 방법들에 의해서 도움을 받고 있다는 것은 아주 분명하다. 하지만 나는 더 이상 이러한 방법론의 사용을 통해서 객관성에 도달할 수 있다고 믿지 않는다(*Let Justice Roll Down*, 21-22).

이 학문 분과의 명칭은 무엇이 되어야 하는가? 우리는 이 학문 분과를 구약 신학, 히브리 성서 신학, 타나크(Tanakh) 신학 중 어느 것으로 불러야 하는가? 이 분과는 마소라 본문의 최종적인 정경 형태를 토대로 구축되어야 하는가, 아니면 본문들 배후에 있는 전승사적 재구성물들과 현실들 위에 구축되어야 하는가? 우리는 원래의 기자들의 의도를 찾아야 하는가, 아니면 문학 양식 또는 각 독자의 이해로 하여금 그 의미를 결정하도록 하여야 하는가?

우리는 구약성서와 신약성서, 그리고 우리 자신의 시대 간의 간격을 어떻게 메우려고 시도해야 하는가? 우리는 단순히 구약과 신약의 본문을 읽음으로써 그러한 간격을 메울 수 있는가? 제임스 바(James Barr)는 "신학은 단순히 있는 그대로의 본문을 읽어서 되는 것이 아니다. 신학은 본문 배후에 있다"고 역설하였다("The Literal, the Allegorical, and Modern Scholarship," 114).

히브리서 기자와 사도 바울은 구약의 본문들로부터 "구약 신학"을 읽어내는 데에 아무런 문제도 없었다. 물론, 그들은 그리스도 안에서 구약의 약속들이 성취된 것을 경험한 후에 그 경험에 비추어서 구약을 되돌아보았다. 그들에게 있어서 구약 신학은 기독론적인 것이었다.

히브리서의 끝부분에 가서 기자는 구약의 믿음의 영웅들의 역할에 관하여 말하였다(히 11:1-31). 그는 아벨, 에녹, 노아, 아브라함, 사라, 이삭, 야곱, 요셉, 모세(그리고 그의 부모들), 라합에 관하여 말한 후에, 이렇게 물었다:

> 내가 무슨 말을 더 하리요
> 기드온, 바락, 삼손, 입다, 다윗 및 사무엘과 선지자들의 일을 말하려면
> 내게 시간이 부족하리로다
> 그들은 믿음으로 나라들을 이기기도 하며
> 의를 행하기도 하며 약속을 받기도 하며
> 사자들의 입을 막기도 하며 불의 세력을 멸하기도 하며
> 칼날을 피하기도 하며 연약한 가운데서 강하게 되기도 하며 …
> 심한 고문을 받되 구차히 풀려나기를 원하지 아니하였으며 …
> 이 사람들은 다 믿음으로 말미암아 증거를 받았으나
> 약속된 것을 받지 못하였으니
> 이는 하나님이 우리를 위하여 더 좋은 것을 예비하셨은즉
> 우리가 아니면 그들로 온전함을 이루지 못하게 하려 하심이라
> 이러므로 우리에게 구름 같이 둘러싼 허다한 증인들이 있으니
> 모든 무거운 것과 얽매이기 쉬운 죄를 벗어 버리고
> 인내로써 우리 앞에 당한 경주를 하며
> 믿음의 주요 또 온전하게 하시는 이인 예수를 바라보자
> 그는 그 앞에 있는 기쁨을 위하여
> 십자가를 참으사 부끄러움을 개의치 아니하시더니
> 하나님 보좌 우편에 앉으셨느니라.
> (히 11:32—12:2)

사도 바울은 초대 교회의 찬송을 인용해서 예수에 관하여 이렇게 말하였다:

사람의 모양으로 나타나사

자기를 낮추시고

죽기까지 복종하셨으니

곧 십자가에 죽으심이라

이러므로 하나님이 그를 지극히 높여

모든 이름 위에 뛰어난 이름을 주사

하늘에 있는 자들과

땅에 있는 자들과

땅 아래에 있는 자들로

모든 무릎을 예수의 이름에 꿇게 하시고.

모든 입으로 예수 그리스도를 주라 시인하여

하나님 아버지께 영광을 돌리게 하셨느니라.

(빌 2:7c-10)

그리스도인들에게 있어서 구약 신학은 기독론적인 것이 되어야 한다. 에드몽 자콥(Edmon Jacob)은 이렇게 말하였다: "몇몇 고립적인 절들에 토대를 두지 않고 구약성서 전체에 토대를 둔 구약 신학은 기독론이 될 수밖에 없다. 왜냐하면, 기나긴 우여곡절의 역사를 통해서, 그리고 사건들과 인물들과 제도들을 통해서 옛 계약 아래에서 계시된 것은 그리스도 안에서 통합되고 완전케 되기 때문이다"(*Theology of the Old Testament*, 13). 어떤 사람들은 구약성서를 이것과는 다른 방식으로 이해할 수도 있다. 그것은 그들과 주님 사이의 문제이다. 그리스도인들은 신약을 구약에 덧씌워서는 안 된다. 구약은 자신의 관점에서 스스로 말하도록 허용되어야 한다. 그러나 게르하르트 하젤(Gerhard Hasel)이 말했듯이, "구약 속에는 신약에서 절정에 도달하는 전진적인 흐름"이 존재한다("The Future of Old Testament Theology," 383).

물론, "거룩한 역사"는 아직 완성되지 않았다. 우리는 "중간 시대"에 살아가고 있다. 최종적인 완성은 여전히 미래의 일이다.

참고문헌

Abbot, Walter M., S. J., ed. *The Documents of Vatican II*. New York: Guild Press, 1966.

Achtemeier, Elizabeth R. "Overcoming the World." *Interpretation* 38 (1974): 75-90.

_____. "Righteousness in the Old Testament." *IDB* 4. New York: Abingdon, 1962: 80.

Ahlström, G. W. "Some Remarks on Prophets and Cults." *Transitions in Biblical Scholarship*, edited by J. C. Rylaarsdam. Chicago: University of Chicago Press, 1968: 112-130.

Albrektson, Bertil. "On the Syntax of אהיה אשר אהיה in Exodus 3:14." *Words and Meanings*, edited by P. R. Ackroyd and B. Lindars. Cambridge: Cambridge University Press, 1968: 15-28.

Albright, W. F. *From the Stone Age to Christianity*. Garden City: Doubleday, 1957.

_____. *History, Archaeology, and Christian Humanism*. New York: McGraw-Hill, 1964.

Allen, Leslie C. *Psalms 101—150*. Word Biblical Commentary 21. Waco: Word Books, 1983.

Anderson, A. A. *The Book of Psalms*. 2 vols. New Century Bible. Grand Rapids: Eerdmans, 1981.

Anderson, B. W. "The Book of Hosea." *Interpretation* 8 (July 1954): 301.

_____. *The Old Testament and the Christian Faith*. New York: Harper, 1963.

_____. "The Old Testament View of God." *IDB* 2. New York: Abingdon, 1962: 419.

Anderson, B. W., ed. *Creation in the Old Testament*. Philadelphia: Fortress, 1984.

Anderson, G. W. "Israel: Amphictyony: '*Am; Kahal;* `*Edah.*" *Translating and Understanding the Old Testament*, edited by Harry Thomas Frank and William L. Reed. Nashville: Abingdon, 1970.

_____, ed. *Tradition and Interpretation*. Oxford: Clarendon Press, 1979.

Andreasen, Niels-Erik. *The Old Testament Sabbath*. Atlanta: SBL Dissertation Series, 1972.

Aristotle. *Natural Science, Psychology, The Nicomachean Ethics*, translated by Philip Wheelwright. New York: The Odyssey Press, 1935.

Armes, Paul. "The Concept of Dying in the Old Testament." Ph.D. diss., Southwestern Baptist Theological Seminary, 1981.

Baab, Otto J. "Old Testament Theology: Its Possibility and Methodology." *The Study of the Bible Today and Tomorrow*, edited by H. R. Willoughby. Chicago: The University of Chicago Press, 1943.

_____. *The Theology of the Old Testament*. New York: Abingdon-Cokesbury, 1949.

Bailey, Lloyd R. *Biblical Perspectives on Death*. Philadelphia: Fortress, 1979.

Ballentine, Samuel E. "A Description of the Semantic Field of Hebrew Words for 'Hide,'" *VT* 30 (1980): 137-153.

_____. *The Hidden God*. Oxford: Oxford University Press, 1983.

Baly, Denis. "The Geography of Monotheism." *Translating and Understanding the Old Testament*, edited by H. T. Frank and W. L. Reed. Nashville: Abingdon, 1970: 253-278.

Barr, James. "Are We Moving Toward an Old Testament Theology or Away From It?" *Abstracts of the American Academy of Religion*, edited by James B. Wiggins and D. J. Lull. Atlanta: Scholars Press, 1989: 2.

_____. "Biblical Theology." *IDBS*. New York: Abingdon, 1976: 104-111.

_____. *Biblical Words for Time*. London: SCM, 1962.

_____. "The Image of God." *BJRL* 51 (1968): 11-26.

_____. "The Interpretation of Scripture, II: Revelation Through History." *Interpretation* 17 (1963): 193-205.

_____. "The Literal, the Allegorical, and Modern Scholarship." *JSOT* 44 (1989): 114.

_____. *Judaism: Its Continuity with the Bible*. Southampton: The Camelot Press, 1968.

_____. *Old and New in Interpretation*. New York: Harper and Row, 1966.

_____. "The Old Testament Case Against Biblical Theology." *Canon, Theology and Old Testament Interpretation*, edited by Gene Tucker, David Petersen, and R. R. Wilson. Philadelphia: Fortress, 1988: 3-19.

_____. "Some Semantic Notes on the Covenant." *Beitrage zur alttestamentlichen Theologie*, edited by H. Donner and others. Göttingen, 1977.

_____. *The Semantics of Biblical Language*. Oxford: Oxford University Press, 1961.

Barth, Christoph. *God With Us*. Grand Rapids: Eerdmans, 1991.

_____. *Introduction to the Psalms*. New York: Scribners, 1966.

Barth, Karl. *Church Dogmatics III*. Edinburgh: T. and T. Clark, 1958.

_____. *Dogmatics in Outline*. New York: Harper Torchbooks, 1959.

_____. *The Humanity of God*. Atlanta: John Knox Press, 1963.

_____. *The Teaching of the Church Regarding Baptism*. London: SCM, 1954.

Barton, John. "Natural Law and Poetic Justice." *JTS* 30 (1979).

_____. "Reading the Old Testament." *Method in Biblical Study*. Philadelphia: Westminster Press, 1984.

_____. "Understanding Old Testament Ethics." *JSOT* 9 (1978): 44-64.

Beasley-Murray, George R. *Jesus and the Kingdom of God*. Grand Rapids: Eerdmans, 1986.

Begrich, Joachim. "*Berit*, Ein Beitrag zur Erfassung einer altestamentlichen Denkform," *ZAW* 60 (1944): 1-11.

Berger, Peter L. *A Rumor of Angels*. Garden City: Doubleday, 1969.

Berkouwer, C. G. *Sin*. Grand Rapids: Eerdmans, 1971.

Bertholet, Alfred. "Eschatology in the History of Religion." *Twentieth Century Theology in the Making*, edited by Jarslav Pelikan. New York: Harper, 1969.

Bikerman, E. "Couper une alliance," *Archives d'histoire du droit oriental* 5 (1950-1951): 133-156.

Birch, Bruce C. *Let Justice Roll Down*. Louisville: Westminster/John Knox Press, 1991.

Blaike, R. J. *Secular Christianity and God Who Acts*. London: Hodder and Stoughton, 1970.

Blenkinsopp, Joseph. "Old Testament Theology and the Jewish-Christian Connection." *JSOT* 28 (1984): 3-11.

_____. *A Sketchbook of Biblical Theology*. New York: Herder and Herder, 1968.

Braaten, Carl E. *History and Hermeneutics. New Directions in Theology*, vol. 2. Philadelphia: Westminster, 1966.

Bratsiotis, N. P. *'ish. TDOT* I. Grand Rapids: Eerdmans, 1966.

Braybrooke, M. *Time to Meet*. London: SCM; Philadelphia: Trinity International, 1990.

Brichto, H. C. "Kin, Cult, Land and Afterlife." *HUCA* 44 (1973): 1-54.

Briggs, C.A. *The Study of Holy Scripture*. New York: Scribners, 1899.

Briggs, C. A and E. G. Briggs. *A Critical and Exegetical Commentary on the Book of Psalms.* 2 vols. *ICC.* Edinburgh: T. and T. Clark, 1906.

Bright, John. *The Authority of the Old Testament.* Nashville: Abingdon, 1967.

_____. "An Exercise in Hermeneutics: Jeremiah 31:31-34," *Interpretation* 20 (1966): 188-210.

_____. *The Kingdom of God.* Nashville: Abingdon-Cokesbury, 1953.

_____. *Covenant and Promise.* Philadelphia: Westminster, 1976.

_____. *Jeremiah.* Anchor Bible. Garden City: Doubleday, 1965.

Brooks, Roger, and John J. Collins, eds. *Hebrew Bible or Old Testament.* Notre Dame: University of Notre Dame Press, 1990.

Brown, Charles R. *Jeremiah.* Philadelphia: American Baptist Publication Society, 1904.

Brown, Francis, S. R. Driver, and Charles A. Briggs (BDB). *A Hebrew and English Lexicon,* Oxford: Clarendon Press, 1907.

Brownlee, W. H. "Anthropology and Soteriology in the Dead Sea Scrolls." *The Use of the Old Testament in the New.* Edited by James M. Efird. Durham, NC: Duke University Press, 1972: 210-240.

_____. "The Ineffable Name of God." *BASOR* 226 (1977): 39-45.

Bruce, F. F. *Biblical Exegesis in the Qumran Texts.* London: Tyndale Press, 1960.

_____. *The New Testament Development of Old Testament Themes.* Grand Rapids: Eerdmans, 1968.

_____. *Second Thoughts on the Dead Sea Scrolls.* London: Pater Noster, 1956.

_____. "The Theology and Interpretation of the Old Testament." *Tradition and Interpretation,* edited by G. W. Anderson. Oxford: Clarendon Press, 1979: 385-416.

Bruce, W. S. *The Ethics of the Old Testament.* Edinburgh: T. and T. Clark, 1909.

Brueggemann, Walter. "The Formfulness of Grief." *Interpretation* 31 (1977): 267-275.

_____. "From Hurt to Joy." *Interpretation* 28 (1974): 3-19.

_____. *Genesis. Interpretation Commentary.* Atlanta: John Knox Press, 1982.

_____. "The Kergma of the Deuteronomistic Historian." *Interpretation* 22 (1968): 387-402.

Brunner, Emil. *The Divine-Human Encounter.* Philadelphia: Westminster, 1943.

_____. *Man In Revolt.* Philadelphia: Westminster, 1947.

Buck, Harry M. "Worship, Idolatry, and God." *A Light to My Path*, edited by Howard N. Bream, Ralph D. Heim, Carey A. Moore. Philadelphia: Temple University Press, 1974.

Burrows, Millar. *The Basis of Israelite Marriage. American Oriental Series* 15. New Haven: American Oriental Society, 1938.

_____. "Ethics of Jesus." *Essays in Old Testament Ethics*, edited by James L. Crenshaw and John T. Willis. New York: KTAV, 1974.

_____. "Jerusalem." *IDB* 2. New York: Abingdon, 1962.

Butler, Trent C. *Joshua. Word Biblical Commentary* 7. Waco: Word Books, 1983.

Calkins, Raymond. *The Modern Message of the Minor Prophets*. New York: Harper, 1947.

Campbell, E. F. "Moses and the Foundations of Israel." *Interpretation* 29 (1975): 141-154.

Carroll, Robert P. *Jeremiah. The Old Testament Library*. Philadelphia: Westminster Press, 1986.

Casuto, U. *A Commentary on the Book of Exodus*. Jerusalem: Magnes Press, 1961.

Cate, Robert L. "The Development of Monotheism." *Biblical Illustrator* 15.4 (1989): 30-32.

Childs, Brevard S. *Biblical Theology in Crisis*. Philadelphia: Westminster, 1970.

_____. *Exodus. The Old Testament Library*. Philadelphia: Westminster Press, 1974.

_____. "Interpretation in Faith." *Interpretation* 18 (1964): 444-449.

_____. *Myth and Reality in the Old Testament*. Naperville, IL: Alec R. Allenson, 1960.

_____. *Old Testament Theology in a Canonical Context*. Philadelphia: Fortress Press, 1985.

Clements, Ronald E. *Abraham and David: Genesis 15 and Its Meaning for Israelite Tradition. SBT* Second Series 5. London: SCM Press, 1967.

_____. "Claus Westermann: On Creation in Genesis." *SWJT* 32 (1990): 24.

_____. *Leviticus. Broadman Bible Commentary* 2. Nashville: Broadman Press, 1970.

_____. *Old Testament Theology: A Fresh Approach*. Atlanta: John Knox, 1978.

_____. *One Hundred Years of Old Testament Interpretation*. Philadelphia: Westminster, 1976.

_____, ed. *The World of Ancient Israel: Sociological, Anthropological and Political Perspectives*. Cambridge: Cambridge University Press, 1989.

Clines, D. J. A. "The Image of God in Man." *Tyndale Bulletin* 19 (1968): 53-103.

Coats, George W. "Theology of the Hebrew Bible." *The Bible and Its Modern Interpreters*, edited by D. A. Knight and Gene M. Tucker. Philadelphia: Fortress Press, 1985: 239-262.

Coggins, R. J. *Samaritans and Jews*. Atlanta: John Knox, 1975.

Cohen, A. *Everyman's Talmud*. New York: E. P. Dutton, 1949.

Collins, John J. "Is a Critical Bible Theology Possible?" *The Hebrew Bible and Its Interpreters*, edited by W.tt. Propp, Baruch Halpern, and D. N. Freedman. Winona Lake, IN: Eisenbrauns, 1990: 10-17.

Conner, W. T. *The Gospel of Redemption*. Nashville: Broadman Press, 1945.

Cook, James. "The Old Testament Concept of the Image of God." *Grace Upon Grace*. Grand Rapids: Eerdmans, 1975.

Cooke, G. A. *Ezekiel. ICC*. Edinburgh: T. and T. Clark, 1936.

Corley, Bruce. "The Jews, the Future and God." *SWJT* 19 (1976): 42-56.

Craig, C. T. "First Corinthians." *IB* 10 (1953): 107-108.

Craigie, Peter C. "The Book of Deuteronomy." *NICOT*. Grand Rapids: Eerdmans, 1976.

_____. *Psalms 1-50. Word Biblical Commentary* 19. Waco: Word Books, 1983.

Creager, Harold L. "The Divine Image." *A Light to My Path*, edited by H. N. Bream, Ralph Heim, C. A. Moore. Philadelphia: Temple University Press, 1974.

Crenshaw, James L. *Gerhard von Rad*. Waco: Word Books, 1978.

_____. *Studies in Ancient Israelite Wisdom*. New York: KTAV Press, 1976.

Crenshaw, James L., ed. *Theodicy in the Old Testament*. Philadelphia: Fortress Press, 1983.

Crim, Keith. *The Royal Psalms*. Richmond: John Knox, 1962.

Cross, Frank Moore. *The Ancient Library of Qumran*. Garden City: Doubleday, 1958.

_____. *Canaanite Myth and Hebrew Epic*. Cambridge: Harvard University Press, 1973.

_____. "Creation and History." Lecture at Southwestern Baptist Theological Seminary, February 14, 1961. Roberts Library tapes, TC3281.

_____. "The Song of the Sea and Canaanite Myth." In *God and Christ. Journal for Theology and the Church* 5, edited by Robert W. Funk. New York: Harper Torchbooks, 1968.

_____. "Yahweh and the God of the Fathers." *HTR* (1962): 225-259.

_____, Lemke, and Miller, eds. *Magnalia Dei*. Garden City: Doubleday, 1976.

Cullman, Oscar. *Baptism in the New Testament*. London: SCM, 1950.

_____. *Christ and Time*. London: SCM Press, 1962.

Culver, Robert D. *Daniel and the Latter Days: A Study in Millenialism*. Westwood, NJ: Fleming H. Revell, 1954.

Dahood, Mitchell. *Psalms*. 3 vols. Anchor Bible. Garden City: Doubleday, 1970.

Davidson, A. B. *The Theology of the Old Testament*. New York: Scribners, 1910.

Davidson, Robert. "Covenant Ideology in Ancient Israel." *The World of Ancient Israel*, edited by R. E. Clements. Cambridge: Cambridge University Press, 1989: 323-348.

Davies, Alan T. *Anti-Semitism and the Christian Mind*. New York: Herder and Herder, 1969.

Davies, G. Henton, *Genesis. Broadman Bible Commentary* 1. Nashville: Broadman Press, 1969.

_____. "Worship in the Old Testament." *IDB* 4. New York: Abingdon, 1962.

Davies, P. R. "Eschatology in the Book of Daniel." *JSOT* 17 (1980): 33.

Davies, W. D. *The Gospel and the Land*. Berkeley: University of California Press, 1974.

_____. "The Moral Teaching of the Early Church." *The Use of the Old Testament and Other Essays*, edited by James M. Efird. Durham, NC: Duke University Press, 1972: 310-322.

Davis, P. R. "Daniel." *Old Testament Guides*. Sheffield: JSOT Press, 1985.

Day, John. "Asherah in the Hebrew Bible and Northwest Semitic Literature." *JBL* 105 (1986): 385-408.

de Geus, C. H. J. *The Tribes of Israel*. Assen/Asterdam: Van Gorum, 1976.

de Vaux, Roland. *Ancient Israel*, translated by John McHugh. New York: McGraw-Hill, 1961.

_____. "Is It Possible to Write a 'Theology of the Old Testament'?" *The Bible and the Ancient Near East*, translated by Damian McHugh. Garden City: Doubleday, 1971.

_____. *The Early History of Israel*. London: Darton, Longman & Todd, 1978.

_____. "The Revelation of the Divine Name YHWH." *Proclamation and Presence*, edited by J. I. Durham and J. R. Porter. Richmond: John Knox, 1970.

de Vries, S. J. *The Achievements of Biblical Religion: A Prolegomenon to Old Testament Theology*. Lanham, MD: University Press of America, 1983.

_____. "Sin, Sinners." *IDB* 4. New York: Abingdon, 1962: 361-376.

De Wette, W. M. L. *Biblische Dogmatick*. Berlin: Realschulbuchhandlung, 1913.

Delitzsch, Franz. *Messianic Prophecies*. New York: Scribners, 1891.

Delitzsch, Friedrich. *Die grosse Tauschung.* 2 vols. Stuttgart: n.p., 1920, 1922.

Denny, James. *"Sikaiosune Theou."* *The Expositor's Greek Testament,* vol. 3. Grand Rapids: Eerdmans, n.d.

Dentan, Robert C. *The Knowledge of God in Ancient Israel.* New York: Seabury Press, 1968.

_____. *Preface to Old Testament Theology.* Rev. ed. New York: Seabury Press, 1963.

der Leeuw, G. Van. *Religion in Essence and Manifestation,* vol. 1. New York: Harper and Row, 1963.

Dever, William G. "Asherah, Consort of Yahweh?" *BASOR* 255 (1984): 21-29.

_____. "Iron Age Epigraphic Material from the Area of Khirbet El Kom." *HUCA* 40-41 (1969-1970): 139-204.

Dockery, David S. "Monotheism in the Scriptures." *Biblical Illustrator* 17.4 (1991): 27-30.

Dodd, C. H. *According to the Scriptures.* London: Nisbet and Co., 1953.

_____. *The Bible and the Greeks.* London: Hodder and Stoughton, 1954.

_____. *Moffatt New Testament Commentary: The Epistle of Paul to the Romans.* London: Hodder and Stoughton, 1954.

Driver, S. R. *The Book of Genesis.* London: Methuen, 1911.

Dubarle, A. M. "La signification du nom de Jahweh." *RSPhTH* 35 (1951): 3-21.

Duhm, Bernard. *Das Buch Jesaja.* Gottingen: Vandenhoeck & Ruprecht, 1968.

Durham, John I. *Exodus. Word Biblical Commentary* 3. Waco: Word Books, 1987.

_____. "Is There an Old Testament Theology?" *The Outlook, SEBTS Bulletin* (1969): 3-12.

_____. *Psalms. Broadman Bible Commentary* 4. Nashville: Broadman Press, 1971.

Dumbrell, W. J. *Covenant and Creation: An Old Testament Covenantal Theology.* London: Pater Noster Press, 1984.

Dyrness, William. *Themes in Old Testament Theology.* Downers Grove, IL: InterVarsity Press, 1979.

Efird, James M. *The Use of the Old Testament in the New.* Durham: Duke University Press, 1972.

Eichrodt, Walther. "Does Old Testament Theology Still Have Independent Significance Within Old Testament Scholarship?" *The Flowering of Old Testament Theology,* edited by B. C. Ollenburger and others. Winona Lakes, ID: Eisenbrauns, 1992: 30-42.

_____. *Man in the Old Testament*. London: SCM, 1951.

_____. "Review: A Guide to Understanding the Bible, By H. E. Fosdick." *JBL* 45 (1965), 205.

_____. *Theology of the Old Testament I*. Philadelphia: Westminster, 1961.

_____. *Theology of the Old Testament II*. Philadelphia: Westminster, 1967.

Eiselen, F. C. *The Christian View of the Old Testament*. New York: Eaton and Maens, 1912.

Eissfeldt, Otto. "The History of Israelite-Jewish Religion and Old Testament Theology." *The Flowering of Old Testament Theology*, edited by B. C. Ollenburger and others. Winona Lakes, ID: Eisenbrauns, 1992: 20-29.

_____. "Jahwe als König." *ZAW* 5 (1928): 89.

Emerton, J. A. "New Light on Israelite Religion: The Implications of the Inscriptions from Kuntillet 'Ajrud." *ZAW* 94 (1982): 1-20.

_____. "The Origin of the Son of Man Imagery." *JTS* 9 (Oct. 1958): 225-242.

Emmerson, Grace I. "Women in Ancient Israel." *The World of Ancient Israel*, edited by R. E. Clements. Cambridge: Cambridge University Press, 1989: 383-91.

Epzstein, Leon. *Social Justice in the Ancient Near East*. London: SCM Press, 1986.

Fairbairn, A. M. *The City of God*. London: Hodder and Stoughton, 1883.

Farris, T. V. *Mighty to Save*. Nashville: Broadman Press, 1993.

Finegan, Jack. *Light From the Ancient Past*. Princeton, NJ: Princeton University Press, 1959.

Finger, Thomas. "Humanity." *Holman Bible Dictionary*. Edited by Trent C. Butler. Nashville: Holman Bible Publishers, 1991.

Flemington, W. F. "Baptism." *IDB* 1. Nashville: Abingdon, 1962.

Fohrer, Georg. "Altes Testament-'Amphiktyonie' und 'Bund'?" *ThLZ* XCL (1966): 801-806, 893-904.

_____. "The Righteous Man in Job 31." *Essays in Old Testament Ethics*, edited by James L. Crenshaw and John T. Willis. New York: KTAV, 1974.

_____. *Theologische Grundstrukturen des Alten Testaments*. Berlin: de Gruyter, 1972.

Fosdick, Harry Emerson. "Forgiveness of Sins." *The Protestant Pulpit*, edited by A. W. Blackwood. New York: Abingdon, 1947.

Francisco, Clyde T. *Genesis. Broadman Bible Commentary* 1 (rev. ed). Nashville: Broadman Press, 1973.

Frankfort, Henri. *Kingship and the Gods*. Chicago: University of Chicago, 1948.

Freedman, David Noel. "Divine Commitment and Human Obligation." *Interpretation* 18 (1964): 419-431.

_____. "The Name of the God of Moses." *JBL* 79 (1960): 155-156.

Freedman, R. David. "Woman, A Power Equal to Man." *BAR* 9 (1983): 56-58.

Fretheim, Terence E. "The Repentance of God." *HBT* 10: 47-70.

Friedman, Richard Elliot, and H. G. M. Williamson, eds. *The Future of Biblical Studies: The Hebrew Scriptures*. Atlanta: Scholars Press, 1987.

Fromm, Erich. *You Shall Be As Gods*. New York: Fawcett Books, 1966.

Frost, S. B. "Eschatology and Myth." *VT* 2 (1952): 70-80.

Galling, K. "Die Erwählungstraditionen Israels." *BZAW* 48 (1928).

Gammie, John G. "Behemoth and Leviathan." *Israelite Wisdom*, edited by John G. Gammie and others. Atlanta: Scholars Press, 1978.

_____. *Holiness in Israel*. Minneapolis: Fortress Press, 1989.

Gaster, T. H. "The Abode of the Dead." *IDB* 1. New York: Abingdon, 1962.

Gese, Hartmut. "Death in the Old Testament." *Essays on Biblical Theology*. Minnesota: Augsburg, 1981: 34-59.

_____. "The Messiah." *Essays on Biblical Theology*. Minneapolis: Augsburg, 1981: 141-166.

Giesebrecht, F. *Die Geschichtlichkeit des Sinaibundes*. Königsberg: n.p., 1900.

Goitien, S. T. "Yahweh the Passionate." *VT* 6 (1956): 1-9.

Goldingay, John. *Approaches to Old Testament Interpretation*. Downers Grove, IL: InterVarsity Press, 1981.

_____. "The Man of War and the Suffering Servant." *TB* 27 (1976): 79-113.

_____. *Theological Diversity and the Authority of the Old Testament*. Grand Rapids: Eerdmans, 1987.

Goshen-Gottstein, Moshe H. "The Religion of the Old Testament and the Place of Jewish Biblical Theology." *Ancient Israelite Religion*, edited by Patrick Miller and others. Philadelphia: Fortress, 1987: 617-644.

_____. "Christianity, Judaism and Modern Bible Study." *SVT* 28 (1975): 77.

Gottwald, Norman K. *The Tribes of Yahweh*. Maryknoll, New York: Orbis Books, 1979.

_____. *The Hebrew Bible: A Socio-Literary Introduction*. Philadelphia: Fortress Press, 1985.

Gray, G. B. *Numbers*. *ICC*. Edinburgh: T. and T. Clark, 1903.

Green, James Leo. *Jeremiah*. *Broadman Bible Commentary* 6. Nashville: Broadman Press, 1971.

Gunkel, Hermann. *Genesis*. Göttingen: Vandenhoeck & Ruprecht, 1964.

Hamilton, Victor P. "The Book of Genesis 1—17." *NICOT.* Grand Rapids: Eerdmans, 1990.

Hanson, Paul D. "War and Peace." *Interpretation* 38 (1984): 341-362.

_____. *The People Called.* San Francisco: Harper and Row, 1986.

Harnack, Adolf. *Marcion, Das Evangelium vom fremden Gott*, 2nd ed. Leipzig: J. C. Hinrichs Verlag, 1924.

Harrelson, Walter. *From Fertility Cult to Worship.* New York: Anchor, 1970.

_____. "Life, Faith and the Emergence of Tradition." *Tradition and Theology*, edited by Douglas A. Knight. Philadelphia: Fortress, 1977.

_____. *The Ten Commandments and Human Rights.* Philadelphia: Fortress, 1980.

Hartman, Louis F., and Alexander A. DiLella, *The Book of Daniel.* The Anchor Bible, vol. 23. Garden City, NY: Doubleday, 1978.

Hasel, G. F. "A Decade of Old Testament Biblical Theology." *ZAW* 93 (1981): 165-184.

_____. "The Future of Old Testament Theology: Prospects and Trends." *The Flowering of Old Testament Theology*, edited by Ollenburger, Martens, and Hasel. Winona Lake, IN: Eisenbrauns, 1992.

_____. "The Identity of the 'Saints of the Most High' in Daniel VII." *VT* 26 (1976): 173-192.

_____. *Old Testament Theology: Basic Issues in the Current Debate.* 4th ed. Grand Rapids: Eerdmans, 1991.

_____. "The Polemic Nature of the Genesis Cosmology." *Evangelical Quarterly* 46 (1974), 81-102.

Hatch, Nathan O. "Christian Thinking in a Time of Academic Turmoil." *The Southern Baptist Educator* 56 (Aug. 1992): 9.

Hayes, John H., and Frederick Prussner. *Old Testament Theology: Its History and Development.* Atlanta: John Knox Press, 1985.

_____ and J. Maxwell Miller. *Israelite and Judean History.* Philadelphia: Westminster Press, 1977.

Heaton, E. W. *The Book of Daniel. Torch Bible Commentaries.* London: SCM, 1956.

_____. *His Servants the Prophets.* London: SCM, 1950.

Heidel, Alexander. *The Babylonian Genesis.* 2nd ed. Chicago: University of Chicago Press, 1963.

Hempel, Johannes. "Das Ethos des Alten Testaments." *BZAW* (1938): 1xvii.

Herbert, A. S. *Worship in Ancient Israel.* Richmond: John Knox, 1959.

Heschel, Abraham J. *The Prophets.* New York: Harper and Row, 1962.

Higgins, Jean. "Anastasius Sinaita and the Superiority of Women." *JBL* 97 (1978): 253-256.

Holladay, William. *Concise Hebrew-Aramaic Lexicon*. Grand Rapids: Eerdmans, 1971.

_____. "Jer. XXXI 22b Reconsidered." *VT* 16 (1966): 236-239.

_____. *The Root Subh in the Old Testament*. Leiden: E. J. Brill, 1958.

Hooke, S. H. *The Siege Perilous*. London: SCM, 1956.

Hubbard, D. A. "Hope in the Old Testament." *TB* 34 (1983): 34-53.

Hubbard, Robert L., Jr., Robert K. Johnston, and Robert P. Meye. *Studies in Old Testament Theology*. Dallas: Word, 1992.

Huey, F. B. "The Hebrew Concept of Life After Death in the Old Testament." Th.D. diss., Southwestern Baptist Theological Seminary, 1962.

Huffmon, Herbert B. "The Treaty Background of Hebrew *Yada'*. *BASOR* 181 (1966): 31-37.

Humphreys, Fisher, ed. *Nineteenth Century Evangelical Theology*. Nashville: Broadman Press, 1983.

Hyatt, J. Philip. *Exodus*. New Century Bible. London: Oliphants, 1971.

_____. "Was Yahweh Originally a Creator Deity?" *JBL* 86 (1967): 369-377.

Jacob, Edmond. "Feminisme ou Messianisme?" *Beitrage zur Alttestamentlichen Theologie*. Göttingen: Vandenhoeck and Ruprecht, 1977.

_____. *Theology of the Old Testament*. New York: Harper and Row, 1958.

Jarrel, W. A. *Old Testament Ethics Vindicated*. 3rd ed. Dallas: privately published, 1890.

Jenkins, David E. *What Is Man?* Valley Forge: Judson, 1971.

Jenni, E. "Das Wort *'Olam* im Alten Testament." *ZAW* 64 (1952): 246-247.

Jepsen, Alfred. "Berith, Ein Beitrag zur Theologie der Exilszeit." *Verbannung und Heimkehr, Wilheim Rudolph Zum 70. Geburtstag*, edited by A. Kusshke. Tübingen, 1961: 161-179.

Jeremias, J. *Hat die Urkirche die Kindertaufe geübt?* Göttingen: Vanderhoeck and Ruprecht, 1949.

Johnson, Aubrey R. *The Cultic Prophet in Ancient Israel*. 2nd ed. Cardiff: University of Wales Press, 1962.

_____. "Jonah II 3-10." *Studies in Old Testament Prophecy*, edited by H. H. Rowley, Edinburgh: T. and T. Clark, 1950.

_____. *The Vitality of the Individual in the Thought of Ancient Israel*. Cardiff: University of Wales, 1949.

Johnson, Ricky L. "The Place of Ethics in Old Testament Theology." Ph.D. diss., Southwestern Baptist Theological Seminary, 1983.

Kaiser, Otto. *Death and Life*. Translated by John E. Steely. Nashville: Parthenon, 1981.

Kaiser, Walter C. "Messianic Prophecies in the Old Testament." *Dreams, Visions and Oracles*, edited by C. E. Amerding and W. W. Gasque. Grand Rapids: Baker, 1977.

_____. *Toward Old Testament Ethics*. Grand Rapids: Zondervan, 1983.

_____. *Toward an Old Testament Theology*. Grand Rapids: Zondervan, 1978.

Kant, Immanuel. *Critique of Pure Reason*. New York: P. F. Collier and Son, 1900.

Kapelrud, A. S. "The Role of the Cult in Old Israel." *The Bible in Modern Scholarship*, edited by J. Philip Hyatt. Nashville: Abingdon, 1965: 44-56.

Kaufman, Gordon. D. *Systematic Theology: A Historicist Perspective*. New York: Charles Scribner's, 1968.

Kaufman, Stephen A. "The Structure of Deuteronomic Law," *Maarav* 1 (1979).

Kelley, Page H. *Isaiah*. *Broadman Bible Commentary* 5. Nashville: Broadman Press, 1971.

_____ . "The Repentance of God." *Biblical Illustrator* 9. Nashville: The Sunday School Board, 1982: 13.

Kelm, George M. *Escape to Conflict*. Fort Worth: IAR Publications, 1991.

Kidner, Derek. *Proverbs*. *TOTC*. Chicago: InterVarsity Press, 1964.

_____. *Psalms 73—150*. *TOTC*. London: InterVarsity Press, 1975.

Kiessling, Nicolas K. "Antecedents of the Medieval Dragon in Sacred History." *JBL* 89 (1970): 167-177.

Kirkpatrick, A. F. *The Book of Psalms*. 1902; reprinted Cambridge: Cambridge University Press, 1951.

_____. *The Doctrine of the Prophets*. London: Macmillan, 1912.

Kittel, Rudolph. "Die Zukunft der altestamentlichen Wissenschaft." *ZAW* 84 (1921): 84-99.

Kleinknecht, H. J. Fichtner, and others. "Wrath." *Bible Key Words* 4. New York: Harper, 1964.

Knibb, Michael A. "Life and Death in the Old Testament." *The World of Ancient Israel*, edited by R. E. Clements. Cambridge: Cambridge University Press, 1989: 395-415.

Knierim, Rolf. *Die Hauptbegriffe für Sünde im Alten Testament*. Gütersloher Verlagshaus, 1965.

_____. "The Problem of an Old Testament Hamartiology." *VT* 16 (1966): 366-385.

Knight, Douglas A., ed. *Tradition and Theology in the Old Testament*. Philadelphia: Fortress Press, 1977.

Knight, D. A., and G. M. Tucker. *The Hebrew Bible and Its Modern Interpreters*. Philadelphia: Fortress Press, 1985.

Knight, G. A. F. *A Christian Theology of the Old Testament*. London: SCM, 1959.

_____. *Deutero-Isaiah*. New York: Abingdon, 1965.

_____. "Eschatology in the Old Testament." *SJT* 4 (1951): 355-362.

_____. *Psalms*. 2 vols. Philadelphia: Westminster, 1982.

Knudson, A. C. *The Religious Teachings of the Old Testament*. New York: Abingdon, 1918.

Koch, Klaus. "Gibt es ein Vergeltungsdogma im Alten Testament?" *ZTK* 52 (1955): 1-42.

_____. "Is There a Doctrine of Retribution in the Old Testament?" *Theodicy in the Old Testament*. Translated from the German; edited by James L. Crenshaw. Philadelphia: Fortress, 1983.

Köhler, Kaufman. *Jewish Theology: Systematically and Historically Considered*. New York: KTAV Publishing House, 1968.

Köhler, Ludwig. *Old Testament Theology*. Translated by A. S. Todd. Philadelphia: Westminster, 1957.

_____, and Walter Baumgartner. *Hebraisches und Aramaisches Lexicon, Dritte Auflage*. 4 vols. Leiden: E. J. Brill, 1953.

Kosmala, H. *geber*. *TDOT* II. Grand Rapids: Eerdmans, 1975.

_____. "At the End of the Days." *Messianism in the Talmudie Era*. Edited by Leo Landman. New York: KTAV, 1979: 302-312.

Kraeling, Emil G. *The Old Testament Since the Reformation*. New York: Harper and Brothers, 1955.

Kraus, H. J. *Theology of the Psalms*. Minneapolis: Augsburg, 1986.

_____. *Worship in Israel*. Richmond: John Knox, 1966.

Kubler-Ross, Elisabeth. *On Death and Dying*. New York: Macmillan, 1969.

Kuntz, J. Kenneth. *The Self-Revelation of God*. Philadelphia: Westminster, 1967.

Kutsch, Ernst. "berit." *Verpflichtung, THAT* I (1971): 339-353.

_____. *Verheissung und Gesetz*. BZAW 131. Berlin: Walter de Gruyter, 1973.

Kuyper, Lester J. "Grace and Truth." *Interpretation* 18 (1964): 3-19.

Labuschagne, C. J. *The Incomparability of Yahweh in the Old Testament*. Leiden: E. J. Brill, 1966.

Lacocque, Andrew, *The Book of Daniel*. Atlanta: John Knox, 1979.

Landes, George M. "Creation Tradition in Proverbs 8:22-31 and Genesis 1." *A Light to My Path*, edited by Howard N. Bream, Heim, and Moore. Philadelphia: Temple University Press, 1974.

Lane, W. R. "The Initiation of Creation." *VT* 13 (1963): 63-73.

LaSor, William S. *The Truth About Armageddon*. San Francisco: Harper and Row, 1982.

Latourette, Kenneth Scott. *Nineteenth Century in Europe*. New York: Harper and Brothers, 1959.

Laurin, Robert. "The Concept of Man as a Soul." *ET* 72 (1961): 131-134.

Laurin, Robert, ed. *Contemporary Old Testament Theologians.* Valley Forge: Judson Press, 1970.

Lehman, Chester K. *Biblical Thelology I: Old Testament.* Scottdale, PA, 1971.

Lemaire, A. "Les inscriptions de Khirbet.El Qom et l'Asherah de Yahweh." *Revue Biblique* 84 (1977): 597-608.

Lemke, Werner E. "Revelation Through History in Recent Biblical Theology." *Interpretation* 36 (1982): 34-45.

Levenson, Jon D. *Sinai and Zion.* New York: Harper and Row, 1985.

Lindblom, J. *Prophecy in Ancient Israel.* Philadelphia: Fortress, 1963.

Lofthouse, W. F. "Biblical Ethics." *A Companion to the Bible*, edited by T. W. Manson. Edinburgh: T. and T. Clark, 1942.

Ludwig, Theodore M. "The Traditions of the Establishing of the Earth in Deutero-Isaiah." *JBL* 92 (1973): 345-357.

Luyster, Robert. "Wind and Water: Cosmogonic Symbolism in the Old Testament." *ZAW* 93 (1981): 1-10.

Lys, Daniel. "The Israelite Soul According to the LXX." *VT* 16 (1966): 226-228.

Maass, Fritz. *'adam. TDOT* I. Grand Rapids: Eerdmans, 1974.

_____. *'enosh. TDOT* I. Grand Rapids: Eerdmans, 1974.

Mace, David R. *Hebrew Marriage: A Sociological Study.* London: Epworth; New York: Philosophical Library, 1953.

Margalit, Baruch. "The Meaning and Significance of Asherah." *VT* 49 (1990): 264-297.

Marsh, John. "Numbers." *IB* 2 (1953).

Martens, Elmer A. *God's Design: A Focus on Old Testament Theology.* Grand Rapids: Baker, 1981.

Martin-Achard, Robert. *From Death to Life.* Edinburgh: Oliver and Boyd, 1960.

Maston, T. B. *Biblical Ethics.* Cleveland: World, 1967.

Mayes, A. D. H. *Israel in the Period of the Judges.* Naperville, IL: Alec R. Allenson, 1974.

Mayo, S. M. *The Relevance of the Old Testament for the Christian Faith.* Washington, D.C.: University Press of America, 1982.

Mays, James L. "Worship, World and Power." *Interpretation* 23 (1969): 322.

McBeth, H. Leon. *A Sourcebook for Baptist Heritage.* Nashville: Broadman Press, 1990.

McBride, S. D. "The Yoke of the Kingdom, An Exposition of Deuteronomy 6:4-5." *Interpretation* (1974): 296-297.

McCarthy, Dennis. *Old Testament Covenant.* Atlanta: John Knox, 1972.

_____. "Treaty and Covenant." 2nd ed. *Analecta Biblica* 21a. Rome: Pontifical Biblical Institute, 1978.

McCasland, S. V. "The Image of God According to Paul." *JBL* 69 (1950): 85-86.

McComiskey, Thomas E. *The Covenants of Promise: A Theology of the Old Testament Covenants.* Grand Rapids: Baker, 1985.

McCullough, W. S. "Israel's Eschatology from Amos to Daniel." *Studies on the Ancient Palestinian World*, edited by F. S. Winnet, J. W. Wevers, and D. B. Reford. Toronto: University of Toronto Press, 1972.

_____. "Psalms." *IB* 4. Nashville: Abingdon Press, 1955: 442.

McKeating, Henry. "Sanctions Against Adultery in Ancient Israelite Society." *JSOT* 11 (1979): 68-70.

_____. "Vengeance is Mine." *Expository Times* 74 (1963): 239-245.

McKenzie, John L. *A Theology of the Old Testament.* Garden City: Doubleday, 1974.

Meador, Marion Frank. "The Motif of God as Judge." Ph.D. diss., Southwestern Baptist Theological Seminary, 1986.

Mehl, R. "Good." *A Companion to the Bible.* New York: Oxford University Press, 1958.

Mendenhall, George E. *Law and Covenant in Israel.* Pittsburgh: n.p., 1955.

_____. *The Tenth Generation.* Baltimore: John Hopkins University Press, 1973.

Menninger, Karl. *Whatever Became of Sin?* New York: Hawthorn, 1973.

Mesel, Ze'ev. "Did Yahweh Have a Consort?" *BAR* 5 (1979): 24-35.

Michaelis, John David. *Commentaries on the Laws of Moses I.* London: F. C. and J. Revington, 1814.

Millard, A. R., and Pierre Bordrevil. "A Statue from Syria with Aramaic and Assyrian Inscriptions." *BA* 45 (1982): 135-143.

Miller, J. Maxwell. "In the Image and Likeness of God." *JBL* 91 (1972): 289-301.

_____ and John H. Hayes. *A History of Ancient Israel and Judah.* Philadelphia: Westminster Press, 1986.

Miller, John W. "The Servant Songs in the Light of Their Context." *Wort-Gebot-Glaube* (Eichrodt's Festschrift), edited by J. J. Stamm, E. Jenni, and H. J. Stoebe. Zurich: Zwingli Verlag, 1970.

Miller, Patrick D. "The Blessing of God." *Interpretation* 29 (1975): 240-251.

_____. "Israelite Religion." *The Hebrew Bible and Its Modern Interpreters*, edited by D. A. Knight. Philadelphia: Fortress, 1985: 201-238.

_____. *Sin and Judgment in the Prophets.* Chico, CA: Scholars Press, 1982.

Milne, Bruce A. "The Idea of Sin in the Twentieth Century." *TB* 26 (1975): 3-33.

Miskotte, K. H. *When the Gods Are Silent*. New York: Harper and Row, 1967.

Mitton, C. L. "Atonement." *IDB* 1. New York: Abingdon, 1962.

Moberly, R. W. L. *The Old Testament of the Old Testament*. Minneapolis: Fortress Press, 1992.

Moberly, R. C. "Punishment and Forgiveness." *Nineteenth Century Evangelical Theology*, edited by Fisher Humphreys. Nashville: Broadman Press, 1983.

Moltmann, J. *The Crucified God*. London: SCM, 1974.

Moody, Dale. "Propitiation = Expiation." *Biblical Illustrator* 9, 1982: 14-16.

Moore, Aubrey. "The Christian Doctrine of God." *Lux Mundi*, edited by Charles Gore. London: John Murray, 1904.

Moore, George Foot. *Judaism in the First Centuries of the Christian Era*. 3 vols. Cambridge: Harvard University Press, 1927.

Morgenstern, J. "Sabbath." *IDB* 4. New York: Abingdon, 1962: 135-140.

Morris, Leon. *The Apostolic Preaching of the Cross*. Grand Rapids: Eerdmans, 1956.

_____. "Atonement." *The New Bible Dictionary*, edited by J. D. Douglas. London: InterVarsity, 1962.

Mowinckel, Sigmund. *He That Cometh*. Nashville: Abingdon, 1954.

_____. *The Psalms in Israel's Worship*. 2 vols. New York: Abingdon, 1962.

Muilenburg, James. "Biblical Understanding of the Future." *Journal of Religious Thought* 19 (1962): 99.

_____. "The Biblical View of Time." *Grace Upon Grace*, edited by James Cook. Grand Rapids: Eerdmans, 1975.

_____. "Isaiah 40—66." *IB* 5 (1956).

_____. *The Way of Israel*. New York: Harper, 1961.

Murphy, Roland E. "History, Eschatology and the Old Testament." *Continuum* 7 (1969/70): 583-593.

Murray, John. "Covenant." *The New Bible Dictionary*, edited by J. D. Douglas. London: InterVarsity, 1962.

Nahveh, J. "Graffiti and Dedications." *BASOR* 235 (1979): 27-36.

Nakari, Toyozo W. "Worship in the Old Testament." *Encounter* 34 (1973): 282-286.

Neusner, Jacob, and others, eds. *Judaic Perspectives of Biblical Studies*. Philadelphia: Fortress Press, 1987.

_____. *Formative Judaism*. 2 vols. Decatur, GA: Scholars Press, 1982, 1983. Brown Judaic Studies.

Newman, A. H. *A Manual of Church History I*. Philadelphia: American Baptist Publication Society, 1903.

_____. *A Manual of Church History II*. Philadelphia: American Baptist Publication Society, 1933.

Nicholson, Ernest W. *God and His People: Covenant and Theology in the Old Testament*. Oxford: Clarendon Press, 1986.

_____. "Israelite Religion in the Pre-exilic Period." *A Word in Season*, edited by James D. Martin and Philip R. Davies, *JSOTS* 42. Sheffield: JSOT Press, 1986: 3-34.

North, C. R. *The Suffering Servant in Deutero-Isaiah*. London: Oxford University, 1948.

Noth, Martin. "Das System der zwölf Stamme Israels." Stuttgart: *BWANT* IV:1 (1930).

_____. *The History of Israel*. New York: Harper and Brothers, 1958.

_____. "The Holy Ones of the Most High." *The Laws in the Pentateuch and Other Essays*. Edinburgh: Oliver and Boyd, 1966.

_____. "God, King, and Nation." *The Laws in the Pentateuch and Other Essays*. Edinburgh: Oliver and Boyd, 1966.

_____. *Leviticus*. Old Testament Library. Philadelphia: Westminster, 1965.

Oehler, G. F. *Theology of the Old Testament*. New York: Funk and Wagnalls, 1883.

Oesterley, W. O. E. *Immortality and the Unseen World*. London: SPCK, 1921.

Ollenburger, Ben C., Elmer A. Martens, and Gerhard F. Hasel, eds. *The Flowering of Old Testament Theology*. Winona Lake, IN: Eisenbrauns, 1992.

_____. *Zion the City of the Great King*. *JSOTS* 41 (Sheffield: JSOT Press, 1987).

Otto, Rudolph. *The Idea of the Holy*. Oxford: Oxford University Press, 1924.

Otzen, B. "Traditions and Structures of Isaiah XXIV-XXVII." *VT* 24 (1974): 196-206.

Outler, Albert. *Who Trusts in God*. New York: The Oxford Press, 1968.

Pannenberg, Wolfhart. *What Is Man?* Philadelphia: Fortress, 1970.

Paterson, John. *The Goodly Fellowship of the Prophets*. New York: Scribners, 1950.

Payne, D. F. "The Everlasting Covenant." *Tyndale Bulletin* 7-8 (1961): 10-16.

Payne, J. Barton. *The Theology of the Older Testament*. Grand Rapids: Zondervan, 1962.

Peake, A. S. "Jeremiah." *The Century Bible*, 2 vols. Edinburgh: T. and T. Clark, 1910, 1912.

Perlitt, Lothar. *Bundestheologie im Alten Testament*. *WMANT* 36. Neu-kirchen-Vluyn: Neukirchener Verlag, 1969.

Pidoux, George. *Le dieux qui Vient*. Neuchatel, 1947.

Pope, Marvin. *Song of Songs*. *The Anchor Bible*. New York: Doubleday, 1977.

Porteous, Norman W. *Daniel*. Old Testament Library. Philadelphia: West-minster, 1976.

_____. "Jerusalem-Zion: The Growth of a Symbol." *Living the Mystery*. London: Blackwell, 1967.

_____. *Living the Mystery*. London: Blackwell, 1967.

_____. "Man." *IDB* 3. New York: Abingdon, 1962: 243.

_____. "Old Testament Theology." *The Old Testament and Modern Study*, edited by H. H. Rowley. Oxford: Clarendon Press, 1951.

Porubcan, Stefan. *Sin in the Old Testament*. Roma, 1963.

Preuss, H. D., ed. *Eschatologie im Alten Testament*. Darmstadt: Wissen-schaftliche Buchgesellschaft, 1978.

Pritchard, James B., ed. *Ancient Near Eastern Texts*. Princeton: Princeton University Press, 1955.

Pussey, E. B. *The Confessions of St. Augustine*. New York: E. P. Dutton, 1907.

Quanbeck, W. A. "Forgiveness." *IDB* 2. New York: Abingdon, 1962.

_____. "Repentance." *IDB* 4. New York: Abingdon, 1962.

Raitt, Thomas. "The Prophetic Summons to Repentance." *ZAW* 83 (1972): 30-48.

Reed, W. L. *The Asherah in the Old Testament*. Fort Worth: Texas Christian University Press, 1949.

_____. "Some Implications of *Hen* for Old Testament Religion." *JBL* 73 (1954): 36-41.

Rendtorff, Rolf. "The Concept of Revelation in Ancient Israel." *Revelation as History*, edited by Wolfhart Pannenberg. New York: Macmillan, 1968.

Rendtorff, Trutz. *Ethics*, vol. 2, translated by Keith Crim. Philadelphia: Fortress Press, 1989.

Reventlow, Henning Graf. *The Authority of the Bible and the Rise of the Modern World*. Philadelphia: Fortress Press, 1984.

_____. "Basic Problems in Old Testament Theology." *JSOT* 11 (1979): 2-22.

_____. "Grundfragen der alttestamentlichen Theologie im Lichte der neueren deutschen Forschung." *TTZ* 17 (1961): 81-98.

_____. *Problems of Old Testament Theology in the Twentieth Century*. London: SCM, 1985.

Richardson, Alan. "Salvation, Savior." *IDB* 4. New York: Abingdon (1962): 168-169.

_____. *A Theological Word Book*. London: SCM, 1954.

Ringgren, Helmer. *The Faith of Qumran*. Philadelphia: Fortress, 1963.

_____. *Israelite Religion*. Philadelphia: Fortress, 1963.

_____. *The Messiah in the Old Testament*. London: SCM, 1956.

Rist, Martin. "Jesus and Eschatology." *Transitions in Biblical Scholarship*, edited by J. C. Rylaarsdam. Chicago: University of Chicago Press, 1968.

Roberts, Alexander, and James Donaldson, eds. *Anti-Nicene Christian Library*. 20 vols. Edinburgh: T. and T. Clark, 1886.

Robinson, H. Wheeler. *The Christian Doctrine of Man*. Edinburgh: T. and T. Clark, 1952.

_____. *Corporate Personality in Ancient Israel*. Philadelphia: Fortress, 1964.

_____. *Inspiration and Revelation in the Old Testament*. Oxford: Clarendon, 1946.

_____. "The Old Testament Background." *Christian Worship*, edited by Nathaniel Micklem. Oxford: The University Press, 1959.

_____. *Redemption and Revelation*. London: Nisbet and Co., 1947.

_____, ed. *Record and Revelation*. Oxford: Clarendon Press, 1938.

Robinson, T. H. *Job and His Friends*. London: SCM, 1954.

Rogers, A. K. *A Student's Handbook of Philosophy*. New York: Macmillan, 1935.

Rogerson, J. W. *Anthropology and the Old Testament*. Atlanta: John Knox, 1978.

Rogerson, John, ed. *Beginning Old Testament Study*. Philadelphia: Westminster, 1982.

Rosenblatt, S. "Inclination, Good and Evil." *EJ* 8: 1315.

Rowley, H. H. *The Biblical Doctrine of Election*. London: Lutterworth Press, 1950.

_____. *The Changing Pattern of Old Testament Studies*. London: The Epworth Press, 1959.

_____. *The Faith of Israel: Aspects of Old Testament Thought*. Philadelphia: Westminster, 1956.

_____. "Papyri from Elephantine." *Documents from Old Testament Times*, edited by D. Winton Thomas. New York: Harper's Torchbooks, 1958.

_____. *The Rediscovery of the Old Testament*. London: Clarke, 1946.

_____. "The Samaritan Schism in Legend and History." *Israel's Prophetic Faith*, edited by B. W. Anderson and Walter Harrelson. New York: Harper, 1962.

_____. *The Servant of the Lord and Other Essays*. London: Lutterworth, 1952.

_____. *The Unity of the Bible*. London: Carey Kingsgate, 1953.

_____. *Worship in Ancient Israel*. Philadelphia: Fortress, 1967.

Rowley, H. H., ed. *The Old Testament and Modern Study*. Oxford: Clarendon, 1951.

Rubenstein, Richard L. *After Auschwitz*. Indianapolis: Bobbs-Merrill, 1966.

_____. *My Brother Paul*. New York: Harper Torchbooks, 1972.

Russell, D. S. *The Method and Message of Jewish Apocalyptic*. Philadelphia: Westminster, 1964.

Rust, Eric C. "The Destiny of the Individual in the Thought of the Old Testament." *Review and Expositor* 58 (1961): 296-311.

Rylaarsdam, J. C. "Jewish-Christian Relationships: The Two Covenants and the Dilemmas of Christology." *Grace Upon Grace*. Grand Rapids: Eerdmans, 1975: 70-84.

Sakenfeld, Katharine D. "The Problem of Divine Forgiveness in Numbers 14." *CBQ* 37 (1975): 317-330.

Sanders, James A. "First Testament and Second." *BTB* 17 (1987): 47-49.

Sandmel, Samuel. "Reflection on the Problem of Theology for Jews." *JBR* 33 (1965): 111.

Sawyer, F. A. "Combating Prejudices About the Bible and Judaism." *Theology* 94 (1991): 269-278.

Sawyer, J. F. A. "Hebrew Words for Resurrection." *VT* 23 (1973): 218-234.

Scherer, Paul. *Event in Eternity*. New York: Harper and Brothers, 1945.

Schild, E. "On Exodus 3:14—'I am that I am.'" *VT* 4 (1954): 296-302.

Schmid, Hans Heinrich. "Creation, Righteousness, and Salvation." *Creation in the Old Testament*, edited by B. W. Anderson. Philadelphia: Fortress, 1984.

_____. *Gerechtigkeit als Weltordnung*. Beiträge zur historischen Theologie 40. Tubingen: Mohr, 1968.

Schmidt, Werner H. *The Faith of the Old Testament*. Philadelphia: Westminster, 1983.

Schoeps, Hans Joachim. *The Jewish-Christian Argument*. New York: Holt, Rinehart and Winston, 1963.

Schultz, Hermann. *Old Testament Theology*. 2 vols. Edinburgh: T. and T. Clark, 1895.

Sebass, Horst. *bachar. TDOT* II, edited by Johannes Bötterweck and Helmer Ringgren. Grand Rapids: Eerdmans, 1975.

Shafer, Byron E. "The Root bhr and Pre-exilic Concepts of Chosenness in the Hebrew Bible." *ZAW* 20 (1977): 20-52.

Shires, Henry M. *Finding the Old Testament in the New.* Philadelphia: Westminster Press, 1974.

Simpson, C. A. "Genesis." *IB* 1 (1952): 538.

Skinner, John. *Genesis. ICC.* New York: Scribners, 1910.

_____. *Isaiah. The Cambridge Bible.* Cambridge: The University Press, 1951.

_____. *Prophecy and Religion.* London: Cambridge, 1936.

Sleeper, C. Freeman. "Ethics as a Context for Biblical Interpretation." *Interpretation* 22 (1968): 443-460.

Smart, James. "The Death and Rebirth of Old Testament Theology." *Journal of Religion* 23 (1943): 1-11; 124-136.

_____. *The Interpretation of Scripture.* Philadelphia: Westminster, 1961.

_____. *The Past, Present, and Future of Biblical Theology.* Philadelphia: Westminster, 1979.

Smith, C. R. *The Biblical Doctrine of Sin.* London: Epworth, 1953.

Smith, J. M. P. "The Chosen People." *ASJL* 45 (1929): 73-82.

Smith, Ralph L. *Amos. Broadman Bible Commentary* 7. Nashville: Broadman Press, 1972.

_____. "Major Motifs in Hosea." *SWJT* 18 (1975): 27-28.

_____. *Micah—Malachi. Word Biblical Commentary* 32. Waco, Tx: Word Books, 1984.

_____. *Word Biblical Themes: Micah—Malachi.* Waco: Word Books, 1991.

Snaith, Norman. *The Distinctive Ideas of the Old Testament.* London: Epworth, 1944, 1983.

_____. "Forgiveness." *A Theological Wordbook of the Bible,* edited by Alan Richardson. London: SCM, 1954.

_____. "Righteous, Righteousness." *A Theological Wordbook of the Bible,* edited by Alan Richardson. London: SCM, 1954.

_____. *The Seven Psalms.* The Epworth Press, 1964.

Soggin, A. "Approaches to Old Testament Theology Since Von Rad." *SWENSK Exegetisk Arsbok* 47, edited by H. Ringgren. Gleerup: Lund, 1982.

Speiser, E. A. *Oriental and Biblical Studies.* Philadelphia: University of Pennsylvania, 1967.

Stacey, W. D. "Man as a Soul." *ET* 72 (1961): 349-350.

Stagg, Frank. *New Testament Theology.* Nashville: Broadman Press, 1962.

Stamm, Johann Jakob, and Maurice Edward Andrew. *The Ten Commandments in Recent Research.* London: SCM, 1967.

Steindorff, George, and Keith C. Seele. *When Egypt Ruled the East*. Chicago: University of Chicago, 1963.

Stek, John H. "What Says the Scriptures." *Portraits of Creation*, edited by Howard van Till. Grand Rapids: Eerdmans, 1990.

Stewart, James S. *A Faith to Proclaim*. New York: Scribners, 1953.

_____. *Man in Christ: The Vital Elements of St. Paul's Religion*. New York: Harper, 1935.

Stott, John R. *Our Guilty Silence*. Grand Rapids: Eerdmans, 1967.

Streane, A. W. *Jeremiah. Cambridge Bible*. Cambridge: Cambridge University Press, 1899.

Strong, A. H. *Systematic Theology*. Philadelphia: Judson, 1943.

Tasker, R. V. G. "Wrath." *The New Bible Dictionary*. London, 1962.

Tate, Marvin E. *Psalms 51—100. Word Biblical Commentary* 20. Waco: Word Books, 1990.

Taylor, F. J. "Save, Salvation." *A Theological Word Book of the Bible*, edited by Alan Richardson. London: SCM, 1954.

Terrien, Samuel. *The Elusive Presence: Toward a New Biblical Theology*. San Francisco: Harper, 1978.

_____. *The Psalms and Their Meaning for Today*. Indianapolis: Bobbs-Merrill, 1952.

Thomas, D. Winton. *Documents from Old Testament Times*. New York: Harper Torchbook, 1958.

Thompson, J. A. *Deuteronomy. TOTC*. London: InterVarsity Press, 1974.

Toy, Crawford H. *Proverbs*. ICC. Edinburgh: T. and T. Clark, 1914.

Trible, Phyllis. *God and the Rhetoric of Sexuality*. Philadelphia: Fortress, 1978.

Tsevat, Matitiahu. "God and the Gods in Assembly." *HUCA* 40 (1969): 123-137.

_____. "Theology of the Old Testament—A Jewish View." *HBT* 8/2: 33-50.

Van der Leeuw, G. *Religion in Essence and Manifestation*, vol. 1. New York: Harper and Row, 1963.

Van der Ploeg, J. P. M. "Eschatology in the Old Testament." *The Witness of Tradition. Oudtestamentische Studiën* 17. Leiden: E. J. Brill, 1972: 89-99.

van Till, Howard J., ed. *Portraits of Creation*. Grand Rapids: Eerdmans, 1990.

Vawter, Bruce. "Intimations of Immortality and the Old Testament." *JBL* 91 (1972): 158-171.

von Rad, Gerhard. "The City on the Hill." *The Problem of the Hexateuch and Other Essays*. Edinburgh: Oliver and Boyd, 1966.

_____. *Genesis*. Old Testament Library. Philadelphia: Westminster, 1961.

_____. *God at Work in Israel*. Nashville: Abingdon Press, 1980.

_____. *Old Testament Theology I*. New York: Harper and Row, 1962.

_____. *Old Testament Theology II*. New York: Harper and Row, 1965.

_____. *Wisdom in Israel*. Nashville: Abingdon, 1972.

Vos, Geerhardus. *Biblical Theology*. Grand Rapids: Eerdmans, 1948.

Vriezen, Th. C. "Die Erwählung Israels." Zurich: Zwingli Verlag, 1953.

_____. *An Outline of Old Testament Theology*. 2nd ed. Newton, MA: Chas. T. Branford, 1970.

_____. "Prophecy and Eschatology." *SVT* I (1953): 199-229.

Watts, John D. W. *Isaiah 1—33*. Word Biblical Commentary 24. Waco: Word Books, 1985.

_____. *Isaiah 34—66*. Word Biblical Commentary 25. Waco: Word Books, 1987.

Weatherhead, Leslie D. *The Significance of Silence*. Nashville: Abingdon, 1945.

Weber, Alfred, and Ralph B. Perry. *A History of Philosophy*. New York: Scribners, 1925.

Weinfeld, Moshe. "The Covenant of Grant in the Old Testament and in the Ancient Near East." *JAOS* 90 (1970): 189-192.

Weiser, Artur. *The Psalms*. Old Testament Library. Philadelphia: Westminster, 1962.

Wellhausen, Julius. *Prolegomena to the History of Israel*. Meredian Books, 1957.

Wenham, Gordon J. *Genesis 1—15*. Word Biblical Commentary 1. Waco: Word Books, 1987.

Wernberg-Möller, P. "Is There an Old Testament Theology?" *Hibbert Journal* 59 (1960-1961): 21.

Westberg, Granger. *Good Grief: A Constructive Approach*. Philadelphia: Fortress, 1962.

Westcott, B. F. *The Epistle to the Hebrews*. London: Macmillan, 1899.

Westermann, Claus. *Blessing in the Bible and the Life of the Church*. Philadelphia: Fortress, 1978.

_____. *Creation*, Translated by John J. Scullion. Philadelphia: Fortress, 1974.

_____. *Elements of Old Testament Theology*. Atlanta: John Knox, 1982.

_____. *Essays on Old Testament Hermeneutics*. Richmond: John Knox, 1963.

_____. *Genesis 1—11*. Minneapolis: Augsburg, 1984.

_____. *Isaiah 40—66*. Philadelphia: Westminster, 1969.

_____. *Prophetic Oracles of Salvation in the Old Testament*. Louisville: Westminster/John Knox Press, 1991.

_____. "The Role of the Lament in the Theology of the Old Testament." *Interpretation* 28 (1974): 20-38.

Whale, J. S. *Christian Doctrine*. London: Fontana, 1961.

Wharton, J. A. "Splendid Failure or Flawed Success?" *Interpretation* 29 (1975): 275-276.

Whybray, R. N. "Proverbs 8:22-31 and Its Supposed Prototypes." *Studies in Ancient Israelite Wisdom*, edited by James L. Crenshaw. New York: KTAV, 1976.

_____. "Old Testament Theology—A Non-Existent Beast?" *Scripture, Meaning and Method* (A. T. Hanson's festschrift), edited by Barry P. Thompson. Hull University, 1987: 168-180.

Wildberger, Hans. "Auf dem Wege zu einer biblischen Theologie." *Evangelische Theologie* 19 (1959): 70-90.

_____. "bhr, *erwählen.*" *THAT*, vol. 1, edited by Ernst Jenni and Claus Westermann. Zurich Theologischer Verlag, 1971: cols. 275-300.

Williamson, C. M., and R. S. Allen. *Interpreting Difficult Texts: Anti-Judaism and Christian Preaching*. Philadelphia: Trinity International, 1989.

Wolf, William J. *No Cross, No Crown*. Garden City: Doubleday, 1957.

Wolff, Hans Walter. *Anthropology of the Old Testament*. Philadelphia: Fortress, 1974.

_____. "Das Thema 'Umkehr' in der altestamentlichen Prophetie." *ZTK* 48 (1951).

_____. "The Kerygma of the Yahwist." *Interpretation* 20 (1966).

Woudstra, Martin H. "The Everlasting Covenant in Ezekiel 16:59-63." *Calvin Theological Journal* 6 (1971): 22-48.

_____. "The Old Testament in Biblical Theology and Dogmatics." *Calvin Theological Journal* 18 (1983): 47-60.

Wright, Christopher J. H. *An Eye for an Eye*. Downers Grove, IL: InterVarsity, 1983.

_____. *God's People in God's Land*. Grand Rapids: Eerdmans, 1990.

Wright, G. Ernest. *The Biblical Doctrine of Man in Society*. London: SCM, 1954.

_____. *The Challenge of Israel's Faith*. Chicago: University of Chicago Press, 1944.

_____. "Deuteronomy." *IB* 2 (1953): 372-373.

_____. "The Faith of Israel." *IB* 1 (1952): 349-390.

_____. *God Who Acts*. London: SCM Press, 1952.

_____. "History and Reality." *The Old Testament and The Christian Faith.* New York: Harper and Row, 1963.

_____. *The Old Testament Against Its Environment.* London: SCM, 1950.

_____. *The Old Testament and Theology.* New York: Harper and Row, 1969.

_____. "Reflections Concerning Old Testament Theology." *Studia Biblica et Semitica.* (Vernman, 1966): 376-388.

_____. "Review of Jacob's Old Testament Theology." *JBL* (1960): 81.

_____. *The Rule of God.* New York: Doubleday, 1960.

_____. *Shechem: The Biography of a Biblical City.* New York: McGraw-Hill, 1965.

Young, Edward J. *The Study of Old Testament Theology Today.* Westwood, NJ: Revell, 1959.

Zevit, Zion. "The Khirbet el-Qom Inscription Mentioning a Goddess." *BASOR* 255 (1985): 30-47.

Zimmerli, Walther. "The History of Israelite Religion." *Tradition and Interpretation,* edited by G. W. Anderson. Oxford: Clarendon Press, 1979.

_____. *The Old Testament and the World,* translated by J. J. Scullion. Atlanta: John Knox, 1976.

_____. *Old Testament Theology in Outline.* Atlanta: John Knox, 1978.

_____. "The Place and Limit of Wisdom in the Framework of Old Testament Theology." *SJT* 17 (1964): 165-181.

Zobel, Hans-Jürgen. *galah. TDOT* II, edited by G. Johannes Bötterweck and Helmer Ringgren. Grand Rapids: Eerdmans, 1975.

번역도서

발터 아이히로트, 『구약성서신학 Ⅰ, Ⅱ』, 크리스챤다이제스트

클라우스 베스터만, 『구약신학 입문』, 크리스챤다이제스트

에드몽 자콥, 『구약신학』, 크리스챤다이제스트

Th.C. 프리젠, 『구약신학 개요』, 크리스챤다이제스트

오트 바압, 『구약성서신학』, 대한기독교서회

발터 침멀리, 『구약신학』, 한국신학연구소

폰 라트, 『구약성서신학 Ⅰ, Ⅱ』, 분도출판사

월터 카이저, 『구약 성경신학』, 생명의말씀사

F.C.프루스너 외, 『구약성서신학사』, 나눔사

로날드 클레멘츠, 『구약신학』, 대한기독교서회

엘머 말텐스, 『하나님의 계획』, 아가페문화사

폴 R. 하우스, 『구약신학』, 기독교문서선교회

월터 브루그만, 『구약신학』, 기독교문서선교회

버나드 앤더슨, 『구약신학』, 한들출판사

존 H. 세일해머, 『구약신학 개론』, 솔로몬

롤프 크니림, 『구약신학의 과제 Ⅰ, Ⅱ』, 크리스챤다이제스트

H. G. 레벤트로프, 『20세기 구약신학의 문제들』, 크리스챤다이제스트

벤 C. 올렌버거 외, 『20세기 구약신학의 주요 인물들』, 크리스챤다이제스트

B. S. 차일즈, 『구약신학』, 크리스챤다이제스트

B. S. 차일즈, 『성경신학의 위기』, 크리스챤다이제스트

체스터 레만, 『성경신학 Ⅰ』, 크리스챤다이제스트

로버트 덴탄, 『구약신학 입문』, 크리스챤다이제스트

에드워드 영, 『현대 구약신학 연구』, 크리스챤다이제스트

더글라스 나이트 외, 『히브리 성서와 현대의 해석자들』, 크리스챤다이제스트

존 골딩게이, 『구약 해석의 접근 방법』, 크리스챤다이제스트

존 골딩게이, 『구약의 권위와 신학적 다양성』, 크리스챤다이제스트

클라우스 코흐, 『예언자들 I , II』, 크리스챤다이제스트

존 브라이트, 『하나님의 나라』, 크리스챤다이제스트

라이너 알베르츠, 『이스라엘 종교사 I , II』, 크리스챤다이제스트

밀러, 헤이스, 『고대 이스라엘 역사』, 크리스챤다이제스트

존 브라이트, 『이스라엘 역사』, 크리스챤다이제스트

마르틴 노트, 『이스라엘 역사』, 크리스챤다이제스트

W. J. 둠브렐, 『언약과 창조』, 크리스챤서적

F. F. 브루스, 『구약의 신약적 성취』, 생명의말씀사

G. F. 하젤, 『현대 구약신학의 동향』, 대한기독교서회

G. R. 비슬리 머리, 『예수와 하나님 나라』, 크리스챤다이제스트

클라우스 베스터만, 『창세기 주석』, 한들출판사

W. H. 슈미트, 『역사로 본 구약신앙』, 나눔사

토머스 맥코미스키, 『계약신학과 약속』, 기독교문서선교회

Since 1984 다음 세대에 전하고 싶은 책
크리스챤다이제스트 출판그룹

크리스챤다이제스트 기독교 도서 교양·실용서

구약신학 - 그 역사, 방법론, 메시지

초판 1쇄 발행 2005년 8월 25일
초판 중쇄 발행 2015년 9월 17일

펴낸이 박명곤
디자인 류인수, 요나미디어 고봉환(02-991-9191)
마케팅 박지성
경영지원 김영은
펴낸곳 크리스챤다이제스트
출판등록 제406-1999-000038호
전화 031-911-9864 **팩스** 031-944-9820
주소 경기도 파주시 회동길 152 피노키오뮤지엄 4층
문의 cdp1984@naver.com
홈페이지 www.cdp1984.com
총판 ㈜ 기독교출판유통 (031-906-9191)

ⓒ 크리스챤다이제스트 2005